日本外史
徳川氏正記

頼山陽

木村岳雄 訳・解説

草思社

日本外史　徳川氏正記

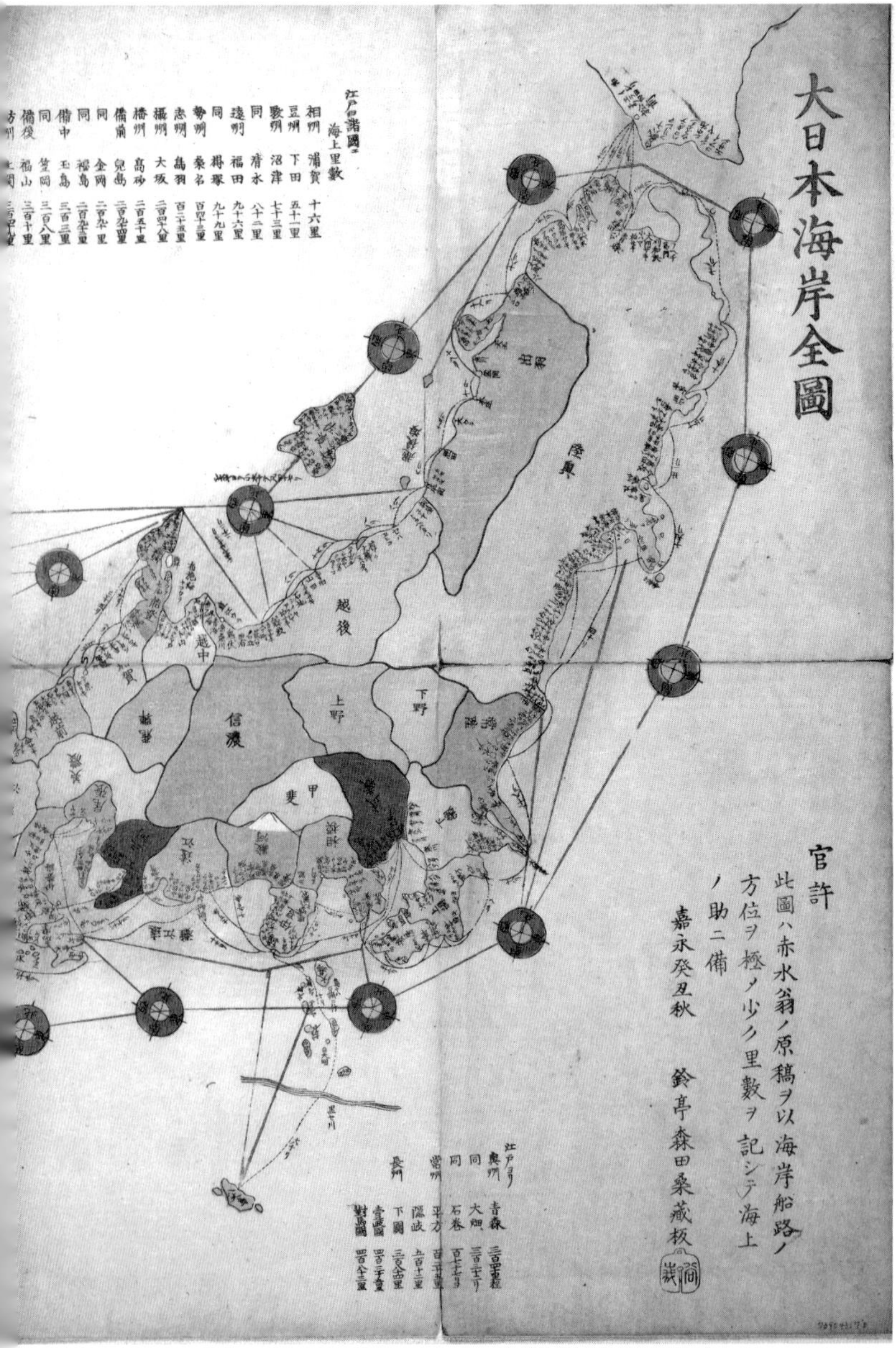

大日本海岸全圖
官許
此圖ハ赤水翁ノ原稿ヲ以海岸船路ノ方位ヲ極ノ少ク里數ヲ記シテ海上ノ助ニ備
嘉永癸丑秋
鈴亭森田桑藏板
江戸ヨリ諸國エ海上里數
相州 浦賀 十六里
豆州 下田 五十一里
駿州 沼津 七十三里
同 清水 八十二里
遠州 福田 九十六里
同 掛塚 九十九里
勢州 桑名
志州 鳥羽
攝州 大坂
播州 高砂 二百五十里
備前 児島
同 金岡
同 福島
備中 玉島
同 笠岡 三百八里
備後 福山 三百十里
江戸ヨリ
奥州 青森
同 大畑
同 石巻
常州 平方
隠岐
長州 下関
壹岐國
對馬國
越後
越中
信濃
上野
下野
甲斐
陸奥

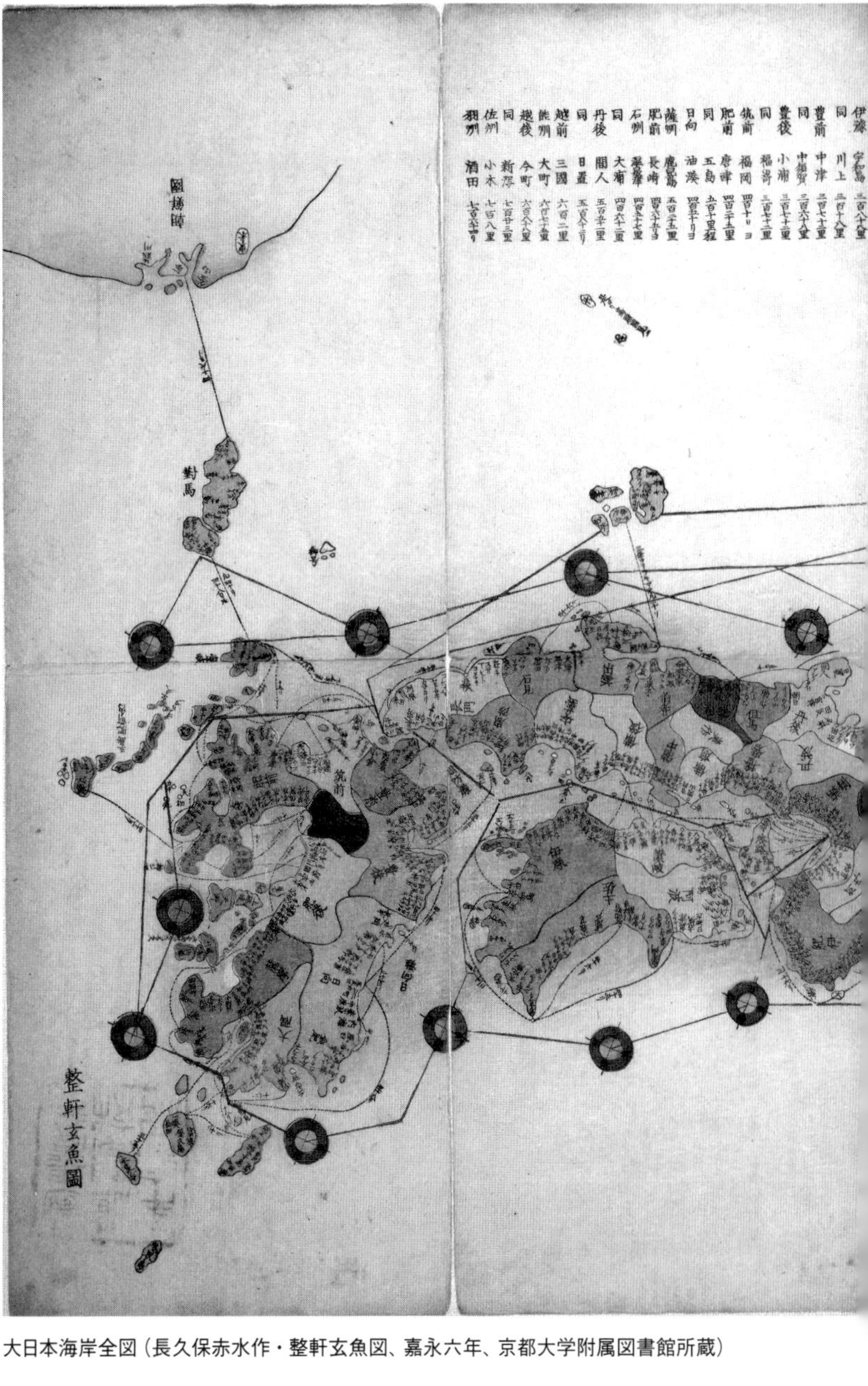

大日本海岸全図（長久保赤水作・整軒玄魚図、嘉永六年、京都大学附属図書館所蔵）

吾日莫途遠，吾故倒行而逆施之

（『史記』伍子胥伝）

はじめに

「頼山陽」で動画を検索すると、「鞭声粛粛夜河《べんせいしゅくしゅくよるかわ》を過《わた》る」の詩吟の発表会が目につく。ただ、私が頼山陽の中で最も人口に膾炙《かいしゃ》する言葉を挙げるとすれば、やはり「敵は本能寺にあり（「吾敵在本能寺矣」）」であろう。この言葉は『日本外史』の「徳川氏前記　織田氏」最終盤に現れる。

ではその直後、謀反軍の旗印が明智の水色桔梗であることを知った時に信長が発した言葉は何か、読者のみなさんはご存知だろうか。「是非に及ばず」。惜しい。それもよく知られているが、そちらは太田牛一《おおたぎゅういち》の『信長公記《しんちょうこうき》』の言葉である。

頼山陽の信長はこう言った。「豎子《じゅし》敢《あ》へて爾《しか》るか」。

この二つの言葉はなかなかに甲乙つけ難い。強いて現代語に翻訳すると両者ともに言葉の含蓄が失なわれてしまう。前者を「良いも悪いもない、仕方あるまいな」としてはいかにも間が抜けて緊迫感に欠けるし、後者を「小僧そう来たか、小僧めがやりおったのう」とすると信長の微かな諦念の余韻が伝わらない。

要するに、これこそが漢文書き下し文の玄妙な「滋味」なのである。漢文書き下し文は、引き締まり研ぎ澄まされた文体に、思わず声に出して読みたくなるような律動を帯び、しかもそこはかとなく清艶ささえ漂わす（これは私見）。

その日本の漢文が、令和の御代にあっていよいよ絶滅危惧種となりつつある。日本人は自然環境の保全にはわりあい意を払っているようだが、伝統文化の保持には今一つ無頓着と言っていい。一度滅びれば容易に我々の手に取り戻せないという点では、自然も文化も同じなのにもかかわらず、である。

頼山陽は、徳川十代将軍家治、即ち田沼意次執政時代の安永九（一七八一）年、大坂で私塾を営む朱子学者の頼春水と歌人の頼梅颸《ばいし》との間に長男として生まれた。諱《いみな》（本名）は襄《のぼる》、字《あざな》（通称）は子成、幼名は久太郎、山陽は後に付けた号の一つである。

まさに彼の生まれた年、春水はその名声によって芸州《げいしゅう》浅野家に藩儒として招聘されて広島に転居し、山陽もその地で成長する。幼くして博覧強記、絶倫の詩文の才を顕わし、特に歴史に大いに関心を示した。ただ、神経過敏なところがあり、時おり情緒が不安定になることがあったと云う。

二十一歳の時、江戸在府の父の代わりに竹原の大叔父の葬儀に向かっていた途中、にわかに狂躁の想いに囚われて、そのまま脱藩して上洛するという挙に出てしまう。やがて、兄と同じく浅野家に仕える叔父の杏坪《きょうへい》によって京都の潜伏先を突き止められ、広島に連れ戻されて廃嫡。遂に幽閉の身となった。

『春秋左氏伝』には、「立徳」「立功」「立言」という、士が求めるべき「孝」に基いた三つの人生目的が掲げられている。武士として言わば落伍者と成り果てた山陽に、もはや徳や功を立てる機会は巡って来ない。残された我が生を生きる道は「立言」あるのみ。

彼は猛然と憤りを発した。不可解な自分と不如意な人生に。人は発憤してこそ佳き書を著す、とかつて韓愈は言った。そして幽居すること三年、二十三歳の時に初稿として書き上げられたものが、『日本外史』であった。

爾来《じらい》、実に二十三年の試行錯誤と推敲を経て、十一代家斉の文政九（一八二六）年、山陽四十六歳の時に『日本外史』は完成した。翌年松平定信に献上され、さらにその二年後に大坂の三書店共同で出版されて初めて世に出ることとなった。

頼山陽は天保三（一八三二）年に五十二歳で没するが、『日本外史』が洛陽の紙価を高め始めるのは、没後十二年を過ぎた頃からである。武蔵川越藩が藩校の教材として『校刻日本外史』を刊行すると、それが他藩や市井にも大評判となり、多い年の売り上げは一万部に達したと云う。さらに嘉永元（一八四八）年には決定版とも言える「頼氏正本」が出て、これもまた当時としては驚異的な部数を記録した。

『日本外史』は、源平から徳川までの武家の興亡を、司馬遷の『史記』の紀伝体に倣って記述した歴史書である。源氏・新田氏・足利氏・徳川氏を武家の正統と見做して「正記」を立てた。

さらにそれぞれ、「源氏前記」に平氏、「源氏後記」に（執権）北条氏、「新田氏前記」に楠氏、「足利氏後記」に（小田原）北条氏・武田氏・上杉氏・毛利氏、「徳川氏前記」に織田氏・豊臣氏を配している。「関ヶ原」などその時代の重要な歴史事件は各記に重複して記載され、相互に補完し合ってその事件の全貌が浮き彫りになるよう工夫されている。これは固《もと》より『史記』の手法である。

あるいは、『日本外史』を「歴史書」と呼ぶことに異論がある方がおられるかもしれない。同時代の水準から見ても、頼山陽の史料批判はぞんざいだし、史料の選択自体も軍記物が中心で安直さが目立つ。実際『日本外史』の一部には史実に合致しない記述もまま見受けられる。

その所為《せい》で、頼山陽を敬慕してやまない筆者が、解説する立場としてやむなく、『日本外史』のくだりに逐一無粋で興醒めな但し書きを加えていかざるを得なかった。だがしかし、だからと言って『日本外史』を「歴史書」ではない、延《ひ》いては頼山陽を「歴史家」ではない、と決めつけてよいものだろうか。

慥《たし》かに頼山陽は考証を重んじる「歴史研究者」ではない。歴史の背後に「物語のうねり」を看て取り、その眩暈を人を惹きつけ奮い起こす言葉に定着させる「叙事詩人」、それが頼山陽という文人の本質なのだろうと思う。

幕末から戦前にかけての日本人の精神史を語る上で『日本外史』の歴史観を欠かすことはできない。この時代の若者たちはみな『日本外史』を咀嚼し反芻し消化し血肉化し、そこから獲た精神の活力で次の新しい歴史を切り開いていったのである。それが頼山陽の当初意図していた読まれ方であったかどうかは別にして、それほどの歴史観を提示し得た者ならば、それはやはり「歴史家」と呼んでも差し支えないのではないか。

二年前、成蹊大学名誉教授の揖斐高氏が「「勢」と「機」の歴史哲学――『日本外史』の方法」という主題で天皇陛下にご進講されている。こちらのお話は、本書の最後の「徳川氏正記」の「論

賛」と深い関わりのある内容となっている。

本書を読んでいただければ判るように、様々な忖度を抜きにしても、頼山陽は「戦国の終焉」を齎《もたら》した徳川家康と徳川氏をたいへん高く評価している。このことに関しては何より、岩波文庫の『日本外史』巻初の「頼氏例言」の言葉を読んでいただければ一目瞭然である。

しかし、なおそれでも。『日本外史』を「穏当な書物である」として序文を寄せ、世に広める後押しをした白河楽翁（松平定信）は、疾風怒濤の時代の到来が目睫《もくしょう》に迫っていることを、十分には予知できていなかった。その時勢の奔流の渦中で『日本外史』がいかに読まれ得るかについてまでは、想いが至らなかった。

天朝の式微を嘆き、武門の専横を憤る『日本外史』の「尊王斥覇《せきは》」の主調低音。それはやがて討幕維新の志士の言葉や行動へと変換されていく。吉田松陰は松下村塾で好んで弟子たちに『日本外史』を講じたが、そこで「徳川氏正記」が取り上げられることはなかった。革命家としては無論そうあって然るべきであろう。

最後に本書をお読みいただく上でのご注意をいくつか。

本書は『日本外史』全二十二巻の巻十八から巻二十二までに相当する「徳川氏正記」を扱っている。まずはこの頼山陽の本文を存分に堪能していただきたい。

現代語訳は全体の七割程度で、それ以外は任意に付した語注と解説で進んでいく。また、私個人が頭注への視線の移動が煩わしく感じる人間なので、編集者に頼み込んで語注は主に現代語訳の文の中に組み込んでいただいた。さらに筆者の「」は本文の引用や語釈のみに留まらず、強調のために用いている場合もあり、不分明な箇所あるやもしれぬことをお詫びしておきたい。

冒頭の祖先新田氏の話は、信用に足る史料に極めて乏しくとりとめのない内容になっていて、おそらく読者には読みにくいものと思われる。そういった箇所は読み飛ばしていただいて構わない。清康辺りからそれなりに物語が展開し始める。

長篠の頃からは現代語訳が中心となり、途中解説のみに移行する部分はあるものの、概ね家康の死まで現代語訳中心は継続する。

最後に本書の本文の書き下し文は頼成一《せいいち》、頼惟勤《つとむ》訳『日本外史』（岩波文庫）を使用させていただいており、翻訳に当たっては倉島正章氏の『日本外史　全現代語訳』の第九巻と第十巻（電子書籍版）をたいへん参考にさせていただいたことを明記しておく。

それでは、長丁場になりますが、どうか最後までお付き合いください。

日本外史　徳川氏正記　目次

巻之二十二　徳川氏正記　徳川氏五 …… 497

おわりに …… 650

主要参考文献一覧 …… 653

巻之十八　徳川氏正記　徳川氏一

徳川氏の出自

我が徳川氏は新田義重《にったよししげ》より出《い》づ。義重は、清和天皇八世の裔《えい》なり。天皇の孫経基《つねもと》、始めて姓を源氏と賜《たま》ひ、降《くだ》つて武臣となる。その玄孫《げんそん》は義家。義家の子は義国なり。上野に居《お》り、新田、足利の諸邑《しよゆう》を食《は》む。義重及び義康《よしやす》を生む。義重は新田を氏《うじ》とし、義康は足利を氏とす。共に宗《そう》氏《し》源頼朝を助け、王命を以て平氏を討滅《とうめつ》す。頼朝、征夷大将軍となり、府を関東に開き、義重をして寺尾城《てらおじよう》を守らしむ。

頼山陽は、徳川氏正記を「我が徳川氏は」と語り始める。彼と父・春水はともに芸州浅野氏の禄を食み、その浅野家は徳川氏から諸侯としての封地を与えられている。つまり、頼の家は徳川氏の陪臣に当たる、ということが一義的理由であろう。また図らずもこの「徳川氏正記」があくまで徳川氏の立場に立って書かれていることを闡明《せんめい》している。いずれにせよ、徳川の治世下にあって徳川氏の歴史、なかんずく神君（東照大権現）の生涯を記すとなれば、求められる配慮の深甚さについては言うまでもない。

初代・清和天皇（第五十六代天皇）。二代・源経基（清和天皇の孫で別名を六孫王。軍事貴族とも言うべき清和源氏の祖となる）。三代・源満仲（藤原家と結び清和源氏の勢力を大いに伸長する）。四代・源頼信（父満仲より河内の地を任せられ河内源氏の祖となる。兄の頼光は酒呑童子退治の伝説で有名である）。五代・源頼義（父頼信とともに平氏嫡流を併呑し関東に勢力を扶殖、また前九年の役で東北の乱を平定する）。六代・源義家（いわゆる八幡太郎と呼ばれる伝説的武人で母方は平氏嫡流。後三年の役を鎮めたが朝廷の評価は父頼義に及ばず、一族の統制にも苦しんだ）。七代・源義国（一時義家の家督候補となるも、その気性の荒さが原因で外され関東に下る）。八代・新田義重（義国の嫡男で、上野国新田郡を拠点とし初めて新田氏を称す。一方異母弟の義康は父に足利荘を与えられて足利家の祖となる）。実は、清和天皇と源経基の間には貞純《さだずみ》親王がおられるので、正しくは「新田義重は清和天皇の九世の裔」と言える。

だが、源頼朝の平家打倒の旗揚げに際し、足利義兼（義康の子）が早々と幕下に参じたのに対し、新田義重は明らかな日和見を決め込んだ。この時の対応の違いが、鎌倉時代を通じての両氏の地位の格差を生むに至る。

「出づ」（出自とする）、「居る」（在住する）、「食む」（領地とする）は、漢文特有の動詞表現。「玄孫」はやしゃごで、ひ孫の子供のこと。「宗」は嫡流、それに対し「簇」はそれ以外の庶流。

義重に五男あり。その第四を義季《よしすえ》といふ、義季、徳川の邑を食む。因つて氏《うじ》とす。徳川四郎《とくがわしろう》と称す。義季、頼氏《よりうじ》を生む。頼氏、従五位下に叙《じょ》し、三河守に任《にん》ぜられ、世良田《せらだ》を食む。因つてまた世良田氏と号す。頼氏、教氏《のりうじ》を生み、教氏、家持《いえもち》を生み、家持、満義《みつよし》を生み、満義、政義《まさよし》を生み、政義、親季《ちかすえ》を生む。この時に当り、宗氏《そうし》新田義貞《にったよしさだ》、後醍醐帝《ごだいごてい》の詔旨《しょうし》を奉じて、北条氏を鎌倉に討つ。満義、これを助け、稲村崎《いなむらがさき》より入り、賊将安東昌貫《あんどうまさつら》を撃ち破る。北条氏既に滅び、足利尊氏《あしかがたかうじ》反し、天下の武人、皆これに党《とう》す。独り新田氏挙族《きょぞく》、王に勤《つと》む。官軍数〻《しばしば》利を失ひ、帝《てい》、南山に播遷《はせん》す。義貞戦没し、宗党《そうとう》多く王事に死す。帝、崩《ほう》ず。遺詔《いしょう》して、益〻《ますます》新田氏を眷《けん》し、以て恢復《かいふく》を図らしむ。後村上帝《ごむらかみてい》、嗣《つ》いで立つ。義貞の子義興《よしおき》、義宗《よしむね》、義《ぎ》を上野、信濃の間に挙《あ》げ、克《か》たずして死す。政義《まさよし》父子、蓋《けだ》しこれに殉《じゅん》ず。

新田義重の四男・義季が「徳川」の地を分けられて「徳川四郎」と名乗った、とあるが、この頃新田郡に在ったのは「得川（えがわ、あるいはとくがわ）」である。後に、家康が松平氏から徳川氏に変える時にその拠りどころとしたのがこの遠い祖先の苗字・得川である。

義季の息子の頼氏は、世良田荘を譲られ世良田氏を称した。この父子は周辺の開発を進め、新田の惣領家を凌ぐ力をつけていったらしい。当時の惣領家の失態もあって、鎌倉幕府は新田惣領家より世良田頼氏の方を重んじ、その後押しで三河守に叙任された形跡がある（この事実は後述する家康の三河守任官の条件と矛盾するが、それについてはあらためて）。ところがその後、頼氏は幕府の権力闘争（霜月騒動）に巻き込まれて失脚し佐渡に流罪、その地で没したと云う。そのあとの教氏・家持（家時）の二代についてはよく判らない。

次の満義の時代に惣領家の新田義貞の挙兵に際会し、これに従って鎌倉に攻め込んで北条氏滅亡に与った。やがて後醍醐天皇に叛《そむ》いた足利尊氏に多くの武士たちが靡《なび》いた時も、満義は新田義貞を支持し続けた。義貞が横死して遺児の新田義興と義宗が立つと、満義の子・政義、その政義の子（他説あり）・親季も彼らに従い上野信濃各地を転戦したが、あえなく両者とも討死した。

「遺詔して、益〻新田氏を眷し」は、後醍醐天皇が、以後ますます新田氏に目をかけて重んじよ、とご遺言された、ということ。「政義父子、蓋しこれに殉ず」は、政義父子はおそらく新田氏惣領家に追い腹を切ったのであろう、という意味であろうが、史実では新田義興と義宗が散るのはまだこの時ではない。

「北条氏既に滅び」の「既に」は「もう滅んでしまって」ではなく「滅んでから」と訳すのがよい。それに続いて「足利尊氏反し、天下の武人、皆これに党す。独り新田氏挙族、王に勤む」と。

ここまで私たちが新田氏の系図を追ってきたのは、もとより徳川家の出自が新田氏にあるからであるが、実はこれはあくまで徳川家の自己申告であって、歴史学的にはその事実を裏付ける史料はほぼ無く、むしろかなり疑わしいとされている。

江戸時代の武家は家格を高めるために系図の借用改竄捏造を盛んにやった。「見栄と意地」に生きることこそ武士の本分。それらへの執着について現代人の我々に嗤《わら》う資格はあるまい。家康も、しょせん三河の国人（土豪）に過ぎない松平氏からの徳川氏のままでは、いささか重みには欠けると思ったのであろうか。ちなみに征夷大将軍になるためには源氏でなければならない、というのは俗説らしい。確かに鎌倉時代も初期以外は摂家将軍と親王将軍である。

とにかく、家康は最終的に新田氏を自らの先祖に選んだ。そしてまったく都合の良いことに、頼山陽もまた、源氏・足利氏・徳川氏とともに新田氏を「武士の正統」として『日本外史』の正記に列したのである。新田氏の歴史上の事績は他の正記の諸家には到底及びもつかない。にもかかわらず、彼はなにゆえ正記に入れたのであろうか。その理由はひとえに「勤王」、つまり新田氏が南朝に忠義を尽くしたから、である。でありながら、その忠義は報われることなく、新田氏は儚く歴史の彼方に消えていった。しかしその血脈は二百五十年のちの天下人徳川家として蘇り花開き実を結んだのである。もしかしたらそういった当時受け容れやすかった因果応報の「物語の筋立て」が頼山陽の脳裏にはあったのかもしれない。我が師はかつて「history とは his story である」と言った。私たちはしばらく頼山陽の紡ぐ「徳川家康の story」に耳を傾けてみようではないか。

尊氏の孫義満《よしみつ》、征夷大将軍となり、府を京師に開き、族氏満《ぞくうじみつ》を以て関東を管領《かんりょう》せしむ。親季《ちかすえ》の子を有親《ありちか》といふ。右京亮《うきょうのすけ》となる。元中《げんちゅう》中、宗族《そうぞく》と同じく義宗《よしむね》の子貞方《さだかた》に従つて信濃に匿《かく》る。氏満の覚《さと》る所となり、兵を遣してこれを鏖《みなごろし》にす。有親《ありちか》、貞方と脱走し、陸奥《むつ》に入り、兵を起す。氏満の大兵来り撃ち、我が衆潰《しゅうつい》ゆ。有親、その二子を挈《たずさ》へ、逃れて上野の祝人村《はふりむら》に入り、旧識《きゅうしき》の民家に匿《かく》る。鎌倉の執事《しつじ》上杉氏、吏《り》を遣して新田氏の族を募り索《もと》むること甚だ急なりと聞き、二子を手刃《しゅじん》して自殺せんと欲す。会〻《たまたま》僧尊観《そんかん》来り過ぐ。容貌《ようぼう》を変じ、これに従つて西す。尊観は蓋《けだ》し後村上帝の子なり。帝《てい》、子なし。亀山帝《かめやまてい》の孫恒明《つねあきら》を養《やしな》ふ。帝、子《こ》を生むに及んで、恒明避けて僧となる。これを尊観《そんかん》となす。後に相模の藤沢寺《とうたくじ》の主《しゅ》となり、諸国を周游《しゅうゆう》す。新田氏は先朝の眷《けん》する所なるを謂《おも》ひ、為めにこれを保護する所以を謀る。乃ち権《かり》に有親《ありちか》及びその長子を以て己《おの》が徒弟《とてい》の状《じょう》となし、有親を徳阿弥《とくあみ》と呼び、長子を長阿弥《ちょうあみ》と呼び、皆髪《かみ》を削る。少子は猶《な》ほ幼《よう》なり。未だ髪を削らず。徳寿《とくじゅ》と呼ぶ。並《ならび》にこれを携《たずさ》へて去り、三河を過《よぎ》り、大浜村の寺に寓す。時に連歌《れんが》を尚《たつと》ぶ。寺僧《じそう》、近村の諸豪《しょごう》と歌会《かかい》をなし、以て尊観を娯《たの》しましむ。松《まつ》平《だいら》、酒井《さかい》両村の長《ちょう》も亦た与《あずか》る。而して長阿弥は書手《しょしゅ》に充《あ》て、徳寿は周旋《しゅうせん》して事を執《と》る。両村長、徳寿の容止《ようし》を熟視《じゅくし》し、相ひ語つて曰く、「これ凡種《ぼんしゅ》に非ざるなり」と。微《ひそ》かにこれを尊観に叩《たた》く。尊観、其の他《た》なきを察し、具《つぶさ》に語るに故《ゆえ》を以てす。村長皆女《じょ》あつて男《だん》なし。分つて二子を贅《ぜい》せんと欲す。尊観、これを許す。ここにおいて、徳寿は松平氏に養はる。長ずるに及んで、名を泰親《やすちか》と命ず。室《しつ》を松平村に築き、以て有親を奉ず。長阿弥も亦た髪を蓄へ、親氏と名づけ、雅楽助《うたのすけ》と称す。後に子広親《ひろちか》を生む。これを酒井氏《さかいし》となす。

世良田（得川）有親は、親季の子（諸説あり）とされる。時の鎌倉公方やその執事（関東管領）・上杉氏の新田一門に対するあまりに苛烈かつ執拗な追及に、有親は二人の息子とともに自害まで思い詰めた。

そこへたまたま通りかかったのが尊観上人であった。のちに相模藤沢の遊行寺《ゆぎょうじ》（時宗）の十二世を継ぐ高僧である。原文では、おそらく後村上天皇の皇子であったろう、とあるが、実際は亀山天皇の皇子・恒明親王の子供とされる。ともあれ尊観は大覚寺統の元皇族であり、父恒明親王も後醍醐天皇の側近でもあった経緯から、南朝に尽くした新田一門とあらば庇護しないわけにもいくまい、と思ったのだろう。有親を徳阿弥、その長男を長阿弥と名付けともに剃髪させ、次男だけは法体にせず徳寿と呼んだ。尊観は父子三人を自分の弟子の体に仕立てて行脚を続け、そして「運命」の三河国に足を踏み入れることになる。

以下やや想像を加えて要約してみたい。

宿を借りた大浜村寺では、住職が近隣の国人土豪を招いて連歌の会を催し、高僧である尊観をもてなそうとした。招かれた客の中に松平氏と酒井氏の両村長もいた。会が始まると、上の子の長阿弥は、流麗な手蹟で歌を書きとめる役を務めてその教養を示し、一方で下の子の徳寿は、未だ幼い身でありながら目配りと気配りおさおさ怠りなく、座の間をくるくると小気味よく立ち働いて見事に雑務をこなしてみせた。松平と酒井の両村長は、特に徳寿の水際だった立ち居振る舞いを観察し、かかる器量は尋常なお血筋のお子にあらじと互いに語り合い、密かに尊観にその疑問を質した。尊観も、密告などをする御仁たちではない、と見定めた上で、つぶさに父子三人の事情を説明した。するると、松平酒井両家にはともに娘しかいなかったので、この二人の貴種をそれぞれ両家の婿に取ることはできまいか、と尊観に持ちかけた。尊観も、このまま素性を隠してつらく厳しい旅を続けてもこの子たちのためにはなるまい、ならばむしろ、とその申し出を受けることにした。かくして松平氏が弟の徳寿を養子とし、長じてから泰親と命名し、松平村に家を建てて父親の有親を迎えた。兄の長阿弥も還俗して親氏と名付けられ雅楽頭を称し、のちに跡継ぎの広親を生んだ。これが酒井氏である。

と、『日本外史』ではこのように松平氏の濫觴《らんしょう》を語るが、これらの記述は（様々手を加えられた）江戸時代の徳川家家譜とさえ大いに内容の齟齬がある。徳川家が松平氏の始祖としているのは親氏の方である（松平郷のあった現在の豊田市には松平親氏の立派な銅像が建っている）。泰親はその親氏の子どもであるとの説もある。また両人の逸話はしばしば混同され錯綜しており、つまるところ、実在性まで含めてその正体はよく摑めない。

泰親の養父《ようふ》信重《のぶしげ》を太郎左衛門《たろうざえもん》と称す。泰親襲《つ》いでこれを称す。村長となり、榛莽《しんもう》を闢《ひら》き、道路を達す。性壮武《そうぶ》、施《ほどこし》を喜《この》み、貧民《ひんみん》に振貸《しんたい》して償《つぐない》を責《せ》めず。隣近《りんきん》、親附《しんぷ》す。泰親、因つて従容《しょうよう》として衆に謂《い》つて曰く、「吾れ、仇敵《きゅうてき》に迫蹙《はくしゅく》せられて、流寓《りゅうぐう》ここに至り、稍〻《やや》安処《あんしょ》を得たり。願はくは歳月を積み、地を開き衆を聚《あつ》め、先業《せんぎょう》を興復《こうふく》せん。諸君能《よ》く我を助くるか」と。衆対《こた》へて曰く、「敢《あえ》て死生《しせい》これを以てせざらんや」と。その中に嘗《かつ》て罪あつて死を宥《ゆる》されしもの五人あり。衆を糾《きゅう》して中山の七邑を略《りゃく》して、これを献《けん》ず。泰親、その歳入《さいにゅう》を分つてこれを賞《しょう》す。新田氏の遺臣《いしん》、稍〻来り従ふ者多し。後花園帝《ごはなぞのてい》の永享《えいきょう》中、大納言《だいなごん》平実照《さねてる》、罪を以て三河に貶《へん》せらる。泰親善《よ》くこれを視《み》る。其の赦《ゆる》され帰るに及び、護《ご》して京師に入る。実照、為めに一官を授《さず》けんと奏請《そうせい》す。朝廷、足利氏を憚《はばか》つて、輒《たやす》く許さず。後に勅《ちょく》して州《しゅう》の目代《もくだい》に除《じょ》し、遂に三河守に任じ、従五位下に叙《じょ》せられ、世良田氏《せらだし》に復《ふく》す。

京都の葵祭の正式名称が賀茂祭であることからもわかるように、賀茂神社の神紋は葵である。そして三河松平氏は、賀茂氏の流れを汲んでいるかもしくは賀茂神社の氏子であった、と云われる。徳川家の家紋が三つ葉葵なのはここに由来するとされている。

養父の後を継いで村長となったかの徳寿こと松平太郎左衛門泰親は、成人してますますその才幹を顕した。「性壮武」とは生まれつき活力があって腕っぷしも強い、といったところか。彼はとりわけ人心収攬に長けていたようである。人を宥《ゆる》し、一人で貪らず、貧しき者たちによく手を差し伸べた。

頃合いを見計らって泰親は新田一門再興の志を周囲に告げる。「地を開き衆を聚め、先業を興復せん。諸君能く我を助くるか」と。泰親のために命懸けで領土を切り取る猛者のほか、新田の遺臣たちも少しずつ彼の元に集まり出した。

後花園天皇の永享年間、泰親は三河に左遷されてきた大納言・平実照の面倒を懇ろに見たことで、後に朝廷から三河の目代、しばらくして三河守にまで任ぜられて従五位下に叙せられた（後述する三河守任官の条件を考えると疑わしい）。そして世良田氏を再び名乗るようになった。

泰親に六男あり。長子信広《のぶひろ》をして、襲《つ》いで松平村に居らしむ。次子《じし》信光の武《ぶ》、已《おのれ》に類《るい》すと謂《おも》ひ、以て嗣《し》となす。幼字《ようじ》は次郎三郎《じろさぶろう》。初め岩津《いわつ》を守り、嗣《つ》ぎ立つて岡崎《おかざき》に居り、和泉守《いずみのかみ》と称す。善《よ》く兵を用ひ、大給《おぎゅう》、北給《きたぎゅう》を攻めてこれを并《あわ》せ、また襲《おそ》つて安祥《あんしょう》を取る。寛正六年、額田《ぬかだ》の民《たみ》、乱を作《な》す。州《しゅう》の守護《しゅご》細川成之《なりゆき》、定むる能はず。幕府、教を和泉守に下《くだ》す。一戦してこれを平ぐ。和泉守《いずみのかみ》、男女四十余人を生み、親戚蕃衍《はんえん》す。

泰親には六人の息子がいて、長男・信広には松平郷の村長を継がせ、次男・次郎三郎信光の武勇が自分に似ていることからこちらに家督を譲った。信光は当主となり岩津から岡崎に拠点を移し、和泉守を称した。彼は松平氏の当主として、初めて史料で実在が確認できる人物である。用兵に優れ、西三河に勢力を拡げた。室町幕府政所執事・伊勢貞親の被官となり、信光はその命令で三河守護・細川成之を助けて額田郡一揆（幕府に対する武士の反乱）を平定し、恩賞としてさらに三河に領地を獲得した。応仁の乱の際は主君・伊勢貞親と同じ東軍に属し、謀《はかりごと》をめぐらして西軍の畠山氏の安祥城を乗っ取ったと云われる。彼は八十余年の生涯で四十八人の子をもうけたとされ、新たに組み入れた領地（竹谷、安祥、形原、岡崎、五井、能見、丸根、牧内、長沢など）に次々に息子たちを送り込み、のちに「十八松平」と称される支族集団の基礎を作った。

次子《じし》親忠《ちかただ》嗣《つ》ぐ。幼字《ようじ》は竹千代《たけちよ》、長じて蔵人《くろうど》と称し、岩津《いわつ》に居る。精《せい》を励《はげま》し政《まつりごと》をなす。常にその老臣に謂《い》つて曰く、「先考《せんこう》嘗て謂《い》ふ、一士を養ふは一邑《いちゆう》を獲《う》るより多る、と。然れども忠邪《ちゅうじゃ》を混《こん》じ、賜与《しよ》を濫《らん》すれば、則ち徒に民力を費すのみ」と。明応《めいおう》二年、挙母《ころも》、寺部《てらべ》、上野《うえの》、八草《やくさ》、伊保《いほ》の五城、兵を合せて来り攻む。蔵人、三千人を以て伊田に邀《むか》へ撃《う》つてこれを破り、寺を鴨《かも》田《だ》に建てゝ大樹寺《だいじゅじ》と名づけ、以て陣亡《じんぼう》の士を弔《とむら》ふ。

信光の次男・蔵人親忠が後を継いだ。彼の幼名「竹千代」は以降代々、松平惣領家の嫡子に付けられることになる。「先考」は「先代の亡き父上」。「考」には「なきちち」の意味がある。「濫賜」は「みだりに褒賞を与えること」。彼は抱える武士の雇用抑制あるいは人員削減によって民の負担を軽くしようとした、ということか。

そもそも次男（三男とも）である親忠が本当に惣領家家督を継承したのか疑問視する声もある。彼の直系（安祥松平家）から英主・清康（家康の祖父）が出たので、遡って親忠も当主扱いにされたのでは、とも考えられる。彼は仏事に極めて熱心で、出家した時期もごく早いとされる。現在の岡崎市鴨田町に松平氏の菩提寺である大樹寺を創建したのもこの親忠である。ちなみに「大樹」とは征夷大将軍の唐風の呼称であるが、言うまでもなく単なる偶然に過ぎない。

松平氏、西三河を平定す

蔵人、九男を生む。曰く、親長《ちかなが》、乗元《のりもと》、長親《ながちか》、親房《ちかふさ》、超誉《ちょうよ》、親光《ちかみつ》、長家《ながいえ》、長忠《ながただ》、乗清《のりきよ》。而して親長は岩津を守り、乗元は大給《おぎゅう》を守る。長親は嗣となり、安祥《あんしょう》に居り蔵人と称す。出雲守に除《じょ》せらる。西三河を定む。而して東三河は猶ほ今川氏親《うじちか》に属す。氏親は駿河《するが》の守護なり。永正《えいしょう》三年、氏親、その将《しょう》北条長氏《ながうじ》と、大兵を率《ひき》ゐて来り攻め、八月、岩津を攻む。出雲守《いずものかみ》、五百騎に将として赴き救ふ。その騎に謂って曰く、「衆寡《しゅうか》敵せず。如何《いかん》」と。衆、前《すす》んで死を決せんと請《こ》ふ。出雲守曰く、「汝ら、世〻忠を我が家に尽す。而して我れ未だ厚く報ゆる能はず。今亦た吾が為めに死を決す。吾れ深く愧《は》づる所なり」と。因って大桶《おおおけ》を以て酒を貯《たくわ》へ、杯《さかづき》数十を泛《うか》べ、自ら一杯《いっぱい》を飲み、余瀝《よれき》を桶中《とうちゅう》に濺《そそ》いで曰く、「事急《きゅう》なり。各人に觴《しょう》するに暇《いとま》あらず。交〻《こもごも》就《つ》いてこれを飲め」と。衆、感奮《かんぷん》し、夜、矢矧河《やはぎがわ》を渡り、駿河の軍を襲《おそ》ふ。宇都宮忠茂《うつのみやただしげ》曰く、「我れ必ず捷たん」と。果してこれに捷ち、軍を西岸に収む。氏親、長氏遁《のが》れ去る。戸田《とだ》憲光《のりてる》、田原を以《い》て降る。出雲守、忠茂に問うて曰く、「何を以て捷《かち》を知る」と。曰く、「長氏、寵《ちょう》を負《たの》んで士を侮《あなど》る。士、闘志《とうし》なし。ここを以てこれを知る」と。忠茂《ただしげ》は新田義貞の将泰藤《やすふじ》五世の孫なり。後、その居る所に因って大久保氏と称す。

親忠は九人の息子の中から、長男・親長に岩津松平家（惣領家）を継がせ、次男・乗元を大給松平家に入らせ、そして三男・長親を後継者として安祥松平家を立てさせた。長親は父に倣って蔵人を称し、出雲守と名乗った。西三河を着々と平定しつつある松平氏であったが、一方東三河は駿河守護・今川氏親（義元の父）の支配下にあった。その部将の北条長氏が大軍を催して惣領家の守る岩津城に攻め込んで来た。この北条長氏とは、いわゆる北条早雲、正しくは伊勢新九郎盛時のことである。この頃の盛時はまだ大名として独立してはおらず、姉の子である今川氏親の補佐をするため今川家の客将的立場にいた。

以下、その伊勢盛時との合戦前後の出雲守長親と家臣の問答の場面が続く。この辺りのくだりは、流石に幼少の頃より軍記物に親昵《しんじつ》してその呼吸をすっかり自分のものにしている頼山陽である。文章が躍動と迫真を帯びていて、いかにも上手の講談を聴いているかのように心地良い。これぞ漢文を訓読・朗誦するという、今や我が国から失われつつある楽しみである。

合戦は、矢作川を渡河しての夜襲によって長親の軍が盛時率いる駿河勢を見事撃退した。しかし史実では、最終的に撃退はしたものの岩津城への長親の援軍自体は間に合っておらず、既に落城して岩津松平家は事実上滅亡している。そしてこの時をもって長親の安祥松平家に松平氏の惣領家が移った。また、ここで登場した宇津宮（あるいは宇津）忠茂は、新田義貞の麾下・宇都宮泰藤の五世の子孫とされ、のちにその一族は住んだ土地に因んで「大久保氏」を称した。

出雲守、五男を生む。曰く信忠《のぶただ》、親盛《ちかもり》、信定《のぶさだ》、利長《としなが》、義春《よしはる》。出雲守老《ろう》し、信忠嗣《し》となる。仍《な》ほ安祥に居る。左京亮《さきょうのすけ》に任ぜらる。左京亮、政《まつりごと》を恤《うれ》へず。嬖臣《へいしん》、事を用ひ、国内皆叛《そむ》く。群臣交ミ《こもごも》諫《いさ》むれども聴かず。因つて相ひ聚《あつま》つて廃立《はいりつ》を謀《はか》る。左京亮、これを覚《さと》り、親《みずか》ら一人を戮す。

出雲守長親は五人の息子のうちの長男・信忠に家督を譲った。信忠は左京亮を称した。だが彼は後世、かの大久保彦左衛門忠教の『三河物語』にて「武勇・情愛・慈悲」の一つとして備わっていないと酷評されるほどの暗愚な人物で、家臣の諫言も聴かず、遂に「廃立」された。家中の総意で強制隠居させられたということである。これを「主君押し込め」とも言ったりする。最後に「押し込め」を試みようとした家来の一人を手討ちにした、とあるが、しょせんは無駄な抵抗に過ぎなかったようだ。ただ、この騒動の背景については、父親の出雲守長親が偏愛した次男・信定や、松平氏惣領家の継承問題が絡んだ様々な解釈もなされている。

さてでは、信忠に代わって松平氏の惣領となったのは誰か。弟の信定ではなかった。

左京亮、三男を生む。曰く、清康《きよやす》、信孝《のぶたか》、康孝《やすたか》。乃ち群臣を召して曰く、「我れ、吾が非を悔《く》ゆ。而れども追ふべからざるなり。清康幼《いとけな》しと雖も器局《ききょく》あり。宜しく以て我に代るべし」と。大永《だいえい》三年、大浜に老す。清康立つ。仍《な》ほ安祥に居る。小字《しょうじ》は次郎三郎。幼より聡達《そうたつ》、旧臣を見る毎に古今の成敗戦闘《せいばいせんとう》の事を訪《と》ひ、膝《ひざ》に憑《よ》り鬚《ひげ》を将《と》り、以て楽しみとなす。或は某《ぼう》は何《いず》くに在るかと問ひ、その死《し》且つ戦没《せんぼつ》するを聞くや、輒《すなわ》ちこれを痛傷《つうしょう》す。嘗て食に当つて謁《えつ》を受く。衆を呼んでこれを前《すす》め、その御《ぎょ》する所の椀《わん》を以てこれに酒を飲ましむ。衆敢《あえ》てせず。清康曰く、「人生《じんせい》は等しきのみ。或は君となり、或は臣となる。分《ぶん》は隔《へだた》るべし。情《じょう》は隔るべけんや」と。強《し》ひてこれに注《そそ》ぐ。皆霑酔《てんすい》す。退いて相ひ謂つて曰く、「今日の酒は、吾が輩の頸《くび》の血《ち》なり」と。

左京亮信忠の三人の息子のうち後を継いだのは長男の次郎三郎清康である。時にわずかに数え十三歳。清康は言わば「早熟の麒麟児」であった。それは周囲の誰の目にも明らかであったのだろう。幼い頃の竹千代（清康）は、よく老臣を招いて古今の武将の成功失敗や戦についての話をしてほしい、とせがみ、老臣の膝の上に這い登ってその顎鬚を弄びながらじっと話に耳を傾けた。また、しばらく顔を見せない家臣の様子を尋ね、先頃の合戦で討死したと聞くや、その者を想って激しく哀しみ傷んだ。

やや長じて、食事の時に家臣たちの目通りを許した際、みなを前に来させて自分の椀に酒を注ぎ、どうかこれを飲んでたもれ、と勧めた。誰も遠慮して受けないのを見ると、清康は言った。人はみな同じだ、君臣の身分の違いはあれど心に隔たりがあってはならぬ、さあ誰かこの酒を受けてくれよ、と。家臣たちはみな心地よく酔い、退出するおり互いに語り合った。若殿の御為に死なずばなるまい、今宵頂戴した御酒は我らが首の血ぞ、と。

これらの清康の逸話が真実かどうかは判らないが、さすがに年端も行かぬ子供が人の心を纜《と》る術を心得ていたとも思えず、まさに天性の将器の片鱗を窺うに足る。

ところで父信忠の弟の信定は、叔父の家に養子に出されて桜井松平家を立てたので、結局惣領を継ぐことはできなかった。極めて不本意ながら、甥・清康を後見する立場に立つ羽目になった。この時の憤懣と無念が、彼のみならず桜井松平家そのものを長きにわたって安祥松平家（惣領家）への反抗に駆り立てる大きな原因となった。

時に族《ぞく》松平親貞《ちかさだ》、岡崎《おかざき》及び山中に拠《よ》り、以て傍近《ぼうきん》を掠《かす》む。大久保忠茂《ただしげ》曰く、「先づ山中を抜《ぬ》かば、則ち岡崎は攻めずして下らん」と。乃ち夜《よる》、山中を襲《おそ》ひ取る。親貞輒ち降る。岡崎は三河の要地たるを以て、徙《うつ》つてこれに居る。国人、称して岡崎公といふ。遂に西三河の豪傑五十余姓を徇《とな》へ下す。忠茂を賞せんと欲し、その欲する所を問ふ。答へず。強ひて後、答へて曰く、「願はくは城下の市租《しそ》を賜《たま》へ」と。岡崎公、これを許す。而してその貪《たん》を疑ふ。忠茂、尽《ことごと》く市《し》人《じん》を召し、君命を以てその市税を除く。四方の商旅《しょうりょ》、これを聞いて争ひ至る。岡崎終にこれを以て富実《ふうじつ》なり。

清康はまず、岡崎城と山中城に拠って近在への略奪を働いた同族（大草松平家）を、先代より仕える大久保忠茂の献策を容れて降伏させた。岡崎は西三河における枢要の地なので、新たな岡崎城を築いてそこを本拠とした。以降国人が清康を「岡崎公」と呼ぶようになったので、頼山陽もここから清康を「岡崎公」と記すようになる。

西三河の五十余りの諸族が帰属を申し出てきた。功績の大きい忠茂に望む恩賞を強いて問うたところ、岡崎城下での商業税をいただきたい、との由。清康は彼の貪欲さを疑った。忠茂は商人を集め、岡崎公の命によってこれより城下での商いの税を免ずる、と告げた。するとこれを聞いて四方から商人が争って押し寄せ、以来岡崎城下には銭や物が多く集まるようになった。

清康は、西三河を支配するに当たって、この地域での影響力の強い名門・吉良氏（足利一門における最高格の庶流）への対抗上、先祖とされる新田氏の庶流・世良田の苗字を冒して「世良田次郎三郎」を名乗ることにした。伊勢氏綱が関東管領・上杉氏への対抗上、かつての鎌倉幕府執権「北条氏」を名乗ったのと同じである。

享禄《きょうろく》二年、吉田城主牧野伝蔵《まきのでんぞう》、兵を起して西三河を并《あわ》せんと欲す。岡崎公、兵に将としてこれを撃ち、伊奈《いな》に出づ。伊奈城主本多正忠《ほんだまさただ》迎へ降る。正忠の先《せん》を助秀《すけひで》といふ。豊後《ぶんご》の本多郷《ほんだごう》に居る、子孫、尾張に邑す。尋《つ》いで三河に徙《うつ》り、挙族《きょぞく》、徳川氏に仕ふ。而して正忠、尤も大なり。岡崎公、その兵を并せ、進んで火を御油《ごゆ》に縦《はな》つ。伝蔵、吉田川を済《わた》り、舟を毀《こぼ》つて戦ふ。我が兵利《り》あらず。本多信重戦死す。佐野与八《さのよはち》、退かんと請ふ。岡崎公肯《がえ》んぜずして曰く、「彼勝つて驕《おご》る。破るべきなり」と。乃ち進み戦ふ。与八、これに死す。叔父信定《のぶさだ》ら、力戦して、遂にこれを破り、伝蔵を斬《き》り、遂に吉田を攻む。正忠、攻めてその東門を破り、遂にこれを陥《おとしい》る。岡崎公、城に入りて士民を撫《ぶ》し、遂に叛将《はんしょう》戸田憲光《のりみつ》を攻め下し、東三河を平げて還《かえ》り、伊奈に会飲《かいいん》す。正忠、盤殽《はんこう》を献ず。藉《し》くに葵《あおい》三葉《よう》を用ふ。岡崎公、視《み》て説《よろこ》んで曰く、「吾れ凱旋《がいせん》してこれを得たり。今より当《まさ》にこれを以て徽号《きごう》となすべし」と。初め徳川氏、宗族たるに因り、中黒《なかぐろ》を以て号《ごう》となす。ここにおいて、三葵《みつあおい》を兼用す。

次いで清康は、西三河へ侵攻する構えを見せる東三河の吉田城主・牧野伝蔵（信成）に鉾先を向けた。吉田（豊橋市）の手前の伊奈まで来た時、そこの城主の本多正忠が降参してきた。本多氏は豊後より出て、尾張を経て三河に移り住んでいた。以後、この一族は大久保党と並ぶ徳川家の柱石となっていく。

一方、吉田城を出た牧野伝蔵の軍勢は吉田川を渡ってから背水の陣を敷き、決死の覚悟を見せた。戦いが始まると清康軍は崩れかけ、本多信重も討死を遂げたが、敵兵が驕っているのを看破した清康は佐野与八の撤退の進言を退けて戦いを継続した。「乃ち進み戦ふ」の「乃ち」には、なんとまあといった軽い驚きのニュアンスがあると、漢文の恩師に教えていただいたことがある。

与八はこの戦いで死んでしまったが、因縁のある叔父・信定の奮戦もあって遂に敵を撃ち破って牧野伝蔵を斬り（この時、信定は怒りに任せて突撃を敢行する清康を冷ややかに眺め「大将を討死させよ」と吐き捨てて制止しようとしなかったという逸話がある）、続く吉田城攻めでは、本多正忠が東門を突破して落城させることができた。その後、渥美半島で叛いた戸田憲光も下し、東三河をほぼ平定した。またこの時期、奥三河の山家三方衆（奥平氏と二系統の菅沼氏）も服属したと見られる。

伊奈城での戦勝祝賀の宴の際、清康は、本多正忠の用意した膳に葵の葉が三枚敷いてあったのを見て、凱旋してこれが手に入ったぞ、とたいへん喜び、これをきっかけに紋を新田氏の中黒から三つ葉葵に変えた、とあるが、先述したように三つ葉葵の紋の由来は賀茂神社から来ている。

この歳、兵を尾張に出し、織田氏の地を略《りやく》し、品野《しなの》を取り以て信定に賜ふ。三年、熊谷重長《くまがいしげなが》を宇理《うり》に攻め、自ら北門を攻む。信定、従子親次《じゆうしちかつぐ》を以て先鋒となす。南門を攻めて死す。初め我が僕人《ぼくじん》岩瀬といふ者、人を殺す。岡崎公、その勇を愛し、死を宥《ゆる》してこれを逐《お》ふ。時に城中に在り。夜、火を縦《はな》つて内応《ないおう》をなす。我が兵遂に城を抜く。岩瀬を賞禄《しようろく》す。重長走り、高力《こうりき》を保《たも》ち高力氏と称す。遂に来り降る。

家督を継いで六年、十九歳で三河一国を掌握するに至った清康は、今や戦国大名として隣国の尾張に目を向ける。同じ年のうちに、織田氏の治める品野の地を切り取って、これを叔父・信定に与えた。織田氏と境を接するようになった信定は、以後独自の動きをとり始めることになる。

翌年、数少ない三河国内の反清康勢力である熊谷重長（実長）の宇理（宇利）城を攻めた。清康は北門に取り掛かり、信定は甥の親次（兄の親盛の子で清康にとっては従兄弟、勇猛で知られた）を先鋒にして南門を攻めさせた。親次は戦死してしまった（死んだのは親次の父・親盛との説もある。この時信定が援軍を送らずに見殺しにしたことを知った清康は、戦後諸将の前で信定を激しく面罵したと云う）。

「初め我が僕人」の「初」は「そもそも」、「話を少し戻すが」といった意味。下僕の岩瀬という者が人を殺めたが、清康はその勇敢さを惜しんで処刑せず追放するだけに留めていた。宇理城を攻めた時、（恩を感じていた）岩瀬はちょうど城内にいて夜付け火をしてこちらに内応したので、清康軍は城を落とすことができた。岩瀬には褒美が与えられた。熊谷重長は逃れて高力の地に籠って高力氏を称したが、遂に降参して来た。

天文二年、広瀬《ひろせ》、寺部《てらべ》の二城主と岩津に戦ひこれを破る。冬、信濃の人来り侵《おか》す。迎《むか》へ撃《う》つて大にこれを破る。岡崎公、嘗て夢む。文《ぶん》あり、その握《あく》に在り。「是《し》」といふ。覚《さ》めて衆に問ふ。衆、その解《かい》を知るなし。僧横外《おうがい》といふ者あり。曰く、「是《し》の字《じ》、日下《ひのした》の人《ひと》なり。日下、一人を以てこれを握る。公、将《まさ》に大に興《おこ》らんとす。然れども握《にぎ》つて未だ啓《ひら》かず。その子孫に在らんか」と。岡崎公大に喜び、為めに海龍禅寺《かいりゅうぜんじ》を建つ。

ある時、清康は握った手のひらの中に「是」の字があるという夢を見た。横外という僧の夢占いによると、「是」の字は「日」と「下」と「人」の字からなっており、これは天下を一人の人が握るということを意味しておりますが、手のひらは握られたままであったとのことなので、天下人とおなりになるのはおそらく岡崎公のご子孫であられましょう、と。この類の話は中国の史書にもよく見受けられる。

岡崎公、威名《いめい》日に著《あらわ》る。甲斐の国主武田信虎《たけだのぶとら》、使を遣して好《よしみ》を通ず。美濃、尾張の諸城主も亦た附《ふ》を願ふ者あり。公、一日、慨然《がいぜん》として将士に言つて曰く、「我が家は足利氏と族望《ぞくぼう》相ひ敵す。その剪滅《せんめつ》する所となり、跡《あと》を削《けず》り勢を屈《くつ》し、以てここに至る。今や仇家《きゅうか》衰乱《すいらん》す。天下の事知るべし。冀《こいねが》はくは汝衆《なんじしゅう》の力を藉《か》り、義兵を糾合《きゅうごう》し、幟《はた》を皇都《こうと》に樹《た》て、一たび累世《るいせい》の恥《はじ》を雪《すす》ぐを得ん。今、我が東に今川氏あり。西に織田氏あり。先づ織田氏を攻めて、以て西上の路を開かん。宜しく兵を厲《はげま》し糧《りょう》を峙《つ》み、以て吾が令《れい》を竢《ま》つべし」と。衆、奮躍《ふんやく》して命を聴《き》く。

清康の威名は四隣に鳴り響き、甲斐国主・武田信虎（信玄の父）は交誼《こうぎ》を求めて使者を遣わし、美濃尾張の諸城主の中にも服属を願い出る者があった。

そんなある一日、清康は将士を集めてこう言った。今や我が一門を離散させた仇敵・足利氏の衰退ぶりは明らかである。「冀はくは汝衆の力を藉り、義兵を糾合し、幟を皇都に樹て、一たび累世の恥を雪ぐを得ん」。「雪」の字には「雪辱」のように「濯ぐ」転じて「恨みを晴らす」の意味がある。しかし、この時点で清康が天下に望みを抱いたということは、いかに彼が英傑であったとしても明らかに無理がある。この直後に起こる松平氏の一大破局を強調するための、頼山陽の物語作家としての言わば「フラグ立て」に違いあるまい。

森山崩れ

十月、兵万人を勒《ろく》し、自ら将として西上し、森山《もりやま》に入る。信定《のぶさだ》、上野《うえの》に居り、疾と称して従はず。初め信定、勢を負《たの》んで士に驕《おご》る。落合某といふ者、事に因つてこれに抗《こう》す。衆、為めにこれを危《あやぶ》む。公曰く、「士は先公以来愛養《あいよう》する所、叔父これに傲《おご》るは非《ひ》なり。彼屈撓《くっとう》せざるは嘉《よみ》すべし」と。信定これを銜《ふく》む。親次の死するや、信定救《すく》はず。また公の誚責《しょうせき》する所となる。深く慙恚《ざんい》を懐《いだ》く。ここにおいて虚《きょ》に乗じて乱を作《な》さんと欲す。将士、且《しばら》く西伐を止めんことを請ふ。公曰く、「何ぞ意に介《かい》するに足らん。今、大挙して徒《いたずら》に帰らば、士気沮敗《そはい》し、侮《あなどり》を四隣《しりん》に納《い》れん」と。遂に進んで清洲《きよす》を攻めんと欲す。

清康の家督相続以来の叔父・信定との因縁がここであらためて顕在化する。

清康は万の兵を率いて西上し、尾張の森山（守山）城に入った。信定は病気を理由にしてこの軍に同行しなかった。そもそも信定は自らの勢力を鼻にかけて士人に対し驕り昂るところがあった。落合某などはある出来事（散楽の座席争い）を巡って信定と意地を張り合っている。清康の家臣たちはかねてよりこういった信定の行状を危惧していた。

清康は言った。「我が松平は先公以来士人を愛育して参った。叔父上が士に驕るのは誤りじゃ。落合が屈しなかったは褒めるべきぞ」と。信定はこれを聞いて清康を恨みに思った。また、宇理の戦いで親次を救援せず死なせて清康に譴責《けんせき》されたことに、彼は深い屈辱と瞋恚《しんい》を抱いてもいた。ここに至って信定は空になった安祥城を襲って反乱を起こそうとしていた。将士たちはそれを察して西伐の暫時延期を願い出たが、清康は「何ぞ意に介するに足らん」と清洲まで攻め込む意思を示した。

国老《こくろう》安倍定吉《あべさだよし》、軍に従ひ、数〻《しばしば》書を以て信定を勗《つと》めしむ。流言《りゅうげん》あり、「定吉、信定と謀《はかりごと》を通ず」と。定吉、子弥七《やしち》に謂《い》つて曰く、「衆、我が寵《ちょう》を嫉《ねた》み、語言《ごげん》を造作《ぞうさく》す。主公、必ずこれを察せん。即《も》し察せずして誅《ちゅう》せらるるも、慎んで以て怨《うらみ》となすなかれ。宜しく時を竢つて寃《えん》を鳴《なら》すべし」と。十二月、軍中、馬逸《うまいつ》す。衆、大に騒《さわ》ぐ。弥七、刀を奉《ほう》じて公の側《そば》に侍す。定吉、已《すで》に殺さると謂《おも》ひ、惶急《こうきゅう》して、刀を抜いてこれを弑《しい》す。植村栄安《うえむらえいあん》、傍より弥七を誅《ちゅう》す。定吉、これを聞き、将に自殺せんとす。松平信孝《のぶたか》これを止む。

家老の安（阿）倍定吉が軍中からたびたび信定に従軍するよう忠告の手紙を送っていたところ、定吉は信定と内通しているのではないかとの流言が軍中に立った。定吉は息子の弥七を呼んで言い含めた。「多くの者がわしへの殿の寵を妬んでかかる流言を作ったのであろうが、聡明な殿は必ず見抜いてくださるだろう。万が一お見抜きになれずわしが誅されるようなことがあっても、慎んで決してお怨みに思うてはならんぞ。しばらく時を待ってから冤罪を申し立てればよい」と。

その年の師走のある日、軍中で馬が暴れて逃げ出し、大騒ぎとなった。弥七は太刀持ちとして清康の側に侍っていたが、すわ、我が父が殺されたと思い込み、慌てふためき我を忘れて刀を抜いて清康を斬り殺してしまった。植村栄安が傍からすぐさま弥七を誅した。安倍定吉はこれを聞いて自害しようとしたが、清康の弟・信孝が押し留めた。

清康はこの時数え二十五歳、なお春秋に富む若者であった。このいわゆる「森山崩れ」の時に安倍弥七が用いた刀が「村正」であり、この銘の刀は以後代々徳川家に仇なしたという話があるが、むろん俗説である。

時に出雲守猶《な》ほ在り。将士、喪《も》を護《まも》つて帰り、命《めい》を請ふ。初め岡崎公、青木氏を娶《めと》り、広忠を生む。乃ちこれを立つ。定吉、罪なきを以て、宥《ゆる》してこれに傅《ふ》たらしむ。織田信秀《おだのぶひで》、我が内変《ないへん》を聞き、兵を挙《あ》げて来り侵《おか》す。我が見兵八百、季父康孝《きふやすたか》を以て将となし、迎へて伊田《いた》に戦ふ。植村栄安《えいあん》、先んじて進む。高力重長《こうりきしげなが》及び子長安《ながやす》戦死す。信秀、戦敗れ、和《わ》を請《こ》うて去る。

健在であった先々代の出雲守長親による調停で清康の忘れ形見・広忠（千松丸あるいは竹千代、この時数え十歳）が松平家惣領となった。

視点は広忠に切り替わる。従って、「季父康孝」とは広忠にとって「末の叔父・康孝」（清康の弟）ということである。漢文には、「伯《はく》・仲《ちゆう》・叔《しゆく》・季《き》」という兄弟の序列を表す字（排行）がある。自分の父母を「仲」とみなすと、例えば「伯母」は父が母の姉に当たるおば、ということになる。父母の弟ならば「叔父」。

織田信秀が松平氏の動揺の隙を突いて侵攻してきたが、なんとか退けて和議に持ち込んだ。

信定、出雲守に寵《ちよう》あり。遂に自立《じりつ》を図《はか》る。定吉、広忠を奉じ、出でて伊勢に奔《はし》る。信定遂に立つて上野《うえの》に居り、自ら織田氏に結ぶ。定吉密かに弟正定《まささだ》及び大久保忠茂の子忠俊《ただとし》、酒井広親《さかいひろちか》の孫正親《まさちか》、正親の従子忠次《ただつぐ》、石川清兼《きよかね》、石川数正《かずまさ》、成瀬正義《なるせまさよし》と謀を通じ、援《たすけ》を今川氏に乞《こ》ひ、以て広忠を納《い》る。

遂に信定が謀反を起こし、松平氏惣領への野心を剝き出しにした。信定は娘を織田信秀の弟・信光に嫁がせ、また織田方の水野信元《のぶもと》にも別の娘を嫁がせている。織田信秀と密かに盟約を結び、「森山崩れ」の一件にも関与していた疑いが濃厚である。

安倍定吉は広忠の命の危険を察して、伝手《つて》を頼って広忠を連れて伊勢に逃亡した。

安倍定吉と謀を通じた三河の家臣たちの中に、酒井忠次や石川数正といった家康の股肱《ここう》の重臣の名前が現れ始める。

五年冬、護《まも》つて牟呂《むろ》に入る。三河の人多く往いてこれに帰す。六年、信定来り攻む。忠俊、佯《いつわ》つてその軍に従ひ、書を城上に射《い》て、期するに四月これを迎ふるを以てす。信定、危疑《きぎ》す。宣《せん》言《げん》して曰く、「我れ初《はじ》めより姪孫《てつそん》を害するの意なし。徒諸ゝ《ただもろもろ》の乱人《らんじん》を誅するのみ」と。乃ち兵を引いて還り、数ゝ《しばしば》将士と誓《ちか》ふ。忠俊、三たび誓書《せいしよ》を上《たてまつ》つて密かに岡崎の留守松平信孝《のぶたか》に告ぐ。信孝曰く、「吾も亦たこれを欲す。未だ間《かん》を得ざるのみ。念《おも》ふに公ら、事成らずして死せば、誰《たれ》かこれに継《つ》ぐ者ぞ。吾れ且《しばら》く身を全くせん」と。乃ち疾《やまい》と称して有馬《ありま》に赴く。五月、忠俊ら、密かに広忠を迎へて岡崎に入る。将士争ひ謁《えつ》す。出雲守《いずものかみ》、これを聞き、喜んで曰く、「吾れ、駿河の兵の因《よ》つて以て我を侵《おか》すを恐る。故にこれを拒《ふせ》ぐのみ。児《じ》は我が嫡曾孫《てきそうそん》なり」と。因つて信定に命じ、節《せつ》を折つてこれに事《つか》へしむ。信定、已《や》むを得ず来り謁《えつ》す。信孝も亦た帰《き》す。広《ひろ》忠《ただ》、三河守に任ぜらる。忠俊《ただとし》以下、賞を受く。忠次、左衛門尉《さえもんのじよう》と称す。父氏次《うじつぐ》より、稍ゝ《やや》功《こう》労《ろう》を積む。ここにおいて、三河守の妹を娶《めと》り、尤《もつと》も親重《しんじゆう》せらる。

その年の冬に広忠は護衛されて三河の牟呂（城）に入り、三河の多くの士人はこれに帰順したが、翌年信定が攻め寄せてきた。信定は自らに人望が無いことを痛感して疑心暗鬼になっていたので、広忠を害するつもりはない、と言い、退いて帰った。

「姪孫」の「姪」とは現代の日本語の「めい」の意味では無論なく、漢文で「姪」とは「甥」のことを指す。広忠にとって信定は祖父・信忠の弟、つまり大叔父に当たる。

大久保忠俊は広忠の岡崎城を預かっていた叔父（清康の弟）である信孝に根回しをして、翌年の五月には広忠を岡崎城に迎えることができた。この事態に曾祖父の出雲守長親は「わしは今川が広忠を岡崎に入れるのを口実に三河を侵略してくるのではないかと恐れその入城を防いだのだ。決して嫡流の曾孫を拒んでいたわけではないぞ」と歯切れの悪いことを言い、信定にも命令して従わせた。信定は不承不承広忠に臣下としての目通りをした。広忠は三河守を称するようになった。

信定がここまで大胆に行動できたのは、実は出雲守長親の暗黙の了承があったからであろう、と考えられている。長親はこの野心と才気のある三男が格別可愛いかったのだ。

酒井忠次は「左衛門尉」を名乗り、広忠の妹も娶って最も重用信任されるようになった。

七年、信定卒《しゅつ》す。衆心乃ち定る。定吉、逆家《ぎゃくか》たるを羞《は》ぢ、自らその嗣《し》を絶《た》つ。婢《ひ》身《はら》めるあり、出でて井上氏に嫁《か》す。井上氏は、実は安倍氏の胤《いん》なり。九年六月、織田氏の兵来り、松平長家《ながいえ》を安祥《あんしょう》に攻む。三河守、松平康信《やすのぶ》らをしてこれを援けしむ。利あらず。長家及び松平康忠《やすただ》、林《はやし》政縁《まさより》ら皆死す。松平利長《としなが》、松平忠継《ただつぐ》、苦戦してこれを卻《しりぞ》く。

翌年、惣領家を二代にわたって悩ませ続けた大叔父・信定が死んだ。士民の心はようやく安定した。

家康の誕生

十年、三河守、刈谷《かりや》城主水野忠政《みずのただまさ》の女を娶る。十一年、歳壬寅《としじんいん》に次《じ》す。十二月二十六日、男を岡崎に生む。奇質《きしつ》あり。出雲守、これを視《み》て曰く、「この児《こ》必ず名を天下に揚《あ》げん」と。酒井正親、石川清兼をして、これを挙《あ》げしむ。故事《こじ》に因って、幼字を竹千代《たけちよ》と命ず。

また翌年、広忠は刈谷城主・水野忠政の娘を娶った。そして天文十一（一五四二）年壬寅十二月二十六日岡崎城で男子が誕生した。竹千代と名付けられた。

この水野家との婚姻は叔父の信孝が仲介したと云われる。水野忠政は尾張知多郡にかなりの勢力を有していた。娘の名は於大《おだい》（伝通院）。この家康の生年月日はグレゴリオ暦に換算すると一五四三年二月十日となり、干支も一年ずれて癸卯《みずのとう》となる。以後年代に適宜西暦も併記することにする。

この歳秋、織田氏復た来り侵《おか》す。援を今川氏に乞《こ》ふ。今川氏、僧大原《だいげん》を遣し、三万人を以て来り救ひ、与《とも》に小豆坂《あずきざか》に戦つて、互に勝敗あり。冬、復た来り侵す。内藤清長《ないとうきよなが》、撃つてこれを卻《しりぞ》く。十二年、水野忠政《ただまさ》卒す。子信元《のぶもと》叛《そむ》き、織田氏に附く。三河守《みかわのかみ》、今川氏の意を難《はばか》り、これと婚《こん》を絶《た》つ。再び戸田憲光《のりみつ》の女を娶《めと》る。

この秋に再び攻めてきた織田軍に対し、広忠は今川氏に援軍を請うた。今川は太原崇孚雪斎《たいげんそうふせつさい》が三万余りの軍勢を率いて来援し、小豆坂で戦って互いに勝敗があった。いわゆる第一次小豆坂の戦い。織田方の勝利とされているが、そもそもこの戦自体無かったという説もある。今川三万というのは明らかに誇張。雪斎禅師は家康の幼少期と深く関わってくるので後述する。

天文十二年、水野忠政の死で後を継いだ信元が織田方へ寝返った。広忠は今川の意向を慮って於大を離別し、戸田憲光の娘と再婚した。

十三年八月、出雲守《いずものかみ》卒す。織田信秀、族敏宗《ぞくとしむね》を遣《つかわ》して安祥を攻めしむ。敗れて去る。信秀《のぶひで》自ら将として、代り攻めてこれを抜く。佐崎城主《さざきじょうしゅ》松平忠倫《ただとも》叛き降り、信秀の為めに上輪田《かみわだ》を守り、以て岡崎に逼《せま》る。

天文十三年、曾祖父・出雲守長親逝去。織田信秀がまた来襲し岡崎に迫る。

十四年、三河守自ら将として、尾張の兵を清畷《きよなわて》に撃ち、これを走らせ、追って安祥に至り、城《じよう》兵《へい》と戦つて大に敗れ、殆《ほとん》ど免《まぬか》れず。本多忠豊《ほんだただとよ》止《とど》まり戦つてこれに死す。三河守脱《まぬか》るゝを得たり。忠豊の金扇馬表《きんせんばひよう》を取つて、これを牙営《がえい》に置き、以てその忠を旌《あらわ》す。松平信定《のぶさだ》の子清定《きよさだ》、上野《うえの》に拠《よ》つて叛《そむ》く。初め酒井正親《まさちか》の兄忠尚《ただひさ》、人を讒《ざん》して遂《と》げず。慚《は》ぢて退居す。ここにおいて、往《ゆ》いて清定に帰《き》す。三河守、これを攻む。利あらず。

天文十四年、広忠は自ら軍を率いていったんは尾張兵を敗走させたが、安祥まで追撃してその城兵と戦って大敗、本多忠豊の殿《しんがり》の犠牲で広忠は九死に一生を得た。広忠は彼の金扇の馬印を本陣に掲げて忠豊の忠義を顕彰した。亡き信定の子の清定が上野に拠って叛いた。また酒井正親の子の忠尚は人を讒言して失敗しそれを恥じて隠居していたが、この時上野に行って清定に帰服した。広忠はこれを攻めたが勝てなかった。

酒井氏は松平氏の筆頭重臣の家だが、この頃は独立勢力を形成していた。忠尚は一説には酒井忠次の叔父とも云われるが定かではない。

十五年三月、近臣岩松八弥《いわまつはちや》、酗《く》し、公の寝《しん》に入りて逆《ぎやく》をなす。成らず。三河守、刀を抜いてこれを逐《お》ふ。八弥走り出づ。植村栄安《えいあん》入る。これに橋上《きようじよう》に遇《あ》ひ、相ひ搏《う》つて濠《ほり》に堕《お》つ。松平信孝《のぶたか》、槍《やり》を提《ひつさ》げて来り、濠に臨《のぞ》んで曰く、「子《し》、これを縦《はな》て。我これを刺《さ》さん」と。栄安曰く、「縦たば則ち逸《いつ》せん。我を併《あわ》せてこれを刺《さ》せ」と。信孝、猶予《ゆうよ》す。栄安遂に八弥を斬《き》る。九月、三河守、自ら将として上野《うえの》を攻む。大久保忠俊の姪児《てつじ》忠世《ただよ》、力戦す。清定、忠尚皆降る。清定を桜井《さくらい》に置き、忠尚をして上野を守らしむ。時に松平信孝、功を負《たの》んで横肆《おうし》なり。親戚の死する者は輒ちその邑《ゆう》を并《あわ》す。衆、復た一の信定を生《しょう》ずと謂《おも》へり。

「酗」の音読みは「ク」で訓読みは「さかがり」。酒を呑んで怒り狂うこと。酒乱。漢文の「走る」は逃げるの意味。有名な例は「死せる孔明生ける仲達を走らす」。

天文十五年三月、広忠の近臣・岩松八弥は酒に酔って錯乱し、広忠の寝所に忍び込んで主君を殺そうとした。広忠は殆うく刀を抜いてこれを追い払った。八弥は逃げ出し、城に入ってきた（清康を殺した安倍弥七を討った）植村栄安と橋の上で出くわし、格闘となってともに濠に落ちた。

ここから頼山陽はやや思わせぶりな書きぶりになる。そこへ槍を引っ提げた松平信孝（広忠の叔父で後見役）が濠を覗き込んで言う、「そやつを放せ、わしが突き殺す」。栄安が返す、「放さば逃げまする、それがしもろともお突きくだされ」。信孝が躊躇っているうちに栄安は八弥を討ち取った。

山岡荘八の大長編小説『徳川家康』などではいくつかの江戸の文献を元に広忠はこの岩松八弥の手で殺されたことにしているが、頼山陽はその説を採っていない。あるいは二代続けて弑逆されたとするのは徳川将軍家に対して憚りがあると判断したか。近年の歴史学でも広忠が殺されたか病死んだか確定はされていないが、少なくとも広忠が亡くなるのはこの二年後である。

九月、広忠は大久保忠世の活躍もあって上野の松平清定と酒井忠尚を降伏させ、そのまま彼らに元の領地を守らせた。この頃になると叔父の信孝は自らの功を恃んで横暴な振る舞いが目に余るようになり、親戚が亡くなるたびにその領地を自分のものにしてしまうようなことをした。みなは、もう一人の信定殿が生まれた、と言った。
広忠にとってももう一人の叔父・康孝（信定の弟）が亡くなった後、その三木の領地も信孝は横領している。清康と広忠の父子は、二代続けて叔父の野心に悩まされ近習に命を狙われたことになる。

十六年正月、信孝駿河に如《ゆ》く。衆、その在らざるに乗《じょう》じてその邑を収《おさ》めんと請ふ。これに従ふ。信孝至る。帰る所なし。これを今川氏に訴ふ。今川氏、三河の将士を詰《なじ》る。将士、故《ゆえ》を告ぐ。信孝乃ち輪田《わだ》に走り、松平忠倫《ただとも》に依《よ》つて、終に織田氏に降る。酒井忠尚《ただひさ》復た叛《そむ》いてこれに応ず。九月、我が兵、信孝を攻め、亘邑《わたりむら》に戦ふ。鳥居忠宗《とりいただむね》これに死す。亘《わたり》を以て忠宗の父忠吉《ただよし》に賜ふ。忠吉八世の祖忠景《ただかげ》、栗生顕友《くりうあきとも》といふ者と、新田義貞に事《つか》ふ。敗るゝに及び、共に亘《わたり》に匿《かく》る。忠吉に至り、栗生某と倶《とも》に出でて岡崎公に仕ふ。栗生は後に大番頭《おおばんがしら》となる。

天文十六年の正月、信孝が駿河の今川氏に年賀の挨拶に出向いている間に、信孝の領地を接収することに家臣たちの衆議が一致し、広忠もそれに従った。信孝が三河に戻ると帰る場所が無くなっているのを知り、その事を今川氏に訴え出た。今川氏は三河の将士を詰問したが、彼らが「故を告ぐ」（理由を説明する）と、信孝の訴えは今川氏からも棄却された。するとなんと信孝は既に織田方に付いていた松平忠倫を頼って織田氏に寝返ってしまった。酒井忠尚も再び叛いてこれに応じた。
九月に松平軍は信孝と三河の亘（渡）村で戦い、この戦いで鳥居忠宗が討死を遂げたので、亘村をあらためて忠宗の父・忠吉に与えた。鳥居氏の先祖は栗生氏とともに新田義貞に仕えた家（熊野神社の別当の流れを汲むという説もある）で、新田氏が敗れた後、鳥居氏と栗生氏はこの亘の地に潜伏しており（亘川の水運で財を成していったとも）、忠吉の代になって栗生氏と清康に仕えた。栗生氏は後に「大番頭《おおばんがしら》」（将軍警護役の頭）となった。

十月、忠倫《ただとも》、将に尾張の兵を導《みちび》いて岡崎を取らんとす。三河守、刺客《せきかく》を遣してこれを殺す。織田信広《のぶひろ》、代つて輪田《わだ》を守る。六砦を益《ま》し築《きず》く。三河守、援を今川義元《よしもと》に乞《こ》ふ。義元、質子《ちし》を徴《ちょう》す。乃ち世子《せいし》竹千代を以てこれに応ず。生れて六年なり。諸将士の質《ち》五十余人と、東のかた駿河に赴《おもむ》く。外舅《がいきゅう》戸田憲光陰《のりみつひそ》かに款を尾張に通ず。佯《いつわ》つて好《こう》を以て迎へ、観潮坂《しおみざか》に館《かん》し、使を馳《は》せて尾張に告げて曰く、「公、三河を取らんと欲せば、則ちこの質《ち》を奪ふに若《し》くはなし」と。信秀大に喜び、その将林正成《はやしまさしげ》らを遣して田原《たわら》に赴き、銭《ぜに》五百貫を以て憲光に賜ふ。岡崎の人森平太《もりへいた》といふ者、正成の部卒《ぶそつ》となり、潜《ひそ》かに我が館《かん》に来り、戒《いまし》めて曰く、「戸田氏、郎君《ろうくん》を以て奇貨《きか》となす。公《こう》ら未だこれを知らざるか」と。因つて告ぐるに故《ゆえ》を以てす。我が衆、信ぜず。旦日《たんじつ》、憲光来り説いて曰く、「これより駿河に至るは大川《たいせん》多く、雨ふつて暴漲《ぼうちょう》す。海路に由るに若《し》かず」と。衆、これに従ひ、世子を護《ご》して船に上《のぼ》る。正成、別船《べっせん》に乗じてその後《ご》に従ひ、舵《かじ》を転《てん》じて熱田《あった》に至る。岩上《がんじょう》に兵あり、従船《じゅうせん》と相ひ招《まね》く。天野康景《あまのやすかげ》、猶《な》ほ幼なり。世子の傍《かたわら》に在つて、変《へん》を覚《さと》り、乃ちその僕《ぼく》に謂つて曰く、「平太の言《げん》、信《まこと》なり。岸に上《のぼ》る比《ころ》、汝亟《すみや》かに敵兵に混《こん》じ、走つて岡崎《おかざき》に帰り、具《つぶさ》に見る所を白《もう》せ」と。已《すで》にして岸に上《のぼ》る。正成、世子を大宮《だいぐう》司《じ》に納《い》る。康景の僕、走り帰つて故《ゆえ》を告ぐ。上下、大に驚く。康景の先も亦た新田氏の遺臣《いしん》なり。已にして信秀《のぶひで》の使至り、曰く、「貴息《きそく》西に在り、公宜しく東に背《そむ》いて西に郷《むか》ふべし。不《しか》らずんば則ち貴息の利に非ず」と。三河守答へて曰く、「殺さんと欲せば即ち殺せ。吾れ曷《いずく》んぞ一子の故を以て、信を隣国に失はんや」と。信秀怒り、世子を天王坊《てんのうぼう》に錮《こ》し、その艱苦《かんく》を備《つぶさ》にす。生母《せいぼ》水野氏、再び尾張の人久松俊勝《ひさまつとしかつ》に嫁《か》す。熱田と近し。家士《かし》平野《ひらの》某、竹内《たけうち》某を遣してこれを存問《そんもん》せしめ、給《きゅう》するに衣物を以てす。

十月、尾張兵を郷導（道案内）して岡崎城を奪取しようとした松平忠倫を、広忠は刺客を送り込んで暗殺した。織田信広（信長の庶兄）が忠倫の代わりに輪田を守ることになり、六つの砦が増築された。広忠が今川義元に援軍を請うと、義元は人質を出すことを求めた。そこで広忠はまだ六歳の嫡男・竹千代を送ることにした。竹千代は家臣たちの人質五十余人を供に東の駿河に向かった。

続いて、「銭五百貫で神君を売った戸田氏」の有名な逸話が語られる。この逸話は当時の文献には見当たらず、江戸時代になってから、松平氏が織田氏の圧力に屈して直接竹千代を織田氏に送った、と伝えるのが憚られて徳川側で創作された逸話と見る向きが多いようである。戸田氏は言わばスケープゴートにされた、ということだ。実際、戸田氏は江戸時代いくつもの大名家を出し、かなり優遇されている。「奇貨」とは掘り出し物、後から値打ちの出る物のこと。

天野氏の祖先も新田義貞に仕えていた。

広忠が「殺さんと欲せば即ち殺せ」と突っぱねたことに織田信秀は怒り、竹千代を天王坊に軟禁し、何かと苦しい状況に置いた。竹千代の生母・於大は尾張の久松俊勝（長家）に再嫁し熱田の近くに住んでいたので、家来を遣わして衣類や様々な物を届けさせた。

十七年三月、今川義元、兵に将として来り援け、安祥《あんしょう》に至る。三河守、その前軍を幷《あわ》せ、尾張の兵を小豆坂《あずきざか》に撃《う》ってこれを走らす。酒井正親、敵将鳴海大学《てきしょうなるみだいがく》を獲《え》たり。而して織田信広、猶《な》ほ留《とど》まつて安祥を守る。四月、松平信孝《のぶたか》、来つて岡崎を攻《せ》む。大久保忠俊《ただとし》、酒井正親《まさちか》ら、兵を伏《ふ》せ、射《い》てこれを殺す。三河守泣いて曰く、「盍《なん》ぞこれを生致《せいち》せざる」と。この月、復た撃つて尾張の兵を重原《しげはら》に破り、遂に八草《やくさ》、梅坪《うめつぼ》を攻む。信秀、自ら将として来り、西野に至る。我が兵、壁《へき》を堅《かた》くして出でず。信秀これを侮《あなど》り、進んで柳河《やながわ》に次《じ》す。我が兵、伏を設けて雨射《うしや》す。長坂信政《ながさかのぶまさ》、先づこれに馳《は》す。信秀、大に敗走す。信政、素《もと》より勇を以て著《あらわ》る。岡崎公、嘗て曰く、「長坂は戦ふ毎に槍《やり》に血ぬる」と。因つて呼んで長坂の血槍《ちやり》といふ。

天文十七年三月、今川義元が兵を率いて来援し安祥まで到達した。広忠はその前軍の兵をあわせて、小豆坂で尾張兵を撃ちこれを敗走させた（第二次小豆坂の戦い）。しかし織田信広は留まって安祥城を守った。四月に松平信孝が岡崎に攻め寄せて来たが、こちらの伏兵によって射殺された。広忠は泣いて、なぜ生捕りにしなかったのだ、と嘆いた。

同月、織田信秀がまたもや自ら三河に侵攻してきたが、松平兵を侮って進んできたところで伏兵の弓の斉射を浴び、長坂（血鑓九郎）信政の奮戦もあって、信秀は大敗して逃げた。

広忠死す

十八年三月、三河守卒す。年二十四。訃《ふ》、熱田に至る。世子、哀慕《あいぼ》すること成人《せいじん》の如し。三河守、性猜忌《さいき》、将士親しまず。

天文十八（一五四九）年三月、広忠がこの世を去った。享年数え二十四。訃報が熱田に届くと、竹千代の哀しみ慕う様はまるで大人のようであった。広忠には生まれつき他人を信ぜず遠ざけるようなところがあったので、将士はあまり親しまなかった。

広忠のような人生を送った者に、他人を信ぜよ、と言うのは酷な話と言える。彼に主君として問題があったとすれば、それは疑いの心を隠せなかったことであろう。

卒するに及んで聚議《しゅうぎ》す。或は曰く、「尾張と和し、速《すみや》かに世子を迎へん」と。或は曰く、「駿河は強大《きょうだい》なり。宜しく旧好《きゅうこう》を修めて徐《おもむ》ろに計《はか》つてこれを迎ふべし」と。議《ぎ》未だ決せず。今川義元、我が喪《も》を聞いて曰く、「織田氏、孤児《こじ》を擁《よう》して三河に臨《のぞ》まば、三河必ずこれに附《つ》かん」と。急にその将朝比奈泰能《あさひなやすよし》を遣し、来つて岡崎を守らしむ。将士乃ち駿河に附き、利《り》あらず。本多忠豊《ほんだただとよ》の子忠高《ただたか》、これに死す。十一月、義元、益〻《ますます》兵を発し、僧大原《たいげん》をして助けて安祥《あんしょう》を攻む。安祥を攻めしむ。時に信秀已《すで》に没《ぼつ》し、子信長嗣《つ》ぐ。兵を発して会戦し、伏に遇《あ》つて敗走す。城兵出で救ふ。我が兵、援軍《えんぐん》と夾《はさ》み撃つてこれを破り、北《に》ぐるを追つてその郛《ふ》を取る。信広《のぶひろ》、僅《わず》かに内城に嬰《かか》る。信長、鳴海《なるみ》に至り、敢て進まず。大原《だいげん》、使を遣してこれに謂つて曰く、「公、坐《い》ながら信広を視《み》る。盍《なん》ぞ竹千代を以てこれに易《か》へざる」と。信長許さず。林正成、平手政秀《ひらでまさひで》皆諫《いさ》む。乃ちこれを許す。ここに於て、尾張、駿河、笠寺《かさでら》に会盟《かいめい》し、信広は西に帰り、而して嗣君《しくん》は岡崎に帰るを得たり。居ること十余日、往いて駿河に質《ち》たり。酒井重忠《しげただ》、天野康景《あまのやすかげ》、平《ひら》岩親吉《いわちかよし》、阿部正次《あべまさつぐ》、高力清長《こうりききよなが》、植村栄政《うえむらよしまさ》ら二十余人、養卒《ようそつ》百余人、これに従ふ。義元、これを宮崎《みやざき》に置き、来島《くるしま》某をしてこれを監《かん》せしむ。その兵を遣して三河の諸城を守り、松平重吉《しげよし》、鳥《とり》居忠吉《いただよし》を以て祖賦《そふ》を監《かん》し、これを駿河に輸《しゅ》せしめ、将士に諭《さと》して曰く、「竹千代猶《な》ほ幼なり。吾れ当《まさ》に権《かり》に国務を領《りょう》し、その長ずるを竢《ま》つて返し予《あた》ふべし」と。これより兵戦ある毎に、三河の人を駆《か》つて先鋒となし、平時は命ずるに賤役《せんえき》を以てす。将士敢《あえ》て労を辞《じ》せず。独り嗣君《しくん》の早く国に還《かえ》るを願ふ。嗣君、宮崎に在り。供給《きょうきゅう》甚だ薄《うす》く、衣食足《た》らず。鳥居忠吉、家《いえ》素より富む。常に銭帛《せんぱく》を送り、またその次子元忠を遣してこれに侍《じ》せしむ。

広忠が亡くなると、尾張と講和してすぐに竹千代を返してもらうか、駿河の強大な力を借り策をめぐらして竹千代を取り戻すか、家臣の間で意見が割れ方針が定まらなかった。今川義元は広忠の死を聞いて言った。「織田が竹千代を盾に三河に臨んでおれば、いずれ三河の者どもはあちらに附くであろう」と。そこで急いで部将の朝比奈泰能を派遣して岡崎を守備させると同時に、松平衆に軍事的圧力も加えた。迷う余地の無くなった松平の将士はすぐさま織田方の安祥城を攻めたが勝てなかった。本多忠豊の子の忠高がこの時の戦いで討死した。

十一月、義元はさらに兵を動員して太原雪斎を安祥への援軍とした。この時織田信秀は既に没しており、嫡男の信長が後を継いでいた。信長は出兵して会戦したが伏兵に遭って崩れた。そこで安祥城の兵が城から出て信長軍を救おうとしたが、松平兵と雪斎の兵が挟み撃ちにしてこれを破り、「北」逃げた兵を追撃しその勢いを駆って安祥城の外曲輪まで占拠した。城主の織田信広は辛うじて本丸を守った。しかしもはや安祥城の落城は目睫に迫っている。雪斎は信長に、信広と尾張にいる竹千代の身柄交換を申し出た。信長は当初は拒んだが、平手政秀たちの諫言によりやむなくそれを受け入れた。

「時に信秀已に没し」とあるが、二年後の天文二十年までは信秀の発給文書があるので、この時点での信長への織田家家督継承は為されていない。

こうして両軍は笠寺で和議を結び、信広は西に、竹千代は岡崎に帰ることができた。だが故郷の岡崎に滞在できたのはわずか十日ほどで、人質となるために二十余人の供回りと百人余りの奉公人とともにすぐに駿河に向かわなければならなかった。竹千代たちは駿河の宮崎の地で監視されながら人質生活を送ることになった。

この後、頼山陽は家康への呼称を頻繁に変える。「嗣君」とは「お世継ぎの若様」といった意味。また供回りに選ばれた者たちはみな立派な武士の名前だが、ほとんどが竹千代と年齢の近い少年か子供たちである。

義元は駿河の将士を派遣して三河の諸城を守らせ、三河の年貢は鳥居忠吉などに徴収させそれを駿河に輸送させた。今川義元は松平衆に諭して言う、「竹千代殿はまだ幼いゆえ我らが仮に三河のまつりごとを預かることにする。竹千代殿が晴れて成長のあかつきには必ずお返し致すであろう」。ここの「権」とは「仮」。例えば「権大納言」と言う。以後松平衆は今川氏に戦争でも労役でも酷使されたが、彼らはひたすら竹千代が成長して帰国することを願い、その艱難《かんなん》辛苦を厭わなかった。宮崎での竹千代たちの暮らし向きは、今川からの手当が非常に薄かったので衣食にも難儀するほどであった。亘川の水運で蓄財した鳥居忠吉は常に銭や布帛《ふはく》を宮崎に送っていた。また次男の元忠を竹千代の近侍に遣わした。

近年の研究に拠ると、竹千代の駿河での生活は頼山陽が描いているほど惨めで辛いものではなかったようだ。義元は竹千代を将来嫡男・氏真を支える存在としてむしろ優遇したと思われる。

二十年、嗣君甫《はじ》めて十歳。五月五日、出でて安倍河原《あべがわら》に遊び、児童の石戦《せきせん》を観《み》る。一群は百五十人、一群はこれに倍《ばい》す。観る者争つてその衆《おお》き者に就《つ》く。嗣君、僕背《ぼくはい》に在り。命じてその寡《すくな》き者に就かしむ。僕怪《あや》しんで故を問ふ。嗣君曰く、「衆《おお》き者は自らその衆を恃《たの》み、寡《すくな》き者は自らその寡《か》を知る。寡き者勝たん」と。果してその言の如し。義元、これを聞いて曰く、「所謂る将門《しょうもん》、将《しょう》を出す者なり」と。二十三年、嗣君、始めて甲《こう》を擐《かん》す。

天文二十年、竹千代が十歳の時、下僕に背負われて子供たちの百五十人対三百人の石合戦を見物していたが、彼は、多い側はその数を恃んで心が緩むので少ない方が勝つ、と言った。結果はその通りだった。それを聞いた義元は言った。これぞいわゆる「将門将を出す」よのう、と。天文二十三年、竹千代は甲《よろい》着初めの儀をした。

この石合戦は、五月五日端午の節句（この日に菖蒲湯に浸かる習慣があるのは、「菖蒲」が武士の「尚武」に通じるからである）に行われた行事である。これでその年の物成や吉凶を占ったりもした。当然相当数の死傷者も出る。実際、しばしば武田信玄軍の先鋒を任された小山田信茂（最後に武田勝頼を裏切ったことで有名になってしまった）は、この「印地《いんじ》撃ち」（投石攻撃）で敵兵を散々な目に遭わせたと云う（印地撃ちを得意としたのは他の集団であるとの説もある）。

竹千代の元服

弘治《こうじ》元年、義元、兵を尾張に出し、蟹江《かにえ》を攻む。松平真乗《さねのり》、大久保忠俊《ただとし》ら七人、力戦《りきせん》す。二年正月、嗣君、元服《げんぷく》を加ふ。義元、賓《ひん》となり、その族将関口親永《ぞくしょうせきぐちちかなが》をして髪を理《おさ》めしめ、名を元《もと》信《のぶ》と命じ、次郎三郎と称し、妻《めあ》はすに親永の女を以てす。三河の将士来り賀《が》す。或《ある》ひと、駿馬《しゅんめ》を献《けん》ず。乃ちこれを将軍足利義輝《よしてる》に納《い》る。手書《しゅしょ》及び佩刀《はいとう》を賜ふ。僧大原は義元《よしもと》の庶父《しょふ》なり。清《せい》見寺《けんじ》の主となり、而して数ゞ《しばしば》兵に将たり。嗣君、従つて書史《しょし》を読み、兵法を受く。

弘治二（一五五六）年正月、竹千代は元服した。義元が烏帽子親となり、今川一族の将・関口親永が髪を結い上げた。義元の「元」の一字を貰い受けて「元信」と名乗り、「次郎三郎」と称した。

そして親永の娘を妻に娶った。三河の将士は挙って祝いにやって来た。その中のある者が駿馬を献上したが、その馬があまりにも素晴らしいので室町十三代将軍・足利義輝にさらに献上した。義輝からは直筆の返礼状と佩刀が届けられた。太原崇孚は義元の叔父のような存在であり清泉寺の住職であったが、しばしば兵を率いて戦いをした。竹千代は雪斎に経書や史書、そして兵法の手ほどきを受けた。

主君から諱《いみな》（本名）の一字を賜ることを「偏諱《へんき》拝領」といい、漢字文化圏ではおそらく日本独自の習俗である。諱は「忌み名」であり、中国などではそれを冒すことは最大の禁忌の一つなのである。元々諱を発音することでその人物を霊的に支配できる、という考えがあるかららしい（昔の中国や韓国では、その人の諱を呼んでいいのは原則主君と両親と教師のみ）。他にも例えば、唐の太宗の諱は「李世民」なので、唐代に書かれた史書では「民」という字は使えず代わりに「元」が使われる。また孔子の諱は「孔丘」で、儒家の文章では「丘」の字をそのままでは用いたがらず、「丘」から一角抜いた奇妙な字を使ったりする。これを「欠画」という。日本の時代劇ではよく家臣などが「信長様」と言っている場面があるが、これは本来なら処罰の対象となる。「殿」か「上様」、あるいは「三郎様」なり「上総介《かずさのすけ》様」なり「弾正忠《だんじょうのじょう》様」なり「右府《うふ》（右大臣のこと）様」なり、信長のその時々の地位に合わせて呼ばなければならない。

太原崇孚雪斎。頼山陽は「庶父」と記すが、雪斎は庵原氏の出であり義元との血縁関係はない。彼が直接竹千代に教授したかどうかは判らないが、少なくとも義元が自らの師であった雪斎を仮に名目上にせよ竹千代に付けた、という事実は注目に値する。雪斎という人物は、創作と史実の格差が比較的小さく、政治・軍事・外交・宗教にわたって大車輪で義元を支えた、まさに「真の今川の軍師」であった。今川家にとっての最大の痛恨事は、その雪斎が「甲相駿三国同盟」を置き土産のようにして、この弘治元（一五五五）年に世を去ったことであろう。桶狭間を遡ること五年。

二月、松平義春《よしはる》、嗣君に代つて師《し》を統《す》べ、奥平貞延《おくだいらさだのぶ》を日近《ひちか》に攻めて、これに死す。嗣君、これを聞き、涙を濺《そそ》いで嘆惜《たんせき》す。左右感動す。義元また福釜《ふくがま》に城《きず》き、酒井忠次《ただつぐ》らの八将をしてこれを守らしむ。尾張の将柴田勝家来り攻む。大久保忠世、弟忠佐《ただすけ》ら善く戦ひ、幾《ほと》ど勝家を得んとす。この歳、嗣君年十六。従容《しょうよう》として義元に謂つて曰く、「僕、幼《よう》より国を離れ、尾張、駿河に流寓《りゅうぐう》すること、ここに年あり。願はくは一たび郷里《きょうり》に帰り、先人の墳墓《ふんぼ》を拝掃《はいそう》するを得ん」と。義元、これを許す。ここにおいて、始めて岡崎に帰る。三河の父老聞いて大に喜び、争ひ出でてこれを迎ふ。駿河の将山田某、内城《ないじょう》に在り、嗣君、これを避《さ》けて外城《がいじょう》に入り、以て将士を延見《えんけん》す。鳥居忠吉、次《じ》を離《はな》れて進み、嗣君の手を握つて曰く、「臣老いたり。駆馳《くち》を効《いた》す能はず。特《ただ》ゞ郎君の為めに倉廩《そうりん》を置いて糧食を峙《つ》む。郎君、これを以て多く兵士を養ひ、武を四方に揚《あ》げよ。臣或は余年を保ち、猶《な》ほ親《した》しくこれを目《もく》するを得ん」と。因つて嗚咽《おえつ》して泣く。嗣君も亦た泣く。嗣君、ここにおいて、名を元康《もとやす》と更《あらた》め、蔵人《くろうど》と称す。

元服の翌月の二月、松平義春（出雲守長親の子で信忠と信定の弟）が元信の代わりに出陣して奥平氏を奥三河の日近に攻め、そこで討死してしまった。元信はこれを聞き、涙を流して嘆き惜しんだ。左右にいた者はみな感動した（祖父・清康の幼年時にもこれに似た逸話があった）。

義元はまた三河の福釜に城を築き、酒井忠次ら八将にこれを守らせていたが、尾張から織田の猛将・柴田勝家が攻め寄せてきた。大久保忠世と忠佐の兄弟たちの奮戦で、もう少しで柴田を討ち取れるところであった（この兄弟はのちの長篠の戦いで鉄砲隊を率いて大活躍し、信長に激賞される）。

数え十六歳（実際には数え十四歳）の元信は、先祖の墓参りのため義元に三河への一時帰郷を申し出て、許された。三河の父老たちは元信の初めてのお国入りを大歓迎するが、元信は今川の城代を憚って岡崎城の本丸ではなく二の丸にて松平の将士を謁見しなくてはならなかった。

鳥居忠吉は、老いて戦場ではお役に立てぬゆえと、「郎君」（若君）が多くの兵を養い四方に武威を轟かす時のためと蔵いっぱいの兵糧を指し示した。そして、命長らえることが叶えばひと目そのお姿を拝見したい、と咽び泣いた。

かくして元信は、岡崎公と呼ばれた祖父・清康から一字を頂戴して「元康」と改名し、「蔵人」と称することになった。


三年春、復た駿河に如《ゆ》く。永禄《えいろく》元年、義元、嗣君に謂つて曰く、「西三河は公の旧領《きゆうりよう》なり。而してその諸城多く叛いて信長に帰す。子盍《なん》ぞ撃つてこれを復せざる」と。嗣君曰く、「固《もと》より願ふ所なり」と。二月、岡崎に帰り、尽《ことごと》く宗族将士を会《かい》して戦を議《ぎ》す。先づ寺部《てらべ》を攻めて火を外郭《がいかく》に縦《はな》つ。城将鈴木重教《すずきしげのり》出で戦ふ。決せず。本多重次《ほんだしげつぐ》、先登し、その一子、二弟、皆死す。嗣君、衆を励《はげま》して奮《ふる》ひ前《すす》み、撃つて重教を走らす。首を斬ること百余級《きゆう》。遂に広瀬《ひろせ》を攻む。信長、その将津田兵庫《つだひょうご》を遣して来り救ふ。大久保忠世《ただよ》、与に闘ってこれを斬《き》る。石川清兼説《よろこ》んで曰く、「郎君《ろうくん》始めて陣に臨み、両戦両勝す。斯《こ》れ已《すで》に多し。宜しく勝を全うして威を養ふべし」と。乃ち岡崎に凱旋す。松平家次をして品野《しなの》を守らしむ。三月、尾張の兵これを攻む。家次、夜襲撃《しゅうげき》し、五十余人を獲《え》て来り献《けん》ず。後に松平信一《のぶかず》代り守り、また襲《おそ》つて敵兵を敗る。四月、嗣君《しくん》復た駿河に如《ゆ》く。義元、佩刀《はいとう》を遣《おく》つて捷《かち》を賀《が》し、山中邑《むら》三百貫《かん》を納《い》る。この冬、本多広孝《ひろたか》、石川清兼《きよかね》、天野景隆《かげたか》、往いて義元に請うて曰く、「小主人《しょうしゅじん》、漸く長ず。願はくは約《やく》の如くせん」と。義元、諾《だく》して未だ果さず。

弘治三年春に元康は駿河に戻った。改元して永禄元（一五五八）年、義元は今も西三河に大きな影響力のある元康に、その地域の織田方の諸城を取り戻すための出陣を促した。元康は「得たりや応」とばかりにこれを快諾。元康の初陣である。

二月に岡崎に帰ると、松平一門衆やその他の将士を尽く集めて軍議を催した。まず寺部城を攻めてその外曲輪に放火すると、城主の鈴木重教が城から出てきて戦いとなったが、勝敗は付かなかった。本多作左衛門重次（鬼作左、剛直で知られる）が一番乗りを果たし、その際息子一人と弟二人が討死を遂げた。元康は衆を励まし奮い立って進み、重教を撃って敗走させ、首級百余りを斬った。

次の「遂に広瀬を攻む」の「遂」は、「遂に《つい》」と読んでもちろんいいのだが、その意味は「とうとう」というよりこの場合「かくして」といった意味により近い。

信長は広瀬城を救おうと津田兵庫を遣わしたが、大久保忠世が迎え撃ってこれを斬った。石川清兼が悦んで言った。「若君は初陣にして二戦二勝、これ以上望むべくもない結果でござる。全勝のままの武名を保ちましょうぞ」と。漢文では「説」は「悦」に通じるので「喜ぶ」。そこで元康は岡崎に凱旋し、松平家次に品野城（尾張の北東の城）を守らせた。

三月、尾張兵が品野城を攻めたが、家次は夜襲して撃破し、五十人を捕えてその首を元康に献上した。のち松平信一が代わって守り、またも敵兵を蹴散らした。四月、元康はまた駿河に戻った。義元は佩刀を遣わして戦勝の祝いを述べた。

次の「山中邑三百貫を納る」はいささか解釈が難しい。漢文で意味の掴みにくい箇所は、まずその部分を含む全体の見通しを立て、従ってこの部分はこう読まれなければおかしい、というアプローチで私の場合は考えていく。このくだりは元康への恩賞の記述でなければならないはずなので「松平氏旧領のうち山中村の三百貫分の土地を返還した」と理解すべきではないだろうか。つまり、漢文の読解には文脈が秘鑰《ひやく》（秘密の鍵）なのである。

この冬、本多広孝・石川清兼・天野景隆の三人が駿河に行き義元に請うて言った。「我らが幼き主もお蔭をもちましてようやくご成長あそばされました。なにとぞかつてのお約束の通りになさってくださいませ」。義元は承知はしたが、未だこれを果たそうとはしなかった。

信康の誕生

二年三月、関口氏《せきぐちし》、世子信康《のぶやす》を生む。義元、時に西上の志あり。織田信長、これを聞き、鷲津《わしづ》、丸根《まるね》、大高《おおたか》、沓掛《くつかけ》、鳴海《なるみ》、梅坪《うめつぼ》、寺部《てらべ》の緒城を修め、兵を分つてこれを守らしむ。鳴海、大高、沓掛、皆義元に降る。義元、鵜殿長持《うどのながもち》を遣して大高を守り、岡部長教《おかべながのり》をして鳴海を守らしむ。已にして大高、糧《りよう》竭《つ》くるを告ぐ。義元、嗣君をして糧《りよう》を納れしむ。而して城の左右は皆敵寨《てきさい》なり。衆、これを難《かた》んず。嗣君、時に年十八。千騎を以て運を護《ご》して往く。信長の鳴海に在るに値《あ》ふ。鳥居信吉《のぶよし》、杉浦勝吉《すぎうらかつよし》らをしてこれを候視《こうし》せしむ。信吉曰く、「敵激《むか》へ戦はんと欲す」と。勝吉曰く、「彼山を下らず。これ戦を欲せざるなり」と。嗣君、これを然りとす。乃ち兵を分つて寺部、梅坪に向ふ為《まね》して、火を邑里《ゆうり》に縦《はな》つ。鷲津、丸根の兵、烟《けむり》を望んで馳せ援《たす》く。嗣君、則ち麾下《きか》八百を以て三隊となし、糧を大高に納れ、兵を収めて還《かえ》る。信長、我が陣の整ふを視て、敢て犯《おか》さず。この歳、嗣君、再び西三河を徇《とな》へ、復た駿河に赴く。

永禄二年三月、家康の妻の関口氏が世継ぎののちの信康を生んだ。義元はこの時、西上の意志を持っていた。織田信長はこれを聞いて、鷲津・丸根・大高・沓掛・鳴海・梅坪・寺部といった諸城砦を修築し、兵を分けてそれらを守備させた。

この義元の西上作戦の目的が上洛であったという説は、京までの補給兵站の不安や周辺勢力への外交的根回し不足の点などから考えて、やや無理があるかと思われる。近年では、武田信玄や織田信長の西上でさえ、いわゆる「天下取り」のためのそれではなかったであろうというのが有力な見方のようだ。

そのうち鳴海と大高と沓掛の城は義元に降ってきたので、義元は鵜殿長持（息子の長照の方が正しい）を大高城に、岡部長教（元信の諱の方で知られる）を鳴海城に派遣して守らせた。

「已にして」は「そうこうしているうちに」。大高城から兵糧が尽きつつあるとの報告があった。義元は元康に大高城への兵糧入れを命じた。しかし大高城の左右は織田方の砦ばかりである。多くの者はこれは困難であると考えていた。

この時元康は十八歳（実際は数え十七歳）。千騎で兵糧を護衛しながら大高城へ向かったところ、ちょうど信長が鳴海城に在陣しているところに出くわした。元康は鳥居信吉と杉浦勝吉らに敵の物見をさせた。戻った信吉は言った、「敵は我らを迎え撃つつもりです」と。一方勝吉は言った、「敵は山から下っておりませぬ。これは我らと戦う気が無いからでございましょう」と。元康は勝吉の言が正しいと思った。

そこで元康は、別働隊で寺部城・梅坪城に向かったように見せかけるためにその周辺の村里に火を放った。鷲津砦・丸根砦の兵がその煙を望み見て救援に駆けつけてきた。元康はその間隙を突きすぐさま麾下八百の兵を三隊に分けて大高城に兵糧を運び込み、兵をまとめて引き返した。この年、元康は西三河を「徇《とな》へ」鎮撫平定して、また駿河に戻った。

見事な陽動作戦である。ところで「陽」の字は「佯」の字と音が通じるため「佯」の意味までも含んでしまった。つまり驚くべきことに「陽」には「いつわる、だます」の意味がある。いわゆる仮借《かしや》による「反訓」である。

残念ながら紙幅の関係で詳しくは説明できないが、他にも例えば、「戦慄」の「戦」は「たたかう」ではなく「おののく」であり、「乱」はまた「おさめる」でもある。

三年五月、義元、四万騎に将として信長を攻め、池鯉鮒《ちりう》に至り、嗣君をして丸根城を攻めしむ。城兵争ひ出づ。嗣君曰く、「彼は我より寡《すくな》し。当に守るべくして戦ふは、これ死を決するなり。我れ撓《たわま》すに弓銃《きゆうじゆう》を以てし、機《き》に乗じてこれを抜く、可《か》なり」と。既にして前鋒《ぜんぽう》、戦酣《たけなわ》なり。麾下《きか》これに継《つ》ぎ、遂に城将佐久間盛重《さくまもりしげ》を斬る。贄氏信《にえうじのぶ》、先登《せんとう》し、遂にその城を抜く。駿河の将朝比奈泰能《あさひなやすよし》も亦た鷲津を抜く。義元既に諸城を取り、大高は敵の衝《しょう》に当るを以て、一勇将を得てこれを守らしめんと欲す。これを衆《しゆう》に問ふ。衆曰く、「松平蔵人《まつだいらくろうど》はその人なり」と。乃ち嗣君をして大高を守らしめ、而して自ら進んで桶峡《おけはざま》に陣す。勝を恃《たの》んで備《そなえ》を設《もう》けず。信長、風雨に乗じ、兵を潜《ひそ》めて間道《かんどう》より襲撃《しゆうげき》す。義元、敗死《はいし》す。その諸将、変を聞いて皆走《はし》る。駿河の兵の大高に在る者も亦た逃亡す。我が将士、嗣君に説いて曰く、「今川公既に死す。我れ独り誰《たれ》の為めに守らん。兵を全うして帰るに若かざるなり」と。嗣君曰く、「当にその実《じつ》を審《つまびら》かにして然る後に師《し》を班《かえ》すべし。急遽解《と》き走つて、事若し謬伝《びゆうでん》に出づれば、則ち笑を天下に貽《のこ》さん」と。水野信元《みずののぶもと》、刈谷《かりや》に在り。私《ひそ》かに来り告《つ》げしめて曰く、「信長、義元《よしもと》を獲《え》て、将に遂に諸城を復せんとす。宜しく夜に乗じて速《すみや》かに去るべし」と。嗣君曰く、「水野は我が舅氏《きゆうし》なりと雖も、而も敵の武将なり。未だ軽ゝしく信ずべからず」と。人を遣してこれを偵《うかが》はしむ。報じて曰く、「信《しん》なり」と。衆争つて還《かえ》るを勧《すす》む。嗣君曰く、「夜行は恐らくは道を失はん。宜しく月の出づるを竢《ま》つべし。彼能く来らば、我れ亦た能く戦はん」と。これを頃《しばらく》して月出づ。乃ち兵を整へて東に還る。土寇《どこう》争ひ起る。本多百助《ひやくすけ》、数ゝ《しばしば》返り戦ひ、今村《いまむら》に達す。将に岡崎城に入らんとす。以為《おも》へらく、義元の在時《ざいじ》、未だ我に還《かえ》すの言あらず。今その死に乗じてこれを取るは不義なり、と。軍を大樹寺《だいじゆじ》に駐《とど》むること三日。駿河の戍兵《じゆへい》、城を棄《す》て、去る。嗣君曰く、「彼棄て、我れ取るは可《か》なり」と。二十三日、遂に入る。

永禄三（一五六〇）年五月、義元は信長を討つために四万騎を率いて池鯉鮒まで到達したところで、元康に命令して丸根砦を攻めさせた。

桶狭間に動員された今川軍の兵力については諸説あってはっきりとはしないが、駿河・遠江・三河の総石高から推定して二万五千人程度ではなかったかと見る向きが多いようである。

すると、砦の兵たちは争うように飛び出して来た。元康は言った。「敵はこちらより兵が少なく、しかも本来堅く守って戦うべきにもかかわらずこうして撃って出るとは、明らかに死を覚悟した者どもに違いあるまい。我らはまず遠巻きから弓鉄砲で敵兵の勢いを削ぎ、その隙を見澄まして攻めかかれば敵を突破できよう」と。しばらくして前方での戦闘がたけなわとなったまさにその時、元康は後詰めに旗本を投入して、遂に守将・佐久間盛重を討ち取り丸根砦を落とした。

義元は最前線の大高城へ誰を入れるべきかみなに問うた。衆目の見るところ「松平蔵人（元康）殿その人をおいて他にございますまい」とのことだったので、元康が大高城の守将として任命された。そうして義元自らは軍を進めて桶狭間に陣を敷いた。

義元はここまでの戦勝に慢心し、またこの後の決戦にも勝利を確信していたので、陣に備えを設けていなかった。そこへ信長は、風雨に紛れて密かに率いてきた軍で抜け道から奇襲した。義元の本陣は崩れ立ち、義元自身が討ち取られてしまった。その変事を聞いた今川軍の諸将はみな戦場から逃げ去った。

今川義元。「お歯黒をつけて輿《こし》で戦に赴いた公家かぶれ」（そのこと自体にもそれなりの政治的意味がある）といった義元像は、近年の研究で過去のものになりつつあるようだ。武田信玄、北条氏康と互角に渡り合い、「東海一の弓取り」と称され、分国法で今川家の戦国大名化を強力に推し進めた。その彼が戦場の只中で油断していたというのはさすがに想像しにくい。

信長の桶狭間での勝利が果たして奇襲によるものであったのか、という点もまた検討に値する問題である。この説は主に小瀬甫庵《おぜほあん》（一五六四～一六四〇）の『信長記』に由来している。しかし彼は自分の書いたものを「多くの人に面白く読んでもらうこと」を目的とした書き手であり、主観と想像に彩られたその文章は史料的価値には極めて乏しいとされている。

一方、その『信長記』を書くに当たって甫庵が元にしたのが太田牛一（一五二七～一六一三）の『信長公記』で、こちらの著述姿勢は「愚直」（甫庵の評価）なまでに真摯であり、内容はほぼ史実に近いと歴史家から評価されている。そしてこちらには、正面から突撃した、とあるのである。ただ結果としてそれが今川軍の意表を突くかたちになった、と。

だが、とりあえず信長の「手段」は措くとしても、戦いの「目的」が「義元の首を取ること」ただ一点にのみ集約されていたということ、まさにこれこそが桶狭間の戦いにおける信長最大のアドバンテージであったのかもしれない。

大高城にいた駿河兵もみな逃亡してしまった。松平の将士は元康に、義元が死んだのに大高城を守っていても仕方ないので、我々も兵を損なわないようにして城から立ち去るに越したことはない、と言ったが、元康は「太守（義元）様が本当にお亡くなりになったのか真偽を確かめてから軍を返すべきじゃ。今にわかに守りを解いて逃げ出して、あとに報せが偽りであったと判れば何とする。天下の物笑いとして後世に残ろうぞ」と言った。「班師」の「班」はかえす。

刈谷にいた伯父の水野信元の密使からも同じ内容が伝えられたが、元康は「水野殿は母上の兄君とはいえ織田方の将じゃ。その言を軽々しく信ずるわけにはいかぬ」として、さらに人を遣わして状況を探らせた。その報告で伝聞が真実であったと知れると、みなは争うように軍を返すことを勧めた。元康は言った。「夜暗い中を行軍すれば道に迷う虞れがある。夜が更けて月が出てから出発すべし。敵がそれまでに攻めて来るならば我らもこの城で戦えばよい」と。

月が登ってから兵を整えて東へ還り始めた。途中、争うように起こった落武者狩りの百姓たちに襲われたが、本多百助の撃っては返しのしんがりで、三河の今村まで到達した。そして岡崎城に入城しようとしたその時、元康の脳裏にはこんな考えが浮かんだ。「太守様が生きておわす時、まだこの元康に岡崎城を返すとのお言葉は頂戴できなかった。今そのお亡くなりになったことにつけ込んで城を取るのは不義というものだ」と。

そこで大樹寺に三日間軍を留めた。岡崎城の駿河の守備兵はみな城を棄てて去っていった。元康は言った。「あちらが棄てたものを拾うなら問題無かろう」と。二十三日、ついに城に入った。

このくだりの一連の元康の言動には、彼の正念場における常に名聞《みょうもん》を意識した仰々しい慎重さと、おそらく居直りから生じる不逞不逞《ふてぶて》しい剛胆さが、図らずも表現されている。

嗣君、六歳にして国を出で、十四年にして復た帰るを得たり。士民、讙呼《かんこ》し、国内の諸城主来り謁《えつ》する者、門に相ひ踵《つ》ぐ。而して其の織田氏に属するものは、肯《あえ》て降《くだ》らず。嗣君乃ち兵に将として、挙母《ころも》、梅坪《うめつぼ》、広瀬《ひろせ》を攻む。広瀬の兵、払楚坂《ふっそざか》に拒《ふせ》ぐ。我が兵、奮撃《ふんげき》してこれを走らせ、遂に沓掛《くつかけ》を攻め、火を城下に縦《はな》つて還る。城兵、追躡《ついじょう》す。大久保忠俊、殿《でん》して還る。鳥居元忠、首功《しゅこう》あり。嗣君、これを賞するに功状《こうじょう》を以てせんと欲す。辞《じ》して曰く、「功状は、游士《ゆうし》の口を藉《か》る所以《ゆえん》なり。臣、矢《ちか》つて二君に事《つか》へず。功状を用ふるをなすなかれ」と。

元康は六歳で三河を出てより十四年にして再び帰ることができた。多くの侍や百姓は歓呼して迎え、三河の諸城主も目通りを願って城門に「相踵」列を作るほどであったが、一方で織田方に属して降参を肯んじない者たちもいた。

そこで元康は兵を率いて挙母・梅坪・広瀬の諸城を攻めて、その勢いで尾張の沓掛城まで行って城下に放火した。敵兵は追い縋ってきたが、大久保忠俊がしんがりして帰還した。

これらの戦いで鳥居元忠が第一の手柄を挙げた。元康は褒美に感状を与えようとしたが、元忠は断って言った、「感状とは牢人が主取りをするおりに武功の証としての「藉口」手立てにする物、それがしは「矢」誓って二君には仕えませぬ。感状などはお与えにならないでくだされ」と。

六月、信長、水野信元に謂つて曰く、「吾れ既に義元を獲《う》。以為へらく、子の甥《せい》は当《まさ》に戦はずして降るべし、と。今乃ち強項《きようこう》なることかくの如し」と。信元、嫌疑を恐れ、兵を発して岡崎を攻む。嗣君、石瀬《いしがせ》に邀戦《ようせん》す。両軍皆相ひ識る。故に接戦《せつせん》尤も厲《はげ》し。松平忠次、股《もも》を銃に傷《きずつ》け、進んで其の銃卒《じゆうそつ》を斬る。明日、刈谷《かりや》の下《もと》に戦ひ、交綏《こうすい》す。復た寺部、挙母を攻めて皆これを抜き、進んで山中《やまなか》に至り、医王山《いおうざん》の寨《さい》を攻む。久松俊勝《ひさまつとしかつ》、先登す。敵、槍《やり》を以てその肩を鎩《さ》す。俊勝、刀を挙げて槍幹《そうかん》を截《き》り、寨に入りて火を縦つ。衆、これに継《つ》ぐ。遂に寨を取る。嗣君乃ち人をして義元の子氏真《うじざね》に言はしめて曰く、「公、先公《せんこう》の為めに一戦せよ。僕、請ふ、先《せん》たらん」と。答へず。氏真、昏懦《こんだ》なり。嬖臣《へいしん》に三浦義鎮《よししげ》あり。義鎮の生父は小原鎮実《おはらしげざね》なり。並《ならび》に国政を専《もつぱ》らにし、徳川氏、異心《いしん》ありと譖《ざん》す。氏真、また岡崎の勢の寖《ようや》く熾《さかん》なるを視《み》て、猜防《さいぼう》の心あり。

六月、信長は水野信元に、元康が義元死後も頑なに織田への抵抗姿勢を示し続けることへの疑問を伝えてきた。信元は自身に内通の嫌疑がかかるのを恐れて、兵を動員して岡崎城に攻め寄せた。元康は三河の石瀬でこれを迎え撃った。両軍ともみな顔見知りということもあり、戦闘は殊の外激しいものになった。松平忠次は太腿を鉄砲で撃たれるもさらに進んでその鉄砲兵を斬った。

この辺りが現代人とは全く異なる感覚かもしれない。我々は顔見知りなら互いに怯んでしまうだろうと思ってしまうが、武士には「意地と見栄」というものがあり、むしろ顔見知りゆえ恥ずかしい戦いぶりはできぬとなるのである。

翌日、戦いは尾張の刈谷城下で行われたが、やがて「交綏」互いに兵を引いた。松平勢は再び寺部・挙母の両城を攻めてこれを落とし、進んで山中城まで来て医王山砦を攻撃した。久松俊勝（長家）が一番乗りし、敵は槍でその肩を突き刺したが、俊勝は刀で槍の柄を切り落とし砦の中に躍り込んで火を放った。他の松平兵たちもそれに続き、遂に医王山砦を奪い取った。

久松俊勝は、この当時は「長家」と名乗っていた。於大の方の再婚相手である。元康がのちに「家康」と改名するに当たって、この義理の父の「長家」から「家」の一字を貰い受けたという説もあるようだが、さて義父とはいえ臣下の長家の偏諱を受けるだろうか。後ほど家康改名のくだりでまた少し考察してみることにする。

元康は使者を義元の子・氏真に遣わして言上した。「殿が先君のご無念を晴らさんがために一戦なされるおりは、どうか臣めを先鋒にご任じくださりませ」と。応答は無かった。氏真は暗愚で惰弱であった。寵臣・三浦義鎮とその実父・小原鎮実の二人が今川家の政治を恣《ほしいまま》にし、松平氏に二心ありと氏真に讒言した。氏真もまた岡崎城の勢いの次第に盛んになる様子を見て、元康の心底を疑い用心をしていた。

この時氏真が元康の援軍要請に応えられなかったのは、長尾景虎の関東出兵により同盟国の北条氏の方に援軍を回さなければならなかったかららしい。しかし、今川の援軍を得られないままに織田と戦い続ける力は松平氏には無かったのである。となればいずれ選ぶべき道は一つしかない。

四年二月、水野信元来り侵《おか》す。復た石瀬に邀《むか》へ戦つてこれを破り、遂に広瀬《ひろせ》、伊保《いほ》を攻む。板《いた》倉重定《くらしげさだ》中島に拠《よ》つて下らず。松平好景《まつだいらよしかげ》を遣してこれを攻めしむ。重定、退いて岡城《おかじょう》を保ち、遂に佐脇《さわき》に走る。乃ちその邑《ゆう》を以て好景を賞《しょう》す。

永禄四（一五六一）年二月、水野信元が侵攻してきた。やはり石瀬の地で迎撃してこれを破り、それから松平勢は廣瀬城と伊保城を攻めた。板倉重定は中島城に籠城して降伏しなかった。松平好景にこれを攻めさせると、重定は岡城に退いてしばらく持ち堪えたが、やがて佐脇城まで逃げた。元康は恩賞として重定の領地を好景に与えた。

清洲同盟

信長、素《もと》より覇心《はしん》あり。兵を京畿《けいき》に出さんと欲す。而して武田信玄は甲斐に在り、北条氏康は相模に在り、皆その後を窺《うかが》ふ。信長、これを患《うれ》ふ。会《たまた》ま水野信元往《ゆ》いてこれに説く。曰く、「僕の甥、氏真《うじざね》の故を以て尾張に抗《こう》す。その実は氏真を怨《うら》む。誘《いざな》つて我が党となすべし。而して彼小弱《しょうじゃく》と雖も、天質剛鋭《てんしつごうえい》、必ず和を請《こ》ふを肯《がえ》んぜず。公、力を以てこれを取らば、恐らくは歳月を費さん。我より和を結ぶに若《し》かず。彼をして東面に当らしめ、而して公は専らその西を略《りゃく》せば、覇業《はぎょう》成らん」と。信長大に喜んで曰く、「これ我が心を得たり」と。乃ち滝川一益《たきがわかずます》をして、来つて石川数正《いしかわかずまさ》に就《つ》いて和を求《もと》めしむ。信元、また使をして来つてこれを勧めしむ。嗣君、諸将士を召してこれを議《ぎ》す。酒井忠次曰く、「我れ微力《びりょく》を以て二大国に介《かい》して、自立を図る。便計《べんけい》に非ざるなり。氏真、仇《あだ》を忘れ武を廃して、酒色に沈溺《ちんでき》す。与《とも》になすあるに足《た》らざるや明かなり。信長と和するは便なり」と。嗣君曰く、「念《おも》ふに固より如何ぞ旧好《きゅうこう》に背《そむ》くべけんや」と。石川家成、酒井正親曰く、「忠次《ただつぐ》の言、是《ぜ》なり。嚮《さき》に義元、佯《いつわ》つて好意をなし、歳に我が食を収め、月に我が兵を戦はせ、而して毎《つね》に我を敵鋒《てきほう》に餧《い》す。丸根、大高の事、以て見るべきのみ。宜しく速かに尾張に許すべし。質《ち》の駿河に在る者、これを取るは難きに非ず。氏真、我と絶《た》つを重んず。必ず害する能はざるなり」と。嗣君曰く、「吾の幼時《ようじ》に及び、我が旧臣多く鋒鏑《ほうてき》に膏《あぶらぬ》る。吾れ常に心に傷《いた》む」と。因つて泣下る。終に和《わ》を許す。信長、大に喜び、国界《こくかい》を定め、兵戍《へいじゅ》を解き、遂に嗣君の来盟《らいめい》を請ふ。これを許す。酒井忠尚《ただひさ》、上野《うえの》に在り。これを聞き、その質《ち》の駿河に死せんことを恐るゝや、乃ち来り説いて曰く、「信長の意測《はか》り難《がた》し。和すべくして、往くべからず。今、君の室家《しっか》、皆駿河に在り。彼何ぞ我を信ぜんや」と。嗣君曰く、「業已《すで》に約《やく》を定む。背《そむ》くべからず」と。忠尚懌《よろこ》ばず。乃ち去る。左右その反《はん》を慮《おもんぱか》り、追つてこれを誅せんと請ふ。嗣君曰く、「彼の言自《おのずか》ら理《り》あり。且つ未だ必ずしも反せず」と。忠尚、疾《やまい》と称して出でず。信長、道を修めて供帳《きょうちょう》す。期《き》に至り、嗣君、百余騎を従へて尾張に赴《おもむ》く。信長、林通勝《はやしみちかつ》らをしてこれを熱田《あつた》に迎へしむ。嗣君、正海寺《しょうかいじ》に憩《いこ》ひ、遂に清洲《きよす》に至り、城門に入る。観る者喧騰《けんとう》す。本多忠高の子忠勝《ただかつ》、小字《しょうじ》は平八郎、時に年十四、薙刀《なぎなた》を挙げて先駆《せんく》し、声を厲《はげま》して曰く、「我が君ここに来る。汝が輩胡《なん》ぞ無礼なる」と。衆皆讋伏《しょうふく》す。信長出で迎へ、導いて内城に入る。植村栄政《よしまさ》、刀を操《と》つて従ふ。衛士《えいし》、これを叱《しっ》す。栄政、目を瞋《いか》らして曰く、「吾は植村新六なり。主人の刀を奉ず。何渠《なんすれ》ぞ叱するか」と。信長、衛士を揮《さしまね》いて曰く、「我れ、新六の名を聞くこと久し。怪しむなかれ」と。乃ち盟《ちか》つて曰く、「両家力を戮《あわ》せて東西を征討《せいとう》し、織田、天下を有《たも》たば、徳川これが属国《ぞくこく》となり、徳川、天下を保《たも》たば、織田これが属国とならん」と。遂に嗣君を饗《きょう》す。信長、宝刀《ほうとう》を栄政に賜うて曰く、「汝が今日の挙動《きょどう》、樊噲《はんかい》が鴻門《こうもん》に在るが如し」と。饗を畢《お》へて還《かえ》る。信長、郊送《こうそう》し、通勝《みちかつ》らをして来つて岡崎に謝《しゃ》せしむ。氏真これを聞いて怒り、使をして来り誚《せ》めしむ。酒井正親《まさちか》、人をして駿河に往かしめ、三浦義鎮《よししげ》に因つて、謝して曰く、「三河の孥《ど》、皆駿河に在り。豈《あ》に弐心《じしん》あらんや。独〻《ただ》尾張の日に強大にして、勢《いきおい》将に我に及ばんとするを病《うれ》ふ。故に佯《いつわ》り和《わ》して以て旦夕《たんせき》を紓《の》ぶるのみ」と。氏真詰《なじ》る能はず。

信長にはかねてより天下の覇者たらんとの野心があり、いずれは上洛の兵を繰り出すことを望んでいた。しかるに、武田信玄は甲斐にあり、北条氏康は相模にあって、両者ともに後背から信長の隙を窺っていた。

信長はこのことを憂慮していたが、たまたまこの時水野信元が信長のもとを訪れて説いた。「それがしの甥は氏真の配下たるを理由として尾張に抗っておりますが、実はむしろ氏真を怨んでいるに違いありませぬ。誘えばあるいはこちらに与するかと存じます。ただ元康は年若く勢力も弱小ながら、生まれつき剛毅で旺盛な気迫がございますゆえ、先方から和を請うてくることはまずございますまい。しかし、織田様が力で三河を攻め取ろうとなされば、おそらく長き歳月を費やすことになりましょう。ここはこちらから和議締結を申し出るに如くはございません。松平氏を東に当たらせ、織田様は専ら西を経略なさる。さすれば覇業は成就するというものでござる」と。信長は大いに喜んで言った。「我が意を得たり」。そこで滝川一益を使者として石川数正を通じて和睦を求めさせた。信元も使者を送って和睦を勧めてきた。

元康は諸将士を招集してこの問題について各々の意見を言わせた。酒井忠次は言った。「我らは微力にして織田と今川の二大国に挟まれながら、しかもこの三河での自立を図っております。ですが、それはおよそ時宜に適った良策とは申せません。氏真様は君父の仇討を忘れ武事を廃して、酒色に耽溺し、ともに大事を為すに足らぬお方であることは明らかでございます。信長と和睦するのが宜しゅうございます」と。

元康は言う。「むろんそう思いはするが、旧《ふる》き好《よしみ》に背くことになるのをどうしたらよかろう」と。すると石川康成と酒井正親が口を揃えて言った。「左衛門尉の申すことが正しゅうございまする。先代の太守様は松平に好意をお見せになっているようでいて、その実、毎年我が年貢を収奪し、毎月我が兵を酷使し、しかも毎回我らを敵の先鋒の餌食となされました。丸根砦や大高城の件でも松平衆を使い捨てになさる底意は露わになっております。速やかに尾張との和睦をお許しになるのがよろしいかと存じます。駿河にいる人質を取り戻すことは難しくありません。氏真様は我らと断絶することを一大事とお考えになるゆえ、決して人質を殺すような真似はなさりますまい」と（実際はのちに吉田城で多くの人質が処刑されている）。

元康は「わしは幼き頃より、我が旧臣の多くが敵の槍先の膏《あぶら》となってきたことに常に心を傷めておった」と言ってはらはらと涙を落とした。遂に織田との講和を許した。

信長は大いに喜び、尾張と三河との国境を定め、守備兵を解き、元康に清洲まで来て盟約を結ぶことを請うと、元康はこれを受け入れた。

酒井忠尚は上野城でこれを聞き、自分の人質が駿河で殺されることを恐れるや、すぐさま元康のもとにやってきて説いた。「信長の心中は図り難く存じます。和を結ぶのはよろしいでしょうが、こちらから清洲へ出向いてはなりません。殿のご家族はみな駿河にいらっしゃるのです。信長がどうして殿を信じましょうや」と。元康は言った。「既に約を定めてしまったのだ。背くことはできぬ」。忠尚は不満を抱きながら立ち去った。

左右の者たちは忠尚が離反するのを危ぶみ、追いかけて誅殺することを願い出た。元康は言った。「かの者の申すことにも理はある。それに必ず背くというわけでもあるまい」と。忠尚は病と称して表に顔を見せぬようになった。

信長は道路の整備をして「供帳」宴会用の幕を張った。当日、元康は百余騎を従えて尾張に赴いた。信長は家老の林通勝（秀貞）を使者として熱田まで出迎えさせた。元康は正海寺で休息を取り、遂に清洲に到着し、城門より入った。周りで観ていた者たちががやがやと騒ぎ立てた。本多忠高の子の忠勝は、幼名を平八郎といい、この時十四歳。薙刀を振り上げて先払いをし、声を激しく荒らげて言い放った「我が君からわざわざこの地に出向かれたのじゃ、汝らは何と無礼なるぞ」と。みなはそのあまりの威風に慴伏《しょうふく》した。

信長は出迎えて案内に立ち本丸に入った。植村栄政が刀を持って元康に付き随おうとすると、織田の衛士がそれを見咎めて叱った。栄政は眦《まなじり》を見開いて言った。「それがしは植村新六と申す。主の佩刀（「みはかせ、おんはかせ」などとも言う）をお預かり致すが我がお役目である。なにゆえ叱られねばならぬのか」と。信長は手を揮って衛士を制して言った。「新六の名は以前より耳にしておる。怪しむことはない」と。そして信長は誓って言った。「この両家は「戮力」力を合わせて東西を征討し、織田が天下を取れば松平がその配下となり、松平が天下を取れば織田がその配下とならん」。それから元康を饗応した。信長は宝刀を栄政に与えて言った。「その方の今日の振る舞いは鴻門の会の樊噲の如くであったぞ」と。饗応が終わって元康が帰るおりは、信長は城外まで見送った。さらに林通勝らを使者として岡崎に来駕の礼を申し述べさせた。

清康のくだりでも述べたが、あの信長にせよ、いかに英雄の気宇壮大な野心を表現するとはいえ、わずか一国を平定した段階で「天下」（この定義も「日本全国」から「畿内周辺」まで様々あるようだが）を取ろうとしていたとはいささか考えにくい。況んや元康においてをや。

いわゆる「清洲同盟」の場面である。頼山陽としては「鴻門の会」を敬意を込めて軽くなぞってみせたといったところだろう（オマージュ）。彼が本腰を入れて文章を造形していれば、場面は遥かに精彩を帯びたに違いない。

またこの清洲同盟については、信用性の高い史料に記載がないことや当時松平氏が東三河で戦っていたことなどから、元康が清洲に来て直接盟約を結んだわけではない、という見方もある。

今川氏真は松平が織田と和睦したことを聞いて怒り、使者を遣わして責めさせた。酒井正親は人を駿河に遣って、氏真の寵臣、三浦義鎮を通じて謝罪して言った。「三河の妻子はみな駿河におります。どうして二心など抱きましょうや。ただ尾張が日ごとに強大となり、その勢力が我が方に向けられるのを心配したのです。ですから偽って和議を結んで朝夕に迫る危機を「紓」緩ませただけのことでございます」と。氏真はそれ以上詰ることができなかった。

これより先、吉良義諦《きらよしあき》は東条《とうじょう》を守り、牧野成定《まきのなりさだ》は西尾を守り、以て氏真に党《とう》し、岡崎を図らんと欲す。三月、嗣君、東条を攻む。下《くだ》らず。松平好景《よしかげ》をして中島を以てこれに備へしむ。東三河の豪姓《ごうせい》、菅沼《すがぬま》、奥平《おくだいら》、設楽《したら》、西郷《さいごう》の諸族、皆氏真に背《そむ》いて来り降る。

「これより先」は「これより以前」。「吉良義諦」とあるが正しくは「義昭」である。おそらく頼山陽の主筋か目上の近親の名前に「昭」の文字が使われており、それを避けて「諦」に変えたのであろう（避諱《ひき》）。

牧野成定の孫に当たる忠成がのちの越後長岡藩初代藩主となる。

四月、義諦、酒井忠尚を上野に攻む。好景、これを救ふ。義諦、その虚《きよ》を窺《うかが》ひ、径《ただち》に中島を襲ふ。好景、還り戦つてこれを走らす。善明堤《ぜんみようつつみ》に至り、敵の大に至るに遇《あ》ふ。遂に戦死す。嗣君、津平《つのひら》、小牧《こまき》に築き、松井忠次《ただつぐ》、本多広孝《ひろたか》に命じてこれを守らしめ、以て東条に備ふ。

十八松平の一つ深溝《ふこうず》松平家の勇将・松平好景討死。最後の戦いは五十対三百だったと云う。

五月、氏真、東三河を攻む。諸豪善《よ》く拒《ふせ》ぐ。七月、嗣君、自ら将として牛窪《うしくぼ》を攻め、別将をして鳥屋《とりや》を攻めしむ。鳥屋陥る。本多忠勝、叔父忠真《ただざね》と軍に従ふ。忠真、鎈《さ》して一人を斃《たお》し、忠勝を顧《かえり》みて、その首を取らしむ。答へて曰く、「孺子《じゅし》、人に因つて功を成すを欲せず」と。自ら一人を斃してこれを馘《くびき》る。忠真、状《じょう》を啓《けい》して曰く、「平八郎は将《まさ》に行くゆく君の用をなさんとす」と。嗣君、大に喜ぶ。

「鎈」は、短く小さな矛。この場合はそれで相手を突き刺したという動詞。「孺子」はふつう若者を「小僧」といったふうに軽んじて言う場合が多いが、ここでは平八郎忠勝が自分のことを言っている一人称である。

五月、荒川《あらかわ》城主吉良頼持《よりもち》、兄義諦《よしあき》と郤《げき》あり。酒井正親に因つて降《こう》を請ふ。倶《とも》に攻めて西尾を抜き、牧野成定《なりさだ》を走らせ、遂に東条を攻む。東条の裨将《ひしょう》富永景通《とみながかげみち》、藤波畷《ふじなみなわて》に陣《じん》し、小牧を攻めんと欲す。忠次、広孝、皆来つて正親に合し、邀《むか》へて景通を撃《う》つ。景通、弓を引いて広孝に擬《ぎ》す、広孝、直に進み刺してこれを殺す。余兵皆走る。北《に》ぐるを追つて城に至り、義諦を降して還る。嗣君、義諦の邑《ゆう》を以て正親に賜ひ、景通の邑を以て広孝に賜ひ、津平を以て忠次に賜ふ。鳥居忠吉《ただよし》、松平信一をして東条を守らしむ。頼持に妻《めあ》はすに異母妹《いぼまい》を以てす。

「郤あり」とは仲が悪いこと。「裨将」は「副将」。

五年三月、嗣君、松平清善《きよよし》をして西郡を攻めしむ。利あらず。更に久松俊勝《としかつ》、松井忠次らをしてこれを攻めしむ。忠次、甲賀《こうが》の間諜《かんちょう》十八人を招き、城に入りて火を挙《あ》げしむ。外兵、これに応ず。城将鵜殿長持《うどのながもち》走る。追ってその二子を虜《とりこ》にす。俊勝に命じて西郡を守らしむ。駿河《するが》の兵来り争ふ。取る能はず。氏真、我が質《ち》を殺さんと欲す。我が外家関口親永《せきぐちちかなが》の豪宗《ごうそう》たるを以て、敢て発せず。石川数正《いしかわかずまさ》、往いて質を護《まも》らんと欲す。嗣君の許さざるを度《はか》り、書を留《とど》めて往く。氏真甚だ鵜殿氏の二子を惜《お》しむと聞き、則ち親永に因つて質を易《か》へんと請ふ。これを許す。乃ち使を馳せて還り報ず。嗣君、大に喜び、二子を駿河に送る。数正乃ち関口氏、世子信康《せいしのぶやす》を奉じて帰る。已にして氏真これを悔い、怒つて親永を殺し、我が将士の質を擁《よう》して、以てこれを誘降《ゆうこう》せんとす。我が将士、一人の応ずる者なし。即ち尽《ことごと》くその質を串殺《かんさつ》す。嗣君、これを聞いて哀痛《あいつう》す。

永禄五（一五六二）年。「西郡」とは上之郷《かみのごう》城の在る地である。城主が「鵜殿長持」とあるが、これは嫡男の「長照」の誤りである。甲賀忍びの工作で城は落ちた。長照はこの時命を落とし、その息子二人は松平家に囚われの身となった。「豪宗」は有力な一門衆のこと。

石川数正は元康の許しも得ず（元康としては立場上そうせざるを得ない）置き手紙をして駿河に向かい、鵜殿の二人の子息と元康の妻子との人質交換を見事成し遂げて帰ってきた。あるいは、この時以来数正と築山殿・竹千代（信康）との間には深い繋がりが生まれたのかもしれない。

氏真はしばらくしてこの人質交換を後悔し、話を取り次いだ関口親永を結局は殺し、腹いせのように松平の他の人質を処刑した。

四月、引間城《ひくまじよう》、氏真に背《そむ》いて来り降る。七月、嵩山《たけやま》も亦た降る。已にして皆、駿河の兵の抜く所となる。九月、駿河の将朝比奈泰長《やすなが》、来つて五本松《ごほんまつ》を襲ひ、その城主西郷正勝《まさかつ》を殺す。正勝の子元正《もとまさ》、月谷《つきや》に在り。変を聞いて馳せ援《は》け、父の已《すで》に死せしを見て、駿河の軍に赴いて死す。その弟清員《きよかず》、泰長の捕ふる所となる。行〻万丈谷《ゆくゆくまんじようだに》を歴《へ》、袂《たもと》を奮《ふる》つて自ら投じ、遂に脱し帰り、菅沼定盈《すがぬまさだみつ》に因つて状《じよう》を告《つ》ぐ。嗣君、命じて父兄の後《あと》を承《う》けしむ。辞《じ》して曰く、「臣の兄に遺孤《いこ》あり。臣請ふ、佐《たす》けん」と。嗣君、義《ぎ》としてこれを許す。嗣君、自ら将として、板倉重定《いたくらしげさだ》を佐《さ》脇《わき》に攻む。佐脇、牛窪《うしくぼ》、楡木《にれぎ》と兵を合せて坂井に拒ぐ。我が前軍、敗走す。渡辺守綱《わたなべもりつな》、夏目正《なつめまさ》吉《よし》、殿戦《でんせん》す。嗣君、敗《はい》を聞いて馳せ救ひ、撃つて重定を斬り、佐脇、八幡《やわた》の二寨《さい》を抜く。

西郷清員の勇気と義心が描かれる。この清員の姪がのちに彼の養女という形で家康の側室となり、二代将軍徳川秀忠と松平忠吉の二人の男子を産んだ。それが西郷局、通称お愛の方であると云われる。

六年二月、松井忠次《まついただつぐ》を遣《つかわ》して、攻めて岩略寨《がんりやくさい》を抜く。三月、自ら将として、駿河の将小原鎮《おはらしげ》実《ざね》と小坂井《こさかい》に戦つてこれを破る。五月、鷹《たか》を近郊に放ち、深溝《ふこうず》に至る。故《もと》の松平好景の子伊忠《これただ》在り。邀《むか》へてこれを饗《きよう》す。これに賜ふに鷹を以てして曰く、「長沢は要地《ようち》なり。武田信玄の窺《うかが》ふ所。汝に非ざれば以てこれに当るなし」と。乃ち徙《うつ》して長沢を守らしむ。

永禄六（一五六三）年。この駿河の将とは息子の三浦義鎮とともに氏真の寵臣とされた小原鎮実である。討死した松平好景の嫡男で親譲りの武勇を持つ伊忠を、深溝から武田信玄の脅威のある要地・長沢（豊川市）に移して守らせた。

三河一向一揆

十月、菅沼定顕《さだあき》をして佐崎に城《きず》かしむ。糧儲《りようちよ》未だ備らず。邑中に上宮寺《じようぐうじ》あり。一向宗《いつこうしゆう》たり。頗る資糧《しりよう》饒《おお》し。定顕、これを徴《ちよう》す。寺僧聴かず。乃ちこれを奪ふ。僧怒り、同宗《どうしゆう》針崎《はりざき》、野寺《のでら》、土呂《どろ》の三寺に檄《げき》し、衆を合せて千余人を得、菅沼氏を攻め、劫剽《きようひよう》して去る。定顕、これを訴ふ。乃ち酒井正親に命じてその主謀《しゆぼう》を捕へ、斬つて以て徇《とな》ふ。僧徒益ゝ《ますます》怒り、大に門徒を招聚《しようしゆう》す。将士その宗に係り、若《も》しくは親戚を救つて仇怨《きゆうえん》を修めんと欲する者は、往往《おうおう》、これに帰す。矢《や》田《だ》作十郎《さくじゆうろう》、馬場《ばば》小平太《こへいた》、蜂谷《はちや》貞次《さだつぐ》、渡辺守綱《わたなべもりつな》、本多正信《まさのぶ》、其の弟正重《まさしげ》ら数百人なり。吉良義《よし》諦《あき》は東条に拠《よ》り、その弟頼持《よりもち》は荒川に拠り、酒井忠尚《ただひさ》は上野に拠り、松平家次は桜井に拠り、夏目正吉は野羽《のば》に拠り、一時に並《ならび》に叛《そむ》く。僧、これに牌《はい》を分《わか》ち、書して曰く、「一歩を進まば極楽に生れ、一歩を卻《しりぞ》かば地獄に堕《お》ちん」と。日を刻《こく》して来り攻めんとす。嗣君、大に驚き、兵を分つて諸城を守らしむ。大久保忠俊《ただとし》は従子忠世《ただよ》、忠佐《ただすけ》以下と輪田《わだ》を守り、酒井正親《まさちか》は西尾を守り、松平伊忠《これただ》は深溝《ふこうず》を守り、本多広孝《ひろたか》、松井忠次《ただつぐ》は土井《どい》を守り、松平清善は竹谷《たけや》を守り、松平家忠は形原《かたはら》を守り、松平信一《のぶかず》は藤井を守り、松平親俊は福釜《ふくがま》を守る。酒井忠次は上野の傍《かたわら》に砦《とりで》して、賊出づる毎に烽《ほう》を挙げて相ひ報ず。嗣君、烽を覩《み》て即ち馳せ救ふ。賊輒《すなわ》ち逃れ走る。石川数正《かずまさ》は諸公族と上野を攻め、土井の兵は東条を攻め、藤井の兵は土呂、針崎を攻む。皆功あり。深溝の兵は野羽《のば》を攻む。野羽の城兵乙部《おとべ》某、導いて城を陥《おとしい》れ、正吉を擒《とりこ》にす。乙部請うて曰く、「臣の導《みちびき》をなす所以は、正吉を活《いか》さんと欲すればなり」と。伊忠も亦たこれを請ふ。嗣君、終に正吉を釈《ゆる》して、これを禄《ろく》す。酒井忠次、戸田某を招き、亦た以て導となして野寺を攻め、その後門《こうもん》を破る。

「儲」は「たくわえる」、「聴かず」は「許可しない」、「徇」は「広く知らせる、ここでは見せしめにして領主の権威を周知させる」、「刻日」は「日取りを決める」。桜井で叛いた松平家次とはあの清康と惣領を争った松平信定の孫である。信定の執念は死後も受け継がれていた。

いわゆる「家康三大危機」の一つ、三河一向一揆の始まり。松平家臣・菅沼定顕が上宮寺の備蓄兵糧を奪ったのがきっかけとなったということが『松平記』に記されており、頼山陽もそれに拠ったようだが、そもそも菅沼定顕という人物の実在性が疑わしい。他に『三河物語』では、本證寺で酒井正親が無法者を勝手に捕縛したのが「守護不入」特権の侵害となり一揆に繋がった、と記されている。

松平の家臣で、一向宗を信仰する者はもとより、親戚を助けようとする者やこの機に乗じて怨む相手に復讐してやろうとする者まで、みな寺側についた（ちなみに蜂谷貞次と渡辺守綱はのちに「徳川十六神将」に数えられる）。しかし、狼煙を見て元康自身が味方を救いに戦場に馳せつけると、寺側の松平家臣はたちまち逃げ去ったとも云う。

また「一時に並に叛く」とあるが、少なくとも吉良義諦や酒井忠尚らやここには書かれていないが松平昌久（大草松平家）など反元康の国人領主が一向宗側と緊密な連携をとっていた形跡はあまり見られず、あくまで混乱に乗じて叛いた印象が強い。それゆえに以後各個撃破の対象となっていくのである。

十一月、針崎の賊、輪田を攻む。忠俊、小豆坂《あずきざか》に邀戦《ようせん》す。嗣君馳せ救ひ、大にこれを破る。阿部忠政善く射《い》る。渡辺守綱、筧正重《かけひまさしげ》と皆傷《きずつ》く。水野忠重《ただしげ》、蜂谷貞次を追ふ。貞次、槍《やり》を揮《ふる》つてこれに返す。忠重卻く。嗣君親ら進んでこれに迫る。貞次卻く。松平金助、追ってこれを詬《ののし》る。貞次曰く、「吾れ主公を畏《おそ》る。豈に汝を畏れんや」と。鎩《さ》して金助を殪《たお》し、将に馘《くびき》らんとす。嗣君、これを呵《か》す。貞次、怖れて走る。筧正重、平岩親吉《ひらいわちかよし》を追ひ、射てその耳に中《あ》つ。将に馘らんとす。またこれを呵す。亦た怖れて走る。忠俊進んで針崎を攻め、伊田に陣す。大久保忠世、本多正重と、銃を以て相ひ擬《ぎ》す。忠世先づ発す。正重傷《きずつ》き走る。賊、議して曰く、「争戦《そうせん》決せず。宜しく兵を妙国寺《みょうこくじ》に分ち、その帰途《きと》を扼《やく》し、夾撃《きょうげき》してこれを淖中《どうちゅうおとしい》に陥るべし」と。蜂谷貞次は忠俊の婿《むこ》なり。その覆滅《ふくめつ》を痛み、独り騎《き》して寺前に低回《ていかい》す。忠俊、これを悟《さと》り、兵を引いて輪田に還る。

「淖」とは「沼、ぬかるみ」。剽悍無類の蜂谷貞次も、元康の姿を見ると逃げ出し、元康に叱咤されると斃した相手の首も取れない。また寺側が戦局の膠着を打開するため、挟撃して松平勢をぬかるみに落とすという策を立てたのにもかかわらず、貞次は、舅である大久保忠俊の一党が全滅してしまうことを恐れ、思わせぶりに寺の前を行ったり来たりして忠俊に寺側に謀あるを悟らせようとしたりする。信心と忠義と情宜のはざまで揺れる寺側の三河武士の心を象徴する逸話である。

十二月、嗣君、佐崎を攻め、矢田《やだ》、馬場《ばば》と戦つてこれを走らす。天野康景《あまのやすかげ》、馬場を斬る。閏月《じゆんげつ》、本多重次、高力清長は土呂を攻め、本多広孝、松井忠次は東条を攻む。皆功《こう》あり。功を賞して邑を分ち、忠次に松平氏を賜《たま》ふ。尋《つ》いで砦《さい》を佐崎の傍に築《きず》く。

ここでたまたま揃った康景、重次、清長の三人はすぐあとであらためて登場する。どちらかと言うと文官の印象が強い三人だが、槍働きでこうした立派な武勲も挙げている。特に本多重次はかなりの猛者と言える。彼の肉体には数多の戦傷が刻まれていたと云う。

七年正月三日、水野信元《のぶもと》、来つて正《せい》を賀《が》す。会〻《たまたま》佐崎の賊、岡、太平《おおひら》を焚《や》く。嗣君、これを望み、信元に謝し、馬に上《のぼ》つて出づ。信元去るに忍びず。その卒を以て従ふ。嗣君、上輪田《かみわだ》の兵をして針崎《はりざき》に当らしめ、直に小豆坂に出で賊と遇ふ。近藤新一、射て嗣君の轡《たづな》に中《あ》つ。嗣君怒り、親ら賊陣を陥《おとしい》る。信元の兵と合撃してその二将を斬る。土呂、針崎、野寺の賊、合して輪田を攻む。忠俊、忠世、防戦して創《きず》を被《こうむ》る。嗣君、単騎《たんき》赴き援く。踵《つ》ぎ馳する者三十八騎。鵜《う》殿康孝《どのやすたか》、戦死す。賊党《ぞくとう》渡辺守綱、進んで嗣君に逼《せま》る。その甥内藤正成《ないとうまさしげ》、側《かたわら》に侍《じ》す。呼んで曰く、「事已《すで》にここに至る。私親《ししん》を恤《うれ》ふる能はず」と。乃ち射てこれを仆《たお》す。賊兵豨突《きとつ》して進む。嗣君甚だ危し。賊党土屋長吉《つちやながよし》、その儕輩《せいはい》に謂つて曰く、「吾れ門徒《もんと》の故《ゆえ》を以て敢《あえ》て主君に敵す。今その危きを視るに忍びず。吾れ寧ろ地獄に堕《お》ちん」と。乃ち鋒《ほこ》を倒《さかしま》にして、嗣君の馬前に当り、賊を防いで戦死す。会〻《たまたま》日暮《く》る。両軍、交綏《こうすい》す。嗣君還り、その甲を脱するに、二銃丸《じゅうがん》を得たり。命じて長吉の尸《しかばね》を収めて、輪田に葬《ほうむ》らしむ。

永禄七（一五六四）年。数え二十二歳の元康が自ら死闘を繰り広げる。母方の伯父・水野信元の助勢もあり、元康は三河各地の敵を苦戦の末鎮定していった。内藤正成は徳川十六神将の一人に数えられる家中随一の弓の名手。同じ十六神将の渡辺守綱（こちらは槍の名手）は確かに正成に射られてはいるが、そのまま死んではいない。だが、正成は同じ一向一揆との戦いで石川知綱（正成の舅）の両膝を射抜いて落馬させ命を失わせている。

土屋長吉は寺側についていながら、元康の危機を目の当たりにするといたたまれなくなり、「教えに背いて地獄に堕ちてもかまわぬ」と命を投げ出して一揆勢の突撃から主君を守った。元康が戦から還り甲を脱ぐと二発の弾が転がり落ちた、という事実描写が、むしろこの戦いがいかに激しく厳しかったかを極めて端的に表現している。

二月、西尾の兵、水野氏の援軍と合して、桜井、野寺《のでら》に戦ひこれを破る。嗣君、自ら野寺の賊を討ち、伏《ふく》を設《もう》けてこれを破る。数日にして佐崎の賊三百可《ばか》り、矢田を以て将となし、岡崎を犯《おか》す。嗣君、密かに銃隊を戒《いまし》めて曰く、「賊、我を困《くる》しむる所以《ゆえん》は、矢田あるを以てなり。彼勇《ゆう》を負《たの》み、毎《つね》に士卒《しそつ》に先んず。宜しくこれを狙撃《そげき》すべし」と。戦交《まじわ》るに及んで、矢田、丸《たま》に中《あた》つて斃《たお》る。余賊《よぞく》、潰走《かいそう》す。これより賊衆沮喪《そそう》し、互に相ひ悔責《かいせき》し、本多正信《まさのぶ》、蜂谷貞次《さだつぐ》に勧めて降を請はしむ。貞次、大久保忠俊に就《つ》いて乞ふ。忠俊因つて嗣君に説いて曰く、「方今、群雄、務《つと》めて兵を励《はげま》し地を拓《ひら》く。而して我れ内変《ないへん》あり、国兵の半は仇讐《きゆうしゆう》となる。隣国、隙《すき》に乗じて来り侵《おか》すが如きあらば、傾覆《けいふく》、踵《きびす》を旋《めぐ》らさず。その自新を容《い》れて、各〻《おのおの》力を効《いた》さしむるに若《し》かず」と。嗣君、これを聴《ゆる》す。貞次《さだつぐ》乃ち衆と議《ぎ》して、三事を請《こ》ふ。曰く、「将士は禄《ろく》を復《ふく》せん」。曰く、「僧徒は安堵せん」。曰く、「渠帥《きよすい》は死を減《げん》ぜん」と。嗣君曰く、「請ふ所皆允《ゆる》さん。独り渠帥は赦《ゆる》すべからず」と。忠俊泣いて諫《いさ》めて曰く、「去歳《きよさい》以来、臣が宗族、幾《ほと》ど殲《つ》く。公、恤《あわれ》んでこれを貰せんと欲せば、願はくはこの輩《はい》の命《いのち》を賜うて以て前鋒となし、吉良、荒川を攻め、功を立てゝ罪を償《あがな》はしめよ。則ち疆土《きようど》、日に拓《ひら》けん」と。水野信元も亦た以て請《こい》をなす。嗣君、勉《つと》めてこれに従ひ、貞次、守綱《もりつな》以下を輪田に召し、盟《ちかい》を徴《ちよう》し書を賜《たま》ふ。石川家成をして、針崎《はりざき》の降将を率ゐて土呂《どろ》に赴き、呼んでこれを諭《さと》さしむ。賊、兵を投じて降る。佐崎、野寺、相ひ継いで皆降る。乃ち正信ら五人及び諸悪僧《しよあくそう》を逐《お》ひ、その余を以て先鋒《せんぽう》となし、東条、荒川を攻めしむ。義諦、頼持、降を乞《こう》ふ。許さず。皆西走《せいそう》す。この役や、榊原康政《さかきばらやすまさ》、上野に先登《せんとう》す。康政の先を仁木義長《につきよしなが》といふ。伊勢の榊原邑《さかきばらむら》に居る。その裔清長《えい》、三河に徙《うつ》つて、蔵人親忠《くろうどちかただ》に仕《つか》ふ。康政《やすまさ》はその孫なり。幼より沈深《ちんしん》にして書を喜《この》む。この歳、甫《はじ》めて十六。成瀬正義《まさよし》、弟正一と、戦ふ毎に功あり。二人嘗て罪を獲《え》て甲斐に出奔《しゅっぽん》す。已にして来帰《らいき》す。嗣君、これを待つこと故《もと》の如し。二人、感激す。故に戦最も力む。

「踵を旋らさず」は「きびすを返すひまもないほど短い間に」の意味。「その自新を容れて」は「過ちを悔いて生まれ変わること」。「渠帥」は「反逆者の頭目」。「兵を投じて降る」の「兵」とは武器のこと。

矢田作十郎（助吉）は、蜂谷貞次、筧正重と並んで一向一揆の中核となった元松平家臣。彼を狙撃し斃したことによってこの内戦の流れが大きく変わったようである。

蜂谷貞次を代表として一揆側が提示してきた講和の条件は、「背いた将士の禄は元のまま、僧徒の寺は安堵、一揆の頭目の死一等を減ず」と一揆側にとってかなり虫のいい内容である（この講和を主導したのは主に松平旧臣たちで、一向宗側はあまり関与していなかったらしい）。しかし、これ以上の国内の分断と国力の消耗を回避するために、元康は表面上これを受諾した。もっとも、背いた家臣こそほぼ再び召し抱えて主に先鋒として起用したようだが、寺の武装解除後は、一向宗からの改宗に従わない僧侶は他国に追放され、「渠帥」の一人・本證寺の空誓（この頃二十歳前後）は三河国内の足助《あすけ》に潜伏し細々と布教活動を続けることになる。

一方、今川の援軍を当てにし一向一揆に便乗して叛く形となった東条の吉良義諦、上野の酒井忠尚、大草松平家の松平昌久ら反元康派の国人もみな三河にはいられなくなった。例の信定の孫の松平家次は特に血縁的に近い一門という理由で許され、以後この桜井松平家は元康に忠実に仕えるようになるのである。

それにしても、「百姓の持ちたる国」として百年近く続いた加賀一向一揆、信長を四年の間で二度までも惨敗させた伊勢長島一向一揆、信長と石山本願寺の十年戦争、これらに比べて三河一向一揆が激戦であったとは言え、実質半年足らずで終息し得たのはなぜであろうか。やはり本願寺による戦略指導がほとんど無く、諸勢力との連携にも乏しかったことなどが一応その理由とは考えられよう。

また元康は、一揆との戦いに武功を挙げた家臣に、一向宗寺院への多額の債務を帳消しにする徳政を認め、その士気を昂揚させる工夫もしている。さらに、今川氏真が同じ時期遠江の諸反乱（遠州忩劇《そうげき》）に悩まされていてこの三河一向一揆に介入できなかったことは、元康にとって大いなる幸運であったとしか言いようがない。

三河一向一揆は、たしかに元康の最大の危機の一つだったかもしれない。だが、この苛酷な試練を超剋することによって元康は、精忠家臣団の再編、反抗的国人の排除、守護不入権の否認、宗教自治区の統制といった戦国大名化に必要な条件を満たしていったのである。

嗣君、既に西三河を定め、三月、兵を東三河に出《いだ》す。四月、小笠原康元は幡豆《はず》を以《い》て、牧野定成は牛窪を以て、戸田重定は楡木《にれぎ》を以て、皆降る。乃ち砦《さい》を一宮《いちのみや》に築き、本多信俊をしてこれを守らしめ、以て吉田、田原に逼《せま》る。

元康は一揆平定の勢いを駆って東三河に兵を向けた。すると、東三河の諸国人が次々と降伏してきた。

五月、氏真、兵一万に将として、佐脇《さわき》、八幡《やわた》の二邑に陣し、その五千を分つて一宮を攻めしむ。信俊、急を告ぐ。嗣君、自ら二千人に将として赴《おもむ》き援け、二邑の間を過ぎて、本能原《ほんのがはら》に至る。部伍厳整《ぶごげんせい》、兵鋒《へいほう》甚だ鋭し。氏真敢て犯さず。その兵の一宮を囲む者、解き退く。信俊、尾撃《びげき》してこれを破る。明日、嗣君復た氏真の営前《えいぜん》に逼《せま》つて還る。氏真、引いて去る。これより復た出づる能はず。

一宮城を包囲した五千の氏真勢を、元康が二千（三千とも）の援軍で撤退させた「一宮の退口（後詰）」と称される、有名な若き元康の「大高城兵糧入れ」と並ぶ武勇伝である。二年前の永禄五年に行われたという説もある。

六月、嗣君、酒井忠次《ただつぐ》をして、牛窪、楡木、幡豆の兵を率ゐて吉田を攻めしむ。本多忠勝、先登《せんとう》し、蜂谷貞次、戦死す。城将《じょうしょう》小原鎮実《しげざね》、終に城を致《いた》して去る。以て忠次に賜《たま》ふ。本多広孝、田原《たわら》を攻めて、その郛《ふ》を取る。城将朝比奈元智《あさひなもとさと》も亦た城を致して去る。以て広孝《ひろたか》に賜ふ。

酒井忠次の軍が東三河における重要拠点・吉田城を制圧した。この時、蜂谷貞次は本多忠勝に一番乗りの手柄を奪われ怒って奮戦したが、鉄砲で撃たれその後死亡した。吉田城は忠次に与えられた。これ以降、忠次は東三河の旗頭の地位に就く（西三河の旗頭は数正の叔父・石川家成）。続いて本多広孝が渥美半島の田原城を攻略。田原は広孝に与えられた。

六月、酒井忠尚復た叛《そむ》く。広孝、忠次に命じてこれを討たしむ。城兵、その数〻《しばしば》叛くを醜《にく》み、相ひ率《ひき》ゐて出で降る。忠尚、駿河に奔《はし》り、尋《つ》いで死す。この歳、御油《ごゆ》、寺部《てらべ》を攻めて、皆これを取る。長篠《ながしの》、築手《つくで》、段嶺《だみね》の三邑皆降る。

甥の忠次が松平譜代最初の城持ちになったのと同じ月、広忠と元康二代にわたって松平惣領家に反抗し続けてきた酒井忠尚も遂に三河から、いや、間もなくこの世からも姿を消した。

名を家康と改める

八年春、嗣君尽く三河を定む。乃ち奉行三人を置き、国内の政刑《せいけい》を掌《つかさど》らしむ。作左衛門《さくざえもん》本多重次、与左衛門《よざえもん》高力清長、三郎兵衛《さぶろびようえ》天野康景を以てこれに充《あ》つ。重次は剛直、清長は慈祥《じしよう》、康景は沈重《ちんちよう》にして善く謀《はか》る。民、これが為めに語って曰く、「仏高力《ほとけこうりき》、鬼作左《おにさくざ》、彼此偏《ひしへん》なきは天《あま》三郎《さぶろう》」と。これより先、嗣君、既に今川氏と絶つ。元康の名は義元《よしもと》の命ずる所なるを以て、名を家康と改む。遠祖《えんそ》義家の偏名《へんめい》を取るなり。鳥居忠吉、嗣君の為めに京師に奏《そう》して、先世《せんせい》の官爵を襲《つ》がんと請《こ》ふ。九年十二月、詔《みことのり》して、従五位下に叙《じょ》し、三河守に任《にん》ぜらる。

永禄八（一五六五）年。「仏高力、鬼作左、どちへんなしの天三郎」という俗謡は、公事方（裁判）に不可欠な寛容・峻厳・公平のそれぞれ違う個性を持つ三人を奉行に配した元康の人事の妙も称えているのだろう。もっとも、「鬼」の本多重次は、いわゆる「日本一短い手紙」（一筆啓上、火の用心、お仙泣かすな、馬肥やせ」ただし本当の文面は少し違う）を妻に送ったことで知られる、実は家族に細やかな気遣いのできる人物でもあった。

また「どちへんなし（公平）」と謳われた天野康景は、関ヶ原後に駿河興国寺藩の大名となったが、ある時自領で材木を盗んだ天領の百姓を藩兵が殺傷するという事件が起きた。しかし、家康からの使者・本多正純の下手人の引き渡しを求めた発言内容に承服できずに要求を突っ撥ね、遂に一族もろとも興国寺城から出奔してしまった。当然改易である。この時康景七十歳。「道理」に加えていかにも三河武士らしい頑なな「意地」も持ち合わせた人物でもあった。

元康は諱を「家康」に変えた。「元」は今川義元の偏諱を拝領したものであり、今や今川家との絶縁を周知させる必要があった。ここには家康の「家」の字は八幡太郎源義家から頂いた、とある。義父の久松長家から、という説にはすでに触れた。今のところ前者が支持されているようである。

永禄九（一五六六）年。かねてよりの朝廷への働きかけがようやく実り、家康は従五位下《じゅごいのげ》に叙され、三河守に任じられた。以後、頼山陽は家康への呼称を「嗣君」から「三河守」に変える。この三河守任官についてはのちほど徳川改姓とまとめて述べる。

十年五月、三河守、世子信康《のぶやす》の為めに、織田信長の女を娶《めと》る。信長、佐久間信盛《さくまのぶもり》をして来つて女を送らしむ。三河守の国を定むるや、武田信玄、使をして好を修めしむ。この歳、その将山《やま》県昌景《がたまさかげ》をして来り言はしめて曰く、「請ふ、力を戮《あわ》せて氏真を滅《ほろぼ》し、我は大井河以東《いとう》を取らん。公《こう》は大井河以西《いせい》を取れ」と。三河守、これを許す。

永禄十（一五六七）年。五月、家康は世継ぎの竹千代に信長の娘・五徳を娶せた（その二カ月後に竹千代は元服し、信長の偏諱を拝領して「信康」と名乗る）。佐久間信盛は知行地が尾張の三河に近い土地ということもあり、織田家における松平家の取り次ぎ役となっていた。二年前家康が三河を平定すると、武田信玄が友好関係を築こうと使者を送ってきていた。

そしてこの年、信玄は家康の元に山県昌景（兄・飯富虎昌の赤備えを引き継いだ武田随一の猛将）を遣わして、今川家を甲斐と三河から挟撃して滅ぼしその領土を駿河は武田、遠江は松平と分け取りにする策を提案した。家康はそれを受けた。

十一年正月、詔《みことのり》して、三河守を遷《うつ》して左京大夫《さきょうのだいぶ》となす。三月、大夫、兵を遠江《とおとうみ》に出して、久能《くのう》を攻む。高力《こうりき》清長をして、城将宗能《むねよし》に説いてこれを降《くだ》らしむ。松下、二股《ふたまた》、高藪《たかやぶ》の三族皆降る。進んで堀川を攻めてこれを抜《ぬ》く。遂に宇津山《うつのやま》を取り、見附《みつけ》に城《きず》く。八月、織田信長、西のかた近江を略《りゃく》し、来つて援兵《えんぺい》を乞ふ。大夫、松平信一をして、二千余人を以て往かしむ。信長の将木下秀吉《しょうきのしたひでよし》ら、箕作城《みつくりじょう》を攻む。城固《かた》くして抜けず。信一疾《と》く攻め、矢石《しせき》を冒《おか》して進み、大に呼んで曰く、「三河の人松平信一、先登《せんとう》せり」と。諸隊継《つ》ぎ登る。城遂に陥る。信長、面《ま》のあたり信一を褒《ほ》めて曰く、「卿《けい》、胆《きも》に毛《け》を生ずと謂ふべし」と。桐号《きりじるし》の胴服《どうふく》を賜ふ。

永禄十一（一五六八）年。正月、朝廷は詔して家康を三河守から左京大夫に遷した。以後頼山陽の家康への呼称は「大夫」に変わる。東へと遠江の今川領を蚕食する家康。一方信長は、足利義昭を奉じた上洛の過程で、西のかた近江六角氏を攻略しようとしており、家康にその援軍を依頼してきた。

家康は一向一揆で獅子奮迅の働きを見せた祖父・清康の従兄弟に当たる松平信一に二千余りの兵を預けて出陣させた。信一は木下藤吉郎秀吉の苦戦中の近江箕作城攻めに加わり、矢弾をものともしない勇猛果敢さで遂に城への一番乗りを果たした。戦後信長から直々に「貴殿の肝には毛が生えているようじゃのう」との褒詞と陣羽織を賜り、大いに松平衆の面目を施したのである。

十二月、大夫、遠江に入りて、井伊谷《いいのや》を取らんと欲す。谷中《こくちゅう》の豪族《ごうぞく》井伊直親《いいなおちか》、讒言《ざんげん》を以て氏真の殺す所となる。その故部菅沼《こぶすがぬま》、近藤、鈴木の三族、皆大夫に属《ぞく》す。大夫、遂に刑部《おさかべ》を取る。これより先、引間《ひくま》城主飯尾《いいお》某、密《ひそ》かに款《かん》を我に通ず。事覚《あらわ》れて殺さる。その部下、城を以て来り降る。また事を争つて相ひ殺す。ここに於て、大夫、引間に入り、その塁壁《るいへき》を益《ま》し、立て丶根拠となす。遂に馬伏《まふし》、高天神《たかてんじん》の二城を招降《しょうこう》す。この時、武田信玄、已に駿河に入り、氏真を逐《お》ふ。氏真、遠江に奔《はし》る。朝比奈泰能《あさひなやすよし》、掛川城《かけがわじょう》を守り以てこれを迎ふ。三浦義鎮《よししげ》、小原資久《すけひさ》、氏真《うじざね》を棄《す》て丶、独《ひと》り花沢《はなざわ》を保つ。甲斐の将秋山晴近《あきやまはるちか》、大井河を済《わた》り、久能《くのう》を招く。久能下らず。奥平、菅沼、迎へて見附《みつけ》に戦ふ。我が兵利あらず。大夫、人をして晴近を誚《せ》めしめて曰く、「汝、何ぞ敢て約に背《そむ》ける。亟《すみや》かに引き去らずんば、我れ親ら出でてこれを撃《う》たん」と。晴近懼《おそ》れて、引き去る。大夫、遂に掛川を攻む。城、険《けん》にして食足《しょく》る。輒《たやす》く抜くべからず。乃ち砦《さい》を連ねてこれに備《そな》へ、退いて見附に陣す。この歳、奏《そう》して徳川氏に復せんと請《こ》ふ。

氏真の求心力が急激に低下していた。井伊谷の井伊直親の謀殺がその旧配下の菅沼・近藤・鈴木の三氏の離反を生み、引間城の飯尾豊前の処断がその属将（江間兄弟）の内通を促した。まさに虎視眈々と絶好の機会を窺っていた甲斐の虎・武田信玄は、遂にこの時、その獰猛にして貪欲な爪と牙を駿河の地に突き立てた。今川氏真は駿河から逐われた。遠江に逃げ込んだ氏真は、朝比奈泰能の掛川城に迎えられた。三浦義鎮・小原資久ら氏真寵臣は氏真を見棄て彼らだけで駿河の花沢城に籠った。

信玄の信濃別動隊の部将・秋山晴近（信友とも言われるが正しくは「虎繁」）は、家康に帰属する久能氏に調略を仕掛け、さらに家康方の奥平氏・菅沼氏と見附で戦って撃ち破った。家康は晴近のこの事前協定を無視した行動に激怒し恫喝の使者を送ったところ、晴近は恐れて退去していった。次いで家康は氏真のいる掛川城を攻めたが、城は険阻な上に兵糧も十分であり、すぐに落とすことは難しいと判断したので、城の周辺に砦を連ねて、退いて見附に陣を構えた。

少し時間を遡るが、三河の平定を成し遂げた家康は、「三河守」任官によってその事実を内外に知らしめて他の国人たちとの格差の明確化を図ろうとした。そして朝廷に対して任官運動を始めた。しかし時の正親町《おおぎまち》天皇の思し召しでは、清和源氏には三河守任官の先例がないので源氏を本姓とする松平氏にはこの官位は授けられぬ、とのこと。

困り果てた家康は関白・近衛前久《さきひさ》に任官工作を依頼した。しばらくすると、家康が流れを汲むとされる新田氏庶流に藤原氏に改姓して三河守に任官した人物（世良田頼氏か）が存在したことが、万里小路邸で発見された系図によって裏付けられた。

そこで家康は三河守任官の障害となっていた源姓を藤原姓に変えた。また世良田頼氏の父親が「徳川」を称していたことから（「徳川」ではなく「得川義季」らしい）、家康はこれを機に姓を「松平」から「徳川」に変えることを決め、あらためてそのことも朝廷に奏請した。かくして家康の「三河守任官」と「徳川改姓」はともに朝廷に認められるに至ったのである（こういった経緯から見て、「徳川改姓」と「従五位下叙爵」と「三河守任官」はみな同じ永禄九年に行われたと考えられる）。

徳川への改姓

十二年正月、詔《みことのり》あり、報可《ほうか》す。これより徳川を宗《そう》となし、松平を族《ぞく》となす。この月、復た掛川を攻め、使をして信玄に謂はしめて曰く、「掛川は則ち僕の力にて能くこれを挙《あ》げん。前日の約《やく》如何」と。信玄答へて曰く、「敢て渝《かわ》らず」と。大夫乃ち従《うつ》て天王山《てんのうざん》に陣し、以て掛川に逼《せま》る。氏真、久能宗能《くのうむねよし》の父宗明《むねあき》に啗《くらわ》すに利を以てし、我が軍を夾撃《きようげき》せんと欲す。宗明、諾《だく》す。而してこれを宗能に告ぐ。宗能従はず。氏真の使復た至つて期《き》を戒《いまし》む。宗明父子、密かに大夫に謁《えつ》して、これを告ぐ。大夫佯《いつわ》り期《き》せしめて、夜、兵を城外に伏せ、敵の出づるを候《うかが》ひ、起《た》つて闘《たたか》ひ、その五将を獲《え》、尾《び》して城に入る。城兵堅く拒《ふせ》ぐ。入るを得ず。

永禄十二（一五六九）年。正月、朝廷に願いが聴き入れられ、家康は徳川に改姓した。徳川を名乗ることができるのは嫡流のみで、庶流は以後も松平を名乗った。

徳川改姓の当初の目的は、三河における十八松平など支族との差別化であったが、後年家康に次々に息子が生まれてからは、その嫡庶の別を明確化するのに役立つことになる。事実、徳川姓を名乗ることを許されたのは、数多くの息子の中で二代将軍秀忠・尾張義直・紀伊頼宣のみである（家光の代に水戸頼房）。この時点での世継ぎの信康はおそらく徳川を名乗ったはずだが、後述するようなその死の経緯があるため、江戸時代になってから徳川姓を剝奪された可能性がある。

家康は信玄に掛川城に干渉しないとの言質を取ってから、天王山に陣を移し掛川城に迫った。氏真は久能父子に「啗《くらわ》」（利得で釣ること）して家康を城の内外から挟み撃ちにすることを持ちかけた。父親はとりあえず了承したが息子の方が納得せず、二人で密かに家康に会ってこの策謀を打ち明けた。

家康は父子に偽って受けさせておいて、夜城外に伏兵を潜ませ、敵が城から出てくるのを「候」（「待つ」、例えば「候補者」は「おぎなうをまつもの」）ってにわかに攻めかかり五人の将を討ち、退却する敵を追尾して城に入ろうとした。だが城兵が堅く守ったので入ることはできなかった。

二月、退いて見附に陣し、浜名、都築《つづき》の二城を降《くだ》す。三月、復た掛川を攻む。泰能《やすよし》ら出でて西宿に戦ふ。我が諸将、撃つてこれを破り、走るを追つて城に至り、竹楯《ちくじゆん》を以て環《めぐ》り攻む。城兵、舟師を以て我が軍後に出づ。鳥居元忠《もとただ》、榊原康政《やすまさ》ら、邀《むか》へ撃つてこれを走らす。大夫、退いて引間《ひくま》に入り、三奉行をして、令三条を下さしめて、鹵掠《ろりやく》を禁じ、士民を按拠《あんきよ》す。会〻《たまたま》気賀《きが》の盗起る。兵を遣してその首謀《しゆぼう》を誅し、尽く余党を赦《ゆる》す。遠江の民、心を帰す。氏真、掛川の終に守るべからざるを度《はか》り、走つて北条氏康《うじやす》に依《よ》らんと欲す。氏康はその舅《きゆう》なり。乃ち酒井正親、石川家成《いえなり》に因つて和を乞ふ。大夫、答へて曰く、「某《それがし》、幼にして尊翁《そんおう》の扶持《ふじ》する所となる。敢て旧誼《きゆうぎ》を失はず。讒者《ざんしや》に間《かん》せられて、以て兵を構ふるに至る。今、信玄、駿河、遠江を併せんと欲す。公若《も》し遠江を以て某に附せらるれば、某、当に氏康と謀《はか》り、公を駿河に納《い》るべし」と。因《よ》つて誓書《せいしよ》を送る。

三月、掛川城へ三度目の攻撃を仕掛けた。敵将・朝比奈泰能を敗走させた後、鉄砲防御の竹楯を廻らしての攻城戦。背後からの今川水軍の奇襲を鳥居元忠と榊原康政らが撃退した。

家康はいったん退いて引間城に入った。三奉行布告や盗賊誅伐によって周辺地域の治安維持に努めた結果、遠江の人心は家康に帰した。
氏真は終に掛川が守りきれないことを悟り、舅の北条氏康に庇護を求めるべく家康に和議を申し出た。家康は答えて言った。「それがしは幼き頃よりご尊父のお世話になりもうした。その旧き誼みを忘れるものではけっしてございませぬ。ところが、讒言によって仲を割かれ、互いに兵を構えるまでに至ってしまいました。今、信玄入道は駿河遠江両国を併呑しようとしております。もし治部大輔（氏真）様がそれがしに遠江を「附」（この場合は「まかせる」、「附託」）くだされば、北条（氏康）殿とよく図って治部大輔様を駿河にお戻し致す所存にござりまする」と。そして起請文を送った。

五月、松平家忠をして氏真を護送せしめ、戸倉《とくら》に至つて、これを北条氏に授《さず》く。大夫、ここにおいて、遠江を取り、掛川を以て石川家成《いえなり》に賜ひ、自ら五百人を従へて郡県《ぐんけん》を巡視す。甲斐の将山県昌景《まさかげ》、兵三千に将として駿府《すんぷ》より金谷《かなや》に至り、大夫《だいぶ》に遇《あ》ふ。馬を下《くだ》つて拝し、我が寡単《かたん》を覩《み》て心動き、忿争《ふんそう》に託し、反《かえ》つてこれを襲ふ。大夫、走つて険隘《けんあい》に就き、撃つてその前鋒《ぜんぽう》八騎を斬る。昌景引き去る。大夫、大に怒り、兵を遣して駿府を攻む。昌景、塁《るい》を棄てゝ走る。乃ち使を氏康に使し、氏真を復《ふく》せんと謀る。氏真の旧臣《きゅうしん》岡部正綱《おかべまさつな》ら、府城《ふじょう》を修めてこれを守る。六月、天方《あまがた》、飯田《いいだ》、我が令《れい》を奉ぜざるを以て、攻めてこれを取る。十一月、信玄、氏康と戦つてこれに勝ち、正綱を降《くだ》し、駿河を取り、兵を分つて小山《おやま》に拠る。大夫、松平真乗《さねのり》をして掛川を援《たす》け、以て小山を攻めしむ。

五月、氏真を北条に引き渡した。家康は五百人を従えて遠江各郡を巡察した。甲斐の部将・山県昌景が三千の兵を率い、駿府から遠江の金谷まで来たところでたまたま家康と出会い、下馬し拝礼した。しかし、我が兵が少なく友軍もいないのを看て取った昌景は「心動き」、兵の喧嘩に託《かこつ》けて引き返して来て家康を襲撃した。家康は狭い谷間《たにあい》に逃げ込みながらも、先頭で追いかけてきた武田の八騎を斬った。昌景は兵を引いてその場から去った。

家康が激怒して駿府を攻めると、昌景は土塁を棄てて逃げた。家康は氏康に使者を遣わして氏真を駿府城に戻すことを相談した。氏真の旧臣・岡部正綱が駿府城を修復して守ることになった。

十一月、いわゆる「三増峠の戦い」で武田が北条を破りその底力を見せつける。駿府城の岡部正綱は武田に降り、信玄は駿河を手に入れた。

氏真を北条に預けた時点で、徳川と武田は事実上の手切れになったと言っていい。以後二十七歳の家康は、北条・上杉との結びつきを強める一方、武田と織田との友好関係にも楔を打ち込んで、信玄を孤立・包囲する強かな外交戦略に出る。独立大名となって僅か十年足らず。後生（後から生まれてきた者、若者の意味）畏るべし。しかし、甲斐の虎はやがてその檻を嚙み破り、その若き家康に猛烈な一撃を加えてくる。

前述した秋山晴近の一見暴走に見える遠江侵攻の背景には、おそらく信玄の黙認（あるいは指嗾《しそう》）があったであろうが、いかに戦国とはいえこの山県昌景の衝動的家康襲撃事件はにわかに信じ難い。

元亀《げんき》元年正月、遠江、既に定るを以て、徙《うつ》つて引間《ひくま》に居り、名を浜松と改む。世子をして岡崎

に居り、以て三河を撫《ぶ》せしむ。大夫の威名《いめい》大に振ふ。称《しょう》して海道第一となす。この月、信玄、攻めて花沢《はなざわ》を抜く。小原資久《すけひさ》、三浦義鎮《よししげ》、高天神に奔《はし》る。城主小笠原長忠、これと故《こ》あり。而して大夫の深く二人を悪《にく》むを知り、斬つてその首を献《けん》ず。大夫、賞《しょう》せず。

元亀元（一五七〇）年。「引間」は「曳馬」とも書いた。馬を曳く（退く）のは武士として面白からず、という理由で城名を「浜松」に変えたのである。徳川は以降、遠江浜松に家康、三河岡崎に信康という二元的支配体制を採ることになる。

小笠原長忠は「長忠」と軍記物には記されているが「信興《のぶおき》」が正しい。遠江高天神《たかてんじん》城を拠点とした国人。のちに武田勝頼の高天神城攻めで、実際は織田・徳川の援軍を得られずやむなく武田に降伏し、以後その家臣となったのだが、徳川家側からは裏切者として扱われている。また軍記物では、小原資久（大原資良）と三浦義鎮の氏真を誑《たぶら》かした父子は、また百姓の恨みも買っていたので、落武者として追い回された挙句高天神城に辿り着き、主君に阿《おもね》った旧知の小笠原の手によって首を打たれた、とある。その真偽は不明であるが、どうも因縁話めいているのは否めない。

二月、信長、人をして来つて二国の平定を賀《が》せしむ。且つ援兵を請《こ》うて朝倉義景《あさくらよしかげ》を撃つ。三月、信長、先《ま》づ京師に入《い》る。大夫、兵一万に将としてこれに継《つ》ぐ。四月、将軍足利義昭《よしあき》、信長及び大夫を饗《きょう》す。遂に越前に赴く。信長は近江より、大夫は若狭より、敦賀《つるが》に会《かい》し、攻めて手筒《てづつ》を抜き、遂に金崎《かながさき》を下す。会〻《たまたま》浅井長政、叛《そむ》いて義景に応じ、信長を夾撃《きょうげき》せんと欲す。信長、危《き》懼《く》し、大夫に問うて曰く、「これをなす何如《いかん》」と。大夫曰く、「公、第ゞ《ただ》馳《は》せて京師に入れ。長政、事《こと》を見ること遅し。必ず未だ帰路を扼《やく》せず。義景の如きに至つては、則ち一猛将を留め、某と力を合せば、必ず尾《び》する能はず」と。信長乃ち羽柴秀吉を留めて、夜、京師に走る。数日、大夫、秀吉と殿《でん》して退く。信長の将丹《に》羽《わ》長秀《ながひで》、明智光秀、若狭に在り。帰る能はず。大夫、兵を分つてこれを救ひ、皆朽木《くちき》に達す。行ゞ土寇《どこう》を撃つて京師に入る。五月、岡崎に帰る。

信長の越前朝倉氏攻めに、家康は兵一万を引き連れて援軍に赴いた。しかし、金ヶ崎で浅井長政の裏切りに遭う。

信長・秀吉・家康・光秀が一堂に会した金ヶ崎。この死線を越える撤退戦での英傑たちの私心無き連携を描きたくなるのは創作者としての「人情」というもの、とは思うが、史実は残念ながら巷間伝わる内容とはいささか違うようである。まず、当時の信頼できる史料に拠ると、撤退戦の主力となり指揮を執ったのは、羽柴（この時点ではまだ木下）秀吉でも明智光秀でもなく、摂津守護で三千の兵を率いていた池田勝正であったのではないかと言われている。

また家康の名前は江戸時代の徳川家側の文献にだけ見られ、一次史料には現れない。家康が秀吉とともにしんがりしたり、兵を割いて丹羽長秀と明智光秀の苦境を救ったりというのは、あくまで「無かったとまでは言えない」レベルの逸話なのだろう。

姉川の戦い

六月、信長、浅井長政を撃つ。復た来つて援を乞ふ。大夫、兵に将としてこれに赴く。朝倉義景、族景健《ぞくかげたけ》をして長政を援けしむ。信長の兵三万五千、大夫の兵五千、龍鼻《たつはな》に陣す。長政の兵八千、景健の兵一万五千、大寄《おおより》に陣す。信長、夜、戦を議す。大夫曰く、「某は年少、混戦を喜ばず。願はくは一面に当らん」と。信長曰く、「然らば則ち長政に当れ。顧《おも》ふに公の兵寡《すくな》し。我れ当《まさ》に兵を分つてこれを援くべし」と。大夫曰く、「某は小国を領し、寡兵を用ふるに慣《な》る。且つ縦《たと》ひ援兵を賜ふも、素《もと》より撫循《ぶじゅん》せるに非ざれば、何ぞ用をなさんや」と。信長曰く、「公をして独り敵に当らしめば、吾れ将《まさ》に天下の笑とならんとす。請ふ、一隊将を附せん。誰か可《か》なる者ぞ」と。大夫乃ち稲葉通朝《いなばみちとも》を請ふ。信長、通朝を召して曰く、「汝《なんじ》、徳川の識抜《しきばつ》する所となる。栄《えい》、焉《これ》より大なるはなし」と。因つて一槍《いっそう》を取つて大夫に贈つて曰く、「相ひ伝ふ、これ鎮西八郎の箭鏃《せんぞく》たり、と。公は源氏の冑胤《ちゅういん》なり。詰朝《きっちょう》、其れこれを以て指麾《しき》せよ」と。大夫喜んでこれを受《う》く。ここにおいて、兵を分つて四となす。酒井忠次ら前鋒《ぜんぽう》となり、石川数正ら次隊となり、大夫自ら中軍となり、榊原康政、本多広孝、左右の翼《よく》となり、稲葉通朝後拒《こうきょ》となる。旦日、長政は東より、景健《かげたけ》は西より、来つて姉川《あねがわ》に至る。信長、また人をして来り謂はしめて曰く、「吾れ深く長政を憎み、甘心《かんしん》せんと欲す。願はくは公、景健に当れ」と。大夫曰く、「諾《だく》」と。忠次諫《いさ》めて曰く、「我の嚮《むか》ふ所已《すで》に定る。乃ちこれを易《か》へば、部伍《ぶご》必ず乱れん」と。大夫曰く、「西は衆《しゅう》にして強く、東は寡《か》にして弱し、東を舍《す》てゝ西を取るは、吾が願ふ所のみ」と。乃ち兵を引いて西し、景健と姉川を夾《はさ》んで陣す。景健、兵百余を縦《はな》つて先づ済《わた》る。本多忠勝中軍《ちゆうぐん》に在り。請うて曰く、「彼、我が横を撃たんと欲す。我れ当《まさ》に逆《むか》へ戦ふべし」と。大夫曰く、「善《よ》し」と。忠勝に命じて馳せ撃たしむ。大久保忠隣《ただちか》、安藤直次、踵《つ》ぎ馳せ、撃つてこれを走らす。景健、全軍を以て進む。我が前鋒卻《しりぞ》く。次隊、これを承《う》け、河中に戦ふ。犬《いぬ》塚又内《づかまたない》、敵の槍を攬《と》つて相ひ挽《ひ》き、遂に奪つてこれを殺す。内藤正貞、槍を敵中に遺《おと》し、馬を回《かえ》して、これを取る。松平忠次、敵に射られ、矢、左手《さしゆ》を貫《つらぬ》く。矢を抜いて反《かえ》し射てこれを殪《たお》す。次隊卻く。敵進み、直ちに麾下《きか》に逼る。麾下の将士拒《ふせ》ぎ戦つて決せず。大夫怒り、槍を奮《ふる》つて指麾《しき》し、左右の翼《よく》を縦つて夾撃《きようげき》し、大にこれを破る。顧《かえり》みて信長の軍敗るゝを見、川に沿つて東し、後拒と倶《とも》に長政を撃ち、また大にこれを破る。北《に》ぐるを追ひ大寄《おおより》に至つて還る。信長、大に大夫の功《こう》を賞し、目《もく》するに武門の棟梁《とうりよう》を以てす。本多正信、渡辺守綱ら、亡《に》げて越前に在り。悔《く》いて来り帰《き》し、この役に従つて首功《しゆこう》あり。

六月、「姉川の戦い」。前日の軍議では、五千とされる家康軍に八千の浅井軍に当たってくれと客将として稲葉通朝（一鉄）を貸し与えた信長だったが、いざ戦が始まろうとする直前になって「吾れ深く長政を憎み、甘心せんと欲す。願はくは公、景健に当れ」（「甘心」は快く思う、この場合は恨みを晴らしてやりたく思うの意味）との使者を遣わし、家康に一万五千の朝倉軍に当たらせようとした。酒井忠次は直前の敵の変更は部隊の指揮が混乱しかねないと反対したが、家康は「兵が多く強い敵に当たるのは望むところ」と承諾した。

その後にしばらく続く姉川の戦闘の場面は頼山陽の真骨頂。下手な訳は無粋というものである。この臨場感に満ちた戦場の息遣いは漢文訓読体にしか再現できまい。かくして家康とその譜代の家臣たち（『日本外史』が世に出た時には多くが大名・大旗本になっている）の獅子奮迅の働きによって勝利を収めた信長は、あらためて家康を清和源氏の血を引く「武家の棟梁」と認めた、と云う。「冑胤」は子孫のこと。例えば「華冑」は貴族、身分の高い家柄。「詰朝」とは明日の明け方。「詰」は夜明け。鎮西八郎為朝の遺した巨大な鏃《やじり》を仕立て直した一槍。それを（三河守になるために藤原姓に変えはしたが）源氏の裔と称する家康に贈り、「明日の朝からの戦いではそれを軍配代わりに指揮なされよ」とは信長もなかなか気の利いたことをする。虚構であれ、この場を演出する道具立て（ギミック）として面白い工夫ではある。

朝倉義景が自ら出陣しないというのは、あるいは当主は在国するのが朝倉家の慣例ゆえなのか。双方の兵力については、重要視する史料や実地の地勢調査によって大きな開きが生じるので確かなことは言えないが、織田の三万五千は明らかに多過ぎる。また、この戦いで信長軍が大いに苦戦したとされるのは、地の利がある浅井軍の奇襲を受けたからではないか、との最近の研究がある。

この戦いのくだりで活躍が顕著なのは、徳川、織田の陣をいくつも突き崩した浅井、抜擢に応える働きをした稲葉（通朝）一鉄。浅井長政は、二代将軍秀忠の正室・江《ごう》の父親であり、稲葉はまた三代将軍家光の乳母・お福（春日局）の係累である。あまり穿った見方をするのは却って歴史を矮小化することにも繋がりかねないが、一応『日本外史』のここのくだりが徳川家寄りの軍記物を下敷きにしていることは指摘しておかなければなるまい。

渡辺守綱は三河一向一揆収束直後に許されている。本多正信の徳川帰参時期は諸説あってはっきりしない。

八月、大風、稼《か》を傷《やぶ》る。我が国最も甚だし。三奉行に命じてこれを賑恤《しんじゅつ》せしむ。九月、信長、一向《いっこう》の賊《ぞく》を摂津に攻む。浅井、朝倉、六角氏、並び起つてその帰路を絶《た》つ。大夫、酒井忠次、石川家成《いえなり》をして赴《おもむ》き救はしめ、数〻《しばしば》六角氏を撃つ。事平《たい》ぎ乃ち帰る。この時、信長已に近畿十余州を取る。而して大夫は僅《わずか》に三河、遠江を定むるを得たり。強敵と壌《じょう》を接《せっ》するを以てなり。

八月、台風が収穫直前の稲を襲った。家康の領国は最も被害が甚大であった。「賑恤」とは、貧困者や被災者に金品を与えて救済すること。九月、信長が摂津の石山本願寺を攻めている隙に、後背で浅井・朝倉・六角が揃って兵を起こし、信長の帰路を遮断した。家康は酒井忠次と石川家成を救援に赴かせた。

この時既に信長は近畿十余州を切り取っていたが、家康は僅か三河と遠江の二国のみ。それは武田という強敵と隣を接していたからである。

巻之十九　徳川氏正記　徳川氏二

武田氏と兵難を構える

初め信長、深く武田信玄を畏《おそ》れ、これに事《つか》ふること甚だ謹《つつし》む。而して信玄常にその兵を西《にし》せんと欲し、議して曰く、「信長は家康をして我に当らしめ、而して自ら取り易きの地を取り、以て強大《きようだい》を致す。今先づ家康を獲《え》ば、則ち信長は手に随《したが》つて亡びん」と。この時に当り、信玄と勁敵《けいてき》たる者、唯ゞ北条氏康及び越後の国主上杉謙信あり。この歳冬、氏康卒《しゆつ》し、子氏政《うじまさ》立つ。和を信玄に請ふ。信玄、其の今川氏真《うじざね》を庇《かば》ふを以てこれを難じ、氏政をして、これを殺して以て意を表《ひよう》せしむ。氏真懼《おそ》れ、海に航《こう》して来り奔《はし》る。大夫、給《きゆう》するに邑《ゆう》を以てし、善くこれを遇《ぐう》す。氏真、素《もと》より謙信と好《よしみ》を通ず。大夫に勧めて幣《へい》を修めしむ。謙信喜んでこれに答へ、夾《はさ》んで信玄を攻めんと約す。大夫の異父弟《いふてい》久松義勝《よしかつ》、駿河に質《ち》たること数年。信玄の奪ふ所となり、甲斐に幽《ゆう》せらる。ここに至り逃れ出で、雪を踏んで帰る。足指《そくし》皆堕《お》つ。大夫、厚くこれを視《み》る。信玄、ここにおいて、意を決して我と絶つ。而して徳川氏、武田氏と始めて難《なん》を構ふ。

満腔の自信から来るのであろう、この信玄の、信長・家康を歯牙にも掛けぬが如き傲然たる口振り。いっそ小気味よく清々しくすらある。武田信玄は、隣国としてみれば、さぞかし夢に魘《うな》されるような存在であり続けたろうと思われるが、味方がひとたび我がお館様と仰げば、これほど頼もしく心強い大将はいなかったに違いない。

北条は上杉との同盟に見切りをつけ、氏康から氏政への代替わりを契機に再び武田と手を結んだ。

身の危険を感じた氏真は相模から遠江の家康の元に船で逃げ出し、家康に上杉への「修幣」（贈り物を届けて修好すること）を勧めた。謙信は喜んでこれに応答し、両国は協力して信玄を攻める約定を交わした。

異父弟・久松義勝（正しくは康元）は少年の頃より今川家の人質となっていた。駿河が武田の支配下に置かれた時、今川の家臣が信玄の歓心を買おうと義勝を甲斐に連れて行ってしまった。信玄は彼を甲斐で幽閉した。この年の冬になって義勝は隙を見て逃げ出し、雪を踏んで家康のところまで帰ってきた。彼の両足の指は（凍傷のため）みな落ちてしまった。家康は彼を手厚く看護させた。信玄はここに至って徳川との関係を完全に断絶することを決意した。こうして徳川氏は武田氏と表立って兵難を構えるようになった。

二年正月、大夫、従五位上に進み、侍従《じじゅう》に遷《うつ》る。二月、信玄、遠江に入り、三月、高天神《たかてんじん》を攻む。小笠原長忠堅く守る。乃ち兵を引いて去り、その将秋山晴近《はるちか》をして東三河を侵《おか》さしめ、三族を招降《しょうこう》す。独り菅沼定盈《すがぬまさだみつ》降らず。四月、三河の諸城多く陥る。我が民叛《そむ》いて信玄に応じ、岡崎を襲《おそ》はんと欲す。侍従、青山忠門《ただかど》を遣《つかわ》し、撃ってこれを平ぐ。忠門戦死す。侍従出でて吉田に陣し、兵を遣して信玄の将山県昌景《まさかげ》を撃ち、これを走らす。信長、我の信玄と兵を交ふるを聞き、甚だこれを危《あやぶ》む。而して敢《あえ》て来り援《たす》けず。人をして来り言はしめて曰く、「聞く、信玄、数〻《しばしば》貴国を侵《おか》す、と。某《それがし》、当《まさ》に赴き援け、以て去歳の労《ろう》に報ゆべし。而《しか》るに西事殷《さかん》なるを以て、未だこれを果さず。顧《おも》ふに浜松は敵の衝《しょう》に当る。宜しく避けて岡崎に徙《うつ》るべし」と。侍従、謝して曰く、「某請ふ、徐《おもむ》ろにこれを計らん」と。使者出づ。侍従笑って近臣に謂って曰く、「吾にしてここを去らば、当《まさ》に刀剣を踢折《とうせつ》して復た用ひざるべし。信玄何ぞ畏《おそ》るゝに足らんや」と。十二月、信玄の兵、吉田、楡木《にれぎ》を侵す。侍従、自ら将としてこれを拒《ふせ》ぐ。敢て戦はずして罷《や》む。

元亀二（一五七一）年。正月、家康は従五位上侍従《じゆごいのじよう》に叙任された。以後頼山陽の家康への呼称は「侍従」になる。

二月信玄が遠江に侵入してきた。信玄は、翌月の高天神城攻めを皮切りにして、秋山や山県を使い、硬軟とり混ぜたいかにも円熟したやり口で三河、遠江の各城を攻め取っていった。

一方信長は、姉川などでの家康の献身的奮闘への借りもあり、自ら援軍に赴くべきとは承知していたが、この時期はまさに「信長包囲網」の只中にあった。そこで武田の攻撃に晒されやすい浜松を離れて岡崎に移るよう家康に忠告した。家康は信長の使者には検討する旨を示唆したが、使者が去ると家臣に向かって、武士としての意地からも臆せず信玄に立ち向かう決意を明らかにした。

三年正月、侍従、駿河に入る。三月、上杉謙信、兵に将として信濃に入り、以て我が声援《せいえん》をなす。十月、信玄、兵三万余に将として来り侵し、鞴《たたら》、飯田の二城を抜き、袋井《ふくろい》、見附《みつけ》に陣す。内藤信成《のぶしげ》、大久保忠世《ただよ》、四千人に将として西島に至り、信玄と遇ふ。信玄曰く、「敵兵軽《かろがろ》〻しく出づ。一人をして還《かえ》らしむるなかれ」と。兵を麾《さしまね》いて来り逼《せま》る。信成曰く、「浜松八千の兵、その半《なかば》はここに在り。而して衆寡《しゆうか》敵せず。一敗地に塗《まみ》れば、何を以て再戦せん」と。乃ち退く。

侍従、前鋒の危きを聞き、自ら出でて馬籠《まごめ》に陣し、本多忠勝《ほんだただかつ》をして精騎を率ゐ、往いてこれを援けしむ。忠勝、一言坂《ひとことざか》に至る。信成ら退《しりぞ》かんと欲す。甲斐の兵、これに尾《び》し、結んで解《と》けず。忠勝善《よ》く槍《やり》を用ふ。愛する所の一槍、名づけて蜻蛉《とんぼきり》といふ。ここにおいて、忠勝、鹿角《ろくかく》の冑《かぶと》を戴《いただ》き、蜻蛉を提《ひっさ》げ、単騎馳《は》せて両軍の間に入る。両軍乃ち開く。終に兵を収めて退き、卒《そつ》に命じて薪《たきぎ》を坂頭《はんとう》に積み、而して銃をその側に伏す。敵至る。銃《じゅう》発し火起る。敵、復た尾《び》する能はず。時に我が兵多く唐首《とうしゅ》を蒙《こうむ》る。信長の貽《おく》る所なり。甲斐の人、これが為めに語つて曰く、「家康に分《ぶん》に過ぐる者二あり。唐首なり。平八《へいはち》なり」と。

元亀三（一五七二）年。十月、信玄は三万余の兵を率いて侵攻してきた。内藤信成と大久保忠世の四千が西島まで来た時、信玄の軍と遭遇した。信玄は言った。「敵は軽々しく出張って来おったわ。一人として生かして還すな」。この後の原文「麾兵来逼」の四字が信玄の凄みを表現する上で実に効いている。信成はこの兵力差で「一敗地に塗」（惨敗）れば徳川軍そのものが再戦不能になりかねないと判断して兵を引くことを決断した。

家康は西島の危機を知るや、自らも出陣して馬籠に陣を構え、旗本の本多忠勝に精鋭騎馬隊を率いて救援させることにした。忠勝が一言坂に来ると、信成らはなんとか退こうとしていたが、部隊の後尾を甲斐の兵に執拗にしがみつかれて、その様子はまるで紐が固く結ばれてほどけないようであった。忠勝の愛槍、その名も蜻蛉切（穂先にとまったただけでとんぼが真っ二つになることから）。忠勝は鹿角の前立ての冑を被り蜻蛉切を提げて、ただ一騎で馬を馳せて両軍の間に割って入った。両軍は左右に開いた。そして内藤と大久保の部隊は兵を収めて撤退することができた。

忠勝は兵に命じて坂の上に薪を積ませ、その側に銃手を伏せさせた。敵が登ってくると、鉄砲を放って薪に火を付ける。敵はそれ以上後を追ってくることができなくなった。この時徳川軍の多くの将士が信長より贈られた「唐首」を被っていた。甲斐の人々はこう囃した。「家康に過ぎたるものが二つあり、唐《から》の首《かしら》に本多平八」。

本多平八郎忠勝の名前を一躍有名にした「一言坂の戦い」。「唐首」とはチベットに棲息するヤクという動物の角と毛を使った大変珍しい冑だそうだが、信長はそのような稀少な冑をいくつも贈って寄越したのだろうか。一説には「唐首」は内藤信成の被っていた冑であり、この囃し歌は内藤信成と本多忠勝の二人を称えたものとも。

近年の研究では、この「一言坂の戦い」に家康自身が参戦していたのではないかと言われている。十一代将軍・家斉の時代に編纂された『改正三河風土記』に、この戦いの敗走時に、家康が恐怖のあまり脱糞したという逸話が初めて見られる。三方ヶ原本戦での話ではないし、そもそも内容自体が信憑性に極めて乏しい。それがこれほど広まったのは、のちの天下人・家康をこき下ろして溜飲を下げたい人々がそれだけ多かったということだろうか。一方で、たしかに尾籠ではあるが、神君家康にも相応の人間味を与える話にもなってはいる。

已にして信玄、その子勝頼《かつより》らを遣《つかわ》して二股を攻め、馬場信房《のぶふさ》をして我が援路《えんろ》に備へしむ。侍従、赴き援けて、天龍河を渡り、敢て戦はずして帰る。敵、筏《いかだ》を河上に結び以て城の汲道《きゅうどう》を絶つ。

守将《しゅしょう》、城を致す。収めて浜松に入る。我が諸城多く叛《そむ》いて信玄に降《くだ》る。信玄、兵を合せて浜松に逼《せま》る。乃ち松平清善《きよよし》をして、往いて宇津山《うつのやま》に拒がしむ。浜松の諸将、勧めて援を織田氏に請《こ》はしむ。侍従、これを欲せず。諸将曰く、「信長の富《とみ》、我に五倍す。而《しか》して連《しきり》に我が援を請ふ。我れ、二国を以て強敵に抗《こう》し、未だ嘗て援を請はず。今にして一たび請ふ、何ぞ不可《ふか》ならんや」と。侍従、これに従ふ。

既に信玄は勝頼の別動隊に二股城を攻めさせていた。川の上に筏を組み城から水を汲みにくる道を遮断して、遂に城の引き渡しにまで追い込んだ。徳川方の諸城の多くが離反して信玄に降る。信玄は兵を合わせて浜松城に迫った。浜松城の家臣たちは織田に援軍を請うことを勧めたが、家康はそれを望まなかった。家臣たちが織田の圧倒的富力と、当方からは何度も援軍を出しているのに先方からはまだ一度も出してもらっていないことを理由に重ねて説得すると、家康はようやく従った。

十一月、信長乃《すなわ》ち佐久間信盛《のぶもり》、平手汎秀《ひろひで》らを遣して来り援けしむ。相ひ持《じ》して月を踰《こ》ゆ。十二月、信玄、兵四万を部《ぶ》し、三形原《みかたがはら》に陣し、火を浜松の城外に縦《はな》つ。侍従怒り、出でてこれを撃たんと欲す。信盛、その衣を牽《ひ》いて諌めて曰く、「寡君、臣らを戒めて曰く、信玄は老将なり。その兵精強《せいきょう》、天下に敵なし。徳川出で戦はんと欲せば、汝当に固くこれを止むべし」と。侍従曰く、「嚮《さき》に信玄、小田原に入り、旌《はた》その門を摩《ま》す。而して氏康《うじやす》出でず。世伝へて以てこれを嗤《わら》ふ。今、敵、我が城下を踏藉《とうせき》す。而して敢て一矢を発せざるは、丈夫《じょうふ》に非ざるなり。果して然らば、則ち吾れ当《まさ》に髪を剃り緇《し》を被《き》るべきのみ」と。諸将固く諫めて止む。

十一月、信長は佐久間信盛と平手汎秀らを援軍の将として派遣してきた。両軍睨み合いのまま月を越えた。十二月、信玄は四万の兵を部署して三方ヶ原に陣を取り、浜松の城外に火を放った。

家康は怒り、城を出て武田兵を撃とうとした。すると佐久間信盛が家康の衣を引っ張って諫めて言った。「寡君（自分の仕える主君を謙遜する言い方、徳の少ない主君といった意味）がそれがしを戒めて仰せられるには、信玄は老練な将、その兵は精強にして天下無敵である、徳川殿が城から出て戦おうとなされたら、その方が固くお留め申せ、とのことでござった」と。家康は言った。「先年信玄が小田原城を攻めた時、武田の旗指物が城門に触れるところまで迫ったが、相模守（氏康）殿は遂に城から出ずに世間の嗤いものとなりもうした。今敵は我が城下を踏み荒らしておる。それに一矢も報いようとしないのは、これはもはや丈夫《ますらお》とは申せませぬ。もしそうなれば、当然我は髪を剃って墨染めの衣を着るしかございますまい」と。だが諸将が固く諫めたので思い止まった。

三方ヶ原の戦い

二十二日、信玄退いて井伊谷《いいのや》に入る。侍従、遂に北に出で三形原に陣す。日巳に晡《ほ》なり。兵八千を分って九隊となし、鳥居忠広《ただひろ》を遣して往《ゆ》いて敵状を覗はしむ。返り報じて曰く、「信玄、軍を返して来る。陣堅く勢鋭し。戦必ず利あらず。請ふ、速かに兵を収めよ」と。侍従聴かず。更に渡辺守綱《もりつな》をして往かしむ。亦た報じて曰く、「与に戦ふなかれ」と。侍従、叱《しっ》して曰く、「人、我が閨《ねや》に入りて我が枕を蹴《け》る。猶ほ臥《ふ》して較《かく》せざる者あらんや」と。大久保忠佐《ただすけ》、柴田康忠《やすただ》に命じて、往いて戦を挑《いど》ましむ。守綱、これを止む。肯《がえ》んぜずして馳《は》す。石川数正《かずまさ》、本多忠勝《ただかつ》、榊原康政《やすまさ》と、共に敵将小山田昌行《まさゆき》を撃つてこれを走らす。侍従、麾下《きか》を以て、酒井忠次《ただつぐ》、大須賀康高《やすたか》と山県昌景《まさかげ》を撃ち、亦たこれを走らせ、北《に》ぐるを追つて進む。勝頼、馬場信房《のぶふさ》と傍より進み、我が麾下に逼る。昌景、昌行、皆これに返す。信玄自ら奇兵を縦ち、横に我が軍を撃つ。軍乱る。信玄乃ち全軍を鼓《こ》して徐《おもむ》ろに進む。山岳為《た》めに震ふ。我が軍終《つい》に大に敗《やぶ》る。信盛は走り、汎秀《ひろひで》は死す。

「三方ヶ原の戦い」。「三河一向一揆」に続く家康三大危機の一つである。適宜省略も交えてしばらく意訳してみよう。

二十二日、信玄は退いて井伊谷へ入り、家康は遂に北に出陣して三方ヶ原に陣を構えた。日は既に「哺」（申の刻、現在の午後四時）。家康は八千の兵を九隊に分けた。鳥居忠広、次いで渡辺守綱を斥候に出したが、彼らは武田勢の士気の鋭さと陣形の堅さを見てともに戦ってはなりませぬと報告した。家康は言った。「（それは）他人が部屋に入ってきて我が枕を蹴り飛ばしているのに寝たまま何もせずにいるようなものぞ」と。家康は大久保忠佐と柴田康忠に戦いを挑ませ、守綱の制止を振り切り自らも馬を駆け入らせた。忠佐と康忠は石川数正・本多忠勝・榊原康政とともに敵将・小山田昌行を撃ってこれを走らせ、家康は旗本を率いて酒井忠次・大須賀康高とともに山県昌景を撃ってまたこれを走らせた。

「追北」逃げる敵を追って進むと、武田勝頼と馬場信房の隊が側面から家康の旗本に迫ってきた。昌景と昌行の隊もみな反転してこちらに向かってくる。そこで信玄は自ら奇兵を放って、我が軍を横ざまに痛撃した。我が軍は乱れた。そして信玄は太鼓を打ち鳴らしながらおもむろに全軍を前進させた。その進軍のために周りの山々が震動した。徳川・織田連合軍は大敗した。佐久間信盛は敗走し、平手汎秀は討死した。

数正、松平家忠と止り戦ふ。支へず。侍従、切歯《せっし》し、口沫《くちあわ》を出し、衆を励して返り撃つ。成瀬《なるせ》正義、本多忠真《ただざね》、安藤基能《もとよし》、鳥居忠広《ただひろ》ら、死する者凡そ二百余人。敵兵益〻《ますます》逼る。侍従、自ら脱せざるを度《はか》り、返つて死を決せんと欲す。士多く馬を喪《うしな》ひ歩して従ふ。夏目正吉《なつめまさよし》、浜松に在り。急を聞いて馳《は》せ至り、諫めて曰く、「勝敗は常事のみ。此れ大将、命《めい》を授《さず》くるの日に非ず。君、第〻《ただ》速かに走れ。臣請ふ、代らん」と。乃ちその馬を扣《ひか》へて南に向け、槍鐏《そうたい》を以て馬を策《むち》つ。馬走る。正吉、畔柳武重《くろやなぎたけしげ》を呼んで曰く、「子《こ》、我が君を以《い》て免《まぬか》れよ」と。武重止つて共に死せんと欲す。正吉揮《き》してこれを去らしめ、自ら槍《やり》を奮《ふる》つて敵を拒ぎ、苦戦して死す。侍従、間を得て走り、忠世《ただよ》をして旗を犀崖《さいがけ》に樹《た》て、以て敗軍を収めしむ。敵以て大将となし、争つてこれに赴く。侍従、因つて城に達するを得たり、城門闔《と》づ。武重、大に呼んで曰く、「君帰る。盍《なん》ぞ開かざる」と。開いて入る。

石川数正と松平家忠はしんがりで敵の追撃を食い止めようとしたが、支えきれなかった。家康は歯軋りし、口から泡を飛ばして軍兵を叱咤しながら、何度も引き返して攻撃した。成瀬正義、本多忠真、安藤基能、鳥居忠広ら、討死する者が二百余人にも及んだ。敵はますます迫り、家康は自分が終に脱出し得ないことを悟り、引き返して討死覚悟の一戦を試みようとした。

そこへ家康の危急を知った夏目正吉（吉信とも。「広次」が正しい）が浜松城から馬に乗って馳せつけた。彼は三河一向一揆で一揆側に加担し、その後家康に帰参を許されたといういきさつがある。自分の馬に家康を乗せ、馬の首を南（浜松城）に向けて、槍の石突で馬の尻を突いて走らせた。正吉は家康の身代わりとなってその場に踏み留まり奮戦、討死を遂げた。ちなみに夏目漱石が彼の子孫であるとの説もある。

家康は隙をとらえて逃げ、大久保忠世に犀崖に旗を「樹」（立てる、例は「樹立」）てて敗軍を集結させた。敵は大将（家康）がそこにいるはずだとしてその場所に争って赴いた。家康はかくして浜松城に辿り着くことができた。

一城、敗を聞き大に擾《みだ》る。高木広正《ひろまさ》、一髡首《いっこんしゅ》を得て還《かえ》る。侍従、命じてこれを刀鋒《とうほう》に貫き、徇《とな》へて曰く、「両軍闘《たたかい》乱れ、吾れ、信玄を獲《え》たり」と。衆乃ち定《さだま》る。侍従、馬を下り槍を杖つき、慨然《がいぜん》として従者に謂つて曰く、「吾れ恨むらくは、尾張人の阻《はば》む所となり、戦、その時を失ひ、乃ちこの挫衄《ざじく》を取れり」と。腰間《ようかん》の扇を取り、以て武重に賜ふ。都築秀綱《つづきひでつな》の妻、予《あらかじ》め粥《かゆ》を煮て以て士卒を犒《ねぎら》ふ。これに衣服を賜ふ。時已に昏《くら》し、或《ある》ひと、門を関《かん》せんと請ふ。侍従曰く、「後《おく》るゝ者安《いず》くに帰らん。且つ敵に怯《きよう》を示すは、計に非ざるなり」と。命じて諸門を開かしめ、火を篝《こう》して、自ら飽食酣睡《ほうしよくかんすい》す。鼻息《びそく》雷の如し。敵、方に北《に》ぐるを追ひ城に逼《せま》る。門開けるを見て、其の伏兵《ふくへい》あるを恐れ、敢《あえ》て入らず。鳥居元忠、渡辺守綱ら三百人、門を出でて戦ふ。敗兵、敵軍の後より譟《そう》して還る。信玄乃ち退き舎す。忠世、康政、行ゝ敵兵を破つて城に入る。本多重次は馬を喪《うしな》ひ、敵の一騎を殪《たお》し、その馬を奪つて還る。

浜松城の者はみな敗戦を聞いて大いに「擾」乱れ騒いだ。高木広正が坊主頭の首を一つ持ち帰った。家康がそれを刀の先に貫いて「徇」みなに見せて回りながら、「両軍入り乱れての混戦となったが、我は信玄入道の首を挙げたぞ」と。城の者は（ようやく）落ち着きを取り戻した。家康は馬から降り槍を杖代わりにして（おそらくみなに聞こえるような声で）従者に言った。「つくづく無念極まるのは尾張の者どもに邪魔され戦機を失ってかかる「挫衄《ざじく》」（鼻血を出すような挫折）の遅れをとったことだ」と。それからともに帰城した士卒に粥や衣服をあてがってねぎらった。

この時既に日は暮れていた。ある者が城門に門《かんぬき》を掛けることを申し出た。家康は言った。「あとから帰城してくる者たちはどこに帰ればよいのか。それに敵に弱気を見せるのは良き計とは言えぬ」と。そこで家康は城門を開かせ、赫赫《かつかく》と篝火《かがりび》を焚かせ、自分はたらふく飯を食らって「酣睡」熟睡してしまった。そのいびきの音は雷のようであった。敵は逃げた我が兵を追って浜松城に近づいてきたが　門が開かれているのを見て伏兵がいるのを恐れ、敢えて侵入してこようとはしなかった。鳥居元忠と渡辺守綱ら三百の兵が城から出て戦った。敵軍の後ろから徳川の敗兵が「譟」大声で騒ぎ立てながら帰ってきた。そこで信玄は退いて「舎」宿営した。大久保忠世と榊原康政は行く先々で敵を破りながら帰ってきた。また本多重次は馬を失ったが、敵一騎を斃しその馬を奪って帰ってきた。

初め重次、多く糧仗《りょうじょう》を儲《たくわ》ふ。ここにおいて、衆頼《よ》つて以て安んず。侍従、諸将を召して守禦《しゅぎょ》を議す。忠世曰く、「敵、新《あらた》に勝つ。当《まさ》にその鋒《ほう》を挫《くじ》き、以て我が軍気を振はすべし」と。侍従、これを然りとし、城内の銃手を収めて、十六人を得、忠世及び天野康景《やすかげ》を以てこれに将とし、五更《ごこう》、犀崖に登り、甲斐の営を乱射す。営乱れ、多く谷に陥《おちい》つて死す。信玄曰く、「家康の兵、何ぞ強項《きょうこう》なるや」と。会〻《たまたま》石川家成、掛川より入り援く。我が軍稍〻《やや》振ふ。侍従、城楼《じょうろう》に上り、甲斐の軍を望み、富永《とみなが》某を顧みて曰く、「汝以て敵の去留何如《きょりゅういかん》となす」と。対《こた》へて曰く、「軍に輜重《しちょう》なく、竈《かまど》に烟を見ず。これ必ず去らん」と。明日、信玄果して去り、刑部《おさかべ》に陣す。馬場信房《のぶふさ》、これに謂つて曰く、「臣、敵尸《てきし》を撿《けん》するに、北首《ほくしゅ》の者は俯《ふ》し、南首の者は仰ぐ。以て家康の訓練を見るべし。向《さき》に主公をして家康と和し、結ぶに婚姻を以てし以て先鋒《せんぽう》とならしめば、則ち天下何ぞ図るに足らんや」と。

「初」もともと重次は浜松城に「糧仗を儲ふ」兵糧や武器を蓄えていたのでみなはそれを頼みにして安堵した。家康は諸将を召集して今後の守備防御の方策を議した。忠世は言った。「敵は新たに勝ちを収めたばかりにござりますれば、その出端を挫いて我が軍の士気を奮い起こすが肝要かと存じます」と。家康はその通りだと思った。そこで城内から鉄砲の射手十六人をかき集めこれを忠世と天野康景に率いさせた。

「五更」（午前四時頃）に犀崖に登り、甲斐の宿営に向かって鉄砲を乱射した。宿営は混乱を来たし、多くの者が谷底に堕ちて死んだ。信玄は（その状況を見て）言った「徳川の兵は何と「強項」（「項」はうなじ。強い首、つまり他人に簡単に首を下げない）なことよ」と。ちょうどこの時、石川家成の軍が掛川から来援して浜松城に入った。我が軍の士気がやや持ち直した。家康は城の高楼に昇って甲斐の軍容を望み見てから富永某に振り返って問うた。「そちはこの敵が去るか留まるかいずれと思うぞ」と。富永は答えて言った。「軍に輜重無く、竈からの炊煙も見えませぬ。これは必ず去るはずです」。

翌日、信玄は果たして去り、遠江の刑部《おさかべ》に陣を取った。馬場信房が信玄に言った。「それがし敵の屍を調べてみたところ、頭が北を向いている者はうつぶせに倒れ、南を向いている者はあおむけに倒れておりました。いずれも我が武田勢に背を向けてはおらぬということでござる。これを以てして家康がいかによく兵を訓練していたかが窺い知れもうす。かくなる前にお館様が家康と和睦し婚姻を結んで、かの者を先鋒として使うことができておれば、天下を容易にお手になされましたでしょうに」と。

『日本外史』のこの「三方ヶ原の戦い」のくだりも、例によって軍記物に則って書かれているので、やはりそれなりに付言しておかなければならない点がいくつかある。

戦いの勃発の原因としては、原文で述べられている「信玄の戦術的挑発」と「家康の戦略的出陣」の二つの交錯が概ね通説と言えるであろう。最近では、武田に浜名湖水運の要衝である堀江城を制圧されることを恐れた家康が援軍に向かったところで起こった戦い、という見方も提示されている。兵力は徳川が織田の援軍を加えて約一万千人、武田が約二万七千人、死者は徳川・織田が約二千人、武田が約二百人という数字が一般的なようだ。明らかに徳川方の大惨敗である。また徳川が一矢を報いたかたちの「犀ヶ崖の戦い」については、その記述が見られるのは徳川寄りの文献のみで一次史料に見当たらないことと、内容が不自然で荒唐無稽な点も多いことから、懐疑的立場を取る歴史学者が大半のようである。

　天正元年正月、将軍足利義昭《よしあき》、教を信玄に下し、信長及び侍従と和せしむ。信玄肯《がえ》んぜず。兵を引いて野田を攻めしむ。菅沼定盈《さだみつ》、援将松平忠正と堅く守る。敵、竹楯《ちくじゅん》を蒙《こうむ》り、亀甲車《きこうしゃ》を用ふ。外城陥《おちい》る。乃ち退いて、内城を保つ。敵、鹿砦《ろくさい》を環《めぐら》し、地道を鑿《さく》して以て井泉《せいせん》を絶つ。侍従、自ら将としてこれを救ふ。甲斐の軍犯すべからず。退いて吉田に次《じ》し、使を馳せて援を信長に乞ふ。信長敢《あえ》て出でず。

天正元（一五七三）年。正月、将軍・足利義昭は信玄に御教書を下して信長・家康と和睦させようとしたが、信玄は肯んじなかった。信玄は兵を引き連れて三河の野田城を攻めた。菅沼定盈と松平忠正は城をしぶとく守ったが、武田は竹楯や亀甲車（燃えにくい装甲車）を用いて二の丸を落とし、さらに（援軍を妨げるために）城の周囲に鹿砦（さかもぎとも呼ばれる）を巡らし（ふだん金山開発に従事する）

金堀衆を使って城の水の手を絶って、残る本丸を追い詰めていった。
家康は自ら救援に赴こうとしたが、甲斐の軍は鹿砦に守られているので近づくことができない。やむなく吉田城に「次」宿営し、信長に援軍を請う使者を遣わしたが、信長は出てこようとしなかった。

城中、笛を善くする者に村松、銃を善くする者に鳥居《とりい》あり。村松、夜、楼に上り笛を吹く。敵の数騎、城外に来つてこれを聴き、竿《かん》を標《ひょう》して去る。鳥居、晨《あした》に起き、これを見て曰く、「聞く、信玄音《いん》を喜ぶ、と。これに非ざるを得んや」と。密かに準《じゅん》を定めて銃を安《お》き、夜に逮《およ》び、村松をして復た笛を吹かしむ。敵復た来り聴く。銃発し、一騎を堕《おと》す。旦日、敵中に伝言《でんげん》す、信玄、疾《やまい》あり、と。

ここでいささか奇妙な逸話が挿入される。頼山陽はおそらく江戸初期に書かれた『松平記』に拠ったのであろうが、現在も野田城址に隣接する法性寺境内の高台に「笛聞場」と称される場所があり、祠なども置かれている。
もちろん信玄の死因は持病の悪化によるものとされているが、地元の一部には、野田城攻めのおり何処からか流れてくる笛の音に屋外で聴き入っていた信玄が狙撃されて、その傷が元で亡くなったという伝承もある。あるいは信玄の遠祖・新羅《しんら》三郎源義光がたいそうな笛の名手であったことからの連想であろうか。

信玄、死す

来つて城を致すを諭《さと》す。定盈《さだみつ》、忠正、城を出で自殺して以て士卒を免《ゆる》さんと請《こ》ふ。信玄これを許す。城を出づる比《ころ》、伏《ふく》起り、虜《とら》へられて長篠《ながしの》に囚《とら》はる。誘《いざな》つてこれを降さんとす。二人屈せず。初め奥平道文《どうぶん》、菅沼正員《まさかず》、菅沼刑部《ぎょうぶ》、質《ち》を浜松に置く。而れども叛いて甲斐に降《くだ》る。ここにおいて二人を帰し、以てその質を易《か》へんと請ふ。信玄乃ち人をして来り言はしむ。侍従、これを許す。二人の節《せつ》を守るを嘉《よみ》し、その采邑《さいゆう》を加ふ。二月、信玄、創《そう》を病み、兵を分つて去り、我が叛将をして、七城を守り、以て浜松に逼《せま》らしむ。侍従曰く、「敵をして我が近郊に在らしむべけんや」と。三月、世子信康《のぶやす》、石川家成、平岩親吉《ちかよし》、久能宗能《むねよし》をして、その五城を復《ふく》せしむ。余は皆解いて走る。四月、信玄、創復た発し、国に帰る。途《みち》に卒す。勝頼、国に当る。秘して喪を発せず。

城兵の助命を条件に野田城を明け渡した定盈と忠正だが、武田に捕らわれてしまった。しかし武田の誘降は受け付けない。家康に人質を送りながら武田に寝返った者たちが、この二人と浜松城にいる自分たちの人質の交換を信玄に願い出て許され、定盈と忠正は家康の元に戻ることができた。家康は彼らの忠節を褒め称え所領を加増した。

二月、信玄は「創」（「傷」の意味）が原因で病になり、兵を分けて野田城から去った。徳川から離反した将たちに奪った七城を守らせ浜松に圧力をかけようとした。家康は言った。「敵を近郊に置いておけようか」と。三月、世継ぎの信康・石川家成・平岩親吉・久能宗能に命じて七城のうち五城を取り戻させた。残る二城も守りを解いて逃げていった。四月、信玄はまた傷が開き病いよいよ篤くなった。甲斐へ帰国する途中亡くなった。勝頼が国事を取り仕切ることになった。信玄の喪は秘された。

信玄の死因は、一応肺結核や胃癌が有力である。享年五十三。当時としては取り立てて早い死ではない。西上の途次、信長との雌雄を決する直前で逝ったことに、人々の様々な想いが投影されて狙撃説も生まれたのだろう。

五月、侍従、駿河を徇《とな》ふ。六月、二股を巡《めぐ》り、城山に壁《へき》す。七月、菅沼正員を長篠に攻め、火《か》箭《せん》を以てその城を焚《や》く。正員退いて子城《しじょう》を保《たも》つ。乃ち塁《るい》を熊山に築き、兵を留めて還る。八月、勝頼来り援け、熊山を攻む。侍従、自ら将として邀《むか》へ戦ふ。甲斐の諸将退き、険阻《けんそ》を保つ。侍従、兵を伏せて佯《いつわ》り遁《のが》る。敵敢て出でず。遂に去る。城陥《おちい》る。正員出でて甲斐に奔《はし》る。敵将還つてこれを助け、鳳来寺《ほうらいじ》を戍《まも》る。また奥平道文を助けて築手《つくで》を戍る。道文の叛《そむ》くや、その子貞《さだ》能《よし》これを諫《いさ》む。信玄去るに及び、道文、危疑《きぎ》す。貞能の子信昌《のぶまさ》、略《ほぼ》〻書志《しょし》に渉《わた》る。為めにこれを筮《ぜい》す。繇《ちゅう》に曰く、「蛇年《みどし》の人死す」と。道文《どうぶん》謂ふ、「信玄の生歳は辛巳《しんし》、必ず既に死するなり」と。遂に意を決して款《かん》を帰《おく》る。勝頼、黒瀬に在り。質《ち》を貞能に徴《ちょう》す。貞能拒《こば》む能はず。その少子を遣《つかわ》す。或ひと、「貞能異心《いしん》あり」と告ぐ。武田信豊《のぶとよ》これを召《め》す。貞能即ち往《ゆ》く。従者を戒めて曰く、「未だ我が首を見ざれば動くことなかれ」と。入りて信豊を見る。信豊これを詰《なじ》る。貞能笑つて曰く、「公、反間《はんかん》を信ずるなかれ」と。信豊意《い》解け、これと碁を囲み、局《きよく》を畢《お》へて出づ。勝頼の軍監《ぐんかん》城《じよう》道寿《どうじゆ》これを招いて飲《いん》す。また往く。道寿、人をして出で呼ばしめて曰く、「奥平氏誅《ちゆう》せらる」と、従者動かず。貞能出でて城に帰り、乃ち挙族《きよぞく》来り奔る。甲斐の戍将《じゆしよう》これを追ふ。侍従、本多広孝、松平伊忠《これただ》を遣し、これを滝山に迎へ、追兵《ついへい》を撃ち破り、進んで築手《つくで》の下に戦ひ、またこれを破る。勝頼怒り、その質《ち》を殺す。十月、勝頼、諸将を遣して浜松を擣《つ》かしむ。留守《りゆうしゆ》本多重次ら、迎へ撃つてこれを卻《しりぞ》く。侍従乃ち還る。勝頼、出でて見附に陣す。戦はずして去る。

五月、家康は駿河の各地で「徇」帰順勧告や調略活動を行った。六月、家康は二股城を巡察し、遠江の城山に「壁」城を築いた。長篠城の菅沼正員を火攻めにして出丸まで退かせ、（その見張りのために）熊山に砦を築き兵を留めてから還った。

八月、勝頼は長篠城の援軍に来て熊山を攻め、家康は自らこれを「邀」迎え戦った。甲斐の軍は退いて険阻な場所に拠った。家康は伏兵を潜ませ偽って退却し始めたが、敵は敢えて打って出ようとはせずそのまま去っていった。家康は長篠城を陥落させた。正員は甲斐に出奔した。武田の将は帰還してから正員を助け（身柄拘束でもある）、三河の鳳来寺に「戍」守備兵を置いた。

また奥平道文も助け（奥平氏を監視するため）遠江の築手（作手）に守備兵を置いた。そもそもこの奥平道文が徳川に叛いた時、息子の貞能は諫めていた。そして、信玄が三河から退去するのを見て、道文も武田の今後を危ぶみ疑い始めた。貞能の子（道文の孫）の信昌（まだこの頃は貞昌）は多くの書籍に親しみ幅広い知識のある人物だった。

そこで奥平家の将来のために占いをした。すると占いの言葉に「巳年の人死す」とあった。道文は言った。「信玄公の生まれ年の干支は辛巳じゃ。信玄公はもうこの世におられぬぞ」と。かくして道文は意を決して徳川家に「款を帰る」再び心を寄せることにした（実際は道文自身は息子や孫とは違ってこれ以後も武田方であり続けた）。

この時、勝頼は遠江の黒瀬にいて、貞能に人質を出すことを求めた。貞能は拒むことができず、下の子の仙千代らを遣わした。ある者が勝頼に「奥平美作守《みまさかのかみ》（貞能）には二心あり」と密告した。そこで武田信豊（川中島で討死した信玄の弟・典厩《てんきゅう》信繁の嫡男）は貞能を召喚した。貞能は到着してから従者に言い含めた。「斬られた我が首を見るまでは軽々しく動いてはならぬ」と。

信豊は謁見するや、二心の真偽を問い詰めた。貞能は笑って言った「典厩様ほどのお方が敵の反間の計（君臣の仲を割く敵の計略）をお信じになってはなりませぬ」。信豊の疑いの心は解け、二人で碁を囲むことになった。対局が終わって貞能が外に出ると、今度は勝頼の軍目付・城道寿が貞能を酒に招いた。貞能は酒席が設けられた座敷に入っていった。道寿は表に人を出して叫ばせた。「奥平殿が誅された」と。貞能の従者はそれを聞いても動かなかった。貞能は城に帰ることができた。そして、奥平氏は一族を挙げて家康の元に出奔した。

武田の築手の守備兵たちはこれを追ったが、家康は本多広孝と松平伊忠を遣わして奥平一族を滝山まで迎えに行かせ、追ってきた兵を撃破した。さらに進軍して築手の城下で戦い、また武田の守備兵を破った。勝頼は怒り、貞能の人質を殺した。十月、勝頼は諸将を派遣して手薄になった浜松城を「擣」叩かせたが、留守居の本多重次らがこれを迎え撃って「卻」退けた。家康はこれを聞いて浜松城に帰還した。勝頼は出陣して見附まで来たが、戦わずに去った。

家康が（信長と合議の上）奥平貞能に提示した帰順の条件は、「一、家康の長女・亀姫と貞能の嫡男・貞昌との婚姻」、「一、所領の加増」、「一、貞能の娘の本多重純（本多広孝の次男）への入嫁」という破格のものであった。この帰順が奥平家の家運を大いに開くきっかけとなる。

勝頼の来攻

二年正月、侍従、正五位上に進む。三月、上杉氏来つて好《よしみ》を修《おさ》む。侍従、長篠城を修め、諸〻《もろもろ》の亡地《ぼうち》を復す。四月、乾城《いぬいじよう》を攻め、雨に遇つて引き還《かえ》る。城兵、尾撃《びげき》し、殿軍《でんぐん》に死する者多し。五月、勝頼、大挙して来り野田を攻む。城壁未だ修《おさま》らず。菅沼定盈《さだみつ》、城を棄てゝ退く。六月、勝頼、進んで高天神《たかてんじん》を攻む。侍従、援を信長に乞ふ。信長、信玄の定めて死するを聞き、乃ち肯《あえ》て来り援く。勝頼疾《と》く攻め、利を以て城将小笠原長忠《おがさわらながただ》を誘降《ゆうこう》す。長忠、遂に降る。信長これを聞き、止《とどま》つて吉田に次《じ》す。侍従、赴いて謝《しや》す。信長も亦た其の信玄を扞《ふせ》ぐの労を謝し、黄金二袋《にたい》を贈つて去る。侍従、長忠の邑《ゆう》を以て大須賀康高《おおすがやすたか》に賜ひ、馬伏《まぶせ》の塁《るい》を守らしむ。九月、勝頼、兵二万に将として来り侵《おか》す。侍従、兵七千に将として天龍河に陣す。我が兵分れて二となり、一は上流に在り。一は下流に在り。敵の渡るを竢《ま》つてこれを夾撃《きようげき》せんと欲す。甲斐の諸将、

我が陣の犯すべからざるを視《み》、勝頼に勧めて退き去る。

天正二（一五七四）年。正月、家康の官位は正五位上に進んだ。三月、上杉氏が修好を求めてきた。家康は長篠城を修復した。また武田に奪われた諸領地を取り戻していった。四月、家康は遠江の乾城を攻めた。大雨に遭って引き返したところを城兵に追撃され、殿戦《しんがりいくさ》で多くの死者を出してしまった。

五月、勝頼は大挙して野田城に来攻した。城壁はまだ修理されておらず、菅沼定盈は城を捨てて退却した。六月、勝頼は軍を進めて高天神城を攻めた。家康は信長に援軍を請うた。信長は信玄が確かに死んだと聞いて、ようやく来援を承諾した。勝頼は激しく攻め立てつつ、利を以て城主の小笠原長忠（正しくは氏助）を誘った。長忠は遂にそれに乗った（実際は信長の援軍が間に合わずやむを得ず降ったという方が真相に近い）。信長はこれを聞いて進軍を止めて吉田城に宿営した。家康は吉田城へ赴いて援軍への礼を述べた。信長もまた家康の信玄を「扞」防ぎ続けた労に礼を述べ、黄金二袋を贈り去っていった。家康は武田に寝返った小笠原の所領を大須賀康高に与え、馬伏の砦を守らせた。

九月、勝頼は二万の兵を率いて遠江に侵攻してきた。家康は七千の兵を率いて天竜川に陣を敷いた。兵を二つに分け、一軍を上流に、もう一軍を下流に置いた。敵が渡河するのを待ってこれを挟み撃ちにしようとしたのである。甲斐の諸将は徳川軍の陣の様子を見て迂闊に攻めることができないと察し、勝頼に勧めて軍勢を退かせた。

信玄すら落とせなかった高天神城を落としたことで勝頼の声望は高まり、武田家の版図も最大となった。徳川家単独では未だ到底武田家には太刀打ちできないというのがこの頃の実情であったと言える。

三年正月、天野康景、吉夢《きつむ》あり。以為《おも》へらく、甲斐に克つの兆《ちょう》、と。これを献《けん》ず。二十日、因つて連歌会《れんがかい》を命ず。著《あらわ》して恒例となす。二月、侍従、城下に出猟《しゅつりょう》して一成童《せいどう》を見る。容貌秀《しゅう》俊《しゅん》。これを問ふ。対《こた》へて曰く、「井伊直親《なおちか》の孤子、名は直政《なおまさ》、幼字は万千代、継父《けいふ》松下清景《きよかげ》に育《やしな》はる」と。侍従曰く、「我に仕へんや否や」と。直政曰く、「命《めい》を奉ぜん」と。乃ち載せて帰り、遂にその旧邑《きゅうゆう》井伊谷《いいのや》を賜ひ、故《もと》の部曲《ぶきょく》を統《す》べしむ。この月、長篠を以て奥平信昌《のぶまさ》に賜ふ。井伊氏、奥平氏は、皆南朝の時、官軍に属せし者なり。侍従、信昌の用ふべきを知り、松平伊昌《まさ》をしてこれ《これ》を助けしめ、益〻《ますます》守禦《しゅぎょ》を修めて、以て勝頼に備ふ。

天正三（一五七五）年。正月、天野康景に仕える無学な下女が連歌の会のような夢を見た。その話を聞いた康景はなぜか甲斐を破る吉兆に思えてならなかったので、夢の中の句を聞き写して家康に献上した。そこで家康は二十日にこの句を発句として連歌の会を催した。以後徳川家では、連歌の会は正月の恒例行事となった。

二月、家康が浜松城下で鷹狩をしていると、一人の「成童」（普通十五歳以上の少年を謂う）を見かけた。容貌が秀でて優れていた。家康がどこの者かと問うと、その少年は答えた。「井伊直親の忘れ形見で、諱を直政、幼名を万千代と申しまする。今は継父の松下清景に養われております」と。家康が言った。「わしに仕えるか」と。直政は言った。「仰せの通りに致しとう存じます」と。そこでそのまま車馬に乗せて連れ帰った。そして直政に井伊氏の旧領・井伊谷を与えて井伊氏の旧臣たちを統率させた。

またこの月、長篠城を奥平信昌に与えた。井伊氏と奥平氏はともに南朝の官軍に属した者たちの裔である。家康は奥平信昌を物の役に立つ人物と知り、松平伊昌にこれを補佐させ、ますます長篠城の防御を堅くして勝頼の襲来に備えた。

> 四月、勝頼、宇理《うり》を侵す。我が吏人《りじん》大賀弥四郎といふ者、文無害を以て岡崎の胥徒《しょと》より起り、二十余邑の税務を司るに至り、窃《ひそ》かに異図を懐《いだ》き、その党《とう》小谷、倉地、山田の三人と謀り、款《かん》を甲斐に通ず。曰く、「臣《しん》、岡崎の管鑰《かんやく》を掌《つかさど》る。城の有する所は、世子《せいし》と諸将の質《ち》とのみ。請ふ、大師を啓《みちび》かん。質を挾《さしはさ》んで以て浜松に臨まば、降らざるなからん」と。勝頼大に喜び、期を刻し来り襲はんとす。山田、中ごろ悔いて世子に自首す。世子、人をしてその臥内《がない》に伏してこれを聴かしめ、尽《ことごと》くその実《じつ》を得、急にこれを浜松に報ず。倉地、小谷、事覚《あらわ》るゝを知つて逃《のが》る。捕へて倉地を斬り、終に大賀を執へ、窮治《きゅうじ》して罪に服せしむ。乃ち馬上に反接《はんせつ》し、これを二城に徇《とな》へ、先づその妻子を磔《たく》し、然る後にこれを地に生埋《せいまい》してその首を鋸《きょ》す。勝頼、兵を潜めて楡木《にれぎ》に至り、大賀の敗を聞き、転じて楡木、牛窪を掠《かす》む。侍従は吉田に拒《ふせ》ぎ、世子は法蔵寺に拒ぎ、撃つてこれを卻《しりぞ》く。

四月、勝頼は三河の宇理に侵攻した。

徳川家の役人に大賀弥四郎（近年の研究では「大岡」が有力）という者がいた。法に明るく「無害」民に害を与えない有能な仕事ぶりで、岡崎の小役人から身を起こし、二十余りの村の税務を司る地位にまで出世したが、密かに謀反を企むようになった。その仲間の小谷・倉地・山田の三人と謀り、甲斐に「款を通じ」内通して言うには、「それがしは岡崎城の「鑰」（音読みは「ヤク」で「鍵」のこと）の管理を任されております。城にいるのは世継ぎの三郎信康と諸将の人質のみでござる。どうか武田様の軍を岡崎城に案内させていただきたい。そうして人質を連れて浜松城に迫れば、徳川も降伏せぬわけには参りますまい」と。

勝頼は大いに喜び、期日を決めて岡崎城を襲うことにした。しかし、徒党の一人の山田が途中で悔いて信康に自首した。信康は大賀の寝所の近くに人を忍ばせて彼らの謀議を盗み聴きさせ、遂にその企みの全貌を知るに至り、浜松城に急を報せた。倉地と小谷は事が発覚したのを知って逃亡した。

倉地は捕縛されて斬られ、終に大賀も囚われの身となり「窮治」罪状を糾問されて（拷問にかけられ）「服罪」自白した。そこで馬上に「反接」後ろ手で縛られて、岡崎と浜松の二城の間を「徇」（この場合は）引きまわされた。先に大賀の妻子は磔《はりつけ》に架けられ、そうしてから自身は（頭以外を）土の中に埋められて、（通行人に竹製の）鋸で首を引かせた（そうやって時間をかけて死に至らせた）。勝頼は密かに兵を率いて三河の楡木まで来ていたが、大賀弥四郎の策謀が破れたことを聞くと、方向を転じて楡木と牛窪の辺りを掠奪した。家康は吉田城で防ぎ、信康は法蔵寺で防いで、武田の兵を撃って退けた。

いわゆる「大賀弥四郎事件」。最近の歴史学では、一人の好悪な心根の出頭人（主君の寵愛殊遇を得て急速に出世した者）のしでかした事件とは見做していないようである。むしろ、徳川家中、特に三河岡崎衆に、武田家と結ぶことを模索する勢力がある程度存在したことを示唆している事件と見る向きが多い。そしてそれは直後の「長篠の戦い」とも、四年後の「信康切腹」とも深い関わりを持っている、とも。

長篠の戦い

五月、勝頼、大挙して長篠を攻め、塁を鳶巣山《とびのすやま》に築き、兵を分ってその饟道《じようどう》を絶つ。信昌、伊《これ》昌《まさ》と、衆を励して堅く守る。侍従、小栗大六《おぐりだいろく》をして援を信長に乞はしむ。信長、出づるを果さず。奥平貞能《さだよし》、自ら往いて固く請ふ。信長これを許す。未だ至らず。信昌出で戦つて敵を卻《しりぞ》け、その竹楯《ちくじゆん》を焚《や》く。勝頼、攻めてその甕城《おうじよう》を奪ひ、益〻攻具《こうぐ》を修め、地道を鑿《うが》ち、塹柵《せんさく》を環《めぐら》し、攻撃すること昼夜に連《つらな》る。信昌、その衆に謂《い》つて曰く、「孰《たれ》か能く出でて援兵を促す者ぞ」と。鳥居勝高《とりいかつたか》、素より倔強《くつきよう》、強右衛門《すねえもん》と称す。進んで曰く、「臣請ふ、往かん」と。信昌、これを許す。夜、縋《つい》して出で、侍従の営に至り、信昌の命《めい》を致して曰く、「城兵未だ疲れず。鉛硝《えんじよう》も亦た具《そなわ》る。欠《か》くる所は糧《りよう》のみ。急にこれを救はずんば、則ち信昌自殺し、以て士卒を免《まぬか》れしめん」と。侍従、召見《しようけん》し、これを慰労《いろう》して曰く、「信長既に途に在り。吾も亦た将《まさ》に明日を以て出でんとす」と。因つて勝高を留めて自ら従へんとす。辞《じ》して曰く、「城中、領《くび》を延《のば》して報を遅《ま》つ。臣、留《とどま》るに忍びざるなり」と。即夜、馳せ帰り、将に柵を踰《こ》えて城に入らんとす。敵の邏兵《らへい》の執《とら》ふる所となる。勝頼、命じて縛《ばく》を解き、これを諭《さと》して曰く、「汝往いて城兵に語《つ》げよ。信長、家康来る能はず。宜しく速かに出で降《くだ》るべし、と。則ち吾れ厚く汝を賞せん」と。勝高曰く、「諾《だく》」と。乃ち甲士《こうし》十余人をして刃《じん》を露《あらわ》してこれを擁《よう》し、城下に至らしむ。勝高城《しろ》を仰ぎ、大に呼んで曰く、「諸君努力せよ。大兵来り援く、三日を出でず」と。言未だ畢《おわ》らざるに、刃叢《じんあつま》つて死す。勝頼、益〻防備を厳《げん》にし、索《なわ》を濠上《ごうじょう》に張り、以て城兵の逃れ出づるを防ぐ。

五月、勝頼は大軍を催して長篠城を攻撃した。鳶ノ巣山に砦を築いて、兵を分けて（そこを守らせ）長篠城への食糧補給路を絶った。信昌と伊昌は城兵を督励して城を堅く守った。家康は小栗大六を遣わして信長に援軍を請わせたが、信長は援軍を出さなかった。そこで奥平貞能は自ら信長のもとに行って固く援軍を請うた。信長は承知した。だがまだ援軍が到着する前に、信昌は城を出て戦い敵を退け、武田の（鉄砲防ぎの）竹楯を焼いた。片や勝頼は「甕城」（外曲輪の馬《うま》出《だし》）を奪取し、ますます攻城兵器を整備し、地下に道を穿ち濠や柵を巡らして、連日連夜城を攻め立てた。信昌は城兵に向かって言った。「誰か城を出て援軍を催促しに行ってくれる者はおらぬか」と。

鳥居勝高はもともと「倔強」強情で容易に人に屈しない性格で、「強右衛門《すねえもん》」と名乗っていた。進み出て言った。「それがしが行って参ります」と。信昌はこれを許した。夜になり縄に縋って長篠城を脱け出し、家康の陣営に辿り着き、信昌の命を伝えて言った。「兵はまだ疲れておらず、弾も弾薬も十分ございます。ただ足りないのは兵糧だけです。急いで城を救わなければ、信昌は自らの命と引き換えに城兵を助けようとするでしょう」と。家康は勝高を招き入れ、いたわりねぎらいつつ言った。「織田様の援軍は既に途中までいらしておる。わしも明日には発とうぞ」と。家康は勝高を自分のそばに留めようとした。勝高は辞して言った。「城の者たちは首を長くしてそれがしの報せを待っております。それがしがこちらに留まるのは忍び難うござる」と。勝高はその夜のうちに馳せ帰り、柵を跳び越えて城に入ろうとした。

しかし、武田の見回りの兵に捕えられてしまった。勝頼は縛り上げた縄を解かせ、勝高を諭して言った。「そちは城の近くに行って城の者どもにこう告げよ。信長と家康は来ることができない、速やかに開城して降るよりほかない、とな。さすればわしがそちに厚い褒賞を授けてやろう」と。勝高は言った。「承知仕りました」と。

そして、白刃を露わにした甲武者《よろいむしゃ》十人余りに取り囲まれて、長篠城のそばに連れて行かれた。勝高は城をふり仰ぎ声を限りに叫んだ。「おぬしらしっかりやれよ、お味方の大軍が三日のうちに着くぞ」と。その言葉が終わらぬうちに、「刃叢」数多の刃に刺し貫かれて（それが草むらのようになって）死んだ。勝頼はますます防備を厳重にし、濠の上に縄を張り、城兵が脱け出るのを防いだ。

勝高は「刃叢」ではなく磔に架けられたという説もあり、「鳥居強右衛門磔図」という有名な絵が愛知県新城市の設楽原歴史資料館にある。これは武田の落合左平次という侍が強右衛門の忠烈に感銘を受けて、自らの旗とするために強右衛門が息絶える直前に許可を得て描き写した絵、とされてきた。しかし最近の研究で、この時期左平次は既に徳川家に仕官していたことが判明し、この絵に纏わる「恩讐を超えた士道」の逸話は否定されてしまったようだ。

十八日、侍従、騎卒《きそつ》二万を以て先づ進み、高松に陣す。信長、長子信忠と、五万の衆を合せて設楽《したら》に陣す。信昌、これを望見し、書を作つて曰く、「城猶ほ堅守するに足る。請ふ、軽〻しく進んで兵を損ずるなかれ。敵若し急に攻めば当《まさ》に鐘を鳴してこれを報ずべし」と。鈴木金七《きんしち》をして齎《もたら》し往かしむ。夜、濠を踰《こ》え、短刀を以て索《なわ》を截《き》り、泅《およ》いで来り達す。侍従、書を獲《え》、以て信長に告ぐ。信長、甚だ甲斐の人を憚《はばか》り、重柵《ちょうさく》を植《た》て、塹《せん》を穿《うが》ち、守るに鳥銃《ちょうじゅう》を以てし、侍従をして亦たこれに倣《なら》はしむ。大久保忠世《ただよ》、その弟忠佐《ただすけ》、命を奉じ、銃手三百を以て先鋒となる。三河の卒《そつ》小栗某、奔《はし》つて甲斐に在り。ここにおいて、勝頼の為めに上国《じょうこく》に使して還り、窃《ひそ》かに帰志《きし》を懐《いだ》き、本多忠勝に過《よぎ》る。忠勝携《たずさ》へて謁《えつ》す。侍従、これに密謀を授け、帰つて勝頼に告ぐるに、援軍与《くみ》し易きの状を以てせしむ。勝頼大に喜び、戦はんと欲す。将佐《しょうさ》皆諫む。聴かず。乃ち兵を分つて城に当り、武田信実《のぶざね》をして鳶巣山を守らしめ、自ら進んで滝沢を渡り、兵を勒《ろく》して十三隊となす。本多広孝、酒井忠次相ひ謂つて曰く、「我れ、敵を誘《いざな》つて死地に入れん」と。成瀬正一、嘗て甲斐に在り。敵の旗幟《きし》を記《き》す。侍従、これを召し、甲斐の軍を指して問うて曰く、「左の者を誰となす」と。曰く、「山県昌景なり」と。その右なる者を問ふ。曰く、「馬場信房《のぶふさ》なり」と。その中なる者を問ふ。曰く、「公族なり」と。忠次因つて説いて曰く、「敵鋒《てきほう》、我に嚮《むか》ひ、鋭《えい》甚だし。請ふ、兵を分ち遶《めぐ》つてその背《はい》に出で、鳶巣の塁を焚《や》き、敵をして後を顧みしめば則ち克《か》たん」と。侍従曰く、「善し」と。未だ信長に告げず。信長、数〻《しばしば》候《こう》騎《き》を発して敵を候《うかが》ふ。皆曰く、「兵衆くして整ふ。犯すべからざるなり」と。一軍、色を失ふ。二十日、信長、諸将を召して計《はかりごと》を問ふ。諸将気沮《はば》み、敢《あえ》て言ふ者なし。忠次進んで曰く、「臣、人をして敵兵を間視せしむるに、寡羸《かるい》なり。敗兆皆備る。請ふ、明日決戦せん」と。信長曰く、「汝の勇、果して聞く所の如し」と。因つて酒を命じて忠次に觴《しょう》し、これを信忠に伝へしめて曰く、「聞く、汝、撈蝦舞《ろうかまい》を善くす、と。我が為めに一たびこれをなせ」と。忠次起《た》つて舞ふ。衆、箙《えびら》を敲《たた》いてこれに和す。舞畢り、復た戦を議す。忠次復た進んで曰く、「この役は寡君《かくん》の国事に係る。臣敢て辞譲せず」と。因つて鳶巣を襲ふの策を進む。信長、心にこれを善しとす。而してその漏泄《ろうせつ》を恐れ、佯《いつわ》り叱《しっ》して忠次を斥《しりぞ》く。忠次択《よろこ》ばず。罷《や》む。已にして信長、陰かにこれを召還し、兵五千を附して往かしむ。侍従、松平伊忠《これただ》、その子家忠、本多広孝、菅沼定盈《さだみつ》、阿部定次、奥平貞能に命じ、三千人を率ゐて忠次を助けしむ。約して曰く、「至れば則ち燧《すい》を挙げよ」と。忠次、舎《しゃ》に帰らずして発し、夜に乗じて険を踰《こ》え、五更、塁下に達す。伊忠、家忠に謂つて曰く、「我れ必ず戦死せん。汝、軀《み》を全うして、以て主公に事へよ」と。家忠、泣いて共に死せんと請ふ。伊忠、叱して曰く、「国恩未だ報いず、また先祀《せんし》を絶たば、忠孝安《いず》くに在る」と。乃ち兵を分つてこれに附し、訣飲《けついん》して去る。昧爽《まいそう》、忠次、燧を挙げ、大に喊《かん》して塁に逼る。信実、惶遽《こうきょ》出で拒《ふせ》ぐ。伊忠、力戦してこれに死す。終に信実を破殺し、遂に諸砦を焚く。

十八日、家康は騎馬歩卒二万で先に進んで高松に陣を敷き、信長は長男の信忠とともに五万の兵を併せて設楽原に陣を取った。信昌はこれを望み見て手紙を書いて言うには、「城はまだ十分堅く守ることができもうす。どうか軽々しくお進みあって兵を損なわれませぬように。もし敵が城に急に攻めかけてくるようでしたら、鐘を鳴らしてお報せ申し上げます」と。鈴木金七にこの手紙を持って行かせた。

金七は、夜、濠を越えて、短刀で縄を切り、泳いで家康の陣に辿り着いた。家康はこの手紙を手に入れて、信昌の言葉を信長に伝えた。それでも信長は甲斐の兵の力を非常に警戒して、重ねて柵を構え、塹壕を掘り、火縄銃で防備し、またこのやり方を家康にも倣わせた。大久保忠世と忠佐の兄弟が家康の命を受けて、鉄砲隊三百を指揮して先鋒となった。

以前三河の兵であった小栗某は逃亡して甲斐にいた。ちょうどこの時、小栗は勝頼の使いとして京の近国に行って還ってきていた。密かに三河に帰参したいという気持ちを抱き、(面識のあった)本多忠勝のもとを頼った。忠勝は小栗を引き連れて家康に謁見した。家康は小栗に密謀を授け、帰って勝頼に信長と家康の援軍は与し易い状況であると報告させた。

勝頼は大いに喜び、これと決戦しようとした。重臣の諸将はみな諫めたが、勝頼はそれに耳を貸さなかった。そして、勝頼は兵を分けて長篠城の攻囲に続けて当たらせ、武田信実に鳶ノ巣山を守らせ、自らは進んで滝沢川を渡り、兵を「勒」整えて十三の隊に編成した。本多広孝と酒井忠次が語り合って言った。「我らで敵を死地に誘い入れてやろうぞ」と。

成瀬正一はかつて甲斐に住んでいたことがあり、武田の諸将の旗印を憶えていた。家康は正一を召し出し、甲斐の軍を指差して問うた。「左の者は誰ぞ」と。「山県昌景でござる」。右の者を問うた。「馬場信房でござる」。真ん中の者を問うた。「武田の一族の者でござる」と。そこで酒井忠次は（自分の策を）説いた。「敵の先鋒の我々に向かう様子は甚だ鋭いと言わざるを得ませぬ。兵を分け（別動隊を出して）敵の背後に回り込み、鳶ノ巣山の砦を焼いて敵に後ろを振り向かすことができれば、この戦は勝てまする」と。家康は言った「よかろう」と。

家康は信長にはまだこのことを告げていなかった。信長はしばしば物見の騎馬武者を出して敵の様子を窺っていた。みな同じことを報告して言った。「兵は多く（陣形も）整っており、こちらから攻めかかることはできませぬ」と。全軍は顔色を失った。二十日、信長は諸将を招き集めて策を問うた。諸将はみな意気沮喪して、敢えて口を開こうとする者はいなかった。

そこへ忠次が進み出て言った。「それがしが密かに人を遣わして敵陣をよく探らせたところ、兵は少なく疲れているとのことでござった。武田には敗れる兆しが十分備わっておりもうす。なにとぞ明日決戦されんことを願い奉りまする」と。信長は言った。「そちの勇は、なるほど、聞いておった通りじゃのう」。と。そこで信長は酒を命じて忠次に盃をとらせ、その盃を信忠まで巡らせてから言った。「その方はまた蝦掬《えびすく》いの舞が得意じゃとも聞いたことがある。我がためにひとつ舞ってくれぬか」と。忠次は立ち上がって舞った。周りの者たちは箙を叩いてこれに合いの手を入れた。舞が終わると、再び戦の話に戻った。忠次はまた進み出て言った。「このたびの戦は我が君の国事に関わりますので、それがしも敢えて分際も弁えず申し上げまする」と。そして鳶ノ巣山を襲撃する策を進言した。

信長は心中これを妙案としたが、その策が敵に漏洩することを危惧して、「佯」偽って忠次を叱りつけ退けた。忠次は納得できなかった。軍議が終わり、しばらくして信長は忠次を呼び返し、五千の兵を授けて鳶ノ巣山に向かわせた。家康は松平伊忠とその子家忠・本多広孝・菅沼定盈・阿部定次・奥平貞能に三千を率いて忠次を支援させた。取り決めを交わして、鳶ノ巣山に到着したら（家康に向けて）狼煙を挙げることにした。忠次は宿舎に帰らずその足で出発し、夜陰に紛れて険しい道を越えて、「五更」午前四時頃には鳶ノ巣山の砦のふもとに到着した。

伊忠は息子の家忠に言った。「わしは必ずこの戦いで死ぬ。そちは身を全うしてご主君にお仕え致すのじゃ」と。家忠は泣いてともに討死せんことを願った。伊忠は叱りつけて言った。「国の御恩にまだ報いておらぬ。そのうえ先祖の祀りを絶やさば、わしら父子の忠孝はどこにあるのか」と。そして伊忠は兵を分けて家忠に付け、訣れの盃を交わしてその場を去っていった。

「昧爽」明け方、忠次は狼煙を挙げ、「大喊」鬨《とき》の声を響《どよ》もして砦に迫った。信実は「惶遽」恐れ慌てて砦から出て防いだ。伊忠は力の限りを尽くしてここで討死した。終に敵を撃ち破って信実を討ち取り、山上の諸砦を焼き払った。

酒井忠次、畢生の大殊勲である。この鳶ノ巣山砦の攻略によって、武田軍は補給路と退路を絶たれ、設楽原での決戦に臨む以外の選択肢が失われた。ある意味「長篠の戦い」の帰趨を決したと言っていい。

甲斐の軍驚動す。我が兵、燧を覩《み》て大に喜ぶ。織田氏将《まさ》に戦を挑まんとす。忠佐、忠世に謂っ

て曰く、「我は主、彼は客なり。彼をして先づ戦はしむるは我の恥なり」と。忠世曰く、「然り」と。乃ち共に柵外に出でて敵を誘ふ。敵の左陣の突騎《とつき》三千先づ縦《はな》つ。我が銃隊、撃つてこれを卻く。敵の中軍継ぎ至る。忠世、忠佐、周馳《しゆうち》健闘す。信長、その背旗《はいき》徽号《きごう》を望み、人をして来り問はしめて曰く、「二人は蝶を以て徽《しるし》となし、一人は鏡を以て徽となす。その衆を督《とく》するや、臂《ひじ》の指を使ふが如し。敵か、我か」と。侍従、対へて曰く、「蝶は兄たり。鏡は弟たり。皆僕が家の旧臣なり」と。信長、歎じて曰く、「徳川氏何ぞ佳士《かし》多きや」と。この時に当り、二人の撃破する所となる者、皆転じて信長の前軍に赴く。敵の右陣も亦た銃を冒《おか》して直進す。信長の前軍、走つて柵内に入る。柵殆《ほとん》ど破る。敵、その麾下《きか》に逼る。侍従、騎を馳せて信長に告げて曰く、「公、諸隊をして斉《ひと》しく銃を発せしめよ。我が軍、槍を用ひて横撃《おうげき》せば、以て克つべきなり」と。信長、令を伝ふ。敵兵、大に阻《はば》む。本多忠勝、松平忠正、鳥居元忠、榊原康政ら、槍を攅《あつ》めて接戦す。甲斐の諸軍、遂に大に潰《つい》ゆ。信昌、伊昌、長篠を出でて夾撃《きようげき》し、幾《ほとん》ど勝頼を獲《え》んとす。勝頼僅かに免《まぬか》る。この日、卯《う》より午《うま》に至り、戦凡そ五十八合、斬首一万余級。武田氏の宿将、精兵略〻《ほぼ》ここに殲《つ》く。侍従、往いて信長に説いて曰く、「今、大勝の威《い》に乗じ、長駆して北《に》ぐるを追はば、則ち甲斐、信濃、一挙して取るべきなり」と。羽柴秀吉、従つて軍中に在り。亦たこれを勧《すす》む。信長聴かずして去る。侍従、信昌を見て、その堅守を賞し、采邑《さいゆう》を加賜《かし》し、女《むすめ》を以てこれに妻《めあ》はすを許し、遂に大に将士を賞す。数日にして親《みずか》ら岐阜に往いて謝す。信長も亦た謝して曰く、「卿《けい》の君臣、寡を以て衆を撃ち、吾が為めに東面を扞《ふせ》ぐこと数年なり。不《しか》らずんば則ち吾れ安《いず》くんぞ京畿《けいき》を定むるを得んや。今勝頼、一敗、気を褫《うばわ》れ、復た頭《かしら》を出す能はず。卿宜しく駿河を取り、遂に甲斐、信濃に及ぶべし。吾れ亦た当に相ひ助くべし」と。因つて扈従《こじゅう》の将士を見て曰く、「長髯《ちょうぜん》の将、何ぞ来らざる」と。蓋《けだ》し忠世を謂ふなり。忠佐、扈従に在り。対《こた》へて曰く、「家兄故《かけいゆえ》あつて、拝趨《はいすう》を得ず」と。信長曰く、「吾子《ごし》の兄弟、長篠の戦に絶類逸群と謂ふべし」と。手づから衣服を賜ひ、また忠次の功を賞して、薙《てい》刀《とう》を賜ふ。侍従、辞して帰る。

甲斐の軍は驚愕動揺し、我が軍は狼煙を見て大いに喜んだ。織田氏はまさに戦いを挑もうとしていた。大久保忠佐は兄の忠世に言った。「我らが主人で、あちらは客人。あちらを先に戦わせるのは、我らの恥ぞ」と。忠世は言った。「おうともよ」と。そこで兄弟ともに柵の外に出て敵を誘《おび》き寄せた。

敵はまず左陣の突騎三千を「縦」解き放った。我が鉄砲隊が射撃してこれを退けた。続いて敵の中軍が襲来した。忠世と忠佐は戦場を駆け巡って力の限り立派な戦いぶりをした。信長はその背中の旗印を望み見て、人を遣わして家康に問うた。「一人は蝶を印とし、もう一人は鏡を印としておる。その配下を指揮するさまはあたかも肘が指を使うが如くじゃ。そもあれは敵か、あるいは味方か」と。家康は「対」（目上に対する場合に使う）答えて言った。「蝶は兄、鏡は弟、ともにそれがしの家の旧くからの臣でござる」と。信長は嘆息して言った。「徳川の家にはなんと「佳」見事な侍の多いことよ」と。

この時、二人に撃破された者たちはみな向きを転じて信長の前軍に仕掛けてきた。敵の右側もまた銃弾をものともせず真っ直ぐに殺到してきた。信長の前軍は柵の内に走り込んだ。柵は殆ど破れそうになり、敵は信長の旗本にまで迫った。家康は騎馬武者を馳せて信長に告げて言った。「織田様は諸部隊に命じて一斉に鉄砲を放ってくださいませ。そこへ我が軍が槍を用いて横ざまに突き入れますれば、勝つことができますする」と。信長は家康の戦術を織田の鉄砲隊に伝え命令した。すると敵兵は大いに「沮」意気沮喪した。本多忠勝・松平忠正・鳥居元忠・榊原康政らが、槍を揃え肉迫して戦った。

甲斐の諸軍は遂に総崩れとなった。奥平信昌と松平伊昌は長篠城から出撃して武田軍を後ろから挟み撃ちにした。ほとんど勝頼を討ち取るところであったが、勝頼は間一髪で逃れることができた。この日、午前六時より正午に至るまで、戦うこと五十八合、斬首一万余級、武田氏の宿将精兵はほぼこの戦いで「殲」殺し尽くされた。

家康は信長のもとに行って説いた。「今、この大勝利の威勢に乗じて逃げる敵の行先まで追い討ちをかければ、甲斐と信濃を一挙に取ることができましょうぞ」と。羽柴秀吉も信長に従って陣中にあって、同じことを勧めた。しかし、信長はその意見を聴き入れず、戦場を立ち去った。

家康は奥平信昌と会い、長篠城を堅く守り通したことを賞賛し、所領を加増し、信昌に自分の娘を娶ることを許した。そしてこの戦いに従軍した将士に対し論功行賞をした。数日後、自ら岐阜に赴いて信長に援軍による大勝利の御礼を申し述べた。信長もまた礼を述べて言った。「貴公ら君臣は、少なき兵で多きを撃ち、我がために東方を防ぎ続けること数年に及んだ。かかる働きのなかりせば、我はいかにして京畿を定めることが叶うたであろうか。今、勝頼は大敗を喫して気を「褫」

奪われ、もはや再び頭を擡《もた》げることはできまい。貴公は（まず）駿河を取られよ。次いで甲斐・信濃に及べばよろしかろう。そのおりは無論我らはまた助け合わねばの」と。

そして家康に付き従っている供の者たちを見て言った。「長き髯（あごひげの意味）の将はなにゆえにおらぬ」と。これはおそらく大久保忠世のことを謂っていた。忠佐の方は供の中にいたので答えて言った。「兄は訳があって参上することができませんでした」と。信長は言った。「その方ら兄弟は、長篠の戦いにおいて、「絶類逸群」とりわけ他とは抜きん出た働きぶりを見せたと言うべきぞ」と。自らの手で忠佐に衣服を与えた。また酒井忠次の功を賞して薙刀を与えた。家康は暇乞いをして帰っていった。

いわゆる「長篠の戦い」。要約や省略をすると戦いの経緯が伝わりにくくなると判断したので、ここは読者諸兄に拙い翻訳に長々とお付き合いいただいた。動員された兵力は織田徳川方が三万八千（うち鳶ノ巣山へ四千）、武田方が一万五千（うち鳶ノ巣山に三千）というあたりが通説となっているが、一方両軍が布陣した設楽原の狭隘さから、織田が一万三千前後、徳川が五千前後、武田が七千前後と推定する説もある。いずれにしても二・五倍近い兵力差があった。敵を、戦えば不利と知りつつも戦わざるを得ない局面に持ち込む手際こそ名将たる所以、と言う。かの宮崎市定は唐の太宗・李世民がまさにそうであったと指摘しているが、この戦いの絵図を描いた織田信長も、その意味ではやはり名将であったと謂うべきなのかもしれない。また『日本外史』の本文では、徳川の果敢さと織田の臆病さが対比されているが、敵に過剰なくらい慎重で、むしろ侮りを受けるくらいの方が兵法としては正しい。他にも死傷者の数、武田騎馬軍団（軍団比率と騎馬の使用方法）と織田鉄砲隊（鉄砲数と三段撃ちの解釈）のそれぞれの実状等々、議論すべき問題は様々あるが、それらは到底私ごときの手には余る問題である。

大久保忠世と忠佐の兄弟も、設楽原の勇猛果敢な戦いぶりで大いに面目を施した。一方、末弟に『三河物語』の著述で有名な「天下の御意見番」こと彦左衛門忠教《ただたか》がいるが、彼の初陣を「鳶ノ巣山の戦い」としているのは、どうやら講談による脚色のようである。

当初より「奥平信昌」と表記してきたが、彼は「貞昌」であって、戦後の行賞において信長の偏諱を拝領して初めて「信昌」となった（異説あり）。

遠江の諸城の回復

六月、侍従、二股を攻め、忠世をして蜷原《になはら》の砦《さい》を守り、以てこれに当らしめ、転じて掛川に至り、光明城《こうみょうじょう》を攻め、諸将をしてその前に逼らしめ、而して自ら兵を潜め、その後を襲ってこれを下す。七月、世子《せいし》信康と諏訪原を攻め、八月に至ってこれを下す。城は田中、高天神の間に在り。その守を難《かた》んず。松平忠次、守らんと請ふ。乃ち偏諱を賜ひ、名を康親《やすちか》と改め、周防守《すおうのかみ》と称せしめ、城を名づけて牧野といふ。武田氏を以て殷紂《いんちゅう》に比するなり。是より勝頼、数々《しばしば》出づるも、遂に深く入る能はず。侍従、遂に小山を攻む。酒井忠次曰く、「我れ已に二城を得、師暴《さら》し兵疲る。戢《おさ》めざるべからず。勝頼、剽悍《ひょうかん》父に過ぐ。我れ、小山を攻めば、必ず来ってこれを援けん。前に堅城あり。後に強敵あり。敗を取るの道なり」と。康親往くを勧む。遂に往く。九月、勝頼、兵二万を募り、大井河の上《ほとり》に陣す。侍従曰く、「果して忠次の言の如し」と。乃ち河に循《したが》つて師を班《かえ》す。城兵出でて躡《じょう》す。世子信康、殿《でん》して退く。勝頼敢て逼らず。これより世子、常に軍に従ふ。十月、大久保忠世、榊原康政をして、二股を攻めしむ。月を踰えてこれを下し、遂に伯耆塚《ほうきづか》、八荒山《はっこうざん》を取る。信長復た岩村を下す。佐久間信盛、水野信元《のぶもと》と郤《げき》あり。信元、岩村に通ずと譖《しん》してこれを殺さんと欲す。信元懼《おそ》れて来り奔る。侍従、固くこれを宥《ゆる》さんと請ふ。信長聴かず。遂に死を賜ひ、信盛をしてその邑《ゆう》を取らしめ、尽く信元の族人を逐ふ。独りその季子《きし》、留つて三河に匿《かく》る。

さっそく家康は武田に奪われていた遠江の諸城を回復する戦いを始める。長篠の翌月の六月にはまずは二股城を攻め、転じて掛川城から軍を出して光明城を攻めて陥落させた。七月には世継ぎの松平信康に諏訪原城を攻めさせ、八月にはこれを下した。だが、この諏訪原城は地理的に守るに困難な場所にある。そこに松平忠次が自ら城主たることを申し出てきた。家康は偏諱の「康」の一字を与えて「康親」と改名させ、さらに「周防守」を名乗らせた。康親は諏訪原城の名を「牧野城」と改めた。武田勝頼を殷の紂王（古代中国の伝説的暴君）に擬《なぞら》えたのである（「牧野《ぼくや》」は周の武王が殷の紂王を撃ち破り天下の帰趨を決した地である）。これ以後、勝頼はたびたび駿河から西に出てきたが、終に遠江に深く入り込むことはできなかった。

家康はそれから小山城を攻めようとしたが、酒井忠次は、既に二城を攻略して徳川兵が疲弊していること、勝頼が信玄以上に剽悍で、小山城と勝頼の援軍でこちらが腹背に敵を受ける可能性があることを理由に、城攻めに反対した。片や（意気軒昂な）松平康親は城攻めを促した。家康は軍を進めた。

九月、勝頼は二万の兵を募って大井川のほとりに陣を敷いた。家康は言った。「忠次の申した通りになったわ」と。そこで大井川沿いに軍を返した。小山城の兵は出撃して「躡」後をつけた。世継ぎの信康がしんがりを引き受けて後退したが、勝頼は追い討ちしようとはしなかった。これより信康は常に従軍するようになった。

十月、大久保忠世と榊原康政に二股城を攻めさせ、月を越えてこれを下した。続けて遠江の伯耆塚と八荒山を取った。一方、信長は再び美濃の岩村城を取り戻した。そもそも（領地の近接していた）佐久間信盛は水野信元との関係が上手くいっておらず、信元が武田方であった岩村城に内通したとの疑いをかけて信長に讒言し、これを殺そうとした。信元は恐れて家康のもとに逃げ込んできた。家康は信長に信元を赦すことを固く願い出たが、信長は聴き入れなかった。遂に信元は死を命ぜられた。信元の所領は信盛のものとなり、信元の一族の者は追放された。ただ一人信元の末子だけは密かに三河に隠れた。

勝頼は、信長の見越したように、長篠の大敗でしばらくのあいだ戦意喪失するということはなかった。むしろ低下した威信を取り戻そうと必死になる。馬場、山県、内藤らの信玄股肱の宿老たちが尽く設楽原に散ったことも、あるいは勝頼の動きを機敏にさせた原因であろうか。しかし、機敏であり続けることは領民や国人に大きな負担をかけることに繋がる。

最も危険とされるしんがりを任せられた世継ぎの信康。その武勇への家康の信頼が厚かったことを意味している。そしてこのくだりはまた、やがて起こる一大悲劇への伏線と見られなくもない。

水野信元が粛清された。彼は家康の母・於大の方の異母兄でもある。尾張一国すら平定していなかった頃の信長と早々に提携。いわゆる「清洲同盟」において家康と信長の仲立ちをしたのは彼である。一説に拠ると、尾張知多郡に二十四万石相当の石高を有していたとも云う。実際、佐久間信盛の讒言がきっかけとなったかどうかは定かでないが、これだけの国人勢力を国内に抱え込むことは、信長にとっても、隣国三河の家康にとっても、今や目障りな存在になりつつあったことは容易に想像がつく。

その最期は家康による仕物（謀殺）であった。松平家の菩提寺である岡崎の大樹寺において、家康の人質時代からの家臣・平岩親吉の手によって斬られた。親吉は信元の屍を抱き上げ「貴方様に怨みはござらぬが、君名によってかかる仕儀と相成り申した」と涙を流して詫びたとされる。また大樹寺への案内役を任された於大の方の夫にして家康の義父・久松俊勝（長家）は、何も知らずに信元の仕物に加担させられた事を知って、憤りのあまり徳川家を出奔してしまった。

水野信元の一族は、安易に「血筋」などと言い立てたくはないが、激情型の異形の人物を次々と輩出している。のちに水野家を再興した信元の異母弟・忠重。信長と秀吉に重用されるほどの人物であったが、関ヶ原のまさに直前、酒宴で同席した者と口論になり殺害された。その忠重の長男がかの前田慶次を凌ぐとすら言われる傾奇者《かぶきもの》・水野勝成。互いに気性の激しい父親とは折り合いが悪く、勘当となって家を飛び出し、諸国を流浪し様々な大名家を渡り歩いては常に抜群の武辺と奇功を顕し、最後に徳川家に帰参。備後福山十万石の初代藩主となって名君と慕われた（現在の福山城に銅像がある)。勝成の孫に当たり、傍若無人な旗本奴の首魁となり、町奴と激しく対立して幡随院長兵衛を殺し、遂には幕府に切腹を言い渡された水野十郎左衛門成之。そして、本文にあった水野信元の三河に隠れた末子の歴史上の名も、まもなくこの先で明かされることであろう。

四年春、侍従、城を横須賀に築き、大須賀康高をして守らしめ、久世広宣《ひろのぶ》、坂部広勝、渥美勝吉を以てこれに属す。勝頼、糧《りょう》を高天神に納《い》る。侍従、自ら出でて芝原に相ひ拒《ふせ》ぎ、戦はんと欲す。内藤信成《のぶしげ》諫めて止む。乃ち交綏《こうすい》す。上杉謙信、兵を上野《こうずけ》に出《いだ》し、遥かに応援をなす。勝頼敢て南に出でず。侍従乃ち今川氏真《うじざね》を駿河に納る。松平康親、松平家忠をして、並にその政を視しむ。八月、自ら将として樽井砦《たるいのさい》を抜き、安倍元真をしてこれを守らしむ。

天正四(一五七六)年。春、家康は遠江の横須賀に城を築き、大須賀康高に守らせた。勝頼は高天神城に兵糧を入れようとし、家康はこれを防ぐために戦おうとしたが、内藤信成が諫めたために取りやめ、両軍は互いに引いた。上杉謙信が上野に兵を出し、遠くから家康を支援した。勝頼は(上杉に牽制されて)南に出て来られなくなった。家康は今川氏真を駿河に入れ、松平康親と松平家忠にその政務を補佐させた。八月、家康自ら樽井砦を抜き、今川旧臣の安部元真に守らせた。

五年八月、侍従、山梨に入り、甲斐の将穴山信良を撃ち、これを破る。甲斐の兵また樽井を攻む。元真、撃つてこれを卻《しりぞ》く。十月、侍従、浜松城を修築す。十二月、侍従、従四位下に進み、右近衛少将《うこんえのしょうしょう》に遷さる。

天正五（一五七七）年。八月、家康は甲斐の山梨に攻め入り、甲斐の将・穴山信良を撃ち、これを破った。甲斐の兵はまた樽井を攻め、元真がこれを撃って退けた。十月、家康は浜松城を修築した。十二月、家康は従四位下に進み、右近衛少将に遷った。以後、頼山陽は家康を「少将」と呼ぶ。

六年三月、少将、駿河を徇《とな》へ、田中を攻む。井伊直政、軍に従ひ、戦ふ毎に衆に先んず。諸将とその外郭《がいかく》を破つて還る。八月、大須賀康高、甲斐の兵を国安河《くにやすがわ》に破る。少将、駿河を侵掠し、持舟に至つて還り、田中を過ぐ。その兵の出で尾《び》するを恐れ、城を攻むるの状をなす。敵敢て出でず。我が兵乃ち還る。十一月、勝頼、小山に陣し、少将、馬伏《まぶせ》に陣す。総社に徙《うつ》る。世子、夜、潜《ひそ》かに水を済《わた》り、敵営を覘つて帰り、これを撃たんと欲す。少将曰く、「険に拠るの敵は、軽々《かろがろ》しく撃つべからず」と。復た交綏す。

天正六（一五七八）年。三月、家康は駿河で「徇」調略活動を展開し、田中城を攻めた。井伊直政は軍に従い、戦いのたびに衆に先んじた（目覚ましい）働きぶりであった。直政は諸将と田中城の外曲輪を破却してから帰還した。八月、大須賀康高は甲斐の軍を遠江の国安川で破った。

家康は駿河を侵掠し、持舟まで来てから引き返した。田中城を過ぎ、城兵が出撃して追い討ちをかけてくるのを警戒して、城を攻める形勢を示した。敵は出て来る様子もなく、我が兵は無事に帰還した。十一月、勝頼は小山に陣を構えた。家康は遠江の馬伏の陣を総社に移した。信康は夜、密かに川を渡り、敵の陣営の様子を窺って帰り、これを撃とうとした。家康は言った。「嶮岨な地に拠る敵を軽々しく撃ってはならぬ」と。再び両軍ともに軍を引いた。

七年正月、勝頼また遠江に入る。少将の出づるを聞いて乃ち去る。四月、三子長丸《ちょうまる》、浜松に生る。母は西郷氏。故水野信元の孤子土井利勝を以てその侍臣となす。利勝、その母に従つて土井氏に依り、遂にこれを冒《おか》す。

天正七（一五七九）年。正月。勝頼はまたも遠江に侵入したが、家康が迎撃に出たと聞くと去っていった。四月、三男の長丸（のちの秀忠）が浜松で生まれた。母親は西郷氏である。亡き水野信元の遺児の土井利勝をその「侍臣」そばづかえとした。利勝は母に従って土井氏を頼り、そのことから土井氏を名乗るようになった。

水野信元の忘れ形見は、歴史上「土井利勝」と呼ばれる。秀忠・家光のもと、幕府の中心にあって武断政治を遂行するに当たり、新進気鋭の老中たちを取りまとめ、千軍万馬の大名諸侯に一目も二目も置かれた人物である。細心にして謹直な性格の持ち主として知られるが、当時彼の担ったのはまさしく猛獣使いの如き役割。その胆力の根底には、あるいは「水野の激情」が横たわっていたのかもしれない。

一方、利勝の異例の出世ぶりから家康のご落胤説も存在する。この説は徳川家の公式記録の『徳川実紀』でさえ触れていたりするので、無視するわけにもいかない。ただ、家康に寵愛厚遇された井伊直政にも同じような落胤説はある。

築山殿と信康の死

初め世子信康、人となり剛厲《ごうれい》、近臣を手刃《しゆじん》するに至る。酒井忠次、大久保忠世、数〻《しばしば》諫む。聴かず。所生関口氏、妬悍《とかん》を以て廃せられ、岡崎に居る。その婦織田氏、亦た妬《と》にして男なし。また姑氏《こし》の離間《りかん》する所となり、憤怨《ふんえん》す。この歳七月、織田氏、遂に書を作つて、姑氏の陰事《いんじ》を以て信長に告げ、因つて世子の十二罪を疏《そ》す。会〻《たまたま》忠次、安土《あづち》に赴く。信長、示してこれを問ふ。対へて曰く、「信《まこと》なり」と。信長怒り、帰つて少将に告げしむ。「関口氏、勝頼と通じ、卿を除いて以て世子を立て、遂に我を滅《ほろぼ》さんと欲す。卿其れ亟《すみや》かにこれを計れ」と。忠次、岡崎を過ぎて入らず。世子、憂悸《ゆうき》す。八月、少将、岡崎に至り、世子を大浜に放ち、後命を竢《ま》たしむ。その明、世子親ら来つて哀訴す。聴かず。平岩親吉傅《ふ》たり。請うて曰く、「世子材武《さいぶ》、今遽《にわ》かにこれを殺さば、後必ず悔いん。臣、傅となつて毋状《ぶじよう》なり。願はくは臣の首を斬り、以て信長に謝せよ」と。少将泣いて曰く、「我が良臣を喪つて、児終《つい》に免れずんば、悔《くい》更に甚だしからん」と。数日にして世子を堀江に遷し、遂に二股に遷し、忠世をして護らしめ、関口氏を誅《ちゆう》す。信長、意未だ解けず。九月望、終に世子をして自殺せしむ。年二十一。世、忠世の輩、少将の意を暁《さと》らざるを咎《とが》む。初め少将の姫人《きじん》永見《ながみ》氏、孕んで罪を獲《え》、出でてその郷《きょう》に産す。世子、潜かにこれを挙げ、荻丸《おぎまる》と呼ぶ。三年にしてこれを見る。少将、子とせざるなり。本多重次、抱持《ほうじ》して賀して曰く、「酷《はなは》だ君に肖《に》たり。君、戦国に処《お》る。宜しく子多かるべし。臣請ふ、育てん」と。世子、卒《しゅっ》す。時に荻丸甫《はじ》めて六歳。而して長丸を立て丶世子となす。

そもそも世継ぎの信康は「為人」ひととなり（天性の意味、体格を言う場合もある）「剛厲」強情苛烈で、近臣を手討ちにすることもあった。酒井忠次や大久保忠世が（そういった振る舞いを）しばしば諫めたが、聴き入れなかった。

信康を生んだ関口氏（以下わかりやすいように「築山殿」と書く）は「妬悍」嫉妬深く気性が荒かったため家康の正室の地位を（事実上）失って（家康のいる浜松城ではなく息子の治める）岡崎にいた。信康の正室の織田氏（こちらも「五徳」と書く）もまた嫉妬深く、しかも男子をあげてはいなかった。そこへ（もとより織田家を快く思わぬ）姑の築山殿にさらに夫婦仲を疎遠にさせる言動をされ、姑を憤り怨む日々が続いていた。

この年の七月、五徳は遂に手紙を認《したた》め、築山殿の陰謀を父・信長に告発し、さらに信康の十二に及ぶ罪を「疏」箇条書きにして送った。たまたま酒井忠次は安土城に赴いていた。信長は五徳からの手紙を忠次に示してその真偽のほどを質した。忠次は答えた。「（お方様にそう思われても仕方ないことが）あったやも知れませぬ」と。信長は怒り、忠次を帰国させ家康に告げさせた。「築山は勝頼と通じ、貴公を除いて信康を立て、遂には我を滅ぼさんとしているそうである。貴公は早急にこの事態に対処されよ」と。（この時）忠次は岡崎城を通り過ぎて立ち寄らなかった。信康は「憂悖」胸苦しくなるほど心を悩ませた。

八月、家康は岡崎城に来て、信康を遠江の大浜城に放逐して、後の命令を待たせた。その翌日、信康は自らやって来て赦免を懇願した。家康は聴き入れなかった。平岩親吉は信康の傅役《もりやく》に任じられていた。親吉は願い出た。「若殿には「材武」器量も武勇もございます。今にわかにこのお方に手をかけられるようなことになりましては、後々殿は必ずお悔やみになりましょう。それがしは若殿の傅役を仰せつけられながら、「母状」そのお務めを十分に果たせませなんだ。なにとぞ我が首をお斬りになって織田様にご寛恕賜わらんことを」と。家康は涙を流して言った。「我が良臣を失い、我が子も終に死を免れぬとあらば、悔やむことさらに甚だしかろうぞ」と。

数日して信康を堀江城に移し、次いで二股城に移して、大久保忠世に警護させた。築山殿を誅殺した。信長の怒りはまだ解けなかった。九月、満月の日。家康は終に信康を自害させた。年二十一。世間は、忠世たちが信康を殺すまいとする家康の真意を悟れなかったことを咎めた。

以前、家康の妾であった永見氏は妊娠中に罪が発覚し、その郷里に帰って子を産んだ。信康は（事情を知り）内々にこの赤子を引き立て莪丸（のちの秀康）と呼んだ。三年経って信康は家康に莪丸を会わせた。家康は自分の子供とは認めなかった。本多重次は莪丸を抱き上げ祝って言った。「実によく我が君に似ていらっしゃいまする。殿は戦国の世を渡る大名、お子が多いに越したことはございませぬ。それがしがお育て致しとう存じます」と。信康が逝った。莪丸は六歳になったばかりであった。しかし、三男の長丸の方を立てて世継ぎとした。

『三河物語』を元にした『日本外史』の「築山殿と信康の死」についてのこの記述は、いかにも淡白でステレオタイプであることは否めない。嫁姑の確執の果てといった筋立てで、当時の読者の興味はそれなりに惹きつけられるのかもしれないが、さすがにこれだけの理由では得心しかねる。

戦国大名の父子相剋の例は、素人の私が知る限りのものを並べるだけでも、出羽米沢の伊達稙宗《たねむね》と晴宗の「天文の乱（洞《うつろ》の乱）」、出羽山形の最上義守と義光《よしあき》の「天正最上の乱」、下野古河の足利公方・足利政氏と高基・義明兄弟との反目、武蔵岩槻の太田資正《すけまさ》と太田氏資《うじすけ》の断絶、甲斐躑躅ヶ崎館の武田信虎と晴信と義信の三代続く闘争、美濃稲葉山の斎藤道三と義龍の「長良川の戦い」、近江観音寺の六角承禎《じょうてい》と義治の「観音寺騒動」、豊後府中の大友義鑑《よしあき》と義鎮《よししげ》の「二階崩れ」など、挙げてみればきりがない。徳川家の家康と信康だけがこの図式に当てはまらないと考える方がむしろ不自然であろう。

前兆はあった。四年前の「大岡弥四郎事件」。家康の家臣団には派閥があったとされる。浜松城の家康直属の浜松衆と岡崎城の信康与力の岡崎衆である。浜松衆に比しての不遇感の昂まりからか、当時より岡崎衆の間には、信康を徳川家の当主に擁立して武田と結ぶという蠢動が確かに見られた。成長し青年になって自らの意思と戦略的見通しを持つようになった信康が、今だに燻る岡崎衆の鬱懐を受け止めて、家康とは別の思惑で動き始めていたとしたらどうであろう。概ね信頼の置ける『家忠日記』には、家康が事件の前年の天正六（一五七八）年九月二十二日に、三河国衆に対して「（信康のいる）岡崎に詰めることは今後無用」との指示を発しており、さらに信康を岡崎城から追放した際に、岡崎衆であった家忠らに信康と内通しない旨の起請文を出させている。これは家康と信康の関係が深刻であり、家康がいつでも信康を処分できる準備をしていたことさえ示唆する。

そして天正七（一五七九）年に信長に五徳の手紙が届いたことで「信長からの圧力」という名分を得、三男長丸が誕生したことでとりあえず後継者の不安は払拭された、と。少なくともこのように状況証拠を繋いで推論していくことは可能である。もちろん、これは数ある説の中から比較的新しいいくつかの説を私なりにまとめ、蛇足も付け加えて紹介したに過ぎない。言うまでもなく、真相は変わらず藪の中である。

築山殿は、浜松城に護送される途中、家康家臣の岡本時仲（のちに息子の大八は詐欺とキリシタンの罪で火刑）と野中重政によって自害を迫られ、それを拒んだためにこの二人の独断で斬殺された、というのが通説となっているが、実際は彼女は従容と自害したという説も有力である。

いずれにせよ、築山殿を死に追いやるには追いやるだけの理由があろう。当主の正室でも、もはや世継ぎの生母でもなくなる築山殿に、禍根となるだけの影響力が残るとは思えない。あるいは、家康はかつての武田内通を大岡弥四郎の裏で画策し主導したのが実は築山殿であったという確証でも握っていたのだろうか。つまり、陰謀に信康を巻き込み、嫡男を死なせなければならない立場に追い込んだことへの断罪、報復として与えられた死なのだろうか。それとも、一連の騒動の清算として信長に捧げられた人身御供だったか。

昔、『反逆児』という古い映画を観たことがある。信康役の若き中村錦之助（萬屋錦之介）の存在感に圧倒された。妄執に囚われた築山殿を杉村春子が演じていた。映画は全編、賢しらな穿ったところはなく、観る者にただただ人の業を突きつけてくる切ない悲劇であった。

武田家の滅亡

これより先、上杉謙信卒す。義子《ぎし》景虎、従子《じゅうし》景勝と国を争ふ。景勝、武田勝頼に賂《まいな》ひ、合せ攻めて景虎を殺す。景虎は北条氏政の弟なり。氏政怒り、勝頼と絶ち、遂に来つて好《よしみ》を修《おさ》む。ここにおいて、三国交〻《こもごも》盟《ちか》ひ、約して曰く、「武田、伊豆を侵さば、則ち徳川、兵を駿河に出さん。遠江を侵さば、則ち北条、兵を上野に出さん。美濃を侵さば、則ち徳川、北条、並に甲斐に向ひ、織田をして東顧《とうこ》するなからしめん」と。この月、勝頼、氏政、黄瀬河《きせがわ》に相ひ持す。少将これを聞き、自ら将として駿河に入らんとす。酒井忠次諫めて曰く、「険を踰え深く入る、その危きこと測られず」と。少将曰く、「約は違ふべからず。且つ二人相ひ持す。而して我れその弊に乗ぜば必ず利あらん」と。忠次をして、留つて瀬戸に陣せしめ、而して進んで田中城を過ぎ、持舟を攻めてこれを抜き、火を縦《はな》つて由井《ゆい》に至る。勝頼、兵を引いて来り迎ふ。氏政敢て尾《び》せず。少将、これを逆《むか》へ撃たんと欲す。諸将諫めて曰く、「勝は必すべからず。而して敵城、背《うしろ》に在り」と。乃ち還る。忠次殿《しんがり》となる。十一月、松平家忠、兵を滝坂に伏せ、甲斐の兵を撃破す。

これより先、上杉謙信がこの世を去った。その養子の景虎と「従子」甥の景勝が領国支配を巡って争った。景勝は武田勝頼に賄賂を贈って、連合し攻めて景虎を殺した。景虎は北条氏政の異母弟である。氏政は怒って勝頼との同盟関係を断ち、家康のもとに使者を送り友好を求めてきた。

そして徳川・織田・北条の三国は互いに同盟を結んだ。約定にはこう明記された。「武田が、伊豆に侵攻すれば徳川が駿河に兵を出し、遠江に侵攻すれば北条が上野に兵を出し、美濃に侵攻すれば徳川と北条が並んで甲斐を攻めて、織田の東方の憂いを無くさせる」と。

この月、勝頼と氏政が黄瀬川を挟んで対峙した。家康はこれを聞いて自ら（軍を率いて）駿河に入ろうとした。酒井忠次が諫めて言った。「嶮岨な地を越えて敵の領土に深く入り込まれては、その危うさは測り知れませぬ」と。家康は言った。「約を違えるべきではない。それに両者は（長く）対峙しており、（武田の）その疲弊したところを我が軍が衝けば、必ずや利を得ることができよう」と。

忠次の陣を駿河の瀬戸に留めさせ、そして家康は進んで田中城を過ぎ、持舟城を攻め落とし、火を放ちながら由井にまで到達した。勝頼は黄瀬川の軍を返して我が軍を迎え撃ちに来たが、氏政は（なんと）その武田軍に追い討ちをかけようとはしなかった。家康はこの勝頼を逆に迎え撃とうとした。諸将が諫めて言った。「必ずお勝ちになるとは限りませぬ。しかも敵の城が背後にございます」と。そこで軍を返すことにした。しんがりは忠次が務めた。十一月、松平家忠は遠江の滝坂に伏兵を置いて甲斐の兵を撃破した。

なぜ勝頼は景勝を選んだのか。窮迫する軍用金を補塡する多額の賄賂、上野における全ての上杉領の割譲、あるいは景虎の家督継承で越後が北条の傀儡化《かいらい》（衛星国化）する可能性を危惧したのかもしれない。しかし、この外交上の転換は勝頼の最大の悪手であったとしか言いようがない。これ以降の勝頼の戦略的選択肢は、極めて制約されることになる。

八年正月、少将、従四位上に進む。三月、高天神を攻め、砦を連ねてこれに逼る。五月、田中を攻め、侵掠して還る。持舟の兵出でてこれを躡《じょう》す。返り戦つて大にこれを破る。七月、復た田中を攻む。岡田元次《もとつぐ》曰く、「天将に雨ふらんとす。大井必ず漲《みなぎ》らん。請ふ、速かに兵を収めよ」と。少将乃ち河を済《わた》つて還る。その夜果して雨ふる。勝頼、我の田中を攻むるを聞き、疾駆して至る。河漲つて済るを得ず。

天正八（一五八〇）年。正月、家康は従四位上に進んだ。三月、家康は高天神城を攻め、周囲に砦を連ねてこれを圧迫した。五月、田中城を攻め、侵掠してから引き返した。持舟城から追い討ちをかけてきたが、返り討ちにして大いに破った。

七月、また田中城を攻めた。岡田元次が言った。「天から今にも雨が降り出しそうでございます。さすれば大井川は必ず溢れるでしょう。どうか速やかに兵をお収めください」と。そこで家康は大井川を渡って引き返した。果たしてその夜は雨となった。勝頼は徳川軍が田中城を攻めると聞き、疾駆してやって来たが、川が溢れていて渡ることができなかった。

九年二月、高天神の兵、力屈して逃る。我が兵邀へ撃ち、守将岡部与行《ともゆき》を斬る。初め小笠原氏叛き、甲斐に降る。我が監軍大河内政局《おおこうちまさすけ》従はず。武田氏、利を以て誘ひ降さんとす。政局、唾罵《だば》して顧みず。石窟に幽せらるゝこと八年、ここに至り出づるを得。痿《い》して起つ能はず。少将、これを賞賜《しょうし》す。少将、遂に織田氏と議し、大挙して甲斐を攻む。

天正九（一五八一）年。二月、高天神城の兵は遂に力尽きて逃げ出した。徳川軍はこれを迎え撃って、城主の岡部与行（今川家旧臣の岡部元信のこと）を斬った。そもそも小笠原氏が叛いて甲斐に降った時（家康が見捨てたかたちなのが実情である）、徳川の軍目付の大河内政局は小笠原に従わず、武田氏に利得によって降伏を誘われても、政局は唾を吐き罵って一顧だにしなかった。

それから石窟に幽閉されること八年。この時に至ってようやく救い出されたが、足が萎えてしまって立ち上がることができなかった。家康は政局に褒賞を与えた。家康は織田氏と協議して、大挙して甲斐を攻めることにした。

この高天神城の落城こそ武田討伐の直接の引き金となった。外交的に追い詰められていた勝頼は、この頃最後の望みの綱として織田との和議（歴史学では「甲江和与」などとも言われる）を模索し、既にそのための使者を派遣していた。信長はそれに対し曖昧な反応を示したが、もとより受け容れるつもりなど毛頭ない。しかし信長は、こちらが態度を保留し続ける限り、勝頼は信長の同盟相手である家康と矛を交えるのを憚るだろうと考えたらしい。

その洞察は的中した。勝頼は、後背に北条の脅威があったこともあり、高天神城からの度重なる救援要請に終に応えず、見殺しにしたかたちで落城させてしまう。しかも信長は家康に命じて、勝頼の頼み難さを強調するために高天神の城兵を「根切り」皆殺しにさせる。これが致命傷になった。勝頼の威信と声望は急激に下がり、武田領内の国人はもとより一門衆からの信頼すら失ったのである。

十年二月、信長、信忠を遣し、前軍に将として信濃に入らしめ、自らこれに継ぐ。少将、騎卒三万五千に将として駿河に入り、牧野に陣し、兵を分つて遠目、鞠子、持舟、久能の諸城を攻め、皆これを陥《おとしい》る。甲斐の将穴山信良、江尻に在り。少将、長坂血槍を遣して説いてこれを降す。信良、潜かに来り謁し、走つてその邑に還る。乃ち進んで江尻に陣し、人を遣して田中の守将依田信蕃《よだのぶしげ》を降す。肯《がえ》んぜず。乃ち信良をして書を以てこれを諭さしむ。三月、信蕃、城を致して去る。府中の守将武田信龍、守を棄てゝ遁る。少将、信良を以て郷導《きょうどう》となし、市川より甲斐に入る。過ぐる所、毫毛《ごうもう》も犯さず。沿道、風を望んで帰降す。この時に当り、信忠已に信濃の諸城を下し、進んで甲斐の古府に入る。北条氏政、兵三万を以て境上《きょうじょう》に臨む。勝頼逃《のが》る。之《ゆ》く所なし。乃ち残兵を以て天目山に棲む。織田氏の兵逼つてこれを殺し、首《こうべ》を信長に献ず。信長罵つて曰く、「豎子《じゅし》、乃公《だいこう》をして枕を高うするを得ざらしむること数年。今果して何の状ぞや」と。伝へて我が営に至る。少将、胡床《こしょう》を下り、礼を加へて曰く、「公、五州の主将を以てして、遂にここに至る。豈《あ》に天に非ずや」と。甲斐、信濃の士民これを聞き、皆窃《ひそ》かに心を徳川氏に帰す。信長、初め武田氏の諸将を誘《いざな》つて叛かしめ、勝頼の死するに及び皆これを誅す。令を下して逮捕し、遺類なきを期す。少将、潜《ひそ》かにこれを庇《かば》ひ、免るゝを得る者多し。依田信蕃、久しく田中を守り、以て我が兵に抗す。少将、最もこれを嘉《よみ》し、収めて部下に隷《れい》す。ここにおいて、少将、信長に諏訪に会し、戦捷《せんしょう》を賀す。信長曰く、「長篠の戦にその爪牙《そうが》を奪ふ。今日固《もと》より力をなし易し。皆卿の力なり」と。遂に武田氏の地を分ち、少将をして駿河を取らしむ。少将曰く、「今川氏真、僕の所に寓居す。願はくはその半を割いてこれに予《あた》へん」と。信長許さずして曰く、「子《し》、兵力を以て駿河を取る。何ぞこれを一寓公《ぐうこう》に分たんや」と。遂に甲斐の一郡を割いて穴山信良に賜ひ、我をしてこれを統属せしむ。滝川一益《たきがわかずます》を上野に置き、関東を経略せしめ、河尻鎮吉《かわじりしげよし》を甲斐に、森長可《もりながよし》らを信濃に置き、皆我が節度を受けしむ。四月、信長、恵林寺《えりんじ》を焚き、その僧徒を鏖《みなごろし》にし、遂に海道より西帰《せいき》す。少将、供給甚だ豊かなり。

天正十（一五八二）年。二月、信長は世継ぎの信忠を遣わし前軍を率いて信濃に入らせ、自らはこれに続いた。家康は歩騎三万五千を率いて駿河に入って牧野に陣を敷き、兵を分けて遠目・鞠子・持舟・久能の諸城を攻め、みなこれを陥落させた。

甲斐の部将・穴山信良（梅雪）は駿河の江尻にいた。家康は長坂血鑓九郎信政を遣わしこれを説いて降らせた。信良は密かにやって来て家康に面会すると、速やかにその領地に戻っていった。家康は軍を進めて江尻に陣を構え、人を遣わして田中城の城主・依田信蕃を調略したが、首を縦に振らなかった。そこで信良に書状を認《したた》めさせ信蕃を説諭させた。三月、信蕃は田中城を明け渡して立ち去った。駿河の府中城の城主・武田（一条）信龍（信玄の弟）も守備を放棄して逃げた。家康は信良を「郷導」道案内役として市川より甲斐に入った。軍の通過するところでは「毫毛も犯さず」一切略奪暴行をさせなかった。沿道の者たちは「風を望んで」その様子を遠目から眺めて（安心して）帰服してきた。この時、織田信忠は信濃の諸城を下していた。軍を進めて甲斐の古府中に入った。北条氏政は兵二万で甲斐相模の国境の近くまで押し出して来た。勝頼は逃亡した。しかし、行くところは無かった。
そこで残りの兵に守られて天目山に潜伏した。織田氏は天目山に追手の兵を送って追い詰め、勝頼たちを殺した。その首は信長に献じられた。信長は（勝頼の首に向かって）罵った。「「豎子」この小倅めが、「乃公」（私の意味）予に何年もの間枕を高くして眠らせなんだわ。それが今やこのざまよ」と。首が徳川の陣に届けられた。家康は床几から立って礼を加えてから言った。「貴公は五ヵ国の総大将の御身であったにもかかわらず、事遂にここに至れるは、これをどうして天の為せる業でないと言えるでしょうか」と。

甲斐と信濃の士民はこれを伝え聞いて、みな密かに徳川氏に心を寄せた。信長は当初武田氏の諸将を誘って叛かせたが、勝頼が死ぬに及んでみなこれらを誅殺した。さらに追捕の命令を下して、武田氏の親類縁者その他係累一人も逃さぬことを期した。家康は密かに逃竄潜伏する者たちを庇護し、その所為《せい》で死を免れる者が多かった。依田信蕃は長らく田中城を守って徳川の兵に抵抗した。家康はこの信蕃の忠節を最も讃えて、自らの配下に組み入れた。

ここにおいて家康は信長と諏訪の地で会見して、戦勝を言祝いだ。信長は言った「長篠の戦いにて敵の爪牙たる宿将と精兵を奪っておった。こたびの戦は「固より力をなし易し」初めから何ほどのこともない。（ともあれ）みな貴公の力よ」と。そして武田氏の領土を分割して、家康に駿河の地を取らせた。家康は言った。「今川氏真がそれがしの所に寄寓しております。願わくば駿河の半ばを割いてこれに与えようと存じますが、いかがでございましょう」と。信長は許可せずに言った。「貴公は武力を以て駿河を切り取ったのである。なぜそれを「一寓公」ただの居候にくれてやる必要があるのか」と。

そして、甲斐の一郡を割いて穴山信良に与え、家康にその一郡を「統属」統治させた。滝川一益を上野に置いて関東（八州全域）の経営と攻略を任せ、河尻鎮吉（河尻秀隆と表記されることが多い。織田家最古参の将）を甲斐に、森長可（可成の長男にして蘭丸の長兄、「鬼武蔵」の異名を取った猛将）を信濃に置いて、みな家康の「節度」指図を受けさせた。四月、恵林寺を焼き、その僧徒を「鏖」みなごろしにした。そして信長は東海道を通って西に凱旋した。家康はその街道や宿で贅を凝らして信長を接待した。

武田滅亡の責任が全て勝頼にあったとは言い難い。しかし、長篠での大惨敗、北条との同盟の破棄、高天神城の切り捨て。繰り返すようだが、これらは勝頼自身の判断による取り返しのつかない失策であった。武田家が滅亡するのは、信玄の死から数えて九年の後である。これは大名としての今川家が、義元が桶狭間で討ち取られてから九年後に滅亡したことと奇妙に符合する。隆盛を極めその栄華が続くかと思われていた家も、偉大な当主を失うとかくも脆く儚い。そしてそれは彼らの宿敵であった織田家にも訪れる運命なのである。

『日本外史』「徳川氏正記」ではことさらに信長を臆病かつ傲慢に描いて、豪胆にして誠実な家康と対比する手法を採る。「徳川氏正記」の主人公はあくまで家康なのである。氏真に駿河半国を譲ろうなどと、このくだりの家康の偽善者ぶりは噴飯ものではあるが、人心収攬のための偽善者的言動はまた、いつの世の指導者にも必須であることは言うを俟たない。版図が広がるほど、家康はこうした自分を一方で大真面目に演じなくてはならない。

五月、少将、西のかた安土《あづち》に往く。穴山信良従ふ。信長、吏に命じて道を除《じょ》し、明智光秀をして饗を掌《つかさど》らしめ、高雲寺に饗し、親らこれに饋《すす》む。信良及び酒井、大久保、石川、井伊、本多、榊原の六将をして侍食《じしょく》し、優人《ゆうじん》を召《め》して楽《がく》をなさしむ。因って少将に謂って曰く、「卿盍《なん》ぞ京畿《けい き》を遊観せざる。吾も亦た当に踵《つ》いで往くべし」と。少将、信良と小隊を以て発す。信長、長谷川秀一、京商茶屋晴延《はるのぶ》をしてこれに従はしむ。京師を経て大坂に至る。織田信孝、将《まさ》に南海を略せんとし、大坂に屯す。迎へて饗す。少将、遂に界府に往き、晴延を遣し、京師に入り、以て信長に候《こう》せしむ。

五月、家康は西の安土に向かった。穴山信良もこれに同行した。信長は役人に命じて（家康のために）道を掃き清めさせ、明智光秀に饗応万端を掌らせ高雲寺でもてなして、信長自らが「饋」膳を饋《すす》めた。穴山信良及び酒井忠次・大久保忠世・石川数正・井伊直政・本多忠勝・榊原康政の六将に伴食させて、能役者を招いて能楽を演じさせた。

そこで信長は家康に言った。「貴公は京大坂辺りの見物をされてはいかがか。予もまたあとからついてゆくであろう」と。家康は信良と小隊を率いて出発した。信長は長谷川秀一と京商人の茶屋四郎次郎晴延（正しくは清延）を家康に付き従わせ案内させた。家康一行は京を経て大坂に至った。時に信長三男の織田信孝は南海道（四国）を攻略するため大坂に軍を駐屯させており、出迎えてもてなした。家康たちはかくして堺の町にやって来た。茶屋晴延を先に京に遣わして、信長の「候」

ご機嫌伺いをさせた。

家康は安土でもてなされている間、今後の徳川家の行く末をどのように見通したか。

……今や我が身は、かつての今川義元公と同じ駿遠三の太守、「東海一の弓取り」となりおおせた。今や右府様はまことにこの日の本を一つにせんとなされている。これからも我が家は、その天下平定のための手伝い戦に駆り出される日々が続くのであろう。今は同盟関係の大国・北条を、右府様は決してそのままにはしておかれまい。いずれ隣接する我が軍が先鋒を命じられ攻め込むことになるはずだ。しかし、その見返りの加増は期待できぬ。右府様が徳川家のこれ以上の領土拡大を望んでおられぬからの。われが迂闊に欲をちらつかせようものなら、かつての水野の伯父上と同じように、理由を捏ね上げられて粛清される虞れすらある。そうした息の詰まる出口無しの状況のもとで、いかに領国を切り盛りし家臣の忠誠と士気を保っていくべきか。右府様の統一が進むほど、徳川家の独立は危うくなろう。いずれはこの家康も、完全に織田家の一部将として組み込まれることになる。

本能寺の変

六月二日将に還って京師に入らんとす。本多忠勝先づ発す。枚方《ひらかた》に至り、一騎の来るに逢ふ。近づけば則ち晴延なり。回指《かいし》して忠勝に謂って曰く、「公、夫《か》の烟を見ざるか。明智光秀、乱を作《おこ》し、右府已に弑《しい》せらる」と。忠勝、大に驚き、馬を回《かえ》して返り報ず。少将、已に飯盛山に至り、二人を望見《ぼうけん》し、其の異あるを察し、従隊を留めて独り五将と挺前《ていぜん》す。二人、変を告ぐ。少将、晴延を前《すす》めて悉《くわ》しくこれを問ふ。秀一も亦た来る。十騎、馬首《ばしゅ》を聚《あつ》む。計、出づる所なし。少将曰く、「吾れ、義として当に立ちどころに光秀を討つべし。而して従兵至つて寡《すくな》し。今は独《ただ》ゝ京に入り自殺するあるのみ」と。乃ち隊を引いて北上し、忠勝をして前行せしむ。数里にして、忠勝、轡《たづな》を回《めぐら》し、五将に謂つて曰く、「僕、敢て異議を献ぜんと欲す。今、光秀方《まさ》に志を得、大軍を擁して要地に拠《よ》る。吾れ浪戦して禽《きん》を貽《のこ》し徒《いたずら》に笑を天下に取るは、曷《なん》ぞ国に帰り兵を挙げて徐《おもむ》ろに誅討《ちゅうとう》を図るに如かんや。願はくは公ら、これを主公に勧めよ」と。酒井忠次、石川数正曰く、「老成の慮《りょ》乃ち少壮の人に出づ。吾が輩慚愧す」と。

六月二日、家康は堺から引き返して京に入ろうとした。本多忠勝が先に出発して枚方まで来たところ、京方面から駆けて来る一騎に遭った。近づいてみるとそれは茶屋晴延である。来た方角を指差して忠勝に言った。「本多様はあの立ち昇る煙をご覧になられませぬか。惟任《これとう》日向守（明智光秀）が謀叛にて、上様はご生害あそばされました」と。忠勝は大いに驚き、引き返して家康に報せようと馬をめぐらせた。家康は既に河内の飯盛山まで来ていたが、（馬で駆けて来る）二人の様子を望み見て、何事か異変が起こったことを察知した。率いていた小隊をその場に留めておいて、五将とだけ前に進んだ。二人は変を告げた。

家康は晴延をそばに呼んでその知る限りの事情を聴いた。そこへ秀一もまたやって来た。十騎（家康と六将と茶屋晴延と長谷川秀一と穴山信良）は馬首を寄せて（今後のことを）話し合ったが、良い思案は出てこなかった。家康は言った。「我らは義として直ちに惟任を討つべきであるが、連れている兵がいかにも少な過ぎる。今はただ京に入り討死覚悟の一戦をつかまつるのみぞ」と。

そこで小隊を率いて北上して、忠勝を先乗りに向かわせた。数里進むと忠勝はくつわをめぐらし五将に向かって言った。「それがしはあえて異議を申し上げまする。今光秀は事が思い通りに運び、大軍を擁して要衝に拠っております。ここで我らが「浪戦」無謀な戦いをして敵の虜にでもされようものなら、いたずらに天下の物笑いの種となるだけでござりましょう。なにゆえ国に帰って兵を挙げ、周到に光秀誅伐の計を図ろうとはなさらないのですか。どうか諸兄はこの事を殿に勧めてくだされ」と。酒井忠次と石川数正が言った。「かくも分別のある思慮深き言葉が平八郎殿の如き年若き者の口から聞かれるとは、我ら老臣は恥じ入るばかりじゃ」と。

「本能寺の変」が僅か十数文字で語られて終わることに驚かれる方も多いだろう。だがこれには理由がある。既に「はじめに」でもわずかに触れた『日本外史』の「巻之十四　徳川氏前記　織田氏下」に、「本能寺の変」の不朽の名文が記されているのである。このくだりは、幕末の土佐藩執政・吉田東洋が暗殺される直前まで山内容堂に講義していたくだりとしても知られる。読者諸兄にも是非ご一読されることをお勧めする。

当初、江戸時代における織田信長の評価は低かった。武士には、油断して家臣に寝首を掻かれ家運を傾けた人物として軽んじられ、庶民には、芝居で理不尽に人を責め苛む敵役などに擬せられて、人気は頗《すこぶ》る無かった。それを一変させたのが頼山陽である。信長を特に「勤王」の側面から称揚し、天下安寧への道を開いた「超世之才」とまで言ってのけた。山陽は「織田氏下」の論賛（総括）で述べる。「夫れ応仁以還、海内（国内）分裂し、輦轂《れんこく》（天子の車）の下、つねに兵馬馳逐の場となる。右府に非ずして誰か能く草莽《そうもう》（この場合は雑草）を鬮除（取り除く）し、以て王室を再造せんや」と。

信長が方面軍軍団長とも言うべき地位に据えた四人のうち、柴田勝家を除く三人はその出自がよく判らない。羽柴秀吉、滝川一益、そして明智光秀も実はそうである。近年信長の「革新性」はずいぶんトーンダウンしたきらいがあるが、ほぼ徒手空拳の彼らの器量を見抜きここまで抜擢することは、やはり他の戦国大名には到底真似できまい。

ただし、信長を慧眼とまで言い切っていいかはおのずと別の問題である。出世とはつまり野心の顕現である。人並外れた野心を抱懐した器量人が臣下として登り詰めた時、次に何を思うか。信長は光秀に叛かれて命を隕《お》とし、その子孫は秀吉に逐われて天下を失った。

もとより「本能寺の変」の原因について私は述べる立場にはない。ただ、提唱されている説は主だったものだけでも、「野望説」「怨恨説」「義憤説」「突発説」「黒幕説」（もちろん家康も容疑者の一人である）など、それぞれ細分化していけば膨大な数に及ぶ。近年の歴史学会では「四国説」（長曾我部家の取次役としての光秀の立場）が注目を浴びているようである。

錚々たる六将（酒井忠次・石川数正・大久保忠世・本多忠勝・榊原康政・井伊直政）の中では、あるいは最も沈着冷静に遠い印象を受ける本多忠勝。しかし、彼の「五十七度の合戦でかすり傷一つ負ったことがない」という有名な逸話が事実であったとすれば、それは忠勝が修羅場にあっても常に自他を俯瞰する視座を持っていたからである、とも考えられるだろう。

神君伊賀越え

乃ちこれを少将に勧め、且つ曰く、「光秀已に衢路《くろ》を扼《やく》す。宜しく間道《かんどう》を取るべし」と。少将曰く、「我れ地利を諳んぜず。必ず土寇《どこう》の困《くる》しむる所とならん。終《つい》に自殺するに若かず」と。秀一曰く、「この間の士民、素《もと》より臣の使令に慣《な》る。臣能くこれを導かしめん」と。晴延も亦た金《きん》を散じてこれを募る。大和の人越智玄蕃《おちげんば》、その臣吉川某をして郷導《きょうどう》をなさしむ。土寇、夜に乗じて起り、我が輜重を侵す。高力清長《こうりききよなが》、数ゝ《しばしば》返り戦ひこれを攘《はら》ふ。穴山信良、自ら猜疑を懐き、同行を欲せず。普賢谷《ふげんだに》より道を分つて去り、草内渡《くそうずのわたし》に至り、村民の殺す所となる。明日、少将、木津に至る。渡るべからず。二舟あつて来る。呼んで乗らんと欲す。舟人肯《がえ》んぜず。忠次、銃を擬してこれを脅《おびやか》す。舟人怖れ、艤《ぎ》してこれを載す。既に済《わた》り、忠勝、槍鐓《そうたい》を以てその舟を撞《つ》き破り、以て追者《ついしゃ》を防ぐ。織田氏の将山岡景隆、衆を帥《ひき》ゐて来り迎ふ。已にして光秀、少将の逃れ去るを覚り、兵を諸路《しょろ》に出してこれを要す。本多正信、少将厄《やく》に当ると聞き、馳せて宇治河に至り、景隆と議して、茶商上林に諭し、土人を発し、護つて信楽《しがらき》に入り、鱒尾《たらお》氏に館《かん》す。土人をして馳せ還り、篝火《かがりび》を河上に設け、徳川公、将にここに来らんとすと宣言せしむ。光秀の斥兵《せきへい》これを聞き、萃《あつま》つて以て竢《ま》つ。而して少将は已に伊賀に入る。初め信長、伊賀の人を鏖《みなごろし》にす。独り我が管内に匿るゝ者は免るゝを得たり。ここにおいて、その父兄相ひ告げて来り護り、伊勢に入り、白子浦より舟に上り、七日にして三河の大浜に達し、永井直勝の家に入る。将士迎へ賀す。即日、少将、兵を管内に徴して光秀を討つ。美濃、尾張の将士、使をして款《かん》を送らしむ。或ひと、急に二国を取ることを勧む。少将曰く、「右府の故国なり。吾れ、乱に乗じてこれを利すべけんや」と。十七日、陣を熱田に進む。羽柴秀吉、山陽の兵を以て入討し、光秀已に誅に伏すと聞き、乃ち師を班《かえ》し、畿道扞衛《かんえい》の功を論賞す。

そこで忠次と数正は忠勝の申し条を家康に勧め、その上で言った。「光秀は既に「衢路」主な街道の交わる要《かなめ》を押さえているはずです。抜け道を使うがよろしかろうと存じます」と。家康は言った。「我らはこの辺りの地理に疎い。おそらく土地の者どもの落武者狩りに苦しめられるであろう。結局は腹を切った方がましじゃ」と。秀一が言った。「この辺りの者は以前よりそれがしの指図に従うことに慣れております。その者たちに徳川様の道案内をさせましょう」と。

晴延もまた金を使って道案内に立つ者を募った。大和の人の越智玄蕃がその家臣・吉川某を道案内につけた。土民の落武者狩りが夜の闇に紛れて蜂起し、軍の輜重を襲おうとした。高力清長は幾度もとって返しては戦い、これを「攘」打ち払った。穴山信良は自ら猜疑心を抱き、家康たちと同行することを望まず、山城の普賢谷より道を分かって去っていったが、草内の渡まで来た時、村人たちに殺された。

翌日、家康は山城の木津まで来たが、木津川を渡ることができなかった。そこへ二艘の舟がやって来た。呼び止めてそれに乗ろうとしたが、船頭は乗せることを拒んだ。忠次は鉄砲で狙いを定めて脅した。船頭は恐れて舟を岸に着けて家康たちを乗せた。渡り終えると忠勝は蜻蛉切の「鐓」石突で舟底を突き破り、追手（に舟が使われるの）を防いだ。織田氏の将の山岡景隆が兵を率いて出迎えた。

「已にして」そうこうしているうちに光秀は家康が逃げ去ったことに気付き、通りそうないくつかの道に兵を出して待ち構えた。本多正信は家康が災厄に遭っていることを聞きつけ、馳せて宇治川までやって来た。景隆と相談して茶商人の上林を諭し、土地の者を集めて家康を護衛させ、信楽に入って鰣尾（多羅尾）氏の屋敷に宿泊した。土地の者を急いで引き返させ、宇治川のほとりに篝火を焚いて、徳川様が今からこちらにお出ましになると周りに言い触らさせた。

光秀の斥候の兵はこれを聞いて、（ほとりの付近に）「萃」集結して家康が来るのを待ち受けた。しかしその頃家康は既に伊賀に入っていた。以前、信長は伊賀の人を皆殺しにした（天正伊賀の乱）。その時家康の領内に逃がれ隠れた者だけは死を免れることができた。そういった経緯から、その時命を救われた者の父兄が互いに知らせ合って家康の警護に駆けつけた。

（こうして家康は）伊勢に入り、白子浦から船に乗って七日かけて三河の大浜に到着し、永井直勝の屋敷に入った。将士が出迎えて家康の無事の帰還を祝った。その日のうちに、家康は領内の兵を集めて光秀を討つことにした。美濃尾張の将士は、使者を遣わして家康と「款」誼《よしみ》を通じてきた。ある者が家康に速やかに美濃尾張の二国を攻め取ることを勧めた。家康は言った。「（美濃尾張は）亡き右府様の生まれ育った国じゃ。わしがどうして乱に乗じて我がものと出来ようぞ」と。

十七日、陣を尾張の熱田に進めた。羽柴秀吉が山陽道の兵を率い（山城国に）入って討ち、光秀が既に誅に伏したことを聞いて、そこで軍を返した。京周辺より脱出する途中、家康を敵から「扞衛」防ぎ守った功績のある者たちに論功行賞をした。

家康三大危機の最後の「神君伊賀越え」。もちろん、こちらも依拠する史料によってそのルートには諸説ある。伊賀越えの時に家康に随行していた大久保忠隣《ただちか》を実父とする人物が記した『石川忠総留書』の「桜峠ルート」（現在のところ最も支持されているらしい）、江戸幕府公式史書である『徳川実紀』の「御斎《おとぎ》（音聞）峠ルート」、『三河物語』の系譜を引く『戸田本三河記』の「甲賀越えルート」など。近年は「大和越えルート」も再注目されている。

家康の苦難として「伊賀越え」が強調されたのは、伊賀者の活躍を示唆して当時における彼らの地位向上を図ったため、という見方もある。

天正壬午の乱

この時に当り、四方、変を聞いて騒擾す。河尻鎮吉《しげよし》、初め信長の威権《いけん》を藉《か》り、国人を凌轢《りようれき》し、事毎に新法を行ふ。国人囂然《ごうぜん》たり。信長の薨《こう》ずるに及んで、鎮吉、恇悸《きようき》して走らんと欲す。敢てせず。少将、三河に至るの日、本多百助を遣して鎮吉を護らしめて曰く、「子、西に帰らんと欲せば、宜しく道を我に借るべし」と。国人、流言して曰く、「本多、河尻を図る」と。鎮吉乃ち百助を饗し、酔《え》はせてこれを殺す。国人これに乗じて、攻めて鎮吉を殺す。森長可《ながよし》ら、皆守《まもり》を棄てゝ西に走る。ここにおいて、甲斐、信濃は空虚にして主《しゆ》なし。上杉景勝、北条氏政、並に兵を出してこれを争ふ。少将、鎮吉の死を聞き、酒井忠次、大須賀康高、成瀬正一を遣して甲斐に入り、武田氏の降将依田信蕃、岡部正綱を以て介《かい》となし、旗を柏坂嶺《かしわざかとうげ》に竪《た》て、以て国人を招来せしむ。武田氏骨鯁《こっこう》の臣横田尹松《ただまつ》、城昌茂《じょうまさもち》ら、相ひ踵《つ》いで来帰す。凡そ千余人。少将、皆これに印信を予へ、安堵故《もと》の如し。大村某といふ者、氏政の兵を導いて甲斐に入らんと欲す。穴山氏の部兵、撃つてこれを平ぐ。また大久保忠世、石川康通、本多広孝を遣し、兵に将として継いで往き、諏訪頼忠、小笠原信嶺を招かしめ、皆これを降《くだ》す。

この時期、四方は本能寺の変を伝え聞いて騒擾していた。もともと河尻鎮吉は信長の威光と権勢を借りて国人を「凌轢」侮り踏み躙り、事あるごとに新しく持ち込んだ法を適用した。国人たちは騒ぎ立てた。信長がみまかったことを知るや、鎮吉は慌て恐れて甲斐から逃げ出そうとしたが、決断しきれず実行できなかった。

家康は（熱田から）三河に戻ってきた日に、本多百助を護衛のために甲斐に遣わし鎮吉に伝えさせた。「貴公が西にお帰りになるつもりならば、我が領内の道をお通りになればよろしかろう」と。（それを聞き知った）国人たちは噂し合った。「本多は河尻を仕物（謀殺）にかけようとしている」と。国人はこの混乱に乗じ鎮吉を襲撃して殺した。

森長可たちはみな領国の守りを棄てて西へ逃げた。この段階で甲斐信濃は空《から》の主のいない土地となった。上杉景勝と北条氏政はそれぞれ兵を出しこの甲斐信濃を（我が手に収めようと）争った。家康は鎮吉の死を聞き、酒井忠次・大須賀康高・成瀬正一を甲斐に派遣し、武田の降将の依田信蕃と岡部正綱を仲介として、柏坂嶺に旗を「豎」立て、国人たちを招き寄せた。武田氏の硬骨の臣（剛直直言の士）であった横田尹松や城昌茂らが次々とやって来て徳川に帰服した。その数およそ千人余り。家康はこの者たちに朱印を押した旧領安堵状を与えた。

大村某が氏政の兵を甲斐に手引きしようとしたが、穴山氏配下の兵がこれを撃って平らげた。また（忠次たちを引き継ぐために）大久保忠世・石川康通・本多広孝に兵を率いて甲斐へ行かせ、諏訪頼忠と小笠原信嶺を招き、これらを降らせた。

信長亡き後、武田旧領に配置された織田家諸将のうち、信濃北四郡の森長可と信濃伊奈郡の毛利長秀はまもなく領地を棄てて逃げたが、上野の滝川一益と甲斐の河尻鎮吉（秀隆）はなお領国に留まり続けた。しかし、一益は六月十九日の「神流川の戦い」で北条氏直軍に大敗して伊勢へと逃亡、河尻秀隆もまた本文にあるように国人に襲殺された。これによって空白地帯となった甲斐信濃上野の地を巡って、徳川北条上杉が三つ巴の領土争奪を繰り広げたのが、いわゆる「天正壬午の乱」と呼ばれる一連の抗争である。

河尻秀隆の死については、状況から観て、やはり家康の濃厚な関与を疑わざるを得ない。秀隆が甲斐で健在なうちから、家康が国人懐柔のために発給した知行安堵状の中に秀隆が統治する土地が含まれている。家康は、緻密に筋書きを練り周到に根回しをした上で、最後に国人に秀隆襲殺を教唆した可能性がある。

家康は本能寺のこの年にちょうど現在の不惑（満四十歳）を迎えた。既に正室と嫡子をその手にかけた家康なのである。甲斐一国を我がものとするためなら、家来一人を捨て殺しにし信長の遺臣を罠に嵌めて仕留めるくらいのことは、もはや眉一つ動かさずにやってのけただろう。

七月、少将、兵を留めて駿河の諸城を守らしめ、親ら将として甲斐に入る。甲斐の父老《ふろう》、争つて芻糧《すうりょう》を供す。進んで古府《こふ》に陣し、降附《こうふ》を撫循《ぶじゅん》し、諸要を分守す。忠次、忠世以下を遣し、兵三千を以て信濃を徇《とな》へ、高島城を囲む。八月、氏政、子氏直を遣し、四万騎に将として佐久《さく》郡《ごおり》に入らしむ。諸将これを聞き、退いて音骨《おっこつ》に屯し、遂に引いて還る。初め諏訪頼忠、忠次に服せず。少将、更に忠世を遣す。乃ち服す。二人頗る郤《げき》あり、ここにおいて、殿《でん》を争つて決せず。衆、これを和解し、六将更〻《かわるがわる》殿して退く。氏直、これに尾す。行くこと七里、十余合《ごう》。我が兵、一人を損ぜず。氏直止《とどま》つて若巫《わかみこ》に陣す。少将乃ち伏《ふく》を措き、自ら数百騎に将として、浅生原《あそうはら》に出づ。氏直敢て進まず。少将、鳥居元忠、水野勝成、松平清宗、三宅康貞をして古府を守らしめ、而して自ら新府に陣す。氏政、弟氏忠、族氏勝を遣し、数千騎に将として郡内に入らしむ。氏直、潜かに使を遣して告げて曰く、「古府、兵寡《すくな》し。子、これを攻め取らば、則ち新府随つて潰《つい》え、家康、当に下山《しもやま》より遁《のが》るべし。乃ち夾撃してこれを殲《つく》さん」と。古府の四将、その謀を諜知《ちょうち》し、二千人を以てこれを邀撃《ようげき》す。氏忠、氏勝大に敗《やぶ》れて遁れ去る。少将、塵《じん》を望んで曰く、「我が兵勝てり」と。已にして四将、首級《しゅきゅう》三百を以て還り献ず。命じてこれを新府の郊外に梟《きょう》す。氏直の兵、これを視るに、皆その子弟、親戚なり。乃ち悲駭《ひがい》して闘ふを欲せず。少将、四将を賞し、元忠に賜ふに郡内を以てす。氏直、豆生田《まめうだ》に砦《さい》す。三河の人久世広宣《くぜひろのぶ》、甲斐の人曲淵吉景《まがりぶちよしかげ》、皆功あり。氏政、また弟氏規《うじのり》を遣して駿河を窺ふ。松平康親は三枚橋を守り、本多重次は沼津を守り、氏規を撃つてこれを破る。氏直、数〻《しばしば》甲斐の人を招く。甲斐の人、使者を斬《き》つてその書を献ず。信濃の人真田昌幸、保科正直、初め北条氏に降る。九月、少将、依田信蕃をして昌幸を招降せしめ、兵を合せて碓氷嶺《うすいとうげ》に屯し、関東の糧道を絶つ。正直、酒井忠次に因つて来り降り、高遠の兵を以て箕輪を取り、諸城を招いて以て我に属せしむ。氏直益〻窘《ますますくる》しむ。十月、氏政乃ち氏規をして来つて和を請はしめて曰く、「公は甲斐、信濃を取れ、我は上野を取らん」と。且つ氏直の為めに少将の女を娶《めと》らんと請ふ。少将、これを許す。十一月、氏直、兵を撤して平沢の砦を修む。少将、人をしてこれを誚《せ》めしめて曰く、「我れ初め上野を取らんと欲す。和に遇《あ》つて止む。今既に和して築く。これ偽和《ぎわ》なり」と。諸将をして兵を発してこれに赴かしむ。北条氏の兵懼《おそ》れ、砦を毀《こぼ》つて去る。この時、上杉景勝、既に河中島を取り、砦を四外《しがい》に築く。少将、依田信蕃、柴田康忠、菅沼大膳らを遣し、前山、高棚、小田井の諸砦を攻めてこれを抜く。ここにおいて、甲斐、信濃の豪傑、尽く我が部下に属す。少将、その采邑《さいゆう》を検《けん》し、或は旧に依り、或はこれを削り、平岩親吉をして甲斐を鎮じ、大久保忠世をして信濃を鎮ぜしむ。務めて武田氏の旧制に因り更変する所なし。独りその厚斂苛刑《こうれんかけい》を除く。寺を田野に建てゝ以て勝頼を弔《ちょう》す。小宮山内膳の忠節を嘉《よみ》し、その弟又七を召して、これに禄《ろく》し、その季弟の僧となれる者を以て田野寺の主となし、山県、土屋、原、一条の四族の兵を収めて井伊直政に属せしむ。軍装皆赤色を用ふ。井伊氏の兵、これより勁《つよ》し。十二月、少将、乃ち浜松に還る。降附《こうふ》四人を以て採訪《さいぼう》を掌《つかさど》らしむ。北条氏、使をして幣を納れしむ。織田氏の故将柴田勝家も亦た使をして平定を賀せしむ。

七月、家康は兵を留めて駿河の諸城を守らせ、自ら将として甲斐に入った。甲斐の父老は争うように家康に「芻糧」兵糧や秣《まぐさ》を提供した。進軍して古府中に陣を敷いた。降伏し付き従った者たちを手懐け、分散してそれぞれの要地を守らせた。酒井忠次や大久保忠世以下三千の兵を率いて信濃を平定するために巡らせ、高島城を包囲させた。

八月、北条氏政は嫡男の氏直に四万騎を率いて佐久郡に入らせた。諸将はこれを聞いて退いて信濃の音骨（乙骨）に駐屯したが、遂に引き返した。もともと諏訪頼忠は酒井忠次には降伏しなかったが、家康がさらに大久保忠世を遣わすとこれに降伏したという経緯があった。ゆえに忠次と忠世の仲はかなり険悪で、退却の時に二人はしんがりを争って決まらなかった。周囲が二人をとりなし、結局六人の将が代わる代わるしんがりを務めることになった。氏直はこれを追尾し、七里進んだところで十余合戦ったが、徳川の兵には一人の死者も出なかった。

氏直は甲斐の若巫（若神子）に止まって陣を構えた。家康は伏兵を置いて、自ら数百騎を率い浅生原に出た。氏直はあえて進まなかった。家康は、鳥居元忠・水野勝成・松平清宗・三宅康貞に古府中を守らせて自らは新府に陣取った。氏政は弟の氏忠と一族の氏勝に数千騎を率いて甲斐の郡内に入らせた。氏直は密かに使いを遣わして氏忠と氏勝に告げて言った。「古府中の兵は少ない。貴公らがこれを攻め取れば、新府もそのまま潰れることでしょう。さすれば家康は必ず下山から遁《に》げ出します。そこを我が軍と挟み撃ちにして殲滅するのです」と。古府中の四将は忍びによってその策を知り、二千人の兵を率いてこれを「邀撃」迎撃した。氏忠と氏勝の軍は大いに敗れて逃げ出した。

家康は巻き起こった戦塵を望み見て言った。「勝ちおったわ」と。しばらくして四将は首級三百を携えて帰還し家康に献上した。家康はこれを新府城下の外で晒し首にすることを命じた。氏直の兵がこれを見ると、それらの首の多くは自分たちの子弟や親戚の者たちであった。そして兵たちは驚き悲しみこれ以上戦う気力が失せてしまった。家康は四将を賞し、鳥居元忠に郡内を与えた。氏直は豆生田に砦を築いた。三河の人久世広宣と甲斐の人曲淵吉景はともに（この戦いで）功を挙げた。

氏政は別に弟の氏規に（伊豆から手薄になっているはずの）駿河の隙を窺わせた。松平康親は伊豆駿河国境の三枚橋を守り、本多重次は沼津を守った。撃って氏規を破った。一方氏直はしばしば甲斐の者たちを招いたが、彼らは使者を斬ってその書状をそのまま家康に献上した。信濃の人真田昌幸と保科正直は当初北条氏に降っていた。

九月、家康は依田信蕃に昌幸を調略させ、兵を合わせて碓氷峠に駐屯させ、（北条軍への）関東からの糧道を遮断した。正直は酒井忠次を頼ってあらためて家康に降って、信濃の高遠の兵で箕輪城を取り、信濃の諸城を説いて回って徳川家に帰属させた。氏直はますます「窘」追い詰められた。十月、氏政はやむなく氏規を使者として家康に遣わし和を請うて言った。「徳川殿は甲斐信濃を取られよ。当方は上野を頂戴致す」と。さらに氏直に家康の娘を迎えることを願い出てきた。家康はこれを許した。

十一月、氏直は兵を引き払ったが信濃の平沢砦を修築した。家康は使者を送ってこのことを責めて言った。「当方はそもそも上野も取るつもりでおりました。和議の話が出されたゆえ取りやめたまで。今和議が成ったにも拘らず砦を修築なさるとは、さてはこの和議は偽りでござったか」と。

諸将に兵を出させて平沢砦に向かわせた。北条氏の兵は恐れ、砦を破却して去った。

この時、上杉景勝は川中島を取り、その周囲に砦を築いていた。家康は依田信蕃・柴田康忠・菅沼大膳らを遣わして、前山・高棚・小田井の諸砦を攻め、これを落とした。こうして、甲斐信濃の「豪傑」有力者はことごとく徳川氏に帰属することになった。家康はその者たちの領地を検地し、ある土地は元のまま、ある土地は削り、平岩親吉に甲斐を鎮めさせ、大久保忠世に信濃を鎮めさせた。

できる限り武田氏時代の手法に則るようにし、殊更に変えることは無かったが、ただその重い年貢と酷い刑罰だけは取り除いた。寺を甲斐の田野に建立して武田勝頼の霊を弔い、小宮山内膳の忠節を顕彰して、弟の又七を召し抱えて俸禄を与え、その末弟を剃髪させて田野の寺の住持とした。また、（武田旧臣の）山県・土屋・原・一条四族の兵を、井伊直政に所属させ、甲冑《よろいかぶと》などの戦装束をみな赤一色に揃えた。井伊氏の兵はこれより精強無比となった。

十二月、家康は浜松城に帰還した。家康は甲斐信濃で降伏し付き従った者のうちの四人に「採訪」（新たな領土の）民情視察の任を取り仕切らせた。北条氏は使者を送って友好の証となる贈り物を届けてきた。織田氏の旧将の柴田勝家もまた加賀平定の報告の使者を送ってきた。

鳥居元忠ら四将の二千と北条氏忠・氏勝の一万との戦いを「黒駒合戦」とも言う。この戦いは局地戦ではあるが、「天正壬午の乱」の帰趨を決定づけることになった一戦で、元忠にとっては、徳川家への貢献において、十七年後の伏見籠城戦に匹敵する大殊勲であった。

以下の石高の数値は、秀吉が亡くなった慶長三（一五九八）年に最後の太閤検地が行われた時のもので、この時点からは十五年後のものではあるが、これまでの家康の領地は三河（二十九万石）・遠江（二十五万五千石）・駿河（十五万石）で、三国合わせても六十九万五千石に過ぎなかった。それが甲斐（二十二万七千石）と信濃（四十万八千石）を加えたことで一気に倍近くの百三十三万石にまで達した。一万石につき二百五十人という一般的な換算方法を用いれば、家康は五ヵ国の太守となったことでおよそ三万三千二百五十人の兵力を動員できるようになったことになる。もちろんこれがあくまで極めて粗雑な推定であることは言うまでもない。

十一年閏《うるう》正月、松平康親の功を賞し、河東二郡を賜ふ。二月、依田信蕃、攻めて岩尾を抜いてこれに死す。少将、その子に禄し、姓名を松平康国と賜ふ。康親の例に依るなり。乃ち大久保忠世に命じて康国を助けしめ、攻めて小室を抜き、守将宇佐美定行を走らす。景勝敢て援けず。七月、北条氏、女《じょ》を迎ふ。酒井忠次、これを護送す。八月、少将、甲斐に如《ゆ》き法令を修む。真田昌幸に賜ふに上田を以てす。昌幸、上野を侵し、沼田を取る。十月、少将、正四位下に進み、右近衛中将《うこんえのちゅうじょう》に遷《うつ》る。

天正十一（一五八三）年、閏正月、松平康親の功を賞して駿河の大井川の東二郡を与えた。二月、依田信蕃は信濃の岩尾城を攻めて落としたが討死してしまった。家康はその子に俸禄を与え、松平康国という名字と諱を与えた。これは松平康親の例（元は松井忠次）に倣ったのである。そして大久保忠世に命じて康国を補佐させ、信濃の小諸城を攻め落とし、守将の宇佐美定行を走らせた。上杉景勝はこれを救援しようとはしなかった。

七月、北条氏直が家康の次女・督姫を正室として迎えた。酒井忠次が警護して送り届けた。八月、家康は甲斐に「如」行って法令を修正し、真田昌幸に上田の旧領を回復することを許した。昌幸は沼田を取り戻した。十月、家康は正四位下に進み、右近衛中将に任ぜられた。

依田信蕃は、あたかも家康に甲斐信濃を取らせるために、歴史の大舞台に忽然と姿を現したかの如き男である。徳川に属した期間はまことに短いが、その粘り強い戦いぶり、武士としての矜持、そして人望に裏付けられた調略、いずれもが水際立っていた。惜しいことに三十六歳で信濃に散っていった。家康の評価は極めて高く、その遺児・康国には小諸六万石というこの時点では徳川家最大級の封土が与えられた。

この本文の真田昌幸についての記述には（あるいは意図的な）錯誤がある。家康は北条との同盟を結ぶに当たって、沼田の北条への譲渡を条件の一つとしていた。この時期、昌幸は沼田を手放すことを家康より一方的に命じられ、しかもその代替地が明確にされないことに強い不満を抱き、家康からの独立を図っていたはずである。

以後、頼山陽は家康を「中将」と呼ぶ。

巻之二十　徳川氏正記　徳川氏三

信雄、家康に援けを願う

天正十二年正月朔、三河、遠江、駿河、甲斐、信濃五国の将士、尽《ことごと》く正《せい》を浜松に賀し、中将及び世子長丸《ながまる》に謁《えつ》す。二月、中将、参議に遷《うつ》り、従三位に進めらる。この時に当り、故織田信長の将羽柴秀吉 政《まつりごと》を京畿になし、十余国を略有し、威権独り熾《さかん》なり。参議も亦たこれと好《よしみ》を通ず。信長の二孤、信雄《のぶかつ》、信孝《のぶたか》、勢《いきおい》皆秀吉の下《しも》に出づ。信孝、兵を挙げてこれを図り、克《か》たずして死す。その党柴田勝家ら、皆攻滅する所となる。諸々《もろもろ》の宿将、豪傑、皆首を頫《ふ》して秀吉に事《つか》ふ。信雄、孤立して援なし。秀吉、復た激してこれを除かんと欲し、故《ことさら》にこれを遇すること亡状《ぶじょう》なり。その驍将《ぎょうしょう》岡田重善、津川義冬、浅井多宮を誘ひ、叛いて己に降らしむ。信雄怒り、三月、三将を召してこれを誅し、兵を分つてその邑《ゆう》を攻め、遂に秀吉と絶つ。池田信輝、二婿森長可《ながよし》、堀秀政と美濃に在り。信雄、秀吉並にこれを招く。秀吉、特に啗《くら》はすに利を以てす。乃ち秀吉に附く。滝川一益、稲葉通朝《みちとも》、蒲生氏郷《うじさと》ら、皆これに党す。信雄益々《ますます》窘《くる》しむ。乃ち来つて援を徳川氏に乞ふ。参議曰く、「吾れ、信長の厚誼《こうぎ》を荷《にな》ふ。その孤の窮蹙《きゅうしゅく》を視て援《たす》けずんば、将《は》た何を以て天下に対せん」と。即ちこれを諾し、石川数正、水野忠重、その子勝成を遣し、往いて信雄を助け、攻めて星崎を抜かしむ。勝成先登す。秀吉、陰《ひそ》かに諸将を誘《いざな》ふ。忠重、納れずしてその書を献ず。忠重は故信元《のぶもと》の弟なり。ここにおいて、四近の城邑《じょうゆう》、交々《こもごも》相ひ攻撃し、迭《たがい》に勝敗あり。

天正十二（一五八四）年。一月一日、三河・遠江・駿河・甲斐・信濃の五ヵ国の将士は尽く浜松城へ年賀の挨拶に赴き、家康と世継ぎの長丸に謁見した。二月、家康は中将から参議に遷り、従三位《じゆさんみ》（この官位以上が「公卿」）に進んだ。

この時、亡き織田信長の将であった羽柴秀吉が京周辺の政治を取り仕切っていた。十余国を領有し、その威権はひときわ抜きん出て盛んであった。家康もまた秀吉とは誼《よしみ》を通じていた。信長には二人の遺児があって、信雄・信孝といった。彼らの権勢はともに秀吉の風下にあった。信孝は兵を挙げて秀吉を討とうとしたが、勝てずに（尾張の内海で）切腹を強いられた。その支援者であった柴田勝家もまた（越前の北ノ庄で）攻め滅ぼされた。

信長時代の宿将や豪傑（知勇に優れた人物）はみな頭を下げて秀吉に仕えた。信雄は孤立無援となった。秀吉は信雄を挑発して戦になるようにし向け、これを排除しようとしていた。ゆえに信雄に対して「亡状」無礼な言動をとった。信雄配下の勇将（家老であったとされる）である岡田重善・津川義冬・浅井多宮に誘いをかけ、叛いて自分に寝返らせた（当初から秀吉が送り込んでいたとも）。信雄は怒り、三月、この三人の将を召し出して誅殺し（この誅殺は家康も了承していた）、兵を分けてそれぞれの所領を攻めて、かくして（信雄は）秀吉と絶縁した。

池田信輝（恒興の諱で知られる）とその二人の婿である森長可と堀秀政はみな美濃にいた（堀秀政が恒興の婿であったかは不明、また彼の所領は近江の佐和山である）。信雄も秀吉もともに彼らを味方につけようとした。秀吉は彼らに特に大きな利得を提示した。すると（なんと全員が）秀吉に靡いた。滝川一益・稲葉通朝（一鉄）・蒲生氏郷らもみな秀吉の与党となった。信雄はますます苦境に陥った。

そこで徳川氏に援けを願い出た。家康は言った。「わしは亡き右府様の厚い誼を荷《にな》って参った。その遺児の窮状を見ながら援けぬとあらば、いったい天下に対してなんの面目があろうか」と。すぐに信雄の申し出を引き受けた。石川数正と水野忠重とその子・勝成を遣わして信雄を助けに行かせて、尾張の星崎城を攻略させた。勝成が一番乗りした。

秀吉は密かに諸将を調略した。忠重はその書状を受け取らずにそのまま家康に献上した。忠重は亡き信元の弟である（系図上信元は「義父」になるが実際は「兄」である）。この時局になって、四方の隣合う城や町は互いを攻撃し、勝ち負けを繰り返すようになった。

血縁は無いが同じ乳で育った者たちを「乳兄弟《ちきょうだい》」と言う。信長と池田恒興がまさにそれであり、この二人は他人には窺い知れぬ特別な絆で結ばれていたはずである。さらに、森可成の子にして森蘭丸の兄である森長可、信長の最側近であった堀秀政、信長の娘婿の蒲生氏郷。彼らがみな揃いも揃って織田家を見限り秀吉を選んだ。

これは信雄にとっても家康にとっても大きな誤算であったろうが、我々はここに戦国武将の本質を如実に看て取ることができる。「一所懸命」すなわち家門を存続させてこその武士。そのためには必ず勝つ側に与しなければならぬ。その判断に恩愛や情誼や義理が介在する余地は無い。ただ彼らには、秀吉の抱え込む三法師（信長の嫡孫で名目上の織田家当主）や秀吉の養子の於次《おつぎ》秀勝（信長四男）のことが、名分（言い訳）として頭にちらついていた可能性はある。

前年の十月に正四位下右近衛中将になったばかりの家康が、その四ヵ月後に従三位参議に遷っている。実際に勅使が四ヵ月に二度も往来したわけではなく、これはいわゆる「遡及叙任」と呼ばれるもので、秀吉の傘下大名になってからの家康の異常な官位昇進の辻褄を合わせるために、後世になってから適当な時期に官爵を追贈したのである。このような事後操作は他の人物の年譜でも一般的に行われる。以後、頼山陽は家康を「参議」と称する。

参議、秀吉の大挙して且《まさ》に東下せんとするを聞き、親《みずか》ら将として信雄を援けんと欲す。北条、上杉、その後を窺ふを慮《おもんぱか》り、大久保忠世をして北面に備へ、松平康親、平岩親吉、鳥居元忠をして東面に備へしむ。十日、親ら将として浜松を発す。酒井忠次、奥平信昌ら、前軍を以て先づ発す。敵の城邑を攻むる者、これを聞き、往往、囲《かこみ》を解いて去る。参議、四日にして清洲に至り、信雄を見る。信雄、これを謝す。参議曰く、「公これを安んぜよ。某《それがし》在り。秀吉の兵百万ありと雖も、以て公を病《うれ》へしむる能はざるなり」と。乃ち諸将を引き、戦守の策を議す。榊原康政曰く、「宜しく進んで小牧山を取り、以て国内を瞰《み》るべし。敵をしてこれに拠らしむるなかれ」と。参議、これを然《しか》りとす。本多康重曰く、「往年、勝頼敵を侮《あなど》り、川を踰《こ》えて進み、終に以て敗《はい》を取る。今盍《なん》ぞ監《かんが》みざる」と。酒井忠次曰く、「勝頼の我に敵するは、我の秀吉に敵すると比すべからざるなり」と。参議、遂に忠次に命じて小牧の故塁を修めしむ。

家康は秀吉が大挙して東へ下ってくると聞くや、自ら兵を率いて信雄を救おうとしたが、北条や上杉がその背後を窺うことを危惧して、大久保忠世を北（上杉）に、松平康親・平岩親吉・鳥居元忠を東（北条）に備えさせた。

（三月）十日、（家康は）自ら兵を率いて浜松城を発した。酒井忠次や奥平信昌らが前軍を率いて先乗りした。城下を攻めていた敵はこれを聞いて「往往」今までもよくあったように、囲みを解いて逃げ去った。

家康は四日で清洲に到着し信雄に会った。信雄は家康に力添えを感謝した。家康は言った。「左中将様、どうかご安心召され。それがしがここにおりまする。秀吉の兵が百万有ろうとも、貴方様がお気に病まれるには及びませぬ」と。

そして諸将を引き連れて（今後の）攻防策を討議した。榊原康政が言った。「軍を進め小牧山を押さえて尾張国内を見下ろせるようになるのがよろしいでしょう。敵にここを占拠されてはなりません」と。家康はその通りだと思った。本多康重が言った。「先年（長篠で）勝頼は敵を侮り川を越えて進み、結局敗北を喫しました。今なにゆえにかの事例をお考えにならないのでしょうか」と。酒井忠次が言った。「勝頼が我が軍と戦ったのと、我が軍が筑前と戦うのを比べることはできぬ」と。家康はかくて忠次に命じて小牧山の古い砦を修築させた。

羽黒の戦い

十六日、自ら信雄を携へて往き、軍を駐《とど》む。間使《かんし》を発して南海に入り、雑賀《さいが》、根来《ねごろ》及び阿波、土佐の諸豪を招き、並び起つて大坂を図らしむ。秀吉、これを患へ、未だ来るを果さず。遥かに池田信輝をして犬山に拠り、森長可《ながよし》をして羽黒に陣せしめ、以て我が軍を拒《ふせ》ぐ。長可は武蔵守と称し、驍勇《ぎようゆう》を以て著《あらわ》る。鬼武蔵の目《もく》あり。忠次請うて曰く、「嘗試《こころみ》に一たび鬼武蔵と搏《はく》し、京兵をして三河の技倆《ぎりよう》を知らしめん」と。乃ち諸将と進み、火を縦《はな》つてこれを誘《いざな》ふ。長可、軍を八幡林《はちまんのもり》に出し、水を隔てゝ戦を挑む。奥平信昌、単騎先づ済《わた》る。衆、これに従つて、撃つて長可を走らす。斬首三百級。信輝、稲葉通朝とこれを聞き来り援く。或ひと、これを止めて曰く、「敵兵勝に乗ず。未だ与に鋒《ほう》を争ふべからず。宜しく兵を按《あん》じ高きに憑《よ》り、その来るを待つて下り突くべし」と。信輝、これに従ふ。参議、その謀を諜知し、諸将に令して兵を収めしめ、終に康政を小牧に留めて、自ら清洲に入り、本多広孝をして城を小幡《おばた》に築かしめ、以て三河の往来を便にす。

十六日、家康は信雄とともに小牧へ行き、軍を駐留した。密使を南海（紀伊四国方面）に遣わし、雑賀・根来（の鉄砲衆）や阿波・土佐の諸勢力を味方につけ、一斉に蜂起して大坂を攻めさせようとした。秀吉はこれを憂慮し、大坂を離れてこちらに来ることができずにいた。（そこで秀吉は）遠くの池田信輝に尾張の犬山城に拠らせ、森長可を尾張の羽黒に陣取らせて、徳川軍を防がせた。長可は武蔵守を称し、その勇猛さで知られていたので、世に「鬼武蔵」と呼ばれていた。忠次は願い出て言った。「ひとつ試しに鬼武蔵とやらと組み合って、京武者に三河の田舎者の技前のほどを思い知らせてやりましょうぞ」と。そこで諸将と軍を進め、火を放ってこれを誘《おび》き寄せた。長可は尾張の八幡林に軍を出し、川を隔てて戦いを挑んできた。奥平信昌がただ一騎で先に渡ると軍勢もそれに従い、長可を撃って敗走させた。斬首すること三百級。信輝は稲葉通朝とこれを聞いて援軍に来ようとしたが、ある者がこれを止めて言った。「敵兵は勝ちに乗じておりますので、まだこれと交戦してはなりません。一度兵をまとめて高所に拠り、敵が登ってくるのを待ち受けて逆落としに突撃するというのはいかがでしょう」と。信輝はこの意見に従った。

家康は忍びによってその策を知り、諸将に兵を収めさせて、最終的には榊原康政を小牧に留め、自らは清洲に入った。本多広孝に尾張の小幡に城を築かせて、三河との往来をよりし易くさせた。

いわゆる「小牧長久手の戦い」は、尾張での一局地戦ではなく、一五八四年三月から約八ヵ月間にわたってほぼ全国規模で展開された、羽柴家と織田家の覇権、そして秀吉と家康のその後の力関係を決定するための戦役であった（「小牧の戦い」は戦役全体を指し「長久手の戦い」は尾張での局地戦を指すとも考えられる）。その前哨戦とも位置付けられるのが、この「羽黒の戦い」である。

その勇猛さを「鬼《おに》」と形容された戦国武将は、森長可以外にも柴田勝家、吉川元春、立花道雪、島津義弘など錚々たる猛将が数多いる。問題とされるのは、頼山陽がその「鬼」という言葉を『日本外史』にそのまま用いたことである。本来の（中国の）漢文における「鬼《き》」とは幽霊のような存在であるはずなのに、それを「鬼武蔵」や「鬼柴田」などと書いては、戦する前から死んでいる幽霊武将という意味になってしまうではないか、と文句をつけた江戸時代の学者がいた。これを「漢文に和臭がある」（漢文に日本的な臭みがある）と言ったりする。しかし、日本の歴史を書いているのであるなら、日本的な匂いがあるのは至極当然、と私などは思うのだが、いかがだろうか。

秀吉、羽黒の敗を聞いて大に忿《いか》り、戍《まもり》を南海に置き、自ら将として来り、犬山に軍す。兵凡そ十二万五千人。分つて十五隊となし、自ら地形を按視《あんし》し、仰いで小牧山を視て曰く、「吾れ後《おく》れたり」と。乃ち空壕二重を山前に穿《うが》ち、数千人をしてこれを守らしめ、塁を起し柵を植《た》て、以て諸軍を頓す。軍営数十里に弥亘《びこう》す。参議これを聞き、内藤信成《のぶしげ》らを留めて清洲を守らしめ、而して自ら信雄を携へ、兵一万八千を合せ、復た小牧山に陣す。康政、信雄の為めに檄を敵軍に移して曰《い》く、「秀吉、君恩《くんおん》を蔑棄《べっき》し、鬼《き》となり蜮《よく》となり、兵を君の遺孤《いこ》に加ふ。天下の人、孰《たれ》か切歯せざらん。汝将士、嘗てこれと肩を比《なら》べて以て先君に事ふ。乃ちその駆役《くえき》する所となる。果して何の心ぞや。徳川公、依託を受けて征討を図り、尽く五国の卒を発し、親ら将としてここに至る。大義の臨む所、必ず豎子《じゅし》を梟《きょう》せん。汝将士、苟《いやしく》も過《あやまち》を改めて順に帰せば、皆その自ら償《つぐな》ふを聴《ゆる》さん。然らずんば則ち併せてこれを誅戮《ちゅうりく》し、身首処《しんしゅところ》を異《こと》にせん。其れ悔ゆるなかれ」と。秀吉、これを覧《み》て、乃ち康政の首を千金に購《あがな》ふ。参議、楼櫓《ろうろ》に上り、塹柵《ざんさく》を望見し、笑つて信雄に謂つて曰く、「彼、尊公の長篠の策を襲ぐ。豈に我を以て勝頼に比するか」と。乃ち令を軍中に下し、擅《ほしいまま》に進むを禁ず。秀吉、書を参議に遺《おく》り戦を請うて曰く、「旦日《たんじつ》、吾れ、塹柵を背《うしろ》にして進み戦ひ、士をして退志《たいし》なからしめんと欲す。公も亦た盍《なん》ぞ我が為す所に倣《なら》はざる」と。渡辺守綱、銃長を以て前部に在り。私《ひそか》に答書《とうしょ》して曰く、「来諭《らいゆ》に言ふ所、以て寡君《かくん》に聞《ぶん》するに足らず。寡君、固より君と楽しんで戦はんと欲す。敢て約を奉ぜざらんや。断後の備《そなえ》に至つては君自らこれをなせ。弊邦《へいほう》の士は進むあつて退くなし。必ずしもこれを須《もち》ひざるなり」と。秀吉、書を獲て大に恚《いか》り、進み戦はんと欲す。而して敢てせず。乃ち邱《おか》に上つて罵《ののし》る。

秀吉は羽黒の敗北を聞いて大いに怒り、紀伊四国方面に「戍」守備兵を置いて、自ら兵を率いてやって来て犬山に陣を構えた。その兵数およそ十二万五千人。分けて十五隊とし、自ら周りの地形を「按視」（地図を広げて）調べ、小牧山を仰ぎ見て言った。「出遅れたのう」と。

そこで山の手前に空壕を二重に掘り数千人で守らせ、土塁を盛り柵を張り巡らせて諸軍を駐屯させた。軍営は数十里もの長さにわたった。家康はこれを聞いて、内藤信成らを留めて清洲城を守らせ、自らは信雄とともに合わせて一万八千の兵で再び小牧山に陣を敷いた。

榊原康政は信雄のために敵軍に檄文を回して言った。「秀吉は主君の御恩を蔑ろにして棄て去り、あたかも「鬼蜮《きよく》」（後漢時代長江に棲息したとされる伝説の毒虫）の如く、兵を主君の遺児に加えた。天下の人で、誰かこれを歯噛みして悔しがらない者がおろうか。諸君ら将士は、かつて秀吉と肩を並べて先君にお仕えしていた。ところが今や同じそやつに顎でこき使われている。いったいどういう心算《づもり》なのか。徳川公は（先君の遺児から）「依託」力を貸すよう求められて（秀吉の）征討を図り、五ヵ国の兵を尽く繰り出し、自らそれを率いてここにお出ましになった。大義の臨むところなれば、あの童のような小男を必ず晒し首にするであろう。諸君ら将士よ、もし過ちを改め正道に立ち返るならば、みなに（我らに）功を立てて罪を償うことを赦そう。さもなくば、秀吉とともに誅戮されて首と胴が別々になろうが、そう成り果ててから悔やむようなことがあってはなるまいぞ」と。

秀吉はこれを一読して、康政の首に千金の賞金を懸けた。家康は物見櫓に登り、濠と柵を望み見て、笑って信雄に言った。「筑前守はご尊父の長篠での策を「襲」継いで真似ているようですが、それがしを勝頼殿に見立てるとは、なんともはや」と。そこで軍中に命令を下し、「擅」勝手に進むことを禁じた。秀吉は家康に書状を送って戦うことを求めて言った。「明日、当方は濠や柵を背に進んで一戦仕《つかまつ》ろうと存ずる。士卒にはけっして退かせぬでありましょう。徳川殿はなにゆえ我らのやり方に倣ってくださらぬのか」と。渡辺守綱は鉄砲隊を率いて前線にいたが、「私」家康の断りもなく自分で勝手に秀吉に返書して言った。「仰せの如き趣きならば、殿のお耳に入れるには及びませぬ。我が殿は貴方様との戦を（いつなりとも存分に）楽しもうとなされている。なにも期日など決めなくともよろしゅうござろう。退路を絶っての備えなどと、それは筑前様がおやりになりたければご随意に。三河の田舎侍はもとよりただ進むあって退くを知らず。それをわざわざ退路を断つなど言わずもがなのことを書いて寄こされるとは（笑止千万）」と。秀吉はこの返書を受け取って大いに怒り、進んで戦おうとしたがそうはしなかった。そして秀吉は丘に登ってこちらを罵った。

愛知県岡崎市には徳川四天王の石像があり、その一つ榊原康政の像の傍らには立札が立っていて、そこにいわゆる「十万石の檄文」が記されている。秀吉は本当に十万石もの懸賞を付けたのだろうか。その文面に曰く「それ羽柴秀吉は野人の子、馬前の走卒に過ぎず。しかるに、信長公の寵遇を受けて将帥にあげられると、その大恩を忘却して、子の信孝公を、その生母と娘とともに虐殺し、今また信雄公に兵を向ける。その大逆無道、黙視するあたわず。わが主君源家康は信長公との旧交を思い、信義を重んじて信雄公を助けんとして蹶起せり」。正直、漢文としては怪しいが、檄文らしくは見える。

四月、秀吉の兵益〻《ますます》至り、山野に充満す。而して我が兵は継《けい》なし。四日、池田信輝、秀吉に説いて曰く、「敵、鋭を悉《つく》してここに拒《ふせ》ぐ。料《はか》るに三河必ず空虚ならん。我れ、軍を潜めて敵背《てきはい》に出で、その窟穴《くつけつ》を擣《つ》かば、則ち彼必ず顧みて潰《つい》えん。因ってこれを夾撃せば、以てその渠魁《きょかい》を獲《う》べし」と。秀吉沈吟《ちんぎん》して答へず。明日、復た説いて曰く、「公、速かにこれを断ぜよ。二三日を遅るれば、敵も亦た備《そなえ》をなさん」と。秀吉乃ちこれを許す。信輝は前軍に将とし、森長可は二軍に将とし、堀秀政は三軍に将とし、長谷川秀一は四軍に将とし、秀吉の甥《おい》秀次は五軍に将として、兵凡《すべ》て三万。翌夜、潜《ひそか》に発す。秀吉戒めて曰く、「慎んで敵を侮るなかれ」と。信輝、諾して往き、篠木、柏井に至り、土寇を誘《いざな》ひ以て三河に向ふ。織田氏の将丹羽氏次、岩崎城主たり。時に従つて小牧に在り。その弟氏重、居守《きょしゅ》す。信輝ら、先づ岩崎を取り、以て岡崎に及ばんと欲す。岡崎の賈人《こじん》、警《けい》を聞き、走つて丸根に至り、これを守将酒井忠利に告ぐ。忠利、単騎にて小牧に来り、これを白《もう》す。参議、諜《ちょう》を発してこれを覘《うかが》はしめ、悉くその実《じつ》を得たり。

四月、秀吉の兵は次々と到着して山野に満ち溢れた。しかし徳川軍に後詰めの兵は無かった。四日、池田信輝が秀吉に説いて言った。「敵は精鋭をこぞってここで防いでおります。推し量るに、三河はおそらく空《から》でありましょう。我らが密かに敵の背後に軍を出し、徳川の巣窟（である岡崎）を「擣」叩けば、彼奴《きやつ》らは背後に気を取られ動揺して崩れたつに違いありません。そこを挟み撃ちに致せば、敵の「渠魁」頭目を討ち取ることができまする」と。秀吉は「沈吟」考え込んで答えなかった。
翌日、（信輝は）再び説いて言った。「筑前殿、速やかにご決断くだされ。二、三日経てば、敵もまた備えを設けてしまいかねませぬ」と。秀吉はとうとうこれを許した。信輝は前軍を率い、森長可は二軍を率い、堀秀政は三軍を率い、長谷川秀一は四軍を率い、秀吉の甥の秀次（まだ三好信吉と名乗っていたか）は五軍を率いた。兵数は合わせておよそ三万。翌日の夜、密かに軍を発した。秀吉は戒めて言った。「くれぐれも慎重に、敵を侮ってはなりませぬぞ」と。信輝は請け合って出陣していった。

尾張の篠木と柏井まで来て、（道案内のために）土地の野武士を誘い入れて三河に向かった。織田氏の武将・丹羽氏次は岩崎城の城主であったが、この時は小牧の織田勢に従軍しており、その弟の氏重が城の留守居をしていた。信輝らは先に岩崎城を取ってから岡崎城を攻めようとしていた。岡崎の商人がその危急を聞き知って、走って丸根砦に駆け込み、その事を守将の酒井忠利に告げた。忠利は単騎で小牧に来て、家康に報せた。家康は忍びを放って敵の様子を「覗」盗み見させ、策の全貌を摑んだ。

敵勢力と拮抗して対峙する最中、別動隊を編成し、長躯迂回して敵の本拠地を衝く戦法を「中入り」と言う。むろん奇襲であるから、徹底した情報管理と隠密行動が必須なのだが、これが実に至難の業である。しかもこの時の羽柴軍別動隊の兵力は合計二万に及んだらしい。これだけの兵の行軍を、地の利がありしかも諜報能力にも長けた家康に、全く気付かれずに成し遂げ得ると考えたとすれば、これはあまりにも甘過ぎる見通しと言わざるを得ない。この作戦を立案した池田恒興はもとより、逡巡しつつ結局採用した秀吉自身も、そもそも最初から徳川家康という敵を見くびり侮っていたのである。家康が防塁を増築することで奇襲を追尾する部隊の出撃を秀吉軍から遮蔽したとの見方もある。兵力に大きく劣る家康が軍を割いたことを秀吉に気付かれるのもまた本陣に危険が生ずるから、ということだろう。

八日晡《ひぐれ》、秀吉の陣に燧《すい》起る。参議曰く、「是れ号をなすなり」と。乃ち密かに諸将を戒め、夜半に伝発《でんぱつ》せしめ、軽騎四千人を選び、自らこれに将として、皆旗を巻き馬銜《ばかん》を裹《つつ》み、信輝の軍に尾して馳す。榊原康政、水野忠重ら、先鋒たり。小幡の砦に至り、斥兵五十を遣して敵を詗《うかが》はしむ。敵の前軍、岩崎を襲ひ取り、氏重を斬る。信輝、その首級を撿《けん》して大に喜び、捷《かち》を後軍に報じ、遂に岡崎に向ふ。黎明《れいめい》、我が先鋒、稲葉に至れば、則ち敵の後軍、東山の下に頓し、餐《さん》を伝へて坐す。我が兵、急にこれを撃つ。秀次、秀一、倉皇起闘《そうこうきとう》し、終《つい》に大に敗れて秀政に走る。秀政、敗《はい》を前軍に報じて、自ら回《かえ》り撃つ。この時に当り、参議、信雄を携へて勝川に至り、その地名を問うてこれを喜び、その兵に謂つて曰く、「吾れ勝てり」と。甲を擐《かん》して進み、途《みち》に捷聞《しょうぶん》を得、遂に長湫《ながくて》に至る。

八日、「晡」申の刻（午後四時）、秀吉の陣から「燧」狼煙が上がった。家康は言った。「あれは合図じゃ」と。そこで諸将に言い含めて、夜半に次々と出陣させた。軽装の騎馬兵を四千人選り抜いて家康自らこれを率い、みな旗指物を巻き収め、馬には馬銜《はみ》（この場合馬を嘶かせぬために使った）を噛進ませ、信輝の軍を追尾して人馬を走らせた。榊原康政と水野忠重はともに先鋒となり、小幡砦まで来て斥候兵五十を遣わして敵の様子を探らせた。

敵の前軍は岩崎城を襲って奪取し、氏重を斬った。信輝はそれを首実検して大いに喜び、後ろに続く軍に勝利を報せ、それから岡崎城に向かった。明け方、徳川軍の先鋒が尾張の稲葉に来たところ、ちょうど敵の後軍が東山のふもとに屯して座って朝飯を食べていた。徳川軍はそこを急襲した。羽柴秀次と長谷川秀一は「倉皇」驚き慌てながら起き上がって戦ったが、結局大いに敗れて堀秀政の陣に逃げ込んだ。秀政は大敗したことを前軍に報せ、自らは兵を返して徳川軍の先鋒を攻撃した。

この時、家康は信雄とともに尾張の勝川にやって来て、その地名を問い、それを知って喜んで周りの兵たちに言った。「我らは勝ったわ」と。甲を着て進み、途中で勝ち戦の報せを得て、かくして長久手に到着した。

羽柴秀次九千は「白山林」で休息し朝食を摂っているところを徳川軍先鋒に奇襲され壊滅。秀次は命からがら秀吉の本陣に逃げ帰った。この為体《ていたらく》の所為《せい》か、秀次にはどうしても戦下手の印象がついて回る。しかし、彼はこの時数え十七であった。実際、この後の紀州雑賀攻め、四国征伐、小田原征伐、東北平定では、秀次は大軍を統率して堅実な戦果を挙げ続けている。強《あなが》ち戦下手とは言えないだろう。洋の東西を問わず歴史は、滅んで血の絶えた者にいつも必要以上に酷《むご》い。

「名人久太郎」と異名をとったとされる堀秀政は、秀吉の甥を逃すべく、その練達の指揮ぶりで徳川の勇将たちに強《したた》か逆撃を加えた。「殿《しんがり》」を引き受けるのは命懸け、とはよく言われるが、同時にまた「追い討ち」をかける側も常に死と隣り合わせにある。「追い討ち」は首級を稼ぐ絶好の機会ゆえにみな血眼《ちまなこ》になってひたすら前進する。そこを待ち受けていたしんがり部隊に一斉に攻めかかられて討ち取られる場合も多かった。ちなみに、敗走したように見せかけて敵を誘い込み、伏兵の鉄砲隊で迫ってきた敵兵の殲滅を図る、これが島津の有名な「捨てがまり」戦法らしい。

小牧長久手の戦い

来り告ぐる者あり。曰く、「先鋒、再戦して大に敗れたり」と。我が軍危懼《きく》す。已にして康政、還り謁《えつ》す。参議、その手を執り、泣いて曰く、「汝、恙《つつが》なきを得たるか」と。康政曰く、「臣ら、一捷《いっしょう》して兵疲れ、秀政の乗ずる所となる。君の在《いま》すを以て、恥を忍んでここに至る」と。秀政、已に信輝、長可と合《がっ》し、北《に》ぐるを追つて来る。或ひと説いて曰く、「敵の大衆、勝に乗ず。勢、抗すべからず。速かに走つて岡崎を保つに若かず」と。参議哂《わら》つて答へず。渡辺守綱、還《かえ》り報じて曰く、「敵、次《じ》を乱して北ぐるを追ふ。麾下《きか》を以て迎へ撃たば、必ず克《か》たん」と。高木清秀、敵の首を提《ひっさ》げて還る。曰く、「勝機ここに在り。急に撃つて失ふなかれ」と。本多正信、側《かたわら》に侍す。進んで曰く、「これ危《き》を行つて幸を徼《もと》むるなり。盍《なん》ぞ万全の策に就かざる」と。清秀、守綱怒つて曰く、「子《し》、褥《じょく》に坐し籌《ちゅう》を握れば可なるのみ。何ぞ戦機を阻《はば》むか」と。参議曰く、「二人の言然《しか》り」と。乃ち幢主《どうしゅ》に命じて葵章《きしょう》の白旗、金扇《きんせん》の馬標《ばひょう》を擎《ささ》げしめ、遶《めぐ》つて山後に出づ。敵兵望見して驚き阻《はば》む。参議乃ち軍を麾《さしまね》いて進む。井伊直政、南山《なんざん》の下より、銃手《じゅうしゅ》を以て横撃して秀政の軍を敗り、その陣を奪つてこれに拠る。長可、信輝、麾下と相ひ挑む。勝敗未だ決せず。安藤直次、計《はかりごと》を献じ、左麓に循《したが》つて銃を発す。長可、挺進《ていしん》指揮し、丸に中《あた》つて斃《たお》る。その陣大に乱る。参議、大に呼んで曰く、「二婿《せい》既に敗《やぶ》る。盍《なん》ぞ撃つて阿翁《あおう》を破らざる」と。我が兵争ひ進み、池田氏の陣を陥る。永井直勝、信輝の胡床《こしょう》に拠るを観《み》るや、槍を挙げてこれを刺す。安藤直次、信輝の子之助《ゆきすけ》を斬る。諸将、走るを追つて斬首一万五千級。而して日已に午を加ふ。高木清秀、内藤正成白《もう》して曰く、「我が兵疲れたり。卒《にわか》に生兵と遇《あ》はば、必ず敗れん」と。参議曰く、「然り」と。即ち兵を収めて退き、小幡の砦に入る。

家康のもとに報告する者が来て言った。「先鋒が再び戦って大いに敗れました」と。徳川軍全体が（今後成り行きを）危ぶみ懼れた。

しばらくして榊原康政が帰陣して家康に目通りした。家康はその手を取り泣いて言った。「その方は無事であったか」と。康政は言った。「それがしらはひとたび勝ちを収むるも兵が疲れ、そこを堀久太郎殿に付け込まれた次第。殿がこちらにおわすゆえ、恥を忍んで参じもうした」と。秀政は既に信輝や長可と合流し、逃げた徳川軍を追ってこちらに近づいて来ていた。ある者が説いて言った。「敵は大軍の上に勝ちに乗じ、その勢いには抗うべくもござらぬ。速やかにここより離れて岡崎城を守るに如《し》くはござりますまい」と。家康は「哂」失笑して答えなかった。

渡辺守綱が還ってきて報告した。「敵は隊伍を乱しながら追い討ちをかけております。旗本の兵で迎え撃てば、必ず勝ちます」と。高木清秀は敵の首を提げて帰還して言った。「勝機は今この時でござる。急ぎ撃って出てこの機を失ってはなりません」と。本多正信は家康のそばに近くに控えており、進み出て言った。「そは危険を冒して僥倖を得んとするもの。ここは万全の策を採られるがよろしいかと存じます」と。清秀と守綱は怒って言った。「貴公は座布団に座って算木（計算、あるいは占卜に使う道具、また「籌」には排便した後に使うクソベラの意味もある）でも握っておればよいのじゃ。なぜ戦機を阻むようなことを言うか」と。家康は言った。「両人の言い分が正しい」と。

そこで「幢主」部隊を指揮する者に命じて、葵の紋所の白旗と金扇の馬標を「擎」捧げ持たせ、回り込んで山の後ろからそれらを出現させた。敵兵はそれらを望み見て驚き意気沮喪した。家康は軍を「麾」指図して進んだ。井伊直政が南山のふもとから鉄砲隊で横ざまに撃って秀政の軍を破り（秀政はあらかじめ自分の判断で退却したと云われている）、その陣所を奪って自らの拠点とした。長可と信輝（の軍）は、徳川の旗本と互いに「挑」負けじと交戦したが、勝敗はつかなかった。

安藤直次が献策し、山麓の左側沿いに移動して鉄砲射撃を加えた。長可は「挺進」陣頭指揮をとっていたが、弾丸が命中して斃れた。その陣は大混乱した。家康は大声で叫んだ。「婿二人は既に敗走したぞ。何故に舅の（年寄りの）方を撃ち破れぬのじゃ」と。徳川兵は争って進み、池田氏の陣を陥落させた。永井直勝は信輝が床几にもたれるように座っているのを見るや、槍を振り上げてこれを突き刺した。安藤直次は信輝の嫡男の之助（別の諱は元助）を斬った。諸将は追い討ちをかけ、首を斬ること一万五千級であった。

そうして時刻は正午を迎えた。高木清秀と内藤正成が家康に言上した。「我が兵は疲れ果てております。にわかに敵の新手に出くわせば、必ず敗れましょう」と。家康は言った。「その通りじゃ」と。即座に兵を収めて退き、小幡砦に入った。

長篠城の奥平氏のくだりで少し触れたが、武士たちには「家運を開く」という言葉があった。この「長久手の戦い」での池田恒興と元助父子の討ち死は、結果として遺された輝政に思いも寄らない僥倖をもたらした。この十年後、秀吉が徳川家と池田家の関係を修復するために、家康の次女・督姫（夫の北条氏直と死別）を輝政に再嫁することを仲介したのである。これによって輝政は家康の娘婿となり、江戸時代における池田家の隆盛（播磨姫路をはじめ最盛期には西国で一門合わせて百万石に迫る）の礎を確かなものにした。もっとも、輝政と督姫の間に生まれた息子たちはみな不幸な最期を遂げているのだが。まこと、池田氏は「塞翁が馬」を地で行った家である。

「家運を開いた」のは、永井直勝もまたその一人と言えよう。輝政と督姫の婚儀のおり、召し出された直勝は、輝政の所望で恒興を討ち取った時の様子を話した。その時、直勝の知行が五千石であることを知った輝政は、「我が父を討った功が五千石とは」と嘆いたと云う。この話が家康や秀忠の耳に入ったかどうかは不明だが、直勝は関ヶ原や大坂の陣でも着実に武功を積み重ね、一六一六年には大名に、一六二二年には下総古河で七万二千石を与えられるまでになった。ちなみにこの永井直勝の子孫には、永井荷風、三島由紀夫、野村萬斎氏がいる。

秀吉、敗を聞いて大に怒り、独り度《はか》つて以為《おも》へらく、我が兵、勝を恃《たの》んで備を懈《おこた》らん、と。数万騎を以て疾《と》く発す。酒井忠次、石川数正、本多忠勝、松平家忠、小牧に留守す。忠次、虚に乗じてその営を襲はんと欲す。数正、これを阻《はば》んで止む。忠勝曰く、「敵の大兵赴き援く。主公必ず危《あやう》からん」と。自ら兵五百を率ゐ、追つて秀吉に及び、これと並び行く。相ひ距《さ》ること四百歩可《ばか》り。秀吉問うて曰く、「彼は誰となす」と。左右曰く、「本多平八なり」と。秀吉曰く、「名虚《むな》しからざるのみ」と。両軍相ひ近づく毎に、忠勝輒《すなわ》ち銃を発す。その騎、馬を逸し、追つて敵中に入る。忠勝、独騎馳せてこれを取り、騎に授《さず》けて共に還る。秀吉の兵、これを撃たんと請ふ。秀吉肯《がえ》んぜず。遂に長湫《ながくて》に至れば、則ち僵尸《きょうし》野《や》を蔽つて、隻騎《せきき》を見ず。偵人《ていじん》に問うて曰く、「敵は、安《いずく》に之《ゆ》く」と。曰く、「小幡に入れり」と。秀吉、歎じて曰く、「家康は華実を具《そな》ふる者と謂ふべきなり」と。乃ち遂に小幡を攻めんと欲す。日暮れ兵疲るゝを以て、乃ち止む。令を下して曰く、「二魁《にかい》、一砦《いっさい》に在り。これ天の予《あた》ふる所、旦日、囲んでこれを取らん」と。遂に龍泉寺に舎す。

秀吉は敗報を聞いて大いに怒り、一人で思いを巡らし推察した、徳川軍が勝ちを恃《たの》んで備えを懈《おこた》っているだろう、と。そこで（秀吉は）数万騎をすぐさま繰り出した。（その時）酒井忠次・石川数正・本多忠勝・松平家忠が小牧の留守を任されていた。忠次は（大軍がいなくなったので）虚に乗じてその敵の本陣を襲撃しようとしたが、数正が阻んだので取りやめた。忠勝が言った。「敵の大軍が救援に出ました。殿が危のうござる」と。自ら兵五百を率いて秀吉を追い、追いついた。大軍と並んで進んだ。その距離四百歩ばかり。秀吉は尋ねて言った。「あやつは誰じゃ」と。左右の者が答えた。「本多平八にござりまする」と。秀吉は言った。「武名はだてではないのう」と。両軍が接近するごとに忠勝は鉄砲を放たせた。兵の一人が馬を逃し、それを追って敵の中に入り込んでしまった。忠勝はただ一騎で駆けて逃げた馬を取り押さえに行き、馬を兵に渡してともに還ってきた。秀吉の兵は忠勝を狙撃することを願い出たが、秀吉は肯《うなず》かなかった。

かくして長久手に到着すると、そこには「僵尸」斃れた（硬直した）死体で野を蔽い尽くさんばかりの光景が広がっていた。しかし、「隻騎」ただ一騎の姿も見ることはできない。秀吉は言った。「敵はどこにおる」と。（ある者が）答えて言うには「小幡の砦に入ったようでございます」と。秀吉は讃嘆して言った。「徳川殿は花も実も具《そな》わった者と謂うべきよのう」と。そしてそれから小幡砦に攻めかかろうとしたが、日暮れになり兵も疲れていたので取りやめた。命令を下して言った。「二人の首魁が一つの砦におる。これは天が与えた好機ぞ。明日、これを囲んで討ち取る」と。かくて龍泉寺に宿をとった。

「三方ヶ原の戦い」での「一言坂」と並ぶ本多平八郎忠勝の名場面。同時にこの逸話は、あたら見事な勇士を鉄砲などで仕留めてはなるまいという秀吉の雅量も伝えている。

忠勝、参議に小幡に見《まみ》ゆ。説いて曰く、「臣は戦に与《あずか》らず。人馬皆鋭《えい》なり。秀吉の兵、衆《おお》くして整はず。臣、老兵を遺つてこれを覘はしむるに、その撃つべきを悉《つく》す。願はくは主公、臣に一隊の兵を益《ま》せ。夜、敵軍を襲つてこれを走らせ、必ず秀吉の首を犬山以南に取り、これを麾下に致さん」と。参議曰く、「吾れ大勝を得たり。勝に狃《な》るゝ者は必ず危し。且つ秀吉未だ侮《あなど》るべからざるなり」と。即夜、路を平戸に取り、以て小牧に帰る。旦日、秀吉来り攻む。及ばず。曰く、「家康何ぞ神《しん》なる」と。乃ち兵を引いて楽田に還り、塁柵《るいさく》を益増《えきぞう》し、堀秀政、蒲生氏郷らをして、万人を以て重濠《ちようごう》を守らしむ。参議出でて、兵を濠前に勒《ろく》す。氏郷ら、使を中軍に馳せて、戦はんと請ふ。秀吉曰く、「彼の来り攻むるを竢《ま》ち、隊を整へてこれを防げ。然らずんば則ち出づるなかれ」と。参議も亦た令を下して曰く、「敵未だ濠を踰《こ》えず。戦ふなかれ」と。西軍最も井伊直政を畏る。その装の赤色なるを以て、目《もく》して赤鬼といふ。五月朔、秀吉、戍《まもり》を楽田に留め、軍を撤して西に還《かえ》る。自ら度《はか》る、大挙して徒《いたず》らに帰らば、恐らくは人の笑を取らん」と。乃ち攻めて美濃の二砦を取り、大垣に入る。六月、参議、酒井忠次をして小牧を留守《りゆうしゆ》せしめ、収めて清洲に入る。信雄も亦た長島に帰る。

忠勝は小幡砦で家康に目通りして説いて言った。「それがしはこたびの戦には出ておらなんだゆえ、我が兵も馬も鋭気に満ちておりまする。(片や)筑前の兵は数こそ多けれ隊伍が整っておりもうさず。それがしは(既に)物慣れた兵を遣《や》って敵陣の攻むるべき箇所を悉く調べさせてござる。願わくば殿、それがしに一隊の兵を増し与えてくだされ。敵軍を夜襲して敗走させ、必ず犬山の南で筑前が首を取り、殿のもとにお届け致しましょうぞ」と。家康が言った。「我らは大勝を得た。勝ちに狃《な》れた者は必ず危うい。それに秀吉は侮っていい男ではあるまい」と。

その日の夜、尾張の平戸を通る道を使って小牧に帰陣した。翌日、秀吉が攻めて来た。(だが徳川軍を)捉えることはできなかった。(そして秀吉は)言った。「徳川殿の用兵のなんと神速なことよ」と。かくして(秀吉も)兵を引いて尾張の楽田に還り、ますます土塁と柵を増やし、堀秀政や蒲生氏郷らに万の兵で二重の空壕を守らせた。家康は自陣を出て濠の前で兵を調えた。氏郷らは秀吉の軍に使いを走らせ（家康と）戦うことを願い出た。秀吉は言った。「敵が攻め来たるを竢《ま》ち、隊伍を整えてこれを防げ。さもなくば（陣を）出てはならぬ」と。家康もまた命令を下して言った。「敵が濠を踰《こ》えて来ずば戦うてはならぬ」と。

西軍は井伊直政（の部隊）を最も恐れていた。その甲具足が赤色であることを以て、これを「赤鬼」と呼んだ。五月一日、秀吉は楽田に守備兵を留め、軍を撤収して西へ還ることとした。（秀吉は）自問した、大軍を催して襲来しながら何も戦果を挙げずして帰らば、恐らく人の笑いとなるであろう、と。そこで美濃の二つの砦を攻め取り、大垣城に入った。六月、家康は酒井忠次を小牧に留め守らせ、その他の全軍をまとめて清洲城に入った。信雄もまた長島城に還った。

前のくだりの「華実を具ふる者」に続いてここでも秀吉は、家康の用兵の進退の見事さに、当然負け惜しみ半分ではあろうが、ある意味素直な讃嘆の言葉を惜しまない。これらは明らかに外聞はもとより戦後の家康との関係をも見据えており、秀吉が既に天下人としての視座を持った証とも言える。いずれにせよ、向日性を帯びていた頃の秀吉には、こういった色気ある度量や稚気ある愛嬌とも言うべき虚実皮膜の言動がそこかしこに窺われ、それがまた周囲の人々の心を魅了したというところもあるのだろう。

この時、織田氏の故将滝川一益、九鬼嘉隆、皆秀吉に党す。一益、将略最も著《あらわ》る。信雄の統内を侵し、蟹江及び下市、前田の三城を誘《いざな》つてこれを降《くだ》す。また大野を誘ふ。大野の守将山口重政、拒《ふせ》ぎ戦つて屈せず。一益、将《まさ》に舟師《しゅうし》を以て蟹江に入らんとす。城中、烽《ほう》を挙げて応をなす。

参議、これを望見し、急に兵を発して赴き援く。記室《きしつ》を呼んで檄《げき》を作らしむ。吾れ親ら往《ゆ》くべしの語あり。参議曰く、「可《べし》の字、兵機を阻《はば》む」と。命じてこれを刪《けず》らしむ。即ち絺衣《ちい》、鞍《くら》に上り、鞭《むち》を奮つて馳す。井伊直政、成瀬正成、内藤宗成、水野勝成ら、路に追及す。信雄も亦た来つて倶《とも》に蟹江に至れば、江潮方《こうちようまさ》に落ち、一益の舟、膠《こう》して進む能はず。我が兵、急にこれに迫る。一益、兵潰《つい》え、僅かに身を以て城に入るを得たり。我が兵随つてこれを攻め、別に石川数正、安倍信勝をして、攻めて前田を抜かしめ、その叛将岡部長盛を走らす。山口重政、また嘉隆を下市に撃つてこれを走らす。参議、信雄と、中軍を以て下市城を攻む。城は大沢《だいたく》を負ひ、沢に蘆葦《ろい》多し。参議曰く、「蘆葦の蟠根《はんこん》、或は践《ふ》んで行くべし」と。人をしてこれを試みしむ。果して然り。乃ち沢を径《よぎ》つて城に迫る。城兵備へず。因つて立ちどころにこれを抜き、その守将を斬る。乃ち兵を合せて蟹江を囲む。榊原康政、土山を起し、城中を下射《かしや》す。城中、大に困《くる》しむ。嘉隆、大艦を以て来り援く。我が兵迎へ撃つて、復たこれを走らす。一益、終《つい》に降《こう》を乞ふ。参議曰く、「叛将を斬つてこれを献じ、尽く邑《ゆう》を信雄に致《いた》さば、則ち死を宥《ゆる》さん」と。一益、尽《ことごと》くその命の如くす。七月、城を出でて遁《のが》れ去る。秀吉、大垣に在り。蟹江の急報を得、軍を悉《つく》して来り援く。及ばず。乃ち桑名に屯す。参議進んで神戸《かんべ》に至り、諸砦を修築す。秀吉引き去ると聞き、乃ち清洲に還る。

この時、織田氏の元の将である滝川一益と九鬼嘉隆は、みな秀吉に与《くみ》していた。一益は将としての才略が最も世に著れていた。信雄の領内に侵攻して、蟹江・下市・前田の三城を調略してこれらを降した。また大野城を誘ったが、大野城主・山口重政は拒否し、戦って屈しなかった。

一益は水軍で蟹江城に入ろうとした。城中から狼煙が上がって内応する者がいた。家康は(清洲城から)この狼煙を望み見て、急いで兵を動員して(蟹江城に)救援に向かった。(その時)祐筆を呼んで檄文を作らせたが、その中に「吾可親往」とあった。家康は言った。「可の字は間延びする」と。命じてこの一字を削らせた。すぐさま(具足を着ける暇を惜しんで)帷子《かたびら》(ひとえの着物)だけを身に纏い鞍に跨り鞭を奮って馬を駆けさせた。

井伊直政・成瀬正成・内藤宗成・水野勝成らが途中で追いついた。織田信雄もまた合流して、ともに蟹江城までやって来ると、ちょうど海の潮が退いて一益の船(の底)が「膠」浅瀬に乗り上げて進まなくなってしまっていた。徳川と織田の兵はこれに急ぎ迫った。一益の兵は崩れ、僅かに身一つで蟹江城に逃れた。徳川織田軍はそのまま城を攻めた。別に石川数正と安倍信勝に前田城を攻略させ、叛いた将の岡部長盛を敗走させた。山口重政もまた下市で嘉隆を撃ってこれも敗走させた。家康と信雄は本軍で下市城を攻めた。

城は「大沢」広大な湿地に囲まれており、その湿地には葦が群生していた。家康は言った。「葦の蟠《わだかま》り入り組んだ根の上なら、あるいは踏んで向こうに行けるかもしれぬ」と。人にやらせてみたところ、果たしてその通りであった。そして湿地を「径」横切って城に逼った。城兵は備えをしていなかったので、たちどころに城を攻略してその守将を斬った。それから(本軍の)兵と合流して蟹江城を囲んだ。榊原康政は土山を造成しその上から城中に弓鉄砲を射掛けた。城中は大いに苦しんだ。

九鬼嘉隆が大鑑を率いて（一益を）救援に来たが、徳川織田軍は迎撃し、またこれを敗走させた。一益は終に降伏を申し出た。家康は言った。「叛いたる将を斬ってその首を差し出し、奪った領地を尽く左中将様にお返し致せば、命は宥してとらそう」と。一益は全てその命の通りにした。七月、（一益は）城を出て逃げ去った。

秀吉は美濃の大垣城にいて蟹江城の急報を聞き、軍を挙げて来援しようとしたが間に合わなかった。そこで桑名城に駐屯した。家康は軍を進めて伊勢の神戸に至り、周辺の諸砦を修築させた。秀吉が兵を引いて去ったと聞き、自らも清洲城に帰還した。

「吾可親往」を誇張し補足をして翻訳すると、やや巫山戯《ふざけ》ているようで申し訳ないが、「私が自分で行くだけの価値がある（から行きたくなくても行く）」、「私は自分で行かなくてはならない（が本当は行きたくない）」、「私が自分で行くことができる（が別に無理してまでそうする必要もない）」といったところか。昔の成績評価は「優・良・可・不可」の四段階で、その場合の「可」は「まあいいでしょう」である。無い方が可《よ》い。

滝川一益は、晩年に重ねた敗戦によって評価が急落した人物と言える。忍者・鉄砲・水軍などに纏わる逸話も多く、織田家時代の能力や実績は秀吉と光秀にさほど遜色無かったはずだ。武田征伐の後、信長から上野に封ぜられて関東管領格とされたが、一益自身は、遠国の重任より名物の珠光《じゅこう》小茄子《こなす》を拝領して畿内で茶道に精進したかったらしい。一五二五年の生まれとするなら彼はこの頃既に還暦近くである。伊勢での戦いは長年築いた人脈もあり、相当なアドバンテージかあったはずだが、気力体力ともに往年の精彩には翳りが見えていたのかもしれない。

久しぶりに主人公・家康の、颯爽たる馬上姿と知識に裏付けられた洞察力が描写される。そろそろ我らが家康も相当肥えてきていたとは思うが。

八月、秀吉、兵八万に将として復た尾張に入り、前軍は楽田に至る。参議は出でて岩倉に陣し、信雄は氷村《こおりむら》に陣す。九月、秀吉、茂呂《もろ》に至る。参議、信雄と軍を抜いてこれに赴き、親ら出でて師を巡《めぐ》る。西軍、我が馬表《ばひょう》を観《み》て曰く、「金扇《きんせん》復た至る」と。相ひ驚擾《きょうじょう》して定むべからず。大久保忠佐《ただすけ》、騎を率ゐてこれに乗ず。秀吉、夜、軍を退くる二十余里、大野、奈良に砦《さい》し、自ら大垣に入る。参議乃ち還る。この月、信濃の諸将、妻籠《つまご》を攻む。西軍来り援くと聞いて解き還る。城兵、追躡す。保科正直、殿戦《でんせん》してこれを卻《しりぞ》く。

八月、秀吉は兵八万を率いて再び尾張に入り、その前軍が楽田に到着した。家康は出て尾張の岩倉に陣を敷き、信雄は尾張の氷村に陣を敷いた。九月、秀吉は尾張の茂呂にやって来た。家康は信雄とともに軍から精鋭を選り抜いて茂呂まで向かい、自ら出陣して軍を巡察した。西軍の者は、徳川軍の馬印を見て言った。「金扇がまた現れた」と。（西軍は）「相」（互いにという意味ではなく、後に続く動詞を強調する字）驚き擾《みだ》れて収拾がつかなかった。大久保忠佐が騎馬隊を率いてその隙に付け込んだ。

秀吉は夜軍を退けること二十余里、大野と奈良に砦を築き、自らは大垣城に入った。家康は（清洲城に）還った。この月、信濃の諸将は信濃の妻籠城を攻めた。西軍の来援があると聞いて、囲みを解いて還った。城兵は追い討ちをかけたが、保科正直がしんがりしてこれを退けた。

十月、参議、酒井忠次を留めて清洲を守り、榊原康政をして小牧を守り、松平家忠、菅沼定盈《さだみつ》をして小幡を守らしめ、兵を収めて岡崎に入る。徳川氏、羽柴氏、美濃、尾張の間に相ひ持するること、一歳に幾《ちか》し。天下、徳川氏屢〻克《しばしばか》ち、羽柴氏競はざるを聞き、来つて款《かん》を通ずる者多し。南海の兵倍〻《ますます》奮ひ、屢〻大坂を侵す。土佐の国主長曾我部元親《ちようそかべもとちか》、故《もと》の紀伊の国主畠山貞政と、皆我に応じ、期を刻して秀吉を夾撃せんと欲す。而して未だ来約《らいやく》せざるなり。秀吉懼《おそ》れ、十一月、兵に将として伊勢に入る。信雄、これと軍を対す。参議、これを聞き、赴き援けんとす。秀吉、遽《にわ》かに降《こう》を信雄に乞ふ。信雄、これを許す。秀吉、面謁《めんえつ》して誓《せい》を献じ、馳せて大坂に帰る。参議、清洲に至り、これを聞いて憮然たり。石川数正をして和の成るを賀せしめ、十六日、岡崎に還る。而して土佐、紀伊の書至る。参議、慨然《がいぜん》として大息して曰く、「この書をして十日前に在《さき》らしめば、則ち秀吉は生致《せいち》すべかりしなり。今已に後《おく》れたり」と。使者を労《ねぎら》つてこれを遣る。南海の兵、所在皆解く。居ること六日、参議、浜松に凱旋し、長湫の戦功を論賞す。

十月、家康は酒井忠次を留めて清洲城を守らせ、榊原康政に小牧城を守らせ、松平家忠と菅沼定盈に小幡砦を守らせ、(自らは)兵をまとめて岡崎城に入った。徳川氏と羽柴氏が美濃尾張の間で睨み合うこと一年近くになった。天下の人は、徳川氏がたびたび勝って羽柴氏の分《ぶ》が悪いと聞くや、多くの者が（徳川氏に）誼《よしみ》を通じて来た。紀伊四国方面の兵は今までに倍して奮い、しばしば大坂に侵攻した。土佐国主の長曾我部元親と元紀伊国主の畠山貞政は、みな徳川氏に応じ、期日を定めて秀吉を挟み撃ちにしようとしていたが、まだその約束は交わされなかった。

秀吉は懼れて、十一月、兵を率いて伊勢に入った。信雄はこれと対峙した。家康はこれを聞いて救援に向かおうとした。秀吉はにわかに信雄に降伏を申し入れた。信雄はこれを許した。秀吉は（信雄と）謁見して起請文を献上し、大坂に馳せ帰った。家康は清洲まで到着してこの話を聞き、憮然たる心持ちになった。石川数正を（信雄の元に）遣わし和議が成ったことを祝わせて、十六日、岡崎城に還った。

すると、なんと土佐と紀伊から書状が届いた。家康は「慨然」憤り嘆き大きく溜息を吐いて言った。「この書状が十日も早く届いておれば筑前殿を「生致」生け捕りにできたものを。今となってはやんぬるかな」と。使者を労《ねぎら》って送り帰した。紀伊四国方面の兵は、配置していた全ての場所で兵備を解いた。岡崎城にいること六日、家康は浜松城に凱旋し、長久手の戦での論功行賞をした。「小牧長久手の戦い」の形勢が、このくだりで述べられているほど一方的に徳川方に傾いていたかというと、それは大いに疑問である。家康が五ヵ国の大守になったとは言っても、駿河・甲斐・信濃は領有してまださほど時も経っておらず、その支配は未だ十分とは言えなかった。

中でも信濃は、上野沼田の北条への返還を巡って真田昌幸が不穏な動きを見せており、家康による小笠原貞慶《さだよし》の深志城復帰を歓迎しなかった木曾義昌も羽柴方に帰属した。それに増して深刻だったのは、前年から東海地方には地震や大雨などの自然災害が続いていたことである。さらに戦役による人員や兵糧の徴発で三河・遠江の領国も荒廃し、徳川軍の継戦能力を危うくしていた。ただし、徳川方が尾張や伊勢の局地戦で赫赫たる戦果を挙げ、家康自身の声望を一躍高めたのは事実である。実際、頼山陽は、その後の家康の天下取りを決定づけたのは、関ヶ原でも大坂でもなく、この小牧だったとまで見做しているようである。

「貴人に恩無し」ということわざがあるが、織田信雄という人を観ていると、その言葉を思い出す。他人に奉仕されて当たり前の幼少期を送れば、成人しても他人の立場や心情に想いを寄せるなどということは、まずあるまい。

秀吉、富田知信《とみたとものぶ》、津田信季《のぶすえ》を遣し、来つて和を請ふ。信雄も亦た滝川雄利《かつとし》を遣してこれを介す。参議、召してこれを諸将に詢《と》ふ。石川数正、嘗《かつ》て秀吉の誘《いざな》ふ所となり、心窃《ひそ》かにこれに嚮《むか》ふ。進み説いて曰く、「主公の国、秀吉の半《なかば》に当る能はず。而して氏政はその背《はい》を劫《おびやか》し、景勝はその肩に逼《せま》り、三面に敵を受く。事なすべからず。宜しく速かに和を聴《ゆる》して以て国家の計《はかりごと》をなすべし」と。参議怒つて曰く、「義《ぎ》如何と問ふのみ。勝敗の数に至つては、則ち乃公《だいこう》自らこれを計る」と。乃ち三使を遣帰《けんき》す。秀吉復た土方雄久《ひじかたかつひさ》をして数〻《しばしば》来り請はしむ。

秀吉は（家康の元に）富田知信と津田信季を遣わし和議を申し出た。信雄もまた滝川雄利を遣わしこれを仲介させた。家康は諸将を召して和議について詢《はか》った。石川数正はかつて秀吉に誘いをかけられたことがあり、心は密かに（秀吉に）傾いていた。（数正は）進み出て説いた。「殿の国の数は、筑前様がお持ちの国の半ばにも当たりませぬ。しかも北条は背中を劫《おびや》かし、上杉は肩に逼り、三面に敵を受けております。これでは事を行うことができもうさぬ。ここは速やかに和議をお許しになって国家の計と為されるが宜しかろうと存じまする」と。

家康は怒って言った。「わしは義が立つか否かをその方たちに問うておるのじゃ。勝敗の「数」(この場合は「権謀術数」の「数」)はかりごとは、それは「乃公」(私などの一人称)わし自らが思案することぞ」と。そして三人の使者を送り帰した。秀吉は再び土方雄久を遣わして何度も和議を申し出させた。

石川数正については出奔のくだりで述べる。

秀康を養子に遣る

十二月、信雄、自ら浜松に来り、出援《しゆつえん》の労を謝《しや》し、且つ謂って曰く、「公、秀吉と素より仇怨《きゆうえん》なし。特《ただ》ゝ我を援けんが為めに兵を構ふるのみ。今我れ已にこれと和す。公独り何ぞ自ら執るか。宜しくその言ふ所を聴くべし。秀吉は子なきを以て、公の子を養はんと欲す。公宜しくこれに一人を予《あた》ふべし」と。参議、已むを得ずしてこれを聴《ゆる》し、異父弟松平定勝を遣らんと欲す。母水野氏泣いて曰く、「渠《かれ》が兄、嚮《さき》に今川、武田に質《ち》となり、已に艱楚《かんそ》を極む。其れこれを復《ふたたび》するに忍びんや」と。参議愍然《びんぜん》、乃ち止む。時に世子の外に三庶子《さんしよし》あり。秀康、忠吉、信吉といふ。秀康は即ち荻丸なり。忠吉は東条松平氏を嗣《つ》ぎ、信吉は穴山氏を嗣ぐ。乃ち荻丸を遣す。

時に年十二。本多重次、石川数正、皆その子を以てこれに従はしむ。秀吉、大に喜び、養つて子となす。羽柴秀康と称し、邑《ゆう》万石を給す。後に三河守に任ぜらる。この月、織田氏の故将佐佐成政、越中より来り、参議及び信雄に見《まみ》え、力を戮《あわ》せて秀吉を攻めんと請ふ。信雄許さず。参議厚くこれを遇す。諸将、成政の倨傲《きよごう》を忿《いか》り、交〻《こもごも》援くるなかれと勧む。曰く、「北地阻絶《そぜつ》、赴き援くべからず」と。参議乃ちこれに謂つて曰く、「吾れ必ずしも秀吉と戦はず。即《も》し戦ふも、亦た必ずしも子《し》の力を借らず。然りと雖も、子の来意は答へざるべからざるなり。他日、緩急あらば、当にこれが声援をなすべし」と。成政、謝して去る。

十二月、信雄は自ら浜松城に来て力添えの労を感謝した。その上で家康に言った。「貴公はもともと筑前との間に怨みがあったわけではなく、ただ我を援けんがため兵を構えただけぞよ。今、この信雄自身が既に筑前と和したというに、貴公はなにゆえ一人で拘っておられるのかのう。あちらの言うところを聴いてやるのもよろしかろうて。筑前には子がおらぬ。そこで貴公のお子を養子として養うことを望んでおるようじゃ。どうかの、貴公も一人お遣りになっては」と。

家康はやむを得ずこれを聴《ゆる》し、異父弟の松平定勝を遣ろうとしたが、母親の於大の方が泣いて訴えた。「あの子の兄は今川武田の人質となり、既に「艱楚」（この「楚」は人を鞭打つ意味）艱難辛苦を極めました。（その弟まで）再び他国の人質とするのはとても堪えられませぬ」と。家康は「愍然」哀れに思って、（定勝を遣るのを）止《や》めた。

この時世継ぎの長丸（のちの秀忠）のほかに三人の庶子がいた。秀康、忠吉、信吉という。秀康はすなわち荻丸である。忠吉は東条松平氏を嗣ぎ、信吉は穴山氏を嗣いでいた。そこで荻丸を遣ることにした。時に数え十二歳。本多重次と石川数正は、ともにその子たちを荻丸に同行させた。秀吉は大いに喜び、荻丸を養子とし、羽柴秀康と名乗らせて一万石の領地を与えた。（秀康は）後に三河守に任ぜられた。

この月、織田氏の元の将・佐々成政が越中より来訪した。家康と信雄に面会して、力を戮《あわ》せて秀吉を攻めることを請うた。信雄は許さなかった。家康は成政を手厚く遇した。徳川の諸将は成政の態度が傲慢なのを懸念して、代わる代わる家康に手を貸さぬことを勧めて言った。「北陸の地は険阻で他から隔絶しております。援《たす》けに赴くことなどできませぬ」と。そこで家康は成政に言った。「それがしは必ずしも筑前殿と戦うつもりはありません。もし戦うことになっても、必ずしも貴公のお力をお借りするつもりもござらぬ。さりながら、貴公がわざわざここまでお越しくださった赤心《まごころ》には、当方もお答えせずばなりますまい。他日、「緩急あらば」事が起こりしおりは、必ず内蔵助殿（成政の私称官位）に「声援」お味方し遠方から牽制の動きを致しましょう」と。成政は礼を述べて去っていった。

家康の生母・於大の方が久松長家（のち俊勝）に再嫁して生んだのが家康の異母弟に当たるいわゆる久松三兄弟（のちにみな松平姓）。その二番目の子・源三郎康俊（初名は勝俊）は、数え十二歳で家康の命で今川家の人質とされ、その五年後、離叛した今川家臣に拉致されてあらためて武田家の人質となった。さらにその二年後、家康の手配で甲斐を脱出することに成功したが、大雪の山間部を踏破したために両足の指を凍傷で失った。於大の方の元に戻ったあとも長らく健康状態は良くなかったらしい。このくだりの時点から二年後の一五八六年に、数え三十五歳で亡くなっている。

羽柴秀康。彼の人生はこの名乗りであった頃が最も幸福だったかもしれない。家康の次男として生を享けたが、父に愛されなかった。家康は長い間認知すらしようとしなかった。その理由にはやはりいくつか説がある。まず、生母のお万の方の身分が低く、もともと築山殿の侍女であったところに家康の手がつき、その築山殿が正室としての権限で彼女が家康の側室となることを認めなかった（激しく折檻したという話まであるがどうだろうか）。ゆえに家康は築山殿の面子を立てる必要があり、母子とも身辺より遠ざけた。

次に、秀康は双子の兄として生まれたが、当時は双子を忌む慣習があったため。その双子の弟の方は尾張の知立《ちりゅう》神社の神主となった永見貞愛《さだちか》であったと云われている。

最後に、家康がお万の方の身持ちに深刻な疑念を抱いていたという説。ただ、それであれば、後年形式的にせよ家康はお万の方を正式に側室として扱っているし、それほどの不祥事をしでかしたとしたら、その時点で処分を受けていたとしても不思議ではなかろう、とは思う。秀康のその後の運命にはまた触れることになる。私は、秀康について考えていると、いつも足利尊氏の庶子・直冬《ただふゆ》のことを想起する。彼もまた父から疎まれ続けたが、直冬の場合、晩年の尊氏を悩ませる怨敵《おんてき》となった。

三月に小牧の戦役が始まった当初は不本意ながら秀吉側にいた佐々成政であったが、遅くとも八月には織田方に寝返った。芯からの秀吉嫌いの所為《せい》か。あるいは領土欲か。翌九月、秀吉方の前田利家の治める隣国能登の末盛城を一万五千の兵で包囲して追い詰めたが、利家の背後からの急襲によって一敗地に塗れた。

そして秀吉と信雄に和議が結ばれ家康が停戦すると、豪宕不羈《ごうとうふき》（意気盛んで思うままに振る舞うこと）な成政は、十一月末、家康を翻意させるべく、厳冬の飛騨山脈・立山山系を越えて浜松城まで来訪したとされる。出発した時五十人いた供回りが十五人にまで減っていたとも。いくつか説のあるルートの中では、越中と信濃の抜け道とされる針ノ木峠越えが有名で、これを「さらさら越え」と謂う。ただしこれは、歴史学者が蛇蝎の如く嫌う小瀬甫庵《おぜほあん》の『太閤記』が主に拡散した勇壮な逸話であることには注意が必要がある。

十三年二月、吉良に城《きず》く。三月、参議、疔《ちょう》を患ひて危篤なり。臣民憂懼《ゆうく》す。本多重次、枕に造《いた》り、請うて曰く、「臣嘗《かつ》てこの疾を患《うれ》ふ。一医あり、これを治《ち》して愈《い》ゆ。君請ふ、命ぜよ」と。参議曰く、「なす毋《なか》れ。吾れ已に死を決せり」と。重次懣《もだ》えて曰く、「君自ら命を絶つ。臣請ふ、先《さき》んぜん」と。乃ち趨《はし》り出づ。参議驚き、左右に命じてこれを止む。重次顧みず。強ひて率ゐ至る。参議曰く、「汝何ぞこの言を得る。吾れ汝が曹《ともがら》あるに頼《よ》り、以て瞑《めい》するなり。汝が曹、宜しく軀《み》を全うし、子弟を撫循《ぶじゅん》し、以て我が家を保つべし。汝何ぞこの言を得る」と。重次泣いて曰く、「否《いな》。否。臣は生を欲せざるなり。臣、近ごろ甲斐の将士、その首領を喪《うしな》ひ、腰を我が門に折るを視《み》るに、情状羞《は》づべし。今臣、主公を喪はば、亦た将《まさ》にかくの如くならんとす。臣、少小《しょうしょう》より軍に従ひ、面目創《きずつ》き、手足欠く。一の疲癃翁《ひりゅうおう》のみ。特ゝ主公の眷顧《けんこ》を以て、頗る人の畏るゝ所となる。主公一たび瞑せば、隣国四襲《ししゅう》し、我が子弟沮喪《そそう》支へず。事知るべし。

この時に当り、臣、彷徨支吾《ほうこうしご》せば、人将に指《ゆびさ》して曰はんとす、彼《かれ》疲癃翁、何ぞ恥ぢざるの甚だしき、と。臣故に寧ろ速かに死せん。生を欲せざるなり」と。参議曰く、「然り。吾れ能く汝の意に従はん。汝も亦た能く吾が意に従ひ、吾が為めに恥を忍ぶや、否や」と。重次曰く、「君苟《いやしく》も臣に聴く。臣豈に敢て違《たが》はんや」と。乃ちその医《い》を召す。医曰く、「宜しく灸すべし」と。重次、手づから艾《もぐさ》を灼《や》き薬を進む。その夜、疔潰《ちょうつい》えて瘥《い》ゆ。重次、喜《よろこび》極って哭《こく》す。この月、秀吉、南のかた紀伊を取る。根来《ねごろ》の僧兵、来奔《らいほん》するもの二百人。乃ち根来部を置く。

天正十三（一五八五）年。二月、三河の吉良に城を築いた。三月、家康は（顔に）「疔」（悪性の腫れ物）を患い、重篤な病状となった。本多重次はその枕元に「造」慌しく馳せつけて願い出た。「それがしは以前同じ病を患いました。その時一人の薬師《くすし》がおり、この者が治療すると病が癒えもうした。どうか殿もその薬師を召し出して治療をお命じになってくだされ」と。家康は言った。「無用じゃ。わしは既に死を覚悟しておる」と。重次は「懣」身悶えしながら呻くように言った。「殿は自らお命を絶つおつもりのようじゃ。ならば、それがしが一足お先にあの世に参りまする」と。そう口にするや部屋を走り出ていった。

家康は驚き、左右の近侍に命じて重次を止めさせた。重次はこちらを振り返ろうともしなかった。近侍たちは無理に重次を部屋に連れ戻した。家康は言った。「その方はなにゆえ先に逝くなどと申すのじゃ。わしはその方らがおってくれると思うゆえ、安んじて死ぬるというものぞ。その方らは身を全うして年若き者どもを「撫循」育み躾け、徳川の家を保ってもらわねばならんのじゃ。その方はなにゆえ先に逝くなどと申すのじゃ」と。

重次は泣いて言った。「いいや、いいや、それがしは生き長らえとうはござらぬ。それがしは近頃、甲斐の将士がお館（信玄）を喪うて我が家の門に腰を屈めるさまをこの目で見もうした。それは武士として羞ずべき見苦しいさまでござった。今それがしが殿を喪わば、この者らと同じさまとなるでしょう。それがしは年少の頃より戦場《いくさば》に出て、面相には向かい傷がつき、手足は欠けもうした。ただの「疲癃」（艦褸布の如き）病み疲れた爺《じじい》でござる。それが、殿に別してお目をかけられお引き立てに与ることで、人はそれがしをたいそう畏れ憚るのでござる。殿がひとたびお逝きになれば、隣国四方より襲い来たり、徳川の子弟は意気沮喪して敵を支えきれず、徳川のお家がそののちいかに相成るかは推して知るべしでございまする。かかるおり、それがしが「彷徨支吾」うろうろと我が身を支えながら歩いておれば、人は言いますじゃろう、『なんじゃ、あの草臥《くたびれ》果てた（薄汚い）爺は。なんと見苦しく恥知らずなことよ』と。ゆえにそれがしはかくなる前にむしろ早う死にまする。生きとうなどございませぬ」と。

家康は言った。「そうじゃな。わしはその方の思いに従うゆえ、その方もわしの思いに従うてはくれぬか。このわしのために恥を忍んではくれぬか。それはならぬか」と。重次は言った。「ご主君が臣下の申し条をお聴きくださいますのに、臣下が主君のお言葉に違《たが》うなどということがありましょうや」と。そこでその薬師を召し出した。その薬師は言った。「灸を据えるがよろしかろうと存じます」と。重次は手ずから灸の艾《もぐさ》を焚いて薬を進めた。その夜、腫れ物から膿が外に浸み出して「瘥」治った。重次は感極まり号泣した。この月、秀吉は南のかた紀伊国を攻め取った。根来の僧兵二百人が家康の元に逃げ込んできた。そこで彼らを召し抱えて根来組を設けた。

抗生物質の存在しないこの時代では、化膿した「腫れ物」は命取りの病に成り得た。家康の患ったのはいわゆる「面疔《めんちょう》」であったが、これは自然界のダニや黄色ブドウ球菌を媒介にして感染する場合が多いらしい。化粧する習慣の無い男性に多かったとされる。抵抗力が低下していると髄膜炎や脳炎を発症することもある。漢文界隈では「癰《よう》」という多く背中にできる腫れ物がよく知られている。項羽の軍師・范増や明の名将・徐達がこれで命を落とした。我が国では藤原道長や足利尊氏の死因の一つとなっている。癰は、憤りや憂いの感情の昂まりが発症の引き金になるとも云われるが、さてどうであろうか。

本多作左衛門重次については登場の最後にまとめて取り上げる。

第一次上田合戦

五月、参議、甲斐を巡る。これより先、真田昌幸、上野を侵し、沼田を取る。北条氏直、これを還《かえ》さんと請ふ。参議、昌幸に諭してこれを還し、償《しょう》を内地に取らしむ。昌幸、命を奉ぜず。終に上杉氏に属し、因つて秀吉に降る。大久保忠世、鳥居元忠、平岩親吉、将士を率ゐてこれを攻む。八月、秀吉、北のかた越中を取り、佐佐成政を降す。上杉景勝、また越後を挙げてこれに降る。秀吉、密《ひそか》に景勝と議し、昌幸を援《たす》け、以て我を図らしむ。閏月、我が兵、上田を攻む。利あらず。敵、追つて利川《かがかわ》に至る。忠世、十余騎を以て殿《しんがり》して済《わた》り、南岸に陣し、返撃せんと欲す。二将肯《がえ》んぜず。明日、忠世、筑摩川を済り、八重原に陣す。昌幸、手白塚に陣す。忠世、柴田康忠をして還り、二将に告げしめて曰く、「公ら、河を圧して陣し、我と夾撃せば、必ずこれを殲《つく》さん」と。二将曰く、「吾れ地理に暗し。持重《じちょう》するに若かず」と。忠世怒り、また謂はしめて曰く、「公ら、敵を怖《おそ》るゝならば、猶《な》ほ当《まさ》に我が後に来り、以て声援をなすべし」と。亦た肯んぜず。往復の間、昌幸已に退き、城下に陣す。忠世、切歯して曰く、「籠禽《ろうきん》を脱す」と。ここにおいて、諸将、壁《へき》を列《つら》ねて相ひ持す。昌幸敢て出でず。参議、井伊直政らを遣してこれを援けしむ。昌幸、兵を出して康忠の営を犯す。康忠撃つてこれを走らす。岡部長盛、その帰途を要す。またこれを敗る。九月、景勝の大挙して且《まさ》に至らんとするを聞き、兵を解いて還《かえ》る。直政、康忠、殿となる。昌幸の子幸村《ゆきむら》、これを追はんと請ふ。昌幸曰く、「将勇《ゆう》に陣整ふ。追ふべからず」と。忠世、ここにおいて、小室を留守し、以て景勝、昌幸の来襲に備ふ。参議、国都を駿河に徙《うつ》さんと欲し、諸将士に命じて、府中を修築せしむ。北条氏、景勝と秀吉と連衡《れんこう》するを聞き、大に懼《おそ》れ、十月、将士をして来つて盟を尋《あたた》めしめ、益〻従約《しょうやく》を固うす。

五月、家康は甲斐を巡視した。これより以前、真田昌幸は上野に侵攻し沼田を切り取った。北条氏直は（昌幸が従属していた）家康にこの地の返還を要求した。家康は昌幸を諭してこれを返還させ、代わりに家康の領内から別の土地を与えようとした。しかし、昌幸は従わなかった。終に家康から離反して上杉氏に属し、上杉氏を通じて秀吉に降った。大久保忠世・鳥居元忠・平岩親吉は将士を率いて昌幸を攻めた。

八月、秀吉は北のかた越中を取り、佐々成政を降伏させた。上杉景勝もまた越後を挙げて秀吉に降った。秀吉は景勝と密議を凝らして、昌幸を支援して徳川氏を攻略しようと目論んだ。

閏月、徳川の兵が上田城を攻めた。だが、「不利」敗れた。真田兵は徳川兵を追撃して信濃の利川《かが》川《がわ》まで来た。大久保忠世は十数騎でしんがりして利川を渡って南岸に陣取り、そこから兵を返して真田を撃とうとした。鳥居元忠と平岩親吉はこれに賛成しなかった。翌日、忠世は筑摩川を渡って八重原に陣を敷いた。昌幸は手白塚に陣を敷いた。忠世は柴田康忠を引き返させ元忠と親吉に告げさせた。「貴公らが川の手前に押し出すように布陣し、我が軍と挟み撃ちにすれば、必ずや真田の兵を殲滅できよう」と。二人は言った。「我らはこの辺りの地理に昏い。ここは自重した方が良いと存ずる」と。忠世は怒り、また使者を遣わして言った。「貴公らが敵を恐るるならば、せめて我が軍の後方に来て（援軍の如く見せかけつつ）声援するくらいのことはして当然であろう」と。元忠と親吉はこれもまた承知しなかった。使者が往復している間に、昌幸は既に上田城に退き、城下に陣を構えた。忠世は歯軋りして言った。「籠の中の鳥を逃したわ」と。

かくして諸将は土塁を列《つら》ねて敵と対峙した。昌幸はけっして出てこようとはしなかった。家康は井伊直政らを遣わして援けさせた。昌幸は兵を出し、康忠の陣営に攻めかけた。康忠は撃ってこれを走らせた。岡部長盛は（上田城への）帰り道に待ち伏せをして、またこれを敗った。

九月、上杉景勝が大挙してまもなく（真田の援軍に）やって来ると聞き、徳川軍は兵を解いて撤退した。直政と康忠がしんがりを務めた。昌幸の子の幸村（信繁）が追い討ちすることを願い出た。昌幸は言った。「指揮する将が勇猛な上に陣が整うておる。追うてはならぬ」と。忠世はかくして小室（小諸）に留まって景勝と昌幸の来襲に備えることになった。家康は「国都」自領の統治の中心を（遠江浜松から）駿河に移転しようと考え、諸将士に命じて駿河の府中城を修築させた。北条氏は景勝と秀吉が連衡したと聞いて大いに懼れ、十月、（家康の元に）将士を遣わして同盟を深め、ますます合縦の約定を固くした。

このくだりで描かれる「第一次上田合戦」は、この「徳川氏正記」でもここまでにないほど史実と乖離していると言っても過言ではない。以前にも触れたが、この戦いに参戦していた大久保彦左衛門忠教は『三河物語』という書物を書いている。だが、三河武士の通弊でもあるが、『三河物語』は特に身内贔屓が目に余るところがある。事実を意識的に取捨選択し、この戦いの主将格であった兄の忠世を徹底して擁護している。まるで兄の指示に鳥居元忠や平岩親吉が素直に従っていたら真田に勝っていたと言わんばかりである。

その『三河物語』を、頼山陽は無批判に『日本外史』の下敷きとしてしまっているのだ。史実では、第一次上田合戦の兵士数は、真田方二千（上杉の援軍五千）に対し徳川方八千（後詰め四千）。戦死者は、真田方二十から四十に対し徳川方千三百（三百という説もあり）というものであった。四倍の兵力で攻め込んだ徳川方が、真田方の十倍から三十倍近い死者を出して撤退した。数字の上だけから見ても明らかに大惨敗である。この戦いの結果、家康は真田家の実力に一目置くようになり、昌幸の嫡子・信幸の取り込みにかかり、やがて本多忠勝の娘を娶せることになる。片や真田昌幸は国人領主から独立した戦国大名としての一歩を踏み出した。そして徳川家の「鬼門」としての真田家の因果もまた巡り始めることになるのである。

本多重次、自ら度《はか》つて曰く、「物情恟恟《きょうきょう》たり。而して我が児《じ》は上国に在り。恐らくは携弐《けいじ》の疑《うたがい》を受けん」と。乃ち使を大坂に使《つかわ》して曰く、「児の母、篤疾《とくしつ》あり。請ふ、一訣《いっけつ》せしめん」と。因つてその児を取つて還る。石川数正、岡崎を守る。その児も亦た大坂に在り。秀吉、資望《しぼう》日に隆《さかん》なり。位関白に至り、姓を豊臣と賜ふ。諸〻の名族、大邦の入謁《にゅうえつ》する者、皆恩栄を被る。数正、窃《ひそ》かにこれを歆《うらや》む。秀吉も亦た八万石の邑《ゆう》を以てこれを招く。数正、遂に款《かん》を送る。真田昌幸及び小笠原貞慶《さだよし》と謀《はかりごと》を通ず。またその部将松平近正を誘《いざな》ふ。近正怒り、肯んぜずして曰く、「使者再び来らばこれを斬らん」と。因つてその書を献ず。十一月、数正、家を挈《ひっさ》げて大坂に出奔《しゅっぽん》す。時に将士の孥《ど》、多く岡崎に在り。松平家忠、深溝《ふこうず》より馳せ至り、その四門を護る。酒井忠次も亦た吉田より至り、使を馳せて変を上る。中外動揺す。参議、行〻《ゆくゆく》鷹を放ち、岡崎に至り、即日忠次の第《てい》に臨み、命じて散楽を張る。人心《じんしん》即ち定る。乃ち大久保忠世を召す。忠世曰く、「景勝、日に我が隙を伺ふ。而して貞慶、兵を挙げてこれに応ず。また聞く、昌幸、故信玄の孽子《げっし》某を迎へて以て将士を煽《せん》す、と。吾れ一たび動かば、則ち甲斐、信濃、皆覆没《ふくぼつ》せん」と。弟忠教《ただたか》曰く、「敢て請ふ、代り守つて、生死これを以てせん」と。忠世喜び、乃ち発す。会〻《たまたま》大雪、歳を踰《こ》ゆ。景勝、昌幸兵を出す能はず。忠教、代《かわり》を得て帰る。参議、岡崎の塹《せん》塁《るい》を修め、厚く近正を褒《ほう》し、数正の部兵を以て内藤家長に属せしむ。ここにおいて、諸将皆質《ち》を献ず。参議多くこれを還す。数正既に大坂に至る。秀吉、これを遇すること甚だ薄し。或ひと、その門に榜《ほう》してこれを嗤《わら》ふ。数正、羞縮《しゅうしゅく》して出でず。

本多重次は自ら思いを巡らせた。「世の中が落ち着かず何かと騒がしいこの時に我が息子は上方におる。おそらく（徳川家の者たちから）二心があるのではないかとの疑いをかけられるに違いない」と。（重次は）そこで使者を大坂に遣わして、子の母親が重き病に罹ったので最後の訣《わか》れをさせてやりたい、と請わせた。そうして使者は重次の子を引き取って国へ連れ帰った。

石川数正は岡崎城を守っていた。数正の子もまた大坂にいた。秀吉の「資望」身分と声望は日ごとに高まり、官位は関白にまで至り、豊臣の姓を賜った。諸々の名族や大名で秀吉に目通りした者は、みな恩恵と栄誉に浴した。数正は密かにこれを「歆」羨んだ。秀吉もまた八万石の所領を与えることで数正を招いた。数正は遂に秀吉に忠誠を誓った。真田昌幸や小笠原貞慶と謀を通じた。また、数正は徳川家の部将・松平近正にも秀吉に付くよう誘った。近正は怒り撥ねつけて言った。「使者を再び寄こさばそやつを斬り捨てる」と。そしてその誘いの書状を家康に献上した。

十一月、数正は一族を引き連れて大坂に出奔した。この時、徳川家の将士の「孥」妻子は多く岡崎にいた。松平家忠が深溝城から馳せつけて岡崎城の四門を警護した。酒井忠次もまた東三河の吉田城からやって来て、（家康に）使者を馳せ遣わし変事を報告した。徳川家の内外の人心は動揺した。家康は「行」（「ゆくゆく」と読み、何かをしながらという意味）鷹狩りをしながら岡崎にやって来た。その日のうちに忠次の屋敷に行き、命じて散楽《さるがく》を催させた。すると人心はすぐに落ち着いた。

そして大久保忠世を小室から召還しようとした。（使者からその命令を伝えられた）忠世は（使者に対して）言った。「景勝は日々我が国の隙を窺い、貞慶は兵を挙げてこれに呼応した。また聞くところによると、昌幸は亡き信玄の「孽子」庶子某を迎えて担ぎ上げ、甲斐信濃の将士を煽動しておるようじゃ。わしが小室（小諸）からひとたび動かば、甲斐信濃はみな敵の手に落ちるやもしれぬ」と。（話を側で聞いていた）弟の忠教（彦左衛門）が言った。「それがしに兄上に代わってここを守ることを仰せつけくだされ。生死を懸けて臨みまする」と。忠世は喜び、（忠教を小室に残して岡崎に向けて）出発した。たまたま例年以上の大雪となり、景勝と昌幸は兵を出すことができなかった。忠教もまた代わりとなる者を見つけて三河に帰った。

家康は岡崎城の塹壕土塁を補修し、松平近正を厚く褒賞し、数正の配下であった兵を内藤家長に所属させた。この時諸将はみな人質を差し出したが、家康はその多くを還した。数正が大坂に来てから秀吉の待遇はひどく薄かった。ある者が数正の家の門に戯れ歌を「榜」掲げて嘲笑った。数正は羞じて身を縮め外に出なくなった。

石川数正はなぜ徳川家を出奔したか。これも今まで硬軟取り混ぜて議論されてきた問題である。『日本外史』では、数正が欲に目が眩んだという実に明快な説を採っているが、他にも、秀吉の器量に魅了されたため、家康と徳川家の将来性に限界を感じたため、主戦派の讒言で家中での立場が極めて悪化したため、与力格であった小笠原貞慶離反の責任を問われたため、寝返りの憎悪を一身に引き受けることで逆に徳川家中を団結させるため、機密漏洩への危惧によって主戦派の暴発を封じることができるため、石川家の本家ではなく分家に甘んじさせられ続けたため、「西三河の旗頭」として岡崎衆の長年の憤懣を体現したため、傅役《もりやく》の一人として信康を切腹させたのが許せなかったため、水野信元の謀殺に関与してその妹の於大の方の怒りを買っていたため、影武者の家康に仕えるのに堪えられなくなったため等々、やはり数えきれないほどの仮説が立てられている。決定的な史料が発見されない限り、この疑問もなかなか解決には導かれそうにない。

秀吉の配下になった後、数正は冷遇されたと本文にはあったが、数正はまず河内国で約束の八万石を与えられた。この時、受領名を出雲守とし、さらに秀吉から偏諱拝領の栄誉を受け諱を「吉輝」に改めている。これは徳川被官時代との訣別を自他に表明するけじめであったろう。次いで北条氏滅亡後、信濃松本十万石に加増転封されている。かの黒田官兵衛孝高でさえ豊前中津に十二万石程度であることから考えても、羽柴豊臣家にはさしたる功の無い数正にしてみれば、けっして冷遇されているとは言えまい。

それに、秀吉が俗に言う「釣った魚に餌はやらない」ような男であれば、二度と彼に釣られる大物は現れはしない。それが解らぬほど浅はかな秀吉ではない。ところで、現在の国宝松本城は数正の嫡男・康長の手に成るものである。だが、そもそも十万石の分限を超えた築城であったため、領民にたいへん苛酷な負担を強いたと云う。それが後年の石川家改易の一因であるという説もあるようだ。

この時の戯れ歌の一首として次のようなものがある。「家康に掃き捨てられし古箒　京都に来ては塵ほどもなし」（数正の受領名「伯耆守」と「箒」を掛けている）。さして出来が良いとは思えないが。

「乃ち大久保忠世を召す」は、既に忠世を召還したのか、それともこれから召還するのか。つまり、そのあとの忠世の言葉はどこで誰に対して発されたものか。私はその言葉の中に「吾れ一たび動かば」とあるので、この時点では忠世はまだ小諸城におり、発言した相手は家康の召還命令を伝えた使者であると読んだ。従って「乃ち発す」のは忠世で、行き先は岡崎城ということになる。
一方、この忠世の発言は既に召還されたあと岡崎城で家康相手に為されたものであり、弟の忠教が小諸城に向けて出発した、と解釈される方もいる。たしかに「忠教、代を得て帰る」とあり、私の説だと、なぜずっと小諸城にいた忠教を岡崎城に帰すと言うのか、ということが少し引っ掛かりはするが、それも故郷に帰ったというのなら問題は無かろう。「帰」であって「還」ではないので。漢文は文法的に「時制」の概念に曖昧なところがあり、そこも「文脈」で判断せざるを得ない場合が多い。漢文はその辺が難しいかもしれない。だが、私にはそこが判じ物めいてこの上なく面白くもあるのだ。

秀吉既に南海、北陸を定め、以為《おも》へらく、我れ已に徳川氏左右の臂《ひじ》を奪ふ。景勝を嗾《そそのか》してこれを脅《おびやか》さしめば、その国また内訌《ないこう》あらん。この時において家康と和せば、和必ず成り、家康必ず来らん。天下復た図るに足る者なし、と。乃ち信雄と議し、羽柴勝雅、土方雄久をして来つて和を議せしむ。使者を戒めて曰く、「徳川は数正の故を以て、意《い》必ず不平ならん。汝が輩善くこれに処せよ」と。二使、岡崎に来り、辞を卑《ひく》うし、礼を厚うし、秀吉、信雄の意を陳べ、参議の京師に入覲《にゆうきん》するを請ふ。参議、面諭《めんゆ》して曰く、「長湫《ながくて》の獲《かく》は、皆秀吉の愛重《あいじゆう》する所。其の我に甘心《かんしん》せんと欲する久し。吾れ敢て往かず。旗鼓《きこ》相ひ見るに至つては、敢て努力せざらんや」と。二使乃ち去る。或ひと諫めて曰く、「主公往かずんば、則ち次郎、将に免れざらんとす」と。参議曰く、「羽柴秀康、その父の殺す所となる。我れ何ぞ与《あずか》らんや」と。遠近伝言《でんげん》す、

「秀吉大挙して東下《とうか》す」と。参議乃ち守備を修め、群臣に問うて曰く、「岡崎は我が墳墓の地なり。而して敵の衝《しょう》に当る。誰か守らしむべき者ぞ」と。本多正信曰く、「緩急能く妻児《さいじ》を手刃《しゅじん》し、城を枕にして死する者にして而る後に可なり」と。参議曰く、「作左衛門はその人なり」と。乃ち精兵数百を以て本多重次に属し、往いてこれを守らしむ。重次、辞して去る。意色《いしょく》甚だ決す。参議乃ちその子成重《なりしげ》をして封を襲《つ》がしめんと約し、給するに手書《しゅしょ》を以てす。

秀吉は四国と北陸を平定してから「以為」こう思った。「わしは既に徳川の両の腕とも言える四国と北陸の同盟相手を奪ってやった。景勝をけしかけて脅かせば、領国にはまた内輪揉めが生じるじゃろう。そこで家康に和議を持ち掛ければ、和議は必ず成り、家康は必ず大坂に来るはずよ。さすれば天下にもはや厄介な奴はおらんようになるわ」と。

そして織田信雄と相談して、羽柴勝雅と土方雄久を遣わして和議の話し合いをさせることにした。（秀吉は）使者たちを戒めて言った。「徳川では数正の件で心中穏やかではないはずじゃ。その方らはその辺りをよく含んで巧く立ち回れ」と。二人の使者は岡崎城を訪れると、遜《へりくだ》った言葉遣いで礼を厚くして秀吉と信雄の意向を述べた。家康は「面諭」間近から諭すように言った。「長久手の戦いで当方が獲た首は、いずれも関白殿下が愛しみ重んじておられた将のものでございましょう。その遺恨を晴らさんとのお気持ちを持たれて久しいのではありませぬかな。それがしは参りませぬ。ですが、戦場《いくさば》で相見《まみ》えるというのであらば、努力してでも参りましょうぞ」と。二人の使者は立ち去った。

ある者が諫めて言った。「殿が大坂にいらっしゃらねば、「次郎」三河守（秀康）様のお命が危うくなるやもしれませぬ」と。家康は言った。「羽柴秀康はその父に殺されるのじゃ。わしになんの関わりがある」と。遠近（おちこち、あちこち）から噂が伝えられた。「関白が大挙して東に下る」と。家康は守備を整えてのち群臣に問うた。「岡崎は我が父祖以来の墳墓の地である。そして敵の真っ先に攻めかかる地でもある。誰に守らせたらよいか」と。本多正信が言った。「事態が差し迫った時に手ずから妻子を斬り城を枕に死ねる者にして、初めて守らせることができるでしょう」と。家康は言った。「作左じゃの」と。そこで精兵数百騎を本多重次に付けて岡崎城を守りに行かせた。重次は家康に暇乞いをして出ていく時、その表情には悲愴な覚悟が漲っていた。家康はその子の成重に領地を襲《つ》がせることを約束し、その旨を認めた直筆の書状を与えた。

本文には触れられていないが、数正が出奔した天正十三（一五八五）年旧暦十一月十三日のまさに二週間後、東海地方と北陸地方を中心に「天正の大地震」と言われる未曾有の大震災が出来《しゅったい》した。規模があまりに大き過ぎる上、史料がほとんど残されていないため、震源地や各地の震度などの詳しい情報は不明だが、美濃の大垣城、伊勢の長島城と桑名城と蟹江城が全壊したと文献にある。飛驒では帰雲城が山崩れで埋没し、城主の内ヶ島一族はその全員が行方不明となり滅亡した。

また、伊勢湾・若狭湾・富山湾・三陸沿岸の津波の被害も極めて甚大であった。数正出奔の政治的衝撃に加え、ほぼ同時にそれ以上の物理的衝撃をも被った徳川家。もはや鈍重緩慢な傾きのある北条氏しか同盟先の無い徳川に、関白の率いる天下軍に抗う術はない。しかも朝敵にさえされる惧れがあった。ところが一方、この大地震を契機に豊臣側もまた、諸国の疲弊と消耗を鑑《かんが》み、その戦略方針の舵を徳川征伐から和睦による臣従へと切っていったのである。
鷹狩りや散楽を悠々と楽しんでみたり、秀康について酷薄な物言いをしたり、関白の使者に啖呵《たんか》を切ったりする家康。それは政治的効果を意図した演技なのか、あるいは隠れなき本音の発現なのか。虚実の間目《あわいめ》を揺蕩《たゆた》う英雄の心中は、所詮凡人には量り難い。そう、この辺りから我が家康にも英雄としての如何《いかが》わしい「凄み」が増して来ている気が、私にはする。

十四年正月、参議、岡崎に適《ゆ》く。秀吉、復た羽柴勝雅をして来り、固く入観を請はしむ。信雄も亦たその叔父長益《ながます》をして来つてこれを慫慂《しようよう》せしむ。参議肯《がえ》んぜず。使者敢て去らず。その館に在つてこれを候《うかが》ふ。参議、吉良に猟《かり》す。使者、間《かん》を承《う》けて来り見《まみ》ゆ。参議、鷹を臂《ひじ》にして顧みて曰く、「一搏撃《いつぱくげき》つべし。人の絛制《とうせい》に就く能はず」と。明日、復た見ゆ。参議曰く、「若未《なんじ》だ去らざるか。吾れ復た若が説を聞くを欲せず」と。勝雅進んで曰く、「願はくは君侯《くんこう》、少《しばら》くこれを容《ゆる》し、臣をしてその説を終ふるを得しめよ。夫れ関白、百万の兵を以て、天子を翼《たす》けて令を出す。西に毛利の援《たすけ》あり。東に上杉の助あり。俊雄豪傑《しゆんゆうごうけつ》争つてこれが用をなす。復た何を欲して致さざらん。而して節を屈して君侯を招き、使者三反《さんぱん》す。君侯、安危《あんき》の決を思はず。徒らに放鷹《ほうよう》、逐禽《ちくきん》を以て事となす。臣、君侯の境内《きようない》を視るに、城塁《じようるい》固からず。溝池《こうち》浚《ふか》からず。関白一たび趾《あし》を挙げば、則ち上田の南、鳴海以東、君侯の有《ゆう》に非ざるなり。臣窃《ひそか》に君侯の為めにこれを危《あやぶ》む」と。参議、色を作《な》して曰く、「何ぞ呶呶《どうどう》する。秀吉の兵衆《おお》しと雖も、十万に過ぎず。我が兵寡《すくな》しと雖も三四万を得べし。客兵《かくへい》を熟地《じゆくち》に要し、険に邀《むか》へてこれを撃たば、何の難かこれあらん。帰つて秀吉に語《つ》げよ。能く来らば則ち来れ。往く能はざるなり」と。

天正十四（一五八六）年。正月、家康は岡崎城に「適」行った。秀吉は再び羽柴勝雅を（岡崎城に）来訪させ、（家康に）固く「入覲」上洛して帝に拝謁することを要請した。信雄もまた叔父の長益（のちの有楽斎）に岡崎城を来訪させ、上洛を「慫慂」しきりに促した。家康は承諾しなかった。使者は諦めず去ろうとはしなかった。宿舎に居ながら（家康に説く好機を）「候」待った。

家康は吉良で鷹狩りをしていた。使者は良き潮《しお》を見計らって目通りに及んだ。家康は肘（実際は前腕部分）に鷹を据えたまま振り返って言った。「鷹は獲物を撃ち叩いて捕えることはできるが、人はそれを「條制」思い通りに操ることはできぬ」と。翌日、再び目通りした。家康は言った。「そなたはまだお帰りにならぬのか。わしはもうそなたの話は聞きとうないのじゃ」と。

勝雅は進み出て言った。「願はくば徳川様、今少し時を賜りそれがしの思うところを最後まで述べさせてくださいませ。そもそも関白殿下は百万の兵を率いて、帝を輔翼し奉り天下に号令を下しておられます。西に毛利の援護あり、東に上杉の助勢あり、世の英雄豪傑が争って殿下の御用を務めております。かような御方に、求めて手に入らぬようなものがございましょうや。にもかかわらず、節を屈して徳川様をお招きになり、使者が往復すること三たびに及びまする。ところが、徳川様は今こそお家の安危が決まるその時とはお考えにならず、無心に鷹を放って小鳥を捕えるようなことをなされている。それがしが徳川様のご領内を拝見したところでは、城や塁は固いとは申せず、濠や池は深いとは申せませぬ。関白殿下がひとたび「挙趾」（「玉趾を挙ぐ」は「貴人がこちらにお越しくだされ」の意味）兵を率いてこちらにいらっしゃれば、上田より南、鳴海より東は、徳川様のご領国では無くなってしまいまする。それがしは密かに徳川様のためにかような仕儀となることを危ぶんでおります」と。

家康は顔色を変えて言った。「何をくどくどと申しておるのじゃ。関白の兵が多いと言っても十万に過ぎず、我が兵は少ないと言っても三、四万はある。勝手知ったるこの地で地理に昏い兵を「要」待ち受け、険しき場所でこれを「邀」迎え撃たば、（打ち払うに）なんの難しきことがあろうか。帰って関白殿下に告げられよ。おいでになれるならおいでくだされ。こちらから伺うことは致しかねると」と。

中国の戦国時代（紀元前五世紀から紀元前二二一年）には、弁舌で大国の国策を左右した「縦横家」と呼ばれる者たちがいた。このくだりは、頼山陽が『戦国策』（紀元前一世紀頃に編纂された縦横家の言説や逸話を集めた書）に記された彼らの口吻（口振り）を羽柴勝雅（滝川雄利）に仮託して語らせたものであろう。たしかに彼我の国力と情勢の比較から説き起こすのは彼らの常套である。だが、本物の縦横家ならばこのような拙劣な恫喝紛いのことをして相手を激昂させたりはしない。仮に故意に頭に血を上らせる場合には、必ずその後に懐柔して誘導する何らかの仕掛けを用意している。縦横家を代表する蘇秦《そしん》（実在には疑問もあるが）は「揣摩《しま》」という人の心の表裏を見透かす術《すべ》を会得していたと云う。それは現代で謂う所の心理学的アプローチででもあったのだろうか。ちなみに「揣摩憶測」という言葉は今も残っている。

家康、秀吉の妹を娶る

勝雅、長益大坂に返り、秀吉の怒を慮《おもんぱか》り、匍伏して復命《ふくめい》す。秀吉徐《おもむ》ろに曰く、「家康の言、良《まこと》に然り」と。堀秀政、蒲生氏郷ら、争つて東伐を勧む。秀吉聴かず。沈思すること竟日《きょうじつ》、その夜四更《しこう》、急に勝雅及び長益を召し、衣を被《い》て出でて曰く、「吾れ業已《すで》に家康をして来らしむ」と。二人驚いて故を問ふ。曰く、「彼、室《しつ》を亡《うしな》ふ。吾れ、我が妹を以てこれに継がん。彼寧《なん》ぞ来らざらんや。国人猶《な》ほ安んぜざるあらば、則ち我が大庁《おおまんどころ》を以て質《ち》となさん」と。堀尾吉晴、生駒親正、侍坐《じざ》す。問うて曰く、「尊妹安くに在る《そんまいいずる》」と。曰く、「佐治《さじ》の室これのみ」と。初め秀吉に異父妹《いふまい》あり。佐治日向《ひうが》といふ者に適《とつ》ぐ。秀吉、これを奪《うば》ひ改めて我に適がしめんと欲するなり。明日、吉晴、親正をして佐治に諭告《ゆこく》せしむ。佐治、勉強して命を聴き、妻を遣して自殺す。二月、乃ち長益、勝雅及び富田知信、天野雄光《かつみつ》をして、来つて婚を議せしむ。別に密旨《みっし》を浅野弾正少弼《だんじょうしょうひつ》に授けて継いで発せしむ。四使《しし》至り、酒井忠次に因つて見《まみ》ゆるを求む。参議見《み》ず。忠次故を告げて固く請ふ。数日にしてこれを延見《えんけん》す。四使曰く、「嚮《さき》に関白に子なし。君侯の子を養ふを得たり。君侯、室を亡ふと聞く。関白の妹を進めんと欲す」と。参議曰く、「好意ここに至る。吾れ豈にこれを拒まんや。独《ただ》ゞ三事あり。これを約して後に婚せん」と。請ひ問ふ、答へず。使者曰く、「浅野弾正、密諭《みつゆ》を帯びて清洲に在り」と。乃ち駟《じつ》を以て召し至る。参議、三事を書してこれを示す。曰く、「新婦に出《しゅつ》あるも、嗣《し》となすべからず。故《もと》の嗣《し》子《し》出でて質《ち》たるべからず。吾れ或は蚤世《そうせい》するも、寸地を割くべからず」と。弾正少弼曰く、

「某《それがし》、関白の手書《しゅしょ》を袖《そで》にす。亦た三条あり」と。出してこれを視《しめ》す。皆暗合《あんごう》す。参議、怡然《いぜん》として遂に婚を許す。信雄来り賀す。北条氏これを聞き、意頗る危疑《きぎ》し、盟を請ふ。三月、参議、氏直と黄瀬河《きせがわ》に盟《ちか》ひ、歓《かん》を極めて止む。遂に沼津の郛《ふ》を毀《こぼ》ち、以て意を示す。四月、幣《へい》を京師に納《い》る。秀吉、弾正少弼をして女を送らしむ。参議、榊原康政をして往いて礼の成るを告げしむ。富田氏に館《かん》す。秀吉、就いて見て曰く、「吾れ、子の面《めん》を見んと欲すること久し。小牧の役に、我を醜詆《しゅうてい》せし者は子《し》に非ずや。吾れ、嘗て子《し》の頭《こうべ》を千金に購《あがな》ふ。今、徳川已に我が婿となる。我が婿に、材臣《さいしん》の子の如き者あるは吾が喜ぶ所なり」と。七月、参議、将に自ら将として上田を討たんとす。秀吉、これを聞き、使をして来り言はしむ。「関白、昌幸の為めに請ふ。願はくはこれを釈《ゆる》せ」と。八月、昌幸及び小笠原貞慶《さだよし》をして、来つて罪を謝せしむ。

勝雅と長益は大坂に引き返し、秀吉が怒るのを慮り平伏して復命した。秀吉はゆっくりと言った。「家康の申し条至極尤もである」と。堀秀政や蒲生氏郷らは争って東伐を勧めたが、秀吉は聴き入れなかった。

深い考えに沈むこと「竟日」終日、その夜の「四更」（午前一時から三時の間）に急に勝雅と長益を召し出し、（夜着の上に）着物を羽織って出てきて言った。「わしは既に家康を大坂に来させることができたわ」と。二人は驚いてその理由を問うた。（秀吉は）言った。「あやつは妻を喪うておる。わしの妹を後添いにやろう。それなら家康も（義兄のわしに挨拶するために）来ぬわけにはまいるまい。領国の者どもがそれでも安心できぬと騒ぎおるならば、我が大政所（秀吉の母のこと）を人質として差し出してやってもええわい」と。

堀尾吉晴と生駒親正は傍に控えて座っていた。問うて言った。「かような姫君がいずこにおわしまするか」と。（秀吉は）言った。「佐治の妻がそうじゃ」と。もともと秀吉には父の違う妹がおり、佐治日向なる者に嫁いでいた。秀吉はこれを彼から奪い、あらためて家康に娶らせようとしたのである。

翌日、吉晴と親正を遣わして佐治に説諭させた。佐治は「勉強」やむを得ず渋々命令を受け容れた。妻を送り出したあと、自害して果てた。二月、かくして長益と勝雅、及び富田知信と天野雄光を使者として家康の元に来訪させ、婚儀についての相談に及ぼうとした。（秀吉は）別に浅野弾正少弼に密命を授けて続いて出発させた。四人の使者が到着し、酒井忠次を通じて目通りを求めた。家康は会わなかった。忠次が使者が来訪した理由を告げて固く謁見することを請うた。

数日してから家康は使者たちを引見した。四人の使者たちが言った。「以前、関白殿下にお子がおられないゆえ、徳川様のお子をご養子として貰い受けたということがございました。伺うところによると、徳川様はご正室を亡くされているとのこと。そこで、関白殿下のお妹君をご後室としてお迎えになってはいかがかというお話を携えて参りました」。

家康は言った。「関白殿下のご厚意をここまで賜っておきながら、それがしがどうしてそれをお断りすることができましょうや。ただ（あらかじめ）お約束いただきたい旨が三ヵ条ござる。この約定を取り交わしてのち、婚儀のお話を進めたく存ずる」。（四人の使者はその条件を）教えることを頼んだが、家康は答えなかった。使者たちは言った。「浅野弾正が密命を帯びてただいま清洲に在城しておりまする」と。

そこで「駅《じつ》」早馬を飛ばして（浅野を）呼び寄せた。家康は三ヵ条を紙に書き、これを示して読み上げた。「一　新しい妻との間に子を成しても世継ぎにはしない。一　ゆえに世継ぎの長丸（のちの秀忠）を（大坂に）人質として差し出すことはしない。一　家康が早死しても（関白に）わずかな土地も割譲しない」と。弾正少弼が言った。「それがしは関白殿下直筆の書き付けを「袖」懐にしておりますが、そちらにも三ヵ条が記されてございます」と。書き付けを取り出してみなに示した。するとその三ヵ条は家康の示したものと「暗」不思議にも一致していた。家康は「怡然」（楽しげな様子）心が解《ほど》けて遂に婚姻を受け容れた。信雄が祝いを述べに来訪した。北条氏はこれを聞いて、心中（単独で秀吉に向き合うことになるのを）たいへん危惧して、（より強固な）同盟を家康に請うた。

三月、家康は北条氏直と黄瀬川で盟約を結び、互いに歓を尽くして会合を終えた。四月、京師で結納の儀を済ませた。秀吉は弾正少弼に妹を送らせた。家康は榊原康政を遣わして婚礼がつつがなく取り行われたことを（秀吉に）報告させた。（康政は）富田氏の屋敷に宿泊した。秀吉は「就」そこに出向いて康政に会って言った。「わしゃそちの面《つら》を一目拝んでやりたいと思っておったんじゃ。小牧の役の檄文でわしを「醜詆」口汚く罵り辱めおったは、ありゃそちの仕業じゃろうが。わしゃあの時そちの首に千金を懸けてやったわ。じゃが今や徳川殿は我が妹婿よ。我が婿の元にそちのような「材臣」器量の家来がおるのは、わしにとっても喜びぞ」と。

七月、家康は自ら兵を率いて上田城を討とうとした。秀吉はこれを聞いて使者を遣わして言った。「関白が昌幸のために請う、どうかこの者を赦してやっていただきたい」と。八月、（秀吉は）昌幸と小笠原貞慶に命じて家康の元に謝罪に行かせた。

『三国志演義』（吉川英治の小説や横山光輝の漫画も含む）がお好きな方は、このくだりにある場面を想起されたのではないか。曹操の大軍を撃ち破る秘策を周瑜と諸葛亮が互いに紙に書いて見せ合うと、そこには同じく「火」という一文字が書かれてあった、というあの場面である。実際、ここは『三国志演義』のそれのアレンジの可能性がある。

「軍記物」の果たす役割は、まずは読者が楽しみながら歴史に親しむことにあろうが、また同時に、当時の人々に教養（史実の真偽にかかわらず）を提供する読み物としての性質も帯びていた。例えば『太平記』などには、一読すれば、あるいは読み聞かせられれば、歴史や故事についてそれなりの知識を得ることができるという効用があったのである。「軍記物」をベースにしている『日本外史』にもまた、そういった意味合いがあったからこそ、幕末明治期において未曾有のベストセラーとなり得たのであろう。

参議、遂に西上《せいじょう》を議す。酒井忠次曰く、「彼婚すと雖も、未だ軽〻しく信ずべからず。宜しくその情を確得し、然る後に往くべし」と。この月、秀吉、親書を遣《おく》り、固く請《こ》ふ。九月、弾正少弼以下六輩をして来らしめ、大庁《おおまんどころ》を送って質《ち》となさんと約す。秀吉の弟秀長諫めて曰く、「母を以て質となす、天下後世、これを何と謂はんや。何ぞこれを征伐せざる」と。秀吉哂《わら》って曰く、「汝何ぞ狭中《きょうちゅう》なる。これ汝が知る所に非ざるなり」と。十月、詔《みことのり》して、参議を中納言に遷《うつ》す。秀吉、奏してこれを請ふなり。中納言、遂に意を決して入朝す。諸将皆諫めて曰く、

「秀吉の威力かくの如し。豈に真にその母を以て質となさんや。恐らくは詐謀《さぼう》あらん。吾れその計中に陥らば、悔ゆと雖も追ふべけんや。願はくは君往くなかれ。秀吉怒つて来らば、臣ら当《まさ》に死を以てこれを拒《ふせ》ぐべし」と。中納言曰く、「吾も亦たその偽《いつわり》に非ざるを保《ほ》せず。然りと雖も、彼百方好《よしみ》を修め、母を以て質となすに至る。而して吾れ猶ほ遅回《ちかい》せば、世のひと、吾を怯《きょう》と謂はん。且つ彼も亦た天命あり。吾れ当にこれを助けて共に天下の乱を定むべし。今復た与《とも》に兵を構へば、則ち乱曷《なん》ぞ止むあらんや。我が一人の命を捐《す》て、以て億万の生霊《せいれい》を救ふ。亦た多ならずや」と。乃ち世子をして留つて国を監《かん》し、大久保忠世、石川家成をして、これを輔《たす》け、井伊直政をして、本多重次を助けて岡崎を守らしめ、而して親ら士卒万人を帥《ひき》ゐて西上し、岡崎に至つて、秀吉の母の至るに遇《あ》ふ。夫人を迎へてこれを見しむるに、信《まこと》なり。秀吉、沿道の諸国に命じ、橋梁を修め、供帳《きょうちょう》せしむ。

家康はかくて大坂行きについて家臣たちと相談した。酒井忠次は言った。「先方とは婚を通じたと言っても、未だ軽々しく信ずることはできませぬ。実情を十分に確かめて、それから後に西へ向かうことに致しましょう」と。

この月、秀吉は直筆の書状を送って（家康の西上を）固く要請してきた。九月、弾正少弼以下六人を遣わして、大政所を人質として送ることを約した。秀吉の弟の秀長が諫めて言った。「母親を人質にするなど、天下の人や後世の者がこれをどう思いましょうや。なにゆえ徳川を伐とうとはされぬのですか」と。秀吉は「哂」嘲るように笑って言った。「そちはなんと度量の狭いことよ。これはそちの知るところではないわ」と。

十月、詔が下されて、（家康の官位が）参議から中納言に遷った。これは秀吉の奏請によるものであった。家康は遂に入朝を決意した。諸将はみな諌めて言った。「関白の権威と実力はもはやこまでに至りました。どうして本当にその母親を人質にしましょうや。おそらく（殿を）詐《いつわ》り謀《たばか》る計略が仕掛けられているはずでございます。我らがその計略に陥ってしまえば、後から悔いても追いつきませぬ。願わくば殿には（西に）向かわれないことを。（それを理由に）関白が攻め来らば、我ら家臣はもとより命を賭けてこれを防ぎまする」。

家康は言った。「わしにも西上が罠ではないという確信はない。さはさりながら、先方はあらゆる手立てを尽くして誼を結ばんとして、母親まで人質にするに至ったのじゃ。それでもなおわしが遅疑逡巡しておったら、世の人はこの家康をなんと言おうぞ。それに低き身分から関白にまで登ったのは彼にも天命が有ったればこそよ。わしもこれを助けて共に天下の乱を定めるべきであろう。今関白と兵を構えるようなことになれば、いかにして天下の乱が止まることがあろうか。我一人の命を棄てて億万の民の命を救えるのなら、これもまた十分見合うというものではないか」と。

そして世継ぎの長丸に領国を任せて、大久保忠世と石川家成にこれを補佐させ、井伊直政には本多重次を助けて岡崎城を守らせた。そうして自ら士卒一万人を率いて西上し、岡崎城まで来た時、ちょうど秀吉の母親がやって来るところに遭遇した。（秀吉の妹である）妻を迎えにやらせてこれに面会させると、（果たして）本物の母親であるということが判った。秀吉は沿道の諸国に命じて、橋を修築させ、「供帳」（祝いの）幕を張り巡らさせた。

この辺りは、秀吉の果断、大胆、聡明、宏量ばかりが目立つ。それに比べて家康を含む三河武士は、総じて頑なで、疑い深く、賢しらで、底意地も悪く、何よりも綺麗事を口にする見栄っ張りといった印象を受ける。しかしながらこういった性根こそが、いずれ天下を統べる幕府を運営するに当たって重要な資質となってくるのであるから、まこと歴史とは玄妙極まりない。

頼山陽の家康への呼称が「中納言」になる。

家康西上し、秀吉と会す

二十七日、京師に至り、茶屋晴延《ちややはるのぶ》に館《かん》す。秀吉、弟秀長及び弾正少弼以下と来り見て曰く、「長篠の役より、相ひ面見《めんけん》せざること十二年。今、吾子《ごし》、一たび天下の為めに節《せつ》を屈す。吾が事成れり」と。遂に扈従《こじゆう》の諸将を見、本多忠勝に謂って曰く、「小牧の役に、汝、我が軍と抗して行く。一騎当千の者と謂ふべきなり」と。遂に酒饌《しゆせん》を命じ、自ら嘗《こころ》みて進め、贈賄《ぞうわい》極めて厚し。かくの如きこと連夜。因って従容《しようよう》として問うて曰く、「我れ微賤《びせん》より起り、諸侯多く心服せず。奚為《なんす》れば則ち可ならん」と。中納言対へて曰く、「公、第〻義に違《たが》ふなかれ。義の在る所、天下これに従ふ」と。秀吉曰く、「善し」と。既にして曰く、「明日、子《し》を聚楽《じゆらく》に見ん。子、意を枉《ま》げて我に降《くだ》り、以て諸侯に視《しめ》せ」と。十一月二日、聚楽の第《てい》に入る。秀吉、大に諸侯を会し、延見《えんけん》すること儀の如くす。中納言、拝跪《はいき》甚だ恭《うやうや》し。諸侯、皆容《かたち》を改む。その明日、大に饗す。

二十七日、京の都に到着した。茶屋晴延の屋敷に泊まった。秀吉は弟・秀長及び浅野弾正少弼以下とその屋敷まで足を運んで（家康に）面会して言った。「長篠の役以来お目にかからぬこと十二年。今こうして徳川殿はひとえに天下のために節を屈せられた。わしの仕事は成し遂げられもうした」と。それから「扈従」お供の諸将を眺め渡し、本多忠勝に向かって言った。「小牧の役のおり、その方は我が大軍に（寡兵で）抗《あらが》って進んだのう。まことに一騎当千と謂うべき者ぞ」と。そして「酒饌」酒と肴を用意させ、自分で毒味をしてからこれを勧め、極めて手厚い贈り物をした。

こうした宴が連夜続き、おりを見て秀吉は「従容」ゆったりと落ち着いた様子で家康に問うてきた。「（ご存知の通り）わしは卑賤の身分から身を立てたゆえ、諸将の多くは心服してはくれぬ。いかにしたらよかろうものか」と。家康は言った。「関白殿下はただ義に違わないようにされればよいのです。義の在るところに天下は従いまする」と。秀吉は言った。「善きお言葉かな」と。しばらくして言った。「明日貴公と聚楽第にてあらためてご面会致す。そのおりはどうかお気持ちを曲げてこの秀吉の前に首《こうべ》を垂れ、諸侯に見せてやっていただきたい」と。

十一月二日、聚楽第に入った。秀吉は大いに諸侯を集めて、儀式に従って引見した。家康は跪《ひざまず》いて拝礼することたいへん恭しかった。諸侯は（その様子を見て）みな「改容」居住まいを正した。翌日は大祝宴となった。

秀吉は家康の立場や心中を実によく理解しており、言動の端々にそれらへの配慮が行き届いている。自らの悩みを率直に打ち明けることによって相手の胸襟をくつろげさせ、同時に相手の助言の中にその人物の性格と考え方を看て取る。頼み事を押し付けることでこちらに貸しを作った気にさせ、その相手の心の余裕がかえってその後の両者の関係性に良い影響を与えることを、驚くべきことに秀吉は見越しているのだ。

人を動かす上での緩急の使い分けがよく解っている。やはりこの時期の駆け引きと腹芸においては、秀吉の方が家康より明らかに一枚上と言わざるを得まい。しかもどれも、なるほどあざとくはあれど、明朗快活にしてのけているところが、秀吉の秀吉たる所以であろう。司馬遼太郎も指摘しているが、秀吉が織田政権をぬけぬけと簒奪しておきながら、当時にも後世にもさほど悪辣な印象を持たれていないのは、おそらくこの辺りにもその理由があるはずである。ところが、この光彩陸離たる秀吉も、やがて天下を統一してその箍《たが》が外れるや、無惨かつ醜悪な変貌を遂げていくことになるのである。

この時に当り、秀吉の母、岡崎に在り。岡崎の役卒《えきそつ》、日に薪《たきぎ》をその館外に積む。その侍婢《じひ》、これを怪しみ、役卒を召して故を問ふ。対《こた》へて曰く、「作左、中納言の帰《かえり》を遅《ま》つ。曰く、若し短長あらば、大庁を焚殺《ふんさつ》せん、と。この老、性急なり。今旦《きんたん》已に火を縦《はな》たんと欲す。井伊公、これを留めて止む」と。婢《ひ》、大に怖れ、相ひ謂って曰く、「往年、三河の任子《にんし》来りしに、関白、その一人を指して曰く、彼は鬼作左の児なり、と。今、その鬼乃ち我が輩を殺さんと欲す」と。遂にこれを大庁に白《もう》す。大庁、憂悸《ゆうき》し、書を秀吉に馳せて、中納言の帰るを促す。中納言、方《まさ》に秀長の饗を受く。宴酣《たけなわ》なるとき、秀吉至って、曰く、「請ふ、聚楽に祖《そ》せん」と。乃ち与偕《とも》に出づ。諸侯、皆在り。秀吉曰く、「我が婿をして国に就《つ》かしむ。吾れこれを祖せんと欲するなり」と。秀長、中納言を目す。中納言、秀吉の穿つ所の袍を得て贐となさんと請ふ。秀吉曰く、「これ戎衣《じゅうい》なり」と。中納言曰く、「家康在り。公をして復た戎衣せしめず」と。秀吉哂ひ、脱してこれを付し、因つて左右を顧みて曰く、「吾れ、快婿《かいせい》を得たり」と。蓋《けだ》し秀長をして予《あらかじ》め中納言に教へしめしなり。諸侯相ひ告げて悚然《しょうぜん》たり。遂に我が第《てい》を二条に起し、酒井忠次に宅《たく》を賜ひ、秀長の部将藤堂高虎に命じて役を監せしめ、近江の地三万石を以て湯沐《とうもく》の邑《ゆう》となし、忠次に千石の邑を賜ふ。

この時、秀吉の母親は岡崎城にいた。城の兵卒が毎日大政所の居る屋敷の外に薪を積んだ。大政所の侍女の一人がこれを怪しみ、兵卒を呼んでその理由を問うた。兵卒は対えて言った。「作左様が、『殿の帰りが遅い。もし殿の身に「短長」万が一のことがあらば、大政所を焼き殺す』と申しております。かのご老人はせっかちなお方で、今日も火を付けようとなされましたが、井伊様がこれを留めて止《や》めさせました」。

侍女たちは大いに恐れ、互いに語り合って言った。「前に三河から「任子」人質が送られて来た時、関白殿下がその中の一人を指差して仰ったことがあったわ。『この者は鬼作左の倅ぞ』って。今その鬼が私たちを殺しに来るのよ」と。遂に大政所にこの事を申し上げた。

大政所は憂い懼いて書状を急いで秀吉に届けさせ、家康が帰ることを促した。家康はこの頃ちょうど秀長のもてなしを受けていた。宴も酣《たけなわ》の時、秀吉がやって来て言った。「聚楽第で徳川殿の「祖」（道祖神の祖である）送別の宴を催したい」と。そして二人は連れ立って聚楽第の座に出た。諸侯はみなその場にいた。秀吉は言った。「わしゃ母者を早う帰してやりたい。じゃによって我が婿殿を国に戻すのよ」と。秀長が家康に目配せした。

家康は進み出て秀吉の着ている陣羽織を（餞別として）貰い受けることを請うた。秀吉は言った。「これは「戎衣」戦装束ぞ」と。家康は言った。「ここに家康がおりまする。殿下に二度と戦装束はさせませぬ」と。秀吉は笑って、陣羽織を脱いでこれを手渡した。そこで左右を振り返って言った。「余は痛快な婿殿を得ることができたのう」と。その様子に座の大名たちはささやき合い、（両者の緊密な関係性に）みな畏怖した。

おそらく（秀吉は）秀長を使ってあらかじめ家康に（このかけ合いの段取りを）教えていたのであろう。秀吉はかくて徳川氏の邸宅を二条に建て、酒井忠次にも屋敷を与えた。秀長の部将・藤堂高虎に工事の差配を命じた。近江の地の三万石を与えて徳川家の「湯沐の邑」京での経費に充てさせ、忠次にも千石の領地を与えた。

石川数正無き後、酒井忠次は徳川家臣団の中で一頭地を抜いた存在になっていることが、この秀吉の待遇からもよく判る。

のちの「築城名人」藤堂高虎は、既にこの頃から土木建築の手腕を認められていたようである。この時の家康との出会いが、やはり彼の「家運」を大いに開くきっかけとなった。

五日、中納言、正三位に進む。井伊直政は兵部大輔《ひょうぶのたいふ》に任じ、榊原康政は式部大輔に任じ、皆従五位下に叙せらる。その余の将領《しょうりょう》、官爵を受くること差あり。鳥居元忠以為《おも》へらく、これ秀吉、

朝爵《ちょうしゃく》を仮り、我が輩を結納《けつのう》するなり、と。乃ち辞して曰く、「臣は関東の野人《やじん》、創夷《そうい》の余、跪《き》起《き》に便ならず。豈に衣冠《いかん》に任《た》へんや」と。後、秀吉、羽柴勝雅をして、女《むすめ》を以て元忠の子忠政に妻《めあ》はしめ、因つて養つて子となさんとす。元忠曰く、「臣の児《じ》、二君有らしむべからず」と。亦たこれを辞す。十四日、中納言、三河に帰る。重次以下迎へ賀す。乃ち直政をして大庁を送還せしむ。諸侍女、直政の礼あるを誉《ほ》む。秀吉喜んでこれを饗す。中納言の京師に在るや、秀吉、石川数正の謁見を許さんと請ふ。直政を饗するに及び、また数正をして接伴《しょうばん》せしむ。饗を終ふるまで、直政、一言を交へず。数正を指《ゆびさ》して衆に謂つて曰く、「彼は人面にして獣心の者なり」と。一座、色を失ふ。大庁の侍女、また重次の亡状《ぶじょう》を愬《うった》へ、罰を加へんと請ふ。秀吉笑つて曰く、「家康は佳士《かし》多し。羨むべし」と。

五日、家康は正三位《しょうさんみ》に進んだ。井伊直政は兵部大輔に任ぜられ、榊原康政は式部大輔に任ぜられ、ともに従五位下《じゅごいのげ》に叙せられた。その他の将領も官爵を受けることに差があった。

鳥居元忠は思った。「これは秀吉が朝廷の官爵を借りて我ら徳川家臣を籠絡しているのだ」と。そこで断って言った。「それがしは関東の野人でござる。しかも「創夷」手酷い傷を負っており、「跪起」立ち座りに不自由する身でもあります。どうして朝儀の衣冠束帯に堪えられましょうか」と。のちに秀吉は羽柴勝雅の娘を元忠の嫡男・忠政に娶せて自らの養子としようとした。元忠は言った。「それがしの子を二君に仕えさせることは致しかねまする」と。またこれも断ってしまった。

十四日、家康は三河に帰った。重次以下が出迎えて祝った。そしてすぐに直政に命じて大政所を送り還させた。大政所の侍女たちは直政に礼節があることを誉めた。秀吉は喜んで直政をもてなした。家康が京にいた時、秀吉は石川数正との面会を許すように頼んだことがあった。今直政をもてなすことになったので、また石川数正に接待をさせることにした。宴が終わるまで直政はひと言も交わさず、数正を指差してみなに言った。「かの者は人面獣心である」と。一座にいた者はみな顔色を失った。大政所の侍女たちはまた本多重次の無礼な言動を訴え、罰を加えることを願い出た。秀吉は笑って言った。「家康の元には佳い侍が多いの。羨ましき限りじゃ」と。

鳥居元忠が偏屈な忠義者なのは頷けるとしても、礼節があるとして侍女たちから人気の井伊直政にも、このように他者に冷淡で残酷な一面があったのは意外かもしれない。ただ、彼は後進の出頭人（主君に特に目をかけられた出世頭）として常に同輩からの嫉妬の視線に晒されており、日頃から己の忠誠と実力をことさらに示し続ける必要があった。配下の赤備えの中には、直政のあまりに苛烈な指揮ぶりに辟易して転属を願い出る者すらいたと云う。

十二月、駿府城《すんぷじょう》成る。中納言、菅沼定政を留めて浜松を守らしめ、徙《うつ》つて駿府に居る。板倉勝重を以て奉行となす。勝重、幼にして僧となり、喜《この》んで書を読む。父好重《よししげ》、弟定重《さだしげ》、皆事《こと》に死し、兄忠重《ただしげ》卒して子なし。中納言、乃ち勝重をして髪を蓄へて吏《り》とならしめ、終にこれを識《しき》抜《ばつ》す。勝重、固辞す。許さず。乃ち請うて曰く、「願はくは家に帰つて妻と計るを得ん」と。中納言哂《わら》つてこれを許す。妻欣び迎へて曰く、「人あり、夫婿《ふせい》に慶事ありと告ぐ。何ぞや」と。

勝重、朝服《ちょうふく》を脱して坐し、これに謂って曰く、「吾れ、奉行の命を受く。汝とこれを許らんと欲し、且《しばら》く辞して帰る。顧《おも》ふに汝、何と謂《おも》ふ」と。妻驚いて曰く、「これ公事なり。妾、何ぞこれを辨《べん》ずるを得ん」と。勝重曰く、「然らず。古より吏となる者、誰《たれ》か内謁《ないえつ》を以て事を敗らざる。今より以往《いおう》、汝、我がなす所において、一も議するあるなく、外人《がいじん》の苞苴《ほうしょ》において、一も受くるあるなくんば、則ち吾れ、命を拝せん」と。妻曰く、「敢て唯《ただ》〻命をこれ聴かざらんや」と。勝重、これと誓ひ、復た朝服を被《こうむ》り、袴を穿いて出づ。妻送り、その袴後《こご》の拗《ねじ》れたるを見、呼び返してこれを正さんと欲す。勝重怒って曰く、「何ぞ誓《ちかい》に背《そむ》く」と。妻、惶恐《こうきょう》して謝す。ここにおいて、往いて命を拝して職に就く。訟獄平允《しょうごくへいいん》、百事、大に治《おさま》る。

十二月、駿府城が完成した。家康は菅沼定政を留め浜松城を守らせて、自らは駿府城に居を移した。

板倉勝重を奉行にした。勝重は幼い頃僧となり、書を読むことを喜んだ。父の好重と弟の定重は「死事」戦死し、兄の忠重も既に亡くなって子もいなかった。そこで家康は勝重に髪を蓄えさせて役人にして、遂にその才能を「識抜」見出し抜擢したのである。勝重は（奉行職を）固辞したが許されなかった。そこで願い出て言った。「願わくは家に帰って妻と相談させていただけませぬでしょうか」と。家康は揶揄うように笑って言った。「いいだろう」と。

妻は欣んで迎えて言った。「ある方がいらして旦那様におめでたきことがあったと伺ったのですが、それは何でございましょう」と。勝重は役人の礼服を脱いで座り、妻に向かって言った。「わしは奉行の職を拝命した。このことについてそなたと相談しようと「且《しばら》く」ひとまずお役目をお断りして帰ってきたのじゃ。そなたはこのことをいかが思う」と。妻は驚いて言った。「これは公事でございます。私がどうして何か申し上げることができましょう」と。勝重は言った。「そうではない。古《いにしえ》より役人という者で、「内謁」内々の頼み事で身を誤らなかった者は一人としておらぬ。今よりのち、そなたがわしのすることになに一つ口を挟《さしはさ》まず、外の人からの「苞苴」贈り物をなに一つ受け取らぬとあらば、わしはお役目を拝命致そう」と。妻は言った。「ただただ旦那様の仰せの通りに致します」と。勝重は妻と誓いを交わし、再び礼服を着て袴を穿いて外に出た。妻は見送ったが、勝重の袴の後ろが「拗」捩《よじ》れているのを見て呼び返してこれを直そうとした。勝重は怒って言った。「なにゆえ誓いに背くのじゃ」と。妻は「惶恐」驚き恐れ入って謝った。かくして勝重は奉行を拝命して職に就いた。その裁判は「平允」公平かつ妥当であり、多くのことが大いに治った。

江戸時代を通じても一、二を争う名奉行として知られているのがこの板倉勝重である。彼とその嫡男・重宗の判例集は『板倉政要』として元禄期にまとめられ、「三方一両損」など一部はかの『大岡政談』にも翻案された。勝重はのちに京都所司代となり、朝廷や公家との厳しい折衝で特に名を馳せることになる。

秀吉、九州を平定す

十五年二月、駿府の二城を造る。秀吉既に我と和し、東面を慮らず。ここにおいて、大挙して西伐す。中納言、本多広孝を遣して師を労《ねぎら》はしむ。師、岩石城《がんじやくじよう》を攻む。広孝、力戦して賞を受く。七月、秀吉、九州を定めて還る。中納言、大坂に赴いてこれを賀す。八月、大納言に転じ、従二位に進む。乃ち還る。十二月、左近衛大将《さこんえのたいしよう》、左馬寮御監《さめりようのぎよかん》を兼ぬ。

天正十五（一五八七）年二月、駿府城に「二城」二の丸を造営した。

秀吉は家康と和睦してから、東方を気にかける必要がなくなった。そこで大挙して九州征伐に取り掛かった。家康は本多広孝を遣わして秀吉の軍を慰労させた。秀吉軍は豊前の岩石城を攻めた。（従軍していた）広孝は力の限り戦って褒賞を受けた。七月、秀吉は九州を平定して帰還した。家康は大坂に赴いてこれを祝った。八月、（家康は）大納言に転じ従二位《じゆにい》に進んだ（以後、家康の呼称は「大納言」に）。そして帰国した。十二月、左近衛大将及び左馬寮御監を兼ねた（この両職は常に兼任される）。

本多広孝は、徳川家臣団の中ではやや地味な印象ながら、家康の父・広忠から「広」の一字を拝領していることからもわかるように、家康の前の世代から長年松平物領家に忠誠を尽くしてきた老練の宿将である。

十六年二月、両職を辞す。三月、大納言、京師に朝《ちよう》す。秀康、西征に従つて功あるを以て、左近衛少将に進む。我が諸臣、任を遷さるゝ者多し。四月、後陽成天皇、聚楽に幸《みゆき》す。大納言、内大臣信雄らと先駆《せんく》たり。関白秀吉、後乗《こうじょう》たり。秀吉、大納言以下の盟辞《めいじ》を要す。特に大納言と、信雄、秀長、秀次及び浮田秀家とに詔《みことのり》して、清華《せいか》の上に班す。礼畢《おわ》つて東に還る。ここにおいて、秀吉、北条氏の未だ至らざるを以て、乃ち使を遣してその不庭《ふてい》を責む。北条氏遷延《せんえん》し、意に婚及び質《ち》を得ること徳川氏の如きを欲す。而して秀吉、意に加へず。閏五月、氏政の使来り、我に因つて和を請ふ。六月、大庁、疾あり。大納言、夫人と京師に赴いてこれを問ふ。九月、夫人を留めて還る。十一月、酒井忠次、致仕を請ふ。大納言、優旨《ゆうし》もてこれに答ふ。固く請ふ。乃ちその第《てい》に莅《のぞ》み、驩《よろこび》を尽して日を竟《お》ふ。その子家次をして封を襲がしむ。この歳、陸奥の伊達氏、来つて好《よしみ》を通ず。

天正十六（一五八八）年。二月、両職を辞した。三月、京で入朝した。秀康は九州征伐に功績があったので、（三河守から）左近衛少将に進んだ。徳川家臣の中にも官爵を遷任された者が多かった。四月、後陽成天皇が聚楽第に行幸された。家康は内大臣・信雄らとともにその行列の先払いとなり、関白秀吉が後乗りとなった。秀吉は家康以下に（天皇延いては関白秀吉への忠誠の）誓約の言葉を要求した。特に家康と織田信雄、豊臣秀長及び豊臣秀次、浮田（宇喜多で知られる）秀家に詔を下されて、（この五人を）清華家の上の家格に「班」区分した。（家康は）儀礼が畢《おわ》ると駿河へ還った。

ここで秀吉は北条氏が未だ上洛しようとしないので、使者を遣わしてその入朝しないことを譴責した。北条氏は（上洛を）引き延ばして、徳川氏のように婚姻を結び人質を取ることを望んでいた。

しかし秀吉に一切そのつもりはなかった。閏五月、氏政の使者が（駿府に）やって来て、家康を介して秀吉と和睦することを請うた。

六月、大政所が病気になった。家康は秀吉の妹である夫人と京に赴き大政所を見舞った。九月、（家康は）夫人を（母の側に居させるため）京にそのまま留めて帰国した。

十一月、酒井忠次が「致仕」隠居を申し出た。家康は「優旨」懇ろにこれを慰留したが、忠次は固く願った。そこでその屋敷に「莅」（「臨む」）出向いて、終日心ゆくまで酒を酌み交わし語り合った。嫡男・家次に領地を継がせた。この年、陸奥の伊達氏（の使者）が来訪して、徳川と誼を通じてきた。

秀吉は、豊臣宗家を関白になることができる五摂家（近衛・一条・九条・鷹司・二条）より格上とし、上記の五人を清華家（三条・西園寺・徳大寺・久我・花山院・大炊御門・菊亭）より格上とした。この家格はのちに五大老に継承される。清華家とは、五摂家に亜《つ》ぐ、大臣と大将を兼ねて太政大臣にまで昇進できる家柄に当たる。やがて家康が江戸幕府を開くと、武家に与えられる官位は「武家官位」と呼ばれ、律令制における員外官として公家官位とは切り離されることになる。

いわゆる徳川四天王の筆頭・酒井左衛門尉忠次が静かに表舞台を去る時が来た。若い頃から得意の「海老掬い」でしばしば座を賑やかした。家康の股肱の重臣として八面六臂の働きをした。また吉田城城主となり東三河旗頭の重責を果たした。さらに長篠の戦いでの鳶ノ巣山砦強襲の大功を忘れてはなるまい。ただ、天正壬午の乱における信濃平定では功を焦って失敗した。むしろ忠次の人間らしさが窺える話である。『名将言行録』では、「知勇兼備」「開国の元老」「軍国のことは悉く忠次に任せられたり」と称賛されている。

一方、信長に対しその罪状を認めて信康を死に追いやったことを晩年まで家康に恨まれていた、という逸話も巷間流布されているが、私自身は事件が家康主導によるものという近年有力な説に賛同しているので、そのような君臣の確執があったとは考えていない。隠居の理由は年齢というより眼病の深刻な悪化であったと云われている。忠次はこの九年後に京の地で没した。享年数え七十。子の家次の代の何度かの転封を経て、孫の忠勝の代に出羽庄内十四万石に落ち着き、そのまま幕末まで続いた。

北条氏の討伐を決す

十七年正月、真田昌幸、子信幸を以て我に質とす。この月、大納言、中泉に猟し、清見寺《せいけんじ》に息《いこ》ふ。一児あり、茗《めい》を捧げて出づ。その名を問ふ。僧曰く、「甲斐の人土屋惣蔵の孤《こ》なり」と。惣蔵は武田氏に事《つか》へ、天目山の難《なん》に死す。大納言、その胤《いん》を得るを喜ぶ。載せて帰り、世子に謂つて曰く、「吾れ汝に与ふるに一口の護身刀を以てす」と。児を拉《らつ》してこれに附す。後に名を忠直と賜ふ。常に世子に侍す。時に少将秀康、京師に在り。益〻長じて英気あり。嘗て騎《き》を習ふ。秀吉の牙騎《がき》礼を失ふ。秀康馳せてこれを斬る。秀吉問はず。この時、関東の諸豪、往往、我に因つて降る。結城晴朝《はるとも》も亦た降る。豊臣氏の族を得て子となさんと請ふ。秀吉乃ち秀康を遣る。三月、大納言、京師に如《ゆ》く。両月にして還る。これより先、北条氏政、我が侵地《しんち》沼田を得て、而る後に入朝せんと請ふ。秀吉懌《よろこ》ばずして曰く、「吾れ北条氏を伐たんと欲す。其の徳川の姻戚たるを以て、姑《しばら》くこれを仮《ゆる》すのみ」と。七月、秀吉、三使を発して来り請ふ。大納言乃ち人をして真田昌幸に諭して沼田を致《いた》さしめ、内地に就いてこれを償ひ、因つて氏政に説くに順逆を以てし、その入朝を勧む。亦た伊達政宗に勧む。皆聴かず。沼田の守将も亦たその傍《ぼう》地《ち》を侵す。十二月、大納言、大坂に如く。秀吉、入朝して東伐を請ふ。詔《みことのり》して、これを許す。大納言を以て前軍となす。秀吉、諸将に謂つて曰く、「家康は前軍となり、秀吉は後継《こうけい》となる。万国を横行《おうこう》すと雖も、可なり。況んや北条氏においてをや」と。大納言をして国に還つて兵を治めしむ。

天正十七（一五八九）年。正月、真田昌幸は嫡男・信幸を徳川家の人質とした。

この月、家康は遠江の中原で鷹狩りをして駿河の清見寺で休息をとった。一人の小僧がいて「捧茗」茶を捧げ持って運んできた。名を問うと、小僧は、甲斐の人土屋惣蔵が遺児にござりまする、と言った。惣蔵は武田氏に仕えて、天目山の戦いで死んだ者である。家康はその子孫を見つけたことを喜び、これを（馬あるいは籠に）乗せて城に連れ帰った。世継ぎの長丸に向かって言った。「わしはそなたに一振りの護身刀を授けよう」と。その小僧を「拉」引き会わせて長丸付きとした。のちに（秀忠から偏諱を拝領して）諱を忠直と賜り、常に長丸（秀忠）の傍に侍した。

この頃、少将秀康は京にいた。ますます成長して英雄の気概を持つようになった。以前馬術の稽古をしていた時、秀吉の旗本の騎馬武者が無礼を働いた（許しも得ず勝手に馬を並走して競った）ので、秀康は馳せてこれを斬った。秀吉は不問に付した。この時期、関東の諸豪族は多く徳川氏を頼って（秀吉に）降伏を申し入れてきていた。結城晴朝もまたそのようにして降った。晴朝は豊臣の一族の子を貰い受けて養子としたいと願い出た。そこで秀吉は秀康を遣わすことにした。三月、家康は京へ如《ゆ》き、二ヵ月滞在して帰国した。

これより先、北条氏政は、かつて徳川方の真田が侵略した沼田城を手に入れてのちに入朝することを願い出ていた。秀吉は不愉快そうに言った。「わしは北条を征伐してやろうと思うておる。徳川の姻戚じゃによって（家康の顔を立ててやるために）「姑」しばらくこうして見逃してやっておるのよ」と。七月、秀吉は家康の元に三人の使者を遣わして（沼田を北条氏に譲ることを）要請した。家康は、人を遣わして真田昌幸を説諭して沼田を引き渡させ、代わりに徳川の領土（信濃伊奈）の一部を与えて補償とし、それから氏政に順逆の道理を説いてその入朝を勧めた。また同じく伊達政宗にも（入朝を）勧めた。両人とも聴き入れなかった。（それどころかこともあろうに北条氏の派遣した）沼田城城主（の猪俣邦憲）は隣接する（真田氏の名胡桃《なぐるみ》城の）地に侵攻した。

十二月、家康は大坂に行った。秀吉は入朝して北条氏を討伐することを請うた。詔が下されて、討伐が許された。家康を前軍の大将に任じた。秀吉は言った。「徳川大納言が前軍となり、余が後続となる。（我らであれば）天下のいずれの国をも思うままに蹂躙することができよう。況《ま》してや北条如き何ほどのことやある」と。家康に帰国して兵を調えさせた。

「徳川家が真田信幸を人質にした」とは、この年家康が本多忠勝の娘を自らの養女として信幸に娶らせるため、彼を駿府城に出仕させたことを言うのであろう。いささか酷（むごい、ひどい）な物言いに聞こえるが、徳川側の本音としても、当時の認識としても、あるいはこの表現が妥当なのかもしれない。

羽柴秀康は結城秀康となった。この同じ年に秀吉と淀殿との間に最初の男子・鶴松が生まれたことが主な理由と言える。秀吉に父を感じ始めていたかもしれない秀康であったが、その仄かな願望はすげない肩透かしを喰らわされた。それでも、数え十一歳から十七歳までの六年間、己を人がましく育ててくれた豊臣家に対する恩義は、秀康から終生消えることはなかったようである。

土屋惣蔵、諱は昌恒。父と兄がともに長篠で戦死した後に家督を継いだ。武田家滅亡時には譜代の家臣として最後まで勝頼に付き従い、天目山において勝頼が自害する時を稼ぐため、狭い崖道で織田軍を迎え撃ち、崖下に転落しないよう左手で藤蔓を掴み、右手の太刀のみでひたすら織田勢と斬り結んだと云う。この伝承から惣蔵には「片手千人斬り」の異名が付いた。享年数え二十七。忘れ形見の忠直は後年、上総久留米で二万石の大名にまで取り立てられた。

沼田はその全てが北条に返還されたわけではなく、沼田城を含む三分の二が北条、名胡桃城を含む三分の一が真田、というのが秀吉による裁定であった。これにはもちろん両者ともに不満であった。この上野の沼田という一郡を巡る紛争が、戦国最大規模の戦争を惹き起こすことになる。


十八年正月、夫人病んで京師に卒《しゅつ》す。東事興《おこ》るを以て、秘して喪を発せず。大納言、世子を遣して京師に如かしむ。井伊直政、内藤正成ら従つて聚楽に至る。秀吉喜び迎へて曰く、「佳児《かじ》なり」と。その手を執つて内に入り、夫人浅野氏をして、その髪を結ひ衣袴《いこ》を更へしめ、親ら金飾刀《きんしよくとう》を取つてこれを帯びしむ。携へ出で、直政に謂つて曰く、「野様《やよう》を変じて京様《きようよう》となす。大納言、これを見て必ず驚喜せん。大納言は朴実、その幼児を送るは、蓋し北条と姻あるを以て、故《ことさら》にこれを以て質に擬するならん。吾れ豈に疑ふ所あらんや。宜しく速かに護し去るべし」と。世子還り至る。大納言曰く、「秀吉、我が児《じ》を留めざるは、これ我が諸城を借らんと欲すればなり」と。乃ち本多重次、本多正信に命じて、海道の諸城を掃除し、伊奈忠次に命じて、浮梁《ふりよう》を富士河に造らしむ。居ること三日、秀吉の使者至る。果してその言の如し。二月、大納言、兵二万五千を発し、師に誓つて発し、長窪に軍す。

天正十八（一五九〇）年。正月、（家康の）夫人が病気になり、京にてこの世を去った。東で征伐の事が起こったので、喪は秘して公《おおやけ》にされなかった。

家康は（自らの代わりに）世継ぎの長丸を京に行かせた。井伊直政と内藤正成らが付き従って京の聚楽第にやって来た。秀吉は喜んで迎えて言った。「佳いお子じゃ」と。その手を取って屋敷に導き入れ、夫人の浅野氏（おね、北政所）にその髪を結い衣と袴を着替えさせ、自ら黄金拵えの太刀を帯びさせた。それから一緒に連れ立って屋敷の外に出てきて、直政に向かって言った。「（長丸殿の装いを）田舎風から京風に変えてみたぞ。大納言はさぞかし驚き喜んでくれるじゃろう。大納言は質朴で実直なご仁よ。その幼な子を送って寄越したは、北条と縁続きなるがゆえ、故《ことさら》に人質に擬えたつもりに違いないわ。わしがどうして大納言を疑うものか。早う長丸殿をお守りして国許に帰るがええ」。

世継ぎ長丸は駿府城に帰還した。家康は言った。「関白がわしの子を留め置かなんだは、我が城を借らんがためであろう」と。そこで本多重次と本多正信に命じて東海道の諸城を掃除させ、伊奈忠次に命じて富士川に（舟を繋いだ）浮き橋を架けさせた。三日後、秀吉の使者がやって来た。果たして（家康の）言葉通りであった。二月、家康は二万五千の兵を動員し、兵たちに断固戦う決意を明らかにした。駿河の長窪に軍を駐留した。

このくだりでの両雄の腹の探り合いは、お互いに配慮を示し合いながらも、今も続く水面下での二人の緊張関係が窺われて、私などにはとても面白い。これは、妻、妹の弔問の場で行われた駆け引きである。やることなすこと全てが政治になる、いや、ならざるを得ないというのは、もはや権力者たちにとって呪いですらあろう。たとえここの遣り取りが信憑性の乏しい軍記物に記されたところに拠っていたとしても、「無かったとは言えない」という辺りで、歴史学者に宥免してはもらえないだろうか。

三月、秀吉、京師を発し、岡崎に入る。本多重次、留守《りゆうしゆ》す。肯《あえ》て出で迎へず。秀吉、召してこれを見る。重次曰く、「我が君に非ず。何ぞ謁《えつ》するをなさん」と。辞して入らず。秀吉、吉田に至る。伊奈忠次曰く、「天雨ふり河漲る。請ふ、霽《は》るゝを待つて行かん」と。秀吉曰く、「吾れ聞く、兵行《へいこう》に水に臨《のぞ》まば、宜しく亟《すみや》かに渉るべし。不《しか》らずんば則ち後者病《や》まん」と。対へて曰く、「これ寡兵《かへい》を行《や》る所以のみ。以て大衆を行らば則ち溺れん」と。秀吉、これに従ふ。留まること三日、駿府に至つて将《まさ》に入らんとす。石田三成、耳語《じご》して曰く、「徳川、北条と謀《はかりごと》を通ずと聞く。入るなかれ」と。秀吉、猶予《ゆうよ》す。弾正少弼、浮言《ふげん》信ずるなかれと諫む。乃ち入る。三成、童年より面首《めんしゅ》を以て寵《ちょう》を承《う》け、長ずるに及んで、慧巧《けいこう》人に過ぐ。秀吉以て奉行となす。治部少輔《じぶのしょうゆう》に任ぜらる。少弼と同僚なり。これより寖ゝ《やや》釁隙《きんげき》あり。大納言、秀吉の至るを聞き、兵を留めて来り会す。上国の諸将と皆その次《じ》に在り。本多重次、事を以て来謁《らいえつ》し、後より罵つて曰く、「咄《とつ》、主公、この大怪事をなす。国に主たる者、豈にその城を空《むな》しうして人に仮《か》すことあらんや。かくの如くんば則ち人或は夫人を借らんと欲するも亦たこれを許すか」と。且つ罵り且つ出づ。諸将相ひ視《み》て嘻《き》す。大納言、諸将に謂つて曰く、「彼、本多重次は僕の旧臣なり。僕の幼時より、従つて百戦す。僕も亦たこれを愛愍《あいびん》するなり。然れども天質頑縦《がんしょう》、老に及んで益ゝ甚だし。今、稠人《ちゅうじん》中において、僕を詬《ののし》ることかくの如し。諸公以てその平時を想ふべし」と。衆、謝して曰く、「この老の名を聞くこと久し。今乃ち見るを得たり。臣あることかくの如し。真に倚頼《いらい》すべし」と。

三月、秀吉は京から軍を発して、岡崎城に入城した。本多重次が留守居をしていたが、出迎えようとはしなかった。秀吉は召し出して面会しようとした。重次は言った。「我が主君ではない。なぜ目通りするのだ」と。断って（秀吉の御座所に）入らなかった。

秀吉は吉田城にやって来た。伊奈忠次が言った。「雨が降って川が溢れております。どうか霽《は》れるのをお待ちになってご出発ください」と。秀吉が言った。「わしは聞いたことがあるぞ、兵を進めて川に行き当たったら迷わず渡らにゃならん、そうせんと後ろに続く兵が疲れてしまう、とな」

と。「対」（目上に答える時に使う）答えて言った。「それは兵が少なき場合のみにございます。大軍で渡河すればたちまち多くの者が溺れてしまいまする」と。秀吉はこの進言に従い、留まること三日。そうして駿府城に到着し、そのまま入城しようとした。

石田三成が耳元で囁いて言った。「聞くところによると、徳川様は北条と気脈を通じておるとのこと。城中にお入りになってはなりませぬ」と。秀吉はしばらく躊躇っていた。浅野弾正少弼長吉（のちに長政）が、根拠の無い噂話をお信じになってはなりませんぞ、と諫めた。そこでようやく駿府城に入った。

三成は幼年の頃より「面首」顔と髪の美々しさで秀吉の寵愛を受けた。成人すると、慧敏巧緻なること常人を凌ぐようになった。（それゆえに）秀吉は三成を奉行とした。三成は治部少輔に任じられており、長吉と同僚であった。この一件があってから、両人の間に「寖《やや》」少しずつ亀裂が生じ始めた。

家康は秀吉が駿府城に入城したことを聞き、兵を留めて面会にやって来た。上方《かみがた》の諸将はみな席次に従って座っていた。本多重次が用事があって謁見の場に姿を現すや、後方から罵声を浴びせた。「咄」（激しく叱る時に発する音、舌打ちの音）ちっ、我が殿ともあろうお方が、なんとも得心のいかぬ情けなきことをなさるものかな。国の主たる者がその城を空《から》にして他人に貸すなどとは。かようなことをなさるならば、（殿は）他人に妻女を貸せとねだられたらやはりお貸しになるのでござろうかのう」と。罵りながら座を出ていった。諸将は顔を見合わせて「嘻」驚きかつ笑った。

家康は諸将に向かって言った。「あの本多重次という者は、それがしの古くからの家臣でござる。

それがしの幼き頃より付き従って百戦している者でござる。それがしもまたあの者を「愛慾」愛おしみ労《いたわ》っております。さりながら生まれつき頑固な上にわがまま勝手、老いてますます甚だしくなりもうした。今「稠人」（びっしり集まっている人）皆様方の前でさえそれがしをあのように罵るのでござるから、皆様もあれが平時いかなるさまかお察しになられるでしょう」と。座の一同は家康に挨拶をして言った。「かのご老人の名を聞くこと久しいものがありましたが、今ここでその当人を見ることができもうした。かくの如き家臣こそ、真《まこと》に恃むべきと存じまする」と。

石田三成登場。いかにもな佞臣然として描写されるのは、この徳川氏正記の性質上已むを得ないところか。

相変わらずの本多作左の傍若無人ぶりである。

小田原征伐

已にして大納言、復たその軍に至り、秀吉沼津に至る。二十八日、親ら敵寨《てきさい》を巡り、我が営に就いて諮《と》うて曰く、「諸将、皆我に説いて曰く、氏政父子、数万の精甲《せいこう》を擁して出で戦はず。これ我を険《けん》に誘《いざな》つてこれを四襲せんと欲するなり、と。卿以て何如となす」と。大納言対へて曰く、「某《それがし》を以てこれを観るに、これ我を畏るゝのみ。今宜しく三軍となし、一は韮山《にらやま》を攻め、一は山中を攻め、彼或は来り援けば、則ち一軍を以て邀《むか》へてこれを撃つべし」と。秀吉曰く、「彼果して来らば卿を煩して邀撃《ようげき》せん」と。対へて曰く、「諾《だく》。某嘗《かつ》て一万に将として、彼の四万と甲斐、信濃に戦ふ。十合して九勝す。固より与し易きのみ。然りと雖も、今彼険に拠つて死を決す。某若し利あらずんば、公、幸にこれに継げ」と。秀吉曰く、「諾。これ必勝の計なり。然りと雖も、彼肯《あえ》て出でずんば、則ち奚《なに》をなさん」と。曰く、「二城必ず一を取り、某則ち手軍《しゆぐん》を以て、古道より酒匂駅《さかわえき》に出で、早川に陣し以て八州の援路を扼《やく》し、而して公は大軍を以て直ちに小田原を撞《つ》かば、敵必ず支ふる能はざらん」と。曰く、「酒匂の道、城寨なきを得んや」と。曰く、「鷹巣《たかのす》、足柄、新荘の三城あり」と。曰く、「何を以てこれを踰《こ》えん」と。曰く、「彼、守る能はざるなり。武田信玄、嘗て二万を以て小田原に入る。無人の地を行くが如し。今、兵、信玄に什倍《じゆうばい》す。その守る能はざること必せり」と。曰く、「焉《いずく》んぞ鯁将《こうしよう》の我を拒ぐ者なきを知らんや」と。曰く、「能く然らば我が欲する所なり。某当《まさ》に攻めてこれを殲《つ》くすべし」と。

そうしてほどなく家康は再び駐留していた軍に戻った。秀吉は沼津に到着した。二十八日、自ら敵の寨《とりで》を巡察して、徳川の陣営に来て諮って（上の者が下の者に意見を求めること）言った。「諸将はみなわしに言いおる。『氏政父子は数万の武装した精兵を擁しておりますが、城から出て戦うことは致しますまい。これは我が軍を険阻な地に誘い込んで四方から襲わんと画策しておるからに相違ございませぬ』とな。大納言はいかが思われる」と。

家康は対えて言った。「それがしが見るところでは、これはただ我が軍を恐れているからに過ぎませぬ。今、我が軍を三軍に分け、一軍で韮山城を攻め、一軍で山中城を攻めて、敵が援軍を差し向けてくるようでしたら、もう一軍でこれを迎え撃てばよろしかろうと存じます」と。秀吉は言った。「敵がその通りに援軍を寄越したら、大納言のお手を煩わすことになるが、これを迎え撃っていただこうかの」と。

家康は対えて言った。「承知仕りました。それがしはかつて一万の兵を率いて、北条の四万と甲斐信濃で戦いましたが、十度戦って九度勝ちました。もとより与し易き相手にございまする。さりながら、今北条は険阻な地に拠って決死の覚悟でござる。それがしにもし利あらずば、殿下ご自身にこれを継いでいただければ幸いに存じます」と。秀吉は言った。「あい、わかった。これぞ必勝の計である。されど、奴らめが出て来ずばなんとしようぞ」と。

家康は言った。「韮山か山中の二城いずれかを必ず取り、それがしが手勢を率い古道より酒匂駅に出て早川に陣を敷き、そこで北条の関八州からの援軍の経路を「扼」塞ぎ止めます。そうしてから殿下が大軍を率いて直ちに小田原をお衝きにならば、敵はまずもって持ち堪えられますまい」と。秀吉は言った。「酒匂駅までの古道の途中に城塞は無いのか」と。家康が言った。「鷹巣・足柄・新荘の三城がございます」と。秀吉が言った。「いかにしてこれを越えていくつもりじゃな」と。家康は言った。「北条は守ることができませぬ。武田信玄がかつて二万の兵で小田原に侵攻しましたが、あたかも無人の地を行くが如くでした。今、殿下の兵は信玄の十倍です。守ることができないのは明白にござりまする」と。

秀吉は言った。「なにゆえ「鯁将」（「鯁」とは喉に刺さった魚の骨のこと）手強い武将が我らを防いでおらぬと判るのだろうか」と。家康は言った。「もしそうであれば我が望むところ、むろんそれがしが攻めてこれを殲滅致しましょう」と。
この小田原征伐に参陣した豊臣方の主な武将とおおよその動員兵力は、主力が、豊臣秀吉・徳川家康・織田信雄・蒲生氏郷・黒田孝高・豊臣秀次・宇喜多秀家・細川忠興・小早川隆景・宮部継潤・堀秀政・石田三成・立花宗茂・大谷吉継・福島正則などの約十七万人。水軍が、長曾我部元親・加藤嘉明・九鬼嘉隆・脇坂安治などの約一万人。北方軍が、前田利家・上杉景勝・真田昌幸など約三万五千人。関東勢が佐竹父子（義重と義宣）・宇都宮国綱・結城晴朝・里見義康など約一万八千人。合計約二十一万人。それを率いるのはまさに綺羅星の如き戦国の名将たちである。

秀吉乃ちその軍に還り、夜令を発して、旦日、二城を攻む。豊臣秀次、中村一氏《かずうじ》、攻めて山中を抜く。北条氏出でず。大納言則ち別軍を以て古道に出づ。松平康重、本多忠勝ら先鋒たり。鷹巣を攻めてこれを陥《おとしい》る。足柄城潰《つい》ゆ。進んで新荘を攻む。守将拒ぎ戦ひ、克《か》たずして走る。秀吉継ぎ至り、諸将と湯本に相ひ見る。戦袍《せんぽう》三領を出し、大納言をしてその一を取らしむ。且つその一を以て秀次に授けしむ。因つて秀次を戒《いまし》めて曰く、「汝、宜しく徳川を学ぶべきなり」と。また大納言をして世子を駿府より召さしめ、秀吉自ら甲《よろい》を取つてこれを被《き》せて曰く、「宜しく我に類すべきなり」と。自らその偏名を取り、名づけて秀忠といふ。秀吉蓋《けだ》し事勢未だ定らざるを以て、務めて我を結納《けつのう》するなり。四月、松平康重ら、宮城野を攻めてこれを破る。湯本、竹浦解《と》いて走る。三日、大納言、諸軍に先だつて酒匂に至る。城中、讋怖《しょうふ》す。我が兵復た衢路《くろ》に伏し、敵の援兵を要撃して俘斬《ふざん》する所多し。秀吉、大に喜び、我に、事平《じせい》がば尽《ことごと》く北条氏の地を領するを約す。

そして秀吉は自分の軍に戻り、夜のうちに軍令を発し、翌朝、韮山と山中の二城を攻めた。豊臣秀次と中村一氏が山中城を攻略した。北条氏は出て来なかった。そこで家康は別軍を率いて古道に出て、松平康重と本多忠勝を先鋒として、鷹巣城を攻めてこれを陥落させ、足柄城を潰滅させ、進んで新荘城に攻めかからせた。城を守っていた将は防戦したが、克てずに敗走した。

秀吉は続いてやって来て、諸将たちと湯本で会見した。（秀吉は）「戦袍」陣羽織三領を取り出して、そのうちの一領を家康に取らせ、さらにもう一領を秀次に授けた。そうして秀次に訓戒して言った。「そちは徳川大納言にこそ学ばねばならん」と。また家康に駿府城から世継ぎを呼び寄せさせた。秀吉は自ら甲を取って着せてやりながら言った。「そなたは余に似なければならんぞ」と。自らの偏諱を取って秀忠と名付けた。秀吉はおそらく征伐の大勢がまだ定まっていないので、徳川家をより深く取り込もうと知恵を絞ったのであろう。

四月、松平康重らは相模の宮城野を攻めてこれを破り、湯本と竹浦の砦の兵は守備を解いて逃げ去った。三日、家康は諸軍に先んじて酒匂にやって来た。城中の兵は驚き恐れた。徳川の兵はまた「衢路」四方に通じる街道で敵の援軍を待ち伏せして、多くの首や捕虜を獲た。秀吉は大いに喜び、征伐が終わったら、北条の領地をことごとく家康に与えることを約束した。

秀吉が家康に関東移封を伝えたのは、石垣山城（通称「一夜城」）の城外でのいわゆる「関東の連れ小便」の時であったとされている。標高二百四十一メートルの笠懸山上に石垣山城が完成したのが六月二十六日のことなので、このくだりの四月からは実際は三ヵ月近く先のことである。関東移封についてては少し後に述べる。

我が将松平康国、鳥居元忠、平岩親吉、前田、上杉氏を助けて上野、武蔵に入り、諸城を下す。本多忠勝、酒井家次ら、浅野、木村氏を助けて、前の三将に会し、上総、下総を徇《とな》へ、還って武蔵に入り、岩築《いわつき》を攻めてこれを陥る。本多忠勝の子忠政、手づから首級を斬る。城兵、元忠に就いて降る。五月、康国、総社に次し、降将の戕《ころ》す所となる。弟康貞、手づから十余人を斬つてこれを定む。大納言、康貞を以て嗣《し》となす。この月、小田原の城兵、夜出でて蒲生氏の陣を襲ひ、転じて我が陣に赴く。陣堅くして動かず。乃ち収めて入る。

徳川の将の松平康国（依田信蕃《よだのぶしげ》の子）・鳥居元忠・平岩親吉は、前田氏と上杉氏を支援するために、上野と武蔵に入り、諸城を降伏させていった。本多忠勝と酒井家次（酒井忠次の子）らは、浅野氏と木村氏を支援し、康国・元忠・親吉の三将と合流して上総下総を「徇」触れ回って平定し、引き返して武蔵に戻り、岩築（岩槻）城を攻めてこれを陥落させた。本多忠勝の嫡男・忠政は自らの手で敵を斬って首級を獲た。城兵は元忠に従って降伏した。康国は上野の総社に宿営した時、降将に殺されてしまった。弟の康貞（康勝）は自ら十人余りを斬って混乱を鎮めた。家康は康貞に康国の後を継がせた。この月、小田原城の兵が蒲生氏の陣を夜襲し、一転鉾先を徳川の陣に向けてきた。徳川の陣は堅固で動揺しなかった。敵兵は撤収した。

松平康国もまたその父親・依田信蕃と同じく戦場で不慮の死を遂げた。享年二十一。家督を継いだ弟の康勝（こちらの名で知られる）は、後年喧嘩で同僚を斬ったことにより改易されたが、のちに結城秀康に仕えて重用され、子孫は福井藩で家老を輩出する高禄の家となった。

六月、大納言、伊達政宗を召して来り見《まみ》えしむ。甘索《あまなわ》城主北条氏勝、初め山中を守り、敗れてその邑を保つ。秀吉、黒田孝高《よしたか》を遣して、説いてこれを降す。聴かず。大納言、本多忠勝をしてこれを諭さしむ。乃ち降る。江戸城主遠山景佐《かげすけ》、初め新荘を守り、我が兵の敗る所となり、走つて小田原に入る。その弟川村兵部《ひょうぶ》、その姪《てつ》遠山丹波、真田信尹《のぶただ》と、処《お》りて江戸を守る。丹波、信尹、款《かん》を我に納《い》る。大納言、兵を遣して、兵部を逐《お》ひ、その城を取る。

六月、家康は伊達政宗を呼び寄せ、関白に目通りさせようとした。甘索（甘縄）城主の北条氏勝は当初山中城を守っていたが、敗れてその領地の城に籠った。秀吉は黒田孝高を遣わして氏勝に降伏を説いたが、氏勝は聴き入れなかった。家康が本多忠勝を遣わしてこれを諭すと、そこで降った。江戸城主の遠山景佐は当初新荘城を守っていたが、徳川軍に敗れて小田原城に逃げ込んでいた。その弟の川村兵部、その甥（漢文の姪は甥のこと）の遠山丹波が、真田信尹（昌幸の弟）とともに城主不在の江戸城を守っていた。丹波と信尹は豊臣方に内通した。家康は兵を遣わし、兵部を追い払ってその城をとった。

北条氏勝は、北条家三代・氏康の片腕としてその武名を近隣に轟かせた「地黄八幡《じきはちまん》」こと北条綱成の孫に当たる。

石田三成、大谷吉隆、館林《たてばやし》を攻む。抜けず。氏勝、城兵を諭す。乃ち降る。三成ら、転じて忍《おし》城《じょう》を攻む。弾正少弼、助け攻め、将に論してこれを降さんとす。三成、その功多きを忌《い》み、紿《あざむ》いて曰く、「城兵已に内応する者あり。請ふ、陣を分つてこれを攻めん」と。城兵怒つて戦ふ。三成曰く、「内応敗《やぶ》れたり」と。遂に水を引いてこれに灌《そそ》ぐ。地利を得ずして罷《や》む。

石田三成と大谷吉隆（吉継）は館林城を攻めた。抜けなかった。北条氏勝が城兵を諭すと降伏した。（今度は）三成らは忍城を攻めた。浅野長吉（長政）が助勢し、説得によってこれを降伏させようとした。三成は長吉の功績が増えるのを妬み、長吉を欺いて言った。「城内には既にこちらに内応している者がおります。我々は備えを分けて内応者のいない箇所だけを攻めましょう」と。（そう言いながら三成は浅野の内応の話が進行中の箇所を攻撃したので）城兵は（内応の話を持ち込んでおきながら突然攻撃されたと）怒って戦った。三成は言った。「内応は失敗だの」と。かくて城に水攻めのための水を濯ぎ込んだが、地の利を得られなかったので中止した。

ここの三成が浅野の邪魔をするくだりの本文は、私には正直あまりよく解らない。括弧内にこのくらい言葉を補足すれば、辛うじて意味は通じるだろうか。

『のぼうの城』という小説や映画で近年知名度が急上昇した武蔵忍城。城主の成田氏長が小田原城にいたため、従兄弟の長親が総大将となり籠城戦を展開した。失敗した水攻めは三成の発案ではなく秀吉のかなり強引な指示によるものであった。結果として忍城は小田原落城後も降伏せず、氏長の度重なる説得、最終的には秀吉自身の仲裁で開城に至ったとさえ云われている。浅野弾正少弼長吉（長政）を称揚する記述が多いのは、彼が頼家の主筋である芸州浅野家の藩祖の父親だからであろう。

八王子城の戦い

前田、上杉氏、降附《こうふ》万余を以て来り謁《えつ》す。秀吉、賞せずして曰く、「彼血刃《けつじん》の功なし。或はこれを屠《ほふ》り、或はこれを降す、可なり」と。西将加藤嘉明、窃かに言つて曰く、「これ豈《あ》に天下に主たる者の言ならんや」と。二将遂に攻めて八王子を屠る。守将中山家範《いえのり》、狩野一庵らこれに死す。大納言、一庵の子主膳《しゆぜん》、家範の二子昭守、信吉を索《もと》めてこれに禄す。

前田利家と上杉景勝が降伏して付き従った一万人余りを引き連れ目通りにやって来た。秀吉はこれを賞さずに言った。「刃を血で濡らして立てた功が無いのう。ある城では「屠」殺し尽くして（周りの敵を震え上がらせて）みせ、ある城では（こちらの兵を損ねぬために）降伏させる、これなら可《よ》いわ」と。西の将である加藤嘉明が密かに言った。「これがどうして天下人のお言葉でござろうか」と。利家と景勝はかくて八王子城の者を皆殺しにした。城を守っていた中山家範と狩野一庵らはここで死んだ。家康は一庵の子の主膳、家範の子の昭守と信吉を「索」捜し出してこれに俸禄を与えて召し抱えた。

「八王子城の戦い」は、小田原征伐において最も凄惨な戦いとして知られる。城主の北条氏照は氏政の弟にして氏直の叔父。この時主力部隊を引き連れて小田原城にいたので、八王子城に残ったのは数人の重臣とわずかな将兵のほか、動員された領民と女子供の三千人あまりに過ぎなかった。

　約一万五千の豊臣軍北国勢の大将・前田利家は当初説得による開城を目論んだが、使者が斬られたことで力攻めに踏み切った。豊臣側に千人以上の死傷者が出る激戦となったが、上杉景勝の搦手からの奇襲（帰順した北条家譜代重臣・大道寺政繁の配下が抜け道を教えたとも云う）が功を奏し、城自体は一日足らずで陥落した。

　しかし、ここにあるような秀吉の強い意向により徹底した殲滅戦が展開され、氏照の正室はじめ城内の婦女子はみな自刃、もしくは御主殿（居住区）の滝に身を投げた。また討ち取られた将兵の大量の首は小田原に運ばれ、船に並べて堀に浮かべられた。それを城中に見せつけることによって北条側の士気を挫き降伏を早めさせたとされる。


時に小田原、固守すること数月。両軍、戦を禁じ、徒に弓銃を以て相ひ挑む。これより先、我が軍、築地《ついじ》に徙《うつ》り、地道を鑿《うが》つて城に入らんとす。未だ達せず。井伊氏の営前に敵の別堡《べつほう》あり。一橋、城に通ず。城兵、時に出でて堡を戍《まも》る。直政、私かに計り、部下の子弟を以てこれを襲ふ。暴雨に会し、地道壊《ちどうくず》れ、城楼崩陥す。直政、伏《ふく》を塹外《せんがい》に設けて進み攻め、輒《すなわ》ち堡を取る。直政、橋に至つて、自ら銃を発す。銃、炸《さく》して手を傷《きずつ》く。進んで已《や》まず。士卒、力戦し、斬首四百。火を城に縦《はな》つ。城兵益〻出づ。而して我が兵継ぐなし。乃ち兵を収めて卻《しりぞ》く。城兵、追《つい》躡《じょう》し、伏に遇って敗れ還る。我が中軍火を望んで愕《おどろ》く。松平家忠曰く、「少年輩、雨に乗じて城に入るのみ」と。捷聞《しょうぶん》至る。秀吉大に喜んでこれを賞す。この役に城中の首級を得しは、これを始となす。織田信雄及び西将数人、韮山《にらやま》を攻めて数〻《しばしば》利あらず。大納言、小笠原広勝を遣してこれを視しむ。広勝、諸将の逗撓《とうどう》を怒り、自ら進んでその門を奪ふ。継《けい》なくして死す。

八王子城が全滅した時、小田原城は固く守ること既に数ヵ月、両軍は戦いを禁じ、空しく（遠間から）弓や鉄砲を撃ちかけて互いを挑発し合うだけであった。これより先、徳川軍は小田原城の「築地」土塀に移動して、地下道を掘り進めて城内に侵入しようとしていた。まだ城まで届かなかった。井伊氏の陣営の前に敵の「別堡」出丸があって一本の橋で本城に通じていた。そこを城兵が通って時折出丸を「戍」守っていた。

直政は密かに一計を案じ、配下の子弟を引き連れてこの出丸を襲撃した。たまたまこの時は豪雨で、（地盤が緩んで）地下道が崩落してしまった。すると「城楼」物見櫓も（みるみる傾いて）倒壊した。直政は塹壕の外に伏兵を設けておいてから進んで攻め、たちどころに出丸を占拠した。

直政は本城と繋がる橋に来ると、自ら鉄砲を放った。（なんと）鉄砲が「炸」暴発してその手に傷を負ってしまった。（しかし怯むことなく）前進をやめなかった。士卒も力の限り戦い、斬首すること四百級。本城に火を放つと、城兵が次々と出てきた。

しかし、井伊氏の兵に後詰めは無かった。そこで兵を収めて「卻」退き始めた。敵兵は追撃したが、あらかじめ伏せてあった兵に出くわし敗れて退いていった。豊臣の本軍は（本城から）火が上がるのを遠くから見て驚愕した。松平家忠が言った。「若僧どもが大雨に乗じて城に侵入したようでござる」と。すると勝利の報せが耳に届いた。秀吉は大いに喜び、彼らに褒賞を与えた。

この戦役で城中の者の首級を挙げたのは、これが初めてであった。織田信雄及び西の将数人が韮山城を攻めたが、何度も攻め倦《あぐ》んだ。家康は小笠原広勝を遣わしてこれを視察させた。広勝は諸将が「逗撓《とうどう》」敵を恐れて遠巻きに眺めている様子に怒って、自ら進んで城門を奪った。しかし後に続く者が無くその場で討死した。

七月、大納言、また内藤信成《のぶしげ》を遣し、城将北条氏規《うじのり》を諭してこれを降す。五日、氏直、遂に出で、我が営に就いて、降を乞ひ城を致す。大納言、井伊、本多、榊原の三将を遣し、西将二人と、入りて城を受け、厳に抄掠《しょうりゃく》を禁じ、尽《ことごと》く氏政以下を出す。我が叛将小笠原長忠、甲斐より亡《に》げ、小田原に依る。ここにおいて、執《とら》へてこれを誅《ちゅう》す。十日、大納言、城に入る。その明《めい》、氏政自殺す。秀吉は四使を遣し、大納言は榊原康政を遣して蒞《のぞ》ましむ。氏直を高野《こうや》に縦《はな》ち、厚くこれに給す。

七月、家康はまた内藤信成を遣わして、韮山城主の北条氏規に説諭させ、これを降らせた。五日、氏直は遂に小田原城から出て家康の陣営にやって来て、降伏を願い出て城を差し出した。

家康は井伊・本多・榊原の三将を遣わし、西の将二人（片桐且元と脇坂安治）とともに城中に入り城を受け取った。厳しく「抄掠」略奪を禁じ、氏政以下の者を尽く城外に出した。かつて徳川に叛いた将の小笠原長忠（氏助が正しい。元高天神城主。実際は家康の援軍が来なかったためやむを得ず武田に降った）は甲斐より逃亡し、小田原城に身を寄せていた。ここで捕えられて誅殺された。

十日、家康は小田原に入城した。その翌日、氏政は切腹した。秀吉は四人の検分役を遣わし、家康は榊原康政を遣わして、その場に臨んで最期を見届けさせた。氏直は高野山に追放されたが、（秀吉は）これに手厚い扶持を宛てがった。

北条氏規は氏政の同母弟であり、家康とは同じ駿河人質時代の謂わば「幼馴染」であったとされる。早くから徳川家との交渉を担当しており、天正壬午の乱後の両家の同盟成立にも大いに貢献した。その後、豊臣家との外交にも手を尽くすが、その努力は実らなかった。小田原征伐の韮山城の戦いでは、織田信雄の四万に対し十分の一の四千で奮闘し長く城を保ったが、遂に屈服した。

開戦の責任を問われて、北条家前当主四代・氏政とその弟で一門筆頭の氏照（この両者が必ずしも強硬な主戦派であったかについては近年疑問も呈されている）、さらに譜代の重臣である大道寺政繁（既に豊臣方に降伏）と松田憲秀（豊臣方に内通）の四名が切腹を命じられた。

氏政と氏照の介錯をしたのは実弟の氏規であった。氏規も追い腹を切ろうとしたが果たせなかった。北条家現当主五代・氏直は、降伏の際の神妙な態度と家康の娘婿であることを理由に切腹を免れたが、翌年、三十歳で急死してしまった。死因は疱瘡との説がある。

夫を亡くした家康の次女・督姫はこの三年後、秀吉の肝煎りで池田輝政に再嫁することになる。

氏直の死後、氏規の子の氏盛が遺領を継承し、その家系が一万千石の河内狭山の大名として明治維新まで続くことになる。

徳川氏、関東八ヵ国を領有す

徳川氏、ここにおいて関東八国を領す。近江の地九万石を朝宿《ちょうしゅく》の邑《ゆう》となし、海道の地万石を田《でん》猟《りょう》の邑となす。凡て二百五十五万七千石。秀吉、我が国の京畿に逼つて、人心の固結すること日久しきを害とするや、乃ち事に乗じてこれを徙《うつ》し、八国の名を以てその心を厭《あ》かす。その実《じつ》は武蔵、相模、伊豆、上総、下総、上野の六州のみ。安房《あわ》に里見氏あり。下野《しもつけ》に宇都宮氏あり。その他、結城、佐野、皆川の諸族、方隅《ほうぐう》に割拠する者頗《すこぶ》る多し。而して北条氏の余党、所在に潜伏し、兵燹《へいせん》の余、城邑荒廃す。乃ち我を趣《うなが》して徙《うつ》り居らしむ。而して駿河、甲斐、信濃、遠江、三河を以て、親臣《しんしん》、宿将に割予《かつよ》し、織田信雄を放つて、尾張、伊勢を奪ひ、これを甥秀次に予《あた》へ以て我を拒塞《きよそく》す。陸奥の会津は蘆名氏の故国なり。伊達氏の侵す所となる。これを復せんと請ふ。秀吉許さず。これを蒲生氏郷に予《あた》へ、以て我を鎮圧す。五国の士民、大に望を失ひ、諸将も亦た怏怏《おうおう》として楽しまず。大納言曰く、「可《か》なり。関八州も亦た我が宗《そう》の故国、古より武を用ふるの地と称す。士を養ひ民を撫《ぶ》し、以て天下の変を観るに足る」と。乃ち兵を発して四出し、諸〻の城邑の未だ服せざる者を伐ち、尽くこれを定む。遂に地を相《そう》して都《と》を建つ。将士以為《おも》へらく、小田原に非ずんば則ち鎌倉ならん、と。大納言乃ち秀吉と議して、江戸に営す。

徳川氏はここにおいて関東八ヵ国を領有することになった。近江の九万石は「朝宿邑」京に滞在時の諸経費に充てるための領地とし、東海道の一万石は鷹狩りとその経費のための領地とし、凡《すべ》て合わせて二百五十五万七千石。

秀吉は徳川家の（元の）領国が京周辺に（比較的）近く、主家と家臣領民の心が固く結ばれて長い年月が経っていることを豊臣家にとっての禍根であると考えて、「事」小田原征伐による北条氏滅亡に乗じて徳川氏を国替したのである。

八ヵ国の美名で徳川の不満を「厭」抑えたが、その実は武蔵・相模・伊豆・上総・下総・上野の六ヵ国のみであった。安房には里見氏がおり、下野には宇都宮氏がいた。そのほかに結城・佐野・皆川の諸族の「方隅」一地域に割拠する者が関東にはたいへん多かった。しかも北条氏の残党がそこかしこに潜伏し、兵火の余燼燻り、城や町は荒廃していた。

そこで（秀吉は）徳川氏を「趣」（この場合は「シュ」ではなく「ソク」と読み「促す」の意味）急きたてるように関東に移らせた。そうして駿河・甲斐・信濃・遠江・三河を秀吉の親臣や宿将に分け与え、織田信雄を改易して尾張と伊勢を奪い、これを甥の秀次に与えて徳川氏（の万一の西進）を閉塞するように防がせた。

陸奥の会津は蘆名氏の元の領国であったが、伊達氏に侵略された。（蘆名氏は）領国を元に戻してもらうよう願い出たが秀吉は許さず、これを蒲生氏郷に与え徳川氏に圧力を加えて掣肘しようとした。徳川の旧領五ヵ国の武士や民衆はみな失望していた。徳川家の諸将もまた心が鬱《ふさ》いで楽しめずにいた。家康は言った。「ここもまた可《よ》いではないか。関八州は我が祖先・新田氏の故国であり、古《いにしえ》より武を用いる地と称されている。士を涵養し民を慰撫して、天下の変遷を観望するに足る」と。そこで、兵を四方に発して、未だ服従しない諸々の城や町を討伐し、尽くこれを平定した。（家康は）かくして土地の「相」運気や特徴を見定めて、「都」政治の中枢となる町を建設しようとした。将士は思った。小田原かさもなくば鎌倉であろう、と。そして家康は秀吉と相談の上、江戸に本拠地を構えた。

家康の江戸移封が、果たして秀吉の優遇策であったのかそれとも冷遇策であったのか、という問題も、当然のことながら長い間議論の対象となっている。『日本外史』は明らかに冷遇策側の立場である。当時の軍事は農村に依存している部分が大きい。先祖代々それなりの信頼関係を築いてきた東海の領民と切り離されるということは、すなわち兵質の低下や兵站の支障といった戦争の勝敗を左右しかねない問題と直結しているのである。

また、このくだりで触れていない点を付け加えておくと、関東の前支配者・北条氏は、二代・氏綱の頃より四公六民という当時としては破格に低い税率を維持してきた（他の領主は五公五民、あるいは六公四民かそれ以上）。つまり、これまでを基準として考えると、石高ほどの税収は見込めないということである。しかし、後釜に座る徳川氏がそれを迂闊に変更するわけにもいかない。

もとより関東の治安への不安を抱える家康は、北条氏の税率を踏襲せざるを得なかった。実際この税率は、徳川の直轄領が「天領」と呼ばれるようになった江戸時代においても継続されるのである（八代将軍吉宗の享保の改革で五公五民に引き上げられる）。さらに、北条の取り次ぎ役としての責務を果たせず開戦に至らしめた家康に、領主として関東の戦後処理に当たらせる懲罰的国替えとの考え方もあるようだ。一方、優遇策であるとの最大の根拠は、やはりその石高の激増という点にあろう。いかに税率が低く抑えられようとも、旧領五ヵ国の総石高が百十九から百五十万石とされるのに対して、いわゆる「関八州」のそれはおよそ二百五十万石とほぼ二倍に及ぶ。単純に一万石当たりの動員人数を二百五十人という推定で換算すると、家康は関東移封によって六万二千五百人の兵力を手に入れたことになる（徳川家そのものの直轄領は百万石程度なので約二万五千人）。

この、他の大名と懸絶した軍事力（経済力）無くして、天下人への扉をこじ開けることは到底できなかったであろう。他にも家康にとってみれば、家臣の土着性を払拭できたこと、北条の先進的な土地支配を導入できたことなど、移封により得たメリットはけっして少なくない。優遇策か冷遇策かといった視点とはまた別に、秀吉は家康に、自らの惣無事令《そうぶじれい》の完遂のために、関東の安定と東北の抑えとしての役割を期待したのだ、という見方もある。

また、あくまでも豊臣政権の制御下に、家康を室町幕府における鎌倉公方的存在とすることを視野に入れていた、といった説も提示されている。家康が秀吉への臣従後に藤原氏から源氏に復姓したこと、両者の合意のもと江戸を関東の中心としたこと、江戸城に秀吉の御座所を設けたことなどがその傍証として挙げられている。

江戸入府

八月朔、振旅《しんりょ》して入る。即ち功を論じて地を分ち、武蔵の忍《おし》を松平家忠に、その私部《きさいべ》を松平康重に、その岩築を高力清長《こうりききよなが》に、その東方を松平康長に、その松山を松平家広に、その羽生を大久保忠隣《ただちか》に、その河越を酒井重忠に、その本荘を小笠原信嶺に、その八幡山を松平清宗に、相模の小田原を大久保忠世に、その甘索を本多正信に、伊豆の韮山を内藤信成に、下総の矢造を鳥居元忠に、その古河《こが》を小笠原秀政に、その関宿《せきやど》を松平康元に、その相馬を土岐定政に、その蘆戸を木曾義就《よしなり》に、上総の緒滝《おだき》を本多忠勝に、その久留里《くるり》を大須賀忠政に、その鳴渡《なると》を石川康通に、その佐貫《さぬき》を内藤家長に、上野の碓氷《うすい》を酒井家次に、その厩橋を平岩親吉に、その大胡《おおご》を牧野康成《やすしげ》に、その吉井を菅沼定利に、その阿布を菅沼定盈《さだみつ》に、その那波を松平家乗に、その宮崎を奥平信昌に、その藤岡を松平康貞に、その白井を本多広孝に、その館林を榊原康政に、その箕輪を井伊直政に賜ふ。直政、康政、忠勝は皆十万石を食《は》み、忠世、元忠、康元は四万石を食む。その余は差あり。内外の士人を総《す》べ、分って五隊となし、直政、忠勝、康政、康通、親吉を以てこれを領せしめ、京師に更番《こうばん》す。北条、三浦、木曾、保科、久能、岡部の諸族に皆封《ほう》邑《ゆう》を給し、乃ち促《うなが》して封《ほう》に就かしむ。吏に命じて遠近軽重を度《はか》り、以て資用《しよう》を給す。衆皆その遷徙《せんし》の労を忘る。

八月一日、（家康は）「振旅」兵を整えて凱旋し（江戸に）入った。さっそく（諸将の）功績を吟味検討して領地を分け与えた。

武蔵の忍を松平家忠に、その私部《きさいべ》（騎西町）を松平康重に、その岩築（岩槻）を高力清長に、その東方《ひがしかた》（深谷市）を松平康長に、その松山を松平家広に、その羽生を大久保忠隣に、その河越を酒井重忠に、その本庄を小笠原信嶺に、その八幡山（本庄市）を松平清宗に、相模の小田原を大久保忠世に、その甘索（甘縄、鎌倉市の長谷）を本多正信に、伊豆の韮山を内藤信成に、下総の矢造（香取市）を鳥居元忠に、その古河を小笠原秀政に、その関宿を松平康元に、その相馬を土岐定政に、その蘆戸（旭市）を木曾義就に、上総の緒滝（大多喜町）を本多忠勝に、その久留里を大須賀忠政に、その鳴渡（鳴戸もしくは成東、山武市）を石川康通に、その佐貫（富津市）を内藤家長に、上野の碓氷を酒井家次に、その厩橋を平岩親吉に、その大胡を牧野康成に、その吉井（高崎市）を菅沼定利に、その阿布（阿保、太田市周辺か）を菅沼定盈に、その那波（伊勢崎市）を松平家乗に、その宮崎（小幡、甘楽町）を奥平信昌に、その藤岡を松平康貞に、その白井を本多広孝に、その館林を榊原康政に、その箕輪を井伊直政に賜った。

直政・康政・忠勝はみなそれぞれ十万石を食み、忠世・元忠・康元はみなそれぞれ四万石を食んだ。その他の者たちも（その功績に応じて）各々差のある所領配分を受けた。

徳川家の譜代と外様の武士を合わせて、分けて五隊とし、直政・忠勝・康政・康通・親吉にこれら隊の統率をさせた。またこれらに交代で京の警護をさせた。北条・三浦・木曾・保科・久能・岡部の諸族にみな（新たに）所領を与え、みなにその領地に赴くことを促した。（そのため）役人に命じて（新領地への）遠近（人数・物資の）軽重を「度」勘案して、移転に必要となる費用を支給させた。家臣たちはみな移転の労苦を忘れた。

八月一日に諸将の国分けが確定されたのは、「八朔」（豊作祈願のための「田の実の節句」。「田の実」と「頼み」が通じることから、この日農村ではよく頼み事をする相手に贈り物をする習慣があった）の祝いに結びつけられたと考えられている。
少なくとも井伊直政・本多忠勝・榊原康政の三人の知行地と石高については、豊臣政権の干渉があったとされる。

十月、使を京師に遣し、五州の地を致す。秀吉、その神速に服す。江戸の地、東は隅田河を帯び、南は海湾を控へ、西北は武蔵野に接す。上杉氏の将太田道灌《どうかん》といふ者、始めてこれに城《きず》く。而して平衍沮洳《へいえんしょじょ》、蘆葦叢生《ろいそうせい》し、城郭隘陋《じょうかくあいろう》、船板《せんばん》を用ひて階となすに至る。本多正信白《もう》して曰く、「これ以て外賓《がいひん》に視《しめ》すべからず。請ふ、これを更《か》へん」と。大納言哂《わら》つて曰く、「汝乃ちこの婦女の見《けん》を執《と》るか。土木の事、徐《おもむ》ろにこれを議せんのみ」と。乃ち地勢に因つて、士民を区処《くしょ》し、大番士《おおばんし》に賜ふに、西北の地を以てす。高きを鏟《けず》り卑きを塡《うず》め、以て第宅《ていたく》を置く。東南に渠《きょ》を鑿《うが》つて淤《お》を疏《そ》し、泥土《でいど》を畚《ひ》き、街市《がいし》を起し、以て運漕《うんそう》の道を通ず。復た板倉勝重を以て奉行となし、諸〻の制度、尽《ことごと》く北条氏の旧に因つて、その煩苛《はんか》の者を除く。国内大に服す。秀吉の東下《とうか》するや、人あり、佐藤忠信の冑《かぶと》を献ず。曰く、「今日、これを被《き》るに当る者は本多忠勝なり」と。乃ちこれを忠勝に賜ふ。忠勝の長子忠政、その父に謂つて曰く、「忠信は源九郎の従僕のみ。大人、徳川氏の将領を以てその冑を被り、栄となすか。亟《すみや》かにこれを還《かえ》せ」と。秀吉の西還するや、本多重次の無礼を銜《ふく》み、我に諷《ふう》してこれを罰せしむ。大納言、已《や》むを得ず、これを上総の小原《おはら》に置き、潜《ひそ》かに三千石を給して、時に人をしてこれを慰問せしむ。尋《つ》いで病んで卒す。この月、陸奥、出羽の寇《こう》起る。伊達氏、陰《ひそ》かにこれを助く。蒲生氏郷ら、来つて援を我に

乞ふ。弾正少弼、西還して、途に変を聞いて亦た来り乞ふ。乃ち結城秀康、榊原康政を遣して
これに赴かしむ。

十月、（家康は）使者を京に遣わして、旧領五ヵ国を引き渡す手続きを完了した。秀吉はその手際のあまりの速さに感服した。

江戸の地は、東に隅田川が流れ、南に海を控えて、西北は武蔵野へと続いていた。（扇ヶ谷）上杉氏の部将・太田道灌という者が最初にこの地に城を築いた。しかし、（その土地は）「平衍」平坦に広がった「沮洳」低湿地で葦が生い繁り、城郭は「隘陋」狭くてむさ苦しく、船板を用いて「階」入り口のきざはしの代わりとする有様であった。本多正信が建白して言った。「これでは他国の客に見せることはできませぬ。なにとぞ建て替えのご検討を」と。家康は冷やかすように笑って言った。「その方はなんとまた女子供のようなつまらぬ見栄を張るものかな。土木の事は徐ろに評議すればよいことよ」と。

そこで、江戸の地勢に則って、武士と庶民の住む場所を区分し、大番組（市中警護に当たる旗本）に西北の地を与えた。「鏟高塡卑」高い土地を削り低い土地を埋め立てて地均《ならし》し、それからそれぞれの屋敷を建てた。東南には「鑿渠」溝を掘り（水捌けを良くし）、「疏淤」泥土を浚渫《しゅんせつ》しそれを車で運び出し、町や市場を建設し、そうして（物流のための）漕運の水路を開通した。また板倉勝重を奉行とし、諸制度を旧領主の北条氏の慣習や法令に倣い、その上で煩瑣で苛酷なもののみを取り除いた。国内は（徳川氏の政治に）大いに心服した。

秀吉が（小田原征伐のために）東国に下った時、ある人が佐藤忠信の冑を献上した。秀吉は言った。「今日、この冑を被るべき者は本多忠勝である」と。そこで忠勝にこの冑を下賜した。忠勝の長子・忠政が父に向かって言った。「忠信は源九郎義経の従僕に過ぎませぬ。徳川のお家の宿将たる父上が、この冑をお被りになるのは、そも栄誉と申せましょうや。すみやかにお返しになるがよろしかろうと存じまする」と。また、秀吉が西に還るおり、本多重次の（度重なる）無礼を「銜」（「ふくむ」と読む）腹に据えかねて怨みに思い、家康に重次を罰することを「諷」遠回しに指示した。家康はやむを得ず、重次を上総の小原に蟄居の体《てい》にした。密かに三千石を扶持し、ときどき人をやって慰問させていた。（重次は）「尋」ほどなく病を得て亡くなった。

この月、陸奥と出羽で一揆が起こった。伊達氏は陰でこれを支援していた。蒲生氏郷らは江戸に来訪して家康に来援を請うた。浅野長吉は西へ還る途中で一揆の報を聞き、こちらもやって来て援軍を依頼した。そこで結城秀康と榊原康政を東北に赴かせた。

ここでも書かれているように、従来、家康が来た当時の江戸は荒涼たる寒村であったとされてきたが、近年の研究により、川越街道や利根川荒川の水運を擁する交通の要衝として、既にかなりの繁栄を見せていたことが判ってきた。

『家康、江戸を建てる』という小説やドラマが数年前に話題になった。治水工事・貨幣鋳造・飲料水の確保・江戸城の石積み・天守の建設にそれぞれ奮闘する家康を巡る技術者についての物語であった。

本多作左衛門重次がこの『日本外史』の「徳川氏正記」に初登場したのは弘治三（一五五七）年。

現時点の「江戸入府」（一五九〇年）から遡ること三十三年の昔になる。それは、家康の初陣である寺部城の戦いで重次が一番乗りを果たしたくだりであった。

頼山陽は、次に岡崎三奉行の一人「鬼作左」として焦点を当てる。さらに年老いてからがむしろ重次の真骨頂である。家康の次男・荻丸（秀康）を庇護し傅育するくだり、家康に「疔」の治療を命懸けで説得するくだり、虚言を以て息子を大坂から取り戻すくだり、家康に万一あれば大政所を焼き殺そうとするくだり、秀吉に決して心を許さないくだり、そして主君に遠慮会釈無く悪態を吐《つ》きまくるくだりと続く。

重次は、鳥居元忠や大久保彦左衛門忠教と並んで三河武士の典型として挙げられる場合も多いが、私はむしろ彼らこそが、その遺した逸話や著作により、後世における「三河武士」像を造形したのではないか、と想像している。重次の忠義は、見栄と意地と子孫繁栄という武士の原理に何より正直である。その忠義には「照れ」は一切窺えず、ぬけぬけとした「衒《てら》い」だけが常に付き纏ってい る。己をひけらかしてこその武士だからだ。また、彼の忠義はいつも正誤いずれの意味でも「確信犯的」と言えるだろう。

つまり、正しいとの信念で断行する忠義もあれは、非道と誇られることを承知の上で敢行する忠義もあった。そもそもが有能な司法行政官僚であり、妻子への濃やかな心遣いを怠らない重次が、事の情理を弁えていないはずはないのである。だが、直言諫争《かんそう》の家臣の行き着く先が、必ずしもその功績に相応しい境遇であるとは限らない。

本多重次は結局、ここにあるように捨て扶持（にしては多いが）三千石で上総に蟄居の身となった。

この沙汰は、終に秀吉の不興を買った挙句の豊臣家の圧力によるもの、ということになってはいるが、あるいは家康自身に、その扱いにほとほと閉口し、身辺から遠ざけてしまいたいとの気持ちが無かったとは言えない。また周囲の同僚たちも、表向きその忠義を誉めそやしはするものの、内心でこれ見よがしの正論の押しつけを冷ややかに眺めていた可能性はある。柵《しがらみ》で雁字搦《がんじがら》めの自分たちを暗に責めているように感じたこともあったかもしれない。史実では、重次はこの六年後に、二度目の蟄居先の下野で死ぬ。しかし、報われずに生涯を了《お》えることが「忠臣」の条件であるとするなら、本多重次にも「以って瞑すべし」という言葉を贈るべきなのだろう。

ちなみに幕府は秀忠時代の一六二四年に、本多重次の嫡男で「おせん泣かすな」の仙千代こと本多成重を、越前丸岡四万六千三百石の譜代大名として取り立てた。徳川家は、ようやく重次の功労に報いたと言える。

十二月、秀吉、甥秀次を遣して東伐し、石田三成をして来つて親出《しんしゆつ》を請はしむ。この歳、世子、従四位下に叙し、侍従に任ぜらる。秀康、封を襲いで十万石を食《は》む。忠吉、従五位下に叙し、下野守に任ぜらる。信吉、下総の小金《こがね》に封ぜられ、三万石を食む。故《もと》の世子信康の女《むすめ》を以て小笠原秀政に妻《めあ》はす。秀政は貞慶《さだよし》の子なり。

十二月、秀吉は甥の秀次を遣わして東北征伐をさせ、石田三成に来訪させて家康自ら出陣することを請わせた。この年、世継ぎの秀忠は従四位下に叙されて侍従に任ぜられた。秀康は養父・結城晴朝の領地十万石を襲封し、忠吉は従五位下に叙されて下野守に任ぜられ、信吉は下総の小金に封ぜられて三万石を食んだ。前の世継ぎ・信康の娘を小笠原秀政に娶せた。秀政は貞慶の子である。

朝鮮出兵

十九年正月、八国の将士、皆正《せい》を江戸に賀す。大納言、親ら出でて岩築に至り、乱平ぐと聞いて乃ち還る。伊達氏に勧めて入謝《にゆうしや》せしむ。閏月《じゆんげつ》、京師に如《ゆ》く。二月、天子、これに御香《ぎよこう》を賜ひ、勅《ちよく》して、入朝して花を禁園《きんえん》に観《み》しむ。三月、東に帰る。五月、陸奥復た乱る。六月、秀吉、復た人をして来つて東北の諸将を節度せんと請はしむ。七月、親征《しんせい》す。井伊、本多、榊原、各〻一軍に将として従ふ。八月、岩手に軍し、九月、尽く陸奥を定め、十月、江戸に還る。最上義《よし》光《あき》、世〻《よよ》出羽の山形に主たり。織田、豊臣氏に通ず。大納言、輒ち為めにその名家《めいか》なるを説き、善くこれを遇せしむ。義光、深くこれを徳とす。ここにおいて、その次子《じし》を以て我に臣とせんと請ふ。乃ち名を家親《いえちか》と賜ひ、これを侍従に属せしむ。この月、侍従、左近衛少将に転じ、武蔵守を兼ぬ。尋《つ》いで右近衛中将に遷《うつ》る。ここに於て、海内尽く定り、将に無為に休息せんとす。而して秀吉、汰侈《たし》事を喜ぶ。諸〻の軽鋭《けいえい》の小人、旨《むね》を承けて進説《しんぜい》す。その愛児の死するに会ひ、兵を朝鮮に用ひ、以て自遣《じけん》せんと欲す。浮田秀家、首《しゆ》としてこれを慫慂《しようよう》す。乃ち関白職を秀次に譲り、自ら太閤《たいこう》と称し、行営《こうえい》を肥前に建て、人をして、来つて我に告げしめて来会せしむ。木を伊豆に伐《き》り、以て舟艦《しゆうかん》を造る。海内騒然たり。諸将、皆心にその非を知れども、敢て匡払《きようふつ》するなし。十一月、中将、参議に陞《のぼ》り、前職を帯《たい》す。

天正十九（一五九一）年。「汰侈事を喜ぶ」は、分不相応に驕って周りを驚かすような大きい事をするのを喜んだ、といった意味。「軽鋭の小人、旨を承けて進説す」は、軽率で小賢しいつまらぬ人間たちが秀吉の歓心を買うような話を頻りに説いて聞かせた、といった意味。

家康が政宗に入朝を勧めたというのは、東北の「葛西大崎一揆」への関与を秀吉に釈明させるためである。政宗は、一揆煽動の文書が偽物であると強弁して一応認められるが、出羽米沢七十二万石から陸前岩出山（関ヶ原後、居城を仙台に移転）五十八万石に減転封された。

最上義光の最上氏は、室町幕府の三管領の一つ斯波《しば》家の分家で、代々羽州探題を世襲できる家柄であった。彼自身が目端の利く人物で、早くから中央の動向には機敏に対応していた。家康個人とはおそらくかなり馬が合ったのだろう。関ヶ原の九年も前から次男（家康の偏諱を拝領して「家親」）を徳川家の人質にしている。徳川家もその後、最上氏を他の外様とは少し違う目で見るようになったふしがある。

本文では触れていないが、この年の四月に秀吉は突然千利休に切腹を申し付けている。明確な理由は今に至るまで不明。秀吉は、前年に豊臣一族で唯一無二の存在であった弟・秀長を病で失っていた。その秀長が、この五年前に秀吉に救援を求めて来た豊後の大友宗麟《そうりん》に「公儀のことはそれがしに、内々のことは宗易（利休）に」と忠告したほど、利休は秀吉の全幅の信頼を受けていたのである。いずれにせよ、豊臣政権はその両輪を立て続けに失ったと言ってよい。本文に「敢て匡払するなし」（秀吉を）正しい意見を言って補佐する人がいなかった、と言うのは、つまりそういうことである。

朝鮮出兵の理由についても諸説紛々、当然私の手には負えないし、紙幅も足りない。このくだりでは愛児・鶴松の死の悲しみを紛らわすため、宇喜多秀家の「慫慂」強い勧めのため、ということになっている。

秀吉は肥前名護屋に朝鮮出兵のための前線基地を作り、全国の大名にそこへ参陣するよう命令を発した。伊豆の木材を切り出して船を造ることも怠らなかった。出兵の計画が思い付かれてから現実化していくまでのこの尋常一様ならざる速さは、絶大な独裁権力以外の為せる芸《わざ》ではない。

文禄元年二月、大納言、榊原康政に命じ、参議を輔《たす》けて処守せしめ、而して自ら兵万五千に将として西行《せいこう》し、伊達、佐竹、南部、最上の諸将を率ゐて肥前に会す。この月、松平家忠を下総の小美川《おみがわ》に徙《うつ》し、忍《おし》を以て下野守忠吉に封ず。三月、五郎信吉を下総の佐倉に徙し、各〻十万石を食ましむ。尋《つ》いで外孫《がいそん》奥平忠明を上野の小幡《おばた》に封ず。四月、浮田秀家ら、兵に将として朝鮮に入る。七月、大納言、遥かに松平家忠に命じて、江戸城を修拓《しゆうたく》せしむ。参議、京師に如《ゆ》く。九月、参議、中納言に遷《うつ》り、従三位に進む。十二月、江戸に還る。これより先、京師の儒人藤《じゆじんふじ》原粛《わらしゆく》、秀吉に忤《さから》ひ、これを肥前に避《さ》く。豊臣秀秋、これと故《こ》あり、迎へてこれを客とす。大納言、その名を聞き、時にこれを幕中《ばくちゆう》に延《ひ》いて、古道《こどう》を諮詢《しじゆん》す。

文禄元（一五九二）年。二月、さっそく家康は東北の大名たちを率いて肥前の名護屋城に参陣した。

藤原惺窩《せいか》（「肅」「しゅく」は諱）は、公家の冷泉家出身（藤原定家の十二世の子孫）の「近世日本儒学の祖」と称される人物である。この時は三十歳をわずかに越えたばかり。その彼が朝鮮出兵をめぐり秀吉に「忤」逆らって肥前に逃れていた。そして秀次が「故」親交があったのでこれを庇護した。家康との繋がりもこの名護屋で始まったとされる。

ちなみに「惺窩」という号は、後年の弟子・林羅山によると、北宋の儒学者・謝良佐《しゃりょうさ》の「惺惺《せいせい》の法（心を惺まして道理を悟る方法）」から採っている。「窩」とは彼が伏見に別荘を構えていたことから「棲み家」のこと。まだこの頃は「舜首座《しゅんしゅそ》」という相国寺の禅僧の名前で呼ばれていたはずである。

　二年三月、江戸の土功《どこう》、竣《おわり》を告ぐ。これより先、外征の諸将、朝鮮を取り、過ぐる所残滅《ざんめつ》す。明氏、軍を出してこれを援け、連戦決せず。黒田孝高《よしたか》、行営に在り。議して以為《おも》へらく、元帥《げんすい》、その任に堪へず。その任に堪ふる者は新田公、不《しか》らずんば則ち前田利家、若《も》しくは孝高のみ、と。秀吉、また功成らずして内変あるを慮り、諸将を会して宣言す、「自ら前田利家、蒲生氏郷と、三軍を将《ひき》ゐて朝鮮に入り、而して大納言を留めて国を守らしめんと欲す」と。大納言即ち辞色《じしょく》を奮つて従行を願ふ。弾正少弼、秀吉を極諫《きょくかん》す。秀吉怒り、手づからこれを斬《き》らんと欲す。諸将救つて止《や》む。秀吉、少弼を斥《しりぞ》けて見るを許さず。肥後の寇《こう》起るに会ひ、秀吉乃ち悟《さと》る。大納言、少弼を携へて入り謝せしむ。少弼の長子左京大夫《さきょうのだいぶ》をして寇を討たしめ、本多忠勝を以て助けしめてこれを平ぐ。浅野氏、嘗てその臣金幣《きんぺい》を偽造するに坐し、罪を獲たり。大納言、潜かにその家に往き、実を審《つまびら》かにして為めにこれを白《もう》す。事以て寝《や》むを得たり。日に益〻親善なり。八月、秀吉の庶子《しょし》秀頼生る。秀吉、大に喜び、東帰す。大納言は西より、中納言は東より、皆往いてこれを賀す。豊臣氏の将吏《しょうり》朝鮮に在るは、窃かに帰志を懐《いだ》き、秀吉を罔蔽《ぼうへい》し、曲《ま》げて和議を成し、兵を弭《や》めて還《かえ》る。十月、大納言、江戸に還り、藤原粛《しゅく》を聘《へい》し、待《たい》するに賓礼《ひんれい》を以てし、講論益〻力《つと》む。

文禄二（一五九三）年。三月、軍目付《いくさめつけ》として朝鮮に渡った黒田孝高は、宇喜多秀家の統率ぶりを観て総大将の任には堪えぬと判断した。その務めを果たすことができるのは、まず家康、さもなくば利家もしくはこの自分しかいない、と秀吉に報告した。

秀吉は利家と氏郷を引き連れて自身で朝鮮に渡ろうとしたところ、家康は顔色を変えて同行することを願い、浅野長吉は口を極めて諫めた。秀吉は長吉を手討ちにしようとしたが、その場にいた諸将が止めた。肥後に一揆が起こり、秀吉は自分の非を悟った。家康は、長吉とともに秀吉に謝って長吉をとりなしてやり、長吉の嫡男・幸長《よしなが》の肥後一揆鎮圧を忠勝に助けさせ、のちに浅野氏が貨幣偽造の罪に連座すると浅野のために申し開きをしたので、両家の間は日を追うごとに親密さを増していった。

八月、秀吉に「庶子秀頼」が生まれたと記す。確かに淀殿は側室なので「庶子」には違いない（近年では、淀殿は秀吉が複数持つことを許された「正室」の一人との説もある）。ここの「豊臣将吏」とは、明らかに石田三成と小西行長を指している。「弭兵」とは戦争をやめること。

それにしても、のちの関ヶ原西軍陣営を貶める記述が目につく。頼山陽は、宿敵は魅力的なほどドラマツルギーに適うという原理を直感で悟ってはいなかったのか。ただ安直な因果応報の勧善懲悪に引き摺られたのか。

十月、家康は藤原惺窩を江戸に招き、礼を厚くしてその『貞観政要』の講義を聴いた。『貞観政要』とは、唐の太宗・李世民の、家臣の魏徴・房玄齢・杜如晦《とじょかい》らとの政治問答を中心とした言行録である。「創業は易く守成は難し」という言葉が最も有名だが、そこの部分は「創業も守成もともに困難な事業だが、創業の時代は終わった。これからの守成の時代を君たち家臣と乗り切っていきたいと思う」と言った方がより正しいだろう。

私自身は、魏徴の「願わくは臣をして良臣ならしめよ、忠臣とならしむなかれ」という言葉が最も心に響く。「良臣は、身をして美名を得しめ、君をして廟号を受けしめ、子孫世に伝え、福禄限りなし。忠臣は、身に誅夷を受け、君は大悪に陥り、家国並びに滅び、独りその名有り」と。問題は、魏徴が『唐詩選』の「述懐」という詩で「人生意気に感ず、巧妙誰か復た論ぜん」と謳うような人物であるということである。「忠臣とならしむなかれ」との逆説を果たして強烈な皮肉と捉えるかどうかは読む人次第、という辺りがまたいっそう佳いではないか。

三年春、秀吉、大に伏見に城《きず》き、諸国に課して役《えき》を助けしむ。大納言、榊原康政をして管内の将士に諭さしめ、徭銭《ようせん》を貸し、役丁《えきてい》を出す。尋《つ》いで自ら西上して監視す。秀吉、これを要して、共に吉野に遊ぶ。四月、永井直勝、五位に叙せられ、右近大夫《うこんのだいぶ》となる。大納言の肥前に在るや、秀吉、その営を過ぎて与に語る。直勝出でて茗《めい》を進む。秀吉問うてその名を知る。曰く、「これ往年、池田を獲し者か」と。因つて大納言に問うて曰く、「爾時《そのとき》、吾れ、卿と塁を対す。卿、何を以て我が重壕《ちょうごう》の兵を攻めざりしか」と。対へて曰く、「楽田の兵、夾《はさ》んでこれを撃たんことを慮りしなり。抑〻《そもそも》公も亦た何を以て来り戦はざりしか」と。秀吉、掌を拊《う》つて曰く、「吾れ、誠に餌兵《じへい》を壕に置き、卿の来るを竢《ま》つて夾んでこれを殲《つく》さんと欲す。故に往いて戦はざりしのみ」と。諸将の傍聴する者、皆悦服《えつぷく》す。秀吉、ここにおいて、来つて直勝に冒《おか》すに豊臣氏を以てせんと請ふ。遂にこの命あり。大納言の二女、北条氏に適《ゆ》いて寡《か》たり。秀吉自ら媒《ばい》し、再び池田信輝の子輝政に嫁し、以てその憾《うらみ》を釈《と》く。次年、また三女を以て蒲生氏郷の子秀行に嫁す。九月、大久保忠世卒す。子忠隣《ただちか》嗣ぎ、小田原を守つて世子の傅《ふ》を兼ぬ。

文禄三（一五九四）年。春、秀吉は伏見に大きな城を築き、そのために全国の大名に手伝い普請をさせた。家康が自領から派遣した人夫たちの仕事ぶりを監督視察するために上洛すると、秀吉はそれを待ち受けていて、誘ってともに吉野に遊んだ。

四月、池田恒興《つねおき》を討った永井直勝と面会した秀吉は、それをきっかけに家康と往時の小牧の役について会話を交わした。秀吉「「爾時」あの折、余は大納言と土塁を隔てて対峙しておったが、そなたはなにゆえ余の二重の濠の兵に攻めかかろうとはしなかったのかのう」。家康「楽田の兵と濠の兵に挟み撃ちにされることを気にしておりました。「抑」そもそも殿下はなにゆえ攻めて来られなかったのでしょうか」。秀吉は掌を拍って「まことそなたの申す通り、余は濠に囮の兵を置いて、そなたの兵が出てきたら挟み撃ちにして皆殺しにしてやろうと思うておったんじゃ」。

諸将は両雄の戦の駆け引きを聴いて悦び感心することしきりだった。秀吉は北条氏直の寡婦となっていた家康の次女・督姫を池田輝政に再嫁させて、父を討たれた輝政の徳川への蟠《わだかま》りを解き、翌年には、三女の振姫を蒲生氏郷の嫡男・秀行に嫁がせた。

九月、大久保忠世が亡くなった。六十三歳。家康のちょうど十歳年長である。忠世と言えば、鉄砲隊を率いて弟・忠佐と奮戦し信長に激賞された長篠の戦いが最も印象に残る。十八歳下の異母弟に彦左衛門忠教がいる。本多正信の徳川家帰参に尽力したと云われるが、自分の死後、その本多正信・正純父子と嫡男・大久保忠隣の間に幕府内での熾烈な権力闘争が勃発し、それが大久保家の命運を左右することになる。忠世には到底想いも寄らなかったことであろう。

秀次事件

四年、大納言、中納言、少将共に京師に在り。大に秀吉を饗す。秀吉既に秀頼を生み、秀次を廃せんと欲す。秀次、素《もと》より淫虐《いんぎゃく》、石田三成、増田長盛ら、従つてこれを構《こう》す。五月、大納言、東還し、中納言を京師に留め、これを戒めて曰く、「秀次将《まさ》に禍《わざわい》に及ばんとす。即《も》し来り誘《いざな》ふも、慎んでこれに応ずるなかれ」と。七月、秀吉、伏見より使を京師に使し、聚楽《じゅらく》の第《てい》に就いて秀次を詰《なじ》らしむ。秀次誓つてこれを遣《や》る。事已に迫るを以て、我が中納言を取つて質《ち》となし、因つて我が兵を抜《ひ》き自ら援けんと欲す。即夜《そくや》五更、人をして来り言はしめて曰く、「関白、朝《ちよう》餐《さん》を供せんと欲す。請ふ、速《すみや》かに来れ」と。土井利勝答へて曰く、「世子未だ起きず。当《まさ》に起くるを竢《ま》つてこれを告ぐべし」と。使者去る。利勝、大久保忠隣に告ぐ。忠隣これをして奉じて伏見に奔《はし》らしむ。従者六人、間道《かんどう》を取らんと議す。利勝、直に大路《おおじ》より南に馳す。使者復た来り促す。忠隣、故《ことさら》にこれを留め、中納言已に遠きを度《はか》り、乃ち出で見《まみ》えて曰く、「世子、早《つと》に茶会の約あり。伏見に赴けり」と。秀次これを聞いて大に悔《く》ゆ。秀吉、中納言の来《きた》るを見、悦んで曰く、「真に新田公の子なり」と。乃ち書を以て変を江戸に告ぐ。大納言即ち発す。途《みち》に秀次已に殺さると聞き、程《てい》を兼ねて至る。秀吉、大に喜ぶ。秀吉、素より刑殺《けいさつ》を嗜《たしな》む。老《ろう》に及び、喜怒測られず。秀次の獄《ごく》を治《ち》するに至つて、尤も惨酷を極む。

文禄四（一五九五）年。秀吉は、秀頼が生まれて以来秀次の存在を疎ましく思い、これを後継者の地位から外そうと考えていた。石田三成や増田長盛らはその意図を汲んで、秀次の行状（の噂）を事あるごとに讒言した。

五月、家康は東へ還る時、秀忠を京に留め戒めて言った。「関白殿下に禍が及ぼうとしておる。もし誘いが来ても応じてはならぬ」と。七月、伏見城の秀吉から聚楽第の秀次に詰問の使者が送られてきた。秀次は起請文を出したが、自分の身に危険が迫っていることを知ると、秀忠を人質に取って家康の軍勢で自分を援助させようとした。翌朝の午前四時、使者を秀忠のもとに送って朝食に誘ったが、土井利勝と大久保忠隣の連携で密かに秀忠を伏見の秀吉のもとへ送り届けさせた。秀次は悔しがり、秀吉は喜んだ。

　この事を江戸に報告すると家康はすぐに出発し、その途中で秀次が既に殺されたことを聞いて「兼程」昼夜兼行で伏見にやって来た。秀吉は大いに喜んだ。秀吉にはもともと処刑を嗜好するきらいがあった。年老いて感情が不安定になり、秀次の罪状を審理するに至っては、最も凄惨残酷を極めた。

　ここに「秀次、素より淫虐」とある。この若さで蓄妾三十人は好色と誹られても仕方がない。秀次の「残虐」の方の逸話は『大かうさまくんきのうち』（太閤様軍記の内）という秀吉についての最古の軍記物に始まる。これは歴史学者たちに重んぜられるあの『信長公記』の太田牛一の書いたものではあるが、こちらはあくまで「軍記物」であり、その信憑性はかなり低い。それが江戸時代の『絵本太閤記』になると、秀次は尾鰭の付いた「殺生関白」に成り果てるのである。それらは全て秀次の不可解な滅びを、たび重ねた悪行に由る因果応報の論理で解決しようとする。

　しかし、秀次自身は、本人の環境と研鑽相俟って、古典や古筆の収集・名刀の鑑定（自ら罪人の試し斬りをしていたことが千人斬りなどの俗説に訛伝したか）・茶道・剣術・能楽・連歌などみな、公家たちにも一目置かれる水準に達していたと云われる人物であった。また、彼は長久手での惨敗の印象ばかりが強いが、その後は大軍の統率を大過無く務めており、かつての領国・近江八幡四十三万石での施政も、田中吉政ら家老の指導宜しきはあったであろうが、概ね評判が良い。

　この年秀次は二十八歳。一方の秀頼は三歳で、この時代ではまだ成人に育つかどうかさえ判らないはずである。これまでも家康周辺の歴史的事件を巡って様々な説を見てきたが、この秀次事件に関する諸説に関しては、素人の分際で誠に不遜だが、どれ一つとして心にしっくりきたものが無かった。つまりはそれくらい際立って合理的説明のつけにくい事件なのだろうと思う。

秀吉は、七月八日、秀次を高野山に逐った。それは本来死一等を減じたことを意味する。にもかかわらず、七月十五日、秀次に切腹の命令が下される。ただ、切腹は武士にとっては名誉ある死のはずだ。ところが、八月二日、秀吉は三条河原で、秀次の妻子・侍女・乳母三十九人の首を幼子から順に斬り落とした。穴にはまず子供の遺体が放り込まれ、母たちの遺体が折り重なっていった。その正視に堪えない酸鼻な光景に、見物人はその場に居合わせたことを心から悔いたと云う。さらに穴を埋め立てた上に秀次の首を収めた石櫃を置いて首塚とし、その石塔の碑銘に「秀次悪逆」の文字を刻ませた。

まさに秀吉の、破綻した理屈と得体の知れない情動が、縺れ合うように暴走している。不世出の英雄たる秀吉は晩年を迎えて妄執の老耄と化した。慥かに、それでこの秀次事件の不条理に一応の収まりをつけることはできる。しかし、戦慄すべきことに、私はこの最後のシェルターにさえ避難できずにいるのである。

三成、既に秀次を陥れ、遂に諸将の己《おのれ》に異なる者を連累《れんるい》せんと欲し、伊達政宗、反党《はんとう》たりと誣《し》ふ。秀吉、大に怒り、政宗を伊予に徙《うつ》さんと欲す。政宗、京師の第《てい》に在り。人をして伏見に往《ゆ》かしめ、就《つ》いて大納言の営救《えいきゆう》を請ふ。大納言答へず。使者に食を賜ふ。食し畢《おわ》り、対《こたえ》を請ふ。大納言罵《ののし》つて曰く、「而《なんじ》が主は怯懦《きようだ》、与《とも》に言ふに足らざるなり。且つ若《なんじ》が輩、伊予に徙つて魚に餧《くらわ》さんと欲するか。京中に死して狗に餧さんか。必ず一に居らん」と。因って召してこれを前《すす》め、対《こたえ》を授けて遣帰《けんき》す。既にして伊達氏の兵、皆甲を衷《ちゅう》して譟《さわ》ぐ。京師大に擾《みだ》る。秀吉これを聞き大に驚き、使《つかい》をして政宗を詰問せしむ。政宗、便服《べんぷく》出で迎へ、言って曰く、「臣の僕従《ぼくじゅう》皆曰く、累世《るいせい》の国を失ひ、客土《かくど》に漂泊するは、死するに若《し》かざるなり、と。臣、これを制止すれば、輒ち斥けて怯夫《きょうふ》となす。目下に在る者、猶ほかくの如し。留って国に在る者、その何の状たるを審《つまびらか》にせず」と。使者還り報ず。秀吉これを患《うれ》ふ。大納言親ら往いて申雪《しんせつ》するに会ひ、事遂に釈《と》くるを得たり。最上義光《よしあき》の女、嘗て秀次に侍す。敗に及んで併せ殺さる。三成、また義光を誣《し》ふ。亦た大納言の救ふ所となる。衆皆三成を睚眦《がいさい》す。而して秀吉、これを寵すること益ゝ甚し。三成、権を専にして、復た忌憚なし。独り徳川氏を畏る。

三成は秀次を陥れてからも、秀次と関係が深く自分と意見を異にする武将を、事件の余波に巻き込んで目の前から追い払ってしまおうとした。まず伊達政宗を秀次謀反の一味と誣告した。秀吉は大いに怒り、政宗を伊予に転封しようとした。

政宗は京におり、伏見に使者を遣わして家康に「営救」救う手立てを講じてくれるよう願い出た。家康は答えず、使者に食事を出した。食事が終わると、また返答を請うた。家康は罵って言った。

「その方らの主人は臆病ゆえ何を言っても無駄じゃ。若造は伊予に移されて魚の餌になるか、京で死んで犬の腹を満たしてやるか、そのどちらかしか道は無いわい」と。それから使者を近くまで進ませ対策を授けて送り返した。

「既にして」しばらくして伊達氏の兵がみな甲を着込んで騒ぎ出した。京は大騒ぎになった。秀吉はこれを聞いて大いに驚き、使者を派遣して政宗を問い質した。政宗は平服で使者を迎えて言った。「それがしの家臣どもがみな口々にかよう申すのでございます。『先祖代々の地を失い、見知らぬ地でさすらうくらいなら、死んだ方がましぞ』と。それがしが押し留めますと、殿は臆病者よとすぐに撥ねつけられまする。京におる者たちですらかような有様、国許ではいかなる仕儀となっておるか定かではござりませぬ」と。使者が還って伝えると、秀吉は憂慮した。「会」そこへちょうど家康が自ら伏見に赴いて「申雪」政宗の無実を申し立てたので、謀反関与の疑惑については遂に「釈」（この場合は「解き放つ」の意味）許しを得ることができた。

三成はまた最上義光も誣告した。こちらも家康の救うところとなった。諸将の多くは三成を「睚眦」憎悪の眼差しで睨みつけた。しかし、秀吉の三成への寵遇ぶりはいよいよ甚だしかった。三成は専横を極め、他の誰をも憚ることはなかったが、ただ徳川氏のみを畏れていた。

江戸時代、伊予宇和島に政宗の庶長子・忠宗が入り、十万石の伊達の別家を立てた。

最上義光の娘で美少女の誉高い駒姫十五歳は、秀次の義光への強要によって彼の側室に加えられることになったが、御前に上がる直前に、秀次は追放されやがて切腹の沙汰が下った。ところが、秀吉は駒姫をも例外とせず秀次の係累として無慈悲に処刑した。つまり、義光は秀次と一応姻戚であった上に、秀吉に怨恨を抱いている可能性が高いということになる。

本文には触れられていないが、浅野長吉も秀次事件に連座して没落した人物と言える。それ以前は、秀吉の義弟（北政所の妹を妻としている）として、東国大名の取り次ぎなど豊臣政権の中で三成を凌ぐ地位を占めていたが、この事件をきっかけに奉行衆の一人に事実上格下げされた。

九月、我が中納言、秀吉の旨《むね》を以て浅井氏を娶《めと》る。浅井氏に二姉《にし》あり。秀吉自ら其の長者《ちょうしゃ》を取つて、秀頼を生む。淀君《よどぎみ》と称す。少者は、京極高次に嫁し、後に常光と称す。皆故織田信長の外姪《がいてつ》なり。秀吉の夫人は浅野氏にして、北庁《きたのまんどころ》と称す。淀君の寵を専《もっぱら》にするに及んで、北庁、勢《いきおい》を失ふ。石田三成、増田長盛、小西行長、大野治長ら、皆淀君に附く。加藤清正、福島正則ら、北庁の親属たり。敢て附かず。清正、行長と、並に外征《がいせい》の将となり、功を争つて相ひ悪《あ》し。内旨《ないし》各〻《おのおの》助くる所あり。秀頼生るゝに及んで、諸将益〻淀君に党す。大納言も亦たこれと姻戚あり。而して独り北庁に礼す。

九月、秀忠は秀吉の意向で浅井氏（江、のちの崇源院）を娶ることになった。浅井氏には二人姉がいて、秀吉が長女（茶々）を側室として秀頼を生ませた。淀君と呼ばれていた。次女（初）は京極高次に嫁ぎ、のちに常高院と呼ばれた。みな亡き織田信長の姪に当たる。

秀吉の夫人（正室）の浅野氏（寧）は北政所と呼ばれていた。淀君が寵愛を専らにするに及んで、北政所の勢威は衰えた。石田三成・増田長盛・小西行長・大野治長らはみな淀君に付いたが、加藤清正と福島正則は北政所の親族であったため、決してそちら側には付こうとしなかった。清正と行長はともに朝鮮への外征の将となり、功を争って互いに憎み合っていた。

「内旨各〻助くる所あり」北政所は清正、淀君は行長を、それぞれの内々の配慮で支援した。秀頼が生まれるに及んで、諸将はますます淀君に味方するようになった。家康も（秀忠が淀君の妹を妻にしたことで）淀君と姻戚とはなったが、ただ北政所にのみ礼儀を尽くした。
茶々を「淀君」と呼ぶのは、既に多少の悪意が含まれてしまうのかもしれない。「君」には「遊女」の意味もあるからである。「淀殿」にしても「淀君」にしても、それらの呼称が定着したのは坪内逍遥の大人気戯曲『桐一葉』以降とのことだが、実際この『日本外史』にもこうして「淀君」と出てくる。実際は近年の研究で、北政所と淀殿はそれなりの協調関係にあったとされている。

慶長元年五月、詔《みことのり》して、大納言を以て内大臣となし、正二位に叙す。後二日、入朝す。この日、秀吉も亦た秀頼を以て入朝す。従三位に叙し、中将に任ぜらる。九月、明及び朝鮮の使者、来謁《らいえつ》す。秀吉、来辞の其の望む所に非ざるを以て、復た大に兵を徴《め》す。明春を以て海を済《わた》らんとす。而して吏《り》を行営に置き、復た親ら出でず。十月、酒井忠次卒す。十二月、松平康親、松平家乗を以て大番頭《おおばんがしら》となす。初め内大臣、大番五隊を置き、内藤、永井、栗生《くりう》三家の子弟を以て頭となす。皆万石に満たざる者なり。ここにおいて、二人に諭して曰く、「吾れこの職を以て子を累《わずらわ》す、子必ず心に厭かざらん。然りと雖も、世事《せじ》未だ定らず。中軍の鋒《ほう》、子に非ざれば不可なり」と。また井伊、本多、榊原、石川、平岩の五将に令し伏見に更番《こうばん》し、藤杜《ふじのもり》に頓し、以て非常に備ふ。

慶長元（一五九六）年。家康は内大臣に任ぜられ、正二位に叙せられた（以降、家康の呼称は「内大臣」）。

秀頼は従三位中将。九月、明と朝鮮の使者が来謁したが、秀吉は携えた書状の言葉が自分の望む内容ではなかったので、翌年の春渡海しようと肥前の名護屋本営に役人を置いたが、もはや自身で出向くことはなかった。

十月、酒井忠次が亡くなった。十二月、家康は大番組（江戸における旗本の常備兵力）五隊を設けたが、大番頭とした松平康親と松平家乗の二人だけは万石を超えた大名格であった。家康は「この役目にその方らは満足しておらぬかもしれぬが、世の中が定まっておらぬ今、旗本たちの先鋒を任せられるのはそちたちしかおらんのじゃ」と諭した。

この年の九月、伊予、豊後、そして伏見を中心にマグニチュード七レベルの大地震が起こっている。京や堺の死者は合計千人を超え、伏見城の天守や石垣が損壊した。

三年正月二日、内大臣、吉夢に感じ、潜かに石清水祠《いわしみずのやしろ》に詣づ。この時に当り、内大臣及び前田利家、毛利輝元、上杉景勝、浮田秀家ら、巨藩大老たり。秀吉、嘗て諸侯を会して、秀頼を抱き、室中に闚視《きし》し、問うて曰く、「彼の列座の者、誰か最も畏るべき」と。輝元、状貌《じょうぼう》尤も魁偉《かいい》なり。秀頼、これを指して曰く、「彼最も畏るべし」と。秀吉哂つて曰く、「否《いな》。首座の黧《れい》面翁《めんおう》畏るべきのみ」と。秀吉、内大臣を試みんと欲し、従容《しょうよう》として諸将に語つて曰く、「弓箭《きゅうせん》の事、方今《ほうこん》、乃公《だいこう》に及ぶ者なし」と。諸将皆伏《ふく》して曰く、「誰か敢て殿下を望まん」と。内大臣、色を作《な》して跽《き》して曰く、「某《それがし》ここに在り。殿下未だこの言を出すべからず。殿下独り小牧の事を記せざるか」と。諸将相ひ顧みて駭栗《がいりつ》す。秀吉黙然、起《た》つて内に入る。諸将、交ゞ《こもごも》内大臣に謂つて曰く、「適ゝ《たまたま》聞く所、公、戯《たわむれ》にこれを言ふか」と。内大臣曰く、「否。否。太閤、天下を有すと雖も、弓箭の道に至つては、僕肯《あえ》て一歩を譲らず。譴怒《けんど》に触ると雖も、避けざる所なり」と。頃《しばら》くして、秀吉復た出で、他事を談じて罷《や》む。諸将、皆内大臣は直言を善くすと謂《おも》へり。

慶長三（一五九八）年。正月二日、家康は吉夢を見て感じるところがあり、密かに石清水八幡宮に詣でた。

以前、秀吉が、大名たちを集めた時、秀頼を抱き部屋の中を「闚視」眺め渡して「この中で誰が一番怖いかの」と尋ねると、秀頼は容貌魁偉な毛利輝元を指差し「この人」と答えた。秀吉は哂って言った。「一番手前に座っている「黧面」顔の黒いお爺《じじ》だけが怖い人なんじゃよ」と。秀吉は家康を試してみた。秀吉は「従容」落ち着いた調子で諸将に語りかけた。「「弓箭の事」戦にかけて今の世に余に及ぶ者はおるまい」と。諸将はみな「誰が殿下の（お強さを）望めましょうや」とひれ伏したが、家康は顔色を変えて「踞」上体を起こして言った。「それがしがここにおりまするぞ。殿下はかようなことを仰ってはなりません。殿下お一人が小牧の役を憶えていらっしゃらぬのでしょうか」と。諸将は顔を見合わせて驚き慄いたが、秀吉は何も言わずに立ち上がり奥に入っていった。諸将は代わる代わる家康に尋ねた。「「適」たまたまただ今耳に致しましたことは、内府がお戯れになられたのでございましょうや」と。家康は答えた。「いいや、いいや、太閤殿下が天下をそのお手になさっていようと、戦のことにかけてはそれがしは一歩もお譲りするわけに参りませぬ。たとえお怒りに触れようとも、避けることはできかねるのでござる」と。しばらくして秀吉がまた出てきて、他の話題を談じてその集まりはお開きになった。諸将はみな、家康という人が相手によらず直言できる人なのだ、と思った。

家康はこの太閤薨去の年、どんな「初夢」を見たのか。家康はなぜ「密かに」石清水八幡宮への「初詣」を済ませたのか。それを想像してみるとたいへん興味深い。だが、ここはいかにも小説的な記述であろう。まるで家康の毛穴から野心の黒い煙がぶすぶすと立ち上っているのが見えるかのようだ。最近の歴史研究者の見方とは違っているのかもしれないが、私は家康のこの時の地位と権力から言って、むしろその方が自然であるように想う。

「騎虎の勢い」という言葉がある。家康は、頼山陽の所謂「勢」という疾走する猛虎に、既に騎乗してしまっているのだ。これから「機」を捉えて右へ左へと操っていかねばならない。迂闊にそこから降りようとすれば、その「勢」の虎に喰い殺されるだけである。

この年の三月に、秀吉は醍醐寺三宝院裏の山麓に、約千三百人を招待して七百本余りの桜を愛でる「醍醐の花見」を盛大に催した。九州平定直後の「北野の大茶会」と並ぶ秀吉治世における一大イベントである。そしてこれが秀吉最後の祭りとなった。

秀吉、病に罹る

秀家ら再び朝鮮を伐ち、明人と戦つて決せず。外師興《がいしおこ》つてよりここに至るまで前後七年。丁壮《ていそう》は軍旅《ぐんりよ》に苦しみ、老弱は転漕《てんそう》に罷《つか》る。秀吉も亦た自ら倦《う》み、乃ち軍事を度外に置き、独り秀頼及び諸姫侍《しよきじ》と日に宴楽《えんらく》をなし、奢侈《しやし》を窮極し、嬚《いやしく》も快を一時に取る。性素《せいもと》より土木を喜ぶ。天下未だ定らざるの時、方広寺を建て、大仏を造り、材を諸道に索《もと》め、費鉅万金《ついえきよまんきん》を累《かさ》ぬ。震《しん》に遇つて崩る。この年五月、復た更にこれを造らんと欲す。疾に罹《かか》つて止む。ここにおいて、豊臣氏の紀綱《きこう》、寖《ようや》く弛む。その中軍の将士、諸牧伯《しよぼくはく》と互《たがい》に相ひ讐視《しゆうし》す。

秀家らは再び朝鮮に攻め入り、明軍と戦って決着がつかなかった。朝鮮出兵が始まってこの年に至るまで前後七年、「丁壮」徴兵された兵たちは行軍に苦しみ、老人や兵に適さぬ者たちは「転漕」水陸で兵糧を運ぶことに罷《つか》れ果てていた。秀吉自身もまた厭き厭きとしていて、戦のことはもはや「度外」眼中になく、ただ秀頼や侍妾たちと毎日酒宴に耽り贅沢を極め、一時の快楽に身を委ねていた。

秀吉はもともと土木建築を好む性向があり、天下の未だ定まっていなかった時に、方広寺を建立し、大仏を造営した。諸国から資材を調達し、（そのために）巨万の富を費やしたが、地震に見舞われ寺は崩壊してしまった。この年の五月、秀吉はその方広寺を再建しようとしたが、病に罹って沙汰止みとなった。ここにおいて豊臣氏の法令や統制は「寖《ようやく》」（「次第に」といった意味）弛緩し、「中軍」旗本と「牧伯」大名たちは互いを敵視するようになった。

この時は発病で中止となったが、方広寺の再建は秀吉の遺志と言っていい。この方広寺が、いずれ歴史を動かすことになる。

六月、秀吉、疾篤《やまい》し。奉行浅野弾正少弼、石田三成、増田長盛、長束《なつか》正家、前田玄以を召して曰く、「聞くが如くんば、諸侯、麾下《きか》と郤《げき》あり、と。これ大乱の本なり。宜しく相ひ協和して以て冲子《ちゅうし》を翼《たす》けしむべし」と。十六日、五人乃ち大に内外の牧伯《ぼくはく》、将吏《しょうり》を会して旨《むね》を伝ふ。衆対へて曰く、「心を協《あわ》せて嗣君《しくん》を奉ずるは、則ち敢て命を奉ぜざらんや。私憾《しかん》に至つては、各ゝ由る所あり。輒ち聴従《ちょうじゅう》する能はず」と。告諭《こくゆ》すること再三。終に肯《がえ》んぜず。秀吉乃ち内大臣を召し、これに告げて曰く、「願はくは以て卿を煩さん」と。内大臣乃ち出でてこれを諭す。衆対ふること初の如し。内大臣、色を作し声を励して曰く、「公ら、已に心を協せて上《かみ》を奉ずと言ふ。心を協せて上を奉ずる者、猶ほ私怨《しえん》を挟《はさ》むか。果して私怨を挟まば、これ弐《じ》を懐くなり。安《いずく》んぞ其の上を奉ずるに在らんや」と。衆、屈服頓首《とんしゅ》して曰く、「唯《い》、唯。謹んで命を奉ぜん」と。内大臣入り報ず。秀吉、大に喜び、五人に命じて、大に衆を饗せしむ。衆復た坐位を争ひ、雑席《ざつせき》して食《くら》ふ。酒行《や》るに及び、皆次《じ》を離れて忿諍《ふんそう》す。中村一氏、生駒親正、旨を伝へて周旋す。定むる能はず。復た入りて内大臣に告ぐ。内大臣復た出で、跽《き》して剣を按じて曰く、「公ら、家康を売るか。家康、公らの言を以て、太閤に報ず。太閤乃ち喜んでこの饗を賜ふ。公ら猶尚《なお》かくの如し。売るに非ずして何ぞや。挙坐《きょざ》皆我が仇敵なり。我れ誓つて一人を縦《ゆる》さず」と。因つて五人を顧み、趣《うなが》して諸門を閉《とざ》さしむ。一坐、讋服《しょうふく》し、敢て声を出すなし。浅野、中村傍《かたわら》よりこれを慰藉《いしゃ》し、衆をして罪を謝せしめ、更に献酬し、歓をなして罷《や》む。明日、秀吉、これを聞き、内大臣を召して曰く、「疇昔《ちゅうせき》の事、古の名将と雖も、過ぐる能はず。卿の威信、素より衆に著《あらわ》るゝに非ずんば、則ち安《いずく》んぞ能くかくの如くならんや」と。涕《なんだ》を垂れてこれを謝す。

六月、秀吉の病は重篤になった。五奉行を召し出して言った。「聞くところによると、大名たちとその方たちは仲違いをしておるらしいの。これは大乱の元じゃ。よくよく互いに心を合わせ力を一つにして我が「冲子」幼子を輔翼していってくれ」と。十六日、五人は、内外の大名・将士・役人を大いに集めて秀吉の意向を伝えた。一同は答えて言った。「心を合わせて若君にお仕えすることはご命令の通りに致しますが、私事の意趣遺恨については各々経緯や理由がございますので、すぐに仰せに従うことは致しかねまする」と。（奉行たちは）恨みは捨てるよう再三説得したが、結局納得してはもらえなかった。

秀吉は家康に力を貸してほしいと頼んだ。そこで家康は座に出て諸将を諭したが、一同の答えは変わらなかった。すると家康は顔色を変え声を荒らげて言った。「貴公らは既に心を合わせてお上にお仕えすると申した。心を合わせてお上に仕える者が、なお私怨を挟《さしはさ》むのか。果たして私怨を挟むとは、これは二心が有るということか。どうしてそれがお上に仕える者と言えるのか」と。一同は（家康の剣幕と道理に圧倒されて）首《こうべ》を垂れて言った。「誠に以て仰せの通りでございます。謹んでご命令に従いまする」と。

家康が奥に入って報告すると、秀吉は大いに喜んだ。そして五奉行に命じて一同を大いに饗応させた。すると一同は座の席次を巡って争い、（好き勝手に）「雑席」入り乱れて座って膳の料理を食らい、酒が出されると今度は席を立って怒って諍いを始めた。中村一氏と生駒親正が秀吉の意向を伝えて座を仲裁して巡《まわ》ったが、収まらなかった。

また奥に入って家康に告げると、家康は再び座に戻ってきて刀の柄に手をかけて言った。「お主らはこの家康を「売」謀《たばか》ったのか。わしがお主らの誓言を太閤にお伝えすると、太閤はたいそうお喜びになってこの席を設けてくださった。ところがお主らはなおかような有様とは。これを謀ると言わずして何と言うのじゃ。この座におる者はみなわしの仇敵である。わしは誓って一人たりとも許さぬぞ」と。そこで五奉行を振り返り、急いで諸門を閉じさせた。一座は「讋」怖気《おじけ》て服従し、声を立てる者もいなかった。浅野と中村らは家康を宥め、一同に謝罪させ、さらに「献酬」酒杯の遣り取りをして「讙」互いに気持ちを和ませて楽しくその宴を終えることができた。

翌日、秀吉はこれを聞いて家康を招いて言った。「「疇昔」昨日の事は、古の名将といえどもよく為し得ることではござらぬ。日頃から諸将に威厳と信頼が行き渡っておる内府でなければ、どうしてかくも見事に収めることがかのうたでござろう」と、涙を流して家康に感謝した。

家康の存在感があまりに大き過ぎる。彼のこれまでの経歴と実績には、同時代の誰しもが一目置かざるを得ない。加えて他の大名を圧倒する約二百六十万石の経済力と軍事力。

八年前、この徳川氏とほぼ同規模の勢力だった北条氏を、秀吉は僅か数ヵ月で滅ぼしてのけた。その気になればいつでも徳川を潰せると思っていたのか。例えば中国の歴史に擬《なぞら》えれば、豊臣政権の脆弱さを鑑みても、この先には徳川家への事実上の「禅譲」の道しか見えて来ない。

秀吉、已に内難《ないなん》を憂へ、また外征を悔い、師を班《かえ》して国を鎮《しず》めんと欲す。而して兵連つて解けず。また明、朝鮮の喪に乗じて来り侵さんことを恐れ、計《はかりごと》出づる所を知らず。七月、終に内大臣を召し、尽く後事を以てこれに委託して曰く、「秀頼の当《まさ》に立つべきと否とは一に卿の心に在り」と。内大臣、敢て当らずと謝す。秀吉曰く、「天下、卿に若《し》く者なし。故に卿を煩さざるを得ず」と。内大臣、固辞して退く。秀吉、石田三成、増田長盛を召してこれを議す。二人、素より異謀あり。因つて大に諫《いさ》む。以て、専ら徳川に託することなかれとなす。秀吉、これを然りとし、乃ち五大老《たいろう》、三中老《ちゅうろう》、五奉行を定め、前田利家をして秀頼を輔《たす》けしむ。已にして伏見の城下、一夕《いっせき》、大に擾《みだ》る。井伊直政、藤杜《ふじのもり》より馳せ至る。内大臣、直政と天野康景とをして出でてこれを詗《うかが》はしむ。還り報じて曰く、「石田、大野氏に甲《こう》あり。諸第《しょてい》相ひ告げて自ら備ふ。故にこの騒擾《そうじょう》を致せり」と。已にして事定る。人、その故を知る者なし。水野勝成、父忠重の逐《お》ふ所となり、西国を歴遊す。警《けい》を聞いて来帰《らいき》し、自ら効《いた》さんと請ふ。内大臣悦び、忠重に諭してこれを宥《ゆる》さしむ。

秀吉は諸将の軋轢を憂慮し、また朝鮮への再出兵を後悔して、「班師」外征軍を帰国させて国内を落ち着かせようとした。しかし（前線が膠着し）退くに退けない状況にあった。しかも、明や朝鮮の軍が自分の喪につけ込んで日本に攻めて来ることを恐れてもいたが、その対策を講ずるだけの知力も気力も、秀吉にはもはや残っていなかった。

七月、とうとう家康を召し出して、ことごとく後事を託すつもりで言った。「秀頼が一人前にやっていけるかどうかは、内府のお心一つにかかっておる」と。家康はその任にあらずと断った。

秀吉は重ねて言った。「天下にはそなたに勝る者はおらん。ゆえにそなたの手を煩わさざるを得ぬのじゃ」と。家康は固辞してその場を退いた。

秀吉は石田三成と増田長盛を呼び寄せてこれからの事を相談した。この二人にはもともと「異謀」別の思惑があったので、大いに諫め、もっぱら徳川氏だけに後事を託すようなことをしてはならぬとした。秀吉もあるいはそうかもしれぬと思い直した。そこで五大老・三中老・五奉行の制を定めて、前田利家を秀頼の補佐とした。

やがて、あるゆうべ、伏見城下で大騒ぎがあった。井伊直政が藤杜から（騒ぎを聞いて）馳せつけてきた。家康は直政と天野康景に「詗」様子を調べさせた。二人が還って報告した。「石田治部と大野修理の配下が甲を着込んでおり、（それを知った）他の屋敷も互いに連絡取り合って事に備え、かかる騒ぎとなったようにございます」と。しばらくして騒ぎは収まったが、なぜこの騒ぎが起きたかを知る人はいなかった。

水野勝成は父の忠重に放逐されて、西国を渡り歩いていた。「警」天下動乱の噂を聞きつけ京にやって来て家康のもとに現れ、「自效」働いてお役に立ちたいと申し出てきた。家康は悦び、忠重を諭して息子を宥させた。

秀吉は家康に対して「三顧の礼」をやり遂げることができなかった。秀吉の「託孤の遺命」（孤児となる我が子の命運を託す主君の遺言）を承り傅役となったのは前田利家ということになった。ちなみに、かの諸葛孔明が中国の士大夫や民衆に長く深く敬慕されたのは、その能力や実績もさることながら、この「託孤の遺命」に最期まで誠実に応え続けたからである。ことほど左様に、歴史上それは稀有かつ至難であった。

「水野家の血」のくだりで、家康の従兄弟・水野勝成については既に触れた。一見、その破天荒で波瀾万丈な生涯は、小説やドラマの題材にうってつけのように思われるが、常軌を逸して規格外な彼の行動は、今の時代にはおよそ障りがあって、相当に手を加えてからでなければ、まず、伝えることは無理に違いない。家康にとっても、本多作左衛門重次とはまた違った意味で、扱いにくく厄介で、そのくせ実に頼りになる家臣が舞い戻って来たことになるであろう。

秀吉、薨ず

八月五日、秀吉、内大臣を召して曰く、「卿、固辞するを以て、列老《れつろう》、奉行を置く。今は則ちこれを悔ゆ。而して令已に布《し》く。然りと雖も、雄武強任《ゆうぶきょうにん》、誰か卿に若く者ぞ。卿、当に諸人に冠して軍国の事を統《す》ぶべし」と。乃ち諸将の盟誓《めいせい》を要す。旬余《じゅんよ》にして城中に薨《こう》ず。弾正少弼及び石田三成に遺命し、秘して喪を発せざらしむ。三成、素より少弼の内大臣に善きを悪《にく》む。乃ちこれを紿《あざむ》いて曰く、「喪を秘するに、当に計《はかりごと》を以《もち》ふべし。吾れ子と魚《うお》を内府に貽《おく》り、以て外人に視《しめ》さん」と。少弼、これに従ふ。その明《めい》、内大臣、中納言を以《い》て城に入り疾《やまい》を問ふ。途《みち》に三成と遇《あ》ふ。三成、人をして密《ひそか》にこれに訃《ふ》せしむ。内大臣還り、歎《たん》じて曰く、「治部は我に疎《うと》き者なり。猶ほ大故《たいこ》を告ぐ。弾正、何を以て我を外《そと》にするか。人心固《もと》より測り易からざるなり」と。即夜《そくや》、世子に命じて行《こう》を治めしめ、旦日、江戸に遣帰《けんき》し、以て本国を鎮《ちん》ぜしむ。九月、少弼及び三成に命じ、遺令を以て那古耶《なごや》に赴き、外師を班《かえ》さしむ。徳永寿昌《としまさ》を遣して海を済《わた》り、密に諸将に令す。十月、訛言《かげん》あり、「明、大挙して我が帰路を扼《やく》す」と。内大臣曰く、「我れ親ら往かざるべからず」と。前田利家、疾に寝《しん》す。これを聞いて曰く、「内府一たび動かば、則ち海内揺《うご》かん。我れ当に疾を輿《よ》して肥前に往き、諸将を指揮すべし」と。衆皆これを止《とど》む。藤堂高虎、外事に習ふを以て、これを遣《や》らんと請ふ。内大臣曰く、「然り」と。乃ち高虎をして代り往かしむ。外師、已に大に克つて還り、十一月、尽く伏見に至る。内大臣、諸老と倶《とも》にこれを慰労す。

八月五日、秀吉は家康を召し出して言った。「内府が固辞されたので、五大老五奉行を置いたが、今となっては悔いておる。しかし既に命令を下してしまった。とはいえ、雄武を以て重任に堪えること、内府を超える者はおらぬ。やはり内府こそ諸人の上にあって軍事国事を統べるべきなのじゃ」と。そして諸将に（秀頼に忠誠を尽くす）誓紙を書かせた。

十日余り後、伏見城中で秀吉は薨じた。秀吉は浅野と石田にその死を秘して喪を発しないことを遺命していた。三成はもともと浅野長吉が家康と親しいことを苦々しく思っていた。そこで長吉を欺いて言った。「喪を秘するのには計略を用いる必要がござる。それがしと弾正少弼殿で内府に魚を「貽」贈り、それをことさらに外の者たちに見せるのです（さすれば、太閤今だご存命と思われましょう）」と。長吉はこれに従った。

翌日、家康は秀忠とともに伏見城に入り秀吉を見舞おうとした。その途中で三成に遇うと、三成は人を遣わして家康に秀吉が既に薨じたことを伝えさせた。家康は引き返して嘆いた。「治部はわしとは疎遠であるのに、なおこの大事を告げてきた。弾正少弼はなにゆえわしを蚊帳の外を置こうとするのか。人の心とはまことに測るに容易ではないものよ」と。その夜のうちに秀忠に「治行」旅立ちの支度を命じ、翌朝、江戸に帰らせて本国の（秀吉の死による）動揺を鎮めさせた。

九月、家康は長吉と三成に命じて、秀吉の遺命により肥前名護屋に赴いて外征軍を引き揚げさせるよう取り計らわせた。徳永寿昌に海を渡らせて、密かに外征の諸将に（撤退を）命令させた。

十月、「訛言」風聞が立った。明軍が大挙して日本軍の退路を「扼」妨げている、と。家康は言った。「わしが自ら往かねばなるまい」と。前田利家は病で寝込んでいたが、これを聞いて言った。「内府がひとたび動かば、「海内《かいだい》」天下が揺れる。ここはわしが病の身を輿に担がれても肥前に往き、諸将を指揮せねばならぬ」と。一同はみな利家を止めて、藤堂高虎が「外事」海外の事情に慣れているので、これを派遣することを請うた。家康は言った。「それがよかろう」と。そして高虎を代わりに往かせた。外征軍は既に大いに勝って帰途にあり、十一月、全軍が伏見に到着した。家康は他の大老中老とともに彼らを慰労した。

家康が朝鮮に渡海して、外征軍の諸将との間に、一時的にしろ法的に総大将とその配下の関係を生じさせてしまうことが、今後の豊臣家にとって大いに危険である、と利家には解っていたのであろう。軍隊において、この擬似的な親分子分の関係の継続が軍閥化（私軍化）に繫がっていくことは、よく知られた事実である。

巻之二十一　徳川氏正記　徳川氏四

天下の政務を執る

慶長四年正月、内大臣、伏見に在り。豊臣秀吉に代つて、権《かり》に天下の事を決す。大納言前田利家、中納言毛利輝元、中納言上杉景勝、参議浮田秀家、式部少輔《しきぶのしょうゆう》中村一氏、雅楽頭《うたのかみ》生駒親正、帯刀《たてわき》堀尾吉晴、弾正少弼《だんじょうしょうひつ》浅野某、治部少輔《じぶのしょうゆう》石田三成、右衛門尉《うえもんのじょう》増田長盛、大蔵少輔長束《なつか》正家、法印《ほういん》前田玄以《げんい》と、倶《とも》に外征諸将の功を論じ、天朝に奏請《そうせい》す。島津義弘の我が国兵を全うせし功最も大なるを以て参議に任じ、その子忠恒を左近衛少将に任じ、封《ほう》四万石を加へ、刀剣を賜ふ。その余《よ》、賞を行ふこと差あり。

この巻二十一からは、しばらく要約を中心に進めていきたい。

慶長四（一五九九）年。正月、家康は伏見城で秀吉に代わって専ら天下の政務を執り始めた。他の大老・三中老・五奉行とともに外征軍諸将の論功行賞をし、島津義弘の外征軍を無事帰国させた功を最大として、参議に任じ四万石を加増した。その他の大名にもそれぞれの功に応じた恩賞を与えた。

島津義弘は、一五九八年九月の「泗水の戦い」では、明・朝鮮連合軍約三万を島津軍約七千で完膚なきまでに撃ち破った。家康も「前代未聞の大勝利」と絶賛するほどの戦果であった。また十一月の露梁海戦では、順天城で孤立した小西行長を立花宗茂とともに救出に向かい、苦戦の末、明水軍の副将・鄧子龍と朝鮮水軍の主将・李舜臣を討ち取り、小西を退却させ、敵の海上封鎖を解いて外征軍の帰国を促した。島津の剽悍無類の戦いぶりは、敵から「鬼石曼子（グイシーマンズ、鬼島津の意味）」と呼ばれて畏怖の対象となった。この島津義弘の伝説的活躍は、後世、薩摩士族の「征韓論」にも影響を与えたと考えられる。

九州の名だたる名将（島津義弘・加藤清正・立花宗茂など）が、大河ドラマの主人公に取り上げられないのは、おそらくは活躍の主戦場が朝鮮半島であるからだろう、と個人的には憶測する。

浅野のみ「某」とされているのは、浅野家が頼家にとって主筋であり、その藩祖の父の諱を記すのが不敬に当たるからである。

豊臣秀吉の薨《こう》ずるや、嗣子《しし》秀頼、猶ほ幼《いとけな》し。内外、疑懼《ぎく》して、口耳《こうじ》相ひ属《しょく》す。石田三成、増田長盛、相ひ与《とも》に謀《はか》つて曰く、「徳川と前田と、心を協《あわ》せて政を出す。我が輩、徒《いたずら》に其の駆役《くえき》する所となる。方今の計《はかりごと》、二家を離すに若《し》くはなし。二家已に離るれば、乃ち以て逞《たくま》しうすべし」と。二人乃ち相ひ悪《にく》む者の為《まね》して、長盛は我に事《つか》へ、三成は利家に事ふ。利家、嘗《かつ》て内大臣を饗《きょう》せんと欲す。期已に定る。長盛、遽《にわ》かに来り警めて曰く、「大納言、将《まさ》に公に利あらざらんとす」と。乃ち疾《やまい》に託して饗を辞す。他日《たじつ》、長盛、利家に謂《い》つて曰く、「曩《さき》には流言あり。内府、ここを以て辞す。今は事已に白《はく》す。公、復たこれを請へ」と。利家曰く、「前日の事、吾れ辱しめらるゝこと已に甚だし。吾れ再び辱《はずかしめ》を被るに堪へず」と。長盛固く請うて曰く、「内府、来らざるを悔ゆ。苟《いやしく》もこれを請はば、必ず欣然《きんぜん》として来らん」と。利家これに従ふ。内大臣長盛、馳せて内大臣に見《まみ》えて曰く、「利家の奸計《かんけい》既に成る。公慎んで往くなかれ」と。内大臣曰く、「吾れ再びこれを辱しむるに忍びず」と。期に及んで将に駕《が》せんとす。長盛復《ま》た至り、密移《みつい》を袖より出してこれを示す。内大臣、驚き怪しみ、乃ち事に託《たく》して往かず。利家、慚憤《ざんぷん》す。細川忠興《ただおき》、利家と姻《いん》あり。利家、召してこれに語つて曰く、「吾れ衰老《すいろう》し、人の侮《あなど》る所となる。何の面目あつて世に立たんや。吾れ将に国に帰らんとす」と。忠興曰く、「公の憤《いきどおり》は固《もと》より宜《うべ》なり。然れども、遺命を廃《す》て冲子《ちゆうし》を棄てゝ、自ら引いて国に之《ゆ》くは、これ自ら威権を舎《す》てゝ、嗤《わらい》を人に取るなり」と。利家乃ち止む。而して終《つい》に我と隙《げき》あり。この月、利家、秀頼を奉じ、徙《うつ》つて大坂に居る。内大臣、これを送つて還《かえ》り、舟、平潟《ひらかた》に至り、岸上に兵あるを見る。衆、色を失ふ。以為《おも》へらく、大坂の人追躡《ついじよう》するなり、と。或ひと曰く、「井伊の兵の来り迎ふるに非ざるを得んや」と。近づけば則ち果して然り。乃ち殿《でん》せしめて還る。

「口耳相ひ属す」とは、耳もとに口を寄せてひそひそ噂話をする意味。「密移を袖より出してこれを示す」とは、内密の回状を袖の中から取り出すの意味。

秀吉が薨じ、後継ぎの秀頼は幼い。（権力の）内外の人心は動揺した。三成と長盛は、家康と利家が協力体制を採れば、自分たちはその走り使いになるのみと決めつけ、両雄の離間を計る。（巧みに家康の信用を得た）長盛は、好意を偽装して、利家の親睦のための饗応には奸計が潜んでいる、と家康に吹き込み、家康はそれを真に受け、利家が恥を忍んで繰り返し招待した宴への出席を、二度とも直前で理由をつけて取りやめた。誇り高い利家はその屈辱に耐えきれず、婚を通じていた細川忠興に帰国の意思を吐露したが、幼い秀頼を見棄てて権力まで手放しては却って人に嗤われると指摘されて思いとどまった。（この長盛の工作によって）家康と利家の関係は険悪となってしまった。

この月、利家は秀頼を奉じて伏見城から大坂城に移った。家康がそれを大坂まで見送って舟で還ってくると、岸の上に武装した兵がいた。供の者みな顔色を失い、すわ大坂からの追手の兵かと勘繰ったが、ある者が井伊の迎えの兵ではと言う。近寄ってみるとその通りであった。（念のために）その井伊の兵たちにしんがりを守らせて帰還していった。

増田長盛に、抜け目ない家康ともあろう者がかくも見事に騙されるとは思えない。家康は、今後の敵味方を峻別するために、自分の対抗馬として前田利家を選んだという部分もあるのではないだろうか。石田三成には決定的に欠けている人望（求心力）が、利家にはある。とにかく家康にしてみれば、湖面にはさざ波が立っていてもらわなければならないのである。

三成や長盛が豊臣の「忠臣」であったとすれば、家康の力を少しでも削ぐために、姑息な「離間の計」であれ、何度も仕掛けるのはむしろ当然である、と私などは思う。遅きに失してはいるが、打てる限り手は全て打っておくしかないのである。

史実かどうかは定かでないが、岸の上の兵を見て大坂の追手と誤認しかけ、大仰に井伊にしんがりさせて伏見に帰ったという逸話は、徳川家中の当時の緊張感を如実に伝えている。


この時に当り、天下の牧長豪傑《ぼくちょうごうけつ》、人人自立の志あり。而して概ね皆徳川氏を忌み、相ひ与にこれを図らんと欲す。一日、内大臣、散楽を有馬氏に観る。井伊直政来り、間《かん》を請うて曰く、「今日、外間騒擾《そうじょう》す。変あらんを恐る。宜しく未だ昏《く》れざるに及んで還るべし」と。藤堂高虎継いで至り、密語することこれを久しうす。共に扶《たす》けて出づ。関東の士民の京畿《けいき》に在る者、更に相ひ告げ言つて曰く、「我が君、将に難あらんとす、盍《なん》ぞ往《ゆ》いてこれを護《ご》せざる」と。来つて第を護する者数百人。これより先、伊達政宗は上総介《かずさのすけ》忠輝を以て女婿《じよせい》となし、福島正則は松平康元の女を以て婦《よめ》となし、蜂須賀至鎮《はちすかよししげ》は自ら小笠原秀政の女を娶《めと》る。康元は内大臣異父弟の子、秀政は故《もと》の世子《せいし》信康の婿なり。諸老、奉行、人をして三家の私《わたくし》に婚して遺令に背くを譲《せ》めしむ。三家、分疏《ぶんそ》して服せず。諸老、奉行、遂に連署して来り誚《せ》め、政柄《せいへい》を解かしむ。内大臣曰く、「我れ固より政を執るを欲せざるなり。諸公、我を厭ふ、我れ当《まさ》に引き去るべし」と。

ここにおいて、我が諸将、前日の変故《へんこ》の皆蹤跡《しようせき》あるを以て、これを反詰《はんきつ》す。京畿、騒然たり。黒田孝高《よしたか》、その子長政、福島正則、池田輝政、藤堂高虎、細川忠興、京極高次、織田長益《ながます》、加藤清正、加藤嘉明《よしあき》、蜂須賀家政、森忠政、有馬則頼、金森長近、山岡景友、新荘直頼ら、独り心を我に帰し、毎夜来り護して事を議す。或ひと、京極氏の大津城に入るを勧む。内大臣肯《がえ》んぜずして曰く、「この際に当り、一歩を進めば勢を得、一歩を退けば勢を失ふ」と。乃ち止《や》む。榊原康政、更番《こうばん》を以て勢多《せた》に至る。警《けい》を聞き、疾《と》く馳せて大津に至り、故《ことさら》に止《とどま》つて進まず。関を塞いで行人《こうじん》を壅《とど》む。行人、塡咽《てんえつ》す。乃ち関を開いてこれを通す。京師以為《おも》へらく、東兵大に至る、と。党人の計、故《ゆえ》を以て大に阻《はば》む。本多正信、伊奈忠次ら、適〻《たまたま》税を監《かん》して西上す。亦た程《てい》を兼ねて至る。内大臣、正信を延《ひ》いて謀《はかりごと》を問ひ、且つ曰く、「三中老、調停して盟《ちかい》を尋《あたた》め、我を大坂に要す。往くべきや否や」と。正信曰く、「不可なり」と。因つて問うて曰く、「浅野弾正は近ごろ何の状《じよう》をなす」と。曰く、「亦た平生《へいぜい》に負《そむ》いて、久しくここに来らず」と。正信即ち浅野氏に赴き、与《とも》に偕《とも》に来る。内大臣譲《せ》めて曰く、「吾と子《し》と親昵《しんじつ》すること日久し。太閤の喪、治部《じぶ》猶ほ我に訃《ふ》す。子何ぞ独り我を欺きしや」と。弾正少弼、始めて三成の売る所となるを知り、流涕して陳謝す。これより益〻心を傾く。而して三成ら、務めて前田氏を推戴《すいたい》し、徳川氏を除かんことを勧む。

この時、天下の大名や国人は、（秀吉という天下人の羈絆《きはん》から脱して）各々が独立して自由に立ち回る意志を持っていた。そのためには（次の天下人になり得る）家康こそが障害であり、多くの者がこれを取り除こうと企図していた。

ある日、家康は有馬氏の屋敷で散楽を観賞していたが、井伊直政が来て、外が騒がしく不穏なので昏くなる前に還ることを進言した。藤堂高虎も同じ危惧を抱いて駆けつけ、二人で相談して家康を護衛して有馬氏の屋敷を出た。すると、在京の関東の武士や庶民がどこからか家康の危難を聞きつけ、互いに語らって「我が君」を護らんと家康の屋敷に参集すること数百人に及んだ。

これより先、家康は、伊達氏・福島氏・蜂須賀氏と婚姻を結んでいた。大老と奉行たちは、許可なき大名の通婚を禁じた太閤の遺令に背くとして、この三家に使者を遣わして責めたが、三家は「分疏」いろいろと申し開きをして承服しなかった。

（次いで）家康のもとに家康以外の四大老と奉行たちの連判状を携えた問罪使・堀尾吉晴らが来訪し、家康を執政から解任しようとした。家康は言った。「もともと政を執りたくなどない。みながわしを厭うなら、わしは去るべきじゃろうな」と。そこで徳川家中の諸将は、このところの家康周辺の変事には証拠も有ることなので、逆に問罪使らを詰った。

畿内は騒然となった。幾人かの外様大名と三成嫌いの豊臣恩顧の大名だけが家康に心を寄せ、毎晩やって来ては屋敷を警護しつつ今後の相談を重ねた。ある人が京極氏の大津城に入ることを勧めてきたが、家康は（要衝の堅城で身を守るといった退嬰策はかえって敵に足許を見られると判断して）承知せず、沙汰止みとなった。

榊原康政は京番役の交替で近江の勢多（瀬田）まで来ていたが、家康の急を聞いて大急ぎで馳せて大津に到着した。康政はそこで「故」（ここは「ことさらに」と読む。「故意」の「故」である）止まって進まず、関所を塞《ふさ》いで「行人」旅人の往来を「壅」遮断した。たちまち旅人は関所周辺に「塡咽」群がり犇《ひしめ》いた。そうしてから関所を開き一気に旅人を京に流入させた。すると京ではこれを関東の大軍が到着したものと勘違いし、反家康党の目論見はこの康政の計によって大いに阻まれた。

本多正信や伊奈忠次もたまたま年貢徴収のために西へ上っていたが、彼らも昼夜兼行して京に到着した。家康が早速正信に今後の謀について問うた。「三中老がわしと大老奉行との仲を仲裁し以前の（協調して政務を執るとの）盟約を「尋」確かめようと大坂で待ち受けておるが、往くべきかどうか」と。正信は否と即答し、さらに浅野の近況を問い返した。家康が「今までの付き合いに反してしばらくここには来ておらぬ」と答えると、正信はすぐに浅野の屋敷に出向いて彼を連れてきた。

家康が秀吉の死の件について浅野にその不実を責めると、浅野は初めて三成に「売」嵌められたことに気づいて涙を流して謝罪し、これよりますます家康に心を傾けるようになった。片や三成らは努めて利家を推し立てて、彼に家康の排除を勧めた。

天下人に馴致されることを拒み、なお戦国の世が続くことを望む、独立不羈の精神の武将というのは、確かに存在しただろうと思われる。ここに来て、家康は律儀篤実の世評をかなぐり棄て、太閤の禁じた許可なき大名同士の通婚の取り決めをぬけぬけと踏み破った。その意味では、家康自身も実のところ、天下人の桎梏から逃れ出たかった大名の一人ではあった。ただし、彼は戦国を我が手で終息させることを願っていた。

利家の嗣子利長、密かにこれを細川忠興に告ぐ。忠興曰く、「呀《ああ》。子も亦た治部の欺く所となるなり」と。利長、色変ず。忠興曰く、「子、我に告ぐるを悔ゆるか。前田氏の存亡、将にここに決せんとす。敢て忠謀せずんばあらず。生死必ず子と倶《とも》にせん。子憂ふるなかれ」と。利長、大に悟つて曰く、「子微《なか》りせば、我れ殆ど免れず。請ふ、子を煩《わずらわ》して家君を諫《いさ》めん」と。忠興乃ち入り、利家を諫めて曰く、「治部、公《こう》を推戴す。公、その情《じょう》を知るか。彼事権《じけん》を専らにせんと欲す。而して内府と公とを憚《はばか》る。乃ち公の力を仮り以て徳川氏を除かんと欲す。今日、徳川を除かば、明日は前田に及ばん。公独りこれに暗きか。公、其の姦《かん》を稔知《じんち》せるに、今乃ちその計中に在つて自ら知らざるなり。夫れ内府の雄資智略《ゆうしちりゃく》、諸将その右に出づる者なし。彼が輩、百計これを図るも、適《まさ》に竟《つい》に自ら禍《わざわい》せんのみ。公、彼が輩と共にその禍を被らんよりは、自ら内府に結び、以て子孫の計をなすに若かざるなり」と。利家頷いて曰く、「然り。唯ゝ子、我がためにこれを計れ」と。忠興、即夜《そくや》、伏見に赴き、暁《あ》くる比《ころ》、来つて我が第に入り具《つぶさ》に告ぐるに故を以てす。これより忠興、数ゝ両府に往来す。而して外人の指目《しもく》を憚り、蓑笠《さりゅう》を被《こうむ》つて自ら舟を操る。時に利家、疾あり。忠興、浅野、加藤らと、倶にその疾を力《つと》めて伏見に赴き、内大臣に面せんことを勧む。利家、これに従ふ。内大臣、軽舸《けいか》に乗り迎へて第に入り、手づから褥《しとね》を設けて坐せしむ。利家、悉く諸奉行の密謀を語り、我に勧めて向島《むかいじま》の第に徙《うつ》り、以て覬《き》覦《ゆ》を絶たしむ。曰く、「吾れ百歳の後、公、幸に善く我が児を視《じみ》よ」と。内大臣、許諾す。利家喜んで去る。忠興、また我に請ひ、往いてこれに答へしむ。内大臣、これを許す。

「子微りせば」とはこの場合「貴公がいなければ」といった意味。

利家の世継ぎ・利長は家康排除の計画を細川忠興に明かした（利長と忠興はともに千利休の高弟として「利休七哲」に数えられる）。すると忠興は、貴公は三成に欺かれている、今こそ前田家存亡の岐路である、自分は利長と生死をともにする覚悟である、と熱誠を込めて説得した。

利長は大いに悟り、父親とも話してくれるよう頼むと、忠興はすぐさま利家に目通りして諫言した。三成が利家を推戴するのは、まず利家の力を借りて家康を討滅し、そのあとに前田家をも駆逐して自らが専権を振うつもりであること、三成らがいかに奸策を巡らそうと家康の資質と智略には到底及ぶべくもなく、結局その徒党は禍を被るであろうこと、ゆえに今のうちに家康と結んで子孫安泰の計を図るべきであること、を忠興は筋道立てて諄々と述べた。利家は得心して忠興に今後の家康との仲立ちを依頼した。忠興はその夜のうちに伏見に赴き、明け方に家康の屋敷に入り、家康に具にこの経緯を報告した。

これ以降、忠興は頻繁に「両府」大坂の利家と京都伏見の家康のもとを往来するようになったが、人の目を憚って、蓑笠を目深に被り自ら舟を漕いだ。この時利家は病に罹っていた。忠興は浅野・加藤（清正）らとともにその病を押してでも伏見に赴いて家康と直接面談すべきことを勧めた。利家は従った。家康は早舟で迎えに行き屋敷に入れ、手ずから座を設えて座らせた。利家は、奉行たちの密謀を洗いざらい語り、家康に向島の屋敷に移ることを勧め、三成らの「覬覦《きゆ》」分不相応な企てを絶つべく言った。「わしが「百歳後」死んだのちは、なにとぞ倅をよしなにお頼み申す」と。家康が引き受けると、利家は喜んで屋敷をあとにした。忠興はまた家康に大坂に答礼に往くことを請うた。家康はこれを承知した。

かつて細川忠興は、豊臣秀次に莫大な借財があり、秀次に謀反の疑惑が向けられた際、忠興もそれを理由に秀次の一味として糾問される可能性があった。そこを家康が急遽金銭を立て替えてくれたお蔭で、すぐに秀次に全額返済し、危うく虎口を脱することができた。そういった恩義もあって、忠興は家康のために奔走するのである。

三月、内大臣、大坂に赴かんと欲す。三成、故《ことさら》に流言を縦《はな》ち、以てその行《こう》を阻み、利家をしてこれを忿《いか》らしめんと欲す。福島正則、また諫めて曰く、「大坂は姦人《かんじん》の巣窟、軽ゝしく入るべからず」と。内大臣曰く、「亜相《あしょう》来る。答へざるべけんや。吾れ警備あり。奴輩《どはい》、何をか能くなさん」と。十一日、遂に行く。少将秀康、留守《りゅうしゅ》す。加藤、池田、細川、福島、黒田、浅野の諸将、皆従ひ、弓銃を以て水陸を護す。細川忠興、利家と姻《いん》あるを以て、父藤孝《ふじたか》を遣して舟中に侍せしむ。その実はこれを質《ち》とするなり。舟、大坂に至る。岸に女輿《じょよ》あり。一人、輿中《よちゅう》より出づ。これを視れば、藤堂高虎なり。進んで曰く、「道路、変あらんを恐る。宜しくこれに御して行くべし」と。内大臣、これに従つて、高虎の中島《なかのしま》の第に入り、終に利家に詣《いた》る。利家喜び、扶《たす》けられて起き、迎謝《げいしや》す。利家の次子利政、異心あり。兄利長の制する所となつて止む。饗に及んで諸将皆侍す。利政、利刃《りじん》を佩《お》び、将に内大臣に近づかんとす。利長、これを目摂《もくしよう》す。利政敢て発せず。その夜、内大臣、復た高虎の第に宿す。諸奉行、小西行長の宅に会す。独り弾正少弼、我が館伴たるを以て辞して往かず。三成、議して曰く、「内府、亜相《あしよう》、復た協《かな》ふ。我が輩、将に噍類《しようるい》なからんとす。これをなす何如《いかん》」と。行長、策を建てゝ曰く、「吾れ請ふ、今夜、藤堂氏を襲ひ、火を縦つてこれを攻めん。不《しか》らずんば則ちこれを帰途に要して、以て志を獲《う》べし」と。前田玄以、素より心を我に帰す。因つてこれを阻《そ》して曰く、「嗣君未だ長ぜず。我が輩、諸老の令を受くるは、固よりその分なり。今、私《わたくし》に兵を動して、天下の約に背かば、縦使《たとい》志を得るも、豈に能く晏然《あんぜん》たらんや。且つ諸〻の宿将、皆内府を護る。輒《たやす》く志を得べからず。交戦決せずして、結城秀康、東兵を以て来り援けば、必ず大に敗れん」と。増田長盛も亦たこれを然りとす。長束正家曰く、「且《しばら》くこれを諜せん」と。諜還り報じて曰く、「中島、列炬《れつきよ》星の如し」と。乃ち止む。明日、内大臣、北に還る。榊原康政前駆《ぜんく》となり、井伊直政後拒《こうきよ》となり、遂に伏見の第に帰る。

三月、家康は大坂へ赴こうとしたが、三成が故意に（罠があるとの）流言を「縦」盛んに放って、来させないようにし、（家康は無礼であると）利家を怒らせようとした。福島正則もまた家康に大坂は危険だと諫めたが、家康は「亜相」（大納言の唐名、この場合は利家のこと）が来てくれたのだから答礼しないわけにはいかない、こちらには備えもある、として遂に出かけた。

秀康に留守を任せ、反三成の豊臣恩顧の武将たちがみな付き従い、弓鉄砲で水陸から警護した。忠興は利家と姻戚なので、父の藤孝を家康の舟に乗せて傍に侍らせた。その実は人質である。大坂に到着すると、岸上の女物の輿の中から藤堂高虎が現れた。道中変事の虞れがあるので家康にその輿に乗って行くことを勧め、家康はそれに従い、中島の高虎の屋敷に入って、ようやく利家のもとに辿り着いた。

利家は喜び、（病の身を）扶け起こされ出迎えて礼を述べた。利家の次男・利政には「異心」三成に味方する気持ちがあったが、兄の利長に制止されていた。饗応が始まると、諸将が家康の側に侍る中、利政は切れ味の良い刀を腰に差して家康に近づこうとした。利長が「目摂」目で抑えたので、利政は行動を起こさなかった。

その夜、家康はまた高虎の屋敷に泊まった。（一方）奉行たちは小西行長の屋敷に集まった。ただ浅野だけは家康の「館伴」接待役だったので断って小西屋敷には往かなかった。三成は、家康と利家が再び協調した以上、我らは「将に噍類なからんとす」いずれ一人として生き残れないだろう、どうすべきかと相談した。それに対し、行長は家康襲撃を主張したが、前田玄以は、家康に心を寄せていたこともあって、幼い秀頼の命を受けずに盟約に背いて兵を動かせば、目的を達してもその後天下は治らず、また諸将で家康に付く者も多く、戦いが長引けば秀康が関東の兵を率いて援軍に来るのでこちらは大敗する、と反論した。増田長盛もこれに賛同した。

長束正家の意見で偵察に行かせたが、その報告によると、中島には松明が星のように列なっているとのことだったので、襲撃は取りやめた。翌日、家康は北に向かうに当たり、榊原康政が先払い、井伊直政が後ろ備えをして、遂に伏見の屋敷に帰っていった。

三成ら、悔恨し、また我が第を襲撃せんと謀る。以為《おも》へらく、忠興を摟《ひ》くに非ずんば則ち事成るべからず、と。乃ち玄以に因つて忠興に請ひ、啗《くらわ》すに大封《たいほう》を以てす。忠興、密かにこれを諸将に告ぐ。諸将曰く、「且《しばら》く佯《いつわ》り聴き、以てその謀《はかりごと》を探るべし」と。忠興乃ち三成と長束氏に会す。三成に問うて曰く、「内府を除かんと欲するに、何の策かある」と。三成曰く、「我その邸を諜するに、邸兵僅かに二千。邸側《ていそく》の宮部氏、福原氏は皆我が党たり。而してその宅頗る高し。我れ、衆を率ゐてこれに拠り、臨んで火箭《かせん》を放ち、その火を避くるを竢《ま》つて、迫るに鳥銃を以てせば、これを鏖《みなごろし》にすべし」と。その期《き》を問ふ。曰く、「今夜なり」と。忠興これを憂ふ。而して辞色《じしょく》を動さず。徐《おもむ》ろに曰く、「内府、素よりその兵を訓練す。二千人、死を決して出で闘はば、公必ずこれに勝つを保せんや。且つ火箭を放つに、何ぞ地の高卑《こうひ》を論ぜん。彼苟《いやしく》も諜して我が計を知らば、則ち我れ能《よ》くこれを放つも、彼も亦た能くこれを放たん。これ策の得たる者に非ざるなり。我に一策あり。我れ、吾が兵二千を以て子が為めに先鋒《せんぽう》となり、突入して死戦せん。而して公ら、大衆を以てその弊を承けば、これに克《か》たんこと必せり」と。三成ら肯《がえ》んぜず。忠興、力争《りきそう》す。議未だ決せずして天明《あ》く。忠興走つてこれを加藤清正に告げ、並に馳せ来つて白《もう》す。内大臣曰く、「吾も亦たこれを覚《さと》らざるに非ざるなり。奴輩来り攻めば、則ち吾れ自ら第を焚《や》き、東北の広地《こうち》に出でて決戦せんのみ」と。忠興ら、促して向島に徙《うつ》らしむ。向島は伏見の故城址《こじようし》なり。乃ちこれを修築し、二十六日を以て徙り居る。諸奉行、事の泄《も》れしを知り、皆僧服を著けて、豊後橋《ぶんごばし》に要謁《ようえつ》し、以てその罪を謝す。物情稍ゝ定る。

三成らは後悔し、再び家康屋敷襲撃を謀ったが、忠興を「摟」（本来は熊手で落ち葉を掻き集めるといった意味）仲間に引き入れることが不可欠と思案し、玄以に大きな領土を条件に誘わせた。忠興は反三成の諸将の勧めで「佯」偽ってそれを受け入れ、長束の屋敷で三成と会った。

そこで家康襲撃の方策を訊ねると、三成は、徳川屋敷には二千しかいないので、側に住む味方である宮部と福原の屋敷の高い建物に自分の兵が拠ってそこから火矢を浴びせかけ、その火を避けて出てきたところを鉄砲で追い立ててこれを「鏖」皆殺しにする、という策を述べた。いつ決行かと問うと、今夜、と。

忠興は憂慮しながらも顔色には出さず、徐ろに、決死で闘う家康の鍛え上げた兵に必ず勝てるのか、火を放つのだから屋敷の高低は関係ない、敵が間諜によってこちらの策を知っておれば、こちらが放火すれば向こうも放火してくるはず、これは良計ではない、と指摘した。

忠興はさらに説いた。我に一策がある、忠興の兵二千が三成軍先鋒として徳川屋敷に突入して奮戦するので、敵の疲れを見計らってそこを三成が大軍で攻めかかれば必ず勝てる、と。三成は承知しなかったが、忠興がこの意見を押し通そうと粘って論じているうちに、結論が決まらないまま夜が明けた。

忠興は走って加藤清正に告げ、二人で家康の屋敷に来て報告した。家康は、自分も襲撃計画に気づいていなかったわけではなく、もし襲って来たら、自分で屋敷を焼いて、その東北の広い土地で決戦するだけだ、と言った。忠興らは（地震で壊れた）伏見城の跡地である向島に移ることを促した。そこでそこを修築して、二十六日に移った。奉行たちは計画が露見したことを知り、みな僧服に着替え、豊後橋で家康が通るのを待ち受けて目通りし、その罪を謝した。世間の騒ぎはやや落ち着いた。

太閤死後、家康の台頭によって自分たちの指導力の低下を危ぶんだ奉行たちが、家康を直接武力で制圧しようとした、といったくだりが続くが、信頼できる史料にはこれらのことは記されておらず、全て一部の軍記物の記述に拠っている。三成らも離間の計くらいは仕掛けたかもしれないが、京で兵を動かすとなると自ずと話は別である。

この直後に起こる「七将三成襲撃計画」の前に、頼山陽を含めた軍記物作家が、三成たちが先に実力行使をしてきたのだ、という「言い訳」になるくだりを用意したのかもしれない。また読者の側にもやられるばかりの家康に不満が鬱積してくるだろう。その先の家康側の反撃による読者の浄化（カタルシス）の効果を、書き手として狙ったとも考えられる。

それにしても、ここまで深刻な事態が明らかになっては、奉行たちが単なる謝罪で済むとは思えないのだが。

七将三成襲撃計画

池田、黒田、浅野、細川、福島、両加藤の七将、皆三成と仇隙《きゆうげき》あり。ここにおいて、遂に連署《れんしよ》してこれを誅《ちゆう》せんと請ふ。内大臣許さず。時に三成、利家に依る。七将遂に大坂に赴いてこれを請ふ。利家も亦た許さず。閏月《じゆんげつ》、利家病んで卒す。七将、三成の出づるを伺つてこれを要撃《ようげき》せんと議す。毛利、上杉、浮田、島津、佐竹の五家、素より三成に善し。三成、ここにおいて、乃ち間行《かんこう》して浮田氏の備前島の第に入る。而して五家の兵を以て自ら衛《まも》る。秀吉の在時《ざいじ》、佐竹義宣嘗て三成に賂ひ、以てその国を兼并《けんぺい》するを得、深くこれを徳とす。義宣、この時伏見に在り。三成の急を聞き、馳せてこれを見て曰く、「衆怒《しゆうど》犯すべからず。能くこれを制する者は、独り徳川翁なり。治部、寧《むし》ろ自ら帰《き》せよ」と。乃ち女装して往き、自ら入りて命《めい》を乞はしむ。内大臣これを許す。七将追ひ至り、夜、兵を各第に治めて、固く請ふ。内大臣、心に自らこれを計り、寝《ね》て寐《いね》ず。本多正信入りて謁《えつ》す。欬《がい》して曰く、「何ぞ亟《すみや》かに寝《しん》に就くや」と。内大臣、中より呼んで誰たるかを問ふ。曰く、「正信、事を稟《もう》す」と。曰く、「稟す所は何事ぞ」と。正信曰く、「治部を何と謂《おも》ふか」と。内大臣曰く、「吾れ方《まさ》にこれを思ふ」と。正信曰く、「主公《しゆこう》、已にこれを思ふ。思はば則ち得ん。臣必ずしも言はざるなり」と。趨《はし》つて出づ。旦日、内大臣、伊奈図書《いなずしよ》をして出でて七将を諭さしめて曰く、「治部、窮《きゆう》して来り、我に投ず。我これを諸君に与ふるに忍びず。且つ諸君、私憾《しかん》を以て重臣を戮《りく》せんと欲す。吾れ何ぞこれを許すを得んや。諸君、必ずその意を逞しうするを求めば、吾れ当に治部を助けて諸君と決戦すべし」と。七将、大に驚き、勉《つと》めてこれに従ふ。乃ち中村一氏、酒井重忠をして、三成に諭さしめて曰く、「衆《しゆう》情《じようきようきよう》恟恟たり。子、盍《なん》ぞ職を解いて国に就かざる。これ幼主の為めに躬《み》を屈し、以て国家の乱を靖《やす》んずるなり」と。三成、謝して曰く、「当に熟慮して答ふべし」と。三成乃ち潜《ひそか》に使を大坂に馳せ、これを上杉景勝に謀る。景勝、大に諸藩主を会してこれを議し、謀つて曰く、「治部、宜しく命を聴いて邑《ゆう》に就き、退いて世変《せいへん》を伺ふべし。然る後に、上杉、佐竹は、皆藩に帰つて兵を聚《あつ》め、復た来観《らいきん》せず、兵を八州に下し、以てその根本《こんぽん》を撼《うごか》さば、則ち内府必ず自ら将として赴き討たん。毛利、浮田以下、乃ちその後に群起し、内府を裹《つつ》んで東西よりこれを撃たば、従征《じゆうせい》の諸将、質を大坂に置くもの、必ずこれを棄てゝ彼に党せず。内府孤立し、腹背に敵を受く。勇智《ゆうち》ありと雖も復た施すに所なく、竟《つい》に窘蹙《きんしゆく》して降《こう》を乞はん。天下の事、皆図《はか》るべきなり」と。乃ち使者をして還つて密《ひそか》にこれを三成に報ぜしむ。七日、三成、命を聴き、十一日、その邑沢山《さわやま》に就く。内大臣、七将のこれを要撃せんことを慮り、少将秀康らをしてこれを護送せしむ。七将、発する能はず。三成、既に擯《しりぞ》けらる。而して諸奉行、皆自ら安んぜず。三中老に因つて、内大臣の伏見城に入り、以て京畿を鎮ぜんことを請ふ。これを許す。六月十三日、向島より徙《うつ》る。諸藩主、皆来り賀す。威望《いぼう》益〻重し。

輝政・長政・幸長《よしなが》・忠興・正則・清正・嘉明の七将は、みな（朝鮮の役での確執で）三成を仇のように憎んでいた。そこで連判状に署名してこれを誅殺することを願い出たが、家康は許さなかった。この時三成は利家を頼っていた。七将はすぐに大坂に赴いて（利家にも誅殺を）願い出たが、利家もまた許さなかった。閏月、利家が亡くなった。

七将は三成が大坂城から出てくるところを待ち伏せすることを相談していた。毛利・上杉・浮田・島津・佐竹は、以前より三成と関係が良かった。三成はここに至って潜伏行動を採り、備前島の浮田屋敷に入り、五家の兵を借りて自衛した。秀吉在世の頃、佐竹義宣は三成に賄賂を贈ることで常陸国全てを手に入れることができ、深く恩を感じていた。義宣はこの時伏見にいたが、三成の急を聞き、駆けつけて面会して言った。七将の怒りを刺激せず、ただ一人彼らを抑えられる家康の元に逃げ込むべきだ、と。

そこで三成は女装して家康の屋敷に行き、面会して命乞いをした。家康は許した。七将は追いかけて来て、夜それぞれの屋敷で兵を調えて、(家康に三成を引き渡すことを) 強硬に請うた。家康はこのことに考えを巡らしながら、床に就いたが寝付けずにいたところ、正信が (襖の外で)「欬」咳払いして二人の会話が始まり、やがて家康が三成の事を考えていたと口にすると、正信は、それならば答えは既にお持ちでしょうから申し上げることはございません、とその場を走り出ていった。

翌日、家康は伊奈図書 (昭綱) に七将を諭させて言った。三成が窮して我がもとに来た以上貴公らに引き渡すのは忍びない、また貴公らは私怨で秀頼様の重臣に手を掛けようとしているのでそれを自分が許すことはできぬ、貴公らがあくまでも気持ちを押し通すというなら自分は三成を助けて貴公らと決戦せざるを得ない、と。七将は大いに驚いて、「勉」渋々従った。

そして (家康は今度は) 中村一氏と酒井重忠に三成を諭させて言った。周りのみなが恐れている貴公が奉行を辞めて国許に帰り、秀頼様のために身を屈することが国の乱れの収拾に繋がろう、と。

三成は礼を述べて言った。熟慮の上お答え致します、と。

そこで三成は密かに使いを大坂に走らせて上杉景勝と謀った。景勝は、諸大名を大いに集めてこの事を相談し、今後の見通しを立てて言った。三成は家康の命を聴いて国許に帰り天下の変化を窺う、その後上杉と佐竹も帰国して兵を聚め、二度と大坂に参観せず関八州に兵を下して徳川の根拠地を「撼」揺るがせば、家康は必ず自ら征討の軍を率いて来る。そこで毛利と浮田以下が後方から群がり起こり家康を「衷」包むように東西から挟み撃ちにすれば、家康の征討軍に従った諸将のうち大坂に人質を置いている者は必ずこちらを棄てて向こうに与し続けることはできまい。家康は孤立し腹背に敵を受けることになる。こうなれば、いかに家康に知勇あれど手の施しようがなく、いずれ「窘蹙」追い詰められて降伏を乞うてくるに違いない、さすれば天下はみな我らが思うままである、と。そして使者を還して三成に報告させた。

七日、三成は命を受け容れ、十一日、領地の沢山（佐和山）に帰った。家康は七将が途中待ち伏せすることを慮り、秀康らに警護させたので、七将は手出しができなかった。三成が退けられてから、他の奉行たちは安心できず、中老たちを通じて（家康に）伏見城に入って京周辺を鎮めてもらうよう願い出た。家康はこれを許した。六月十三日、向島より移り、諸大名は伏見城に祝いの挨拶に来た。家康の威信と声望はますます重くなった。

三成が七将に追われて家康の屋敷に逃げ込んだ、というこの有名な逸話は、やはり根拠となる史料はほとんど無く、軍記物に依存したものである。物語としては面白いのだが、面白いとはつまり、残念ながら大いに疑わしいということなのだ。

景勝が反家康派の諸将に披瀝した「今後の見通し」の戦略が、あまりに関ヶ原に至る西軍の構想と符合している。後付けの附会に違いあるまい。

七月、諸奉行に命じ、征韓の諸将をして皆罷《や》めて国に就かしむ。上杉景勝、請うて曰く、「去歳、封《ほう》を徙され、未だ政《まつりごと》を施《ほどこ》すに及ばず。奥地《おうち》の服し難きは君の悉《つく》す所なり。請ふ、一たび往いて措置せん」と。佐竹義宣、請うて曰く、「統内に寇《あだ》起る。請ふ、往いてこれを定めん」と。前田利長も亦た封を襲ぐの後、未だ国政を視ざるを以て謁帰《えつき》す。皆これを許す。ここにおいて、前田氏は加賀に帰り、佐竹氏は常陸《ひたち》に帰り、上杉氏は陸奥《むつ》に帰り、毛利氏は安芸《あき》に帰り、浮田氏は備前に帰る。而して黒田氏は豊前《ぶぜん》に帰り、加藤氏は肥後に帰り、細川氏は丹後に帰る。その余の諸将、皆国に就く。この歳春、島津氏の重臣伊集院忠棟《ただむね》、罪あり。島津忠恒、これを伏見の邸《てい》に誅す。衆、その擅殺《せんさつ》を尤《とが》む。忠恒懼《おそ》れ、高雄《たかお》に屏居《へいきょ》し以て罪を竢《ま》つ。内大臣、伊奈図書を遣し、兵数十を率ゐ、迎へてその邸に還らしむ。忠棟の子久直、国に在つて兵を挙《あ》ぐと聞き、忠恒をして帰つてこれを討たしむ。ここに至り、また山口直友を遣してこれを労し、贈るに衣物《いぶつ》を以てす。尋《つ》いで寺沢広孝を遣して、諭して久直を降《くだ》す。

七月、奉行たちに命じて外征軍の諸将を国許に帰らせた。景勝が言った。昨年越後から陸奥の会津に国替となってまだ政を行っていません、陸奥の地が難治であるのは内府もよくご存知のこと、どうか一度帰って仕置きさせてください、と。義宣も願い出て言った。領内に一揆が起きているので鎮圧に行かせてください、と。利長もまた言った。後を継いでから国許の政治を視ておらぬので帰りたい、と。家康はみなこれを許した。諸大名はそれぞれの領国に帰っていった。

この年の春（三成失脚以前）、島津氏の重臣・伊集院忠棟が罪を犯したとして、島津忠恒（義弘の嫡男）に伏見の屋敷で誅殺された。周囲は忠恒が恣意的に殺したことを「尤」（この場合は非難する）咎めたので（伊集院家は秀吉に認められた半独立大名であり、三成とも懇意であった）、忠恒は懼れて山城の高雄に蟄居謹慎し、罪の言い渡しを待っていた。（三成が佐和山に退去すると）家康は伊奈図書に数十の兵を率いて高雄に迎えに行かせ、忠恒を伏見の島津屋敷に移らせた。忠棟の子の久直（忠真）がこれを聞いて薩摩の荘内で挙兵すると、家康は忠恒を帰国させこれを討伐させた。ここでまた家康は山口直友を遣わして忠恒を労《ねぎら》わせ、衣服や物を贈った。「尋」次いで寺沢広孝（広高）を遣わして、久直を諭して降伏させた。

森長可、細川忠興、島津忠恒（のち家久）。三人とも茶道に造詣が深いが、性格はみな激烈で、頑固で、残酷で、執念深い。そして、なにより勇敢で、舌を巻くほど聡明な一面がある。

八月、内大臣、京師に入朝す。九月七日、大坂に赴き、重陽節《ちょうようのせつ》を以て秀頼を見んと欲す。三成、沢山に在つてこれを聞き、遥かに計を増田長盛、長束正家に授く。長盛、正家、乃ち館《かん》に就き、内大臣に告げて曰く、「加賀黄門、浅野弾正と謀を通じて曰く、内府、城に入らば、則ち弾正佯《いつわ》つてこれと博し、因つてその手を拉《と》り、大野治長、土方雄久《ひじかたかつひさ》をして、これを耦刺《ぐうせき》せしめんとす」と。内大臣、従者と議す。本多正信曰く、「宜しく疾《やまい》と称して入らず、而して兵を伏見に徴《め》して帰るべし」と。井伊直政、本多忠勝、榊原康政曰く、「入らずんば則ち曲我《きよく》に在り。臣ら従ひ、死を以てこれを衛《まも》らん」と。内大臣、両《ふた》つながらこれを用ひ、乃ち兵を徴す。兵来る者三千八百。九日、率ゐて城に入り、堂に升《のぼ》る。従つて升る者十余人。衛士《えいし》、止めて納れざらんと欲す。直政、声を厲《はげま》して曰く、「内府、戒心《かいしん》あり。関東の野人、復た礼節を知らず」と。内大臣、入りて秀頼母子を見る。直政、忠勝、康政、障《しよう》を隔てゝ坐す。弾正少弼、譏言《ざんげん》ありと聞き、疾と称して出でず。内大臣、出でて中厨《ちゆうちゆう》に至り、託言《たくげん》して曰く、「厨下の大紙燈《だいしとう》は東国になき所なり。当に従者をして観しむべし」と。酒井忠利出でて従兵を招き、護衛して館に帰る。内大臣曰く、「冲子《ちゆうし》ここに在り。而して我れ伏見に居る。その勢《いきおい》隔絶す。姦《かん》の入り易き所以《ゆえん》なり。吾れ将に徙り居りこれと密邇《みつじ》せんとす」と。長盛、正家、西城《せいじよう》を以てこれを奉ぜんと請ふ。秀頼の嫡母《てきぼ》北庁《きたのまんどころ》、時に来つて西城に寓す。ここにおいて、去つて京師に帰る。内大臣、代つて入る。秀康をして伏見に留守せしむ。十月、正信と議し、治長、雄久を放ち、弾正少弼をして国に就かしむ。敢て就かず。而して武蔵の府中に赴き、以てその子に依る。内大臣、遂に令を下して前田氏を撃つ。前田氏、金沢に治《ち》す。丹羽《にわ》長重、請うて曰く、「臣の邑小松は金沢と隣《となり》す。北伐《ほくばつ》の役《えき》、願はくは先鋒とならん」と。許してこれを遣す。細川忠興、聞いて来り見《まみ》え、利長の為に冤《えん》を白《もう》す。因つて書を加賀に馳せ、その老横山長知《ながとも》をして来り謝せしむ。内大臣、命じて利長の母を以て質となさしむ。利長、命を聴く。この月、浮田秀家の将、坂崎、戸川、岡、花房の四人、計つて嬖臣《へいしん》長船《おさふね》某を攻む。秀家、四人を誅せんと欲す。内大臣、これを制止し、四人を以て吏《り》に附す。時に関東、喧伝《けんでん》す、上杉氏、異図《いと》あり、と。石田氏も亦た四方有名の士を招く。島勝猛《しまかつたけ》は嘗て甲斐の山県氏に仕へ、称して兵を知るとなす。三成、延《ひ》いて謀主《ぼうしゅ》となし、守備を修繕す。内大臣、人をしてこれを詰《なじ》らしむ。答へて曰く、「沢山は衢《く》路《ろ》に当る。その荒廃修めざるべからず」と。

八月、家康は京で入朝した。九月七日、家康は大坂に赴き、重陽の節句の祝いを兼ねて秀頼に目通りしようとした。三成は沢山でこれを聞き知り、遠くから増田と長束に指図をした。長束は家康に、利長と浅野に家康暗殺の謀があると告げた。家康が大坂城に入ったら、浅野が偽って「博」囲碁に誘い、家康の石を打つ手を摑んで、大野治長と土方雄久に「耦刺」左右から家康の脇腹を刺させる手筈、とのこと。

家康は従者たちと相談した。正信は入城せず兵を集めてから帰ることを進言したが、直政・忠勝・康政は我らが命を賭けて護るので義として入るべきと主張した。家康は両案を折衷して、伏見から兵三千八百を集めて、九日、それを率いて入城した。家康の従者十数人も「堂」本丸の座敷に「升」上がろうとしたので、衛士が止めて入れまいとしたが、直政が、殿は「戒心」ご用心されておいでじゃ、関東の野人は礼節など知らぬわ、と一喝した。

家康は秀頼母子に謁見した。直政・忠勝・康政は「障」襖を隔てて座った。浅野は讒言されたことを聞いて病と称して出てこなかった。家康は兵に護衛されて館に帰った。家康は言った。幼子が大坂に、わしが伏見にいて、両者が隔たっているから奸臣が付け入り易いのじゃ。大坂に移り住み、これからは幼子の「密邇」そば近くにいることとしようぞ、と。長束は西の丸に入ることを願い出た。この時、北政所が住んでいたが、明け渡して京に移り、家康が代わりに入った。秀康に伏見を守らせた。

十月、正信と相談して、治長と雄久を追放した。浅野を国に帰らせたが、すぐには帰国しようとせず、武蔵の府中に赴いて息子の世話になった。家康は遂に前田征伐の命令を下した。金沢の隣の小松を所領とする丹羽長重が先鋒を願い出たので、許して派遣した。忠興は家康に目通りして利長の無罪の申し開きをした。そして加賀に早馬で書状を送り、家老の横山長知に来させ謝罪させた。家康は利長に母（芳春院まつ）を（江戸に）人質に出すことを命じた。利長は命に従った。

この月、浮田秀家の将四人が、語らって秀家の嬖臣・長船某を攻めた。秀家は四人を誅しようとしたが、家康が制止して四人を役人に引き渡した。時に関東では噂が喧伝されていた。上杉氏に謀反の企てがある、と。石田氏も四方から名の有る侍を招聘していた。島勝猛（左近）は以前甲斐の山県氏に仕え、自ら兵法を知ると称していた。三成は彼を「延」引き立てて「謀主」軍師とし、沢山城の守備を修繕した。家康が人にこれを詰らせると、答えて言った。沢山は「衢路」街道が交差する要衝にありますので、荒廃を修繕しないわけにはいきません、と。

家康には前田家を完全に屈服させておく政治的必要性があった。その後、家康は利家の子孫付託の遺言には違背しなかった。

この「宇喜多騒動」は官僚派（主に切支丹派）と武将派（主に日蓮宗派）との相剋とも見做すことができる。いずれにせよ、宇喜多家は譜代の勇将たちを失うことになり、大きく戦力を低下させた。戸川氏と花房氏は関ヶ原では東軍に属し、徳川家の大身の旗本となった。

島左近勝猛は、実際はこの何年も前から三成に仕えていたはずである。それ以前には筒井氏に仕えていたことは間違いない。とにかく逸話や伝説の多い人物だが、有名なわりに実像が摑みにくい。

会津征伐を決す

五年正月、内大臣、大坂に在り。諸将の参賀を受く。二月、中納言の牙騎《がき》、鼠のその馬尾《ばび》に巣くふあり。人、これを異《あや》しむ。或ひと、文治の故事を援《ひ》いて、以て乱兆となす。この月、内大臣、増田長盛、大谷吉隆をして景勝の入覲《にゅうきん》を促さしむ。景勝、疾と称して来らず。而して東北の諸国、争つて変を上《たてまつ》り、景勝の反形《はんけい》あるを告ぐ。乃ち伊奈図書をして再び往いてこれを詰らしむ。景勝、枝梧《しご》して服せず。四月、復た僧承兌《しょうだ》をして書を以て景勝の老直江兼続《なおえかねつぐ》を諭さしむ。五月、兼続、復書《ふくしょ》す。書辞悖慢《しょじぼつまん》なり。内大臣、大に怒り、遂に親ら将として東征せんと欲す。中老、奉行、並に将に命じて代り往かしめんと請ふ。聴かず。乃ち大に軍事を議す。東国の地図を按《あん》じ、諸将の嚮《むか》ふ所を部署す。伊達氏は信夫《しのぶ》より、佐竹氏は仙道より、最上氏は米沢より、前田、堀、村上、溝口氏は津川より、自余の侯伯は内大臣に従つて白川より進む。堀氏の老堀直政、進言して曰く、「白川の道は絶険《ぜつけん》にして、所謂《いわゆ》る一夫関《かん》に当れば、千夫《せんぷ》過ぎられざる者、恐らくは進むに難からん。宜しくこれが計《けい》をなすべし」と。内大臣曰く、「彼一槍《いっそう》を執れば、我も亦た一槍を執る。何の難きことかあらん」と。乃ち令を諸〻の侯伯に下して兵を治め、来月を以て江戸に会せしむ。石田三成、佯《いつわ》つて自ら従はんと請ふ。許さず。乃ち前田氏の質を江戸に徙《うつ》し、保科正直の女を養ひ、以て黒田長政に妻《めあ》はす。十五日、秀頼、来り祖《そ》す。

慶長五（一六〇〇）年。正月、家康は大坂で諸将の年賀の挨拶を受けた。二月、秀忠麾下の馬の尾に鼠が巣を作った。人々はこれを怪異な現象と見た。ある人は文治の故事を引き合いに出し、天下大乱の兆しであるとした。

この月、家康は増田長盛と大谷吉隆（吉継）に景勝に入朝するよう催促させた。景勝は病と称して来ようとしなかった。しかし、東北の諸国は争うように景勝の謀反を準備する様子を報告してきた。そこで、家康は伊奈図書を再び派遣してこれを問い詰めさせた。景勝は報告の内容と「枝梧《しご》」食い違うことを言い立てて服さなかった。

四月、今度は僧の承兌を遣わし書状を持たせて景勝の家老・直江兼続を諭させた。五月、兼続は返書を送ってきた。その文言は「悖慢」侮辱と傲慢に満ちており、家康は大いに怒って、遂に自ら会津征伐に出陣しようとした。中老や奉行たちはみな他の将を代わりに往かせることを請うたが、家康は聴き入れなかった。大いに軍議を開き、東北の地図を広げて、諸将の向かう先を部署した。

伊達は陸奥の信夫より、佐竹は仙道より、最上は米沢より、前田・堀・村上・溝口氏は越後の津川より、その他の「侯伯」大名は家康に従って白川（白河）より進むことにした。堀氏の家老・堀直政が進言した。「白川の道は「絶険」切り立って険しく、関所は一人で守れば千人を通さぬと云われているので、ここを進むのには何か他に手立てが必要かと存じます」と。家康は言った。「向こうが槍を取って立ち向かってくるなら、我も槍を取って迎え撃つ、何の難しいことがあろうか」

と。

　結局、諸大名に命令を下して兵を揃えさせ、翌月江戸に参集することにした。三成は偽って自分も従軍することを願い出てきたが、許さなかった。そして、前田氏の人質（芳春院まつ）を江戸に移し、保科正直の娘を養女にして黒田長政に娶せた。十五日、秀頼が「祖」（「道祖神」の「祖」であり、旅の無事を祈る意味）見送りに来た。

「文治の故事」とは、福原に遷都した一一八〇年、平清盛は様々な怪異に見舞われたが、その一つに、彼の愛馬・望月の尾に鼠が巣を作って子供を産んだ、というものがあった。当時の陰陽師・安倍泰親は、鼠（小）が馬（大）に侵すのは世の形勢が大きく変わる予兆で極めて不吉、と占った。この怪異の五年後に、平家は壇ノ浦で滅亡した。文治五（一一八九）年には、奥州藤原氏も滅亡している。

　いわゆる「直江状」。ここに載せる紙幅が無いのが残念だが、かの徳富蘇峰《とくとみそほう》が「戦国の一大快文字」と評するほど、家康に対して遠慮会釈なく歯切れの良い反論を展開している。ただし、これもまた書状の措辞などを中心に、その真贋が論議されて久しい。最近では、全くの偽物とまでは言えないものの後世の相当な改竄が加えられている、といった見方が優勢なようだが、もとより私には判らない。

　ちなみに直江兼続と言えば、冑の「愛」の前立てが有名だが、あれはおそらくは「愛宕権現」のことであり、少なくとも「仁愛」のそれではない。また、そもそも仏教で「愛」とは即ち執着であり、立派に煩悩の一つに数えられている。兼続は、陪臣でありながら米沢六万石（与力を含めると三十万石）に封ぜられただけあって、秀吉好みの眉目秀麗にして明敏怜悧な人物であったことはまず間違いないが（漢籍にも精通していた）、周辺の逸話からは、やや傲慢で苛烈な一面を併せ持っていたことも窺える。戦国の武将はみな複雑なのである。

明日、内大臣、佐野正吉を西城に留めて自ら伏見に至り、鳥居元忠を以て留守《りゅうしゅ》となす。松平近正、内藤家長、松平家忠を以てこれに副《ふく》とす。元忠嘗て三形原《みかたがはら》の役に従ひ、股を傷《きず》けて跛《は》す。老に及んで益〻歩履《ほり》に艱《なや》む。ここにおいて、堂上に杖を用ふるを聴《ゆる》す。翌夜、入り謝して曰く、「留守の任は臣と近正とにて足る。会津は事勢重大なり。家長、家忠皆宜しく扈従《こじゅう》すべし」と。内大臣曰く、「京畿に変なきを保せず。四将すら吾れ猶ほ以て少しとなすなり」と。元忠曰く、「変なくんば則ち已《や》む。苟も変あらば、則ちこの城先づ兵を被らん。而して四《よも》に応援なし。臣当に死して国に報ゆべし。他の将帥《しょうすい》は、宜しく留めて以て敵に貽《のこ》すべからざるなり」と。内大臣、これを慰労して曰く、「吾れ、童時《どうじ》駿河に質たり。汝、三河より来り侍す。蓋し十二歳なり。今何ぞ老いたる」と。留めて与《とも》に談《かた》る。夜已《すで》に三鼓《さんこ》、元忠曰く、「明朝は早発なり。君少しく寝に就け」と。因って辞して曰く、「臣、これを以て永訣《えいけつ》となすも、亦た知るべからざるなり」と。将に起《た》たんとす。足益〻痺《ひ》す。内大臣、侍者に命じて扶《たす》け出さしめ、目送し涕《なんだ》を攬《と》つて入る。

翌日、家康は佐野正吉を西の丸に留めて、自ら伏見城にやって来て、鳥居元忠（六十二歳）を留守居とした。松平近正（大給《おぎゅう》松平五十四歳）・内藤家長（五十五歳）・松平家忠（深溝《ふこうず》松平四十六歳）をその補佐に任じた。

元忠は、かつて三方ヶ原の戦いで太腿を負傷して片足が不自由となり、年を取るにつれてますます歩行が困難になった。そこで家康は「堂」座敷の上でも杖を用いることを許した。翌日の夜、元忠は家康の御座所に入ってきて感謝の言葉を述べた。「留守居の任はそれがしと五左衛門殿（近正）にて十分でござる。会津征伐は重大。金一郎殿（家長）と主殿助《とのものすけ》殿（家忠）は殿のお側近くにおられるが宜かろうと存ずる」と。

家康が言った。「京周辺に変事が起こらぬとは言い切れぬ。四将ですら少ないと思うておるくらいじゃ」と。元忠が言った。「変事が無ければそれで結構。もしあれば、この城は真っ先に敵に狙われもうす。四方どこからも応援は得られませぬ。それがしはここで死んで国恩に報いまする。他の将までここに残して敵に首を「貽」くれてやることはありませんぞ」と。家康は元忠をねぎらいいたわって言った。「わしがまだ童で駿河に人質となっておった時、彦右衛門は三河からやって来てわしに仕えた。たしか十二歳じゃったか。それが今はなんとまあ爺《じじい》になりおって」と。引き留めてともに語り合った。

夜は既に「三鼓」（午前〇時）を過ぎた。元忠が言った。「明朝はお早いお発ちでありましょう。殿は少しでも床に就いてお休みくだされ」と。そして暇乞いを告げた。「これが永のお訣れとなるやも知れませんな」と。元忠は起ち上がろうとしたが、足が酷く痺れていた。家康は近習に扶けさせて退出させた。それを目で送り涙を「攬」（手の中に収めるといった意味）拭って部屋に入った。

他の主君に仕えるつもりはないので感状は要らぬと言い放った青年時代の元忠。秀吉から嫡男・忠政を養子にしようと持ちかけられた時、息子を二君には仕えさせぬと断った父親の元忠。戦の傷で片足が不自由になっても、その数年後の黒駒合戦では大将となり、二千の兵で北条の一万の兵を撃ち破った武将の元忠。彼は実に五十年もの間家康に仕えたが、家康にとってはむしろ、時に兄を感じさせる存在に近かったのかもしれない。少なくとも、この君臣の訣れのくだりだけは、家康の裏表のない真情が滲んでいるような気がする。

結局、補佐の三将も伏見城での戦いで命を落とした。松平家忠の父は、鳶ノ巣山砦急襲で「国恩に報いる」と言って戦場に消えていったあの松平伊忠である。二十五年の時を経て今再び息子がその運命を引き受けることになった。彼の深溝松平家は、十八松平の中でも、惣領家に対して最も忠勤を励み続けた家の一つと言えるだろう。また、家忠は『家忠日記』と呼ばれる良質な史料を後世に遺してもいる。

旦日、駕《が》、伏見を発す。譜第《ふだい》の将帥の在る者尽《ことごと》く従ふ。大津に至る。京極高次を見て物を賜ひ、その諸臣に及ぶ。その弟高知《たかとも》を以《い》て行く。石部《いしべ》に及ぶ。水口《みなくち》城主長束正家、これを饗せんと請ふ。会〻《たまたま》その異謀《いぼう》を告ぐる者あり。乃ち婦人の輿に乗り、夜、城下を過ぐ。正家驚き、土《つち》山《やま》に追及して、罪を謝す。内大臣、温言《おんげん》もて遣帰《けんき》す。諸〻の侯伯、相《あ》ひ踵《つ》いで来り従ふ。兵五万を得たり。沿道の将士、次《じ》を以てこれを饗す。駿府に至る。府主中村一氏、篤疾《とくしつ》にて死に瀕す。その子一栄《かずよし》をして軍に従はしむ。軍、箱根に至る。中納言、大久保忠隣、本多正信をして来り迎へしむ。七月二日、江戸に至る。七日、大に内外の諸将を饗し、士馬《しば》を休むること数日、軍令十三条を下《くだ》し、前部《ぜんぶ》をして先づ発せしむ。

翌日、伏見を発した。在京の譜代の将はことごとく付き従った。大津城に来て、京極高次とその家来たちに贈り物を与え、弟の高知を従軍させた。近江の石部に来ると、水口城主の長束正家がもてなそうとしたが、たまたま彼の異心の噂を告げる者がいたので、家康は女物の輿に乗って夜城下を通り過ぎた。正家は驚き、近江の土山まで追いかけて来て謝罪した。家康は温かい言葉をかけて帰した。諸大名が次々と参集して、兵五万を得た。沿道の将士がみなもてなした。駿府城に来たところ、城主の中村一氏が瀕死の重病だったので、（「子」とあるが実際は）弟の一栄を従軍させた。箱根までやって来た。秀忠は、大久保忠隣と本多正信に出迎えさせた。

七月二日、江戸に到着した。七日、大いに諸将を饗応し、兵馬を休めること数日、軍令十三ヵ条を下して、前軍を出発させた。

秀吉が関八州の徳川家康の目付役として配置した、東海道筋の掛川五万石の山内一豊、浜松十二万石の堀尾吉晴、駿府十四万石の中村一氏ら豊臣の重臣たちは、ここに至ってその全員が家康の与力大名となった。

三成、内大臣の東するを候《うかが》ふや、曰く、「我が計中《あた》れり」と。乃ち事を挙ぐるを議す。会〻大谷吉隆、その邑敦賀《つるが》より将に東師《とうし》に会せんとす。三成、その老樫原《かしわら》某をしてこれを垂井《たるい》に要せしむ。吉隆、問うてその故《ゆえ》を知り、樫原に語って曰く、「治部は才ありと雖も、而も衆の喜ぶ所とならず。今、大事を挙ぐ。誠に能く輝元、秀家を推して自らこれに下り、その軍を合せて景勝に応ぜば、或は万一を徼幸《きょうこう》すべし。然りと雖も、我が軍未だ合はず。而して内府、旆《はい》を反《かえ》さば、則ち嚮《むか》ふ所魚潰《ぎょかい》せん。予《わ》れ将にこれを以て治部を諫めんとす」と。乃ち沢山に至る。三成に問うて曰く、「子、何を以て内府に克つ」と。三成曰く、「西道の豪傑、皆嗣君の令に応ず。当に日ならずして大坂に会すべし。而して東北の諸国、概ね景勝に通ず。景勝、内府を縻《び》すること数月、而して我れ西の諸侯を挙げ、長駆《ちょうく》して箱根を踰《こ》えなば、一挙にして克つべし。これ諸老の議を定めたる所なり」と。吉隆曰く、「これも亦た善計《ぜんけい》と謂ふべし。而して吾その中《あた》るを保《ほ》せざるなり。子、独り夫《か》の奕棋《えきき》する者を見ざるか。中手相ひ対すれば、算の成る者勝つ。即《も》し国手《こくしゅ》に遇へば、其のなす所、皆我が意表《いひょう》に出づ。内府は国棋《こくき》なり。吾れ其の子《し》の意表に出でんことを恐る。且つ子の事を挙ぐるに、不可なる者五あり。内府は少小《しょうしょう》より武田、北条の諸豪に角《かく》して兵機に老ゆ。故太閤の英略を以てして、終に加ふる能はず。況や今人《こんじん》においてをや。その不可なる一なり。内府は国富み兵強く、諸大国の較《かく》すべき者なし。その不可なる二なり。内府は資望《しぼう》、諸侯に重し。而して子は卑位微力《ひいびりょく》を以て事を首《はじ》む。その不可なる三なり。内府は熊虎《ゆうこ》の将多し。在昔《むかし》、織田右府、諸家の将率《しょうすい》を選んでその像を図絵《ずかい》す。時に徳川氏は三河一国を有《たも》つ。而して図に上る者十九人。今はまたその幾倍なるを知らず。我が将士にこれに類する者あるか。その不可なる四なり。徳川氏は士《し》を撫《ぶ》すること一日に非ざるなり。部属精鋭、義として国と終始する者、数ふるに勝《た》ふべからず。即ち事に死するあれば、その孤《こ》を襁褓《きょうほう》より禄《ろく》す。

士の親附《しんぷ》すること膠漆《こうしつ》の如く然り。我は乃ち瓦合《がごう》の師を以てこれに抗す。その不可なる五なり。五の不可あり。子、必ず止めよ」と。三成曰く、「我れ已に約を定む。其れ止むべけんや。且つ諸〻の大国、皆内府を仇《あだ》とす。内府畏るゝに足らざるなり」と。吉隆、大息《たいそく》して曰く、「吁《ああ》。子にして此の謀《はかりごと》ある、盍《なん》ぞ蚤《はや》く我に告げざる。我れ、内府を送るに託し、兵を率ゐてこれに従ひ、長束大蔵とこれを夾《はさ》み撃たば、一撃にして獲《う》べし。今已に東す。これ虎を放つて山に還せるなり」と。乃ち辞して出づ。既にしてこれを棄つるに忍びず。遂に還つてその謀を佐《たす》く。与《とも》に倶《とも》に大坂に至り、書を遠近に移《い》して、内大臣は秀頼に利ならずと誣《し》ひ、西諸侯の江戸に赴く者を抑留す。

三成は家康が東下するのを「候」（「斥候」の「候」）窺っていて、言った。「我が計略が的中した」と。そして挙兵について相談した。ちょうど大谷吉隆（吉継）は領地の敦賀より家康の東征軍に合流しようとしていた。三成は家老の樫原某を遣わして美濃の垂井で大谷の軍を待ち受けさせた。

吉隆はその理由を知ると樫原に語った。「治部は才有れど人に好かれぬ。しかし今大事を挙げようとしている。誠意を尽くして安芸中納言（輝元）と備前宰相（秀家）を立てて自らは謙《へりくだ》り、その軍を合わせて会津中納言（景勝）に呼応すれば、あるいは万一の僥倖を得られるやもしれぬ。されど、治部の軍は未だ諸侯との連合が成っておらず、そこを内府が旗を翻して軍を返してくれれば、その向かう先の三成軍は魚群が散る如く潰乱四散してしまうだろう。このわしが治部を諫めてやるしかあるまい」と。そして、吉隆は沢山にやって来た。

三成に問うて言った。「貴公はどのように内府に克つつもりか」と。三成は言った。「西国の大名はみな若君の命に応じている。近々みな大坂に参じるであろう。また東北の諸国は概ね会津中納言に通じている。中納言に内府を数ヵ月「縻」引き付けてもらい、そこを我ら西国諸侯が大挙して長躯箱根を越えれば、一挙に勝利を収めることができよう。これは何人もの戦に老功な者たちとよく話し合って決めた策である」と。

吉隆は言った。「これもなるほど良計と言うべきではある。しかし、わしが思うに、その良計は必ずその通りに上手く行くとは限らぬぞ。貴公は「夫」かの「奕棊」囲碁というものを知らぬか。中ほどの腕前同士の対局であれば、予め策を立てた方が勝つ。だが、その中ほどの腕の者が、国で一、二の打ち手と「遇」対した時、相手の打つ石は常にこちらの意表を衝いてくる。内府は正にその国で一、二の打ち手よ。それに貴公が挙兵するにおいて不可なることが五つ有る。内府は若き頃より武田や北条などの強豪と「角」（「角逐」の「角」）力比べをし、兵の駆け引きに熟練している。亡き太閤殿下の英《ひい》でた策略を以てしてさえ、終に「加」その効力を及ぼし得なかった。況《ま》してや今の人にそれができようか。これが不可の一。内府の国は富み兵は強く、他の大国でも較べることができぬ。これが不可の二。内府の資質と声望は諸侯に重んじられている。それに引き換え、貴公は位は低く力も乏しいにも拘らずこの大事を首唱している。これが不可の三。内府の麾下には熊や虎の如き猛将が多い。かつて織田右府様は、諸国諸家の武将を選んでその姿を絵に描かせたことがある。その頃徳川氏は三河一国を領有するのみであったが、絵に描かれた将は十九人にものぼった。今はその何倍になるか知れぬ。我らの将士にこの徳川の将たちに類する者がどれだけおろうか。これが不可の四。徳川氏が士を撫育するのは昨日今日の事ではない。部隊の者はみな精鋭揃いで、義として国と「始終」生死をともにする者は数え切れぬ。もし国のために討死すれば、その孤児に「襁褓」（むつき、おむつ）の時から禄を与える。士が徳川氏に親附するさまは、あたかも膠や漆が貼り付いておるが如く強固なのじゃ。それに我らは瓦を重ねたような軍で抗おうとしている。これが不可の五。貴公は何としても思い止まるべきぞ」と。

三成は言った。「我らは既に約定を取り交わした。思い止まることなどできようか。それに諸国は内府を仇敵と見做している。徳川内府は畏れるに足らぬ」と。吉隆は大きくため息を吐いて言った。「ああ、貴公にかかる企てがあるなら、なにゆえこの刑部に早う話してくれなかったのじゃ。さすればわしが内府を送るに託けて兵を率いてこれに従い、長束大蔵とともに挟み撃ちにして、一撃で討ち取ることが出来たものを。今は既に東下してしまった。これは虎を放って山に還したようなものである」と。そして、吉隆は味方に付く誘いを断って出ていった。ところが、しばらくして（友の三成を）見棄てるに忍びなくなった。遂に引き返してきてその企てを補佐することになった。二人でともに大坂にやって来て、遠くにも近くにも書状を回し、家康が秀頼に不利を働こうとしていると讒言して、西国諸侯で江戸に赴こうとする者を強引に押し留めた。

紀之介（大谷吉継の通称）に百万の兵を指揮させてみたい。秀吉が本当にそう言ったかどうかは措くとして、吉継の関ヶ原での戦いぶりを見れば、彼の将才が豊かであったことには疑いの余地がない。ただ、彼の人生は武将よりむしろ吏僚としての活動が主であった。その関係で三成とも机を並べる機会が多かったのだろう。

吉継は三成にとって唯一無二の友となった。西軍の敗北を見通していながら、自分の命はおろか家までも三成に委ねたのだとしたら、友情意識の稀薄な戦国の世にあっては、極めて特異な決断であったと言える。また、この頃の吉継は、ハンセン氏病の重症化により、既にほとんど目が見えなくなっていた。

立花宗茂、柳川に在り。大坂の檄《げき》を得。その老小野某曰く、「内府、兵を握ると雖も、西軍の衆に較《かく》する能はず。前跋後疐《ぜんばつこうち》、箱根の険を保守するに過ぎず。而して天下、皆豊臣氏に帰す。速かに大坂に就くに若かず」と。衆皆これを是《ぜ》とす。立花増時曰く、「公らの言ふ所は皆その形《けい》なり。吾れ聞く、智将は無形に勝つ、と。内府の東する、必ず予《あらかじ》め西の変あるを知る。変を聞くの日、即ち軍を還さん。且つ黒田孝高《よしたか》、加藤清正、我が近地に在り。而して素より諸奉行と善からず。必ず内府に応ぜん。我れ宜しくこれと倶に進退すべし」と。宗茂、終に小野の言ふ所に従ふ。

立花宗茂は筑後の柳川にいた。大坂からの檄文を手に入れて、その家老の小野某が言った。「内府が兵力を握っていると言っても、その多さは大坂のそれには較ぶべくもござらん。いずれ「前跋《ぜんばつ》後疐《こうち》」（前に跋《ふ》み後ろに疐《つまず》く、『詩經』が出典）進むことも退くこともできなくなり、箱根の険に拠って塞《ふせ》ぐしかなくなるでしょう。そして天下はみな豊臣氏に帰服致す。速やかに大坂にお味方するが宜しかろうと存じます」と。家中の多くがこれを正しいと支持した。

立花増時が言った。「貴公の申されるのは、みな形じゃ。それがしはこう聞いておりまする、智将は形無きうちに勝つ、と。内府が東下したのは、必ず前もって西国に変事があると承知しておられるからじゃ。変事を聞いたその日のうちに即座に軍を返す。それに黒田如水や加藤主計頭は我らが近くに所領を持ち、しかももともとこの両人は奉行たちと仲が悪い。必ずや内府に応ずるでありましょう。我らもこの二人と進退を共にした方が良いと存ずる」と。宗茂は、結局小野の意見に従った。

立花宗茂については、のちほどまとめて述べることにする。

小野某の諱は「鎮幸《しげゆき》」といい、秀吉が日本の槍上手七人の一人に数えるほどの勇将である。立花増時は元の姓を「薦野《こもの》」。立花道雪（宗茂の養父）はその才能を愛し、最初は彼を養子として家督を継がせようとした。それには増時自身が反対した。関ヶ原で立花家が改易された後は、黒田如水に旧禄と同じ四千石で召し抱えられた。

孝高、清正、果して大坂の徴《めし》に従はず。曰く、「三成、口を幼主《ようしゅ》に藉《か》り、以て私権を樹《た》つ。与《くみ》すべからざるなり」と。乃ち島津義弘に勧めて東軍に帰せしむ。而して三成、急に義弘を促す。義弘、終に西軍に応ず。孝高、清正、また小早川秀秋を諭す。秀秋嘗て三成の譫《ざん》する所となって、罪を秀吉に獲《え》、内大臣のこれを救ふを以て、乃ち免るゝを得たり。常に報効《ほうこう》を思ふ。その従母《おば》北庁氏、また「内府に負《そむ》くなかれ」と戒む。而して諸奉行、陽《うわべ》にこれを推奉《すいほう》す。秀秋も亦た陽《うわべ》にこれに応ず。三成、議して諸将の孥《ど》を城内に収め、以て質となさんとし、兵を諸邸に遣してこれを取る。池田輝政の妻は内大臣の女たり。加藤清正は水野忠重の女を娶る。黒田長政の妻と、並に内大臣の養女たり。その族人《ぞくじん》留守の者、皆計《はかりごと》を以てこれを脱す。細川忠興の妻明智氏は、その婦《よめ》前田氏をして先づ遁《のが》れしむ。而して囲《かこみ》已に合《がっ》す。乃ち令を下して闘《たたかい》を禁じ、火を縦つて自裁す。三成、懼《おそ》れて兵を戢《おさ》め、人をして西城に入り、佐野正吉を諭さしむ。十四日、正吉、諸姫侍《しょきじ》を出して、自ら伏見に奔《はし》る。毛利輝元、入りて西城に居る。

孝高と清正は果たして大坂の徴集に従わずに言った。「治部は若君様を口実にして自身の権勢を樹てようとしている。与することなどできぬ」と。そこで島津義弘に勧めて東軍に帰順させようとした。ところが、三成が義弘を急きたてて催促したため、義弘は終に西軍に応じてしまった。

孝高と清正はまた小早川秀秋を（東軍に付くよう）説諭した。秀秋はかつて三成に讒言されて秀吉から罪を獲たが、家康の取りなしで赦免されたことがあり、常にその恩に報いたいと思っていた。その叔母に当たる北政所も家康に背かぬよう戒めていた。しかし、奉行たちが「陽」（「陽動作戦」の「陽」で「佯」に通じる）偽って彼を推戴して重んじたので、秀秋もまた上辺では西軍に応じた。

三成は相談して諸将の「孥」妻子を大坂城に人質として収容することにし、それぞれの屋敷にそのための兵を遣わした。多くの屋敷では留守を預かる親族の者が計略を巡らして妻子たちを脱出させた。細川忠興の妻の明智氏（たま、ガラシャ）は、嫡男忠隆の妻の前田氏を先に遁《に》がしたが、その間に屋敷は取り囲まれてしまった。そして家臣に闘うことを禁じると、屋敷に火を放って自殺した。

三成は（妻子たちが死を選ぶことを）懼れて兵を「戢」収め、使者を大坂城の西の丸に入らせ徳川氏留守居の佐野正吉を諭させた。十四日、正吉は家康の側室や侍女たちを西の丸から出し、自らは伏見城に逃げ込んだ。毛利輝元が代わって西の丸に入った。

この時期の義弘（親豊臣か中立）は、兄で当主の義久（反豊臣）との関係が上手くいっておらず、また重臣・伊集院氏の反乱の影響もあり、義弘の再三の要請にもかかわらず、国許から十分な兵を送ってはもらえなかった。また、義弘がやむを得ず西軍に付いたというのは、幕藩体制成立後に作られた話のようで、実際は、上杉景勝の元に「西軍に味方する」という内容の、義弘の七月十五日付の書状が遺されている。

この記述によると、小早川秀秋が西軍に所属したのは見せかけに過ぎないということになる。この人物については当然、後述しなければならない。

細川ガラシャが「自裁」したとあるが、彼女は熱心な切支丹だったので、自ら命を絶つことはできない。留守居の小笠原少斎にやや離れた場所から（同室だと忠興の異常な嫉妬心を刺激するから）薙刀で胸を突かせて亡くなったとされている（太田牛一などは自害とする）。独善的な美意識を持つ忠興は、この時屋敷から逃げた者たちに我慢ならなかったらしく（人質に取られそうになったら全員潔く自害せよと予め言い置いていた）、忠隆に妻の前田氏との離縁を命じ、反発した忠隆を廃嫡してしまった。

伏見城の戦い

ここにおいて、侯伯大坂に会する者四十余人。応援をなす者三十六国。乃ち議し、軍を引いて東下し、増田長盛をして使を伏見に遣し、鳥居元忠を諭さしめて曰く、「大兵東下し、将に先づ伏見城を攻めんとす。城は本《もと》豊臣氏の有なり。子、棄てゝ東するも、誰か誹議するを得ん。吾れ、内府の眷顧《けんこ》を受け、また子と親善なり。故に相ひ告ぐ。子、速かに計を決せよ」と。元忠、三将と答へて曰く、「我れ君命を受けて守ることを知る。他人の令を聴いて走ることを知らず。足下、誠に寡君《かくん》の顧を念《おも》はんか。則ち当《まさ》に勉厲せらるべし。今乃ち示すに走路を以てす。殊に望む所に非ず。徳川氏、人に乏しからず。而して我が輩、特にこの任を受く。固より志を死に決す。百万の敵ありと雖も、敢て逃避せず。請ふ、速かに来つて我が鋒を試みよ。使者再び至らば、刀《とう》あるのみ」と。乃ち使を関東に馳せて変事を告ぐ。

ここにおいて大名の大坂に参集した者四十余人。（西軍を支持して）応援する国が三十六国。そこで評議して軍を率いて東下し、増田長盛を伏見城に遣わし、鳥居元忠を説諭した。大軍がこの城を攻めようとしている、この城は本来豊臣のものだから棄てて東に向かっても貴公の恥にはならない、自分は内府に目をかけられ貴公とも親しいから告げるのだ、速やかに明け渡すように、と。

元忠は補佐の三将と答えて、「我々は君命を受けて守ることは知っているが、他人の命を聴いて逃げることは知らない、貴公こそ本当に我が殿の恩を念うなら、「則ち当に勉厲せらるべし」無理をしてでもこちらに忠義を尽くすべきだ、今逃げ道を用意されても特に望んでなどおらぬ、徳川に人は少なくないが殿は我らをお選びくださった、最初から死ぬ覚悟だ、百万の敵が来ても逃げるつもりはない、どうか速く攻め寄せて我らが鉾先を試みてみられよ、再び使者が来たら斬り捨てる」

と言った。そして元忠は使者を関東に遣わして京畿の変事を報告した。

二十日、浮田、小早川、島津、鍋島ら十将の軍、兵四万を合せて来り攻む。城兵は僅かに二千。元忠、尽《ことごと》く城下の街市を焚き、諸将に謂つて曰く、「吾れ諸君と寡兵《かへい》を以て大城を守る。相ひ救ふべからず。各〻その所を守り、死して後に已《や》まん」と。乃ち酒を命じて訣飲《けついん》し、陴《ひ》を分つて守る。木下勝俊、城内に在り。自ら安んぜずして出づ。佐野正吉、入りて守らんと請ふ。内藤家長、辞して曰く、「子は倶《とも》に守るべからざる者」と。正吉曰く、「我れ日《さき》に大坂を棄てしは諸姫《しょき》の故を以てのみ。我れ、将にここに死し、以て我が志を明にせんとす」と。乃ちこれを納《い》る。茶商上林政重、素より我が眷顧を受く。亦た請うて城に入り、茶筅《ちゃせん》を以て号となす。秀秋、義弘、款《かん》を元忠に送り、城に入りて倶に守らんと請ふ。元忠納《い》れず。諸軍乃ち城を囲む。松平家忠出で戦ふ。利あらず。乃ち兵を収めて固く守る。大坂の兵乃ち別に細川藤孝を田辺に攻む。

二十日、浮田・小早川・島津・鍋島らの十人の将が兵四万を合わせて攻めかかった。城兵わずかに二千。元忠は尽く城下町を焼き、諸将に向かって言った。「わしと貴公らは少ない兵でこの大きな城を守らねばならん。互いに助け合う余裕はない。任された箇所を守り抜き、ここで死んで我らが志を明らかにするとしようぞ」と。そして酒を命じて訣れの盃を酌み交わし、陣を分けて守った。

木下勝俊は城内にいたが、不安となり城を出た。（一方で）佐野正吉は城に入って守ることを請うた。内藤家長が断って言った。「そこもとはともに守ることのできる者ではない」と。正吉は言った。「それがしが大坂城西の丸を棄てて参ったのは、殿のご側室方を無事にお逃し致すためにござった。それがしはこの城で死んで我が心根を明らかにしたく存ずる」と。そこで彼を城に納れた。茶商人の上林政重は以前から家康に目をかけられていた。彼もまた請うて城に入り、茶筅を旗印とした。秀秋と義弘は元忠に「送款」味方となり入城してともに城を守ることを願い出たが、元忠は受け入れなかった。諸軍は伏見城を包囲した。松平家忠は城から出て戦ったが、勝てなかった。そこで兵をまとめて城に戻り固く守った。西軍は別動隊で丹後田辺城の細川藤孝を攻めた。

木下勝俊は北政所を叔母に持つ。小早川秀秋は異母弟。のちにこの伏見城退去を家康から敵前逃亡と見做され（実際は元忠に退去を強要された説が有力、あるいは彼の歌才を惜しんだ里村昌叱《しょうしつ》の手引きによるとも云われる）、戦後除封された（妻も夫の失態に激怒して去る）。その後、父の家定の遺領・備中足守二万五千石をいったんは継いだが、その時彼を偏愛する高台院（北政所）の意向と裁量でもう一人の上の異母弟・利房に一切所領を分け与えず独り占めしてしまった。これが家康の逆鱗に触れて再び改易の憂き目に遭った。

しかし、もとより彼の本領は文芸に在る。その後は京都の東山に隠棲して歌道に没頭した。歌人としての名は木下長嘯子《ちょうしょうし》。彼の和歌は近世歌壇の一画期となった。よしあしを人の心にまかせつつそらうそぶきてわたるよの中。

佐野正吉は綱正が正しい。河内の土豪出身で、主君・秀次の死後に家康に仕え、大坂城西の丸の留守居に任じられて三千石を賜っていた。結局、彼はこの後、伏見城で自ら大砲を撃つなどして奮戦するが七月二十九日に討死する。ところが、家康は肝心の側室守護の役目を放棄したとして、彼の行動を全く評価しなかった。嫡男は八百石のみの相続を許された。

小山評定

伏見、囲を受くるの前日、中納言江戸に発し、その明日、内大臣継いで発す。行くこと四日にして小山《おやま》に至る。而して伏見の使者至る。内外、大に驚く。中納言は宇都宮より還り、少将秀康は結城より来る。親信《しんしん》の将士、皆会《かい》す。本多正信曰く、「従征《じゆうせい》の諸侯、その質は尽く大坂に在り。必ず我が用をなさず。今の計をなさんには、宜しく尽くこれを罷《や》め帰して、独り諸旧臣と四疆《しきよう》を固守すべし」と。衆多くこれを然りとす。井伊直政進んで曰く、「徳川氏の天下を取るは正に今日に在り。臣聞く、天の与《あたえ》を取らざれば、反《かえ》つてその殃《わざわい》を受く、と。盍《なん》ぞ速かに大旆《たいはい》を反《かえ》して群雄を掃蕩《そうとう》せざる。区区として一隅を保つは臣の知らざる所なり」と。色を作《な》して出づ。秀康曰く、「直政の言是《ぜ》なり、宜しく一要将を留めて、挙軍《きよぐん》西上すべし」と。内大臣曰く、「然り」と。秀康をして出でて直政を迎へ、入りて前議を畢《お》へしむ。旦日、令を下して尽く諸侯を小山に会す。井伊直政、本多忠勝をして命を伝へしめて曰く、「大坂の将吏、景勝と謀を通じ、関西《かんせい》大に乱る。彼、諸質子《しよちし》を挟んで幼主に託言す。諸君、縦《たと》ひその奸《かん》を知るも、亦た情義の違《たが》ひ難き所ならん。即《も》し西軍に帰せんと欲する者は、宜しく速かに解き去るべし。吾れ毫《すこし》も憾《うら》むる所なし。当にその芻糧《すうりよう》を資《し》し、送つてこれを達せしむべし」と。諸将相ひ目《もく》して、未だ答ふる所あらず。福島正則進んで曰く、「三成の事を首《はじ》むるは幼主の知る所に非ず。臣ら焉《いずく》んぞその頤指《いし》を受けて、足下に敵せんや。願はくは前駆《ぜんく》に充てよ。姦党《かんとう》を殄滅《てんめつ》せん」と。浅野左京大夫、黒田長政、池田輝政、細川忠興、加藤嘉明らと、皆その議を賛《さん》して曰く、「吾が曹《ともがら》、足下に従ふに固より妻孥《さいど》を顧みず」と。内大臣悦んでこれを饗す。人をして問はしめて曰く、「東西に敵を受く。我が馬首の嚮《むか》ふ所、東を先にせんか、抑《そもそも》西を先にせんか」と。諸将答へて曰く、「西なる哉《かな》」と。正則、満《まん》を引き長政に属《しょく》して曰く、「近日必ず三成、行長の頭《こうべ》を以て下物《かぶつ》となさん」と。内大臣出でて諸将に面謝《めんしゃ》し、諭して曰く、「公ら先づ行け。我も亦た当に継いで往くべし」と。因って徳永寿昌《としまさ》に謂って曰く、「子は兵を知る。今日の事、勝敗は如何」と。寿昌曰く、「諸侯伯、挙《こぞ》って足下に敵すと雖も、而も各〻自ら威《い》を争って、号令一ならず。敗形《はいけい》已に覩《み》ゆ」と。内大臣曰く、「然り。凡そ勝敗の決は、元帥に在り。我れ、無似《ぶじ》と雖も、また事に更《ふ》る者、諸君苟《いやしく》も我が約束を聴かば、吾れ天下を平げんこと、五六十日を出でず」と。即ち寿昌に騮馬《りゅうば》を賜ひ、以て郷導《きょうどう》となし、正則に驪馬《りば》を賜ひ、以て先鋒となす。直政、忠勝、間《かん》を請うて曰く、「諸客将の意《い》、未だ測るべからざるなり。藉第《よしただ》〻他なからしむるも、この輩をして手を下さしめて以て功を成すを得ば、異日必ず曰はん、我が輩天下を取り以て徳川氏に授く、と。臣、主公の為めにこれを羞《は》づ。請ふ、臣らを以て監軍《かんぐん》に充てよ。当に率ゐて往くべし」と。乃ちこれを許す。諸将将《まさ》に発せんとす。皆誓書を献じ質を納《い》る。

伏見城が包囲を受ける前日、秀忠は江戸を発ち、翌日、家康が続いて発った。四日の行程で家康は下野の小山に到着した。そこへ伏見からの使者がやって来て変事を告げたので、みなが大いに驚いた。

秀忠は宇都宮より引き返し、秀康は領国の下総の結城よりやって来た。家康が親信する将士はみな小山に集結した。本多正信が言った。「会津征伐に従軍している諸侯は、その人質が尽く大坂にいるので、我らの役に立とうとは致しますまい。今採るべき策は、征伐軍を解散して諸侯を全て帰国させ、徳川家の旧臣だけで四方の国境を固く守ることでござる」と。みなこれを正しいとした。井伊直政が進み出て言った。「我が徳川家が天下を取るのは、まさに今日この日に在ります。それがしは聞いております。天が与えるものを受け取らなければ、かえって殃《わざわい》を受ける、と。なにゆえ速やかに「大旆」大将の旗を翻し反転して、敵対する群雄を「掃蕩」残らず払い除《の》けてしまわれぬのですか。わずかに一地方に割拠するなど、それがしには解《げ》しかねまする」と。顔色を変えて外に出ていってしまった。

秀康が言った。「直政の言が正しゅうござる。みなが一目置く将を一人留めてから、軍を挙げて西へ攻め上るべきと存ずる」と。家康が言った。「それがよい」と。秀康に直政を呼び戻しに行かせ、直政をまた陣の中に入れて彼の前の意見を通した。

翌日、（家康は）命令を下して全ての諸侯を小山の陣に集め、井伊直政と本多忠勝に命を伝えさせて言った。「大坂の奉行たちが会津中納言と謀を通じたため、関西は大いに乱れておりもうす。彼らは人質を盾に取り幼君を口実としてござる。貴公らはたとえ彼らの奸悪を知っても、それでも妻子への情と主君への義に違《たが》うことは難しかろうと存ずる。もし西軍への帰順を望まれるならば、速やかに従軍の約を解いて去られるがよろしい。我らは「毫」いささかも憾みには思いませぬ。むろん飼葉と兵糧はこちらでご用意し、方々を無事に西まで送り届けましょう」と。外様の諸侯は目を見交わして、誰も答えようとしなかった。

福島正則が進み出て言った。「治部めが事を首《はじ》めたのは若君様の知るところではござらん。我らがどうして治部に顎で使われて内府を敵と致しましょうや。なにとぞ我らを先駆けにお当てくだされ。奸人の一味を根絶やしにしてやりましょうぞ」と。三成を憎む豊臣恩顧の諸将たちはみな正則の意見に賛同して言った。「我ら同輩は内府に従うからには、もとより妻子は顧みませぬ」と。

家康は悦んで彼らをもてなした。人に（彼らに）問わせて言った。「東西に敵を受けておりもうす。我らが先に馬を向けるべきは東でござろうか、それとも西でござろうか」と。諸将はみな答えた。「西でござる」と。正則は「引満」なみなみと注がれた酒盃を飲み干し、黒田長政にも「属」酒を注いで言った。「近いうちに治部と摂津守（行長）の首を「下物」酒の肴にしてやろうわい」と。

家康は陣に現れ、諸将に対面して礼を述べ、諭して言った。「貴公らは先に出発なされよ。我もまた後に続くであろう」と。そして徳永寿昌に向かって言った。「貴公は兵法を知っておる。こたびの大戦《おおいくさ》の勝敗を如何に見る」と。寿昌は言った。「諸大名が挙《こぞ》って内府を敵とすると申しましても、各自武威を争い、（しかも）号令が一箇所から下されておらず、（西軍の）敗北する形勢は既に顕れていると存じます」と。家康が言った。「そうじゃ。およそ勝敗は総大将によって決まる。わしは「無似」（賢人に似ず愚かなこと）不肖ではあるが、また「更事」多くの戦を経てきた者である。諸卿がわしとの決め事を守ってくれるなら、わしが天下を平定するのは、五、六十日を出ることはあるまい」と。

そこで寿昌に駿馬を与えて「郷導」道案内とし、正則に「驪馬」黒鹿毛の馬を与えて先鋒とした。直政と忠勝は家康に「間」暫しの暇乞いを願い出て言った。「外様の将たちの真意は未だ測りかねまする。「藉第《よしただ》他なからしむるも」仮に異心は無くとも、この輩に戦させ功を成させては、他日必ず言うでしょう、我らが天下を取って徳川氏に授けたのだ、と。それがしどもは殿のためにそう言われることを羞じまする。なにとぞ我らを戦目付の任にお充てくだされ。我らが外様を率いて往きまする」と。家康は許した。諸将は出発しようとした。みな誓紙を差し出し人質を納れた。

この「小山評定《おやまひょうじょう》」に関しては、ここ数年の歴史学界隈で、評定が実際行われたかどうかについての論争が巻き起こっている。例によって、このくだりにあるような話はあくまで二次史料に記されているもので、一次史料には見当たらないらしい。一次史料とは同時代の当事者（伝聞者も含む）が書いた日記・書翰・公文書などを指すので、自ずとその数は極めて限られてしまう。

専門家の歴史学者は、厳密な史料批判をした上で、現代の論理を駆使して主にそれら少ない一次史料を繋ぎ合わせ、様々な最新の仮説を立ててそれを我々歴史好きの素人にも伝えてくれる。科学である以上、「有った」ことを証明するより、「無かった」という可能性を示唆する方がややハードルは低くなるのかもしれない。

それにしても、この仕事をしていてしばしば呆然とさせられるのは、私が若い頃学んだ「歴史」知識の大半が、現在では虚構として扱われているということである。この三、四十年で、臆《おそ》らく日本の歴史学は長足の進歩を遂げたのだろう。

ここにおいて、留守の任を択《えら》ぶ。本多正信、秀康を薦む。乃ち召してこれを命ず。秀康曰く、「児《じ》願はくは力を西討に効《いた》さん。何ぞ留守をなさん」と。内大臣曰く、「汝、年少《わか》し。留守の任の重きを知らざるのみ。且つ諸侯、質を江戸に置く。汝に非ずんば以て群心を繫ぐなし」と。秀康猶ほ肯んぜず。内大臣、叱《しっ》して曰く、「汝、景勝を畏るゝか」と。秀康乃ち頓首《とんしゅ》して曰く、「児《じ》留らん。苟《いやしく》も児に許すに大将を以てせば、則ち景勝をして白河を出づること一歩ならしめず。大人《たいじん》復た憂ふるなかれ」と。正信進んでその膝を拊《う》つて曰く、「壮《そう》なるかな郎君。大将たるを論ずるなかれ」と。内大臣、泣《なんだ》を濺《そそ》ぎ、一甲《いっこう》を取りこれに授けて曰く、「これ我が少小に被る所、未だ嘗て背《はい》を敵に視《しめ》さず。今以て汝に附するなり」と。秀康、拝辞し、万人を以て宇都宮に陣す。東北の豪傑をして、皆その節度を受けしむ。

ここで関東の留守を任せる者を選ぶことになった。本多正信は秀康を推した。そこで家康は彼を召し出した。秀康は言った。「私は西国討伐に「效力」力を尽くしとう存じます。なにゆえ私が留守なのでしょうか」と。家康は言った。「その方はまだ若い。留守居が重き任であることを知らぬだけじゃ。諸侯は人質を江戸に置いている。（我が子である）その方でなければみなの心を繫ぎ留めることができぬ」と。秀康はそれでも納得しなかった。

家康は叱りつけて言った。「その方は景勝を畏れるのか」と。秀康は「頓首」額を地に擦り付けて言った。「私が留まりまする。「苟」もし私に大将たるを許していただければ、景勝を白河より一歩も外に出しませぬ。「大人」（父や師その他の成人男子への敬称、たいじん、うし）我が君はもうご心配なさるには及びませぬ」と。正信は進み出てその膝を「拊」叩いて言った。「その意気や好し、若君。むろん大将でござるとも」と。

家康は「泣を濺ぎ」涙を零し、一領の具足を取って秀康に与えて言った。「この具足はわしが年若きおりに身に着けていた物じゃ。未だかつて敵に背を見せたことはないぞ。今これをその方に譲ろう」と。秀康は「拝辞」暇乞いをして、宇都宮に一万人を擁する陣を敷いた。家康は東北の国人土豪にみな秀康の「節度」指図を受けるよう命令を下した。

家康は、伏見でも秀康に留守を任せていた。確かにここにあるように、留守居とはまず絶大な信頼と、目的別に相当な能力が要求される、重要な役目であることは間違いない。しかし、武勇に優れた実子の秀康であれば、別働隊の大将を任せることもできたはずだ。

ところが、それには年下で初陣の秀忠が選ばれた。ここで秀康に大功や殊勲を樹てられては、後継者の確定やその後の扱いに支障が生じるとの判断が家康に働いたであろうことは容易に察せられる。とうの昔から家康意中の後継者は秀忠だったのである。

とはいえ、さすがの家康にも、秀康の切なさや意地らしさに、胸に迫るものがあった。この年、秀康は既に数え二十七歳になっているはずだが、まるで十歳以上若い少年のような顔つきや仕草が脳裏に浮かぶではないか。「濺泣」の真偽は例によって不明だが、ここは、家康の身勝手で複雑な「親心」が仄見えるくだりになっている。

初め佐竹義宣、両端を観望し、陰かに梟将《きょうしょう》車猛虎《くるまたけとら》を遣し、兵を率ゐて景勝を救はしむ。西事

作《おこ》るに及び、益〻守備を修む。内大臣、人をしてこれを詰《なじ》らしめて曰く、「子、四万の衆を撫《ぶ》し、一人の東に馳する者なし。我れ疑《うたがい》無き能はず。苟も他心を懐《いだ》かずんば、則ち速かに会津を撃て。且つ質を納れよ」と。答へて曰く、「僕、足下において素より怨仇《えんきゅう》なし。何ぞ他心あらんや。妻子の若き《ごと》に至つては、尽く大坂に在り。復た納るべき者なし」と。諸将、これを討たんと請ふ。内大臣曰く、「且《しばら》くこれを置け。上国は本《もと》なり。東鄙《とうひ》は末なり。苟もその本を覆《くつがえ》さば、末は其の靡《なび》かざるを患《うれ》へず」と。乃ち平岩親吉、松平信一をして、下総の諸豪を統《す》べ、以てこれに備へしむ。

そもそも佐竹義宣は東西両陣営の模様眺めをしていたが、密かに梟将（猛将）・車猛虎を遣わして兵を挙げて景勝を救けさせた。（義宣は）西で事が起こるとますます守備を固めた。

家康は人を遣わして問い詰めて言った。「貴公は四万の兵を抱えながら、一人も東に馳せつける者がおらぬ。これでは貴公を疑わずにはおられぬ。もし異心を懐いておらぬのであれば、速やかに会津を撃たれよ。また人質も納れてもらおう」と。答えて言った。「それがしは内府にもともと怨みはございません。どうして異心など有りましょうや。妻子に至ってはことごとく大坂におります。また内府にお納れるべき者がおらぬのでござる」と。

諸将はみな佐竹を討つことを願い出た。家康は言った。「且《しばら》く諸《これを》置け」（「緒」は「之於」の二字を兼ねた字である）。畿内が本《もと》で東国の田舎は末《すえ》よ。その本を覆せば、末が靡かぬのを患《うれ》うことはない。そこで平岩親吉と松平信一に国人土豪たちを率いて佐竹に備えさせた。

実のところ、豊臣政権下における関東や東北の諸大名の取り次ぎ役としては、やや依怙贔屓なところのある浅野長政などに比べて、三成の方が概ね評判は好かったようである。仕事ぶりが誠実で配慮も周到だったらしい。何より直接秀吉への根回しを依頼することができた。義宣もそういう三成を徳としていたのであろう。そしておそらく、直江兼続と同様、義宣もまた三成とは性格が合った。しかし、「鬼義重」こと父の佐竹義重は家康に味方することを強く望んでいた。

車猛虎の諱は斯忠《つなただ》（丹波守を名乗った）。元は岩城氏。佐竹家中では反徳川の急先鋒であった。関ヶ原後、佐竹氏が常陸水戸五十四万石から出羽秋田十八万石に減転封を命じられると、これに激怒し、水戸城奪還を企てるも敢えなく失敗して磔に架けられた。息子が浅草非人頭の初代・車善七であるとの説がある。また幕末、水戸を訪れた吉田松陰が彼の忠義に感銘を受けたという話も伝わっている。

初め伊達政宗、大坂に在り。先づ馳せ帰り、以て会津に備へんと請ふ。内大臣笑つて曰く、「子、また故態《こたい》を発するか。事平がば、当に賞するに地を以てすべし。慎んで遽《にわ》かに戦ふなかれ」と。政宗、国に帰り、即ち襲つて白石《しろいし》を取る。内大臣、中沢主税《ちから》をして往いて西事を告げ、その去就《きよしゆう》を問はしむ。政宗、弐《じ》せざるを誓ふ。主税曰く、「内府、別命あり。公をして君臣熟議すること三日にして後にこれを告げしめよ」と。政宗、速かにこれを聞かんと請ふ。答へず。明日、固く請ふ。乃ち答へて曰く、「内府、公に謂はしめて曰く、吾れ、兵を宇都宮に留めて西上す。公、兵を収め退いてその疆《きよう》を守れ。彼その後を慮り、敢て我を尾《び》せず。我れ、西軍に捷《か》つて来り、夾んでこれを殲《つく》すべし」と。政宗曰く、「吾れ力戦してこの城を取る。曷《いず》くんぞ遽かにこれを棄つべけんや。宜しく勢に乗じて会津に入るべし」と。主税曰く、「これ内府の丁寧にする所以なり。勝敗は必すべからず。苟も敗衄《はいじく》するあらば、適《まさ》に敵勢を張り、四近皆叛《そむ》く。翼《たす》けて西に郷《むか》はば、その鋒、豈に遏《とど》め易からんや。願はくはこれを熟思せよ。公、苟も聴従《ちょうじゅう》せば、寡君、更に密旨あり」と。政宗、沈思することこれを久しうして、乃ち問うて曰く、「密旨は何如」と。主税、その耳に附き語つて曰く、「事平がば、会津百万石を以て公に附せん」と。政宗、大に喜び、人をして送つて小山に至り、印信《いんしん》を乞はしめ、兵を収めて大崎に帰る。

もともと伊達政宗は大坂にいたが、先に帰国して会津に備えることを願い出た。家康は笑って言った。「貴公はまた「故態」昔の（悪い）癖を出されるつもりではないのか。事が平定されたら、恩賞の領地は期待していい。今は慎んで遽《にわか》に戦われるな」と。

政宗は帰国すると、すぐさま陸奥の白石城を襲い攻め取った。家康は中沢主税を（政宗の元に）遣わして西国での三成の挙兵を告げさせ、その「去就」どちら側に就くかを問わせた。政宗は二心無きを誓った。主税は言った。「それがしは内府様より別命を承っておりますが、それは少将様（政宗）がご家臣方と三日間熟議されたのちにお伝えせよと申し付かっております」と。政宗はすぐに聞かせてくれるよう請うたが、答えなかった。

翌日、また固く請うた。そこで答えて言った。「内府様は使者のそれがしにかく申せと仰せでございました。『わしは（一部の）兵を宇都宮に留めて西上する。貴公は兵をまとめて退き国境を守られよ。（さすれば）上杉は背後を憂慮して、わしの西上軍に追い討ちをかけることができぬ。わしが西軍に勝ってこちらに戻って来たら、貴公の軍と上杉を挟み撃ちにして殲滅しようぞ』」と。政宗は言った。「我は力戦してこの白石城を取った。なにゆえそれを棄てねばならぬのか。この勢いに乗じて会津に攻め入ればよかろう」と。主税は言った。「それこそ内府様が「丁寧」少将に去就を問い、君臣にて三日間の熟議をと仰せられた所以でござる。戦の勝敗に必ずということはございませぬ。もしここで「敗衄《はいじく》」敗れるようなことになれば、敵を勢いづけ、近隣の国人土豪はみな叛くでありましょう。それが上杉軍に「翼」加わって西に「郷」向かえば、その鋒先を「遏」留め遮るのは容易ではございませぬ。願わくばこのご下命についてそこのところをよくお考えくださりませ。少将様がもし聴き従ってくださるのであれば、我が君からは更なる密旨がござる」と。

政宗は深く考え込むことしばらくして、問うて言った。「密旨とは如何に」と。主税はその耳元に口を寄せて言った。「内府様は『事が平定された暁には少将に会津百万石を差しつかわそう』と仰せでござる」と。政宗は大いに喜び、使者を付けて主税を小山まで送り、百万石を保証する家康の起請文を請わせて、兵を収め大崎に帰った。

いわゆる「百万石のお墨付き」発給の経緯《いきさつ》である。隙あらば隣国の領土を切り取らんとする、抜け目なく貪欲な青年期の政宗らしさがよく表れている。

最上義光《よしあき》、素より内大臣を戴く。則ち首《しゅ》として会津を攻め、東陲《とうすい》の諸侯を率ゐて、米沢口に臨む。堀直政、その子直寄、溝口、村上氏と、数〻《しばしば》越後の人の会津に応ずる者を撃つ。内大臣、

皆令を下して戦を禁ず。

最上義光はもとより家康と親昵であった。そこで真っ先に会津に攻め入ろうとして、東北の大名を率いて米沢口に向かった。堀直政とその子直寄は、溝口や村上氏としばしば会津に味方する越後の者どもを撃った。家康は東北の諸将に（政宗に対するのと同じ理由で）戦いを禁ずる命令を下した。

ここにおいて、東事の処置尽く定る。乃ち西征諸将をして二十八日を以て小山を発せしむ。この時に当り、天下の将士、東西嚮背《こうはい》、来往《らいおう》織《お》るが如し。而して父子兄弟、両地に分処《ぶんしょ》する者は、迭《たがい》に危疑を懐き、訛言沸騰《かげんふっとう》す。内大臣、黒田長政を召還せしめて、これに謂って曰く、「卿、正則の心如何と謂《おも》ふか」と。答へて曰く、「臣、其の他《た》なきを保《ほ》す。即《も》し他あらば、臣、これを控掣《こうせい》せん」と。乃ち長政に鎧冑《がいちゅう》を賜うてこれを遣《や》る。

ここで東国の手配は全て終わった。そして家康は西国征伐の諸将に二十八日に小山を出発させた。この時、天下の将士は、東軍西軍にそれぞれ付く者背く者が布の織目の如く縦横に行き来し、父子兄弟で分かれて住まう者たちは互いに危惧や疑念を懐《いだ》き合い、歪められた伝聞が（各地で）沸騰していた。

家康は黒田長政を呼び戻し、彼に向かって言った。「貴公は清洲侍従（福島正則）の心中を如何に思われる」と。答えて言った。「かの者に二心無きはそれがしが請け合いまする。もし何かござればそれがしがこれを抑え、思うままにはさせませぬ」と。そこで家康は長政に甲冑を与えて送り返した。

わざわざ黒田長政を召還したのは、豊臣恩顧の大名中、最も兵力を持ち、（秀吉の従兄弟ということで）最も発言力もある福島正則への注意を黒田長政にあらためて促すためである。黒田長政と藤堂高虎は、外様であっても実際は家康の腹心に近い存在であり、他の大名の調略と監視を任されていた。

生駒一正、蜂須賀至鎮《よししげ》、九鬼守隆、その父は皆西軍に在り。内大臣、これを留めて遣らず。既にして一正の父近正、至鎮の父家政、皆款《かん》を送る。守隆も亦た固く請ふ、志摩に帰つてその父嘉隆《よしたか》を招かんと。乃ち皆これを遣る。

生駒一正・蜂須賀至鎮・九鬼守隆は、その父親たちがみな西軍の勢力圏内にいた。家康は三人を留めて父の元に遣らなかった。しばらくして一正の父・近正と至鎮の父・家政は両人とも東軍に味方する旨を伝えてきた。守隆もまた志摩に帰って父の嘉隆をこちらに引き入れたいと強く申し出てきたので、（家康は結局）三人を国許に遣わした。

山内一豊の室《しつ》、大坂より使を馳せて事を告ぐ。路《みち》、敵中を経《ふ》るを以て、書を襞《へき》して笠�糾《りゆうきゆう》となす。一豊これを得、解かずして献ず。内大臣、これを還して曰く、「猶ほ観るがごとし」と。一豊、また堀尾忠氏《ただうじ》に諮《と》うて曰く、「子、何を以て志を表すか」と。忠氏曰く、「城を納れんと欲す」と。一豊曰く、「善し」と。乃ち自らその掛川城を納る。これより先、忠氏の父吉晴、内大臣の命を受けて、浜松より越前に赴く。将にその別邑《べつゆう》府中を守らんとす。途に、知る所の利井重《かがいしげ》茂《もち》といふ者に遇ひ、与《とも》に倶《とも》に刈谷に至る。刈谷城主水野忠重これを饗す。卒《つい》に重茂の刺す所となる。吉晴驚き、立ちどころに重茂を斬る。重茂は石田氏の使ふ所なり。報《ほう》、小山に至る。曰く、「吉晴、二人を殺す」と。内大臣懌《よろこ》ばず。衆、忠氏を執《とら》へんと欲す。中納言曰く、「吾れ、彼の父子の人となりを識《し》る。これ必ず謬伝《びゅうでん》ならん」と。已にして実を得たり。忠重の子勝成を遣し、還つてその衆を撫《ぶ》せしむ。而して忠氏、首《しゅ》として城を納るゝ《い》の議を発す。一豊、既に掛川を納る。忠氏も亦た浜松を納る。中村一栄《かずよし》は駿府を納る。有馬豊氏《とようじ》は横須賀を納る。池田輝政は吉田を納る。田中吉政は岡崎を納る。福島正則は清洲を納る。乃ち諸旧臣をして代つて守らしむ。

山内一豊の妻は、大坂より使者を一豊の元に馳せ遣わして変事を報告してきた。途中に敵中を通るので、書状を「鬢」細長く折って笠の紐に撚り込んだ。一豊はこれを入手して、笠の紐を解かずに（中身を改めず）そのまま家康に献上した。家康はそれを読まずに（その誠意だけを受け取って）一豊に返して言った。「読んだも同然じゃ」と。一豊は堀尾忠氏に問うて言った。「貴公は如何にして内府への忠誠を表されるおつもりか」と。忠氏は言った。「城を「納」差し出そうと思います」と。一豊は言った。「それは好い」と。そしてすぐさま自ら掛川城を家康に差し出した。

これより先、忠氏の父・吉晴は家康の命を受けて、所領の浜松より越前に赴き、越前府中に在る飛び地（離れた領地）の龍門寺城を守ろうとした。途中で利井重茂（加賀井重望として知られる）という者と知り合った。ともに三河の刈谷にやって来た。刈谷城主・水野忠重（家康の叔父）は彼らをもてなしたが、「卒」突然に重茂に刺し殺されてしまった。吉晴は驚いたが、たちどころに重茂を斬った。重茂は石田氏の遣わした使いであった。その報が小山に届いた。吉晴が二人を殺した、と。家康は不機嫌になった。多くの者は息子の忠氏を捕えようとした。秀忠が言った。「それがしはあの父子の人となりを識っておりまする。これは必ず誤報に違いありません」と。すると、しばらくして真実が伝えられた。山内一豊が掛川城を家康に差し出してから、忠氏もまた浜松城を、中村一栄は駿府城を、有馬豊氏は横須賀城を、池田輝政は吉田城を、田中吉政は岡崎城を、福島正則は清洲城をそれぞれ差し出した。そして徳川家の譜代の家臣が代わって守ることになった。

山内一豊の逸話のある意味清々しいところは、いずれも自分の忠誠心を家康に如何に伝えるかの工夫、その一点に収斂していることだろう。

加賀井重望は、美濃加賀野井城主。小牧の役では織田方として戦ったが、戦後その武勇が認められて、あらためて秀吉に一万石で召し抱えられた。この水野忠重刺殺事件も、私にはほとんど説明することができない。まず、単なる喧嘩口論の果てとは到底思えない。また、忠重が西軍の誘いに応じなければ刺せ、と三成に指嗾《しそう》されたというのにも不自然さを感じる。ともあれ、父のこの横死によって、水野勝成は家督を継ぐことになり、一騎駈けの傾奇者から一軍を進退する将へと本格的な変貌を遂げていくことになる。

海道、ここにおいて闢《ひら》く、而して山道は未だ闢けず。本多正信、策を建つ。「木曾氏の遺臣山村良勝、千村吉晴を擢《ぬき》んで、帰つて木曾を徇《とな》へ、尽く西吏《せいり》を遂《お》はしめん。遠山友次に命じて、東美濃を徇へ、その故邑を取らしめん」と。西尾光教《みつのり》は美濃の兵を以て来り帰す。真田昌幸《まさゆき》は信濃の兵を以て叛《そむ》き去る。昌幸の長子信幸《のぶゆき》、素より我が眷顧《けんこ》を受く。固くこれを諫む。昌幸、これをして小山に赴かしめて、自ら次子幸村と西走す。夜、沼田を過ぐ。沼田は信幸の邑なり。入りてその婦《よめ》を見んと欲す。婦は本多氏、忠勝の女なり。辞して曰く、「良人同《りょうじん》じく帰らず。これ必ず故《ゆえ》あらん。妾《しょう》敢て私《わたくし》に門を開かず」と。その子を見んと欲す。曰く、「公、孫を抱かんと欲せば、何ぞ必ずしも今日ならん」と。遂に士卒に命じて陴《ひ》に乗らしむ。昌幸強《し》ふる能はず。去つて上田に帰り、兵を励し以て我が軍を竢《ま》つ。

かくして、東海道は開いたが、未だ東山道（江戸時代の中山道のこと）は開いていなかった。そこで本多正信が建策した。それは、木曾氏の遺臣・山村良勝と千村吉晴を抜擢して、木曾に帰し「徇」触れ回って土地の人々をこちらに帰順させて、西軍の役人を尽く追い払ってしまう、また、遠山友次に命じて東美濃を触れ回ってその旧領を回復させる、というものであった。

西尾光教は美濃の兵を率いて東軍に帰順して来た。ところが、真田昌幸は信濃の兵を率いて離反してしまった。昌幸の長子の信幸は、以前から徳川氏の「眷顧」厚遇を受けていたので昌幸を強く諫めた。昌幸は信幸を小山に赴かせたが、自身は次子・幸村（信繁）とともに西へ走った。夜、上野の沼田を通った。沼田は信幸の領地である。昌幸は沼田城に入って信幸の妻に会おうとした。妻は本多氏（小松殿）で、忠勝の娘であった。彼女は断って言った。「夫がともに帰らないのには、何か訳があるはずにございます。私は決して門を開けることはできませぬ」と。

昌幸は二人の子供を見たがった。彼女は言った。「父上様が孫をお抱きになるのは、何もなくともよろしゅうございましょう」と。遂に城兵に命じて「陴」（城壁の上にある窪み、ひめがき）城壁に登らせた。昌幸は（それ以上）強いることができなかった。沼田を離れて信濃の上田城に帰り、兵を「励」督励して徳川軍の襲来に備えた。

信幸の妻が本多忠勝の娘、信繁の妻が大谷吉継の娘、といった姻戚の柵《しがらみ》から真田家が袂を分かつことになったということもむろんあるだろうが、やはりここは小大名生き残りのための、戦略的（安全保障的）な両陣営への分裂と捉えたい。

家康、秀忠の出陣

我が軍、分れて二となり、内大臣は海道よりし、中納言は山道よりす。令《れい》定って未だ発せず。内大臣乃ち浅野、大野、土方《ひじかた》の三人を赦《ゆる》す。土方雄久《かつひさ》、前田利長と姻あるを以て、これを北陸に遣し、利長を勗《つと》め、兵を発して越前を扼《やく》せしむ。富田知信、稲葉道通らに、封《ほう》に伊勢に就いて、各〻自ら守《まもり》をなさしむ。また間使《かんし》を発し、書を黒田孝高、加藤清正に予《あた》へ、遥かに方略を授け、西海の将士を統《す》べ、以て西軍の後を撓《みだ》さしむ。

軍を二つに分けて、家康は東海道を、秀忠は東山道を進軍することにした。家康は（三成の讒言で退けられていた）浅野・大野・土方の三人を赦免した。土方雄久は前田利長と姻戚であったので北陸に遣わし、利長を「勗」激励して兵を動員させ越前で西軍の侵攻を食い止めさせた。富田知信・稲葉道通らにその領地のある伊勢に戻ってそれぞれ守らせた。

また（家康は）忍びの使者を放って黒田孝高と加藤清正に書状を与え、遥か遠くから戦略の指示を与えた。（それは彼らに）西海道（九州と周辺諸島）の将士を統率させ西軍の後方を「撓」攪乱して弱体化させる、というものであった。

関ヶ原において、黒田官兵衛孝高は野心を抱いて九州を席巻するなど独自の動きを見せた、などとよく云われるが、孝高も、息子の長政ほどではなかろうが、少なくとも家康とは連携していた、と最近では見られているようだ。

孝高、益〻書を以て小早川秀秋を諭して款《かん》を我に帰せしむ。秀秋、伏見より書を小山に送り、謝して曰く、「僕、筑前を発して上国に来るは、本将《もとまさ》に東征に会せんとす。図らざりき、賊の要する所となり、共に伏見を攻めんとは。勢《いきおい》独り異なるべからず。請ふ、大旆《たいはい》の来るを竢ち、戈《ほこ》を倒《さかしま》にして前罪を償はん」と。初め西軍、伏見に向ひ、以為《おも》へらく、当に一鼓《いっこ》して取るべし、と。已にして我が諸将、捍禦《かんぎょ》して屈せず。敵、益〻大礮巨熕《たいほうきょこう》を用ひて、攻撃すること十昼夜。城中に甲賀の人あり。長束正家の部兵、これと相ひ識る。浮田秀家、命じて書を城上に射しめ、その内応を誘って曰く、「聴かずんば則ち汝の孥《ど》を磔《たく》せん」と。

孝高はさらに小早川秀秋に書状を送り、彼を東軍に内通させた。秀秋は伏見より小山に書状を送り謝罪して言った。「私は国許の筑前より畿内に参りましたが、もともと内府の会津征伐に合流しようとしていたのです。ところが思いも寄りませんでした、賊に待ち伏せされ、已むなくともに伏見城を攻める羽目になるとは。大勢の中、一人だけ別の行動をとることはできませんでした。心から内府の「大旆」総大将の旗印を目にするのを待ち望み、その時こそ戈を倒《さかしま》にして先日の伏見城を攻めたる罪を償いとうございます」と。

そもそも西軍は伏見城攻めに向かったおり、一度太鼓を鳴らせば攻め取れるであろうと思っていた。（ところが）しばらく経っても徳川の将は「捍禦」防ぎ守って屈しなかった。（そこで）敵はさらに「大礮巨熕」大砲を用いて攻撃を加えること十昼夜に及んだ。城中に甲賀の人がいた。長束正家の部下の兵がこの者と知り合いであった。浮田秀家は矢文を城中に射させて、その内応を誘って言った。「受け入れねばその方の妻子を磔に架ける」と。

伏見城の陥落

八月朔、甲賀の人、火を松城《まつのまる》に縦つ。西軍争ひ登る。秀秋、名越《なごや》の堡《ほう》に逼《せま》る。松平家忠、松平近正、力戦してこれに死す。島津義弘、西堡《せいほう》に逼る。内藤家長、門を開き、射て十余人を殪《たお》す。

創《きず》を被つて退き入る。書を作り一卒に附して曰く、「汝、囲を潰してこれを関東に達せよ」と。遂に火を縦つて自殺す。その子小一郎、安藤定次、佐野正吉、山岡甫安《もとやす》と、皆これに死す。外《がい》城《じょう》已に陥る。鳥居元忠の卒、その自殺を勧む。元忠曰く、「未だし。敵一人を殺すも、亦た国に報ゆるに非ずや」と。乃ち壁《へき》に嬰《よ》つて乱射す。殺傷過当《かとう》す。敵、火箭《かせん》を発して楼櫓《ろうろ》を焚く。随つて撲《う》てば随つて燎《や》く。元忠、守るべからざるを知り、兵二百を麾《さしまね》き、門を開いて血戦す。七合七克、敵衆群り進み、我が兵皆斃《たお》る。廝養《しよう》の卒に至るまで戦死せざるはなし。元忠、薙刀を杖つき、階《かい》に踞《きょ》して息《いこ》ふ。敵人雑賀重次《さいがしげつぐ》進んでこれを撃たんと欲す。元忠曰く、「吾は本城の大将なり。汝に首《こうべ》を授けん」と。重次、槍を横たへて揖《いっ》して曰く、「僕豈に敢てせんや、君請ふ、自刃《じじん》せよ」と。元忠乃ち重次をして己の鎧《よろい》を釈《と》かしめ、自ら腹を割いて死す。年六十二。重次刎《くびは》ねてこれを裹《つつ》み、諸将の首を并《あわ》せて大坂に伝ふ。賈人《こじん》某、元忠の首を窃《ぬす》んでこれを知恩院に葬る。この日、我が前軍、江戸を発す。内大臣、小山を発す。四日、江戸に至り、伏見の報を得て哀慟《あいどう》す。戦死者の子を恤《あわれ》み、皆封を襲がしむ。

八月一日。甲賀の人が（伏見城の）松の丸に火を放った。西軍はその隙に乗じて争って城壁を登った。秀秋は（伏見城内の）名越砦に逼った。松平家忠と松平近正は力の限り戦い散っていった。島津義弘は西の砦に逼った。内藤家長は門を開いて矢を射かけ十余人を殪したが、創《きず》を負い退いて門の中に入った。そして書状を認め一人の兵卒に託して言った。「そちは囲みを破ってこれを関東にお届けせよ」と。遂に（西の砦に）火を放って自殺した。その子の小一郎も、安藤定次・佐野正吉・山岡甫安とともにみなここで討死した。

二の丸は既に陥落し、鳥居元忠の士卒は彼に自殺を勧めた。元忠は言った。「まだじゃ。一人でも多く敵を殺せば、それもまた国に報いることになるのではないか」と。そこで城壁に背を付けて矢を乱射した。多くの敵を殺傷した。敵は火矢を放って物見櫓を焼いた。「随つて撲てば随つて燎く」叩いて消したそばから別の箇所が燃え上がった。元忠はもはや守り切ることができないと知り、兵二百を麾《さしまね》き、門を開いて死を賭けた血みどろの戦いを繰り広げた。七度戦って七度勝った。敵は数に物を言わせて群れを成して押し進み、徳川の兵はみな斃れた。「廝養」薪集めや馬の世話の兵まで闘って死なない者はいなかった。

元忠は薙刀を杖代わりにして階段に腰掛けて息《やす》んだ。敵の一人・雑賀重次が進み出て彼を撃とうとした。元忠は言った。「わしはこの城の大将じゃ。その方に首を授けよう」と。重次は槍を地面に横たえて「揖」会釈して言った。「それがしはそうは致しませぬ。どうかご自害なさってくださいませ」と。

元忠は重次に自分の甲を脱がさせ、腹を切って死んだ。年六十二。重次はその首を刎ねて白布に包み、他の将の首とともに大坂に送った。商人某は元忠の首を窃《ぬす》んでこれを知恩院に葬った。この日、東軍の前軍が江戸を発った。家康も小山を発ち、四日に江戸に到着し、伏見の報を受けて哀しみのあまり慟哭した。戦に死んだ者たちの子を憫《あわ》れみ、その領地を襲《つ》がせた。

漢文には、「散華」や「玉砕」といった戦での死を美麗に彫琢する語彙がある。前者の対象は若者であるから、六十二歳の元忠には当たらない。後者は部隊の全滅を謂うので、敢えて元忠の死に用いるならこちらの方だろう。しかし、先の戦争で慫慂されたため、これらの言葉に平静な気持ちで向き合えるある年代以上の日本人は、未だにけっして多くはあるまい。

ちなみに「玉砕」の対義語は「瓦全」と言う。いずれにせよ、「散華」や「玉砕」といった言葉を標榜しても可《よ》いのは、本来、朱子学を奉ずる士大夫か侍のみのはずである。どんな思いを抱きながら逝ったかよく判らない人々の戦死に、ひとしなみに贈るべき言葉ではない、と私などは思っている。

米沢口の諸侯、伏見の陥《おちい》り、内大臣の江戸に帰ると聞くや、疑懼《ぎく》して引き還る。越後の諸侯も亦た兵を収めて自ら保つ。越後の人の景勝に応ずる者も、亦た収めて津川に入る。上杉氏の将士、内大臣を尾撃《びげき》せんと請ふ。景勝敢て許さず。その将士、窃かに相ひ賀して曰く、「内府、西顧《せいこ》し、狼狽して回《かえ》る。我が勝必せり」と。独り杉原親憲《ちかのり》、憂色あり。曰く、「内府、軍を回すは、已むを得ざるに非ざるなり。内府若し勝たば、則ち我が公、何を以て独立せんや」と。初め内大臣の小山に赴くや、その軍麾《ぐんき》を遺《わす》る。中路にしてこれを覚る。従騎、馳せ帰つてこれを取らんと欲す。内大臣曰く、「以てなすなかれ」と。命じて道傍《どうぼう》の竹篠《ちくじょう》を伐つて麾《き》柄《へい》となし、紙を取つて手づからこれを裂き、柄端《へいたん》に束《つか》ねて、試《こころみ》にこれを揮《ふる》ふこと再びす。曰く、「景勝の如き者にはこれを用ひて足る」と。小山を発するに及び、これを地に擲《なげう》つて曰く、「これも亦た用ふるなし」と。

米沢口の諸侯は、伏見城の失陥と家康の江戸帰還を聞いて、（会津征伐の中止を）疑い懼れた。越後の諸侯もまた兵を収めて自らの守りを固くした。越後の人で景勝に応じた者もまた兵を収めて津川に入った。上杉の将士たちは家康を追い討ちすることを請うたが、景勝はけっして許さなかった。

その将士たちは密かに祝い合って言った。「内府は西の動向が気掛かりでならず、狼狽えて軍を返したのじゃ。我らが勝ちは決まったようなものよ」と。ただ杉原（「水原」で「すいばら」と読む姓が正しい）親憲だけは憂い顔で言った。「内府が軍を返したのは、已むなくそうしたのではない（西で事が起こることを予想していたのだ）。内府がもし西で勝利を獲れば、我が殿はいかにして独立を保つのか」と。

最初家康が小山に赴いた時、その「軍麾」采配（軍を指揮するための棒）を置き忘れて来てしまった。途中でこれに気付き、随行する騎馬武者が（江戸に）馳せ帰ってそれを取りに行こうとした。家康は言った。「行かずともよい」と。命じて道端の竹を伐らせ采配の柄とし、紙を取って自分で裂いて柄の先端に紙を束ねて貼り付け、試しに振ってみること数回してから言った。「景勝が如きはこれで十分じゃ」と。小山を発って江戸に戻る時、この采配も地面に投げ棄てて言った。「これも無用になったわ」と。

石田三成、書を真田昌幸に遣《おく》つて上国の捷《かち》を報知し、転じて会津に致さしむ。且つ曰く、「内府、兵を分つて管内十余城を守り、上杉、佐竹と相ひ持す。焉《いずく》んぞ能《よ》く二十日の行程を歴《へ》て上国に来らんや。即《も》し能《よ》く来らんか、これを海道に邀《むか》へ、撃つてこれを擒《とりこ》にせんのみ。子、善く山道を守れ。諸老、皆、子を賞するに信濃を以てせんと欲するなり」と。昌幸喜び、益ゝ兵を治む。三成ら、また書を北陸に遣り、数ゝ前田利長を招く。利長、応ぜず。大谷吉隆、京極高次及び、脇坂、朽木、赤座、小川の諸将を導いて越前に入る。長束正家、毛利秀元及び長曾我部らを導いて伊勢に入る。

石田三成は真田昌幸に書状を送って畿内での勝利を報せ、（昌幸に）その書状を会津にも送らせた。そして（書状を持って来た使者が）言った。「内府は兵を分けて領内の十余城を守り、上杉・佐竹と対峙しております。その最中に、如何にして二十日の行程を経て畿内に来ることができましょうや。もし来ることができても、それを東海道で待ち受け、撃ってこれを擒《とりこ》にするだけでござる。安房守様には東山道をよく守っていただきたいと存ずる。大老や奉行はみな、貴公に恩賞として信濃一国を宛てがおうとしておられますぞ」と。昌幸は喜び、ますます軍備を整えた。

三成はまた書状を北陸に送り、何度も前田利長を西軍に招こうとした。利長は応じなかった。大谷吉隆は京極高次及び脇坂・朽木・赤座・小川の（近江の）諸将を越前に導き入れた。長束正家は毛利秀元及び長曾我部らを導いて伊勢に入れた。

中納言織田秀信、美濃の岐阜に在り。東西要衝の地に介居《かいきょ》す。西人誘ふに大封《たいほう》を以てす。秀信、応ぜんと欲す。その臣諫めて曰く、「豊臣氏は嘗て我に負《そむ》き、徳川氏は嘗て我を助く。宜しく今日を以て去就を決すべし」と。前田玄以、京師の所司代たり。亦た其の東軍に帰するを教ふ。

秀信聴かず。終に西人の為めに城守《じょうしゅ》す。氏家行広は桑名を以て、羽柴勝雅は神戸《かんべ》を以て、九鬼嘉隆は鳥羽を以て、岡部某は亀山を以て、丹羽長重は小松を以て、青木一矩は北荘《きたのしょう》を以て、山口正弘は大正寺を以て、皆西軍に応ず。西軍総て十八万騎。其の伏見を囲みし者、引いて東に下る。美濃に入り、大垣城を修めて根拠となす。四近の将士をして犬山に砦《とりで》し、以て岐阜を援けしむ。十一日、三成、先づ大垣に入り、以て諸将を迎ふ。警聞《けいぶん》の江戸に至る者、項背《こうはい》相ひ望む。内大臣曰く、「我れ已にこれを処置す」と。挙動常の如し。

中納言の織田秀信（幼名は三法師）は美濃の岐阜にいた。（岐阜は）東西の要衝の地に「介居」在った。西軍の者が大きな領土で（秀信を）誘った。秀信は応じようとした。その家臣が諫めて言った。「豊臣氏はかつて織田家に負《そむ》きました。徳川氏はかつて織田家を助けました。今日の趨勢をよくご覧になって、どちらに付くかお決めになられるべきでしょう」と。

（本能寺のおり二条城から三法師を連れて逃げた）前田玄以は京都所司代であった。彼もまた東軍に帰順させようとしたが、秀信は聴かず、終に西軍のために城を守ることになった。氏家行広は桑名を、羽柴勝雅は神戸を、九鬼嘉隆は鳥羽を、岡部某は亀山を、丹羽長重は小松を、青木一矩は北庄を、山口正弘は大正寺（大聖寺）を以て、みな西軍に応じた。西軍は総勢十八万騎。伏見城を包囲していた者も引き上げて東へ下った。美濃に入り、大垣城を補修して西軍の根拠地とした。四方の近隣の将士に犬山に砦を築かせて岐阜を援けさせた。

十一日、三成は先に大垣城に入り諸将を迎えた。「警聞」急の報せを持って江戸にやって来る者が引も切らず続いた。家康は言った。「既に手は打ってある」と。その様子はいつもと変わらなかった。

恩賞に尾張美濃二国を提示されて、秀信の心は動いた。織田氏勃興の地の回復を夢見たのであろう。しかし、この時の西軍加担の決断によって、織田家嫡流は断絶することになった。敗れた後、秀信は高野山で出家を望むも、祖父・信長の高野山攻めを理由に容易に許されず、入山してからも迫害を受けた上数年後には追放されて、まもなく没したとされる（自害との説もある）。享年二十六。清洲会議の三法師のあまりに哀しい末路であった。

西軍十八万騎は明らかに誇張である。敵が強大であるほど、それに打ち克つ家康の株が上がるという算段なのだ。

十三日、我が監軍《かんぐん》井伊直政、本多忠勝、前軍二十七将、騎卒《きそつ》五万を引いて清洲に至る。大垣を距《さ》ること七里、相ひ持して未だ戦はず。毛利氏の前部、阿濃津城《あのつじょう》を攻む。城主富田知信、東命を受け、固く守つて下らず。夜出でて敵将長束正家を撃つてこれを走らす。我が将徳永寿昌、市橋長勝と、福束《ふくづか》、高須の二砦を攻め、これを取つて大垣、桑名の糧道を絶つ。而して大垣の兵、日に加はる。我が軍に流言あり、「前軍の諸将、敵と款《かん》を通ず」と。二監《にかん》、数〻《しばしば》使を江戸に返して、内大臣の親出《しんしゅつ》を促し、以て軍情を鎮めんと欲す。命を獲ず。

十三日、徳川家の戦目付の井伊直政と本多忠勝は、前軍の二十七将とともに騎兵歩卒五万を率いて清洲城に到着した。（西軍本拠の）大垣城と隔たること七里（約二十八キロ）。互いに睨み合ってまだ戦ってはいなかった。

毛利の前軍が伊勢の阿濃津（安濃津）城を攻めた。城主の富田知信は東軍の命を受けて、固く守って下らなかった。知信は、夜城中を出て敵将の長束正家を撃ってこれを敗走させた。東軍の将・徳永寿昌は市橋長勝と、福束・高須の二つの砦を攻めてこれを取り、大垣城と桑名城の糧道を絶った。しかし、大垣城の（西軍の）兵は日に日に増えていった。東軍の軍中に流言が出回った。前軍の諸将は敵と内通している、と。戦目付の二人は江戸にしばしば使者を送り、家康自らの出陣を促し、軍中（の動揺）を鎮めようとした。だが、家康からの命は獲られなかった。

十九日、村越吉直、命を銜《ふく》んで至る。二監迎へてその旨を問ふ。吉直曰く、「疾《やまい》と称して出でざるのみ」と。二人、大に驚いて曰く、「子、慎んでこの命を将《おこな》ふなかれ。果して将はば、則ち諸将解体せん」と。因つて私《ひそ》かにその命を改めてこれを授く。旦日、諸将を会して吉直を引く。吉直、心に窃《ひそ》かに謂《おも》ふ、「二監の言ふ所、主公《しゅこう》豈に知らざるあらんや。我れ素より率直を以て名あり。而して特にこの命を受くる者は、我がその言を枉《ま》げざるを取るなり」と。乃ち諸将に言つて曰く、「内府言ふ、諸公、久しく屯《とん》して良《まこと》に苦しむ。吾れ寒疾《かんしつ》あり、速かに出づべからず」と。二監、色を失ふ。諸将、黙然たり。加藤嘉明曰く、「臣、命を聴く」と。福島正則曰く、「何の謂《いい》ぞや」と。嘉明曰く、「吾が曹《ともがら》敵と塁を対して未だ嘗て出で戦はず。大旆《たいはい》の西上せざるも、亦た宜《うべ》ならずや」と。正則、掌《たなごころ》を拍《う》つて曰く、「然り」と。衆、遂に進取を議す。

十九日、村越吉直が家康の「銜命」命を含んでやって来た。戦目付二人は出迎えて家康の命を問うた。吉直は言った。「ご病気とのことにてご出陣はなされませぬ」と。二人は大いに驚いて言った。「そなたはその命をけっして口にしてはなるまいぞ。もし口にすれば、諸将は意気沮喪して前軍の維持が困難になりかねぬ」と。そこで二人は「私」勝手に家康の命を改変して吉直に言い含めた。翌日、諸将を集めて吉直を引き合わせた。吉直は心中密かに思った。「お二方の仰せの通りに諸将に申せば、いずれそのことが我が君のお耳に入るであろう。わしはそもそも嘘偽りが言えぬ者であるを見込まれてこのお役目を頂戴しておるのじゃ。我が君のお言葉を枉《ま》げてはならぬ」と。

そこで吉直は諸将に向かって言った。「我が君はかよう仰せになりました。『諸卿は長らくの対陣まことご苦労に存ずる。我は風邪のため、速やかに出陣すること叶わぬ』」と。戦目付二人は顔色を変え、諸将は黙り込んでしまった。（すると）加藤嘉明が言った。「それがしはそのご下命を承りもうした」と。福島正則は言った。「何を言っておるか」と。嘉明は言った。「我らは敵を前にしながら、未だ陣を出て一度も戦っておらぬ。総大将の旗が西上せぬのもまた「宜」当然ではないか」と。正則は掌を拍って言った。「その通りじゃ」と。一同は遂に進取の策を評議することになった。

村越吉直の諱は「直吉」が正しい。通称の「茂助」の方で知られる。千石の旗本だが、のちに本多正純らとともに駿府老中も務めた。この関ヶ原直前の使者では、諸侯に対してよりあからさまに「我が君がご出陣されないのは、皆様方が敵を前にしながら戦おうとなさらぬからであり、各々方がその向背を明らかにされれば、我が君も安んじてご出陣されることでしょう」と挑発的に言ってのけたとも云われる。

岐阜城の戦い

正則曰く、「岐阜は兵衆《おお》くして、木曾川に阻まる。未だ攻め易からず。我れ、犬山を攻むと声《せい》言《げん》せば、則ち彼必ず兵を分けてこれを援けん。我れ則ち岐阜に逼《せま》らん。岐阜陥らば、則ち犬山自《おのずか》ら潰《つい》えん」と。二監、これに従ふ。織田秀信、果して兵を分つて来り援く。二監乃ち諸将を部署し、藤堂高虎、黒田長政らを留めて、大垣、犬山に備へ、福島正則をして尾越川を渉《わた》つてその面《おもて》に出で、池田輝政をして河田渡《こうだのわたし》を乱《わた》つてその背《はい》に出でしむ。諸将分れてこれに隷《れい》す。兵各〻万余。正則、河田の上流の路の捷《しょう》なるを以て、自らこれに赴き、以て諸軍に先んぜんと欲す。輝政、また敵背に出づるを以て恥となす。二監、正則を諭して曰く、「公已に先鋒の任を受く。誰か能くこれを争はん。但《ただ》公は本州に主たり。舟筏辨《しゅうばつべん》ずべし。池田は然らざるなり」と。輝政を諭して曰く、「公は徳川氏の婿、当に務めてその翁《おう》を利すべし。何ぞ悻悻然《こうこうぜん》として衆人と尺寸《せきすん》を争はんや」と。二人乃ち服す。岐阜の人、警を聞き、壁《へき》を堅くし、以て大垣の援を竢《ま》たんと請ふ。秀信聴かず。兵を出して水を阻《そ》す。

正則は言った。「岐阜城は兵が多く、しかも木曾川に阻まれておる。このままではいかにも攻めにくい。（そこで）我らが犬山の砦を攻めようとしていると「声言」言い触らせば、向こうは必ず兵を分けてこれを援けようとするはずじゃ。そこで我らは岐阜城に逼るのよ。岐阜さえ陥《お》ちれば、犬山なんぞ擲《うっちゃ》っておいても潰れるわい」と。戦目付の二人はこの策に従った。（案の定）織田秀信は兵を分けて（犬山に）援軍を寄越した。戦目付の二人はそこで諸将を部署し、藤堂高虎と黒田長政らを留めて大垣城と犬山砦からの攻撃に備えさせ、福島正則に尾越川を渉って岐阜城の正面に出させ、池田輝政に河田の渡を「乱」（「濫」と通じ、舟を浮かべて）渡って城の背後に出させることにした。他の諸将は分けてこの三つの備えのいずれかに配属した。兵は各々一万余りであった。

正則は（尾越川より）河田の渡の上流の路を通った方が捷《ちか》いので、自分で判断してこちらを経由して諸軍に先んじて岐阜城に攻めかかろうとした。輝政もまた敵の背後に出るということを恥とした。戦目付二人は正則を諭して言った。「貴公は既に先鋒の任を受けておられる。誰かこれと争おうとするでしょうか。それに公はこの尾張国の国主であられる。舟や筏のご用意も「辨」わきまえておいででしょうが、池田様はそうではござりますまい」と。（次いで）輝政を諭して言った。「貴方様は我が君の婿におわす。ならば「翁」舅のために良かれと務めるのが当然ではござりますまいか。それを「悻悻然」お腹立ちの上他の将と「尺寸」僅かな功を争うとは如何なものでしょうか」と。二人はそれで納得した。岐阜城の者は東軍が急に攻め寄せたのを聞いて、防備を堅くして大垣からの援軍を待つことを請うたが、秀信は聴き入れず、兵を出して木曾川で東軍を阻んだ。

井伊直政と本多忠勝がいかに当時屈指の勇将としてその名を轟かせていたとしても、福島正則や池田輝政ら大名にとってみれば、所詮は格下の陪臣に過ぎない。『孫子』には「将外に在っては、君命も受けざるところあり」という有名な言葉がある。戦場では将の独断専行はある程度黙認される傾向があり、時として「君命」すら受け付けないこともあると云う。況してや陪臣風情の定めた指図に服従する筋合いなど無い、というのが、福島池田両人の言い分であったろう。その点、不平不満を口にせず留守備えに回る藤堂高虎や黒田長政は、やはり家康に信頼されるだけの視野と責任感を持ち合わせていた。

　福島正則が尾張国主と言うなら、池田輝政はかつての岐阜城の城主である。地の利はおろか城の弱点についても知悉していたはずである。

二十二日、輝政、流を乱《わた》り、敵に米野に遇うてこれを破り、北門を攻む。正則、攻めて竹鼻《たけがはな》の砦《さい》を陥れ、南門を攻む。城兵、善く拒《ふせ》ぎ、抜くべからず。浅野左京大夫、一柳直盛《ひとつやなぎなおもり》らとその別堡《べつぽう》を攻む。堡は険にして隮《たか》く、左右泥淖《でいどう》なり。大夫の老臣浅野右近、美濃に生長してその地理を諳《そら》んず。田を蹊《わた》つて先登し、徽《しるし》を壁上に揚ぐ。大夫これを望んで曰く、「右近亡《うしな》ふべからず」と。馬上に槍を揮《ふる》ひ、身、士卒に先だつ。士卒皆奮ひ、壁を奪つて入る。城将南部、遠山以下五百人を斬る。余兵、城に走る。城中、驚擾《きようじよう》す。諸将、因つて争ひ登る。秀信遂に降《こう》を乞ひ、逃れて高野に奔る。正則、輝政と功を争つて、闘はんと欲す。二監、これを折《なじ》つて曰く、「私忿を以て公事を忘る。誓辞の実、安《いず》くにか在る」と。二人服して罷《や》む。犬山の敵、敗《はい》を聞いて懼れ、戍将《じゅしょう》加藤貞泰、竹中重門、関一政と、皆抜けて我が軍に帰す。自余の諸将は皆遁《のが》る。

二十二日、輝政は流れを乱《わた》った米野で敵と遭遇してこれを破り、岐阜城の北門に攻めかかった。正則は竹鼻の砦を攻め落とし、南門に攻めかかった。城兵は善く拒《ふせ》ぎ、抜くことができなかった。浅野幸長《よしなが》は一柳直盛らと岐阜城の別の「堡」砦を攻めた。その砦は険しい場所に築かれている上に「隮」防壁は高く、その左右には泥沼があった。幸長の家老・浅野右近は美濃で生まれ育ち、その地理を諳じていた。右近は田を「蹊」横切って一番乗りし、砦の壁の上に馬印を掲げた。幸長はこれを望み見て言った。「右近を死なすな」と。馬上で槍を揮《ふる》い、身は士卒に先んじた。士卒もみな発奮し、壁を奪い取り砦の中に入った。城将の南部・遠山以下五百人を斬った。残りの兵は岐阜城に逃げ込み、城中は驚き擾《みだ》れた。

そこで（その隙に乗じて）諸将は争って城に取り付いた。秀信は遂に降伏を乞い、高野山に逃れ奔った。正則は輝政と功を争い、決闘しようとした。戦目付の二人はこれを「折」責め咎めて言った。「私怨を以て公事を忘れるとは、誓紙で取り交わした言葉の真実はどこに在るのでござるか」と。両人は承服して闘うのを止めた。犬山の砦の敵は岐阜城の敗北を聞いて懼れ、守将の加藤貞泰・竹中重門・関一政はみな砦から抜け出して東軍に帰服した。それ以外の諸将はみな遁げ去った。

浅野左京大夫と官名のみで諱を記さないのは、前に「浅野弾正少弼」の箇所でも述べたように、幸長が頼父子の仕えた安芸広島藩浅野家の藩祖・長晟《ながあきら》の兄に当たるからである。

大垣の敵、我が岐阜を攻むと聞き、即ち出でてこれを援く。島津義弘、石田三成、呂久川に陣し、三千人を遣し進んで合渡《ごうど》に至る。長政、高虎ら、諜《ちよう》してこれを知り、相ひ謂つて曰く、「これ吾が輩の任なり」と。乃ち道を分つて渡る。天方に霧《まさ》ふり、敵兵覚らず。諸将、急に撃つてこれを敗る。北《に》ぐるを追つて呂久川に至る。義弘曰く、「前軍敗ると雖も、吾と子と兵を整へ、横撃《おうげき》せば則ち勝たん」と。三成曰く、「敵兵鋭進す。岐阜蓋し陥るならん。吾れ已に援くる能はず。何ぞ新勝《しんしよう》の鋒に当るべけんや」と。敗兵を収めて、倶に大垣に還る。高虎の族《ぞく》高政、進んで赤坂に至り、居民を諭して安堵せしむ。諸将継ぎ至つて止舎《ししや》す。定めて頓軍《とんぐん》の地となし、南、大垣と対す。

大垣城の敵は、東軍が岐阜城を攻めたのを聞き、すぐに援軍を出した。島津義弘と石田三成は（大垣城東北の）呂久川に陣を敷き、三千人を遣わし進んで（岐阜城西南の）長良川下流の合渡まで来た。長政と高虎らは諜者によってこれを知り、互いに語って言った。「これ（を防ぐの）は我らの任ぞ」と。そこで二手に分かれて別の道から渡河した。ちょうどかかっていた霧で、敵はそれに気付かなかった。東軍の諸将は急襲して三千の兵を破り、逃げる敵を追って呂久川までやって来た。

義弘は言った。「前軍は敗れたゆてん、おいと治部どんが兵ば揃えて敵ん横っ腹を衝きゃ勝てもんど」と。三成は言った。「敵は（士気高く）鋭く進んできております。おそらく岐阜城は陥ちたのでござろう。もはや援けられませぬ。どうして新たに勝って勢いに乗る敵の鉾先に当たることができましょうや」と。そして、敗れた兵を収容してともに大垣城に帰還した。

高虎の一族の高政は進んで大垣城西北の赤坂まで来て、その土地の民を安堵させた。諸将も引き続きやって来てそこで宿営した。赤坂を東軍の駐屯地と定め、南の大垣城と対峙した。三成が計画性を重んじる性格だったことは、検地・兵站・取り次ぎなど彼の綿密で周到な仕事ぶりからも窺える。しかし、戦とは常に流動的である。臨機応変に打つ手を変えていかなければならない。

会〻《たまたま》浮田秀家、伏見より至る。三成、迎へてこれを犒《ねぎら》ひ、推して元帥となす。秀家曰く、「敵兵戦ひ疲れ、深く客地に入る。吾れ夜に乗じてこれを襲ひ、逸《いつ》を以て労《ろう》を撃たば、必ず大利を得ん」と。三成曰く、「当に島津、小西と議すべし」と。秀家曰く、「兵は神速を貴ぶ。何ぞ議するを之《こ》れなさん。吾れ独り出でて戦を決せんのみ」と。三成これを止《とど》めて曰く、「島津、小西皆以為《おも》へらく、地勢沮洳《そじょ》、夜戦に便ならず。且つ夜戦は寡《か》を以て衆を撃つ者なり。今、衆を以て寡を撃つ。何ぞこれに必せん。今、毛利参議は伊勢に在り。安芸《あき》中納言は大坂に在り。其の尽く至るを竢《ま》ち、軍を合せて勝を決せん」と。秀家曰く、「我が軍尽く至らば、則ち敵軍も亦た尽く至らん。勝其れ決すべけんや。然りと雖も、子は老輩の言を称す。吾は後生《こうせい》なり。敢て違《たが》はず。唯〻子、これを悔ゆるなかれ」と。乃ち大垣に入る。小早川秀秋、伏見より高宮に至り、疾《やまい》と称して前《すす》まず。三成らこれを疑ひ、人をして往いて事を議し、因つてこれを刺さしむ。秀秋覚つて見ず。ここにおいて、疾愈《い》ゆと称して、来つて美濃に至る。敢て大垣に入らず。

ちょうど浮田秀家が伏見より到着した。三成は出迎えて「犒」ねぎらい、彼を推して「元帥」西軍の総大将とした。秀家が言った。「敵は（岐阜城での）戦いで疲れている上に、我ら西軍の版図に深く入り込んでいる。そこで逸を以て労を撃てば、必ず大きな戦果を得られるに違いない」と。

三成は言った。「薩摩参議（島津義弘）と摂津守（小西行長）にご相談してみねばなりませぬ」と。秀家は言った。「兵は神速を貴ぶのだ。何を相談などと（悠長なことを）。我が兵のみで出陣して戦の決着をつけてこようぞ」と。三成はこれを止めて言った。「薩摩参議と摂津守のお二方ともここの地勢が「沮洳」低湿地で夜襲には向かぬとのご存念。その上（そもそも）夜襲とは寡を以て衆を撃つものでござる。（ところが）今衆を以て寡を撃とうとしておられる。どうしてそれをここでやらねばならぬのでしょうか。今、毛利参議（秀元）は伊勢に、安芸中納言（輝元）は大坂におられます。その方々が尽く着陣されるのを待って軍を合わせてから勝ちを決めればよろしゅうござろう」と。

秀家は言った。「我が軍が尽く着陣すれば、敵軍もまた尽く着陣する。それで必ず勝てると言えようか。されど貴公は老練の方々の言を持ち出された。我は若輩者である。（方々の言に）違《たが》うようなことは致しますまい。ただ、貴公には夜襲を止めたことを悔いぬようにしてもらいたいものよ」と。そして大垣城に入った。

小早川秀秋は伏見より近江の高宮までやって来て、病と称してそこから先に進まなくなった。三成らはこれを疑い、使者を高宮に遣わし秀秋と相談するのに託けて彼を仕物（謀殺）に掛けようとした。秀秋は勘づいて、使者に会おうとしなかった。そこで病が癒えたと言って美濃まで到着したが、大垣城には入ろうとしなかった。

このくだりには、いくつか兵法の言葉が引用されている。まず「逸を以て労を待つ」（『孫子』軍争篇）。「休養十分の兵で敵の疲れた兵を迎え撃つ」という訳でいいが、『孫子』というのはそもそも戦術ではなく戦略の指南書である。ここも「敵を大きく動かすよう仕向けて兵員の疲労と物資の消耗を誘い、その後の戦局を有利に導く」といった意味合いが強く、夜襲などの可否はむろん状況次第である。兵法三十六計の第四計にも当たり、後漢の光武帝劉秀《りゅうしゅう》が好んで用いたとされる。

続いて「兵は神速を貴ぶ」。直接の出典は『三国志』「郭嘉伝《かくかでん》」だが、やはりここも『孫子』（作戦篇）の「故に兵は拙速を聞く。未だ巧の久しきを睹《み》ざるなり」を郭嘉（曹操の名軍師の一人）なりに言い換えた表現と考えられよう。この『孫子』の言葉の方は、一般的に「戦争では、巧く時間をかけてやるより、やや雑でもとにかく速く決断し実行することが大切である」と理解されることが多いが、『孫子』では、明らかに戦争が長期化することによる国力の疲弊を指摘する文脈になっている。

孫子にとって、戦争はあくまで政治と不可分であり、政治の目的を達成するための手段に過ぎない。その考え方は、十九世紀プロイセンの軍人にして『戦争論』の著者であるカール・フォン・クラウゼヴィッツとも軌を一にしている。

三成が秀秋を疑って謀殺しようとまでしていたとは考えにくい。

大垣の群帥《ぐんすい》、岐阜陥るを以て、伊勢、越前の軍を召す。毛利秀元、長束正家ら、再び富田知信を攻む。知信堅く守ること累日《るいじつ》、上野城主分部光嘉《わけべみつよし》、城を棄てゝ来帰し、与《とも》に倶《とも》に守る。知信の妻は勇あり。夫を翼《たす》けて戦ふ。その郛《ふ》已に陥る。内城を嬰守《えいしゅ》す。ここにおいて、敵、僧興山《こうざん》をして入り諭して城を致さしむ。聴かず。強ひて而る後に聴く。秀元、正家ら、乃ち美濃に入る。秀元の族将、秀元に勧めて東軍に帰せしめ、遂に陰《ひそ》かに質を送る。大谷吉隆、数〻《しばしば》前田利長を誘《いざな》ふ。利長応ぜず。弟利政と、攻めて大正寺《だいしょうじ》を抜き、進んで細呂木《ほそろぎ》に至り、北荘《きたのしょう》を攻めんと欲す。東軍、海道に敗ると謬《あやま》り聞いて、乃ち退く。小松の兵に浅井畷《あさいなわて》に遇ひ、力戦して還る。吉隆、京極高次らと大正寺、府中を取る。ここにおいて亦た美濃に入る。高次、素より心を我に帰す。大津に城守せんと欲す。故《ことさら》に遅回《ちかい》して発せず。脇坂以下先づ発す。亦た已に款《かん》を通ず。而して吉隆知らざるなり。これをして陰《ひそ》かに秀秋に備へしむ。

大垣城の諸将は、岐阜城を失陥すると、伊勢と越前の西軍の軍勢を呼び寄せようとした。毛利秀元と長束正家らは再び富田知信を攻めた。知信が堅く守って日を重ねていると、上野城城主の分部光嘉が城を放棄し阿濃津城に逃げ込んで来て、ともに守ることになった。知信の妻は勇敢で、夫を「翼」助けて戦った。その「郛」外曲輪は既に陥とされたが、本丸に「嬰」立て籠って守った。そこで敵は僧の興山を使者として城内に送って説諭し、城を「致」明け渡させようとした。（知信は）聴かなかった。さらに強硬に説いて迫ると、しばらくして聴き入れた。

秀元と正家はようやく美濃に入った。秀元の一族の将が秀元に勧めて東軍に帰順させたので、彼は遂に密かに人質を送った。大谷吉隆はしばしば前田利長を誘ったが、利長は応じなかった。弟の利政と大正寺城を攻略し、進んで越前の細呂木までやって来て、北庄城を攻めようとしたが、東軍が東海道で敗れたという誤報を聞いて退いたところ、越前の浅井畷で（丹羽長重の居城の）小松城からの兵に出会《でくわ》した。利長は力戦して国許に帰還していった。

大谷吉隆は京極高次らと大正寺城と加賀の府中城を取った。そこで彼らも美濃に入った。高次はもとより東軍に心を寄せており、近江の大津城を守ろうとしていたので、「故」ことさらに出発を遅延させた。脇坂以下の者が先に出発した。脇坂もまた東軍に内通していたが、吉隆はその事実を知らなかったので、脇坂に密かに秀秋に備えさせた。

このくだりだけでも、既に三人の西軍武将の東軍内通が明らかにされている。毛利秀元は、毛利元就の四男・穂井田元清の次男。長く実子に恵まれなかった輝元の養子となり、秀吉から偏諱を賜り「秀元」と名乗った。ところが、一五九五年に輝元にのちの秀就が生まれたため、彼は毛利家の世継ぎを辞退し、周防山口に毛利の別家（十七万石）を立てた。ここの「一族の将」とは吉川広家《きっかわひろいえ》を指す。秀元自身はむしろ終始東軍に対して戦意旺盛だったとされる。

京極高次は浅井氏（三姉妹の次女・初、のちの常高院）を正室に持つことで、淀殿の義弟となり、同時に徳川秀忠の義兄ともなっていた。脇坂安治は「賤ヶ岳七本槍」の一人に数えられる。彼は息子ともども三成によって強引に西軍に引き入れられたという経緯があった。


秀元、南宮山《なんぐうざん》に屯《とん》す。秀秋、松尾山に屯す。皆大垣城の西に在り。島津義弘、城東に屯す。城北に長松の砦あり。砦将某、西軍の為めに守る。我が軍の赤坂に至るに及び、守を棄てゝ遁《のが》る。二監、一柳《ひとつやなぎ》直盛を遣してこれを守らしめ、旗幟《きし》を益し、疑兵を張る。また水野勝成を遣して、曾根の砦を守らしめ、その声援をなす。西軍、聚議《しゅうぎ》決せず。我が軍も亦た敵兵の衆盛《しゅうせい》なるを以て、敢て出で戦はず。日に内大臣の至るを竢つ。

秀元は南宮山に駐屯し、秀秋は松尾山に駐屯した。両山はともに大垣城の西に在った。島津義弘は城の東に駐屯した。城の北（西の誤り）に長松砦があり、砦の将某（武光忠棟）は西軍のために守っていた。東軍が（砦近くの）赤坂に到着すると、城を棄てて遁げた。

戦目付の二人は一柳直盛を長松砦に遣わして守らせ、旗指物を増やして見せかけの兵を置かせた。また水野勝成を曾根砦に遣わして守らせ、長松砦を支援させた。西軍は一同で評議するも何も決まらなかった。東軍もまた敵兵が衆《おお》く士気も盛んなので、けっして出て戦おうとせず、日々家康が着陣するのを待っていた。

家康、西上す

内大臣、村越吉直の報を得て大に喜ぶ。乃ち榊原康政に命じて中納言を輔《たす》け、兵三万を以て西上せしむ。二十四日を以て下野《しもつけ》を発し、直ちに山道《さんどう》に出づ。間日《かんじつ》、岐阜の捷報《しょうほう》を得て、人をして東陲《とうすい》の諸国に転告せしめ、書を正則、輝政以下に賜ひ、これを賞して曰く、「且《しばら》く戦ふなかれ。以て我が出づるを待て」と。異父弟松平康元及び石川家成に命じて江戸を留守し、五郎信吉及び松平康直にその西城を留守せしめ、遂に諸城の留任《りゅうにん》を命ず。

家康は村越吉直の報せを得て大いに喜んだ。そこで、榊原康政に命じて秀忠を補佐させ、兵三万を率いて西上させることにした。二十四日に下野を出発して、すぐに東山道に出た。日を置いて（家康は）岐阜城の勝報を得て、人を遣わして東北の諸国に「転告」この勝利を次々と広めさせた。正則・輝政以下の功を挙げた諸将には書状を送り、これを賞して言った。「しばらくは戦わず、我が到着を待たれよ」と。異父弟・松平康元及び石川家成に江戸を留守させ、五男・松平信吉及び松平康直に西の丸を留守させた。そして他の城の留守居役もそれぞれ任命した。

江戸留守居とされた五男の松平信吉は、母親が武田家臣（秋山氏）の娘であったので、のちに武田氏を継ぎ、関ヶ原後、佐竹氏の替わりに常陸水戸二十五万石に封ぜられる。ただ、生来病弱だったこともあり、一六〇三年に二十一歳で死去。武田氏は再び断絶した。その後水戸にはその異母弟が入部することになる。

九月朔、内大臣、親ら将として江戸を発す。酒井某、村串某、金扇《きんせん》の馬表《ばひょう》、葵章《きしょう》の白旗《はくき》を擎《と》つて馬前に在り。近藤秀用《ひでもち》、大久保忠教《ただたか》、槍を掌《と》り、渡辺守綱、伊奈今成、成瀬正成、安藤直次《なおつぐ》ら十五人、弓銃隊長となる。下野守忠吉以下親属将領三十余人、兵凡そ二万五千なり。石川家成白《もう》して曰く、「臣、星家《せいか》の言を聞くに、今歳《こんさい》は西方塞《ふさが》ると。請ふ、方《ほう》を避けて発せよ」と。内大臣曰く、「西方塞らば、則ち我れ撃つてこれを開かん」と。遂に発す。東海道より鼓行《ここう》して西す。近畿、西国の将士、争つて使者を発し、状を馬首に上《たてまつ》る者、絡繹《らくえき》道に属す。而して東北は空虚なり。宇都宮の軍中に訛言《かげん》す、「会津、甲を悉《つく》して南下す」と。少将秀康、人をして景勝に言はしめて曰く、「小子、父の命を受けて、ここに居守《きょしゅ》す。上国の軍に従ふ能はず。甚だ無事に苦しむ。願はくは公と一戦せん。公能く来るか。抑〻小子当に往くべきか」と。景勝辞し、顧《かえ》つて兵を遣して北のかた山形を攻む。最上義光《よしあき》、伊達政宗これと対守《たいしゅ》す。堀秀治、岐阜陥り大軍西上すと聞き、乃ち攻めて津川を取る。前田利長、将に大軍に会せんとす。兵を発して復た小松を攻む。小松既に款《かん》を通ず。乃ち大正寺を攻め、敵の守兵を逐ひ、遂に北荘を招く。前田利政、能登を以て叛《そむ》くに会ふ。乃ち敢て進まず。京極高次、大津を守る。西軍三万これを攻む。抜く能はず。細川藤孝、田辺を守り、西軍二万と相ひ持すること両月。加藤忠明、迎へて毛利氏の軍を伊予に撃つ。加藤清正、小西氏を肥後に攻む。黒田孝高、大友氏を豊後に攻む。迭《たがい》に勝敗あり。

九月一日、家康は自ら将として江戸を出発した。酒井某と村串某は金扇の馬印と葵の御紋の白旗を「掣」掲げて、馬群の先頭を進んだ。近藤秀用と大久保忠教は槍隊を管掌し、渡辺守綱と伊奈今成と成瀬正成と安藤直次ら十五人は弓隊鉄砲隊の隊長となった。下野守忠吉以下親族の将三十余人（が随行した）。率いた兵はおよそ二万五千。

石川家成が言上した。「それがしが「星家」星占いの言葉を聞いたところによると、今年は西方が塞がっている、とのこと。どうか方違《たが》え（不吉とされる方角に直接向かわず、いったん別の方角に向かって目的地を不吉な方角にしないようにする陰陽道のならわし）をしてご出発なさってくださいまし」と。家康は言った。「西方が塞がっているというなら、わしが撃ってそれを開いてやろう」と。遂に出発した。東海道を「鼓行」太鼓を鳴らしながら西に進軍した。京周辺や西国の将士は争って使者を送り、戦況を（家康の）馬前で報告する者が東海道中絶え間なく続いた。

しかし（一方）、東北は「空虚」事が起きていなかった。宇都宮の軍中で根拠の無い噂が流れた。会津（上杉氏）が兵を総動員して南下して来る、と。すると秀康は人を遣わして景勝に言った。「それがしは父の命を受けてここを守っております。西上軍に従うことが叶いませんでした。甚だ無聊に苦しんでおるのです。願わくば会津中納言様と一戦致したく存ずる。こちらにお越しくださいませぬか。それともそれがしがそちらに参りましょうか」と。景勝はこれを辞退し、後方に兵を遣わし北の山形を攻めた。最上義光と伊達政宗がこれと対峙して守った。

堀秀治は岐阜城が陥ち大軍が西上するのを聞き、越後の津川城を攻め取った。前田利長は東軍の大軍に合流しようとして、兵を発して再び加賀の小松城を攻めたが、小松城（の丹羽長重）が既に東軍に誼《よしみ》を通じていたので、利長は（鉾先を転じて小早川家の山口宗永が城主となっていた）加賀の大正寺城を攻め、敵の守備兵を追い払った。それから北庄城（の城主青木一矩の一族）を招降しようとしていた。ちょうどその時、弟の前田利政が能登国を挙げて叛いた。利長は進めなくなってしまった。

京極高次は大津城に籠城した。西軍三万がこれを攻めたが抜くことができなかった。細川藤孝は丹後の田辺城に籠城した。西軍二万と対峙すること二ヵ月に及んだ。加藤忠明（嘉明の親族か）は伊予で毛利氏の水軍を迎え撃ち、加藤清正は肥後で小西氏を攻め、黒田孝高は豊後で大友氏を攻めて、互いに勝敗があった。

前田利政は、利家の次男で、この当時は能登の国主であった。兄の利長とは十六歳の差がある。当初は兄とともに東軍として働いていたが、突如兄の出兵命令に従わなくなった。その理由には、妻子が西軍の人質に取られたこと、兄が母の芳春院を江戸に人質に出したことが許せなかったこと、そもそも家康に反発心を抱いていたことなどが仮説として挙げられているが、どれも確証は無い。利長は関ヶ原でのこの年少の同母弟の振る舞いがよほど我慢ならなかったらしい。利政が西軍に付いたと家康に訴えたのは他ならぬ利長自身であった。能登は利長の所領となった。

大戦の混乱に乗じて隣国の領土を切り取ろうとしていたのは、何も伊達政宗だけではない。

家康の着陣

十一日、内大臣、清洲に至る。直政、忠勝を赤坂に召し、その功労を賞す。軍を止《とど》むること二日、以て山道の軍を竢つ。軍至らず。内大臣、策を決して独り発す。十三日、岐阜に至る。或ひと、巨柿《おおがき》の実《み》を献ず。内大臣戯《たわむ》れて曰く、「大垣、我が手に落つ」と。これを地に擲《なげう》ち、近士《きんし》をして争つてこれを取らしむ。蓋し垣と柿と国音《こくおん》相ひ通ずるを以てなり。十四日、岐阜を発す。前軍の諸将、迎へて呂久川の上《ほとり》に謁《えつ》す。内大臣、面《ま》のあたり岐阜の戦功を褒し、遂に諸将を率ゐて赤坂に至る。この時に当り、天下の兵、美濃以東の者は概ね我が軍に属し、美濃以西の者は概ね敵軍に属す。四方の豪傑、方隅《ほうぐう》に割拠する者、皆その成敗を観望す。而して東軍は内大臣来るを以て、士気大に振ふ。西軍の偵騎《ていき》、走つて大垣に報じて曰く、「赤坂に白旗《はくき》多し。

内府来るに非ざるを得んや」と。秀家、三成ら、陽《よう》に大言して曰く、「彼方《まさ》に上杉、佐竹を憂へ、踏跙《しそ》して進まず。焉《いずく》んぞ遽かにここに来るを得んや」と。我が諸将、機に乗じて大垣を攻めんと請ふ。内大臣曰く、「大垣は城塁壮固、兵食皆足る。秀家少《わか》しと雖も、暗者《あんしや》に非ざるなり。而して義弘、行長、正家、吉隆、心を一にし力を戮《あわ》せて、持重《じちよう》して出でず。これを攻むれば必ず我が兵を損ぜん。独り三成、軽《かろ》んじて衆を恃《たの》む。若《も》しこれを外《ほか》に誘出《ゆうしゆつ》して、秀秋、秀元をしてその後を撓《みだ》さしめば、則ち一戦にして鏖《みなごろし》にすべきなり。我れ且《しばら》く軍を動かし以てこれを試みん」と。日午《にちご》、大将の旗鼓《きこ》を岡山に建て、諸将をして少しく陣を移して前《すす》ましむ。三成、秀家を邀《むか》へ、丘に登つて望んで曰く、「東軍に塵《ちり》の升《のぼ》るは何ぞや」と。偵騎《ていき》、争ひ報じて曰く、「内府来る」と。諸軍これを聞いて恟懼《きようく》す。島勝猛《かつたけ》曰く、「これ声勢《せいせい》を張つて、以て我を怵《おど》すのみ。我れ当にその動揺に乗じてこれを撃つべし」と。秀家曰く、「然り、藉《よし》内府来るも、亦た吾が期する所なり。吾れ、治部と、当に先鋒を以て戦を挑むべし」と。勝猛、策を建てゝ、伏《ふく》を一色村に設け、軽鋭《けいえい》を遣して株瀬《くいせ》を渉《わた》り、中村一栄《かずよし》の陣を犯す。一栄迎へ戦ふ。有馬豊氏《とようじ》、その傍に在り。兵を分つてこれを援く。西軍走る。一栄、左右の翼《よく》を張つてこれを追ふ。内大臣、中軍より望み見て、侍臣に謂つて曰く、「式部は嘗て兵を練《ね》る。隊伍《たいご》観るべきなり」と。追ふ者渡つて進む。内大臣曰く、「噫《ああ》。敗る」と。果して伏《ふく》に遇ふ。走る者皆還る。我が兵退くを得ず。内大臣、直政、忠勝に命じて往いてこれを収めしむ。二人即ち馳せ、左右より指揮し、自ら殿《でん》して退く。敵兵、尾する能はず。収めて大垣に入る。

十一日、家康は清洲城に到着した。直政と忠勝を赤坂から呼んでその功労を賞した。軍を止めること二日、東山道からの秀忠の軍を待った。軍は来なかった。

家康は策を決めて東海道の軍だけで出発し、十三日、岐阜城までやって来た。ある者が大きな柿の実を献上してきた。家康は戯れて言った。「大垣がわしの手に落ちたわ」と。これを地面に「擲」放って、近侍たちに争って取らせた。おそらく「垣」と「柿」が我が国の音では通じるからである。

十四日、岐阜城を出発した。前軍の諸将が呂久川のほとりで家康を出迎えて目通りをした。家康は面前で岐阜城での戦功を褒め讃え、遂に諸将を引き連れて（東軍根拠地の）赤坂に着陣した。この時、天下の兵で、美濃より東の者は概ね東軍に属し、美濃より西の者は概ね西軍に属していた。四方の国人土豪の各地の片隅に割拠する者たちは、みなその勝敗の成り行きを観望していた。そして東軍は、家康が着陣したことで士気が大いに振るっていた。

西軍の斥候の騎馬武者が大垣城に駆け込んで報告した。「赤坂に白旗が多うございます。内府が着陣したのではないでしょうか」と。秀家と三成らは「陽」偽って殊更に大言した。「内府たちは上杉と佐竹の動きを憂慮して「踏跙」（二字ともに「ゆき悩む」の意味）愚図愚図と進まなかった。どうして急にここまで来ることができようか」と。

東軍の諸将はこの機に乗じて大垣城を攻めることを請うた。家康は言った。「大垣城は城壁土塁が壮大かつ堅固、兵力も糧秣《りょうまつ》も十分である。備前宰相（秀家）は年若いが暗愚ではない。しかも薩摩参議（義弘）・摂津守（行長）・大蔵大輔（正家）・刑部少輔（吉隆）は心を一つにして力を戮《あわ》せ自重して出撃して来るまい。これを攻めれば必ず我が軍に大きな損害が出るはずじゃ。ただ一人治部少輔

（三成）のみは軽率にして兵の衆《おお》さを恃みとしておる。もしこれを城外に誘い出し、金吾中納言（秀秋）と安芸宰相（秀元）にその後方を「撓」攪乱させれば、一戦にして殲滅することができよう。わしはこれより軍を動かしてそれを試してみるつもりよ」と。正午、（家康は）岡山に総大将の旗を立てて太鼓を鳴らし、諸将に少し陣を移して前進させた。

三成は秀家を迎え、丘に登り望み見て言った。「東軍から砂塵が立ち升っているのは何でありましょうか」と。斥候の騎馬武者が争って報告した。「内府が出て来ました」と。（西軍の）諸将はこれを聞いて「恟懼」懼れ戦《おのの》いた。島勝猛が言った。「これは殊更に威勢を示して我らを「恍」怯ませようとしているのみ。我が軍はその陣形の乱れにつけ込んでこれを撃つべきにござる」と。秀家は言った。「その通りよ。「藉」仮に内府が出張って来たのなら、それこそ我が期するところぞ。わしと治部が先鋒となって戦いを仕掛けてやろう」と。

勝猛が策を建て、（大垣城と赤坂の中間にある）一色村に伏兵を設けて、軽装の精鋭部隊を遣わして株《くい》瀬《せ》川（杭瀬川とも呼ばれる）を渉らせ、中村一栄の陣を侵犯させた。一栄は迎え撃った。有馬豊氏はその傍らに布陣していたので、兵を分けてこれを援けた。西軍は走《に》げた。一栄は左右の翼を広げた鶴翼の陣形で敵を追った。家康は中軍より望み見て、侍臣に向かって言った。「（一栄の兄の）式部（中村一氏）がかつて鍛えた兵どもじゃ。その隊伍は観るべきものがあるぞ」と。追手は川を渡って進んだ。

家康は言った。「ああ、敗れるのう」と。果たして伏兵に遭い、走げていた敵は反転し、一栄の兵は（川を背にしたので）退却することができなくなった。家康は直政と忠勝に往ってこれを収容してくるよう命じた。二人はすぐさま馬を馳せて左右から指揮を執り、ともに自らしんがりをして退いた。敵兵は追尾することができず、兵をまとめて大垣城に入った。

家康の挑発に乗ったのが、期待していた三成ではなく島左近と宇喜多秀家というのが面白い。ともあれ、この小競り合いでは西軍が優勢であった。

惜しくも関ヶ原の直前に病死した中村式部少輔一氏は、三中老（実際の職制は不明）の一人とされることもあって、どちらかと言えば文官の印象が強いが、ここで家康が指摘したように練達の指揮官でもあった。

> 大垣の諸将会議して曰く、「内府来れること確《たしか》なり。何を以て勝を決せん」と。秀家曰く、「彼必ず鋭《えい》を悉《つく》して来り攻めん。我が守備既に具る。以てこれを待つに足る。田辺、大津の兵、将に不日《ふじつ》来り会せんとす。安芸黄門《あきこうもん》も亦た当に継いで至るべし。我れ、敵を堅城《けんじょう》の下に疲らせて、内外よりこれを撃たば、その勢、鷹鸇《ようせん》の鳥雀《ちようじやく》を搏《う》つが如し。これ全勝の策なり」と。三成曰く、「然らず。今、敵兵我に半《なかば》す。吾れ倍《ばい》なれば則ち戦ふを聞く。未だ倍にして則ち守るを聞かず。我が輩、大兵を擁して関東を征伐す。而して、坐《い》ながら孤城を守り、敢て出で戦はずんば、天下の我を望む者、皆沮喪《そそう》せん。往年、小牧の役《えき》に、太閤、過慮し、当に戦ふべくして戦はず。終に内府の名を成す。今豈に過《あやまち》を弐《ふたた》びすべけんや」と。諸将の勇を負ふ者、多くその議を右《たす》く。吉隆、正家これを争つて曰く、「当今《とうこん》の世、誰か内府と勝を野戦に決する者ぞ。独ゝ《ただ》持重《じちょう》して以てこれを疲らすあるのみ。中納言は謀慮深長《ぼうりよしんちょう》、宜しくこれに聴従すべし」と。議未だ決せず。

内大臣、これを揣《はか》り知り、乃ち宣言して曰く、「敵敢て出でず。我れ、将に兵を置いて西し、直ちに大坂を取らん」と。皆束装《そくそう》す。大垣の諸将これを聞き、終に議を決して出で戦ふ。曰く、「備前中納言は出でて関原《せきがはら》に陣し、安芸宰相は前軍を以て敵を邀《むか》へ、薩摩参議は菩提山より赤坂の北に赴き、遶《めぐ》つて敵背に出で、三成以下分れて三軍に属し、機を胥《み》て合撃《ごうげき》し、東軍を呂久、合渡《ごうど》に擠《おしおと》さん」と。乃ち令を下して兵を治め、人をして出でて三国の軍を戒めしむ。

大垣城の諸将は会議して言った。「内府が着陣したのは確かである。どうやって勝ちを決めたらよいか」と。秀家は言った。「東軍は必ず精鋭を挙《こぞ》って攻めてくるであろう。だが、我らの守備も既に具《そな》わっており、敵を待ち受けるに十分じゃ。田辺・大津の（両城を攻めている）兵も、日ならずしてこちらに合流する。安芸黄門（毛利輝元）もまた引き続いて到着するに違いない。我らは敵をこの堅城攻めで疲れさせ、そうして大垣城の内と外からこれを撃てば、そのさまはあたかも鷹が雀を捕えるが如きものよ。これぞ勝ちを全うする策ぞ」と。

三成は言った。「そうではありますまい。今敵の兵数は我らの半ばに過ぎませぬ。それがしは『倍すれば則ち戦う』と（兵法書にあると）聞いたことがござるが、敵の倍の兵数で守るなど聞いたことがござらぬ。我ら一同は大兵を擁して関東を征伐するのでありましょう。にもかかわらず、居ながらにして孤城を守るばかりで出て戦おうとせぬのでは、天下の我らに望みをかけている者どもがみな意気沮喪してしまいまする。往年の小牧の役にて、太閤殿下には慮りが過ぎておしまいになり、戦うべきところを戦わず、終に内府にその名を成さしめてしまいました。今どうして我らはその過ちを繰り返すことができましょうや」と。諸将の勇を負《たの》む者は多く三成の意見に「右」（「たっとぶ、重んじる」の意味）賛同した。

吉隆と正家はこれに争って言った。「今の世で、誰が内府と野戦にて勝ちを決しようと言うのか。ここは自重して敵を疲弊させるのみじゃ。備前中納言（秀家）の深謀遠慮こそ聴き従うべきである」と。（大垣城の）評議は決しなかった。

家康は（西軍の方針が定まっていないことを）「揣知」推し量り、そこで宣言した。「敵は決して出て来るまい。兵（の一部）を置いて西に向かい、直ちに大坂を取りに行こうぞ」と。みな戦支度を始めた。

大垣城の諸将はこれを聞き、終に評議を決し、城を出て戦うことにして言った。「備前中納言（秀家）は関ヶ原に布陣し、安芸宰相（毛利秀元）は前軍として敵を迎え撃ち、薩摩参議（義弘）は菩提山より赤坂の北に赴いて敵の背後に「遶」回り込み、治部（三成）以下の諸将はこの三軍のいずれかに分かれて属し、「胥機」機を見て軍を結集し出撃して、東軍を呂久川の合渡に「擠」追い落とそう」と。そこで、西軍首脳は命令を下して兵を整えさせ、人を遣わして大垣城の三国（備前・安芸・薩摩）の兵に（方針を）周知させた。

ここで三成が引用した兵法書もまた『孫子』（謀攻篇）であるが、正確ではない。原文では「故に用兵の法は、十なれば則ち之を囲む。五なれば則ち之を攻む。倍すれば則ち之を分つ。敵すれば則ち能く之と戦う。少なければ則ち能く之を逃る。若かざれば則ち能く之を避く。故に小敵の堅なるは大敵の擒なり」。つまり、攻めかかっていいのは敵の五倍の兵数の時であり、二倍の時は相手を分断すべきであると説いている。三成も説得のための権威付けの修辞として用いたに過ぎないのであろうから、特に正確性に拘る必要もなかった。

たとえ亡き主君の判断に対する不満が漏れたにせよ、あるいは家康憎しの思いが溢れたにせよ、あの三成が諸将の前で太閤秀吉の批判めいたことを口にするとは、これも私には考えにくいのだが、いかがであろうか。

大坂城（あるいは佐和山城とも）への攻撃の声言（言い触らし）。この陽動が関ヶ原での決戦の引き金となった。奇しくもこれは、かつて浜松城に籠る家康を三方ヶ原に引き摺り出した信玄の堀江城への進軍を彷彿とさせる。


即夜、島津義弘、族家久をして入り説かしめて曰く、「東兵遠く来る。衆心未だ定らず。請ふ、今夜、兵を潜めて襲撃せん。吾れ、先鋒となつてその麾下を衝《つ》かば必ず利あらん。利あらずんば、乃ち関原に赴くも未だ晩《おそ》からずとなす」と。島勝猛曰く、「詰旦《きつたん》の事、吾れ将に再び徳川の甲背《こうはい》を見んとす。何ぞ必ずしも草草《そうそう》するをなさんや」と。三成曰く、「然り」と。家久、勝猛を顧みて曰く、「子、嘗て徳川の甲背を見しか」と。対へて曰く、「僕、少《わか》くして甲斐に仕へ、嘗てこれを遠江に追へり」と。家久曰く、「今の徳川は旧《もと》の徳川に非ず。子同じくこれを視る。飯匕《はんぴ》を矩《く》となすと謂ふべきなり」と。辞せずして出づ。

その夜、島津義弘は一族の将の豊久（家久は明らかな誤り）を遣わして（三成たちに）説いて言った。

「東ん兵ば遠かところから来て、将どもん心もまだ定まっちょらん。今夜夜襲すっを認めてくれもはんか。おいが先鋒んなって内府ん旗本ば衝きゃ、必ず上手ういきもす。上手きかん時ゃ、そっから関ヶ原ば向こうてん遅うはなかやろう」と。島勝猛が言った。「明朝の戦で、それがしは再び徳川の武者の甲の背を見ることになるでござろう。どうしてそう「草草」慌ただしく仕掛ける必要がありましょうや」と。三成は言った。「左様」と。

豊久は勝猛を振り返って言った。「おんしは昔、徳川ん甲ん背中ば見たことがあっとか」と。「対」（身分が上の者に答える時に使う）答えて言った。「それがしは若き頃甲斐に仕えたことがあり、かつて徳川勢を遠江（の三方ヶ原）で追い討ちしたおりに」と。豊久は言った。「今ん徳川は旧《ふる》か徳川とは違ごっ。おんしはこいを同じごつ見ちょる。「飯匕」（飯を掬う匙のこと）杓子を定規にすっとはこんごっちゃ」と。豊久は退出の挨拶もせず出て行った。

島津豊久は、島津四兄弟の末弟・家久（彼のみ母親が違う）の忘れ形見である。この家久は義弘に勝るとも劣らない軍略の才があり、大友や龍造寺との戦いで赫赫たる武勲を立て続けたが、惜しくも一五八七年に四十一歳で急死した。豊久が歴史の表舞台に登場するのはこの関ヶ原の時だけと言っていいので、父・家久に比べて地味な存在であったが、十数年前、ある漫画の主人公となったことで、一躍知名度が上がった。

　毛利秀元、素より我に通ず。乃ち秀家の先駆となるを欲せずと託言《たくげん》す。三成親《みずか》ら往いてこれを諭す。肯んぜず。三成乃ち約して曰く、「吾は浮田君を輔けて敵と鋒を交へん。而して公は横にこれを撃て。吾その時を胥《み》て、烽《ほう》を挙げて号をなさん」と。秀元佯《いつわ》り諾《だく》す。三成乃ち筑前の軍に赴き、秀秋を見てこれを勗《つと》む。遂に北小関村に赴く。大垣の諸将継いで発す。大炬《たいきょ》を栗原山に設け、以て路を燎《てら》す。路隘く、隊伍《たいご》整はず。また雨に遇ひ、衣甲《いこう》皆湿《うるお》ふ。五更《ごこう》にして達す。浮田秀家、島津義弘、天満山を背にして、東向して陣す。小西行長はその左に陣す。石田三成はまたその左に陣す。有馬、河尻、糟谷《かすや》、石河、布施、玉置氏はその右に陣す。大谷吉隆は平塚為広、戸田重政とまたその右に陣す。小早川秀秋は松尾山に屯す、脇坂安治、小川祐忠、朽木元綱、赤座久兵は麓に在り。毛利秀元は南宮山《なんぐうざん》に屯す。鍋島勝茂、長束正家、長曾我部盛親、安国寺《あんこくじ》恵瓊《えけい》は麓に在り。皆北嚮《ほくこう》して陣す。騎卒凡《すべ》て十二万八千。

毛利秀元は前より東軍と内通していた。そこで、秀家の下で先駆けとなるのを潔しとしないとの言に託けた（決められた方針に従おうとしなかった）。三成は自ら往って説諭したが、（秀元は）承服しなかった。三成は（やむを得ず）約束を取り付けて言った。「それがしが備前中納言（秀家）を輔《たす》けて敵と鉾を交えまする。そこで安芸中納言様は敵を横合いから攻撃していただきたい。機を見計らって狼煙を挙げて合図と致します」と。秀元は佯《いつわ》って承諾した。三成はそれから筑前軍（秀秋の領国）に赴き、秀秋に面会して彼を「勗」激励した。

かくして三成は自陣を据えるべく北の方角の小関村に向かった。大垣城の諸将も続いて出発した。栗原山に大きな篝火を焚いて行軍路を「燎」照らした。だが、行軍路は狭隘で、隊伍は整わず、折悪しく雨が降り出して甲や衣はみなしとどに濡れそぼった。「五更」午前四時頃、西軍の諸将はそれぞれの持ち場に到着した。

浮田秀家と島津義弘は天満山を背に東向きに布陣した。小西行長はその左に、石田三成はそのまた左に布陣した。有馬・河尻（川尻）・糟谷（糟屋）・石河・布施・玉置の各氏は天満山の右に布陣した。大谷吉隆（吉継）は平塚為広・戸田重政とまたその右に布陣した。小早川秀秋は松尾山に駐屯し、脇坂安治・小川祐忠・朽木元綱・赤座久兵（直保）はその麓にいた。毛利秀元は南宮山に駐屯し、鍋島勝茂・長束正家・長曾我部盛親・安国寺恵瓊はその麓にいた。みな北に向かって布陣した。騎兵歩卒総勢十二万八千。

鍵を握る人物の一人である吉川広家が全く登場しないのが少々奇妙である。


福島氏の候吏《こうり》法斎《ほうさい》といふ者、走り報じて曰く、「敵出づ」と。正則問ふ、「何を以てこれを知る」と。曰く、「臣、馬矢《ばし》を掇《ひろ》ひしに皆温《あたたか》なり。ここを以てこれを知る」と。正則乃ち人をして岡山に赴いてこれを告げしむ。既にして長松、曾根の諸砦、皆状《じょう》を上《たてまつ》る。内大臣哂《わら》つて曰く、「敵、我が術中に堕つ」と。乃ち令を軍中に下し、諸将を部署す。福島正則を以て先駆となし、下野守忠吉と井伊直政、本多忠勝とを申駆《しんく》となす。黒田長政、加藤嘉明、細川忠興、田中吉政、生駒一正、竹中重門、戸川達安《みちやす》ら右軍たり。藤堂高虎、山内一豊、織田長益、津田信成、京極高知ら左軍たり。蜂須賀至鎮《よししげ》、筒井定次、稲葉貞通、遠藤慶隆、小出秀家、亀井茲矩《これのり》、寺沢広高ら、游軍たり。浅野左京大夫、池田輝政は、中村、徳永、市橋、有馬、金森らと南宮山に備へ、水野勝成、松平康長は、一柳、松下、西尾、津軽らと大垣に備へ、内大臣は自ら麾下を以て中軍となる。酒井家次は前に居り、本多康重、大須賀忠政は後に居る。騎卒凡て七万五千。

福島氏の「候吏」物見を務める法斎という者が、陣に走り戻ってきて報告した。「敵が出て参りました」と。正則が問うた。「なにゆえそれが判る」と。答えた。「それがしが「馬矢」馬糞を「掇」拾うとまだ温こうございました。それで知りもうした」と。正則はそこで人を遣わして東軍本陣のある岡山に向かわせて報せた。まもなく長松と曾根の両砦からも同様の報告がなされた。家康は哂《わら》って言った。「敵は我が術中に落ちたわ」と。

そして軍中に命令を下し、諸将を部署した。福島正則を先駆けとなし、下野守忠吉と井伊直政・本多忠勝を「申駆」（この「申」は「かさねる」の意味）第二陣となし、黒田長政・加藤嘉明・細川忠興・田中吉政・生駒一正・竹中重門・戸川達安らを右軍となし、藤堂高虎・山内一豊・織田長益・津田信成・京極高知らを左軍となし、蜂須賀至鎮・筒井定次・稲葉貞通・遠藤慶隆・小出秀家・亀井茲矩・寺沢広高らを遊軍となし、浅野幸長《よしなが》・池田輝政と中村・徳永・市橋・有馬・金森らを南宮山の備えとし、水野勝成・松平康長と一柳・松下・西尾・津軽らを大垣城の備えとし、家康は自ら旗本を率いて中軍となった。酒井家次は中軍の前におり、本多康重・大須賀忠政は後ろにいた。騎兵歩卒総勢七万五千。

ここでの東西両軍の総勢の見積もりが、西軍が多めで東軍が少なめなのは否めない。しかし、それぞれの実数は、これも諸説あるので、明確に述べることはできない。

奥平貞治を遣して潜かに松尾山に赴き、秀秋の軍を監し、戦酣《たけなわ》なるを竢《ま》つて内応《ないおう》をなさしむ。黒田氏の将毛谷主水《けやもんど》、使して中軍に至る。召して敵数を問ふ。対へて曰く、「三万」と。曰く、「我が候騎《こうき》は皆十余万を以て告ぐ。汝は何の見る所ぞ」と。対へて曰く、「臣はその闘士を算するのみ」と。内大臣、大に悦ぶ。

（家康は）奥平貞治を遣わして松尾山に密かに赴かせ、秀秋の軍を監察し、戦が酣《たけなわ》になる時を「竢」待って内応させるよう手配した。黒田長政の将・毛谷主水が使者として中軍にやって来た。（家康は）これを召し寄せて敵の総数を問うた。対《こた》えて言った。「三万でござる」と。（家康は）言った。「我が斥候はみな十数万と告げて来ておるぞ。そちは何を見てきたのか」と。対えて言った。「それがしはそのまことに闘う士を算《かぞ》えたのみにござりまする」と。家康は大いに悦んだ。

関ヶ原の戦い

十五日黎明、親ら甲《こう》を擐《かん》し、冑《ちゅう》せずして巾《きん》し、馬に上つて諸軍を率ゐ、進んで桃配野《ももくばりの》に至る。忠勝を召して曰く、「南宮の敵疑ふべし」と。忠勝曰く、「彼若し詐《さ》を挟まば、当に山を下つて陣すべし。今猶ほ頂《いただき》に在り。これ慮《おもんぱかり》なきなり」と。内大臣曰く、「然り」と。忠勝に賜ふに名馬三国驪《みくにぐろ》といふ者を以てし、これを遣り、自ら軍を進むること半里可《ばか》り。家次、白旗十二旒《りゅう》を以て先行すること三百歩。会〻《たまたま》天、大に霧ふり、咫尺弁《しせきべん》ずべからず。東西の軍関原に遇ふ。

十五日、夜明け。（家康は）自ら甲を着て、冑は被らず頭巾を被り、馬に乗って諸軍を率いて進んで桃配山にやって来た。忠勝を召して言った。「南宮山の敵は疑わしいのう」と。忠勝は言った。「安芸中納言が（我らを）詐る心を抱いているなら、山を下りて布陣するはずでございます。今なお山頂にいるからには、ご心配には及びますまい」と。家康は言った。「そうじゃな」と。

名馬・三国黒を与えて忠勝を元の部署に遣った。家康は自ら半里ばかり軍を進めた。家次が白旗十二旒《りゅう》を掲げてこれに先行すること三百歩。ちょうどこの時濃い霧が立ち込めており、「咫尺」僅かな先も見通せぬ有様であった。そして東西両軍は関ヶ原で遭遇した。

明け方濃霧の中での遭遇戦と言えば、信玄と謙信の第四次川中島の戦いが先ず思い浮かぶ。頼山陽では「鞭声粛粛夜過河」の「川中島」の楽府（漢詩の一種）の方がよく知られているが、『日本外史』の「巻之十一　足利氏後記　武田氏上杉氏」では、両軍が遭遇したその時の光景を「信玄報を竢つて曉に至る。曉に未だ人色《じんしょく》を辨ぜず。謙信の牙旗《がき》前に在るを見る。将士みな色を失ふ」と描写している。

一九八一年、テレビで司馬遼太郎原作の『関ヶ原』をドラマ化して放映した。そのキャストは今考えても呆然とするような未曾有の豪華さであった。石田三成を加藤剛、徳川家康を森繁久彌、島左近を三船敏郎、本多正信を三國連太郎、豊臣秀吉を宇野重吉、前田利家を辰巳柳太郎、福島正則を丹波哲郎、大谷吉継を高橋幸治、北政所を杉村春子、芳春院を沢村貞子、といった具合である。個人的な話で恐縮だが、当時十八歳だった私は、このドラマの印象があまりに強く、それぞれの戦国の人物にこの演者たちのイメージが原型として残ってしまった。

日、辰《たつ》を加へて天霽《は》る。敵の諸将、我が軍の已に近づくを覩《み》、誘致してこれを夾撃《きょうげき》せんと欲す。未だ敢て戦を挑まず。忠吉、時に年十二なり。直政と兵三百を以て、正則の陣を踰《こ》えて前《すす》む。正則の臣可児《かに》才蔵、これを誰何《すいか》す。答へて曰く、「下野公子《しもつけこうし》、井伊侍従、自ら斥候をなすなり」と。曰く、「候騎は多かるべからず」と。直政乃ち兵をその老木俣右京《きまたうきょう》に附して、十余騎を以て馳す。既にして中軍に鼓螺《こら》起り、諸隊大に鬨《こう》し、弓銃已に交る。忠吉、親ら義弘の陣を冒し、一驍《いちぎょう》騎《き》と搏《う》つて馬より堕《おと》し、従兵に命じてこれを斬らしめ、復た進んで創《きず》を被る。直政扞《ふせ》ぎ戦ふ。右京尋《つ》いで至る。忠勝、三国驪《みくにぐろ》に乗り、横に敵陣を衝《つ》く。陣皆披靡《ひび》す。その子忠朝《ただとも》、手づから二騎を斬る。義弘、行長、戦甚だ力《つと》む。秀家も亦た正則を撃つて、殺傷数百。我が衆、将に郤《しりぞ》かんとす。正則、叱咤督戦す。会〻《たまたま》遊軍来り援く。兵を合せて疾《と》く撃つ。我が右軍、菩提山の南より、麓に循《そ》つて進む。長政、予め死士十余を揀《えら》んで自ら従へ、必ず三成を撃たんと欲す。諸将に先だつてその柵《さく》に迫り、三成の将島勝猛を斃す。吉政、一正、三成の将蒲生備《がもうびっ》中《ちゅう》、北川十郎と戦つて利あらず。嘉明、忠興その横を撃つ。吉政らこれに返す。左軍の諸将は道南より進み、直に吉隆を撃つ。吉隆、為広、重政と健闘す。我が兵進むべからず。時に日将に午《ご》ならんとす。両軍、迭《たがい》に進み互に退き、勝敗未だ決せず。

この日、辰の刻（午前七時から九時までの間を指す）になると霧は消えて天は晴れた。敵の諸将は東軍が既に近くにいるのを見て、これを誘《おび》き出して挟み撃ちにしようとしたので、（西軍は）まだ戦いを挑んでこようとはしなかった。

忠吉は時に年十二（二十一の明らかな誤り）。直政と兵三百を率いて（先駆けの）正則の陣を踰《こ》えて進んだ。正則の家臣・可児才蔵がこれを「誰何《すいか》」（呼び止めて問い質すこと）した。（忠吉か直政の配下の者が）答えて言った。「下野守の御曹司が井伊侍従とともに自ら物見をなさるのでござる」と。才蔵が言った。「物見なら数が多くてはなりませぬな」と。直政はそこで家老の木俣右京に兵（の大半）を預け、自分たちは十余騎のみ引き連れて馳せて行った。

ほどなくして中軍で陣太鼓と法螺貝の音が鳴り響く。諸隊も大きな鬨の声を上げ、弓鉄砲（の矢弾）は既に（東西両陣を）行き交っていた。忠吉は自ら義弘の陣に乗り込み、一騎の手強い騎馬武者と「搏」組み打ちになり、馬から堕とし、従卒に首を取らせたが、さらに進んだところで傷を負った。直政は敵を「扞」防いで忠吉を護った。そこへ右京が兵を連れて駆けつけた。

忠勝は三国黒に乗って敵陣の横腹を衝いた。敵はみな気勢に圧《お》されて風に靡くように壊走した。忠勝の息子の忠朝は自ら敵の二騎を斬った。義弘と行長はまことに粘り強く戦い、秀家もまた正則に攻めかかって数百人を殺傷した。福島勢が卻《しりぞ》こうとすると、正則は兵たちを叱咤激励しつつ指揮した。

ちょうどその時（東軍の）遊軍が援軍に現れ、兵を合わせて「疾」激しく敵を攻撃した。東軍の右軍は菩提山の南より麓を巡って進んで、（黒田）長政は予め死をも厭わない侍を十余人「揀」選り抜いて自分で引き連れ、何としても三成を撃滅しようとして、諸将に先んじて（三成の）陣の柵に迫り、三成の将・島勝猛を斃した。（田中）吉政と（生駒）一正は、三成の将・蒲生備中や北川十郎と戦ったが敗れた。

加藤嘉明と細川忠興の軍が蒲生らの横合いを衝き、吉政らも軍を立て直して再び立ち向かった。左軍の諸将は道の南より進み、真っ直ぐ（大谷）吉隆の陣を攻撃した。吉隆は（平塚）為広や（戸田）重政と力の限り闘った。東軍は進むことができなくなった。この時正午になろうとしていた。両軍は互いに進んでは退きを繰り返し、勝敗は未だ決していなかった。

松平忠吉は、家康の四男。秀忠の年子の同母弟で、井伊直政の娘婿でもある。家康としては、戦後の外様大名の驕慢を抑えるために、何としても徳川一門譜代に一番槍の手柄を取ってもらう必要があった。直政はその家康の意向を受けて、この策を以て福島正則を出し抜くといった挙に出たに違いない。

可児才蔵、諱は吉長。美濃可児郡出身。宝蔵院槍術を学んだ槍の名手である。何度も主を替えたが、同様の藤堂高虎などに比べ、当時から人気があった。戦場では笹の指物を背負い、獲った首が多過ぎて持ち運べないので、指物の笹から葉を一枚取って首級の口に咥《くわ》えさせたと云う。

本多忠勝の「武」の在り方は他の武将のそれとは明らかに違う。彼は膂力《りょりょく》や技量以上に、突入の機を見定める確かな目と、その時に発する周囲を萎縮させる得体の知れない気迫のようなものを持ち合わせていたとしか思えない。生涯五十七度戦場に出て全くの無傷、というのはその辺りに理由があったのか。

島左近は、この『日本外史』では、過去の成功体験に固執する人物として描かれており、その最期もまことに呆気ない。しかし、実のところこの関ヶ原で討死したかどうかの確証も得られていないのである。この時に亡くなったとすれば、享年六十一。軍師というより千軍万馬の古強者といった人物であったか。関ヶ原での左近の突撃の咆哮《ほうこう》は、敵となった黒田武士たちの耳に長く残り続けたという逸話もある。

西軍、数〻《しばしば》烽《ほう》を挙ぐ。秀元敢て動かず。秀秋も亦た敢て東軍に応ぜず。東軍、礮《ほう》を松尾山に発し、以てこれを試む。奥平貞治も亦たこれを促す。秀秋乃ち兵八千を以て山を下る。平岡重定、稲葉正成先鋒となり、吉隆の右に迫る。利あらず。貞治、戦死す。脇坂、朽木、小川、赤座の諸将、我が左軍と相ひ翼けて進む。信成、長益は重政を斬り、小川氏の部兵は為広を斬る。秀秋返り戦ひ、三面より合撃す。ここにおいて、内大臣、令を諸軍に伝へ、鼓譟《こそう》して斉《ひと》しく進み、声、天地に震ふ。西軍、大に動く。我が先駆これに乗じ、撃つて秀家を走らす。我が左軍は既に吉隆を獲《え》、進んで右軍と夾撃《きようげき》して三成を走らせ、十郎、備中を斬る。行長の軍望み見て擾乱《じようらん》し、卻《しりぞ》いて整へんと欲す。我が申駆《しんく》迫り撃つてこれを走らす。義弘、一軍を以て東南に走る。正家、盛親ら皆潰え、西軍遂《つい》に大に敗る。我が軍、勝に乗じて北《に》ぐるを追ひ、首を斬ること四万級。原草《げんそう》、これが為めに赤し。

西軍は何度も合図の狼煙を挙げたが、（三成と約束したにもかかわらず）秀元は動こうとしなかった。（しかし）秀秋もまた東軍に応じようとはしなかった。東軍は松尾山（の秀秋の陣）に「礮」大砲を撃ち込んで、秀秋の出方を確かめた。(家康が目付として陣中に送り込んでいた)奥平貞治もまた(秀秋に旗幟を鮮明にすることを)促した。すると、秀秋は兵八千を率いて山を下った。

平岡重定と稲葉正成が先鋒となり、吉隆の陣の右手に迫った。敗れた。貞治はこの時討死した。脇坂・朽木・小川・赤座の諸将は(秀秋に同調して東軍に寝返り)東軍の左軍と援け合って進んだ。(津田)信成と(織田)長益が(戸田)重政を斬った。小川氏の兵が(平塚)為広を斬った。秀秋も(崩れかけた)軍を反転させて戦い、大谷勢を三面から一斉に攻撃した。

そこで家康は諸軍に命令を伝え、「鼓譟」陣太鼓を打ち鳴らし鬨の声を上げさせながら軍列を整えて進んだ。その音は天地を震わせんばかりであった。西軍は大きく動揺した。東軍の先駆け(を任された福島正則の隊)がこの機に乗じて秀家を撃って走らせた。

左軍は既に吉隆を討ち取り、進んで右軍と挟み撃ちにして三成を敗走させて、(北川)十郎と(蒲生)備中を斬った。行長の軍はその様子を望み見て騒ぎ乱れたので、退いて軍を立て直そうとしたところに、東軍の(忠吉・直政・忠勝の)第二陣が急迫し撃ってこれを走らせた。義弘は一軍を率いて東南に逃走した。(長束)正家・(長曾我部)盛親もみな潰乱した。西軍は遂に大いに敗れた。東軍は勝に乗じて追い討ちをかけ、斬首すること四万級。関ヶ原の草は赤く染まった。

関ヶ原の毛利秀元については、「宰相殿の空弁当」という有名な逸話がある。先に述べたように彼に戦意はあったが、親族の吉川広家が毛利の所領安堵を条件に家康に内通しており、秀元の前に布陣して軍を動かそうとしなかった。長束正家の使者が秀元に出陣を促しに来たが、本当のことを言うわけにもいかず、咄嗟に「今兵に弁当を使わせている」と答えた。

従来より「関ヶ原の戦い」の帰趨を決したとされてきた小早川秀秋の「裏切り」。しかし、これも近年の研究の成果により、その実態は大きく様変わりしている。実はこの『日本外史』でも、秀秋については、已むなく西軍に参陣していると必死に家康に伝えようとする姿を描いている。どうやら史実もそれにわりと近いようである。

彼が優柔不断であったことは確かだろうが、それを言うなら大半の大名がそうであったはずだ。家康が秀秋の向背を確かめるためにしたいわゆる「問い鉄砲」という、これまた有名な逸話も、今日ではほぼ否定されている。またちなみに、秀秋の部将・稲葉正成の後室であったのがのちの春日局こと斎藤福である（将軍家の乳母となる時に離縁）。

それにしても、奇しくも「毛利の両川」の後継者たる吉川広家と小早川秀秋の家康の勝利への貢献が極めて大きいのは、ある種の歴史の皮肉とでも言うべきなのであろうか。

西軍の大名で唯一関ヶ原で戦死を遂げたのが、大谷刑部少輔吉継である。敦賀五万石とさほど大封を領していたわけではなかったが、関ヶ原では与力を含めた約六千を率いて獅子奮迅の働きを見せた。力尽きて自害する時、側近の湯浅五助に「我が病み崩れた面相を敵に晒してはならぬ」と言って、介錯した首を深く埋めることを命じたとされる。

「鼓譟して斉しく進み、声、天地に震ふ」という描写には既視感がある。三方ヶ原での信玄である。島津義弘の「敵中突破」を、頼山陽は本文では僅か八文字で済ませている。島津勢三百のうち薩摩まで戻ることができたのは八十数名だったと云う。義弘の甥の島津豊久や家老の長寿院盛淳も奮戦して討死した。しかし、この退却戦で義弘が用いた必殺の「捨《す》て奸《がまり》」戦法によって、追撃してきた井伊直政と松平忠吉を負傷させ、彼らはそれが原因で命を縮めることになる。

未《ひつじ》の時に戦罷《や》む。我が士卒の死傷は四千に満たず。将師に一人の死する者なし。尽く中軍に赴いて首虜《しゅりょ》を効《いた》す。内大臣、胡床《こしょう》に拠り、左右を顧みて冑《かぶと》を取らしむ。左右怪しんで故を問ふ。内大臣笑つて曰く、「諺《ことわざ》に所謂《いわゆ》る、勝つて冑綦《ちゅうき》を粛《しゅく》する者なり」と。乃ち忠勝を以て擯《ひん》となし諸将を延見《えんけん》す。忠勝賛《さん》して曰く、「列侯の今日の戦、皆絶類離群《ぜつるいりぐん》なり」と。正則曰く、「中務《なかつかさ》の兵を用ふること、乃ち聞く所に過ぐ」と。忠勝曰く、「敵は脆弱なり。較《かく》するに足らず」と。忠朝来り謁す。刀反《そ》つて、室に入らざること数寸。衆これを壮とす。忠吉、直政、創《きず》を裹《つつ》んで至る。内大臣、起つて直政の創を視、手づから薬を注ぎ、その余を以て忠吉に賜ふ。直政、忠吉の戦状を告げて曰く、「鄙語《ひご》に言ふ、鷹の俊《しゅん》なる者はその雛も亦た俊なり、と。臣、四郎においてこれを見る」と。内大臣曰く、「発縦者《はっしょうしゃ》、宜しきを得しのみ」と。秀秋、秀元、疑懼《ぎく》して未だ至らず。内大臣、人をして秀秋を召さしむ。乃ち脇坂安治らと来り謁し、膝行《しっこう》して前《すす》む。敢て仰視するなし。正則、長政に耳語《じご》して曰く、「黄門何ぞ醜きや」と。長政曰く、「雉にして鷹に遇はば、固より宜しくかくの如くなるべし」と。内大臣、秀秋をして沢山を攻めて自ら効《いた》さしむ。小川、赤座は罪あるを以て、邑を奪つてこれを放つ。秀元、使をして捷《かち》を賀せしむ。その父輝元大坂に在るを以て、敢て先謁せずと。引いて西帰す。池田、浅野らも亦た備《そなえ》を撤して上謁す。正則進んで言つて曰く、「足下《そくか》、天下の勝敗を一日に決す。振古《しんこ》なき所なり」と。岡江雪《おかこうせつ》曰く、「これを譬《たと》ふるに、猶ほ昏夜《こんや》の明に向ふがごときなり。盍《なん》ぞ凱《がい》せざる」と。内大臣曰く、「諸君、我が為めに努力し、以てこの大捷《たいしょう》を取るを得たり。而して諸君の家室、皆大坂に在り。吾が心未だ降らざるなり。数日を出でずして、取ってこれを諸君に附し、然る後に凱せんのみ」と。諸将これを聞き、感泣《かんきゅう》する者あり。ここにおいて、使者を発して、東に捷《かち》を中納言及び少将秀康に報ず。直政、忠勝をして西のかた今須《います》に次《じ》せしめ、自ら諸軍を以て止《とどま》つて藤川に舎《しゃ》す。内大臣既に大捷す。西軍は崩潰《ほうかい》し、散じて四方に之《ゆ》く。四方の豪傑、震慴《しんしょう》せざるはなし。旬月《じゅんげつ》の間に、六十余国尽く徳川氏に服す。

「未時《ひつじ》」午後二時頃に戦は「罷」終息した。東軍の兵の死傷者は四千に満たず、将には一人も命を落とした者がいなかった。諸将は尽く中軍に赴いて（家康の元に）首級と捕虜を「効」差し出した。家康は床几に腰掛け、左右の近侍を振り返って冑を持って来させた。左右の者は訝しんでその訳を問うた。家康は笑って言った。「ことわざのいわゆる『勝って冑の「綦」（本来は「靴の紐のこと」）緒を「粛」締めよ』というやつじゃ」と。

そして忠勝を「擯」（この場合は「みちびく」の意味）接待役として、諸将を招き入れて面会した。忠勝が称賛して言った。「こちらにおいでの諸侯の今日の戦振りは、みなそれぞれ抜群であられました」と。正則が言った。「中務（忠勝の官名）殿の用兵こそ聞きしに勝るものでござったわい」と。忠勝が言った。「それがしの相手にした敵が脆弱で、力較べするほどではございませんでした」と。（忠勝の嫡男）忠朝も謁見に来た。刀が反り返って「室」鞘に数寸しか入らなかった。一同はその奮闘ぶりを立派だとした。忠吉と直政が傷に「裹」（「つつむ」の意味）包帯を巻いてやって来た。家康は立ち上がって直政の傷を見て、自ら薬を塗ってやった。その余った薬を忠吉に与えた。直政は忠吉の戦いぶりの様子を報告して言った。「俗に『優れた鷹はその雛も優れている』と申しますが、それがしは四郎様にその言葉を見ました」と。家康は言った。「鷹匠の宜しきを得たに過ぎぬ」と。

秀秋と秀元は疑い懼れてまだやって来なかった。家康は人を遣わして秀秋を呼びに行かせた。すると、脇坂安治らとともに謁見の場に姿を現した。膝行（貴人の前で膝をついて進退する作法）して進み、顔を上げて家康を見ることができなかった。

正則は長政の耳元で言った。「黄門（中納言の唐名、ここでは秀秋）のあのざまの何と見苦しいことよ」と。長政は言った。「雉が鷹に遇えばかようなものでござろう」と。家康は秀秋に（三成の居城である）沢山を攻めさせて「自ら効《いた》さしむ」自らの（逡巡の）罪を贖わせた。

小川と赤座は罪が有り、その領地を取り上げて追放した。秀元は戦勝を祝う使者を遣わしてきたが、その父（養父）の輝元がまだ大坂城に居るので、けっして先に自分だけ目通りしようとはせず、兵を引き連れて西に帰った。池田と浅野らもまた守備を撤収して謁見に来た。

正則が（家康の前に）進み出て言上した。「足下は、天下の勝敗を一日で決めてしまわれた。かようなことは古よりあったためしがござらん」と。岡江雪が言った。「これを譬えるなら、闇夜が夜明けに向かうが如きもの。なにゆえ「凱」勝鬨をお上げにならないのでしょう」と。家康は言った。「諸卿がこの家康のため格別に力を尽くしてくださったお蔭でこの大勝を得ることができもうした。しかし、諸卿の「家室」妻子は今も大坂におられる。（それを思うと）我が心は安らぎませぬ。数日を出ぬうちにこれを取り戻して諸卿の元にお返し致そう。そうしてから勝鬨を上げましょうぞ」と。諸将の中にはこれを聞いて感泣する者もいた。

ここにおいて使者を遣わして、東のかた中納言秀忠及び少将秀康に（関ヶ原の勝利を）報せ、直政と忠勝に西のかた美濃の今須に「次」駐屯させ、自らは諸軍を率いて藤川まで進んで宿営した。家康は既に大勝利を収め、西軍は崩壊潰乱して四方に散り散りになっていった。四方の国人土豪の有力者で震え慄かない者はいなかった。「旬月」ひと月の間で、（天下）六十余国は尽く徳川氏に服従した。

「勝って冑の緒を締めよ」という言葉は、後北条氏二代・氏綱が遺したものである。

小早川と同時に寝返った脇坂・朽木・小川・赤座のうち、認められたのは脇坂安治のみである。それは彼だけが近江衆の調略を担当した藤堂高虎に、事前に十分な根回しを依頼していたからであろう。脇坂安治は単なる武勇だけの人ではなく、如才ない世巧者でもあった。

最近の歴史研究者によると、従来の「関ヶ原の戦い」はその大半が信憑性の低い江戸時代以降の軍記物に基づいて語られてきたと云う。その意味では、私の中に形作られていた「関ヶ原」は最早「歴史」ではないと言っていい。三成は家康の屋敷に逃げ込んでいない。小山評定は行われていない。小早川秀秋への「問い鉄砲」はない。島津の「退き口」は彼らの意地と武威を示すものではない。さらにある学説では、家康は東軍諸将を統率する権限を持っていなかった、と述べられている。

あるいはそうなのかもしれない。なにしろ家康と前田利長と浅野長政を除く全ての大老と奉行、つまり豊臣政権そのものが西軍を構成しているのだから。しかし、素人なりにその後の歴史の結果を鑑みると、家康は豊臣政権を分断するこの戦を通じて、自身の権力を飛躍的に高めることに成功している。それほどの果実を手にした人間が歴史に対して、果たして受け身の機会主義者であり得ただろうか。家康は、明確なヴィジョンと周到なプランと強力なイニシアティブによってこの人生最大の賭けに勝利したのではないのか。

大捷に先だつこと四日、田辺の囲《かこみ》解け、細川藤孝亀山に徙《うつ》る。大捷に先だつこと一日、大津陥り、京極高次高野に之く。敵の二城を囲みし者、或は奔り或は降る。大捷の後一日、内大臣、進んで磨針嶺《すりはりとうげ》を踰《こ》え、正法寺山に陣し、直政、忠勝をして、小早川、脇坂以下を率ゐて沢山を攻めしむ。沢山の兵已に逃れて、残党、死守す。明日、直政、城後《じようご》の水道より入り、火を縦ってこれを焚く。諸軍継いで入り、石田氏を族誅《ぞくちゆう》し、遂に従つて永原に陣す。明日、また八幡山に徙り、令を懸けて大に諸ゝの渠率《きよすい》を索《もと》む。

大勝に先んじること四日、田辺城の包囲が解けて細川藤孝は亀山城に移った。大勝に先んじること一日、(西軍の別働隊によって)大津城は陥落し、京極高次は(西軍に)高野山に送られた。敵のこの二城を囲んでいた者たちは、あるいは逃亡し、あるいは降伏した。

大勝して後一日、家康は進んで近江の磨針峠(摺針峠)を越えて、正法寺山に陣を敷き、直政と忠勝に小早川や脇坂以下を率いて沢山を攻めさせた。沢山の兵は既に多くが逃げ去っていたが、残った者たちが死守していた。翌日、直政は自ら城の後ろの水路から入り込み、火を放って城を焼いた。

諸軍も続いて侵入し、石田氏を「族誅」一族皆殺しにした。それから陣を永原に移し、翌日、また八幡山に移した。「懸」制札を立てて、西軍の「渠率」大物たちを大いに捜索させた。

田辺城に落城が迫った時、藤孝の「古今伝授」（古今和歌集解釈の秘伝）が途絶えることを懸念された後陽成天皇が勅命によって講和を促された、という話はよく知られている。

石田氏は全く族滅していない。それどころか、驚くべきことに石田三成の記録に残る子供たち（三男三女）は、家康によってみな助命された。男子のうち長男・重家と三男・佐吉は出家したが、次男・重成は杉山源吾と名を変えて津軽氏に仕え、その子は家老にまで出世している。また、女子たちは、津軽藩主にのみならず、遠く皇室にまでその血脈を伝えた。


我が軍の留つて大垣に備ふる者、関原の戦作《おこ》ると聞き、進んでその陴《ひ》に薄《せま》る。城将福原某は石田氏の戚属《せきぞく》なり。熊谷、垣見、相良《さがら》、秋月、高橋らと、固く守つて下らず。松平康長、銃卒《じゆうそつ》に令して、銃を以て棓《ほう》に代へ、陴《ひ》を破つて入り、その外郭を奪ふ。譲して曰く、「大師既に捷《か》つ。素より款《かん》これ何ぞ我が兵を損ずるに足らん」と。乃ち緩《ゆる》くこれを攻むること四日。相良以下、素より款を通ず。ここにおいて、熊谷、垣見を斬り以て降る。福原は髪を削つて遁る。尋《つ》いで死を賜ふ。我が軍の留つて南宮に備ふる者、命を奉じて追撃し、斬獲《ざんかく》する所多し。池田長吉、亀井茲矩《これのり》、水口《みなくち》に逼り、正家を獲て還り報ず。城内の貨財を以てこれに賞賜《しようし》す。近江の人、行長を捕へてこれを献ず。田中吉政、三成を伊吹山中に捕へて、これを献ず。

留まって大垣城に備えていた東軍の将兵は、関ヶ原で戦いが始まったことを聞いて、進んで「陴」（大手門の）塀に「薄」迫った。城の守将・福原某は石田氏の姻戚であった。熊谷・垣見・相良・秋月・高橋らと固く守って降伏しなかった。

松平康長は銃卒に命じ、鉄砲を「棓」棍棒の代わりにさせて、塀に穴を開けて侵入し、大垣城の外曲輪を奪った。そこで東軍側は相談した。我が（主力の）大軍は既に勝利した。これ以上我らの兵を損ずる理由がない、と。

そして緩く城攻めすること四日。相良以下は以前より東軍と内通していたので、ここで熊谷と垣見を斬って降って来た。福原は剃髪して遁げようとしたが、追及して自害させた。留まって南宮山に備えていた東軍の兵は、命令に従って追い討ちをかけ、多くの首級や捕虜を獲た。池田長吉と亀井茲矩は水口城に逼り、（長束）正家を捕えこれを報告した。（家康は長吉に）城内に蓄えられた財貨を恩賞として与えた。近江の人が行長を捕えこれを差し出した。田中吉政が三成を伊吹山中で捕えこれを差し出した。

池田長吉は、助命及び所領安堵を条件に、長束正家に水口城を開城させた。しかしその約束が守られることはなかった。

田中吉政は、同じ近江の出身で三成とは旧知の仲であった。三成を捕縛した時、彼は腹痛に苦しんでいた。吉政は家臣に命じて韮粥を与えさせた。それに感謝した三成はのちに吉政に面会したおり、太閤から賜った脇差を贈った。これが現在、東京国立博物館に所蔵されている「石田貞宗」である。

十九日、内大臣、草津に幕《ばく》す。天皇、使をしてこれを労せしむ。内大臣、拝謝して曰く、「姦《かん》人《じん》、事に託して天下を擾乱《じようらん》す。臣家康、諸将吏の力に頼《よ》り、以てこれを攘除《じようじよ》するを得たり。四方の残党は、当に不日《ふじつ》来り降るべし。幸に聖慮を労するなかれ」と。乃ち池田左衛門尉《さえもんのじよう》、福島左衛門大夫《だいぶ》、浅野左京大夫に命じて、先づ京師に入りて士民を鎮撫し、且つ北庁《きたのまんどころ》氏《し》を慰問せしむ。

十九日、家康は近江の草津に陣幕を張った。天皇が御使者をお遣わしになり、家康をねぎらわれた。家康は拝謝して申し上げた。「奸人が（幼き豊臣秀頼様の名に）託けて天下を擾乱致しました。臣家康は多くの将吏の力に頼ってこれを攘《はら》い除くことができもうした。四方の残党は近日中に降伏して参るはずでございます。なにとぞ「聖慮」帝にはお心を「労」悩ませられませぬように」と。そして池田左衛門尉（輝政）・福島左衛門大夫（正則）・浅野左京大夫（幸長《よしなが》）に命じて、先に京に入らせて士民を「鎮撫」落ち着かせ労《いたわ》り、それから北政所を慰問させた。

朝廷から豊臣家の頭越しに家康にお声がかけられたという意味は大きい。北政所の支持こそが、家康の行為が太閤秀吉の遺志に背くものではないことを、ややもすれば疑心暗鬼になりがちな豊臣恩顧の大名たちに辛うじて証立ててくれている。今しばらくはけっしてそれを失ってはならない。

大坂、敗を聞いて内外色を失ふ。輝元、長盛、使を馳せて降を乞ふ。内大臣答へず。大野治長をして往いて秀頼母子を諭さしめて曰く、「近日の事、吾れ明かに冲子《ちゆうし》に出でざるを知る。今や乱人既に獲たり。宜しく安堵故《もと》の如くなるべし」と。ここにおいて、衆情大に安《やす》んじ、京畿帖服《ちようふく》す。而して山道の軍も亦た至る。

大坂では三成の敗戦を聞き、城の内外の者みな顔色を失った。輝元と長盛は使者を馳せ遣わして降伏を乞うた。家康は答えなかった。

大野治長に（大坂城に）往って秀頼母子に諭させて言った。「近日来の出来事が若君様より出ておられないことは、この家康めにはよく解っております。今乱を起こした者どもは既に捕えもうした。どうか元の通りご安心くださいませ」と。そこで民心は大いに安んじ、京周辺は「帖服」落ち着いて従った。そして、東山道の秀忠軍もまた到着した。

「天下分け目の関ヶ原」とよく言われるが、この戦いは、徳川と豊臣が天下の覇権を賭けて戦った訳ではむろんない。あくまで豊臣家の内訌《ないこう》という図式に過ぎず、家康は今だ豊臣の筆頭重臣という立場のままである。むしろここから指していく一手一手が、家康にとっての「天下分け目」となるであろう。

山道の軍、この月二日を以て小室に至る。真田信幸をしてその父昌幸を招かしむ。昌幸肯《がえ》んぜず。榊原康政曰く、「彼必ず夜来らん」と。備《そなえ》を厳《げん》にして待つ。昌幸果して至る。敢て迫らず。

本多正信これを攻むるを勧む。戸田一西《いっせい》これを争ふ。聴かず。六日、これを攻む。利あらず。乃ち小室城主仙石秀久、川中城主森忠政をしてこれに備へしめて西す。

東山道軍はこの月（九月）の二日に信濃の小室（小諸）にやって来た。真田信幸にその父・昌幸を招降させたが、昌幸は承服しなかった。榊原康政が言った。「あの者は必ず夜襲を仕掛けて参りましょう。備えを厳重にして待つが宜かろうかと存じます」と。案の定昌幸は襲来したが、けっしてこちらに近づこうとはしなかった。本多正信がこれを攻めることを勧めた。戸田一西がその意見に反対したが、（秀忠は）聴き入れなかった。六日、攻めたが敗れた。そこで、小室城主・仙石秀久と川中島城主・森忠政に命じて上田城の真田昌幸に備えさせ、（秀忠自らは）西へ向かった。

第一次の時もそうであったが、この「第二次上田城合戦」における真田昌幸の老獪な駆け引きの描写に関しても、「徳川氏正記」という性質からか、頼山陽は実に素っ気ない。加えて相変わらず本多正信への評価が低い。

秀忠の遅参

十七日、妻籠《つまご》に至る。捷《かち》を報ずる使者に遇《あ》ひ、程《てい》を兼ね以て至る。内大臣、その期を愆《あやま》れるを怒り、疾《やまい》と称して見ず。中納言垂泣《すいきゅう》して出づ。康政、正信、大久保忠隣、酒井忠利と、見《まみ》えんことを請ふ。亦た井伊直政をしてこれを辞せしむ。直政、素より寵任《ちょうにん》を受く。また公子忠吉の婦翁《ふおう》たり。ここにおいて、出でて命を伝ふ。因つて颺言《ようげん》して曰く、「儲君《ちよくん》、逗撓《とうどう》して大事に及ばず。公らも亦た焉《いずく》んぞ責《せめ》を分たざるを得んや」と。諸将、惶恐《こうきよう》して退く。独り忠利留つて、これに謂つて曰く、「儲君の期に後れしは、上田を攻めしを以てのみ。主公、必ずしも深く尤《とが》めず。子、何ぞ遽《にわ》かにこれを訴《そし》るをなす」と。直政曰く、「吾れ、儲君の為めに歎恨《たんこん》す。言はざる能はず」と。忠利、色を作《な》して曰く、「藉令《たとい》、儲君、驩《かん》を主公に失ふとも、子は勲戚《くんせき》なり。宜しくこれを弥縫《びほう》すべし。今乃ちその過《あやまち》を衆彰す。果して何の意ぞや。願はくはその説を聞くを得ん」と。刀を扣《ひか》へて進む。牧野康成、本多成重、救解《きゆうかい》して止む。衆、忠利を指《ゆびさ》して曰く、「彼の今日の舌戦は、往年の武功に過ぐること万万《まんまん》なり」と。本多正純、入て白《もう》して曰く、「期を愆《あやま》りしは正信に由るなり。願はくは正信を罰し、以て儲君の過《あやまち》なきを著せ」と。内大臣、意稍ゝ解く。

十七日、（秀忠は）信濃の妻籠まで来て、関ヶ原での勝利を報せる使者に遇い、「兼程」昼夜兼行して（家康の陣に）到着した。家康はその「期を愆《あやま》れる」約束の期限を守らなかったことに怒り、病と称して目通りを許さなかった。秀忠は涙を流して退出した。康政と正信は大久保忠隣・酒井忠利と（秀忠の）目通りを（家康に）請うた。（家康は）井伊直政にこれを断らせた。直政は以前より（家康の）寵遇と信任を受けており、まだ家康四男・忠吉の舅でもあった。

そこで直政は出向いて家康の意向を伝えた。その場で「颺言」声を張り上げて言った。「「儲君」お世継の若君は「逗撓」道に迷うたなどと理由を付けられ、（結局、お家の）一大事に間に合いませなんだ。貴公らもまたその責は分かち受けねばなりますまいぞ」と。諸将は恐れ畏まって退出した。だが、ただ一人忠利だけはその場に留まり、直政に向かって言った。「若君が期日に遅れられたのは、上田城を攻めたゆえにござる。我が殿は必ずしも深く咎めてはおられぬはず。それを貴公はなにゆえ「遽」追い詰めて訴《そし》るようなことをなさるのか」と。直政は言った。「それがしは若君の為にあまりに嘆かわしく恨めしかったので、口にせずにはおられなかったのじゃ」と。

忠利は顔色を変えて言った。「「藉」もし仮に若君が我が殿のご不興を買うようなことになったら、貴公は勲功のある姻戚、「弥」他の者よりいっそう若君を「縫」取りなし殿のお赦しをいただけるよう計らうべきであるのに、今なんと一同の前で若君の過ちを言い立てるとは、果たしてこれは何か意《おも》うところがお有りか。願わくばそのお説を承りたし」と。刀の柄に「扣」手を掛けて詰《にじ》り寄った。牧野康成と本多成重が「救解」仲裁してこの場は収まった。

一同は忠利を指差して言った。「かの者の今日の舌戦は、これまでの武功を「万万」遥かに超えた働きであった」と。本多正純が（家康の御座所に）入って言上した。「若君が期日を守れなかったは、父・佐渡守（の進言）のためにござりまする。願わくば父を罰せられて若君に過ち無きことを彰《あきら》かにされますように」と。家康の怒りは「稍」ようやく解けた。

秀忠の遅参は、小説や映画ドラマの影響もあって、秀忠が昌幸の挑発によって本来手出しせずともよい上田城に攻めかかり、手こずった挙句敗退したことに起因すると理解される場合が多い。しかし、家康が東山道軍を編成した段階で、既に信濃平定は目的の一つと定められており、なるほど昌幸の老獪な駆け引きで二、三日の引き延ばしはされたが、上田城攻めは予定通りであって、刈田を巡る小競り合いでは徳川軍の方が勝利している。

むしろ、家康からの着陣期日の伝令が遅れたことや道中の悪天候による河川の増水が遅延の主要な原因と言えなくもない。家康の深謀遠慮による、徳川軍の主力温存のための遅延の偽装であるとの見方まであるそうだ。

井伊直政は関ヶ原以前より腫れ物を患っていたところに、島津の「退き口」でかなり重い鉄砲傷を負った。家康はその傷を自分の目で確かめているにもかかわらず、直政の酷使を止めなかった。直政のこれまでの任務への献身ぶりは常軌を逸したとさえ言えた。そこには生き急ぐ者の虚無すら窺える。それは時に赤備えの猛者どもが巻き添えにされることを恐れて彼の元から逃げ出すほどであった。あるいはこの頃直政の中に焦燥が生じ始めたのかもしれない。命が尽きる前に娘婿・忠吉のために自分に出来るだけのことをして差し上げたい、と。

一方で、巷間伝わる直政の人物像は、幕府と井伊家がのちに苦心して造形したものであって、家康は松平（徳川）家の家格を上げるために、鎌倉以来の遠江の名族・井伊家を重用し準一門として取り込んだ。その象徴が井伊直政である。といった説も立てられている。


二十日、大津に至る。中納言を召見してこれに謂って曰く、「天下を為《おさ》むるは猶ほ奕碁《えきき》のごとし。既にその全局に勝てば、則ち敵子の存する者ありと雖も、何ぞ輸贏《しゆえい》を較するに足らんや。汝未だ若き説《かくのごと》を聞かざるか」と。中納言曰く、「爾時《じじ》、戸田左門、児を諫む、小を以て大を失ふなかれ、と。誠に大人《たいじん》の言ふ所の如し」と。曰く、「彼は微者《びしや》なり。故にその言行《げん》はれざるのみ」と。乃ち一西《いっせい》を召しこれを褒めて曰く、「吾れ汝の言をして行ふべからしめん」と。命じて大津の留守となす。浅野弾正少弼、命を奉じ中納言に従って至る。内大臣、召してこれに謂つて曰く、「西面《せいめん》の事は我と秀忠と能《よ》くこれを辨《べん》ぜん。東面は独り秀康ある子往いてこれを助け、以て奥羽を経理せよ」と。弾正少弼乃ち東す。

二十日、（家康は）大津にやって来た。秀忠を呼び入れて面会し、彼に向かって言った。「天下を為《おさ》めるのは囲碁を打つようなものよ。既に碁盤の全面で勝ちを制してしまえば、たとえ「敵子」敵の石が残っていようと、どうしてそれで「輸贏」（「輸」は負け「贏」は勝ち）勝敗を「較」決めることができようぞ（さような石を気にせずともよいのじゃ）。そちはかような話を聞いたことが無いのか」と。秀忠は言った。「「爾時」あの折、戸田左門がそれがしを諫めて申しました。『小を以て大を失う勿れ』と。誠に父上の仰せの言葉の如くでございました」と。家康は言った。「かの者の身分は低い。それが理由で諫言が入れられることがなかっただけじゃ」と。

そして一西を召し出し、彼を褒めて言った。「わしがその方の言葉を（みなに）聴き入れられるようにしてやろう」と。命じて大津城の留守居とした。浅野長政は命に従い、秀忠に随ってやって来た。家康は彼を呼び寄せて言った。「西国の事はわしと秀忠で「辨」仕置きするが、東国には秀康が居るだけじゃ。貴公には（関東に）出向いてこれを助け、（併せて）奥羽の「経理」差配をお願いする」と。長政はすぐに東へ向かった。

ここにおいて、両道の軍、尽く大津に萃《あつま》る。侯伯、将士、来謁する者雲の如し。前田利長、青木一矩《かずのり》を越前に囲む。数日にして捷聞《しょうぶん》至る。一矩懼《おそ》れて降り、質《ち》及び賂《ろ》を納《い》る。利長、質を受け賂を卻《しりぞ》けて来謁す。内大臣これを慰労す。問うて曰く、「令弟は何如《いかん》」と。利長、懾懦《しょうじゅ》して敢て対へず。内大臣曰く、「子これを安んぜよ。尊公、嘗て子の兄弟を以て我に託す。我豈にこれを忘れんや」と。罷《や》めて命を竢《ま》たしむ。山岡景友、命を奉じて伊勢を徇《とな》へ、福島正頼を援けて長島を守る。捷聞至るに及び、兵を出《いだ》して南宮の敗兵を要し、撃ってこれを走らす。桑名、亀山、神戸《かんべ》の諸城を取つて来謁す。内大臣、乃ち奥平信昌を遣して京師に入り、板倉勝重、加藤正次、大久保長安を以て副となし、所司代の事を行はしむ。僧恵瓊《えけい》を捕ふ。二十二日、直政、忠勝を遣し、列侯を率ゐて大坂に臨ましむ。輝元、長盛、復た降を乞ふ。答へず。二十四日、中納言、京師に入る。二十七日、内大臣、大坂に入る。遠近、屏息《へいそく》す。

ここで東海道と東山道の両軍は大津に「萃」集結し、諸侯や将士の家康に謁見に来るさまはあたかも雲が群がり湧くようであった。前田利長は青木一矩を越前で包囲していた。数日して勝報が届き、一矩は懼れて降伏し、人質と賄賂を納れてきた。

利長は人質は受け取ったが賄賂は卻《しりぞ》けて（家康に）謁見に来た。家康は利長を慰労しつつ問うた。「弟御はいかがされておるか」と。利長は「懾懦」口籠って対えようとしなかった。家康は言った。「ご安心召されよ。ご尊父はかつてわしに貴公ら兄弟を頼むと仰せられた。どうしてそれを忘れることができようか」と。「罷」国に帰らせて命令を俟たせた。

山岡景友は命令に従って伊勢を「徇」触れ回って鎮め、福島正頼を援けて長島城を守っていた。勝報を聞くや兵を出して南宮山から逃げてくる落武者を待ち受け、これを撃って敗走させた。桑名・亀山・神戸の諸城を取ってから謁見に来た。家康はそこで奥平信昌を京に入らせ、板倉勝重・加藤正次・大久保長安に補佐をさせて、所司代の職務を行わせた。僧恵瓊を捕えた。二十二日、直政と忠勝を遣わし、諸侯を率いて大坂城に向かわせた。

（毛利）輝元と（増田）長盛が再び降伏を乞うた。（家康は）答えなかった。二十四日、秀忠は京に入った。二十七日、家康は大坂に入った。遠近《おちこち》が「屏息」息を潜めて懼れた。

十月朔、奥平信昌に命じ、石田三成、小西行長、僧恵瓊を徇へて六条河原に斬り、長束正家の首を併せて三条に梟《きよう》し、伏見城中にて敵に応ぜし者十八人を粟田口に磔《たく》す。遂に令を下して西南諸国の未だ定らざる者を伐《う》つ。中納言を以て大将となし、期を刻して軍を発す。

十月一日、奥平信昌に命じて、石田三成・小西行長・僧恵瓊を「徇」市中引き廻しの上、六条河原で斬首した。併せて長束正家の首を三条河原で晒した。伏見城中で敵に内応した者十八人を粟田口で磔に架けた。（家康は）遂に命令を下し、西南諸国で未だ降伏していない者を討伐させた。秀忠を総大将とし、期日を決めて出陣させた。

関ヶ原は石田三成の人望の無さが惹き起こした戦とまで云われてきた。私自身それらしいことを述べた。しかし、大谷吉継や島左近や直江兼続や佐竹義宣は別としても、同僚の奉行衆や取り次ぎを務めた多くの大名が彼に信頼と厚情を寄せているのもまた事実である。奉行を解任され、ただの十九万石の中堅大名に過ぎなかった三成が、苟《かりそめ》にも諸侯を糾合して一方の旗頭となり得たのである。近年では家康自身でさえ、会津征伐の直前までその関係性は険悪なものではなかった、と指摘されている。

既に言及したが、「謀反人」であるはずの彼の子女六人を家康は一人も死に至らしめていない。さらに、三代将軍家光の長女・千代姫の母は側室のお振の方であるが、そのお振の方は三成の曾孫に当たる。そして千代姫は尾張徳川家二代・光友に嫁ぎ、三代藩主・綱誠《つななり》を生んでいる。つまり、尾張徳川家には三成の血が受け継がれているということである。石田三成は、これまで解りやすく描かれてきた分、かえってその実像は摑みにくい人物となっている。

小西行長は、泉州堺の商人・小西隆佐《りゅうさ》の次男。父は切支丹の指導者とも言うべき人物で、行長もその信仰を受け継いだ。他の商家の養子となったが、備前の宇喜多家に出入りするうちに当主・直家に見込まれ家臣として仕えた。羽柴秀吉の播磨三木城攻めのおり宇喜多から使者として遣わされたところ、今度は秀吉にその彗敏さを大いに愛でられ、主家の許しを得て秀吉の臣下となる。水軍を率いての戦闘のほか、兵站や内政や外交にも才腕を振るった。九州征伐後、肥後の南半国二十万石を与えられたが、同時期に北半国に封ぜられた加藤清正と、国境や信仰（清正は熱心な法華宗信者）を巡って確執が生じた。文禄の役ではその清正との熾烈な先陣争いを制するが、戦闘の長期化による将兵の疲労と兵站の不安を危惧した行長は、三成と連携して秀吉と明の双方を欺瞞した講和を成立させる。しかしながら当然すぐにその企みは露見し、激怒した秀吉から死を賜るところを利家と淀殿のとりなしで殆《あやう》く一命を取り留めた。慶長の役では、秀吉から武功を立てて罪を償うよう厳命される。敵の大軍の中で孤立したが、立花宗茂や島津義弘の援軍によって、辛うじて秀吉死後の日本に戻ることができた。関ヶ原では三成を支持し、本戦でも田中隊筒井隊と奮闘したが、小早川秀秋の裏切りの余波で戦線は崩壊した。切支丹ゆえに自害はできず自ら縛に就いたとされる。三成、恵瓊とともに六条河原で斬首。享年四十三。

安国寺恵瓊は毛利元就に滅ぼされた安芸の元守護・武田氏の出身である。安国寺で出家し、京の東福寺で学んだ。毛利隆元と親しかった縁から、父祖の仇敵である毛利家に仕え、その外交僧となって、才知・教養・弁舌・人脈を活かし様々な交渉に従事した。九年も前に信長の没落と秀吉の台頭を言い当てたことはよく知られている。秀吉の政権が成立すると重用されてその側近となり、僧でありながら伊予和気郡六万石の大名になったと云われている。秀吉死後は懇意の石田三成とともに西軍の首脳格となり、西軍総帥として毛利輝元を担ぎ出すことに成功した。関ヶ原では吉川広家の後方に布陣したために戦闘には加われなかった。敗戦後は京の寺に匿われたが、まもなく捕縛され斬首された。享年六十二あるいは六十四。

十九日、中納言、大坂に入る。輝元、長盛、降《こう》を乞ふこと益〻力《つと》む。乃ち長盛を高野に放ち、藤堂高虎をしてその郡山を収めしむ。その留守渡辺了《さとる》を釈《ゆる》して高虎に属せしむ。輝元の六国を削り、浮田秀家の三国を収む。浮田氏の臣某、来つて秀家既に死すと告ぐ。而して潜かに秀家をして奔《はし》つて島津氏に依らしむ。島津義弘の関原より帰るや、その兄義久、これを囚へて降を乞ふ。内大臣曰く、「我れ初め、義弘父子を遇すること甚だ厚し。何の負《そむ》く所あつてか乱人に党する。これ固より許されざる所に在り。然りと雖も、吾れ復た兵を労するに忍びず」と。乃ちその降を許す。義久来り謝せんと欲す。会ゝ《たまたま》疾《やまい》作り、伊集院の族亦た乱をなす。故を以て未だ来る能はざるなり。初め豊後の故主《こしゅ》大友義統《よしむね》、西軍に応じて、その旧国を復せんと欲し、首として杵築《きづき》に逼る。杵築、急を黒田、加藤氏に告ぐ。黒田孝高、方《まさ》に募兵《ぼへい》万人を以て中津を発して南伐《なんばつ》す。これを聞いて赴き援け、杵築の兵と合撃し、破つてこれを降《くだ》し、転じて熊谷、垣見氏の邑を攻む。偶ゝ《たまたま》関原の逃卒《とうそつ》を得、縦《はな》つてその城に入らしむ。城皆降る。遂に中川氏を助け、攻めて太田氏を下し、尽く豊後を定め、還つて豊前に入る。香春、小倉を攻め、月を踰《こ》えて皆これを下す。転じて筑前に入る。加藤清正、杵築を援けしも及ばず。乃ち宇土、八代を攻む。肥前の大村氏は始めより西軍に応ぜず。ここにおいて、兵を発して清正を助く。清正も亦た関原の逃卒をして入りて諭さしむ。二城皆降る。薩摩の兵、八代を援け、水股に至つて遁れ去る。清正乃ち孝高と約して、夾《はさ》んで筑後を攻む。鍋島直茂、兵を挙げてこれに応じ、立花宗茂を撃つ。宗茂既に東軍に降る。孝高、清正これを和解す。立花増時を召して成《たいらぎ》を行ふ。宗茂乃ち出でて面して曰く、「公ら、予め内府の必勝を知る。我が及ぶ所に非ざるなり」と。清正、これを熊本に置き、遂に孝高と、毛利秀包《ひでかね》、筑紫広門《ひろかど》の邑を徇《とな》へ下す。

十九日、秀忠は大坂城に入った。輝元と長盛は降伏を願うことにますます努めた。そこで（家康も処罰を明確にして）長盛を高野山に追放し、藤堂高虎にその所領の大和の郡山を収めさせた。留守を守っていた渡辺了（勘兵衛。槍の名手）を釈《ゆる》し、高虎に仕えさせた。輝元の所領のうち六国（備中・備後・安芸・伯耆・出雲・石見）、浮田秀家の三国（備前・播磨・美作）を召し上げた。

浮田の家臣がやって来て、秀家は既に死んだと報告した。しかし実は密かに秀家を逃し島津氏を頼らせていた。島津義弘が関ヶ原より帰ると、兄の義久は秀家を捕えて（家康に）降伏を乞うた。家康は言った。「わしは初め薩摩参議の父子に会うた時に十分厚遇したつもりじゃった。それを何が不満でわしに背いて謀反人に加担したのか。これは本来許してはならぬことじゃ。されど、わしは兵どもに再び苦労をかけるに忍びぬ」と。そして降伏が許されることになった。

義久は上洛して謝意を述べようとしたが、たまたま病に罹り、さらに（かつての重臣）伊集院一族がまたも反乱を起こしたので、こういった理由で、まだ家康に会いに来ることができなかった。

そもそも豊後の元の国主・大友義統は、西軍に応じてその旧領国を回復しようとしていた。「首」最初に（細川忠興の本領の丹後とは別の六万石の領地、家康の推挙で前年に加増された）杵築城に逼った。杵築城は黒田・加藤の両氏に急を告げた。この時、黒田孝高は（蓄えていた銭を散じて）募った兵一万人を率い、居城の中津を発して南方を征伐していたが、これを聞いて援軍に赴き、杵築城の兵と力を合わせて撃ち、（義統を）破ってこれを降らせた。

軍を転じて熊谷・垣見の両氏の領地を攻めた。ちょうどそこへ（大垣城での主君の死を伝えに）関ヶ原より逃げて来た兵卒を捕えた。（孝高は）これを「縦」解き放って城に入れた。（主を失ったことを知った）城内の者はみな降伏した。（孝高は）遂に中川氏を助け、太田氏を攻め下し、尽く豊後を平定した。兵を返して豊前に入って香春城と小倉城に攻めかかり、月を越えてみなこれらを下した。

（孝高は）さらに兵を転じて筑前に入った。加藤清正は杵築城の援軍に来たが（同じ東軍の孝高の援軍に）先を越された。そこで、（小西行長の持ち城である）肥後の宇土城と八代城を攻めた。肥前の大村氏は当初から西軍に応じていなかった。そこで兵を繰り出して清正を助けた。清正もまた関ヶ原よりの逃亡兵を城に入れて諭させた。二城はともに降伏した。（まだ西軍に属していた）薩摩の兵が八代城を援けようとしたが、（既に開城していたので）肥後の水股（水俣）までやって来て遁げ去った。

清正は孝高と約定を結んで、肥後と豊前から筑後を挟み撃ちにすることにした。鍋島直茂が兵を挙げてこれに応じ、立花宗茂を撃った。宗茂は「既」まもなく東軍に降った。孝高と清正は直茂と宗茂を和解させようとした。立花増時を呼び寄せて「成《たいらぎ》を行ふ」和議を結ばせた。宗茂は城から出て来て、孝高と清正に面と向かって言った。「貴公らはあらかじめ内府が必ず勝つことを察知しておられた。それがしの及ぶところではござらぬ」と。清正は宗茂を熊本に置いた。そして孝高と呼びかけて毛利秀包と筑紫広門の領地を降伏させた。

この徳川氏正記に「吉川広家」の名が一切登場しないのは、彼と徳川家との間に交わされた毛利家内通の密約を明らかにすることを頼山陽が憚ったからかもしれない。内通の条件は毛利家の本領安堵であった。直政と忠勝の起請文、さらに正則と長政の連署起請文が発給されたのにもかかわらず、戦後、家康は言わば難癖をつけて（輝元の西軍指揮への本格的関与が判明したのも事実である）それらを反故にし、毛利家を百十二万石から約三分の一の周防長門二国三十六万九千石にまで減封した。広家はのちに毛利支藩の岩国藩六万石の初代藩主となるが、本家からは疎まれ続け、子孫何代にもわたって冷遇を受けたとされる。

立花宗茂は、彼の最晩年の名乗りである。永禄十（一五六七）年の生まれで、同年には伊達政宗や真田信繁、親友の小早川（毛利）秀包らがいる。父は高橋紹運《じょううん》。その嫡男でありながら立花道雪に懇望されて養子となり、道雪の一人娘・誾千代《ぎんちよ》を娶って立花家を継いだ。秀吉の九州征伐の時に目覚ましい働きを見せ、秀吉に「その忠義、鎮西一。その剛勇、また鎮西一」「九州の逸物」と特別に目を掛けられ、大友家から独立させ筑後柳川八万石の直臣大名として取り立てられた。その後、肥後国人一揆の鎮圧にも期待に違わぬ大活躍をし、小田原征伐では諸将の居並ぶ前で秀吉に「東の本多忠勝、西の立花宗茂（この頃は「統虎《むねとら》」）、東西無双」と褒め称えられた。さらに朝鮮出兵の「碧《へき》蹄館《ていかん》の戦い」では自ら十五の首を獲るという凄まじい奮戦ぶりで明軍の総大将・李如松を退け、小早川隆景からも「立花勢の三千は他家の一万に匹敵する」と評された。関ヶ原の戦いでは、『日本外史』の記述とは違い、「太閤のご恩に報いる」として「勝敗に拘らず」西軍に付いたとされている。彼は本戦ではなく大津城攻めに参加して大きな武功を挙げた。関ヶ原での敗戦を知った後は、大坂城に入って毛利輝元に再戦を促したと云う。宗茂は絶倫の武勇のみならず、その高潔で誠実な人柄も周囲から敬意を向けられていたようである。ここで一度所領を失うが、彼ほどの男はこれでは終わらない。

九州、四国を平定す

十一月、二肥、二筑、二豊の兵を合せて、薩摩の境上に臨む。日向の伊東氏、世〻薩摩と仇《あだ》す。

攻めて宮崎、佐土原《さどばる》を取り、兵を引いて来会す。内大臣これを聞き、令を下して、島津氏既に下るを告げ、その兵を弭《や》めて以て九国を定めしむ。初め毛利氏、将を遣して伊予を徇《とな》へ、真崎を攻む。加藤忠明、兄嘉明の為めに留守し、その将佃《つくだかずなり》一成と方《ほう》に随つて防禦し、大にこれを破る。長曾我部盛親、関原より還り、井伊氏に因つて降を乞ふ。これを許す。盛親に庶兄《しょけい》あり。藤堂氏と善し。盛親、其の己に代るを恐れ、迫つて自殺せしむ。内大臣怒つて、井伊氏の将鈴木重好を遣し、その封を奪ひ、以て四国を定めしむ。

十一月、肥前・肥後、筑前・筑後、豊前・豊後の兵を合わせて、薩摩の国境に臨んだ。日向の伊東氏は代々薩摩とは仇敵同士だった。（伊東氏は）宮崎の佐土原城を攻め取って、兵を引き連れて（孝高と清正に）面会に来た。家康はこれを聞いて命令を下して、島津氏が既に降伏したことを（彼らに）告げた。その薩摩攻めの兵を「弭」取りやめることで、九州の平定は成った。

最初、毛利氏は将を遣わして伊予を調略し、真崎城を攻めた。加藤忠明は兄の嘉明の留守を守り、その将・佃一成と「方に随つて」打てる限りの手を尽くして城を防御し、（毛利軍を）大いに破った。長曾我部盛親は関ヶ原より還り、井伊氏に頼って降伏を乞うた。家康はこれを許した。盛親には庶兄（同母兄の津野親忠）がおり、藤堂氏（高虎）と仲が良かった。盛親は兄が自分に取って代わることを恐れ、迫って自殺させてしまった。家康は怒り、井伊氏の将・鈴木重好を遣わして盛親の領地である土佐一国を召し上げて、四国の平定は成った。

島津氏は結局お咎め無しだが、長曾我部氏は領国を没収された。九州と四国の生え抜きの有力大名はともに西軍に帰属したが、いみじくも両家の明暗は分かれることになった。

初め福知山の城主小野木重勝、田辺城を囲むに与《あずか》る。既に解いてその邑に拠る。大捷《たいしょう》に及び、細川忠興その父の仇《あだ》なるを以て、請うてこれを討つ。重勝自殺す。石川頼明、大津を囲むに与る。捷《かち》に及んで降る。その父数正、我が叛臣たり。故を以て許さず。斬《ざん》に当《とう》す。重勝の首を并せてこれを梟《きょう》す。

最初、(西軍の)福知山城主・小野木重勝は丹後の田辺城の包囲に加わっていたが、包囲が解けてからは自分の領地に立て籠っていた。東軍が大勝するに及んで、細川忠興は重勝が父親の仇に当たるので、願い出てこれを討った。重勝は自殺した。

石川頼明は大津城の包囲に加わっていたが、東軍が勝利するに及んで降伏した。その父の数正は徳川氏の叛臣であった。これを理由に許されず、斬刑に処された。重勝の首と併せて晒し首となった。

石川頼明の出自は美濃石川氏であり、数正とは一切関係が無い。一万二千石の小大名で、関ヶ原後六条河原で梟首されたのは事実である。忍者であったとの伝説があるが信憑性は乏しい。それにしても頼山陽はなぜ数正と結びつける必要があったのか。このくだりにおける頼山陽の事実誤認はいささか目に余る。

細川藤孝の田辺を守るや、死を以て自ら矢《ちか》ふ。藤孝、詞学《しがく》に長ず。古今集《こきんしゅう》を西三条氏に受く。敵将谷衛友《たにもりとも》らはその弟子なり。陰かに款を通じて銃に丸《たま》せず。朝廷、その学の伝を絶たんことを恐れ、廷臣を遣して諭して成《たいらぎ》を行はしむ。捷《かち》を聞くに及び、藤孝自ら愧《は》ぢて、高野に遁《のが》る。京極高次も亦た愧ぢて、敢て来謁せず。内大臣、人をして高次を諭さしめて曰く、「子、孤城を守り数万の敵衆をして事に及ばざらしむ。功亦た多し」と。乃ち召してこれを見る。前田玄以は、田辺、大津の難を坐視せるを以てこれを黜《しりぞ》け、尋《つ》いで封を丹波の八上《やかみ》に徙《うつ》す。

細川藤孝は田辺城を守っていた時、討死することを自らに「矢」誓っていた。藤孝は「詞学」（この場合は和歌）歌の道に精通し、（公家の）西三条氏より古今伝授を受けていた。敵将の谷衛友らはその弟子であった。密かに内通し、鉄砲には弾を込めなかった。（当時古今伝授を受けていたのは藤孝のみであったので）朝廷ではこの秘伝が断絶してしまうことを恐れて、（田辺城に）廷臣をお遣わしになり説諭して和睦を結ばさせた。

（その後藤孝は）東軍の勝報を聞いて自ら（城を明け渡したことを）愧《は》じ、高野山に遁《のが》れた。京極高次もまた（大津城を守りきれなかったことを）愧じ、けっして（家康に）目通りに来ようとはしなかった。家康は人を遣わして高次を諭させて言った。「貴公が孤立した城を守り、数万の敵兵を（引き付けて）関ヶ原に参陣させなかった功績はまた大きなものじゃ」と。そして呼び寄せて面会した。前田玄以は田辺城と大津城の危難を座視していたので、奉行職から黜《しりぞ》けられ、続いて丹波の八上城に移封された。

青木一矩《かずのり》、丹羽長重ら、亦た観望に坐して邑を失ふ。九鬼守隆、初めその父嘉隆を招く。嘉隆肯んぜず。守隆乃ち止り、畔乗《あぜのり》に陣す。大軍の西上するに及び、罪を獲んことを恐れて、乃ち進み戦ひ、首級を途に効《いた》す。内大臣懌《よろこ》ばず。大捷《たいしょう》に及び、嘉隆懼《おそ》れて新宮に奔《はし》る。守隆、為めに命を乞うて允《ゆる》さるゝを得たり。使を馳せてこれを迎ふ。未だ至らずして、嘉隆自殺す。真田昌幸、少子幸村と来つて命を乞ふ。許さず。長子信幸、井伊、榊原二氏に因つて固く請ふ。内大臣、これを中納言に言はしむ。中納言曰く、「我れ、関原の期を失ひしは実に終身の憾《うらみ》なり。而してこれを致す者は昌幸なり。必ずこれを死に処せん」と。信幸固く請うて曰く、嚮《さき》には、臣寧ろ父に負《そむ》くも君に負く能はず。今は、寧ろ死して父に殉ずるも生きて君に事《つか》へず」と。榊原康政入りて白す。両公、これを嘉《よみ》し、為めに死一等を宥《ゆる》して、これを高野に放つ。これより先、関原の報、陸奥に至る。上杉景勝大に驚き、急に山形の軍を召し還す。佐竹義宣も亦た懼れて降を議す。東北も亦た稍ゝ定る。

青木一矩と丹羽長重らもまた情勢を観望していた罪で所領を失った。九鬼守隆は当初帰国して父の嘉隆を東軍に招いたが、嘉隆は承知しなかった。守隆は已むなく止まり、志摩の畔乗に陣を敷いた。（東軍の）大軍が西上するに及び、罪を獲ることを恐れて、近くの西軍と戦い、その首級を途上の家康のもとに送り届けた。家康は悦ばなかった。東軍の大勝で嘉隆は懼れ、紀伊の新宮（実際は志摩諸島の答志島）に奔った。守隆は（家康に）父の助命を乞い、「允」赦しを得た。迎えの使者を（島に）馳せ遣わしたが、到着する前に嘉隆は自殺してしまった。真田昌幸は次男の幸村（信繁）と命乞いに来た。許さなかった。長男の信幸は井伊と榊原の二氏に頼って固く助命を請うた。

家康は使者にこのことを秀忠に伝えさせた。秀忠は言った。「関ヶ原に期日までに着陣できなかったは、まことに我が生涯の無念ぞ。そしてそう仕向けたのは安房守昌幸じゃ。必ずかの者は死罪に処さずにはおかぬ」と。（それを伝え聞いた）信幸は固く請うて言った。「先にそれがしは、むしろ父に背くとも君に背くまじ、と心に決めもうした。されど今は、むしろ父に殉ずるとも生きて君にお仕えすることはあらじ、と思い定めておりもうす」と。榊原康政が家康の御座所に入ってこの信幸の言葉を申し上げた。家康と秀忠はこの言葉を褒めて、信幸のためにその父と弟の死一等を減じ、彼らを高野山に追放した。これより先、関ヶ原の報が陸奥に届いた。上杉景勝は大いに驚き、山形侵攻軍を急いで呼び戻した。佐竹義宣もまた懼れ、家中で降伏を評議した。東北もまたようやく定まった。

海賊大名として知られた九鬼嘉隆は西軍に与した。東軍側だった息子の守隆によって助命の許可は得られたが、それを知らぬ現地の家臣で嘉隆の長女の婿の豊田五郎右衛門が、九鬼家の行く末を案じて独断で嘉隆に自害を勧めた。嘉隆は従容として腹を切った。そのことを知った守隆は、激怒して五郎右衛門を鋸引きの刑に処した上に晒し首にした。

大半の大名の大いなる誤算は、関ヶ原が僅か半日足らずで決着がついてしまったことであろう。上杉にしても毛利にしても伊達にしても、東西両軍の長期戦を視野に入れて家の戦略を組み立てていたはずである。知略縦横の安房守昌幸にしてもそれは同様であった。信濃の小大名の真田家としては、戦国の世が続いてこそ飛躍の可能性があったのである。こののち、昌幸と信繁の父子は紀州九度山《くどやま》で長い鬱屈の日々を強いられることになる。

諸将将士の論功行賞

十二月、内大臣、中納言及び諸〻の親信《しんしん》と議して曰く、「禍乱《からん》略〻《ほぼ》定る。当に天下を裂いて有功を賞すべし」と。乃ち関東八国を以て、立てゝ根本の地となし、江戸城に居ること故《もと》の如し。越前、尾張、近江、伊勢を以て、宗族、旧臣を封ず。その余は尽く外藩となす。加賀、能登、越中を前田利長に賜ひ、一百万石となす。肥後を加藤清正に賜ひ、七十万石となす。備前、美作《みまさか》を小早川秀秋に、安芸、備後を福島正則に、筑前を黒田長政に、播磨を池田輝政に賜ひ、並に五十万石となす。豊前《ぶぜん》を細川忠興に賜ひ、四十万石となす。紀伊を浅野左京大夫に、筑後を田中吉政に賜ひ、並に三十万石となす。丹後、若狭を京極高知に、因幡《いなば》、伯耆《ほうき》を中村忠一に、出雲、隠岐を堀尾吉晴に、土佐を山内一豊に、阿波を蜂須賀至鎮に、讃岐を生駒一正に、伊予を加藤嘉明、藤堂高虎に賜ひ、並に二十万石となす。飛騨を金森可重《よししげ》に、丹波の福知山を有馬豊氏に、美濃の高須を徳永寿昌に、伊勢の神戸を一柳直盛に、その阿濃津を富田知信に、その松坂を古田重恒に、伊賀を筒井定次に、信濃の上田を真田信幸に、因幡の鳥取を池田長吉に、備中の庭瀬を戸川達安《みちやす》に、豊後の日出《ひじ》を木下延俊に賜ひ、或は封を益《ま》し、或は旧に依る。肥前の四万石を寺沢広高に、美濃の二万石を西尾光教《みつのり》に賜ひ、信濃の邑を以て木曾の諸士を賞す。

諸〻の降附《こうふ》の国は、改めてその嗣《し》を立つ。薩摩、大隅、日向を島津忠恒に賜ひ、七十万石となす。長門、周防を毛利秀元に、肥前を鍋島勝茂に賜ひ、並に三十万石となす。摂津、河内、和泉の六十余万石を以て大坂に隷《れい》す。越前を少将秀康に賜ひ、六十七万石となす。尾張を下野守忠吉に賜ひ、二十万石となす。近江の沢山を井伊直政に賜ひ、十八万石となす。伊勢の桑名を本多忠勝に賜ひ、旧封を併せて十七万石となす。美濃の加納を奥平信昌に、その大垣を石川康通に賜ひ、上野の高崎を酒井家次に、駿府を内藤信成《のぶしげ》に、浜松を松平忠頼に、岡崎を本多康重に賜ひ、酒井忠利の秩《ちつ》を増して万石となす。余は各〻差あり。外藩は今歳を以て命を発し、旧臣は明歳を以て命を発す。乃ち中納言をして入朝して成事を告げしむ。

十二月、家康と秀忠は親しく信任する家臣たちと評議して言った。「禍乱はほぼ定まった。天下を「裂」割いて功績有る者を賞すべきである」と。

論功行賞のくだりは、本文をそのまま読んでいただいても不明な箇所はほぼ無いと思われるので、訳文は省略させていただく。

この論功行賞で最も重要な点は、まず、徳川家の（譜代家臣のものも含む）所領が約二百五十万石から四百万石に増加したこと（仮に一万石につき二百五十人の動員とすると、徳川家のみで十万人の兵力を確保できるようになった）。そして、各大名家で分割管理されていた太閤蔵入地《くらいりち》（豊臣家の国中に点在した直轄地）に手を入れて、それを東軍の諸将に恩賞として分配したことである。これによって豊臣家は別格の官位を持つものの事実上、約二百万石の天下の主宰から摂津・和泉・河内三国の六十五万石の大名に転落した。

「長門、周防を毛利秀元に賜ふ」とあるが、これは輝元の誤りである。輝元は出家して実子の秀就《ひでなり》に家督を譲ったが、実権は握り続けた。

諸〻の豊臣氏を冒《おか》す者は、皆本姓に復せしむ。豊臣氏、嘗て皇庶子《こうしょし》良仁《かたひと》を立てゝ太子となす。而して天子の意に非ず。ここにおいて、皇嫡子《こうてきし》政仁《ことひと》を立てんと欲して、内大臣に諮《はか》る。内大臣対へて曰く、「これ臣の敢て議する所に非ざるなり。嫡庶《てきしょ》の分唯〻帝心にてこれを裁《さい》せよ」と。天子即ち政仁を以て皇太子となす。

豊臣の姓を与えられていた者は元の姓に戻させた。豊臣氏はかつて皇庶子の良仁《かたひと》親王を立てて皇太子とした。しかしそれは天子の御心ではなかった。そこで、（天子は）皇嫡子の政仁《ことひと》親王をお立てになろうとされ、家康に諮問された。家康はお答え申し上げた。「かような事の是非は臣下が議するところではございませぬ。嫡子と庶子の区別は、なにとぞ天子様の御心のままにご裁断くださりますように」と。天子はすぐに政仁親王を皇太子となされた。

家康が将軍に就任した慶長八（一六〇三）年においても、加藤清正・池田輝政・山内一豊などはみな「豊臣朝臣」と署名している。諸大名が完全に豊臣姓を用いなくなるのは豊臣家滅亡以降である。後陽成天皇は既に秀吉晩年の頃より皇太子の廃立を考えておられたが、豊臣政権の意向がそれを阻んでいた。関ヶ原の勝利で家康に権力が移行した翌年、良仁親王は仁和寺に入室されて後に覚深《かくしん》入道親王《にゅうどう》となられ、政仁親王は皇太子となられて、十年後ご即位された。こちらが、隆慶一郎の謂う「花と火の帝」、後水尾天皇である。

六年正月、内大臣、大坂の西城に在り。中納言、二城に在り。入りて秀頼を牙城《がじょう》に見る。列侯、諸将、尽く西城に朝《ちょう》して、正《せい》を賀す。これより先、伏見城を修む。三月成つて徙る。朝廷、内大臣の勲労《くんろう》に酬《むく》いんと欲し、擬するに大将軍を以てす。大将軍の拝《はい》は、足利氏の亡後《ぼうご》より、復たその礼を挙ぐるなし。内大臣、敢て当《あた》らず。且つ其の天下を労費するを恐るゝや、固辞す。乃ち中納言を以て大納言となし、従二位に陞《のぼ》す。下野守忠吉を従四位下に叙し、侍従に任ず。旧臣に爵を進めらるゝ者多し。

慶長六（一六〇一）年。正月、家康は大坂城西の丸におり、秀忠は二の丸にいたが、（両人は）「牙城」本丸に入って秀頼に謁見した。（一方）諸大名や諸将は尽く（最初に）西の丸に「朝」（本来は天子にお目にかかるという意味）挨拶に参上して、新年の祝いを申し述べた。これより先、伏見城の修繕を始めて、この三月に竣工したので、そちらに移った。

朝廷は家康の勲功と労苦にお酬いになろうと、征夷大将軍に「擬」任官されようとした。征夷大将軍の拝命は、足利氏が滅んでよりのち、その儀礼は再び挙行されたことは無かった。家康はその職を拝命しようとはしなかった。その天下の（民力と資財の）費えとなることを危惧して固辞したのである。そこで（朝廷は代わりに）秀忠を中納言から大納言にし、従二位に昇進させ、下野守忠吉を従四位下に叙し、侍従に任じた。譜代の家臣の中に官爵を進められる者が多かった。
この時期、家康は、征夷大将軍を受けるために、徳川家の姓を藤原氏から再び源氏に改める工作を指示した形跡がある。ただし、既述したように、征夷大将軍に任官するためには源氏でなければならない、というのは俗説である。

ここにおいて、西事既に平ぐを以て、大納言をして往いて関東の諸国を平げしむ。四月、伏見を発して江戸に帰る。佐竹義宣《よしのぶ》、討たれんことを懼《おそ》れてこれを品川に迎へ、罪を謝して降《こう》を請ふ。伏見に往いてこれを内大臣に請はしむ。内大臣曰く、「時に乗じて事を挙ぐるは英雄の常《つね》、深く咎むるに足らざるなり。独り両端を観望する者は鄙《いや》しむべきの甚だしきなり。故に吾れ義宣を憎むは景勝に過ぐ」と。乃ち見るを許さず。第《てい》に就いて罪を竢《ま》たしむ。景勝、屢ゝ少将秀康に因つて罪を謝す。秀康以為《おも》へらく、景勝方《まさ》に勢を失ふ。これに乗ずるは武に非ず、と。因つて為めにその降を納れんと請ふ。内大臣、これを許す。七月、景勝来つて伏見に謝す。八月、その会津一百万石を収め、米沢三十万石を賜ひ、会津を以て蒲生秀行に賜ひ、六十万石を食《は》ましむ。伊達政宗、大捷の威に藉《よ》り数ゝ《しばしば》上杉氏を侵して密命に違《たが》ひ、また南部の反臣和賀忠親《わがただちか》を誘つて乱を作《な》さしむ。事成らざるに及び、忠親を殺して口を滅《めつ》す。乃ち前約を停《とど》め、上杉氏の地十二郡六十二万石を割いてこれを賜ふ。最上義光《よしあき》、堀秀治の封を加へ、二人に命じて南部、戸沢、本堂、村上、溝口氏を率ゐ、撃つて会津城邑の未だ服せざる者を平げしむ。会津の老直江兼続、初め石田三成と密謀を定む。本多正信、特に刑《けい》を加へんと請ふ。内大臣曰く、「この謀に与《あずか》る者、豈に独り一の兼続のみならんや。吾れ天下を蕩滌《とうてき》す。何ぞ必ずしも介介《かいかい》たらん」と。釈《ゆる》して問はず。九月、前田利長の任子《にんし》利常《としつね》を召し、これに冠して遣帰《けんき》し、大納言の女を以てこれに妻《めあわ》す。

ここにおいて西国の事は既に平定されたので、（次に）秀忠に関東に往って諸国を平定させることにした。四月、（秀忠は）伏見城を発ち、江戸に帰った。

佐竹義宣は討伐されることを恐れ、秀忠を品川まで出迎え、謝罪して降伏を請うた。秀忠は彼に伏見へ往って家康に請うことを指示した。家康は言った。「時勢に乗じて大事を挙げるのは英雄の常であろう。これは深く咎めるには値せぬ。ただ両者の模様眺めをして勝ちが見えた方に加担する者は、見苦しく卑しい限りぞ。ゆえにわしは景勝より義宣を憎いと思うのじゃ」と。（義宣の）謁見を許さず、（その伏見の）屋敷で罪状が言い渡されるのを待たせた。

景勝はしばしば秀康を通じて謝罪した。秀康は思った、景勝は今まさに勢いを失っておりそれに付け込むのは武人のすることではない、と。そこでその降伏を受け容れてくれるよう（家康に）願い出た。家康はこれを許した。七月、景勝は伏見城に来てお礼を申し述べた。

八月、（景勝の）会津百万石を召し上げて米沢三十万石を与え、会津は蒲生秀行に与えて六十万石を領有させた。伊達政宗は東軍大勝利の威勢を「藉」背景にしてしばしば上杉氏の領土を侵し、（以前中沢主税に通達させた家康の不戦の）密令に違背していた。さらに南部の叛臣・和賀忠親を唆して一揆を起こさせ、事が成功しないと判るや忠親を殺してその口を封じた。

そこで、（家康は）前に取り交わした百万石の密約を無効にして、上杉氏の領地から十二郡を割いて（政宗に）六十二万石を与えた。最上義光と堀秀治を加増し、両人に命じ、南部・戸沢・本堂・村上・溝口氏を率いて会津でまだ服属しない城や町を平定させた。

会津の家老の直江兼続は最初に石田三成と密謀を定めた人物であった。本多正信は（その事を重く見て兼続に）特に重い刑罰を与えることを請うた。家康は言った。「この（三成の）策謀に関与した者が、どうして一人兼続だけだったと言えようか。わしは天下を「蕩滌」洗い濯いでおるのじゃ。些事に「介介」かかずらわってなどおれんわ」と。許して追及しようとしなかった。

九月、（家康は）前田利長の「任子」人質に出している異母弟の利常を召し出し、元服させて国許に帰し、秀忠の娘をこれに娶せた。

佐竹義宣の三成に対する律儀さを、家康は認めつつも呆れたと云う。自身「律儀」を看板に乱世を渡って来た家康である。戦国大名として律儀の限界も知悉していたのであろう。

本多正信は次男・政重を直江兼続の養子に出している（のちに解消される）。むしろ兼続とは良好な関係のはずである。

内大臣、方に鋭意治《ち》を求む。時に藤原粛《しゆく》、益〻名あり。石田三成、嘗てこれを聘《へい》せんと欲す。就《つ》かず。尋《つ》いで浅野氏の招《まねき》に応ず。ここに至つて、内大臣、数〻これを延《ひ》き、太平の策を諮問《しもん》す。後にその門人林信勝を聘して博士となし、以て顧問に備ふ。

家康はまさに「鋭意」心を砕いて内治に努めた。この時、藤原惺窩の名声はますます上がっていた。石田三成はかつて惺窩を招聘しようとしたが、断って仕えなかった。次いで浅野氏の招きには応じた。そこで家康はしばしば惺窩を引見して、天下太平を実現するための方策を諮問した。のちにその門人の林信勝（羅山）を登用して博士とし、政治顧問とした。

三年後の一六〇四年、惺窩は家康の正式な仕官の誘いを年齢を理由に断ったと云うが、実際はその時惺窩は四十代半ばに過ぎなかった。もっとも、翌年代わりに推挙した弟子の羅山は弱冠二十三歳と、こちらは掛け値無しの若者。その若者が四十歳年上の家康のブレインの一人となったのである。ただ、幕府は彼に法体になることを要求した。廃仏論者でもある羅山としてはさぞかし不本意であったに違いない。

この歳夏、奏して供御《くご》の地、及び廷臣の食邑《しょくゆう》を加へ、豊国廟《ほうこくびょう》に給するに万石を以てし、その他の寺祠《じし》に皆采田《さいでん》を給す。初め本願寺の祖、姓は藤原氏、親鸞《しんらん》と称す。一向法を創め、妻を蓄へ肉を食《くら》ふ。八世の孫兼寿《けんじゅ》、始めて寺を山科に建て、尋いで大坂に徙《うつ》る。その曾孫光佐《こうさ》、織田信長と兵を構へ、所在の門徒争ひ戦つて已《や》まず。後に豊臣秀吉を助けて西伐し、その門徒を誘つて薩摩の道を通ず。功を以て寺を京師の六条に建つ。光佐、死す。二子光寿《こうじゅ》、光昭《こうしょう》あり。光昭の母は美なり。秀吉これを納る。因つて光昭を立つ。内大臣の東伐するや、二人皆これを江戸に送る。石田氏の阻む所となる。光寿独り間行《かんこう》して達す。帰つて京師に匿《かく》る。已にして大軍西上す。黒田長政、門徒を誘つて京畿を撓《みだ》さんと請ふ。内大臣曰く、「吾れ武を以て天下を定む。

何ぞ浮屠《ふと》の力を借らんや」と。乃ち止む。大捷の後、光寿、迎へて大津に賀す。内大臣曰く、「光寿は本《もと》、嗣《し》に当る」と。乃ち為めに寺を六条の東に建て、天下の門徒をして、分れて東西に属せしむ。

この年の夏、朝廷に上奏して帝の御料地と廷臣の食邑を増やし、また豊国廟（豊国大明神）に一万石を支給し、その他の寺社にもみな所領を与えた。

そもそも本願寺の祖先の姓は藤原氏で、親鸞と称した。一向宗を創始し肉食妻帯した。その八世の孫・兼寿（蓮如）は初めて山科に寺を建立し、それから大坂に移った。兼寿の曾孫・光佐は織田信長と兵を構え、至る所で一向門徒は闘争を止めなかった。後に豊臣秀吉の九州征伐を助け、その門徒を誘って薩摩への道を開通させた。その功績によって京都の六条に寺を建立した。

光佐が死んだ。彼には光寿と光昭の二人の子がいた。（弟の）光昭の母が美貌であったので秀吉はこれを妾にして、光昭を立てて本願寺の法主とした。家康が会津征伐に乗り出した時、二人はそれぞれに家康を（江戸まで同行して）送ろうとしたが、石田氏に阻止された。光寿だけは密かに隠れながら（家康のいる）小山にまで辿り着き、帰ってからは京に匿れ住んだ。

ほどなくして東軍が西上すると、黒田長政は門徒を誘って京周辺を「撓」攪乱することを願い出た。家康は言った。「わしは武を以て天下を定めておるのじゃ。「浮屠」（仏陀あるいは広く僧侶を謂う）門徒たちの力を借りるわけにはいかぬ」と。その策は取り上げなかった。東軍の大勝利の後、光寿は大津で家康を出迎えて祝った。家康は言った。「光寿殿こそ本来本願寺を嗣がれるべきお方である」と。そこで京の六条の東に寺を建立し、天下の一向門徒を東西の本願寺に分けて属させた。
光寿（教如《きょうにょ》）は信長による石山本願寺の退去を巡って父の光佐（顕如）と方針が対立し、一時は義絶されるまでに至った。しかし後に後陽成天皇のお取りなしにより関係は修復し、父の死後、光寿はいったんは本願寺法主の座を継ぐことができた。ところが、反光寿派の働きかけで秀吉が介入することにより、法主の地位は弟の光昭（准如《じゅんにょ》）に移ってしまった。そして、今度は家康の介入により、東本願寺の法主として復帰した。この本願寺の東西分裂は、かつて「三河一向一揆」で辛酸を舐めさせられた家康が宗門の力を削ぐために打った施策という見方もあるが、それを示す史料は無い。

「光昭の母は美なり。秀吉これを納る。因って光昭を立つ」というのは、全くの誤り（創作）で、十九歳の年齢差があるがこの兄弟の母は同じ如春尼（三条氏。姉が武田信玄の正室になっている）である。彼女は弟の光昭の方を法主にと秀吉に強力に後押しした。光寿の側室との間にひどい確執があったからしい。

板倉勝重、加藤正次を以て京師の所司代《しょしだい》となし、獄訟《ごくしょう》及び寺祠《じし》の事を掌《つかさど》らしむ。尋《つ》いで正次を罷《や》めて、専ら勝重に任ず。乱後、物情定らず。事務極めて繁し。勝重、詳雅《しょうが》強敏《きょうびん》、人人心に厭《あ》かざるなし。その他、大津、草津、界浦《さかいうら》、尼崎等の地、皆吏《り》を置く。吏、皆職に称《かな》ふ。また膳所《ぜぜ》に城《きず》いて、戸田一西をして守らしむ。遂に関西の諸侯に命じて京師の二条に城き、駕《が》を駐《とど》むるの地となす。大番《おおばん》士人を以て、更〻《かわるがわる》これを戍《まも》らしむ。

板倉勝重と加藤正次を京都所司代として、刑罰訴訟及び寺社を管掌させた。次いで正次を罷免して勝重一人に専任させた。関ヶ原の争乱の後、世間は騒然として（容易に）鎮静しなかった。「事務極繁」手を付けなければならない事が山積していた。（そういった中でも）勝重は「詳雅強敏」配慮が行き届いて対応が正しく、しかも敏速に処理するよう努めたので、人々は不満を持つということが無かった。

その他大津・草津・堺・尼崎などの地にみな役人を置き、その役人はみな「称職」（この「称」は「対称」の釣り合いが取れているという意味）相応しい仕事をした。また近江の膳所に城を築き、（秀忠の上田城攻めを諫めた）戸田一西に守らせた。かくて西国の大名たちに命じて京の二条に城を築かせ、（徳川家上洛時に）車駕を駐める地とし、大番組の侍に交替で（この二条城を）守備させた。

十一月、内大臣乃ち江戸に帰る。尋《つ》いで大納言をして牙城《がじょう》に居らしめて、自ら西城に居る。天下の牧長《ぼくちょう》、江戸に朝せんと請ふ。辞して許さず。これより先、本多正信、内藤清成《きよしげ》を以て関東奉行となし、以て庶務を綜《す》べしむ。ここにおいて、青山忠成《ただしげ》に命じて副となす。奥平家昌に賜ふに宇都宮を以てし、十万石を食ましむ。

十一月、家康は江戸に帰り、次いで秀忠を本丸に居らせ、自身は西の丸に居るようにした。天下の「牧長」大名は江戸に伺候して家康に謁見することを願い出たが、断って許さなかった。

これより先、本多正信と内藤清成を関東奉行とし、庶務を総轄させ、そして青山忠成を補佐とした。奥平家昌に宇都宮を与え十万石を食ませた。

七年正月、内大臣は従一位に進み、大納言は正二位に進む。前田利長請ふ、「江戸に朝し以て天下の率《そつ》をなさん」と。山道より東下す。内大臣、これを京師に避け、大納言を留めてこれに当らしむ。利長至る。大納言親らこれを板橋に迓《むか》へ、待遇甚だ渥《あつ》し。利長、喜《よろこび》、望外に出づ。乃ち第に就いて、名刀、馬、鷹、金百枚を献ず。旦日、入謁《にゆうえつ》す。大納言出でて前殿に坐し、諸将、群臣、左右に臚列《ろれつ》す。擯者《ひんしや》出でて、利長を延《ひ》いてこれを下座《げざ》に坐せしめ、尋いで饗礼《きようれい》を行ひ、名刀一口、金百枚、銀千枚、時服百領を賜うてこれを遣す。利長遂に伏見に赴き、内大臣に謁して去る。

慶長七（一六〇二）年。正月、家康は従一位に進み、秀忠は正二位に進んだ。前田利長は、江戸に参勤して天下の「率」先例となることを願い出た。（そして利長は）東山道より東へ下った。家康自身は京でこの参勤を避けて、秀忠を留めてこれに当たらせた。利長がやって来た。秀忠はこれを自ら板橋まで出迎え「甚だ渥《あつ》し」大変丁重に遇した。利長の喜びは望外で、江戸の前田屋敷に着いて、名刀・馬・鷹・金百枚を献上した。

翌日、（利長は）江戸城に入って謁見した。秀忠は江戸城の「前殿」大書院に出て座り、（徳川譜代の）諸将群臣が左右に「臚列」居並んだ。「擯者」奏者が利長を下座に座らせ、続いて饗応の礼を行い、名刀一振り・金百枚・銀千枚・時服百領を与えた。利長はそれから伏見城に赴き、家康に拝謁してから帰国した。

徳川家ではむろん意識して公私の応接に緩急をつけている。秀忠は姻戚になった利長に、板橋では私人として懇ろに接したが、ひとたび利長が江戸城に登城するや、下座に座らせ献上品を凌ぐ返礼品を与えるなどして、君臣の別を厳然と見せつけた。江戸に参勤するとはつまり、その大名が豊臣家以外に徳川家にも臣下の礼を執るということなのである。

於大の方死す

三月、内大臣、大坂に適《ゆ》き、正を賀し、尋いで伏見に還る。後以て常となす。四月、島津氏に印信《いんしん》を賜ふ。島津義久、既に国内の反者《はんしゃ》を平げ、疾を輿《よ》して入謝《にゅうしゃ》せんと欲す。反者復た起って果さず。五月朔、内大臣、入朝す。二日、皇太后に朝す。因って留って京師に在り。六月、奏請して南都の黄熟香《こうじゅくこう》を剪《き》る。天使来り蒞《のぞ》み、本多正純、その事を掌る。八月、生母水野氏卒す。為めに伝通院《でんずういん》を建つ。十月、内大臣、江戸に帰る。十一月、復た伏見に赴く。

三月、家康は大坂に行き、（秀頼母子に）年賀の挨拶をして、それから伏見城に還った。後にこれが恒例となった。四月、島津氏に「印信」（所領安堵の）朱印を与えた。島津義久は国内の反乱を平定してから「疾を輿《よ》して」病を押し上洛して、家康に感謝の言葉を申し上げようとしたが、反乱が再び起こって果たせないでいた。五月一日、家康は入朝した。二日、皇太后に拝謁した。そしてそのまま留まり京に滞在した。六月、家康は奏請して南都の東大寺に在る名香・黄熟香を剪り取り拝領した。その場には勅使が立ち合い、儀礼は本多正純が取り仕切った。八月、生母の水野氏（於大の方）が亡くなった。（家康は母のために）伝通院を建立した。十月、家康は江戸に帰った。十一月、再び伏見に向かった。

於大の方は、十六歳で産んだ最初の我が子・家康が目眩く高みに登って行く様をどのような想いで見ていたのだろうか。久松俊勝（長家）との間に生まれた三男三女はみな成人はしたが、この時まで生きていたのは、家康の十八歳下の三番目の異父弟・定勝と、桜井松平家に嫁いだ長女の多劫《たけ》姫のみ。定勝は伊勢桑名十一万石の藩主となった。もう一年長らえることができたなら、彼女は家康が武家の棟梁たる征夷大将軍に就任するのを見届けることができたのだが。

十二月、島津忠恒、尽く国内の乱を平げて来り謁し、その稽緩《けいかん》の罪を謝す。これより先、前田利長、浮田秀家未だ死せずと告ぐ。乃ち浮田氏の臣の嘗てその死を告げし者を召してこれを詰《なじ》る。告ぐる者、死を請ふ。内大臣、その忠を嘉《よみ》して、これを禄《ろく》す。ここにおいて、忠恒白《もう》して曰く、「秀家は実に臣の所に在り。彼、関原の渠率《きょすい》たり。天下の容れざる所。然りと雖も、窮して来つて臣に投ず。臣殺すに忍びず。願はくは幕下《ばっか》、枉《ま》げてこれを包容せよ」と。乃ち死一等を宥《ゆる》して、これを八丈島に流す。明年を以て配所に赴かしむ。

十二月、島津忠恒は、国内の反乱を尽く平定し、伏見城に来て家康に謁見して、その「稽緩」(滞ること)何度も拝謁を先延ばしにしたことを謝罪した。前田利長が浮田秀家がまだ死んでいないことを報告してきた。そこで以前浮田氏の家臣で秀家の死を証言した者を召し出し、これを問い詰めた。その者は死罪に処されることを請うた。家康はその忠義を褒めて俸禄を与えた。

そこで忠恒が言上した。「浮田どんは実はおいの所におりもす。あんお人は関ヶ原の西軍の大将じゃって、天下に身を容れる所ばありもはん。じゃっどん、困り果てておいの所に来た者を、おいは殺すに忍びなかとじゃ。どうか幕下(家康を指す二人称)曲げてこいをお赦しになってたもんせ」と。そこで死一等を減じ、秀家を八丈島に流罪とし、翌年配流先に送った。

宇喜多秀家は、幼い頃から秀吉にたいへん可愛がられて成長した。備前岡山五十七万四千石の太守にして、小早川隆景の死後は五大老の一人にまでなった。その厚遇ぶりは秀吉の多くの養子の中でも随一と言っていい。その大恩に報いようとしてか、関ヶ原では西軍の最大兵力一万七千を率いて主力として奮戦した。しかし、彼の人生は暗転、その八十四年という長い生涯の大半を八丈島で送ることになった。妻・豪姫の実家前田家からの支援があったとされるが、島での生活はやはり相当不自由なものであったとも伝わっている。

この歳春、井伊直政卒す。直政、関原の功を以て、首《しゅ》として石田氏の故邑《こゆう》を賜ひ、沢山に居る。尋《つ》いで命を奉じて彦根に城く。未だ成らずして没す。その子直勝、封を襲ぐ。

この年の春、井伊直政が亡くなった。直政は関ヶ原の勲功が第一等であったので、石田氏の旧領を与えられ、沢山（佐和山）を居城としたが、次いで命令に従って彦根に城を築き始めた。だが完成する前に死んでしまった。その子の直勝が封地を襲《つ》いだ。

井伊直政が逝った。享年四十二歳。狷介固陋な三河武士たちの嫉視を撥ね退けるために、直政は戦場では常に死中に活を求めるような戦いぶりを自らの部隊に強いた。本多忠勝が軽装でも無傷であり続けたのに対し、直政は重装備にもかかわらず毎回のように傷を負い、やがて満身創痍の有様になった。一方、対外折衝においては、言動は謙《へりくだ》り配慮はきめ細かく挙措は雅やかであったと伝わる。正に日々心身を擦り減らすようにして、直政は譜代筆頭としての地位を周囲に認めさせていったのである。

この歳夏、内大臣、佐竹義宣を廃して庶人《しょじん》となさんと欲す。その父義重、哀《あい》を乞ふを以て、乃ちその常陸八十万石を収めて、出羽の秋田二十万石を賜ひ、その弟貞隆の岩城を収めて、出羽の亀田を賜ふ。秋田氏は関原の役に従はざるを以て、その国を収めて常陸の宍戸《ししど》を賜ふ。松平康重に命じて常陸の地を検せしむ。佐竹氏の将車猛虎、乱を作《おこ》して水戸を襲ふ。康重予めこれを知り、邀へ撃つて猛虎を擒《とりこ》にす。

この年の夏、家康は佐竹義宣を廃して庶人にしようとした。その父の義重が哀れみを乞うたので、その常陸八十万石を召し上げ、出羽秋田二十万石を与えた。その弟の岩城貞隆の領国の陸奥の磐城を召し上げ、出羽の亀田を与えた。秋田氏は関ヶ原に従わなかったのでその国を召し上げ、常陸の宍戸を与えた。松平康重に命じて常陸を検地させた。佐竹氏の将の車猛虎が反乱を起こして水戸城を襲撃したが、康重はあらかじめこれを知って迎撃して猛虎を生け捕りにした。

八十万石は明らかに多く書き過ぎている。一五九四年に行われた太閤検地に拠れば、佐竹義宣の常陸の領地は五十四万五千七百六十五石であった。そのうち義宣の取り分は半分以下の二十五万石に過ぎず、それ以外は分家や与力家来に知行されている。豊臣時代以前の義宣の取り分はさらに低かった。新羅三郎義光以来の常陸土着の大名だけに、領地以外にも様々な柵《しがらみ》があり、それが義宣の決断や行動を鈍らせたところはあったのかもしれない。車猛虎については既に述べた。

この歳冬、小早川秀秋卒す。嗣なし。その備前を収め、その老稲葉、平岡氏、嘗て関原に功あるを以て召してこれを用ふ。内大臣、榊原康政に賜ふに水戸を以てせんと欲す。辞して曰く、「臣、関原の役に罪あり。罰を免されて賞を受く。臣の安んぜざる所なり。臣の邑は江戸に密《みっ》邇《じ》す。緩急以て身を致すを得ん。徙《うつ》るべからず」と。遂に馳せて館林に還る。本多正信、人をしてこれを止《とど》めしむ。聴かず。ここにおいて、五男信吉を水戸二十万石に封じ、その旧《きゅう》封《ほう》佐倉を以て七男忠輝を封じ、岩城を以て鳥居忠政に賜ひ、二十万石を食ましむ。以てその父元忠の義に死するに酬《むく》ゆ。関原の役よりここに至り、賞罰略ゝ畢《おわ》り、天下大に定る。

この年の冬、小早川秀秋が亡くなった。後継ぎがいなかったので、その備前の領地は収公された。

家老の稲葉氏・平岡氏は先の関ヶ原で功績があったので、召し出して登用した。家康は水戸を榊原康政に与えようとした。康政は断って言った。「それがしは関ヶ原の役において（戦場に遅参した）罪こそございまするに、それを免れた上に褒賞を頂戴しては、それがしの心が安らぎませぬ。今それがしがお預かりする領地は江戸に「密邇」近接しており、「緩急」江戸に何か事が有れば「以て身を致すを得ん」すぐに駆けつけることができもうす。移ることはできかねまする」と。遂に馳せて館林に還ってしまった。本多正信が人に止めさせたが、聴かなかった。

そこで五男信吉を水戸二十万石に封じて、その旧領の下総の佐倉に七男忠輝を封じた。磐城を鳥居忠政に与えて二十万石を食ませ、その父元忠の（伏見城での）死を賭しての忠節に酬いた。関ヶ原の戦い以降ここに至って、賞罰はほぼ畢《お》わり、天下は大いに定まった。

小早川秀秋、享年二十。彼は秀次に次ぐ豊臣後継者候補と目されていたことから、七歳で元服して以来、諸大名から毎晩のように接待責めに遭い、十二歳の頃には既に酒毒に侵され始めていたとの説すらある。生活振りも奢侈を極め、高台院からの五百両を初め、周囲に多額の借財があった。ただ、関ヶ原の当日に寝返ったという説は、近年ほぼ否定されつつある。江戸時代に断絶して生き残りのいない家に対しては、軍記物作家は特に容赦なくその家の人物の実像を誇張し歪曲してのける。

鳥居忠政がこの時賜ったのは陸奥磐城平十万石。のちに最上家が改易になると出羽山形に移って二十万石となる。

家康、征夷大将軍に

八年二月、天皇詔《みことのり》し、源家康を以て征夷大将軍となし、右大臣に進め、淳和《じゅんな》、奨学両院《しょうがくりょういん》の別当を兼ね、源氏長者に補し、随身兵仗《ずいじんへいじょう》を賜ふ。十二日、大納言藤原兼勝、参議藤原光豊、伝《でん》奏司《そうし》を以て詔書を奉じ、伏見に就いて拝す。少将秀康、参議に進み、従三位に叙せらる。その余の戚属《せきぞく》、将吏《しょうり》、叙任《じょにん》、差あり。

慶長八（一六〇三）年。二月、天皇は詔して、源家康を征夷大将軍とし、右大臣に進めた。淳和・奨学の両院の別当を兼ね、源氏長者に補して、随身兵仗を賜った。十二日、大納言藤原兼勝と参議藤原光豊が「伝奏司」朝廷の武家取り次ぎ役として詔書を奉じて、伏見城に着いてこれを授けた。少将秀康を参議に進め、従三位に叙した。その他の徳川家の親戚や譜代の将吏もそれぞれ叙任され、差があった。

以降、頼山陽の家康への呼称が「大将軍」になる。

源氏長者とは、源姓の中で最も官位が高い者が就く地位である。源氏の中での祭祀・裁判などの諸権利を持つ。当初は嵯峨源氏が独占していたが、次いで村上源氏（久我氏）、さらに足利義満から武家である清和源氏の将軍が代々継承するようになった。室町幕府滅亡後、源氏に改姓した家康が征夷大将軍となったことで、家康もまた源氏長者になったのである。

淳和院は淳和天皇の離宮、奨学院は平安時代の公家の大学別曹（教育機関）のことである。その別当（長官）は一一四〇年以来、明治維新に至るまで源氏長者が兼任する慣例が続いた。
「随身」とは高位の貴族を警護する近衛府の官人。「兵杖」とは随身が持つ弓や太刀のこと。ともに時代が下るにつれ特権的待遇の一つとなっていった。ちなみに中国の朝廷での特権には、「剣履上殿」（剣を佩び靴を履いたまま宮殿に上がることができる）、「入朝不趨」（宮殿内で小走りに歩かなくてもよい）、「謁讃不名」（皇帝に諱を呼ばれることがない）といったものがある。ここまで特権を付与された者は、概ね次に王朝の簒奪（禅譲の強要）を図るのが中国史の常である。

二十二日、入朝して命を拝す。井伊直勝、本多忠勝らの十余将、騎して輿傍《よぼう》に従ひ、参議徳川秀康、参議細川忠興、参議京極高次、少将池田輝政、少将福島正則、後乗《こうじょう》となり、白金万両を献ず。皇后、皇太子及び宗室、百官、皆贈遺《そうい》あり。天皇、これに酒を賜ふ。曰く、「天下の乱るゝこと久し。汝能《よ》くこれを略定《りゃくてい》す。朕《ちん》、汝の功を勒《ろく》し、乃祖《だいそ》の職に挙げしむ。宜しく我が師を統《す》べ、以て王室を鎮護《ちんご》すべし」と。大将軍、稽首《けいしゅ》して曰く、「家康、不才と雖も、敢て王命を服膺《ふくよう》せざらんや」と。礼畢《おわ》つて出づ。文武庶僚《しょりょう》、悉く二条城に詣《いた》つてこれを賀す。

二十二日、（家康は）入朝して官職を拝命した。井伊直勝・本多忠勝ら十余将が騎乗して輿の傍らに付き随い、参議松平秀康・参議細川忠興・参議京極高次・少将池田輝政・少将福島正則が後乗りとなり、「白金」銀一万両を献上した。皇后皇太子及び宗室百官にもそれぞれ贈り物を献上した。天皇は（家康に）ご酒を賜って仰せになった。「天下の乱れるや久しいものがあった。汝はそれを略定した。朕は汝の功を「勒」記し、乃《なんじ》の祖の職に起用する。宜しく朕の軍を統べて王室を鎮護せよ」と。家康は「稽首」恭しく拝礼して申し上げた。「臣家康は不才ではござりまするが、王命を「服膺」心に留め決して忘れませぬ」と。儀礼が畢り退出した。文武の将吏は尽く二条城に登城して、将軍就任を祝った。

大将軍の初め関原に捷つや、即ち永井直勝をして、細川藤孝に就いて室町の礼式を諮《と》はしむ。ここにおいて、また藤孝と礼を議す。この歳春、七男忠輝《ただてる》を信濃の川中に封じ、八男義直《よしなお》を甲斐に封ず。義直幼《いとけな》し。未だ国に之《ゆ》かず。平岩親吉《ちかよし》をしてその国事を摂《せっ》せしむ。川中城主森忠政を美作《みまさか》に徙《うつ》して、その封を加ふ。

家康は先に関ヶ原で勝利した時、すぐに永井直勝を細川藤孝の元に遣わし室町幕府の儀式について諮問させた。（将軍に就任すると）そこでまた（直勝は）藤孝と儀礼について相談した。この年の春、七男（六男）忠輝を信濃の川中島に封じ、八男（九男）義直を甲斐に封じた。義直は幼なかったのでまだ国には行かせず、平岩親吉に（甲斐の）国政を「摂」（摂政の意味）代行させた。川中島城主・森忠政を美作に移して加増した。

森忠政は、森長可や森蘭丸の末弟である。あの鬼武蔵長可をして「あとつぎ候事、いやにて候」と遺言状に書き残すほど、忠政はよほど問題の多い少年だったらしい。結局秀吉に、長久手での長可戦死後、美濃金山七万石の世継ぎとして取り立てられた。秀吉没後には躊躇なく家康に鞍替えし、川中島十三万七千五百石、やがて小早川秀秋領の収公によって美作一国十八万六千五百石へと、森氏の身代を大きく増やした。ただ、いずれの土地でも検地による石直しや国人の弾圧など苛烈な姿勢で内治に臨んだとされる。

　三月、西道の牧長《ぼくちょう》、尽く江戸に朝す。四月、大将軍、伏見に還る。時に豊臣秀頼、内大臣となる。年已に十一。大将軍、孫女を以てこれに妻《めあ》はさんと欲す。六月、大納言、夫人浅井氏をして、女を携へて京師に赴かしむ。七月、大久保忠隣《ただちか》をして女を大坂に送らしむ。黒田長政、弓銃手三百を以てこれを衛《まも》る。大将軍、これを聞いて懌《よろこ》ばず。豊臣氏、素より奢華《しゃか》を尚《たっと》ぶ。ここにおいて白綾《しろあや》を以て城内の道途《どうと》を覆はんと欲す。片桐且元《かつもと》曰く、「徳川公、これらの事を喜ばず」と。趣《すみや》かにこれを撤す。婚既に成る。秀頼これを妻視《さいし》せず。淀君《よどぎみ》これを婦視《ふし》せず。福島正則をして、密かに西の諸侯の誓書を徴せしむ。十月、大将軍、右大臣を辞し、尋いで江戸に帰る。十一月、大納言、右近衛大将《うこんえのたいしょう》を兼ね、右馬寮御監《うめりょうのぎょかん》に補せらる。これより先、水戸城主信吉卒す。嗣《し》なし。九男頼宣を水戸に封ず。この歳、井伊直政の遺腹《いふく》の子直孝を江戸に召す。

三月、西海道の大名が尽く江戸に参勤した。四月、家康は伏見城に移った。この時豊臣秀頼は内大臣となった。年は既に十一歳になっていた。家康はその孫娘（秀忠の娘・千姫）を秀頼に娶せようとした。六月、秀忠は正室の浅井氏（お江）に千姫を連れて京に赴かせた。七月、大久保忠隣に千姫を大坂に送らせた。黒田長政は弓鉄砲三百を率いてこれを警護した。家康はこれを聞いて悦ばなかった。豊臣氏は（秀吉以来）もともと豪奢華美を尚《たっと》ぶ家風であった。そこで白綾絹で大坂城の道を覆い尽くそうとした。片桐且元は言った。「徳川公はかような事はお喜びになりますまい」と。「趣」急いで撤去した。

婚儀は執り行われた。しかし、秀頼は千姫を妻とは見做さず、淀君は千姫を嫁とは見做さなかった。（淀君は）福島正則に命じて密かに西国大名たちの（豊臣家に忠誠を誓う）起請文を集めさせた。十月、家康は右大臣を辞し、次いで江戸に帰った。十一月、秀忠は右近衛大将を兼ね、右馬寮御監に任じられた。これより先、水戸城主信吉が亡くなった。世継ぎはいなかった。九男（十男）頼宣を水戸に封じた。この年、（家康は）井伊直政の「遺腹」（父の死後に生まれた子の意味があるが、ここでは違う）妾腹の子・直孝を江戸に召し出した。

「秀頼これを妻視せず。淀君これを婦視せず」というのは、豊臣家の不徳に触れてその末路への伏線とする物語の手法。千姫は淀殿にとっても妹お江の娘、血の繋がった姪でもある。それほど邪慳にすることはあるまい。また、秀頼自身が千姫の「鬢削《びんそぎ》」（女性の成人の儀式）をするほどこの二人は仲睦まじかったようである。

井伊直政死後、家督は嫡男の直勝が継いだが、彼では灰汁の強い井伊家家臣団を威服し統御することができなかった。それを看て取った家康は、直勝と同年齢の妾腹の子・直孝に目を付け、これを直政の真の後継者に育て上げようとした。

秀忠の長男、家光誕生

九年二月、東北の三道に令して、道程を定め、堠樹《こうじゅ》を置き、三十六町を以て一里となす。織田氏の故法を用ふ。既にして西南の四道、皆これに倣ふ。三月、大将軍京師に入り、六月、入朝す。七月、大納言夫人浅井氏、男家光《いえみつ》を江戸に生む。大将軍、その幼字を授けて竹千代と呼ぶ。この歳、藤堂高虎、議を倡《とな》へ、諸侯をして邸《てい》及び質《ち》を江戸に置かしむ。相良《さがら》氏、首《しゅ》としてその母を納る。衆、これに継ぐ。この歳、黒田孝高卒す。関原の事、孝高の計多きに居る。其の九州を定むるや、妄《みだり》に一人を戮《りく》せず。既にして老を告げ、世事《せいじ》を謝絶す。大納言、比するに漢の張良を以てす。卒するに及び、殊にこれを悼惜《とうせき》す。

慶長九（一六〇四）年。二月、東北三道に命じて、街道の道程を定め、「堠樹《こうじゅ》」（一里ごとに植えた松や榎などのこと）一里塚を置いた。三十六町を一里とした。織田氏の規定を用いたものである。しばらくして西南の四街道もみなこれに倣った。三月、家康は京に入り、六月、入朝した。

七月、秀忠の正室の浅井氏（お江）が江戸で長男の家光を生んだ。家康は自分の幼名を授けて竹千代と呼んだ。この年、藤堂高虎の「議を倡《とな》ふ」提案で、大名たちに江戸に屋敷を建てて人質を置かせることにした。相良氏は最初に母親を人質に納れ、一同もこれに続いた。この年、黒田孝高が亡くなった。関ヶ原の事は、孝高の謀に依るところが多かった。九州を平定するに当たっては、意味なく一人も多く殺さなかった。まもなく隠居を申し出て、以後世俗と関わりを持とうとしなかった。秀忠は彼（の人物と知謀）を漢の張良に比した。孝高が亡くなると、秀忠は特にこれを悼み惜しんだ。

秀吉による九州征伐以降、直接兵を指揮する機会がほとんど無くなっていた黒田孝高だが、関ヶ原のおりに九州北部を席巻したその神速の手並は、この人物の底知れなさをあらためて天下に知らしめた。後年太閤に疎まれたとされるのも、あるいは宜なるかな、と。ただ、晩年の孝高は、いみじくも秀忠が擬えたように「漢の張良」の如く無欲恬淡《てんたん》としていたのかも知れない。享年五十九。ちなみに個人的には、司馬遼太郎の『播磨灘物語』も面白かったが、坂口安吾の『二流の人』が傑作だと思う。

関原の捷《かち》より、徳川氏の威、海外に溢る。紅毛《こうもう》、安南の諸国、皆来貢《らいこう》す。而して松前慶広《まつまえよしひろ》、教旨を奉じて蝦夷《えぞ》を約束す。これより先、大将軍、対馬守宗義智《そうよしとし》に謂つて曰く、「豊臣氏の朝鮮を伐つは、我が知る所に非ず。我と彼と皆怨仇《えんきゅう》なし。彼苟《いやしく》も入貢《にゅうこう》を欲せば、我れ当にこれを許すべし。然れども我より和を求むるに非ず。子、この意を体《たい》し、往いて試《こころみ》にこれを計れ」と。義智、国に之《ゆ》き、使を遣してこれを朝鮮に諷《ふう》す。朝鮮、明人《みんじん》の来り戍《まも》るに苦しむ。速かに和を成さんと欲す。然れども喜懼《きく》相ひ半《なかば》す。この歳、孫文彧《そんぶんいく》らをして、対馬に来つて入見を請はしめ、且つその俘囚《ふしゅう》を還さんことを求む。義智、使を馳せてこれを報ず。大将軍答へて曰く、「明春《みょうしゅん》、吾が父子、将に入朝せんとす。卿、率ゐて京師に詣り以て竢《ま》て」と。義智その教《きょう》の如くす。板倉勝重、旨《むね》を受けてこれを大徳寺に館《かん》す。

関ヶ原の大勝利より、徳川氏の威名は海外にも溢れた。オランダやベトナムの諸国はみな貢物を贈ってきた。そして松前慶広は「教旨」家康の指示の趣旨に従って蝦夷を「約束」まとめ束ねた。

これより先、家康は対馬守宗義智に向かって言った。「豊臣氏が朝鮮征伐をしたのは、徳川氏の与り知るところではない。徳川氏と朝鮮との間には一切怨みは無い。もしかの国が入貢を求めるなら、わが国はむろんこれを許そう。しかし当方より和睦を求めるのではない。そなたはこの意を含んで試みにこれを取り計らってみよ」と。

義智は「之国」対馬に戻り、使者を遣わして朝鮮に「諷」それとなく家康の意向を伝えた。すると朝鮮は明の朝鮮守備兵(の負担)に苦しんでいたので、日本との和睦を成立させることを望んでいた。しかし、その和睦への喜びと懼れが相半ばして(交渉に踏み切れないで)いた。

この年、(朝鮮は)孫文彧らを遣わして対馬に来て、家康に謁見することを願い出、併せて朝鮮人捕虜の返還を求めてきた。義智は使者を馳せてこれを報せた。家康は答えて言った。「来年の春、我ら親子は入朝することになっておる。そなたはご使者たちを率いて上洛し、そこで待っておるがいい」と。義智はその指示通りにした。板倉勝重は家康の命を受けて、使者たちを大徳寺に「館」宿泊させた。

宗義智は対馬の領主として、秀吉の朝鮮出兵以降常に厳しい立場に置かれ続けてきた。朝鮮との貿易を主要な財源とする対馬では、朝鮮の役の長期化を何としても避けるべく、妻の兄であった小西行長とともに早期講和に尽力するが叶わず、かえって最前線で戦う羽目になった。関ヶ原では西軍に与して伏見城を攻めたが、戦後朝鮮との国交回復を望む家康の思惑で許され(この時切支丹の小西氏を離縁)、以後は専ら朝鮮との交渉に従事した。その努力の甲斐あって平和条約締結まで漕ぎ着けたが、この時の性急さが国書の偽造問題(柳川一件)を生み、次代の宗家に禍根を残した。

秀忠、征夷大将軍に

十年正月、大将軍、京師に入る。二月、韓人《かんじん》を伏見に見る。諸道をして韓俘《かんぷ》を撿して返予《へんよ》せしむ。義智に謂つて曰く、「吾れ将に老せんとす。貢使《こうし》来らばこれを江戸に致《いた》せ」と。また曰く、「吾れ鎌倉の礼を挙げて右大将をして拝賀せしめんと欲す。期《き》、近きに在り。宜しく韓人を留めてその儀衛《ぎえい》を観しむべし」と。乃ち義智に邑を肥前に賜ふ。三月、大納言、上杉、佐竹、伊達、最上氏を率ゐて西上す。特に鳥居忠政に命じて後殿《こうでん》となす。仗戟《じょうげき》途に載すること十有七日。優《ゆう》先づ伏見に入り、遂に入朝して大将の命を拝す。四月、大将軍、奏して職を辞せんと請ふ。詔《しょう》して、これを許し、且つ遷《うつ》して左大臣となさんと欲す。固辞して還る。十六日、詔して、源秀忠を以て征夷大将軍となし、内大臣に遷し、正二位に陞《のぼ》す。仍《な》ほ旧職を帯ぶ。弟忠吉、三位中将に進み、弟忠輝、四位少将に任ぜらる。十日、入朝して命を拝す。東の諸侯及び前田、毛利、島津氏尽く従ふ。これより世のひと、前大将軍を号して大御所といふ。五月、前将軍、豊臣秀頼に諷《ふう》して入朝せしむ。淀君、性猜忌《せいさいき》、固執して遣らず。少将忠輝、命を奉じて往き、職を襲ぐを告ぐ。六月、大将軍、江戸に帰る。七月、諸侯十余名に課して、重ねて伏見城を修めしむ。十月、前将軍、江戸に帰る。十二月、榊原康政の女を養つて池田利隆に妻《めあ》はす。また異父弟松平定勝に謂つて曰く、「島津、浅野、皆我と婚を結ぶを冀《こいねが》ふ。汝が二男皆已に室《しつ》あるべし。宜しく長男をして島津に娶《めと》り、次男をして浅野に娶らしむべし」と。定勝、命を奉ず。この歳、金工光次《きんこうみつつぐ》をして、更に方金《ほうきん》を造らしむ。初め上杉氏佐渡を有し、毛利氏石見《いわみ》を有して、皆白金を出す。然れども多く鋳造する能はず。豊臣氏、佐渡を収む。亦た大利なし。前将軍の二国を収むるに及んで、甲斐の人大久保長安をしてこれを掌《つかさど》らしむ。居ること二歳、数万斤《きん》を得。長安また伊豆に採る。その利亦た等し。乃ち豊臣氏の故制に因つて、金幣を造る。次年、また新銭を鋳《い》る。民皆これを便とす。

慶長十(一六〇五)年。正月、家康は上洛した。二月、朝鮮の使者たちと面会した。全国の諸道に命令して朝鮮人捕虜を検《しら》べ上げさせ、これをまとめて彼らに引き渡して帰国させることにした。(家康は)義智に向かって言った。「わしも年老いたゆえ隠居する。もし(朝鮮から)貢物の使者が参ったら、次からは江戸に向かわせるようにせよ」と。また言った。「わしは頼朝公の先例に倣って右大将(秀忠)に拝賀の礼を執り行わせようと思うておる。その日も間近じゃ。それまで朝鮮の使者たちを留めてその「儀衛」儀式(の荘厳なさま)を見物させてやるがよい」と。そこで義智に肥前に(その経費のための)所領を与えた。

三月、秀忠は、上杉・佐竹・伊達・最上氏を率いて上洛した。特に鳥居忠政に命じてその(名誉の)しんがりを務めさせた(かつて頼朝が三浦義明の死節を子の義澄に報いたように、秀忠も鳥居元忠の死節を子の忠政に報いたのである)。儀礼に用いる薙刀や槍が道中に連なること十七日、(秀忠は)先ず伏見城に入り、それから入朝して、右近衛大将を拝命した。四月、家康は職を辞することを奏請し、「優詔」篤い御心による詔にてこれをお許しになり、その上で左大臣に遷そうとなされた。家康は固辞して還った。

十六日、詔して、秀忠を征夷大将軍に任じ、内大臣に遷し、正二位に陞《のぼ》らせた。「仍」なお、元の右近衛大将の職はそのまま帯びさせた。弟の忠吉は三位中将に進み、弟の忠輝は四位少将に任じられた。十日、（家康は）入朝して（官職を辞することを）拝命した。東国の諸侯及び前田・毛利・島津氏は尽く付き従った。これより世間では前征夷大将軍を号して大御所と呼ぶようになった。五月、家康は豊臣秀頼にそれとなく伝えて入朝させようとしたが、淀君は疑い深く妬みやすい性格で、頑なに秀頼を抱え込み京に行かせようとしなかった。（そこでやむなく）少将忠輝が（家康の）命令に従って（大坂に）往き、征夷大将軍の職を徳川家で世襲することを報告した。

六月、秀忠は江戸に帰った。七月、大名十余人に天下普請を課し、伏見城を重ねて補修させた。十月、家康は江戸に還った。十二月、（家康は）榊原康政の娘を養女として池田利隆に娶せた。また異父弟の松平定勝に向かって言った。「島津と浅野はともに我が家と婚姻を結ぶことを願うておる。そちには男子が二人おったが、そろそろ妻を迎えてもよい頃合いじゃ。長男には島津の娘、次男には浅野の娘が宜かろう」と。定勝は命令に従った。

この年、金工の光次に命じて方金（四角い形の通貨、一分金など）を造らせた。もともと上杉氏は佐渡を領有し、毛利氏は石見を領有し、ともに銀を産出していた。しかし、多くの貨幣を鋳造することはできなかった。豊臣氏は佐渡を直轄領としたが、大きな利益を上げることはできなかった。家康は（佐渡と石見の）二国を獲得して以来、甲斐出身の大久保長安に鉱山の管理を任せた。すると二年で数万斤を増産した。長安は伊豆でも採掘し、同じ程度の利益を上げた。そこで豊臣氏の制度に従って小判を造り、次の年には新たに銭（慶長通宝）を鋳造した。庶民はこれを便利とした。

以後、頼山陽の家康の呼称は「前将軍」に。

「金工光次」とは、後藤庄三郎光次のこと。本姓は橋本あるいは山崎とも。彼は家康の命により京都の彫金師・後藤家の名代として江戸に下向し、後藤の名乗りを許され、徳川家の貨幣鋳造のみに留まらず、やがて財政や貿易の顧問まで務めて権勢を振るった。

大久保長安にはのちに触れなければならない。このくだりの鉱山の増産や通貨の鋳造についての記述はおそらく正確性に欠けているが、誠に申し訳ないことに、私にはそれを補正して解説するだけの自信が無い。

十一年春、前将軍、建白《けんぱく》す。「禁廷《きんてい》狭隘にして、朝儀《ちょうぎ》を行ふべからず」と。遂に天下の侯伯に課してこれを修拓《しゅうたく》し、各〻名を礎《いしずえ》に刻《こく》す。参議秀康、その事を掌る。秀康、尋いで中納言に遷《うつ》る。また大に江戸城を修め、藤堂高虎をして、池田、福島、加藤、黒田、浅野、細川らの十五姓《せい》を率ゐて工《こう》を助けしむ。三月、前将軍、京師に赴く。五月、榊原康政卒す。子康勝に命じて封を襲がしむ。九月、島津忠恒に、松平氏及び偏諱《へんき》を賜ひ、名を家久《いえひさ》と改めしむ。これより諸藩に多く氏《うじ》を賜ふ。この月、江戸城成る。宏壮なること天下第一と称す。藤堂氏、功《こう》を以て備中の地万石を賜ふ。その余、差あり。十月、前将軍、江戸に帰る。この歳、十男頼房《よりふさ》を常陸の下妻に封じ、五万石を食《は》ましむ。少将忠輝の為めに伊達氏を娶る。内藤清成《きよなり》、青山忠成《ただなり》の奉行職を罷《や》めて、安藤重信を以てこれに代ふ。駿府の城主内藤信成を長浜に徙《うつ》す。

慶長十一（一六〇六）年。春、家康は建白して申し上げた。「禁裏はお狭く、朝議を執り行われるのにも難儀されております」と。そこで天下の諸侯に普請を課して御所を拡張し改修させた。その礎石に各々の諸侯の名を刻ませた。参議秀康がこの工事を掌った。秀康は中納言に遷った。また大いに江戸城を補修して、藤堂高虎に池田・福島・加藤・黒田・浅野・細川ら十五姓を率いて工事を助けさせた。

三月、家康は京に赴いた。五月、榊原康政が亡くなった。子の康勝に命じて襲封させた。九月、島津忠恒に松平姓及び（家康の）偏諱を与え、名を家久と改めさせた。これより諸藩に多く松平姓を与えるようになった。

この月、江戸城が完成した。宏壮なること天下第一と称された。藤堂氏はこの築城の功績で備中に一万石を与えられ、その他の大名も褒賞に差があった。十月、家康は江戸に帰った。この年、十男（十一男）頼房を常陸の下妻に封じ五万石を食ませた。少将忠輝のために伊達氏の娘（五郎八姫）を娶らせた。（家康の狩場に領民が侵入した事で）内藤清成と青山忠成の奉行職を罷免して、安藤重信にこれを代わらせた。駿府城主・内藤信成を近江の長浜城に移した。

榊原康政もこの世を去った。榊原家は三河仁木《につき》氏（足利氏庶流）の一族とされるが、松平家の中では陪臣に過ぎず、その地位は低かった。榊原小平太少年は学問を好み、また書を能くした。十三歳の時家康と出会い、次々と武功を挙げたことで取り立てられ、兄を差し置いて家督を継ぎ、偏諱を拝領して「康政」と名乗った。十九歳で同年の本多忠勝とともに旗本先手役に抜擢されると、以後、姉川の戦い、三方ヶ原の戦い、長篠の戦い、高天神城の戦いで常に目を瞠《みは》る活躍を見せた。個人の武勇では忠勝に譲るが、用兵においては康政の方が上であったとされている。伊賀越えでも同行し、小牧の役では羽柴秀次隊を壊滅に追い込み、秀吉を嘲弄する檄文を書いた。やがて式部大輔に任官し、小田原では北条氏政・氏照兄弟の検死役を務める。家康の関東移封後は関東総奉行。上野の館林で家中二位十万石を食む。ただ、宇喜多家の調停では国許の政務が疎かになるほどのめり込んだため家康の叱責を受け、関ヶ原では秀忠の軍監として従軍しながら結局本戦に遅参させた。それらの失策や若手の台頭もあって、晩年家康からやや冷遇され、所領に引き籠ったともされているが、家康から水戸への加増転封を打診されている逸話もあり、実際のところはやはりよく判らない。享年五十九。死因はかつて家康も苦しんだ「疔」であったと云われている。

十二年正月、海道及び畿西の諸国に課して、駿府に城《きず》く。前将軍、疾《やまい》に嬰《かか》つて昏倒す。既にして愈《い》ゆ。訛言《かげん》あり。二月、乃ち四部の散楽を張り、令を下して縦観《しようかん》せしむ。前将軍、将軍、諸侯を率ゐて臨む。訛言、立ちどころに止む。これより先、中将忠吉、疾あり、少間《しようかん》あり、江戸に来つて大久保氏に寓す。三月、忠吉卒す。嗣なし。義直を尾張に徙し、六十万石を食ましめ、平岩親吉をして犬山に居らしむ。中納言秀康、伏見の留守たり。この月、疾を以て謁帰《えつき》す。両月にして卒す。秀康、武にして政を善くす。内外これを惜しむ。その子忠直、封を襲ぐ。後、少将に任ぜらる。次子直基《なおもと》、結城氏を継ぐ。

慶長十二（一六〇七）年。正月、東海道及び畿内西国の諸国に課して駿府に城を築かせた。家康は病に罹り目眩がして倒れた。まもなく快癒したが、（病状が深刻との）誤った噂が広まった。二月、そこで（家康は）四座（観世・金春・金剛・宝生）の散楽を催し、命令を下してこれを（庶民にも）自由に観覧させた。家康と秀忠は諸大名を率いて隣席した。噂はたちまち止んだ。これより先、中将忠吉に病が有り、やや持ち直した時、江戸に来て大久保氏の屋敷に寄寓した。三月、忠吉は亡くなった。後継ぎがいなかったので、義直を尾張に移し六十万石を食ませ、平岩親吉を犬山城に居らせ（それを補佐させ）た。中納言秀康は伏見城の留守居であったが、この月病に罹り、「謁帰」療養の届けを出して国許の越前北庄に帰った。二ヵ月後、亡くなった。秀康は武勇に秀でており領国では善政を施いた。内外の者はその逝去を惜しんだ。その子の忠直に襲封させ、のちに少将に任ぜられた。次男の直基に結城氏を継がせた。

六十五歳の家康の病はたちまち回復したが、三十四歳の次男秀康と二十八歳の四男忠吉は、ともに長く患っていた病によって、この年、終にこの世を去ってしまった。秀忠は秀康を差し置いて家督を継いだことに様々な思いを持っていただろうし、況してや年子の同母弟である忠吉を失ったことは言葉にならないほどの悲しみだったに違いない。

三月、前将軍、駿府に老す。松平定勝を以て伏見の留守となす。井伊直孝を以てこれに副とす。

これより先、韓の囚《しゅう》、その国に帰つて我が新政を説く。韓主、心これに嚮《むか》ふ。五月、使者呂祐《ろゆう》吉《きつ》らを遣して入貢し、両府に詣《いた》らしむ。これより将軍禅代《ぜんだい》ごとに輒《すなわ》ち来り、永く我が属国となる。両将軍、宗義智《そうよしとし》の功を奏して四位《しいの》侍従となし、十万石に比す。前代は、外国の書信は皆僧侶に委《い》す。ここにおいて、博士林信勝に命じてこれを掌らしむ。

三月、家康は駿府城に隠居した。松平定勝を伏見城の留守居とし、井伊直孝をその補佐とした。これより先、朝鮮の役の捕虜を帰国させ、我が国での（徳川氏の）新しい政治について説明させた。朝鮮王はこれに関心を持った。五月、使者呂祐吉らを遣わして入貢し、（家康の駿府と秀忠の江戸の）両府に詣《いた》った。これより将軍の代が変わるごとに使節を送って来るようになり、（朝鮮は）永く我が属国となった。

家康と秀忠は宗義智の功績を奏上して、彼を四位侍従に任命していただき、（幕府では）十万石の大名の格式を与えた。前の時代までは外国との書簡のやり取りはみな僧侶に委ねていたが、これ以降は博士の林信勝にこれを管掌させることにした。

呂祐吉は、「回答兼刷還使」として日本に派遣されてきた。その目的は和睦を求める日本の国書（実は対馬の宗氏の偽造したもの）に回答し、日本に朝鮮の役の捕虜を返還させるためである。ただ、陶工などは「白丁」として本国で差別待遇を受けていたため、帰国に応じた捕虜は全体の十分の一程度だったとも云う。「回答兼刷還使」はやがて「朝鮮通信使」と名を変えた。朝鮮側では日本に最先端の学問の動向（朱子学）を伝えに来ているつもりだったが、日本側では「通信使」を朝貢の使者であると見做し属国扱いしている。

この夏、東北の諸侯に課して、江戸の天主閣を作る。十月、前将軍、江戸に之《ゆ》き、西城の府蔵《ふぞう》を挙げて将軍に貺《たま》ひ、また茶会を設けて将軍を招く。上杉景勝、佐竹義宣、伊達政宗を以て接《しょう》伴《ばん》となし、皆手づから茶を賜ふ。この時に当り、両公、数〻《しばしば》諸侯の邸に臨み、毎《つね》に歓《かん》を極む。十二月、前将軍、駿府に還る。府城、災《さい》あり。

この夏、東北の大名たちに課して、江戸城の天守閣を作らせた。十月、家康は江戸に行き、西の丸の蔵に所蔵する物を「挙」全て秀忠に「貺」（目上の者が目下の者に物を与える意味）与え、また茶会を設けて秀忠を招いた。上杉景勝・佐竹義宣・伊達政宗を相伴にして、みなに（家康）手ずから茶を点てて振る舞った。

この時期、家康と秀忠はそれぞれ何度か大名たちの屋敷を訪れ、そのたびに歓を極めて交流した。十二月、家康は駿府に帰った。駿府城が火災になった。

十三年、再びこれを城《きず》く。三月成る。九月、将軍、諸侯を率ゐて往いて賀す。これより両公、二府に往来す。而して豊臣氏以下、歳〻《としどし》使を駿府に使して正《せい》を賀す。この歳、筒井定次は淫虐を以て、前田利宗は喪心を以て、並に封を収め、利宗の邑八上《やかみ》を以て、松平康重を徙封《しほう》す。その地形の以て山陰を扼《やく》するに足らざるを以て、乃ち改めて篠山《ささやま》に城き、藤堂及び池田、福島、加藤、浅野氏に課す。

慶長十三（一六〇八）年。再び城を築いて三月に竣工した。九月、秀忠は大名たちを率いて（駿府に）往き、落成を祝った。これより家康と秀忠は二府（駿府と江戸）を往来するようになった。そして豊臣以下の大名は毎年新年の挨拶の使者を送るようになった。

この年、筒井定次は「淫虐」好色で残酷、前田利宗は「喪心」錯乱したことにより、ともに領地を収公された。利宗の丹波八上の所領には松平康重を移封した。（八上城は）その地形が（万一の）山陰からの兵を「扼」塞ぎ止めるのに十分ではないので、あらためて丹波の篠山に城を築くために、藤堂及び池田・福島・加藤・浅野氏に普請を課した。

筒井定次は「洞ヶ峠を決め込む」で有名な筒井順慶の忘れ形見。父の死後は有力家臣の出奔などに悩まされつつも、どうにか伊賀の国主を務めてきた。ところが一六〇八年、重用していた家来に悪政や不行状を幕府に訴えられ、突然改易された。この密告した家来はお家取り潰し後、三千五百石の幕臣として取り立てられ奈良奉行にまで出世している。一方定次は一六一五年、豊臣家との内通を疑われ、嫡男とともに切腹を命じられた。享年五十四。

前田利宗という人物は見当たらないようであるが、彼はおそらく前田玄以の後継ぎの茂勝という人物であろうと思われる。立場上、少年の頃からの切支丹の信仰から離れていかざるを得ず、心の支えを失ったためか、やがて藩政を顧みず、放蕩に耽り、諫言する家臣を切腹させ、終には発狂したとされる。改易後は己を取り戻し、切支丹の伴侶と慎ましやかに過ごし、四十歳まで生きた。

十四年正月、義直、国に之《ゆ》く、前将軍、これを送り、二月、帰る。九月、脇坂安治《やすはる》を大洲に、富田知信を宇和島に徙し、伊賀、伊勢二十三万石を以て藤堂高虎に賜ひ、阿濃津《あのつ》に治《ち》し、勲《くん》旧《きゆう》の臣に比す。これより先、廷臣、伴《はん》を結んで姦淫する者あり。前将軍、勅《ちよく》を奉じ、板倉勝重に命じてこれを按治《あんじ》せしむ。十一月、その首罪《しゆざい》一人を誅《ちゆう》し、その余を流竄《りゆうざん》す。十二月、頼宣を駿河、遠江五十万石に封じ、浜松に治《ち》せしむ。頼房を水戸に徙《うつ》す。

慶長十四（一六〇九）年。正月、義直が尾張に入国する時、家康はこれを見送り、二月、駿府城に帰った。九月、脇坂安治を伊予の大洲に、富田知信を伊予の宇和島に移し、伊賀と伊勢の二十三万石を藤堂高虎に与え、阿濃津を居城とさせ、「勲旧の臣」譜代家臣の扱いにした。これより先、廷臣の公家たちが「結伴」徒党を組んで宮中の女官と不倫に耽るという事件があった。家康は勅命を奉じて、板倉勝重にこれを「按治」糾明させた。十一月、その首謀者の一人（猪熊教利）を誅殺し、その他の者は流罪に処した。十二月、頼宣を駿河遠江で五十万石に封じ、浜松城を居城とさせた。頼房を水戸に移した。

猪熊教利は、山科氏分家の当主で左近衛少将。光源氏に擬えられる「天下無双の美男」と称された。髪型や装いまでが当時の京都の流行になるほどで、その女癖も「公家衆乱行随一」であった。一度後陽成天皇の勅勘を被って都を追放されたものの、いつの間にか舞い戻り仲間の公卿と語らって複数の女官たちと不義密通を重ねた。

終に事が露顕したことを知るや彼は九州まで逃亡したが、京都所司代の追及からは逃れられず捕縛され召還。天皇は関係者全員の死罪をお望みであったが、幕府の裁定で極刑は猪熊と医師のみ、他の公家五人が流罪（うち後に生きて赦免されたのは一人）、女官五人が流罪（全員十四年後に赦免）、恩免二人となった。この手緩《ぬる》い結果に、天皇はたいへんご不満で、これがご退位のきっかけになったと云う。また以後幕府の朝廷への監視と介入を強めることになった。

琉球侵攻

この歳、諸侯の妻子、尽く江戸に至る。其の会同する者は留ること期年《きねん》にして去らしむ。著《あらわ》して永制《えいせい》となす。西の諸侯の、多く戦艦を造るを禁ず。これより先、島津家久、教《きよう》を奉じて琉《りゆう》球《きゆう》を招く。琉球至らず。請うてこれを討つ。この歳春、その将新納《にいろ》一氏《かずうじ》を遣し、八千人に将として南伐す。樺山《かばやま》久高、先鋒たり。東求島《とくのしま》に抵《いた》り、琉球の戍兵《じゆへい》三百を執《とら》ふ。夏、難巴津《なはのつ》を攻む。虜、鉄鎖を以て船を聯《つら》ね、津口《しんこう》を扼守《やくしゆ》す。而して津傍《しんぼう》に山あり。険にして蛇蝎《だかつ》多し。虜、恃《たの》んで兵を置かず。我が軍、火を放つて山を赭《しや》にして上り、進んで楊睽灘《ようけいなだ》を奪ひ、千里山に戦ふ。利あらず、転じて朝築城《ちようちくじよう》を攻めてこれを抜く。琉球王尚寧《しようねい》、その弟具志《ぐし》をして来つて降《こう》を乞はしむ。許さず。五戦して国都《こくと》に至り、尚寧及び王子、大臣数十人を擒《とら》へて、厳しく抄掠《しようりやく》を禁じ、国民を安撫《あんぶ》す。六十日を以て琉球を定む。秋、幕議《ばくぎ》、琉球を以て島津氏に賜ひ、その臣隷《しんれい》となす。これより先、我が賈舶《こはく》、阿媽港《あまこう》に至り、皆誘殺せらる。その三人、潜かに逃れ帰つてこれを告ぐ。この歳、港人二百、長崎に至る。幕府、原城主有馬晴信に命じ、長崎奉行長谷川藤広を助けて、撃って港人を鏖《みなごろし》にす。後二歳、その大人《たいじん》来り謝す。乃ち印信を給して、互市《ごし》を許す。

この年、大名の妻子を尽く江戸に来させ、その江戸に「会同」集まった大名を「期年」一年間留めてから帰国させた。これを永代の決まりとすることを「著」明らかにした。西国の大名たちに多くの戦艦を建造することを禁じた。

島津家久は、家康の命令に従って琉球を招いた。しかし琉球はやって来なかった。家久は幕府に願い出て琉球を討伐した。この年の春、部将の新納一氏に八千人を率いて南伐させた。樺山久高を先鋒として東求島に「抵」上陸して戦い、琉球の守備兵三百を捕らえた。夏、難巴津（那覇港）を攻めた。「虜」（敵を貶める呼称）賊は鉄の鎖で船を連結し、津の入り口を塞いで守った。そして津の傍に山があったが、険阻な上に毒蛇（ハブ）や蝎が多かった。賊はこれを恃みにして兵を置かなかった。島津軍は火を放って山を「赭」焼き払って登り、進んで陽睽灘《ようけいなだ》を奪い、千里山で戦った。だが、勝てなかった。兵を転じて朝築城を抜いた。

琉球王尚寧はその弟・具志を使者として降伏を乞うてきた。しかし、許さなかった。島津軍は五回戦って国都までやって来た。尚寧及び王子・大臣を捕えた。略奪を厳禁とし、琉球国の民を安撫した。六十日で琉球を平定した。秋、幕府の評議により琉球を島津氏に与え、その属領とした。これより先、日本の商船が阿媽港（マカオ港）に到着したが、港に誘い込まれて乗っていた者がみな殺されてしまった。そのうちの三人が密かに逃れて帰国しこれを訴え出た。この年、港人（港のマカオ人）二百が長崎に来航した。幕府は原城主・有馬晴信に命じ、長崎奉行の長谷川藤広を助けて、港人を襲撃して皆殺しにさせた。のち二年してマカオの高官が来て謝罪したので、朱印状を与えて交易を許すことにした。

琉球侵攻は、秀吉の九州征伐に関ヶ原と敗戦の続いていた島津氏の威信回復、及び奄美の割譲と琉球貿易の独占による藩の財政再建を念頭に行われたと一般的に考えられている。特に戦後領土として幕府から公認された奄美の黒砂糖の搾取収奪は、江戸期を通じて莫大な利益を薩摩に齎すことになった。

十五年正月、将軍、内藤忠重を以て嗣子の傅《ふ》となし、松平正綱の子信綱、阿部正次の子正秋《まさあき》を侍臣となす。二月、将軍、駿府に適く。これより先、堀忠俊の宰《さい》堀直清《なおきよ》、政を専らにし、庶兄《しょけい》直寄を譏して、これを逐《お》ふ。直寄奔《はし》つてこれを駿府に訴ふ。閏《うるう》二月、両公、親らこれを聴く。直清、辞、屈す。これを山形に放ち、忠俊を岩城に放ち、直寄を信濃の飯山に封ず。越後を以て少将忠輝を封じ、旧封を併せて五十万石となし、福島に治《ち》せしむ。尋いで高田に遷《うつ》る。この月、将軍、大に遠江に猟す。本多忠勝、桑名より来謁して曰く、「往年、老僕、太公に従って武田信玄をここに拒《ふせ》ぐ。爾時《そのとき》、信玄の兵を以て衆盛当るべからずとなす。今郎君《ろうくん》の衆、信玄に什倍《じゅうばい》す」と。この春、義直の為めに名護屋に城く。前田氏以下十七国に課して役《えき》を助けしむ。諸侯の篠山の役を助くる者、竣《おわり》を告ぐ。命じて名護屋を助けしむ。福島正則、池田輝政に謂つて曰く、「土木荐《しきり》に興つて、我が輩困敝《こんぺい》す。夫《か》の両府の若《ごと》きは、敢て辞せざる所なり。これらの私役《しえき》に、復た我が輩を駆使するは何ぞや。子は駿府の愛婿《あいせい》たり。盍《なん》ぞ我が輩の為めにこれを説かざる」と。清正、髯《ぜん》を奮つて曰く、「左衛門、何ぞこの言を出す。役を助くるを欲せずんば、則ち速かに反《そむ》くに如《し》かず。反く能はずんば、則ち何ぞこの言を出すか」と。輝政、大に笑つて止む。前将軍これを聞き、輝政をして諸侯に言はしめて曰く、「土木を厭ふ者は、宜しく速かに国に就いて塁を高くし溝を深くし以て我が旆《はた》を竢《ま》つべし」と。諸侯大に懼《おそ》れ、力を併せて役に就く。数月にして成る。八月、島津家久、琉球王を携へて駿府に来謁し、方物《ほうぶつ》を献じ、遂に江戸に造《いた》る。九月、将軍、王を釈《ゆる》してその国に復《かえ》らしめ、島津氏に命じて俘虜《ふりよ》を帰さしむ。十月、本多忠勝卒す。忠勝十四歳より軍に従ひ、大小五十余戦、毎戦皆捷つ。而して未だ嘗て創《きず》を被らず。前将軍、殊にこれを悼《いた》み、長子忠政をして封を襲がしむ。これより藤堂高虎、忠勝に代つて伊勢を鎮《ちん》ず。

慶長十五（一六一〇）年。正月、秀忠は内藤忠重を竹千代の傅役《もりやく》にし、松平正綱の子の信綱、阿部正次の子の正秋を竹千代の近習とした。二月、秀忠は駿府城に適《い》った。

これより先、堀忠俊の家老・直清が藩政を擅断し、（主君の）忠俊の妾腹の兄の直寄を（讒言して）追放した。直寄は出奔してこれを駿府（の家康）に訴え出た。閏二月、家康と秀忠は自ら（その詳しい）訴えを聴いて直裁した。直清は「辞、屈す」抗弁することなく罪を認めたので、山形に追放した。忠俊を岩城に放ち、直寄を信濃の飯山に封じた。

（欠所となった）越後に少将忠輝を封じ、旧封と併せて五十万石とした。福島を居城とさせ、続いて高田に遷させた。この月、秀忠は遠江で大掛かりな狩りを催した。本多忠勝が所領の伊勢の桑名よりやって来て（秀忠に）目通りして言った。「かつて、老僕は大御所に従ってこの地にて武田信玄を拒ぎもうした。その時の信玄の兵のあまりに衆《おお》く盛んな様子を見て、とても太刀打ちできぬと思うたものでございます。（ところが）今や若殿の軍はあの頃の信玄の十倍でござる」と。

この春、（家康は）義直のために名護屋に城を築いた。前田氏以下十七国に普請を手伝わせた。篠山の手伝い普請をしていた大名たちが工事を竣えたことを報告してきた。（引き続いて）名護屋の手伝いを命じた。福島正則は池田輝政に向かって言った。「土木普請が「荐《しきり》に興《おこ》る」こう続いてはわしらも疲れ果てるばかりよ。それが江戸や駿府というなら黙って従おうが、かような徳川（の一人の倅のため）の普請にまで駆り出されるのは得心がいかぬわい。そちゃあ大御所に目をかけられておる娘婿であろう。なんでわしらのために一言口添えしてくれんのじゃ」と。清正は「鬚」頬髭を奮わせて言った。「左衛門、なぜかような事を言うのか。手伝い普請が嫌なら速やかに叛けば宜かろう。叛けぬのであれば、なにゆえかかる事を口にするのか」と。輝政が大笑いしてこの場の話は終わった。家康はこれを伝え聞いて、輝政を通じて大名たちに言わせた。「普請が嫌な者は即刻国許に立ち帰り、塁を高くし堀を深くして我が軍旗が見えるのを待てば宜かろう」と。大名たちは大いに懼れ、力を併せて普請に取り組み、数ヵ月で名護屋城は竣工した。

八月、島津家久は琉球王を連れて駿府城で家康に謁見した。「方物」（その地方の特産品のこと）琉球の珍しい品々を献上した。そして江戸に造《いた》った。九月、秀忠は王を釈《ゆる》しその国に復させ、（同時に）

島津氏に命じて（琉球の）捕虜たちも帰国させた。
十月、本多忠勝が亡くなった。忠勝は十四歳より従軍し、大小五十余りの戦に参陣して戦うたびにみな捷《か》った。（しかも一度として）未だ創《きず》を被ったことが無かった。家康は殊に（その死を）悼み、嫡男の忠政に領地を襲《つ》がせた。これより藤堂高虎が忠勝に代わって伊勢の地を鎮めることになった。
関ヶ原から十年にして、遂に徳川四天王の最後の巨星が堕ちた。本多忠勝は、このくだりで本人がいみじくも述懐しているように、武田信玄の兵を「恐れる」ことができる武将であった。年を経て、六メートルの愛槍・蜻蛉切りを使いこなすことが困難になってくると、自身の衰えを素直に受け容れ、柄を九十センチメートルほど截って用いたという話も伝わっている。井伊直政の己を駆り立てて死地に飛び込み大功を挙げ続けるというのとは明らかに違う。しかし、彼には戦場での卓越した観察眼と、生来の一種異様な闘気があった。彼がひとたび一喝して敵陣に突き入るや、大半の武者がその威風に衝《つ》かれて堪らず後退《ずさ》りする。それこそが本多忠勝という不世出の武人の姿であった。享年六十三。

十六年三月、前将軍、京師に如く。これより先、朝旨《ちょうし》、以て太政大臣となさんと欲す。固辞して拝せず。この月、皇太子、禅《ゆずり》を受く。これを後水尾《ごみずのお》天皇となす。前将軍、諸侯に命じて、上皇の宮《みや》を修めしめ、多く供御《くご》の地を置く。

慶長十六（一六一一）年。三月、家康は京へ如《い》った。これより先、朝廷のご意向で（家康を）太政大臣に任じようとされたが、固辞して拝命しなかった。この月、皇太子が禅《ゆずり》を受けた。こちらを後水尾天皇と申し上げる。家康は大名たちに命じ、後陽成上皇の宮殿を修築させ、多くの御料地を置いた。

やがて幕府と長年に亘り火花を散らされることになる後水尾帝の誕生である。

家康、秀頼と会す

前将軍、人をして豊臣秀頼に謂はしめて曰く、「婚を結んでより未だ相ひ見ず。恐らくは物議を生ぜん。願はくは一たび来り、以て衆情《しゆうじよう》を定めよ」と。秀頼年十九。驕逸《きよういつ》にして外事を知らず。事皆淀君に決す。淀君、遣らざらんと欲す。嫡母《てきぼ》浅野氏、使をして其の再び命に違《たが》ふべからざるを諭さしむ。乃ちこれを遣る。四月、二条城に詣《いた》る。前将軍、饗してこれを還し、義直、頼宣を遣して大坂に往き、これを謝し、白金一万三千両を遺《おく》る。乃ち駿府に帰る。

家康は人を遣わして豊臣秀頼に向かって言わせた。「（千姫との）結婚以来、まだ親しくお目にかかっておりませぬ。おそらく世の中には何かと騒ぎ立てる者も出てまいりましょう。願わくば一度こちらにお越しくださって（語り合い）世情を落ち着かせるのはいかがでござろう」と。

秀頼は年十九、驕り昂り好き勝手に育ち、世の中のことを何も知らず、何事もみな淀君によって決められていた。淀君は秀頼を行かせるのを嫌がった。秀頼の嫡母の浅野氏（高台院）は人を遣わして、以前にもお断りしたのに此度もまた退けられるのは好ましくない、と。そこで、秀頼を行かせることにした。四月、（秀頼は）二条城に詣《いた》り、家康はこれを饗応して還した。義直と頼宣を大坂に往かせて、秀頼来駕の礼を言い、銀一万三千両を贈った。それから家康は駿府に帰った。一方ではこの時の会見で、家康は秀頼の偉丈夫ぶりとその聡明さに脅威を感じた、という逸話も残っている。このくだりの「驕逸」にしてもいずれも偏りが極端な評価のような気がする。

この月、浅野弾正少弼卒す。前将軍、最も少弼と親善なり。常陸の真壁五万石を以て、その湯《とう》沐《もく》の邑となす。而して時に召し見て与《とも》に碁《き》を囲む。其の没するに及んで、復た奕《えき》せず。乃ち真壁をその季《き》子《し》長重《ながしげ》に賜ふ。五月、加藤清正卒す。嗣子忠広、猶ほ幼《いとけな》し。幕議、藤堂高虎をして往いて国事を視しむ。十一月、両公、偕《とも》に上野に猟《かり》す。これより先、京師の富人角倉《すみのくら》某、上書して便宜を言ひ、丹波の漕《そう》を通ぜんと請ふ。これを許す。尋いで甲斐、駿河の漕を通ずるを命ず。この歳、また鴨川を引いて伏見に通ぜんと請ふ。またこれを許す。

この月、浅野弾正少弼（長政）が亡くなった。家康は長政と最も仲が良かった。常陸の真壁五万石を湯沐邑（本来は皇族などの都での経費に充てさせる食邑のこと）として長政個人に与えていた。ときどき呼び出しては囲碁を打った。長政が亡くなってからは、家康は誰とも碁を打たなくなった。真壁を末の子の長重に与えた。

五月、加藤清正が亡くなった。世継ぎの忠広はまだ幼かった。幕府の評議によって藤堂高虎に肥後に往き国事を代行させた。十一月、家康と秀忠は上野で狩りを催した。これより先、京の大商人・角倉某が上書して、士民の便宜のために丹波の（保津）川の漕運が開通できるよう願い出てきたので、これを許可した。次いで（幕府は）甲斐と駿河の間の富士川の漕運も開通させることを命じた。この年、（角倉は）鴨川の水を延引して伏見に通すことも願い出た。またこれも許可した。

　豊臣恩顧の大名たちがこの時期相次いでこの世を去る。浅野長政の没年は六十五歳なのでむしろ長命だが、加藤清正は四十九歳、こちらも当時としてはけっして若死とは言えない。大衆によって神格化された清正像が徳川の暗殺説などを生んだものだと思われる。朝鮮の役での長き艱難辛苦が彼の命を磨り減らしたであろうことは想像に難くない。死因は梅毒・腎虚・ハンセン氏病などいくつか伝わっている。近年の研究では、加藤清正はその豪傑的側面より行政官僚としての手腕に評価の光が当てられているようである。

　角倉了以《りょうい》は朱印船貿易の初期に安南で巨利を博した京都の豪商である。莫大な私費を投じて保津川や高瀬川を開削した（通行料の徴収でたちまち回収したらしいが）。次いで幕命により富士川、さらに天竜川、庄内川まで工事の手を広げた。地元では豪商としてより「水運の父」として知られている。

　この時に当り、夷蕃《いばん》の入貢《にゅうこう》、若しくは互市《ごし》を乞ふ者二十余国。前将軍、吏に命じて、書を明《みん》の福建《ふくけん》の守《しゅ》に贈り、故事に因つて、勘合印を請ふ。守、疑懼《ぎく》して答へず。而してその商舶《しょうはく》の来る者益〻衆《おお》し。乃ち長崎を以て互市の地となし、他の依泊《いはく》を禁ず。

この時、外国の入貢もしくは交易を乞う者は二十余国に及んでいた。家康は役人（本多正純）に命じて明の福建太守に書状を送らせ、故例に倣い正規の交易の証となる勘合符を発行してくれるよう請うた。太守は疑い躊躇って答えなかった。しかし、明国から来航する商船はますます衆くなっていた。そこで（幕府では）長崎を交易の地とし、他の港に寄ることを禁じた。

初め豊臣氏、耶蘇教《やそきょう》を禁ず。既にして禁弛《ゆる》む。ここに至つて、蛮人耶璵子《ヤンヨース》、変を上り、「蛮教を倡《とな》ふる者は皆非望を覬覦《きゆ》す」と告ぐ。乃ち海内に令して蛮人を撿《けん》し、尽くこれを逐《お》ふ。我が民のその教を奉ずる者は、僧に命じてこれを諭し、聴かざる者は流斬《りゆうざん》に処す。耶瑪子《ヤンヨース》を江戸の東郭に置き、厚くこれを視る。また有馬晴信、蛮教を修むと告ぐるものあり。次年、晴信を甲斐に放ち、尋いで死を賜ふ。その子は前将軍の義女孫の婿たり。因つて封を襲ぐを得たり。

そもそも豊臣氏は耶蘇（キリスト）教を禁じたが、しばらくするとこの禁令も緩んだ。この頃になり外国人の耶瑪子（オランダ人航海士のヤン・ヨーステン、家康に仕え八重洲の地名の由来となる）が変事を注進した。キリスト教の宣教師はみな「非望を覬覦《きゆ》す」日本国を乗っ取ろうという身分不相応な大きな企みを抱いております、と。

そこで（幕府は）国中に命令して外国人を検べ上げ、宣教師は尽く追放し、日本の民でその教えを信奉する者には僧侶に命じて改宗するよう説諭させ、それでも聴き容れない者は流罪か斬首に処した。耶瑪子を江戸の東に置きこれを厚く遇した。また有馬晴信がキリスト教を信仰していると告発する者が有った。翌年、晴信を甲斐に追放し、次いで死を与えた。その子の直純は家康の義理の孫娘（本多忠勝の孫娘）の婿だったので、これに襲封させた。

晴信の死は、禁教の問題というより、詐欺事件に巻き込まれた結果である。本多正純家臣・岡本大八は家康にマニラ船攻撃の恩賞を斡旋すると偽って、領地回復を熱望していた晴信から巨額の賄賂をせしめた。だが、いつまで経っても結果が出ずしびれを切らした晴信が幕府に訴え出たところ、大八の虚言が明らかになり、火あぶりの刑に処せられることになった。

ところが、まさに窮鼠猫を噛む、今度は大八が獄中から晴信の長崎奉行暗殺計画を糾弾したのである。そして幕府は両者を直接対決させたが、晴信はほとんど抗弁できず、その場で捕らわれることになった。つまり、全くの藪蛇による死である。あくまでキリスト教側の記録だが、晴信は最期には妻に見守られながら家臣に首を斬らせたとも伝わっている。

十七年正月、平岩親吉卒す。子なし。親吉は義直の仮父《かふ》たり。故を以て敢て後を立てず。前将軍、尾張に適く。二月、帰る。六月、京畿の豪商を江戸に徙す。七月、春日祠《かすがのやしろ》を修む。これより先、祠樹《しじゅ》折る。朝議以て凶兆となして、来り諮《と》ふ。前将軍対へて曰く、「これ神以て祠を修めんと欲するのみ」と。乃ちこの命《めい》あり。因つて穀禄《こくろく》を給して、伊勢の大廟《たいびょう》に准《じゅん》ず。また嘗て朝臣と議して、天下の寺祠《じし》修造の節を制して厳に新立《しんりゅう》を禁ず。

慶長十七（一六一二）年。正月、平岩親吉が亡くなった。子が無く、親吉は義直の仮の父となっていた。ゆえにことさらに後継ぎを立てなかった。家康は（葬儀に参列するために）尾張に行った。二月、（駿府に）帰った。

六月、京周辺の豪商を江戸に移した。七月、春日大社を修復した。これより先、境内の樹が折れた。朝廷の評議では凶兆と見做したが、幕府に相談すると、家康は対えて申し上げた。「これは神が大社を修繕したいと思し召しておられるに相違ございませぬ」と。そして春日大社修復の命令が有ったのである。そこで穀物の禄を支給すること伊勢神宮に準ずる扱いとした。また廷臣と相談し、天下の神社仏閣の修繕や造営の節度を制限して、新たに建立することを厳しく禁じた。

平岩親吉も、今川の駿河人質時代から家康の小姓として仕えた幼馴染とも言える存在である。やがて信康の傅役となるもその死を見送ることとなったり、水野信元父子をその手で仕物にかけたりなど、結果として苛酷な主命を受けることも多かった。後年、その律儀篤実な人柄を見込まれて今度は義直の傅役となり、尾張の付家老として犬山十二万三千石を領した。享年七十一。

この時、越前の列宰《れつさい》、権を争つて来り愬《うつた》ふ。十一月、両公、江戸に在つてこれを聴く。一人は不直《ふちよく》に坐して流《りゆう》に処す。一人は愧恥《きち》して自殺す。前将軍、本多成重《なりしげ》を遣して宰《さい》となし、旧宰と並んで国事を視しむ。成重は重次の子なり。幼にして秀康に侍《じ》せし者なり。この歳、蒲生秀行卒す。子忠郷《たださと》、我が外孫を以て嗣いで会津を鎮ず。

この時、越前忠直の家老たちが権勢を争って幕府に訴え出てきた。十一月、家康と秀忠は江戸に在ってこれを裁いた。一人は申し立てが正しくなかったので流罪に処され、もう一人は愧恥して自殺した。家康は本多成重を遣わして（越前の）家老とし、他の以前からの家老とみなで国事を視させた。成重はあの（荻丸こと秀康を養い育てた）重次の子であり、幼い頃秀康に侍っていた者である。この年、蒲生秀行が亡くなった。子の忠郷は徳川家の外孫（母は家康の三女・振姫）だったので家督を嗣いで会津を鎮めることになった。

例の作左衛門重次の家族に送った日本一短い手紙「一筆啓上火の用心、お仙泣かすな馬肥やせ」（本文は少し違う）の中に出てくる一粒種の愛児「お仙」がこの成重である。父は秀吉の勘気を被って蟄居のままその身を終えたが、成重はその父の縁から越前に仕え、やがて武功も挙げ、忠直改易後は、あらためて越前丸岡四万六千五百石の譜代大名となり、藩政の基礎を固めた。忠直については後述する。

十八年正月、三十七藩に命じて、皇宮を修めしむ。この月、池田輝政卒す。池田氏、実は楠氏《なんし》なり。楠正行《くすのきまさつら》の節に死するや、遺腹の子教正《のりまさ》、摂津の池田氏に育てらる。その裔《えい》恒利《つねとし》、始めて尾張に徙る。恒利の孫を輝政となす。輝政、徳川氏を助けて禍乱を定む。人以為《おも》へらく、その祖を辱しめず、と。長子利隆、播磨に襲封《しゅうほう》す。二弟忠継、忠雄、並に我が外孫を以て、分れて備前、淡路を領す。八月、浅野左京大夫卒す。関原の役に、大夫、首《しゅ》として岐阜を破り、功最も大なり。而して豊臣氏を保護して衰へず。前将軍、心に深くこれを韙《い》とす。遂にその女を以て義直に妻《めあわ》すを約す。未だ婚成らずして卒す。子なし。二弟あり。仲は長晟《ながあきら》、但馬守《たじまのかみ》と称す。

少《わか》くして大坂に在り。国人、嫌《けん》を避け、叔長重《しゆくながしげ》を立てんと請ふ。前将軍、命じて仲を立てゝ封を襲がしむ。

慶長十八（一六一三）年。正月、（家康は）三十七藩に命じて皇居を修繕させた。この月、池田輝政が亡くなった。池田氏は、実は楠氏である。楠（楠木）正行が死によって忠節を彰かにし、遺された妾腹の子・教正は摂津の池田氏に養育された。その後裔・恒利が初めて尾張に移り、恒利の孫が輝政となる。輝政は徳川氏を助けて禍乱を定めた。人々は思った、輝政はその先祖を辱めない者である、と。長子の利隆に播磨を襲封させ、その二人の弟である忠継と忠雄はみな徳川の外孫（家康の次女・督姫が生んだ）なので、備前と淡路をそれぞれ分けて領有した。

八月、浅野左京大夫幸長《よしなが》が亡くなった。関ヶ原の役では幸長は一番先に岐阜を撃ち破り、戦功は最も大きかった。それでいて豊臣氏を保護する心もけっして衰えなかった。家康は心に深くこれを「襲」正しい武士の心映えだと思っていた。そこでその娘を義直に娶せる約束をしたが、まだ婚約が取り交わされる前にこの世を去ってしまった。幸長には子が無く、二人の弟がいた。次男の弟は長晟といい但馬守を称していた。幼い頃より大坂におり、（幸長の領地の）紀伊の国人は（いずれ徳川氏から豊臣家内通の）嫌疑を受けるのを避けたく思い、三男の弟の長重を立てることを願い出たが、家康は命じて次男を立てさせた。

頼山陽がどんな史料を根拠に楠木正行と池田輝政を結びつけたのか、私には見つけ出すことができなかったが、その父の池田恒利はむしろ南朝の敵筋の足利義晴に仕えていた形跡が見られる。この尾張池田氏は一益の出た滝川氏との関係が深いとも指摘されている。

この歳春、大久保長安の姦利《かんり》の事覚《あらわ》る。会〻《たまたま》病んで死す。その七子を誅《ちゅう》す。故石川数正の子康長、連坐して邑を奪はる。康長の邑深志《ふかし》を以て小笠原秀政に賜ひ、その旧封に復す。この歳冬、富田知信、高橋元種、皆罪あり。封を収む。

この年の春、大久保長安が不正に利益を掠めて蓄財していたことが発覚した。ちょうどこの時病死していたので、その七人の息子を誅殺した。石川数正の子の康長も連座して所領を奪われ、康長の領地の信濃の深志を（先祖が守護を務めていた）小笠原秀政に与えた。この年の冬、富田知信と高橋元種もみな罪があって除封された。

天正壬午の乱の勝利で甲斐に進駐してきた徳川軍。既に四十半ばを過ぎた猿楽師上がりのこの男は、経営と金採掘と治水土木と戸籍作成の豊富な知識を提げて家康に売り込み、登用される。大久保忠隣の与力となって大久保長安と名乗り、その庇護を受けて目覚ましい実績とともに瞬く間に関東代官頭の地位にまで駆け上がっていった。その後も各地の奉行を歴任し、遂には年寄（のちの老中）にまで上り詰めた。また忠輝の付け家老にもなり、その義父・伊達政宗とは昵懇の間柄であった。極め付けの好色漢（側妾が八十人とも）で大変な浪費家でもあったらしい。しかし、中風で彼の波瀾の生涯に幕が降りた直後、その一族の運命は暗転し、恐るべき漆黒の深淵に呑み込まれていくのである。

この時、大久保忠隣、本多正信、土井利勝、安藤重信、酒井忠世、江戸の老中となり、本多正純、成瀬正成、安藤直次、駿府の老中となり、分れて天下の諸政を執る。この歳秋、前将軍、江戸に適く。十二月、将に駿府に還らんとす。中原に舎《しゃ》す。甲斐の人馬場忠時、変事を上つて曰く、「大久保忠隣、不軌《ふき》を謀る」と。馬場、嘗て譴《けん》を蒙つて、小田原に放たる。忠隣に申雪《しんせつ》を請ふ。省《せい》せられず。怨望《えんぼう》す。これより先、忠隣、その子忠常を喪《うしな》ふ。乃ち疾と称して謁帰《えっき》す。また山口重政と婚す。吏、其の告げざるを劾《がい》して、重政の封を奪ふ。忠隣、罪を謝す。報ぜず。乃ち門を杜《と》ぢて出でず。馬場、これを時《とき》とするなり。また正信、忠隣と郤《げき》ありと聞き、遂に本多氏に因つて誣告《ぶこく》す。前将軍驚き、還つて江戸に入り、忠隣をして京師に如《ゆ》いて耶蘇教を検せしむ。歳を踰《こ》ゆ。正信、命を京師に伝へて、忠隣を彦根に放つ。小田原の外郭を毀《こぼ》つてその士臣を逐ひ、兵備を箱根に設く。前将軍乃ち駿府に帰る。板倉勝重、命を奉じて忠隣に詣《いた》る。館人《じん》走り報ず。忠隣、方《まさ》に客《かく》と奕《えき》す。徐《おもむ》ろに局を斂《おさ》めて出でて命を聴く。京師、驚擾《きょうじょう》す。忠隣乃ち鎧仗《がいじょう》を縛《ばく》してこれを板倉氏に送り、終に彦根に赴く。その族皆連坐す。叔父忠佐《ただすけ》卒す。亦た国を除《じょ》し城を毀《こぼ》つ。安房の里見氏、忠隣と交通するに坐して国を奪はる。忠隣、配所《はいしょ》より書を駿府に上つて曰く、「臣縦《たと》ひ誅《ちゅう》に伏するも、而も反心なきを明《あきら》かにせん」と。有司《ゆうし》敢て通ぜず。独り成瀬正成、為めにこれを通ず。僧天海、密教を以て親近《しんきん》せらる。亦た従容として申救《しんきゅう》す。将軍の怒釈《と》けざるを以て、乃ち止《や》む。井伊直孝、彦根を領するに及び、忠隣に勧めて再訴《さいそ》せしむ。辞して曰く、「これ君の過《か》を顕《あらわ》すなり」と。亦た止む。両将軍、大久保氏の旧勲《きゅうくん》を思ひ、忠常の子忠季《ただすえ》をしてその封二万石を襲がしめ、後竟《つい》にその旧に復す。

この時、大久保忠隣・本多正信・土井利勝・安藤重信・酒井忠世が江戸の老中となり、本多正純・成瀬正成・安藤直次が駿府の老中となって、分かれて天下の諸政を執り行っていた。この年の秋、家康は江戸に適《い》った。

十二月、駿府に帰ろうとして相模の中原に泊まった。すると、甲斐の人馬場忠時が変事を注進してきた。「大久保忠隣が謀反を企んでおります」と。馬場はかつて譴責を蒙って小田原に追放された。そこで（小田原領主の）忠隣に申し開きを願い出たが顧みられず、その事で怨んで憤懣を抱いた。これより先、忠隣はその子の忠常を喪い、病と称して「謁帰」休暇を得て所領に帰っていた。また忠隣が山口重政と婚姻を結んだことを、役人が幕府に未報告であると弾劾し、重政の封は奪われた。忠隣は罪を謝したが赦されなかった。そこで門を閉じて外に出なくなった。馬場はこれを好機と捉えた。また正信と忠隣との仲が険悪であると聞き、正信と手を結んで忠隣を追い落とそうと誣告したのである。

家康は驚き、引き返して江戸に入り、忠隣に京に如《い》ってキリスト教の検べをさせた。年を越え、正信は京に命令を伝えて忠隣を彦根に追放した。小田原城の外廓を毀ち、大久保の家臣たちを追い払い、箱根に兵備を設けた。家康はそこで駿府に帰った。板倉勝重は命に従って忠隣の元に向かった。館の者が走って勝重が来たことを報せた。忠隣はちょうど客と碁を打っていた。徐に碁盤の上を片付けてから外に出て命を聴いた。京の人々は驚き擾れた。

忠隣は武器と甲を縄で縛り付けて板倉氏に引き渡し、終に彦根に赴いた。忠隣の親族はみな連座し、叔父の忠佐は既に没していたが、これもまた国は除かれ城は毀たれた。安房の里見氏も忠隣と連絡を取り合っていたことで連座して国を奪われた。忠隣は配所より駿府に上書して言った。「それがしはたとえ誅に伏するとも、叛く心が無いことだけは明らかに致しとうございます」と。重臣たちは敢えてこの言葉を取り次ごうとしなかったが、一人成瀬正成だけは（忠隣のために）取り次いだ。僧の天海も密教によって親近せられていたが、また従容として（忠隣のために）申し開きをした。だが、秀忠の怒りが解けなかったので、それ以上は試みなかった。井伊直孝は彦根を鎮めていたが、忠隣に再び訴えるよう勧めた。忠隣は断って言った。「それは主君の過ちを顕らかにすることになりましょう」と。直孝もそれ以上は何もしなかった。

やがて家康と秀忠は大久保家のこれまでの勲功の大きさを鑑み、忠常の子の忠季にその領地のうち二万石を襲封させ、後年にはとうとう全て元に戻した。

家康の家臣の粛清はここまでいくつか見てきたが、この事件には家康自身の顔が全く見えてこない。生の人間家康ではなく、巨大になった徳川家権力機構の組織運営の力学によって、謂わば粛々と大久保一族が排除されていったような印象を受ける。背景には、本多正信正純父子との権勢を巡る暗闘や、忠隣与力の大久保長安を通じての切支丹やスペイン本国との連携を模索する伊達政宗との密盟など、想像を刺激する理由は様々ちらつくが、その真偽は定かではない。四天王は既に全員去り、それに次ぐ武勇で徳川家を支え続けた大久保一門も歴史の表舞台からは退いた。時代が戦国の終局を迎えつつあるのは確かかもしれないが、すぐそこにその最後の徒花の狂い咲く季節が待ち構えている。

前将軍、素より意を学術に留む。関原に捷つの年、即ち経籍《けいせき》の未だ刊行を経《へ》ざる者を取つて、尽くこれを木に上《のぼ》せ、礼文《れいぶん》を修むるを以て志《こころざし》となす。職を譲《ゆず》つてより以来、益〻天下に令して遺書を購求し、廷臣の典故を諳《そら》んずる者を引いて、林信勝らと、前に講究して、日夕倦《につせきう》まず。また文学の士を招く。緇素《しそ》となく皆これを礼重《れいちょう》す。この歳、親ら試みるに「政をなすに徳を以てす」の頌《しょう》を以てす。将軍も亦た「草《くさ》これに風を尚《くわ》ふれば必ず偃《ふ》す」の賦《ふ》を試む。

家康は以前より学術に意を留めていた。関ヶ原で勝利した年、すぐに我が国で未刊行の経籍を取り寄せ、尽くこれを版木に彫り、礼や文を修めることを志とした。征夷大将軍の位を譲って以来、ますます天下に命令してまだ世の中に埋れている名著を買い求めて、典故に「諳」精通する公家の学者を呼んで、林信勝らとともに家康の前で講究させて、日夕倦むことがなかった。また学問に造詣のある者を招聘して、「緇素」僧侶と俗人の区別無くみなこれを重く礼遇した。この年、家康は試みに『論語』の為政篇から採った「為政以徳頌」という題で漢詩を作らせ、秀忠もまた『論語』の顔淵篇から採った「草尚之風必偃賦」という題で漢詩を作らせた。

巻之二十二　徳川氏正記　徳川氏五

方広寺鐘銘事件

慶長十九年三月、大将軍、従一位に陞《のぼ》り、右大臣に遷《うつ》る。天使就いて拝す。四月、天使、江戸より帰り、駿府を過ぎて、内旨《ないし》を諭し、前将軍を以て太政大臣となし、三宮に准《じゅん》ず。辞して敢て当らず。また孫女を納れて中宮となさんことを諭す。詔《みことのり》を奉ず。この時に当り、豊臣秀頼已に長じ、その臣大野治長《はるなが》ら、陰《ひそ》かに兵を挙げてその旧業《きゅうぎょう》を復せんと謀る。治長、姿容《しよう》あり。密かに淀君と通じ、言ふ所聴かれざるなし。淀君の季父《きふ》織田長益と議し、書を前田利長に遺《おく》つて曰く、「先君、遺命あり。君盍《なん》ぞ来つて嗣君を輔《たす》けざる。城内、甲仗豊足《こうじょうほうそく》す。福島正則らの貯ふる所の穀粟《こくぞく》、積んで数万石に至る。以て、なすあるに足る」と。利長、疾《やまい》を以てこれを辞し、その書を以て来つて両府に献ず。五月、利長卒す。子利光に命じて封を襲がしむ。秀頼の傅《ふ》片桐且元、常に秀頼を誡めて曰く、「徳川太公は、義元の誼《ぎ》を失はずして氏真《うじざね》を納れ、信長の好《よしみ》を遺《わす》れずして信雄を助けたり。先公、其の然《しか》るを知る。故に終に臨んで孤《こ》を託す。君務めてその驩心《かんしん》を失はざれ。則ち以て長久なるべし。不《しか》らずんば則ち禍《わざわい》将に測られざらんとす」と。秀頼頗る悟る。而して群臣悦ばず。且元数〻《しばしば》関東に使するを以て、其の私《わたくし》あるを意《おも》ひ、稍《や》〻《や》これを猜防《さいぼう》す。これより先、秀頼、方広寺《ほうこうじ》を造り、以て先志を継ぐ。ここに至つて功を畢《お》ふ。また巨鐘を鋳《い》る。乃ち且元をして来り告げしめて、これを慶せんことを請ふ。期するに七月秀頼親ら往くを以てす。この歳、高山友祥《ゆうしょう》、内藤如安《じょあん》ら、蛮教を奉ずるを以て京師の獄に下す。前将軍、吏二名を遣し、往いて板倉勝重と議せしめて、友祥らを海西《かいせい》に放ち、余党《よとう》を流す。こここにおいて、界浦《さかいうら》に犯人あり。二吏、卒《そつ》を率ゐて往いてこれを按《あん》ず。途に大坂を経《ふ》。訛言《かげん》あり、曰く、「且元、秀頼の出づるを候《うかが》ひ、東吏《とうり》を導いて城を取らんとす」と。秀頼懼《おそ》れて出でず。二吏、既に界浦を按《あん》じ、遂に長崎に之《ゆ》く。訛言乃ち止む。将にこれを慶せんとす。その鐘銘《しょうめい》、忌諱《きき》に触れ、呪詛する者に類す。上棟牌《じょうとうはい》も亦た式の如くならず。林信勝、僧天海ら、交ミ《こもごも》これを言ふ。前将軍怒り、乃ち使を馳せてその慶を停《とど》む。

慶長十九（一六一四）年。三月、秀忠は従一位に陞り、右大臣に遷った。四月、勅使は家康を太政大臣にし、三宮に准ずる内旨をお示しになったが、固辞して決してお受けしなかった。また孫娘を中宮に納れるようにという詔には従った。

この時、秀頼は既に成長して、その家臣・大野治長らは挙兵して豊臣の旧業を回復する陰謀を巡らしていた。治長は容姿が美しく淀君と密通しており、彼の意見が通らないことはなかった。淀君は母方の末の叔父・織田長益と相談して、秀吉の利家への遺命に託けて前田利長に豊臣方への誘いの書状を送ったが、利長は病を理由に断り、その書状を持参し家康と秀忠に献上した。

五月、利長が亡くなった。子の利光（実際は異母弟、のちの利常）に襲封させた。

秀頼の傅役の片桐且元は彼を戒めて、家康という人は義元との好誼を失わず氏真を受け納れ、織田右府との友好を忘れず信雄を助けた。太閤はそれをご存じであったからこそご臨終に際して殿を託されたのである。今後ともその歓心を失わないよう務めれば殿は長く久しく安泰だが、失えば不測の禍いに見舞われることでしょう、と言った。秀頼は深く悟ったが、群臣は悦ばなかった。且元が関東にしばしば使者の往来をしていたために私心を抱いたと思い、彼を猜疑の目で見るようになったのである。

これより先、秀頼は太閤の遺志を継いで方広寺造営をしており、ここに至ってその工事が畢《おわ》った。また巨大な鐘を鋳造させた。秀頼は且元に家康に報告させ、「慶」鐘供養を依頼し、七月に秀頼もその場に臨席することが決まっていた。

この年、高山友祥（右近）と内藤如安らをキリスト教信仰の罪で京の牢獄に入れた。家康は役人二人を派遣して板倉勝重と評議させ、友祥らを海外（マニラ）に追放し、余党を流罪に処した。堺には他にも「犯人」切支丹が潜伏している（可能性がある）ので役人二人が兵卒を連れて「按」捜索し、途中大坂を過ぎると、「訛言」根拠の無い噂話が流れてきた。且元が秀頼が大坂城外に出るのを「候」待ち受けて関東の役人を導き入れ、城を乗っ取ろうとしている、と。

秀頼は懼れて出てこなかった。役人たちは堺の捜索を終えたので長崎に「之《い》」った。噂話は止んだ。まさに鐘供養の儀式が行われるところであった。ところが、その鐘銘は家康の諱を分断するという禁忌に触れており、それは呪詛に類するものであった。また棟上げにおいて掲げられる「牌」棟札にも「式の如くならず」徳川の大工頭・中井正清の名が記されていなかった。林信勝と僧天海はこもごもそれらを指摘し、家康も怒って使者を馳せ遣わし、鐘供養の式を中止させてしまった。

史上有名な方広寺鐘銘事件である。徳川方が鐘銘の措辞文言に難癖をつけたと一般的には理解される傾向にあるが、私の個人的見解からすると、これは銘文を撰した南禅寺の文英清韓に相当の問題があるように思える。迂闊という次元とは少し違う印象さえ抱く。

八月に片桐且元に同行して駿府に弁明に赴いた時は「国家安康と申し候は、御名乗りの字をかくし題にいれ、縁語をとりて申す也」と対えているが、当時の五山僧の答申でも、諱を避けないのは常識や礼儀に反すると厳しく批判されている。

一方、「右僕射源朝臣家康」を「家康を射る」と牽強付会した林信勝（羅山）については、功名心に駆られた青年の客気でもあったろうが、この一事を以て曲学阿世（権力に迎合する学者）の徒と世に謗られても仕方のない汚点を、その漢学者としての履歴に残してしまったとさえ言えるのではなかろうか。

八月、且元、治長ら来り謝す。女使二人、また淀君の命を奉じて至る。前将軍、二女使を召してこれに謂って曰く、「右府《うふ》は吾が孫女の婿《むこ》なり。淀氏も亦た吾が婦《よめ》の姉なり。吾れ豈に相ひ負《そむ》かんや。吾れ右府を視ること猶ほ子のごとし。而して右府の我を視ること猶ほ仇讐《きゅうしゅう》のごとし。聞くが如くんば、大坂、日に士を招き甲《こう》を繕《おさ》め、多く糧餉《りょうしょう》を峙《つ》む、と。吾れ未だ其の謂《いわれ》たるを知らざるなり。今吾れ在るに猶ほかくの如し。況や後世をや。然りと雖も、これ右府母子より出づるに非ず。蓋《けだ》し姦人《かんじん》の詿誤《けいご》する所となるのみ。苟《いやしく》も非を悛《あらた》め誠を輸《いた》さば、則ち国家無事なり。復た銘詞《めいし》を問はず」と。二女、大に喜び遂に江戸に赴き、夫人氏《ふじんし》を候《うかが》ふ。九月、本多正純、僧天海をして、且元を責むるに誠を輸すの実を以てせしむ。且元、その旨を請ふ。答へず。且元二女と偕《とも》に辞して去る。行ゝこれを思ひ、三策《さんさく》を得たり。曰く、「淀君を納れて質《ち》となさん」。曰く、「秀頼をして江戸に居らしめん」。曰く、「大坂を避けて他に徙《うつ》らん」と。因つて密かに啓《けい》して曰く、「母を徳川氏に質とするは、先公の嘗てなす所なり。これを上策となす」と。或ひと、且元は君を売ると譖《しん》す。淀君大に恚《いか》り、群臣と議を決し、且元を誅《ちゅう》して兵を挙げんとす。且元、その邑《ゆう》茨木《いばらぎ》に奔《はし》る。遠近、騒然たり。板倉勝重、書を飛ばして来り報ず。十月朔、報、駿府に至る。前将軍、方《まさ》に諸子と散楽を観る。報を得て曰く、「孺子《じゅし》終に悟らざるなり。これを除かざるを得ず」と。乃ち楽《がく》を撤し、これを江戸に報ぜしむ。この春、東の諸侯に課して高田に城《きず》き、この秋、西の諸侯に課して江戸城を修む。ここにおいて、皆罷《や》めて国に就き、以て大坂に備ふ。

八月、且元と治長が謝罪に来た。淀君の命を奉じて二人の女人もやって来た。家康は二人の女人に会って言った。当方は秀頼殿と淀君に対して常々大切に思い害意などないのに、なぜ大坂は徳川を敵視して牢人を集め甲を繕い兵糧を積んでいるのか、自分が生きていてさえこれではこの先が思いやられる。しかし、これらは秀頼母子ではなく奸人輩が誤らせているのだろう、「苟も非を悛め誠を輸さば」もし非を改めて誠を尽くしてくれるのなら国家は事も無い、鐘銘の言葉についても二度と問うまい、と。二人の女人は大いに喜び、江戸の秀忠夫人（お江、淀君の妹で千姫の母）のもとへ挨拶しに行った。

九月、本多正純と僧天海は且元に（豊臣の）誠意の証を示すよう「責」要求した。且元がその具体策を問うたが、それには答えなかった。且元は二人の女人とともに辞去し、帰る道すがら思案して三つの策を考えた。淀君を人質に出すこと、秀頼を江戸に居させること、大坂を避けて他の地に移ること。そこで且元は密かに秀頼に申し上げた。「母君を人質に出すのは太閤もおやりになったことでございますので、これが上策かと存じます」と。

だが、ある人が且元が主君を売ったと讒言した。淀君は大いに怒り、群臣と決議して且元を誅するために兵を挙げようとした。且元はその所領の摂津茨木に逃げ込んだ。大坂の遠近は騒然となった。板倉勝重は書状を飛ばして関東に急ぎ報告した。

十月一日、報せが駿府に届いた時、家康はちょうど息子たちと散楽を観賞していた。報を聞いて言った。「孺子」小童《こわっぱ》め、終に悟れなんだか。除かざるを得ぬわ」と。そこで猿楽をやめて江戸に報せた。この春、東国の大名たちに普請を課して越後高田に城を築かせ、この秋、西国の大名たちに普請を課して江戸城を修築させていたが、ここでみな帰国して大坂に備えさせた。

関ヶ原の勝利以降、家康は、周到かつ着実に一歩一歩、天下の権を豊臣から徳川に手繰り寄せてきていた。そもそも豊臣の蔵入地を東軍の諸侯に恩賞として分配したのがまずその最初であった。既に触れたが、これによって豊臣家は実質六十万石程度の大名に転落させられた。天下を主宰するだけの実力はとうに失われていたのである。

またおそらく家康は、秀頼が関白に就任することは何としても回避したかったであろう。もはやそれだけが豊臣家が徳川家の上に立つよりどころであった。秀吉が横領した関白の位を摂関家に返還し、慶長十三（一六〇八）年には九条忠栄《ただひで》（のちに幸家）を関白に就け、武家の官位を員外官として公家の官位とは切り離し互いに任官に影響を与えないようにした。

一方、徳川家は征夷大将軍の名分と地位を手に入れ、江戸に幕府という堅牢な組織を構築し、硬軟取り混ぜ手間暇をかけて大名たちを手懐けていった。今や徳川の威信は揺るぎない。焦燥する大坂の二つの外交窓口に対し、ことさらに際立って異なる表情を見せて、相手を分断攪乱し、事実上の挑発までしている。実に強かで狡猾なやり口に見える。

もはや事ここに至って、家康には豊臣家との対決を決意しない選択肢はあるまい。ただ、まだ豊臣家を滅亡に追い込むところまでは踏み切れていないような気が、私にはする。

秀頼も亦た益〻金を散じて兵を募る。関原の余党《よとう》、若しくは諸藩亡命の者、大坂に四集す。号して十万人と称す。四出して抄掠《しょうりゃく》し、以て軍須《ぐんす》を貯ふ。東府の穀《こく》五万石、その城下に在り。板倉勝重、人をして大野治長に謂はしめて曰く、「これを道路に聞く、諸公、将に旗鼓《きこ》の事あらんとす、と。不腆《ふてん》の弊邑《へいゆう》の穀、敢て従者を犒《ねぎら》はん」と。治長、辞して敢て取らず。勝重乃ち賈《こ》人《じん》をして京師に漕送《そうそう》せしめ、一兵を労せず。伏見の留守《りゅうしゅ》松平定勝、井伊直孝、勝重と議して諜《ちょう》を大坂に遣し、悉《ことごと》く消息を知り、輒《すなわ》ちこれを東府《とうふ》に報ず。関《せき》を淀、葛葉《くずは》に置き、以て兵士の往来を撿す。尼崎城主建部《たけべ》某は関原の降将《こうしょう》なり。池田氏と姻あり。前将軍、池田利隆に命じ、その戚属下間重景《しもつましげかげ》を遣し、兵を将ゐて援け守らしむ。片桐且元、已《すで》に降《こう》を我に納れ、将に茨木より界浦に赴かんとす。大坂の兵と尼崎の下《しも》に戦つて、救《すくい》を重景に求む。重景、其の偽《いつわり》ならんを疑ひ肯《あえ》て救はず。且元、敗走す。大坂の兵、始合《しごう》にして捷ち、気倍〻《ますます》壮なり。大に守備を議す。その城は故秀吉の築く所にして、天下の力を窮《きわ》む。塹塁《せんるい》の壮固なること匹《たぐい》なし。西北に水を帯び、東南に池沢《ちたく》多し。ここにおいて、益〻塹寨《せんさい》を設けて、守兵を置き、遂に間使《かんし》を発して諸侯を招く。伊達政宗はこれに小山に遇ひ、縛《ばく》して江戸に送る。島津家久はその幣《へい》を卻け、馳せて駿府に告げ、且つ師の期を請ふ。浅野但馬守《たじまのかみ》は国富み兵強し。而して大坂と腹背《ふくはい》を相ひなす。議者以て大患となす。已にして大坂、果して数〻《しばしば》使を遣して、その君臣を誘《いざな》ふに利を以てす。但馬守答へて曰く、「我が父兄の故太閤に報ぜし所以は足る。吾の東府における、恩誼《おんぎ》軽きに非ず。今故《ゆえ》なくしてこれに倍《そむ》き、以て乱人に党《とう》するは、不義孰《いず》れか大ならん」と。使者猶ほ来り、百計勧め説く。但馬守乃ちその使を斬らんと欲す。懼れて止む。

秀頼もまた金をばら撒き、大坂には関ヶ原の残党や諸藩の亡命者などが四方からより集い、その数、十万と号した。また周辺を略奪して軍需物資を貯えた。「東府」関東の蔵屋敷の五万石の米が大坂の城下に置かれていた。板倉勝重は人を遣わして大野治長に言った。「道に聞くところによると諸公は戦をされるとのことなので、我らの土地の取るに足りない糧食ではござるが従軍する者たちに犒《ねぎら》って進ぜましょう」と。治長は辞退し、決して受け取らなかった。勝重はそこで商人に船で京に送らせ、一兵の労も煩わせなかった。

伏見城の留守居の松平定勝と井伊直孝は勝重と相談して、大坂に間諜を遣わし尽くその消息を探索し、逐一これを駿府と江戸に報せ、山城の淀と河内の葛葉に関所を置いて兵士の往来を取り調べた。尼崎城主建部某（政長）は関ヶ原の降将で池田氏と姻戚であったので、家康は池田利隆に命じてその親族の下間重景を遣わして兵を率いて援護させた。

片桐且元は既に徳川に降り、茨木から堺に向かおうとして、大坂の兵と尼崎で戦って救援を重景に求めたが、重景はそれを偽りであると疑って救わなかった。且元は敗走した。豊臣方は緒戦で勝利して士気が倍して壮んになった。大いに守備の方策を議論した。

大坂城はかの秀吉が天下の力を結集して築いた城で、濠や塁壁が壮大かつ堅固なこと比類なく、西北には河川が流れ、東南には池や沢が多く、そこにますます塹壕や防塞を設け、守備兵を置いた。遂に密使を派遣して諸大名に招降の勧誘をした。

伊達政宗はその密使と下野の小山で遭い、縛り上げて江戸に送った。島津家久は大坂の「幣」贈り物を退けて駛せて駿府に報告し、さらに出兵の期日を問い合わせてきた。紀伊の浅野但馬守の国は富み兵は強かった。大坂と隣接しており、「議者」両陣営で策を練る者たちはその向背を気に掛けないではいられなかった。

既に果たして大坂からはしばしば密使が派遣され、浅野の君臣を巨利で誘った。但馬守は答えて言った。「我が父兄は太閤殿下のご恩には十分報いられたように思う。だが、それがしが徳川様より受けているご恩は軽いものではない。今理由も無くこれに叛き反乱者の徒党となるなど、不義の大なるものである」と。使者はなお来訪しあらゆる手段を尽くしてかき口説いたが、但馬守がその使者を斬ろうとしたので、懼れて止めた。

大坂城周辺には縦横にクリークが走り、豊臣方はそれらを決壊させて徳川軍の陣地を水浸しにすることを狙っていた。

大坂冬の陣

前将軍、諸〻の報告を得て、乃ち軍令を下して曰く、「伊勢、近江、美濃、尾張、越前等の兵は、急に淀、勢多《せた》を扼《やく》し、大和の兵は、自らその地を守り、北陸諸国の兵は、大津、坂本に陣し、中国の兵は池田に陣し、南海、西海の兵は、和泉の海浜に泊《はく》して、並に大軍を竢《ま》ち、軽〻しく戦ふなかれ」と。東海、東山の将帥《しょうすい》は皆前将軍に隷《れい》す。関八州及び陸奥、出羽の将帥は皆将軍に隷す。而して世子《せいし》家光は、少将忠輝及び酒井重忠、その弟忠利らと、江戸を居守す。蒲生、最上氏以下これに隷す。頼房はその傅《ふ》中山信吉と駿府に留守す。義直はその傅成瀬正成と、頼宣はその傅安藤直次と、皆軍に従ふ。義直は初め右兵衛督《うひょうえのかみ》たり。頼宣は常陸介《ひたちのすけ》たり。並に従四位下に叙す。後に並に従三位に進み、参議に任じ、右近衛中将を兼ぬ。頼房は初め左衛《さえ》門督《もんのかみ》たり。後に従四位下に叙し、右近衛少将に任ず。ここにおいて、白旗《はくき》を義直、頼宣に分《ぶん》賜《し》す。諸〻の嘗て豊臣氏の特恩を受けし者は従ふを許さず。十一日、前将軍、数百騎を以て駿府を発す。大坂、刺客《せきかく》を発して京師に入り、駕を狙ひ、且つ二条城を焚《や》かんと欲す。板倉勝重、これを覚《さと》り、尽く捕へて獄に下す。二十二日、駕、京師に至る。伝奏司《でんそうし》、勅《ちょく》を伝へて労問《ろうもん》す。少将忠直は二万人を以て、前田利常は三万人を以て、皆会す。居ること三日、諸将を召し、大坂の図を開いて戦を議す。曰く、「西南の兵未だ至らず。宜しく先鋒を以て戦を挑むべし」と。井伊直孝、藤堂高虎、先鋒たり。松平忠明、本多忠政、これに継ぐ。忠明は奥平信昌の少子なり。外孫の故を以て氏《うじ》を賜ひ、亀山に封ず。この歳、その兄忠正卒す。代つてその衆を領し、美濃の将士を統《す》ぶ。ここにおいて、先鋒は南面より進み、北面は済《わた》り難きを以て、伊奈忠政をして、淀川を長柄《ながら》に壅《ふさ》ぎ、大和川を鳥飼《とりかい》に壅がしめ、尋いで毛利、福島氏をしてこれを助けしむ。

家康はこれらの報告を得て、そこで軍令を下して言った。「伊勢・近江・美濃・尾張・越前らの兵は、急いで淀と勢多を塞ぎ止め、大和の兵は自らその地を守り、北陸諸国の兵は大津と坂本に陣を敷き、中国の兵は池田に陣を敷き、南海道と西海道の兵は和泉の海浜に停泊し、並びに大軍の到着を待ち、軽々しく戦うてはならぬ」と。

東海道と東山道の将帥はみな家康の「隷」指揮下に入り、関八州及び陸奥・出羽の将帥はみな秀忠の指揮下に入った。世継ぎの家光と少将忠輝、及び酒井重忠とその弟の忠利は江戸の留守居をした。蒲生・最上氏はその指揮下に入った。

頼房はその傅役・中山信吉と駿府を留守し、義直はその傅役・成瀬正成と、頼宣はその傅役・安藤直次とみな従軍した。義直は初め右兵衛督と為り、頼宣は常陸介と為ったが、ともに従四位下に叙され、後にともに従三位に進み、参議に任ぜられ右近衛中将を兼ねた。頼房は初め左衛門督と為り、後に従四位下に叙され、右近衛少将に任ぜられた。そこで源氏の白旗を義直と頼宣に分け与えた。かつて豊臣氏から特に恩顧を被った大名には軍に付き従うことを許さなかった。

十一日、家康は数百騎を率いて駿府を発した。大坂は刺客を京に放って家康の乗る駕籠を狙い、その上二条城を焼き討ちにしようとした。板倉勝重はこれを覚り、尽く刺客を捕縛して獄に下した。

二十二日、家康の駕籠は京に到着した。伝奏司が勅命をお伝えに慰問された。少将忠直が二万人を率いて、前田利光が三万人を率いて、みな京に会した。

三日後、諸将を召集し大坂の地図を広げて今後の戦略を評議した。曰く、西南の兵はまだ到着していない。先鋒を以て戦いを挑むがよい、と。井伊直孝と藤堂高虎が先鋒となり、松平忠明と本多忠政がこれに続いた。忠明は奥平信昌の末の息子であり、（家康の）外孫に当たるゆえに、松平の氏を与え伊勢の亀山に封じていた。この年、その兄の忠正が亡くなったので、代わってその衆を率い、美濃の将士を統率した。

そこで先鋒は南面より進んだ。北面には渡河しにくい川があった。伊奈忠政に（大坂城外の北の）長柄で淀川を「壅」堰き止めさせ、（その東北の）鳥飼で大和川を堰き止めさせ、次いで毛利氏と福島氏にこれを助けさせた。

関ヶ原では三成憎しの思いもあって東軍で戦った豊臣恩顧の大名たち、福島正則、加藤嘉明、さらに黒田長政までもが、寝返りを警戒されて江戸留守居とされた。彼らはみな代わりに息子たち（福島忠勝、加藤明成、黒田忠之）を出陣させている。実際、福島正則は大坂の自家の蔵屋敷の兵糧を豊臣方に流用させ、また旗本の平野長泰（賤ヶ岳七本槍の一人）などは大坂への入城を懇願したと云う。また島津家は、家久の家中統制が未だ道半ばで、本格的に出兵することができなかった。

十一月、高虎、大仙陵《だいせんりょう》に至る。時に城将薄田兼相《すすきだかねすけ》、山口弘定、平野を掠《かす》む。これを望んで走る。城将大野道見《どうけん》、天王寺を焚き以て我が軍を撓《みだ》す。高虎動かず。終に直孝と進んで住吉に陣す。城将堀氏弘、界浦を掠む。これを聞いて走り、高虎の軍前を過ぐ。前部渡辺了《さとる》、其の伏《ふく》あるを慮《おもんぱか》つて、敢て撃たず。浅野但馬守、兵を将ゐて紀伊を発し、行〻士兵の大坂に応ずる者を撃ち、来つて高虎と事を議し、還つて大鳥《おおとり》に陣す。池田利隆、二弟忠継、忠雄と神崎川《かんざきがわ》に至る。城昌茂《じょうまさもち》、命を奉じてその軍を監す。二弟は下流を乱《わた》り、利隆は上流を渉り、進んで長柄川に至る。城将織田長益ら、万人を以て天満、中島《なかのしま》を守る。利隆、済《わた》らんと欲す。昌茂、これを止《とど》む。その夜、二弟復た下流を渡り、守兵を逐ひ以て中島を取る。将軍は、前将軍の京師に入るの日を以て江戸を発す。程《てい》を兼ねて進み、十日、伏見に至る。その明《めい》、二条に詣《いた》つて事を議す。

十一月、高虎が「大仙陵」仁徳天皇陵に到着した。この時城将の薄田兼相と山口弘定が平野で略奪していたが、徳川軍を望み見て逃走した。

城将の大野道見が天王寺を焼いてこちらの軍を撹乱しようとした。高虎は動揺せず、終に直孝と進んで（平野の西の）住吉に陣を敷いた。城将堀氏広は堺で略奪していたが、徳川軍がやって来たのを聞いて逃げ出し、高虎の陣の前を通過した。

その前方の部隊の渡辺了（勘兵衛）はその伏兵があるのを慮り、けっして手を出そうとしなかった。浅野但馬守は兵を率いて紀伊を発し、道々大坂に応じた兵を撃ちながら（住吉の）高虎の陣に来て相談し、引き返して（堺の南の）大鳥に陣を敷いた。

池田利隆は二人の弟忠継、忠雄と神崎川に到着した。城昌茂は命令に従ってその軍を監察した。

弟たちは神崎川の下流から渡り、利隆は上流から渡り、進んで長柄川まで来た。城将の織田長益らは一万人を率いて天満と中島を守った。利隆は川を渡って攻撃しようとした。昌茂はこれを止めた。その夜、弟たちが再び川を渡り、守備兵を追い払い、中島を奪い取った。

秀忠は家康が京に入った日に江戸を発し、昼夜兼行して進み、十日、伏見に到着した。その翌日、二条城に詣り軍議を催した。

十七日、前将軍は住吉に陣し、将軍は平野に陣し、義直、頼宣は住吉の北に陣し、少将忠直、前田利光は岡山に陣し、井伊直孝、藤堂高虎は天王寺に陣し、上杉、佐竹、相馬、秋田、堀尾、京極の諸将は平野の西に陣し、伊達、金森の諸将は今宮に陣し、浅野、蜂須賀、鍋島の諸将は今宮の北に陣し、池田、加藤、山内、森、有馬の諸将は中島に陣し、九鬼、向井の諸将は兵艦を以て伝法口《でんぽうぐち》に泊す。兵総て五十万人。城の四面を環《めぐ》つて、尺地《せきち》を遺さず。前将軍、城中必ず悔ゆるを度《はか》り、人をして和を議せしむ。肯《がえ》んぜず。已にして住吉の邏騎《らき》、夜、一卒を捕ふ。曰く、「藤堂の陣に適かんと欲し、誤つてここに至る」と。その懐《ふところ》を撿《けん》して、秀頼の書を得たり。書に曰く、「二魁《にかい》深く我が地に入る。子の計中《けいあた》れり。宜しく速かに東国に款《かん》を帰《おく》り、諸将をしてその帰路を断たしむべし。事成らば則ち封を加ふること約《やく》の如くせん」と。前将軍、書を覧て、哂《わら》つて曰く、「彼、我を離間《りかん》せんと欲す。謀何ぞ浅き」と。高虎を召《め》して、書及び卒《そつ》を賜ふ。高虎、訊《じん》してその実を得たり。乃ちその手足の指を断ち、額《ひたい》に黥《げい》して「秀頼」といふ。縦《ゆる》してこれを帰す。城兵また池田利隆を誘《いざな》つて曰く、「事成らば、封ずるに備前、播磨、美作を以てせん」と。利隆、使者を縛してこれを献ず。両将軍、終に進み取らんと議す。阿部正之、安藤直次、永井直勝、小栗忠正ら数十人、巡使たり。大須賀氏の部下、久世広宣、坂部広勝、罪を獲て出亡《しゅつぼう》す。兵事に老ゆるを以て収録せらる。この役に、皆巡使となり、令を諸軍に伝ふ。進退操縦、意の如くならざるはなし。

十七日、家康は住吉に陣を敷き、秀忠は平野に陣を敷き、義直と頼宣は住吉の北に陣を敷き、少将忠直と前田利光は岡山に陣を敷き、井伊直孝と藤堂高虎は天王寺に陣を敷き、上杉・佐竹・相馬・秋田・堀尾・京極の諸将は平野の西に陣を敷き、伊達・金森の諸将は今宮に陣を敷き、浅野・蜂須賀・鍋島の諸将は今宮の北に陣を敷き、池田・加藤・山内・森・有馬の諸将は中島に陣を敷き、九鬼・向井の諸将は兵艦を伝法口に停泊させた。

総勢五十万人。徳川方は大坂城の周囲を取り囲み、僅かな土地の隙間も残さないような有様であった。家康は城中の者が必ず後悔していることであろうと推測し、使者を派遣して講和を打診させたが、大坂方は承服しなかった。

しばらくして住吉の「邏騎」見張りの騎馬武者が夜一人の敵の兵卒を捕えた。藤堂の陣に駆け込もうとして誤ってここに（迷い込んで）来た、と。その懐を改めると秀頼の書状が出て来た。その書状には「家康と秀忠の二人の首魁が深く我が地に入り込んで来た。貴公の計略は的中した。速やかに東国の大名を内応させ、諸将にその背後を断たせるがよかろう。事が成就したあかつきには約束した所領を遣わす」と。家康は書状を一瞥して哂って言った。「我らを離間するつもりぞ。謀の何と浅はかなことよ」と。高虎を呼び出し、その書状と兵卒を引き渡した。高虎は訊問し事実を自白させた。そこで高虎は兵卒の手足の指を切り落とし、額に「秀頼」と入れ墨を彫り解き放って帰した。城兵はまた池田利隆を誘った。「事が成れば備前・播磨・美作に封じよう」と。利隆はその使者を縛り上げて差し出した。家康と秀忠は終に進取の策を評議した。阿部正之・安藤直次・永井直勝・小栗忠正ら数十人を「巡吏」使番（各隊への伝令や監察を務める）とした。大須賀の部下の久世広宣と坂部広勝は罪を獲て逃亡していたが、兵事に老練であったので、任用されて復帰した。二人はこの大坂の役で使番となり、諸軍の伝令となった。そのため部隊の進退が思い通りにならないということがなかった。

冬の陣での徳川方の総兵力は約二十万人程度だったとされている。

複数の大軍勢が犇く戦場においては、有能な使番を駆使することで相互の運用を円滑にする必要が出てくる。

蜂須賀《はちすか》至鎮《よししげ》、攻めて穢多崎を取り、九鬼守隆、向井忠勝、水軍を以て敵の候船数十艘を奪ふ。上杉景勝は鵯野《しぎの》を攻め、佐竹義宣は今福を攻め、皆その柵を破る。城兵、道を分って出で拒《ふせ》ぐ。船に銃手を載せ、その中間に出で、力戦して交綏《こうすい》す。已にして城兵、柵の守り難きを以て、これを棄てゝ退く。将軍、片桐且元をして代り、入りて備前島に屯《とん》せしむ。其の最も城に近きを以て、属するに礮手《ほうしゅ》を以てす。諸将、将に博労淵《ばくろうぶち》の二寨を攻めんとす。北寨の下に洲《す》あり。蘆《ろ》葦《い》を生ず。皆銃卒を以てこれを守る。我が軍先づ蘆洲《ろしゅう》を取らんと欲す。洲は多くの兵を容れず。

兵寡《すくな》き者はまた守るべからず。石川忠総《ただふさ》は、実は大久保忠隣の子なり。功を以て父を贖《あがな》はんと欲す。乃ち請うて手兵を以て往く。舟二隻を得たり。槍を以て棹となして済《わた》る。敵の洲を守る者、皆走つて寨に上り、銃を発す。忠総、仰ぎ攻むること昼夜を連《つら》ぬ。九鬼氏、舟数十を給してこれを助け、北寨を抜く。また蜂須賀氏の援兵を得て遂に南寨を抜き、進んで土佐港《とさぼり》、阿波《あわ》坐港《ざぼり》を取り、還つて首虜《しゆりよ》を効《いた》す。前将軍曰く、「忠世の孫たるに愧《は》ぢず」と。ここにおいて、諸将争ひ進む。池田忠継は蜆川《しじみがわ》に臨んで陣す。部将花房職之《もとゆき》、野田、福島の二寨を望んで曰く、「旗植《はたた》つて烟なし。これ已に逃ぐるなり」と。人をしてこれを伺はしむ。一人を見ず。乃ち済る。中島の諸将、継ぎ済らんと欲す。城昌茂《まさもち》、これを止めて曰く、「太公、我に命じて軍を護り、その持重《じちよう》を戒《いまし》む。公ら我が言に違ふは、乃ち太公の言に違ふなり」と。諸将乃ち止む。已にして中軍、令を伝へて、諸将の逗留を責む。諸将答ふるに昌茂を以てす。前将軍、昌茂を召し、林信勝をして孫武《そんぶ》の伝を読ましむ。「将の軍に在るや君命《くんめい》も受けざる所あり」といふに至つて、乃ち昌茂を顧みて曰く、「汝、我が命に拘《かかわ》り、機を見て進まざるは、何ぞや」と。因つてこれを逐ひ、諸将に令して進んで福島に入らしむ。浅野氏、兵船を以て海口に至り、その声援をなす。阿部正之、白《もう》して曰く、「西北の諸砦、相ひ踵《つ》いで陥没す。川場《せんば》、天満の二寨は脆《ぜい》薄《はく》にして水を背《はい》にす。必ず遁《のが》れん」と。その夜、果して寨を焚《や》いて退く。城将大野治房《はるふさ》、道頓《どうとん》港《ぼり》を守る。亦た驚き走つて城に入る。蜂須賀氏の兵、追つてその旗幕《きばく》を獲たり。十二月、忠総、忠継と、浅野、鍋島、九鬼の諸将と、進んで川場に入る。利隆ら進んで天満に入る。東南の諸将も亦た進んで城に逼《せま》る。伊達政宗は川場に至り、井伊直孝、藤堂高虎は生玉《いくたま》に至り、空壕《くうごう》に臨んで陣す。城兵、外城《がいじょう》の諸橋を焼き、独り淡路、本街、高麗《こうらい》の三橋を存す。石川忠総、城兵と高麗橋に戦ひ、敵をして焼くを得ざらしめんと欲す。諸巡使、これを救はんと請ふ。前将軍、叱して曰く、「止めよ。我が軍の城に登らんと欲するに、何ぞ橋を恃《たの》まんや。彼自ら出路を断つのみ」と。忠総をして退き舎せしむ。遂に諸将に令して曰く、「垣を設け牌《はい》を列《つら》ね、令を竢《ま》つて進め。妄《みだり》に闘ひ、以て一卒を損ずるなかれ」と。また天寒きを以て糧食を増す。

蜂須賀至鎮が攻めて穢多崎を取り、九鬼守隆と向井忠勝が水軍で敵の見張りの船数十艘を奪った。上杉景勝は鴫野を攻め、佐竹義宣は今福を攻めて、みなその柵を破った。城兵は道を分けて出撃して防ぎ、船に鉄砲隊を置いて、敵味方の中ほどに出し、力戦してから「交綏」両軍互いに退いた。しばらくすると城兵は柵を守るのが困難と判断し、放棄して退却した。

秀忠は片桐且元に上杉・佐竹に代わって備前島に入って駐屯させ、そこが大坂城に最も近いので「礮手」大砲部隊を置いた。諸将はまさに博労淵の二つの寨を攻めようとしていた。北の寨の下には中洲があり、葦が群生していた。みな鉄砲隊でそこを守っていた。徳川方はその葦の中洲を先に取ろうとしたが、中洲は多くの兵を容れることができず、少ない兵では守り切ることができなかった。

石川忠総は、実は大久保忠隣の子である。功を立てて父の罪を贖おうとしていた。そこで願い出て手勢を率いてその中洲に向かい、舟二艘を手に入れ槍を棹の代わりにして渡って行った。すると敵の中洲を守っていた者は上の寨に逃げ込み、鉄砲を放った。忠総は敵を仰ぎ見ながら昼夜これと戦った。九鬼氏は船数十を手配してこれを助け、北の寨を攻略した。

また忠総には蜂須賀氏の援兵も加わって、遂に南の寨も制圧した。進んで土佐港と阿波坐港を取り、（忠総は）帰還して首級と捕虜を差し出した。家康は言った。「忠世の孫に愧じぬわ」と。

そこで諸将は争って進み、池田忠継は蚬川に臨んで陣を敷いた。その部将の花房職之は野田と福島の二寨を望み見て言った。「旗は立っておりますが、煙は立ち昇っておりませぬ。これは既に逃げたのでありましょう」と。人に偵察させたところ、一人の敵も見えなかった。そして蚬川を渡り、中島の諸将も続いて渡ろうとした。

城昌茂はこれを止めて言った。「大御所はそれがしに軍を護るよう仰せつけられた。我が言葉に違うはすなわち大御所のお言葉に違うことになりましょうぞ」と。諸将はそこで止まった。しばらくして中軍から使番が来て、諸将が「逗留」渡河しようとしないのを譴責した。家康は城昌茂を呼びつけて、林信勝に（『史記』の）孫武の列伝を朗誦させて、「将の軍に在るや君命も受けざる所あり」というくだりで昌茂を振り返って言った。「その方はわしの命に拘るあまり、渡るべき機を見ても進ませなかった。なんとしたことじゃ」と。

そこで昌茂を追い払い、諸将に進んで福島に入らせた。浅野氏は兵艦を率いて河口に現れ、「声援」味方の士気を鼓舞した。阿部正之が言上した。「西北の諸砦は次々と陥落しております。川場と天満の二寨は脆弱で川を背にしているので、必ず遁げるでしょう」と。その夜果たして寨を焼いて退いた。城将の大野治房は道頓港を守っていたが、これもまた驚いてさらに城に逃げ込んだ。蜂須賀氏の兵はこれを追い討ちしてその旗や幕を鹵獲《ろかく》した。

十二月、石川忠総、池田忠継と浅野・鍋島・九鬼の諸将は進んで川場に入り、池田利隆らは進んで天満に入った。東南の諸将もまた進み、城に逼った。伊達政宗は川場に来て、井伊直孝と藤堂高虎は生玉に来て、(三の丸の)空壕に臨んで陣を敷いた。

城兵は「外城」三の丸に架かる諸橋を焼き、ただ淡路・本街・高麗の三橋のみを残した。石川忠総は城兵と高麗橋で戦い、敵に橋を焼かせまいとした。使番たちはこれを救援することを願い出た。家康は叱りつけて言った。「やめよ。我が軍は城に登ろうとしているのじゃ。なにゆえに橋などを恃みにするのか。敵は自ら撃って出る経路を断っているだけぞ」と。

そこで忠総に退いて「舎」休ませた。かくて諸将に命令して言った。「「垣」土塀を設けて「牌」竹束を列ね、命を待って進め。妄りに闘って一兵も損じてはならぬ」と。また気候も寒くなってきており、兵たちの糧食を増やした。

石川忠総は、大久保忠世の孫にして改易された忠隣の次男に当たる。母方の祖父である石川家成(石川惣領家)の家督を継いだ。才能豊かで功績多く、家康は秀忠に忠総を大切に扱えと言い遺したと云う。従四位下主殿頭。近江膳所七万石藩主。

城昌茂は武田旧臣で六千石の旗本であったが、森忠政に進軍停止を命じたことで家康の怒りに触れ、軍監を更迭されて水野勝成と交替させられて改易。近江に蟄居の身となった。「勢」の渦中に在って「機」を確実に捉えられるかどうかが、家康の武将評価の一つの基準となっていたことが窺える。

真冬の酷寒が徳川軍の兵を凍てつかせ、二十万人分の日々の兵糧の補給も重い負担となってのしかかってくる。

真田丸の攻防

本多正純、命を受けて、金工光次《きんこうみつつぐ》を以て介《かい》となし、書を城中に遺《おく》り、織田長益、大野治長をして和を議せしむ。将軍、これを聞き、来り請はしめて曰く、「囲合《かこみがっ》せり。請ふ、諸軍に令して、四面斉《ひと》しく登らん。天下の兵を以て一城を攻むるに、何の抜き難きことか之れあらん。和議若し成らば、及ぶべからざるのみ」と。前将軍曰く、「未だし」と。将軍懌《よろこ》ばず。本多正信曰く、「太公必ず神算あらん。願はくは少《しばら》くこれを竢て」と。藤堂高虎、私《ひそ》かに書を城上に射て、南《なん》条《じょう》光明《みつあき》を誘つて内応をなさしむ。光明、期を約す。事覚《あらわ》れて、殺さる。藤堂氏の兵、知らずして進み、井伊氏の兵これに継ぎ、加賀、越前の子弟も亦た進んで玉造《たまつくり》の弐城《にじょう》に逼る。故秀康の庶子《しょし》直政、先登して、幟《はた》を濠の上に建つ。而して城将真田幸村善く拒《ふせ》ぎ、我が兵の死傷頗る多し。前将軍、烟《けむり》を望み怒つて曰く、「奴輩《どはい》、敢て我が令を破る」と。安藤直次を顧みて往いてこれを収めしむ。将軍、令を破る者を罰せんと請ふ。前将軍曰く、「令を破る者も、亦た得べからざるなり」と。両公、屢〻諸営を巡視す。前将軍、未だ嘗て甲《こう》を衷《ちゅう》せず。葵号《きごう》の戦袍《せんぽう》を被《こうむ》り、馬に上り、十余騎を従へて生玉口《いくたまぐち》に至る。城兵望み観《み》てこれを識《し》り、銃を叢《あつ》めて雨注《うちゅう》す。衆、争つてこれを避けんと請ふ。前将軍顧みず。轡《たづな》を按じて徐行す。横田尹松《ただまつ》後れて至り、衆を排して進んで曰く、「この公、矢石《しせき》に当るを喜ぶ。矢石の来るは川場《せんば》より甚だしきはなし。

請ふ、往かん」と。乃ち馬を扣《ひか》へて西し、城を去ること遠からしむ。他日、将軍巡つて天満に至り、有馬氏の堙楼《いんろう》に登る。城兵狙つて大熕《たいこう》を発す。従者去らんと請ふ。肯んぜず。水野勝成曰く、「元帥《げんすい》の師を巡るは、斥兵《せきへい》と異なれり。専ら一処を視るべからず」と。乃ち肯《うけが》つて去る。城将後藤基次《もとつぐ》曰く、「両帥《りょうすい》は皆天授、豈に徼倖《きょうこう》すべけんや」と。衆を扼《とど》めて妄《みだり》に銃を発するなからしむ。

本多正純は（家康の）命令を受けて、金工の後藤光次を仲介にして大坂城内に書状を送り、織田長益と大野治長に和議を検討させた。秀忠はこれを聞いて、家康のもとに使者を遣わして請うた。「城の包囲には隙がございませぬ。諸軍に命じて四面から一斉に登らせましょう。天下の兵を挙げて一城を攻めるのです。何の抜き難いことがこれありましょうや。もし和議が成ってしまえば、攻めることができなくなりまする」と。家康は言った。「まだじゃ」と。

秀忠は悦ばなかった。本多正信が言った。「大御所には何か神算がお有りになるのでございます。願わくばしばしお待ちくだされ」と。藤堂高虎が「私」密かに断りなく城内に矢文を放って、南条光明（元続）を誘い、内応させた。光明はその期日を取り決めたが、発覚して殺された。藤堂氏の兵はそれを知らずに進み、井伊氏の兵もそれに続いた。加賀や越前の子弟もまた進んだ。玉造の「弐城」二の丸に逼った。

亡き秀康の庶子・直政が一番乗りをし、濠の上に幟を立てた。しかし敵将・真田幸村（信繁）が巧みに防ぎ、徳川方の死傷者は頗る多かった。家康は立ち昇る煙を望み見て怒って言った。「彼奴らめが、わしの命を破りおった」と。安藤直次を振り返り、(玉造に)往って敗軍を収拾させた。

秀忠は軍令違反をした者たちを処罰することを願い出た。家康は言った。「軍令を破るような蛮勇もまた得難いものじゃ」と。家康と秀忠は何度か諸陣営を巡視した。家康はまだここまで甲を身に着けなかった。葵の御紋の陣羽織を着て馬に乗り、十余騎を従えて生玉口までやって来た。城兵は家康の姿を見出すとそれに向かって雨のように鉄砲の弾を注いだ。一同は争ってこれを避けるように願い出たが、家康は一顧だにしなかった。

手綱を引き締めてゆっくり馬を歩ませた。横田尹松が後ろからやって来て、一同を押し分けて進んで言った。「大御所は矢弾が飛んで来るのを喜んでいらっしゃる。矢弾が飛び交うのは川場より甚だしい場所はござりませぬ。どうぞこちらにおいでくだされ」と。そして馬を抑えて鼻面を西に向け、城から遠去けた。

後日、秀忠が巡視に天満までやって来て、有馬氏の物見櫓に登った。城兵がこれに狙いを定めて大砲を発射した。従者はこの場から離れることを願い出た。秀忠は承知しなかった。水野勝成が言った。「総大将が軍中を巡視するのは、物見兵のやり方とは異なりまする。専ら一箇所だけをご覧になっていてはなりませぬ」と。そこで秀忠は納得して立ち去ることにした。城将の後藤基次(又兵衛)が言った。「大御所と将軍には天の加護というものがある。どうして僥倖で討ち取ることができようか」と。兵たちに妄りに鉄砲を撃つことを「扼」止めさせた。

いわゆる「真田丸」の攻防。大坂城は三方を河川で守られていたが、南は空壕のみで比較的手薄であった。真田信繁はそこに独立した出丸を築いた。敵の攻撃を引き付けて撃破するためである。

篠山からの妨害挑発や南条元続の内通情報に釣られるかたちで、まず前田勢一万二千、続いて井伊直孝勢四千、松平忠直勢一万が次々と真田丸に攻めかかったが、信繁隊の猛烈な一斉射撃によって極めて甚大な被害（約一万など諸説あり）を出した。この時徳川方は竹束や鉄楯を準備していなかったため、より損害を大きくしたとある。また後藤基次の部下の言に拠ると、真田丸には長曾我部盛親隊も籠って奮闘しており、その功績も見逃すことはできない。

後に夏の陣でも奮戦する大坂の牢人武将を代表する五人衆が登場してくる。真田信繁、後藤基次、毛利勝永、長曾我部盛親、明石全登《てるずみ》。

六日、前将軍徙《うつ》つて茶臼山《ちやうすやま》に陣す。将軍徙つて岡山に陣す。連珠砦《れんじゆさい》を築いて相ひ接す。壅河《ようか》の功既に竣《おわ》り、湟水《こうすい》多く涸る。城兵、大に驚く。我が軍、土豚《どとん》を以て湟《ほり》を塡《うず》め、竹牌《ちくはい》を列ね、鉄《てつ》楯《とん》を排《なら》べ、距堙《きよいん》を起し、地道を鑿《うが》つ。而して銃を発して鼓譟《こそう》すること毎夜三次、城兵をして休止するを得ざらしむ。前将軍、諸将に令し、書を射しめて曰く、「降《くだ》る者は賞あらん」と。城中、人人相ひ疑ふ。将軍、復た城を凌《しの》いで斉《ひと》しく登らんと請ふ。前将軍曰く、「吾れ聞く、良将は戦はずして勝つ。且つ兵を損じて城を得るは、吾れ取るなし」と。復た金工光次をして城に入り和を議せしむ。城中、衆議して決せず。和を願ふ者多し。大野治長ら、建議して曰く、「徳川翁は旦夕の人なり。明歳《みようさい》は、西は吉《きつ》にして東は凶なり。且《しばら》く和を約し以て後図《こうと》をなさん」と。乃ち秀頼に勧めて和を請はしむ。前将軍曰く、「右府、誠に自ら艾《おさ》めば、則ち吾れ復た意に介するなし。城内の客兵は皆釈《ゆる》して問はず」と。因つて三事を約す。曰く、「周池《しゆうち》を塡《うず》めん」。

曰く、「大和に徙らん」。曰く、「淀君を以て質《ち》となさん。必ず一に居れ」と。数日にして、周池を塡むるを聴かんと答ふ。而して客兵の為めに食邑《しよくゆう》を加へんと請ふ。前将軍怒つて曰く、「これを釈《ゆる》すすら已に多し。奚《いずく》んぞこれを養ふに勝《た》へんや」と。議乃ち輟《や》む。乃ち工に命じて益〻攻具《こうぐ》を造らしむ。或ひと、井伊直孝に詣《いた》つて事を議す。直孝、方《まさ》に睡つて起き、目を揩《こす》つて出づ。或ひと曰く、「子何ぞ懈《おこた》るや」と。曰く、「我れ、敵の出で襲ふを慮り、夜は睫《しよう》を交へず。唯〻昼間睡《ねむり》を得るのみ」と。城将大野治房、道頓港の敗を愧《は》ぢ、これに報ずるあらんと欲す。時に阿波の兵、本街橋《ほんまちばし》の西に陣す。治房、夜出でてこれを襲ふ。阿波の兵乱れ、死傷頗る多し。人乃ち直孝に服す。これより先、天皇、大納言藤原兼勝《かねかつ》、大納言藤原実条《さねえだ》をして、来り労《ねぎら》はしむ。ここにおいて、復た来つて詔旨《しようし》を伝へて曰く、「卿《けい》、耋老《てつろう》を以て、風雪を戎間《じゆうかん》に冒す。宜しく事を諸将に委ねて以て還り、京師に息《いこ》ふべし。即《も》し和議を欲せば、将に秀頼に詔《みことのり》してこれを成さしめんとす」と。前将軍、稽首《けいしゆ》して曰く、「臣、少《わか》きより軍旅に慣《な》る。且つ職分の存する所、独り逸《いつ》すべからず。聖慮《せいりよ》を労するなかれ。和議に至つては、臣自らこれを修めん。以て天詔《てんしよう》を辱《かたじけな》うするに足らず。秀頼をして詔を奉ぜしむれば則ち可なり。若し詔を奉ぜずんば、適《まさ》にその罪を増さん。臣則ちこれを誅夷《ちゆうい》せざるを得ず。ここを以て敢て辞す」と。乃ち女監《じよかん》阿茶《あちや》をして京師に如《ゆ》かしめ、常光氏《じようこうし》を迎ふ。常光氏とは、京極忠高の母にして淀君の妹なり。これをして城に入り和を勧めしむ。工場を径《みち》して往《ゆ》く。工人千百、群を成して、諸〻の攻具を造る。飛橋《ひきよう》、轒轀《ふんおん》、皆千を以て数ふ。常光、城に入り、具《つぶさ》に淀君に説く。

六日、家康は陣を茶臼山に移し、秀忠は陣を岡山に移した。「連珠」数珠繋ぎに砦を隣接して巡らせた。大和川と淀川を堰き止める工事を竣《お》え、濠の水は概ね枯れていた。城兵は大いに驚いた。徳川方は「土豚」土嚢で「湟」濠の水を塡《う》め、竹束を並べ、鉄楯を「排」押し立てて、「距堙」(城壁を乗り越えるための)土塁を築き、地下道を「鑿」掘り進めた。しかも鉄砲や大砲を放ち太鼓を叩いて気勢を上げることを毎夜三度繰り返し、城兵に休息を取らせないようにした。

家康は諸将に命じて城内に矢文を射込ませた。「降伏する者には褒賞を与えん」と。城中の者たちは互いを疑った。秀忠は再び城壁を「凌」乗り越え一斉に登ることを願い出た。

家康は言った。「わしはこう聞いておる。『良将は戦わずして勝つ』とな。兵を損ねて城を得るようなやり方を、わしは取りとうないのじゃ」と。再び金工の後藤光次に城に入って講和の話を持ち掛けさせた。城中では衆議が決しなかったが、和睦を願う者が多かった。

大野治長らが建議して言った。「徳川翁は今夕か明朝には命が尽きてしまうような年でござる。来年の運勢は西が吉、東が凶であると申します。ここは一旦和議を約して後々の事を図りましょうぞ」と。そして秀頼に講和を勧めた。家康は言った。「右府が誠に自ら「艾」徳川に反発する気持ちを入れ替えてくれるのなら、わしはもはや何ら気に掛けるものではない。牢人どもはみな赦して不問に付そう」と。

そこでそのための三つの条件を示した。曰く、周囲の濠を埋めること。曰く、大和に国替すること。曰く、淀君を江戸に人質に出すこと。必ずこのうちの一つを選ぶべし、と。数日して豊臣方は周囲の濠を埋め立てることを聴き入れると返答してきた。しかし、大坂方は牢人衆に知行を宛てがうための領地の加増を願い出てきた。家康は怒って言った。「牢人を釈してやるだけで十分じゃというのに、どうしてこれらを養ってやらねばならんのか」と。かくして和議は「輟」取りやめになった。

そして職人に命じて攻城兵器を製造させた。ある人が井伊直孝のもとを訪れて事を相談しようとした。直孝はちょうど眠りから覚めて目を「揩」擦りながら出て来た。ある人は言った。「貴公はなにゆえに懈怠しておるのか」と。（直孝は）言った。「それがしは夜は敵が夜襲を仕掛けてくるのではないかと気になり、瞼を閉じることができませぬ。ただ昼間であれば微睡むことができるというだけにござる」と。城将の大野治房は道頓港での敗北を愧じて、これに報復してやろうとしていた。この時阿波兵は本街橋の西に陣を敷いていた。治房は夜出撃してこれを襲った。阿波兵の死傷者は頗る多かった。人々は直孝（の用心）に感服した。

これより先、天皇は大納言藤原兼勝と大納言藤原実条を勅使として家康の許に遣わされて慰問された。そしてもう一度お越しになって詔旨をお伝えになった。「卿は「耋老」七十歳八十歳の高齢の老体であるのに「戎間」軍中にて風雪に晒されておる。軍事は諸将に委ねて引き返し、京で休息するが宜しかろう。もし和議を欲するというなら、これより秀頼に詔を下しこれを成立させよう」と。

家康は額を地に擦り付けて申し上げた。「臣は年若きみぎりより軍旅には慣れておりもうす。また戦は武家の職分でございますので、ただ一人安逸を貪るわけには参りませぬ。なにとぞ「聖慮」御心を煩わされることなきように。和議に至りましては、臣自らまとめたいと存じております。

秀頼が詔を奉ずればそれでよろしいのでございますが、もし詔を奉ぜぬ時は、罪を増すことに「適」相当致します。さすれば臣はこれを誅夷せざるを得なくなりもうす。ですので敢えてご辞退させていただくのでございます」と。

そして「女監」侍女頭の阿茶局を京に如《ゆ》かせ、常高院を迎えさせた。常高院は京極忠高の母にして淀君の妹でもある。彼女を大坂城に入らせて講和を勧めさせた。その途中、工場を通って往った。そこには職人数千が群れを成し、攻城兵器を造っていた。「飛橋、轒轀」城内に飛び込むための移動架橋や破城鎚を備えた戦車が合わせて千ばかりもあった。常高院は入城し、その様子を具に淀君に説いた。

心理的駆け引きによって豊臣方を和議に追い込む。ただ、双方ともそれがいずれは破綻するであろうことを見越している。豊臣方は実はどこかでそれを望んですらいるかもしれなかった。

和議の成立

淀君、初め秀頼と倶に城内を巡視す。守兵の頗る壮鋭なるを見るや、大に喜ぶ。遂に天主閣に上り以て東軍を望めば、則ち極目皆兵《きよくもくみなへい》にして、旌旗《せいき》、天に際す。淀君、色動く。已にして備前島の軍、大熕《たいこう》を発して、閣《かく》の第二層に中《あ》つ。二女、震死《しんし》す。淀君始めて大に驚き、秀頼に勧めて和を成さしむ。而して常光の至るに会ふ。則ち喜懼《きく》交ゝ《こもごも》集る。常光、命を伝へて曰く、「右府必ず大坂に居らんと欲せば、則ちその旧封において、一も闕《か》くる所なからん。特《ひと》り諸客兵《しよかくへい》を逐ひ、東軍をして外城を毀《こぼ》ち周池を塡めしめ、以て和親の実を著《あらわ》せ」と。秀頼母子、諸将を召して議す。議未だ決せず。本多正純、人をして治長、長益に言はしめて曰く、「公上の議已に成れり。子ら遅疑《ちぎ》せば、罪将に至らんとす」と。二人、大に懼《おそ》れ、急に後藤光次に因つて質を献ず。治長、その幼子《ようし》を遣らんと欲す。光次、これを斥けて曰く、「稚弱《ちじゃく》の者何ぞ用ひん」と。乃ちその冢子《ちょうし》を率ゐて還る。十九日、和成る。約して周池を塡め客兵を遂ふ。二十日、板倉重昌入りて秀頼の誓書を監《かん》す。秀頼問うて曰く、「両公の何れに呈すべき」と。重昌、私《ひそ》かに対へて曰く、「太公《たいこう》に呈せよ」と。書を持つて帰る。前将軍、目逆《もくげき》して問うて曰く、「嚮《さき》に汝を遣すに、その呈する所を命ぜず。如何」と。重昌、状《じょう》を告ぐ。前将軍喜んで曰く、「汝に非ざれば辨《べん》ずる能はざるなり」と。城将、我の和を恃《たの》んで懈《おこた》るを度《はか》り、茶臼、岡山を襲はんと欲し、夜、人をして候《うかが》ひ視しむ。その厳備《げんび》なるを見て乃ち止《や》む。

初め、淀君は秀頼と城内を巡視すると、守兵たちが頗る意気壮んで活力があるのを見て、大いに喜んだ。それから天守閣に登り、東軍の方を望み見ると、目の届く限りみな兵ばかりで、天の際まで旗が連なっていた。淀君は顔色を変えた。そうしているうちに備前島の軍から大砲が発射されて、天守閣の二階に命中し、二人の腰元がその衝撃で死んだ。淀君はここで初めて心底驚愕し、秀頼に勧めて講和を成立させようとした。

そこへちょうど常高院がやって来たので喜びと懼れの感情に交互に見舞われた。常高院は命令を伝えて言った。「右府がどうしても大坂に居続けたいというのであれば、その所領は元のままで一つも欠けることはないであろう。ただ牢人たちを追い払い、東軍に二の丸を壊して周りの濠を埋めさせ、和親の実を著さなければならない」と。

秀頼母子は諸将を召集して評議したが、結論は出なかった。本多正純が人を遣わして治長と長益に向かって言った。「ご主君同士の結論は既に成立している。貴公らが遅疑逡巡すれば、罪が及ぶことになるであろう」と。二人は大いに懼れ、急いで後藤光次を通して人質を差し出した。治長はその幼子を遣わそうとした。光次はこれを斥けて言った。「幼き者が何の役に立ちましょうぞ」と。そこでその長男の治徳を連れて城から出て行った。

十九日、和睦が成立した。その条件は濠を埋め牢人衆を城外に出すことであった。二十日、板倉重昌が入城して秀頼の誓紙を受け取った。秀頼が問うて言った。「両公いずれに差し出すべきであろうか」と。重昌は独自の判断で対えて言った。「大御所に差し出すのが宜しかろうと存じます」と。誓紙を持ち帰った。

家康は（重昌が）戻ってくるのを自ら迎えて問うて言った。「先ほどその方を送り出したが、どちら宛てに誓紙を差し出すべきか指示しなかった。どうであったか」と。重昌は経緯をそのまま報告した。家康は喜んで言った。「その方でなければ事を上手く捌けぬのう」と。城将（真田信繁）はこちらが和睦に「恃」油断して備えを「懈」怠っていると「度」推測し、茶臼山と岡山を襲撃しようと考えた。夜人を使って敵情視察させたところ備えが厳重であったので、そこで思い留まった。

初め西藩、独り島津氏未だ来り会せず。二豊、二筑の将帥、密命を受けて亦た発せず。ここに

おいて、兵艦三千余艘を以て兵庫に至る。則ち和成つて已に四日なり。前将軍、人をして労《ねぎら》つてこれを罷《や》めしむ。遂に諸軍をして囲《かこみ》を撤し、特に勲旧《くんきゅう》の七将を留めて塹《ほり》を塡《うず》めしむ。本多正純、安藤直次、成瀬正成を以てこれを掌《つかさど》らしむ。諸侯争つて役を助く。伊達政宗、藤堂高虎ら請うて曰く、「秀頼、命を聴くも終に保《ほ》すべからざるなり。恐らくは後患《こうかん》を遺《のこ》さん。今に及んでこれを除くに若《し》かず」と。前将軍曰く、「吾と豊臣氏と、義を以て合ふ者なり。長湫《ながくて》の捷後《しょうご》、和を聴いて京師に入り、始めて征伐を助け、終に委託を受く。関原の役に、勢に乗じて大坂を圧するは、事固《もと》より難きに非ず。今彼乃ち怨《うらみ》を以て恩に報ゆ。吾れ苟《いやしく》もこれを除かんと欲せば、豈に卿らの言を竢《ま》たんや。吾れ特に太閤の旧好を念《おも》ひ、以てこれを保全《ほぜん》するのみ。彼復た我に負《そむ》き、敢て不義を行はば、則ち自ら亡を取るなり。卿ら且《しばら》く言ふなかれ」と。大坂の諸将、前将軍を要撃せんと欲す。

そもそも西国の大名で島津氏だけがまだ大坂城攻めに参陣していなかった。豊前・豊後・筑前・筑後の将帥は（島津の謀叛に備える）密命を受けていたので、まだ軍を発していなかった。（だが）ここで彼らが兵艦三千艘を率いて兵庫に到着した。既に和議が成立してから四日が経過していた。家康は人を遣わして参陣を労ってからこれを解散させた。遂に諸軍に命じて城の包囲を撤収させて、特に功績のあった譜代の七将を留めて濠を埋めさせた。本多正純・安藤直次・成瀬正成が管掌した。諸将は争って作業を手伝うことを願い出た。伊達政宗と藤堂高虎が請うて言った。「右府は命を聴き入れたとはいえ、最後までその態度を維持し続けるとは限りません。恐らく後の患いとなるでありましょう。今ここで取り除いておくに若《し》くはございませぬ」と。

家康は言った。「わしは豊臣氏とは義を以て力を合わせた者なのじゃ。長久手の勝利の後、和睦を聴き入れて上洛し、初めて太閤の征伐を助け、最後にはその委託を受けた。関ヶ原の役では、勢いに乗じて大坂を制圧してしまうことも、さほど難しいことではなかった。（ところが）今右府は怨みを以て恩に報いようとしている。わしがもし豊臣氏を取り除こうと思えば、どうして貴公らの言葉を待つ必要があろうか。わしはただ太閤との旧き誼を念い、右府をそのままにしておいているだけじゃ。右府が再びわしに負《そむ》き、敢えて不義を行えば、それは自ら滅亡を選び取るということよ。貴公らはしばらくはこのことを口にしてはならぬ」と。大坂の諸将は家康を「要撃」待ち伏せして討とうとしていた。

関ヶ原の直後の時点で豊臣家を滅ぼすことができたなどというのは、虚喝でしかない。我が家康が老耄したとは思いたくないが、万が一こんなことを口にしたとすれば、あるいは焦りや苛立ちなどの感情が制御しにくくなってきているのであろうか。ただ、家康に言わせれば、豊臣もまた織田家の天下を巧妙に簒奪した家なのだ。現在の徳川との実力の差を率直に認めて、血を流さず禅譲するつもりは無いのか、という思いなのかもしれない。

二十四日、前将軍、数十騎と、夜、行営《こうえい》を発して、暁《あ》くる比《ころ》京師に入る。衆以て神《しん》となす。初め前将軍の京師を出づるや、林信勝らに命じて、御府《ぎょふ》及び公卿《こうけい》の家の典籍《てんせき》を索《もと》め、五山の徒に命じて、局を開いて校写《こうしゃ》せしむ。大坂の軍中に在つて、遥かにその役《えき》を督《とく》す。使者、往来して絶えず。ここに至つて功を畢《お》へ、三本を為《つく》る。その一を献納し、二を駿府、江戸に置く。

二十四日、家康は数十騎と夜、茶臼山の行営を出発して、明け方頃京に入った。一同はそれを神業であるとした。初め家康が京を出る時、林信勝らに命じて「御府」朝廷の書庫及び公卿の家の典籍を捜索させて、五山の僧に命じて専門の部局を開き校訂書写させた。大坂の軍中にあっても遠くからその事業を監督した。使者の往来は絶えず、ここに至ってその仕事が終わった。三部写本させ、その一部を朝廷に献上し、残りの二部を駿府と江戸に置いた。

二十八日、入朝す。上皇、天皇、慰労すること懇至《こんし》なり。命じ議して朝廷の爵位《しやくい》を正し、諸ゝの節会《せちえ》を興《おこ》す。時に京師、流言す、「池田利隆、観望を懐き、中島に逗留す。故にその尼崎の戍将《じゆしよう》、且元を救はず」と。前将軍怒り、その封を奪ひ以てその弟忠継に与へんと欲す。利隆の老、番氏明《ばんうじあき》来つてこれを陳謝す。聴かずして入る。氏明、裾《すそ》を牽《ひ》いて号哭《ごうこく》し、死を以てこれを争ふ。初め氏明の父大膳《だいぜん》、圉人《ぎよじん》たり。長湫の役に、池田輝政、父兄の歿《ぼつ》するを見て戦死せんと欲す。大膳、馬を扣《ひか》へてこれを遏《とど》む。輝政怒り、鐙《あぶみ》を以てその項《うなじ》を蹴《け》る。血、面《めん》に被れども縦《はな》たず。遂にその祀《し》を存《そん》す。前将軍、これを記す。その世ゝ忠節なるを嘉《よみ》するや、乃ち利隆を釈《ゆる》す。次年、忠継母子、皆卒す。利隆に命じて備前の国事を摂せしむ。

二十八日、（家康は）入朝した。上皇と天皇は懇ろに慰労された。家康は命令し評議して朝廷の爵位を正させ、諸々の朝廷の「節会」年中行事（元日・白馬《あおうま》・端午・踏歌《とうか》・豊明《とよのあかり》）を興した。

時に京で噂話があった。池田利隆は有利な側に味方しようと観望の心を抱懐して中島に居座り続けている、ゆえに（利隆の姻戚の）尼崎城の守将は且元を救わなかったのだ、と。家康は怒り、彼の所領を奪ってその弟の忠継に与えようとした。利隆の家老・番氏明が来てこれを陳謝した。

家康は聴かずに奥に入ろうとした。氏明は家康の袖を牽《ひ》いて号泣し、死を覚悟してその噂話が根も葉もない虚偽であると言い立てた。もともと氏明の父の大膳は「圉人」馬の世話をする者であった。長久手の戦いで、池田輝政は父の恒興と兄の元助が討死したのを見て、自分も戦って死のうとした。大膳は輝政の馬を「扣」抑えてこれを「遏」止めた。輝政は怒り、大膳の「項」うなじを馬の鐙で蹴った。血が顔中を覆っても馬の口を離さなかった。かくして輝政は生き残り、池田家の先祖の祭祀を絶やさずに済んだのである。

家康はその事を憶えていた。その番氏代々の忠節を嘉し、利隆を許した。翌年、忠継母子（母は家康の次女督姫）はみな亡くなった。利隆に命じて（忠継の領国であった）備前の国事を代行させた。

以前にも触れたが、秀吉の仲介で家康の次女督姫を娶ったことで池田輝政はその家運を開き、一門で百万石に迫るほどの繁栄を迎えることができた。しかし、彼が五十歳で中風に斃れると、家康の外孫に当たる息子たちも次々と若くしてこの世を去っていった。嫡男の利隆までこの翌年に亡くなっている。

それにしても、あの家康が血の繋がった忠継忠雄に池田家惣領を継がせるために、利隆への流言を信じたふりをしたなどとはどうにも思えないのだが。

伊達政宗の長子秀宗《ひでむね》、幼にして大坂に質たり。関原の役に始めて放還せらるゝを得たり。政宗、嫌《けん》を避けて、少子忠宗を立てゝ嗣《し》となす。ここにおいて、秀宗軍に従ふ。前将軍これを愍《あわれ》み、封ずるに富田氏の旧邑宇和島を以てし、十万石を食《は》ましむ。筒井定次の遺臣、多く大坂の募《つの》りに応ず。故を以て定次に死を配所に賜ふ。

伊達政宗の長子の秀宗は、幼い頃より大坂の人質であった。関ヶ原の戦いの時、秀宗は初めて解放されて帰国することができた。しかし、政宗は徳川方から（西軍への内通の）嫌疑を受けることを避けて、末の子の忠宗を立てて世継ぎとした。家康は秀宗を愍《あわ》れみ、富田氏の旧領の宇和島に封じ、十万石を食ませた。（改易された）筒井定次の遺臣の多くが大坂の募集に応じたので、（あらためて）定次を配所で自害させた。

宇和島の伊達藩は、仙台の伊達藩とは独立した別家としての意識が強かった。ただし、仙台からは末家の格下扱いを受け、江戸時代を通じてけっして親密な間柄とは言えなかったらしい。ちなみにこの家から幕末の四賢侯の一人・伊達宗城《むねなり》が出た。

将軍、岡山に在り、亦た諸将士の功を論賞す。この役に、井伊直孝、兄直勝の癈疾《はいしつ》にして事に勝《た》へざるを以て、代つてその軍を摂して功あり。将軍、遂に命じてその国を領せしむ。直孝、辞して曰く、「直勝羸《よわ》しと雖も、先臣の養士《ようし》在るあり。君の事あるごとに、臣摂して従はば可なり。今、庶孽《しょげつ》を以て嫡長《てきちょう》に先だつは、臣の安んぜざる所なり」と。また安藤直次に因つて力《りき》請《せい》す。将軍、嘉賞《かしよう》して許さず。乃ち彦根の十五万石を賜ひ、別に邑を直勝に賜ふ。初め直孝、故《ゆえ》あつて民間に育《やしな》はる。十一歳の比《ころ》、強盗数十あり、その家に入る。輒ち刀を抜いて一人を斫《き》る。父直政、密かに召し見て、常に執る所の軍麾《ぐんき》を以てこれに授けて卒す。長ずるに及び、召し用ひて書院番頭《ばんがしら》となす。稍《やや》ゝあつて大番頭に進む。ここにおいて、既に命を拝す。次日、入りて謝し、徐《おもむ》ろに進んで執政《しつせい》本多正信の上《かみ》に坐す。坐者、洒然《そんぜん》として色を変ず。既にして罷《や》む。正信に謂つて曰く、「今日の状、不恭《ふきよう》に類するなり。然れども已に故侍従の後を承《う》く。然らざる能はず」と。正信曰く、「公唯ゝ能《よ》く然り。この命ある所以なり。吾れ窃《ひそ》かに郎君の人を知るを慶するなり」と。

秀忠は岡山に在って、また諸将将士の論功行賞を行った。この戦役で、井伊直孝は兄の直勝が「癈疾」中程度の回復不能の障害に患い軍務を遂行することができないので、代わってその軍を統率し功績を挙げた。秀忠はそこで（直孝に）命じて井伊家の領国を任せようとした。直孝は辞退して申し上げた。「兄の直勝は病弱ではございますが、我が父が養成した勇猛な家臣たちがおります。主君の兄に何か仕事があれば、臣下のそれがしが「摂」代行して従えば可《よ》いのではないでしょうか。今妾腹の身で嫡長に先んじて家督を継いでは、それがしの心が落ち着きませぬ」と。

さらに安藤直次を通して努めて辞退を願い出た。秀忠は（その兄を重んじる心を）嘉賞しつつも、それを許さなかった。そして彦根十五万石を与え、別に直勝にも所領（上野の安中《あんなか》三万石）を与えた。当初直孝は訳有って民間で養育されていた。十一歳の頃、強盗数十人がその家に押し入った。直孝は刀を抜いて賊一人を斬り捨てた。父の直政は密かに召し出して会い、戦場で常に手に執っていた采配を直孝に授け、そうして世を去った。直孝は成長すると、登用されて書院番頭となり、しばらくしてから大番頭にまで出世した。

かくして直孝が秀忠の命を拝して井伊家の家督を継いだその翌日、直孝は秀忠に目通りしてお礼を申し上げ、徐ろに進んで「執政」老中本多正信の上座に座った。座の者は「洒然」鼻白む思いで顔色を変えた。（直孝は）御礼の式が終わってから正信に向かって言った。「本日のそれがしの振舞いは、互いの身分の上からも、さぞかし不作法なものに思われたでありましょう。さりながらそれがしは既に亡き侍従（直政）の跡目を継ぎもうした。あのようにしないわけには参らなかったのでございます」と。正信は言った。「貴公はよくぞなされた。これぞ家督継承の命が有った所以。それがしは心中「郎君」若殿（秀忠のこと）が人を知るお方であることを慶んでおりもうす」と。

遠江以来の井伊家の家臣は直勝の安中藩へ、赤備えの武田遺臣たちは直孝の彦根藩へとおおよそ分かれて所属した。また、このくだりでは直勝を「癈疾」としているが、病弱のはずの直勝は直孝の七十歳より更に長い七十三歳の天寿を全うしている。おそらく家康や秀忠の目から見て直勝に足りなかったのは、常に幕府の先鋒を任せられる井伊家の大将としての逞しさ頼もしさであったのだろう。

この時に当り、諸工卒、已に外湟《がいこう》を塡め、遂に内湟《ないこう》に及ぶ。城中、これを詰《なじ》つて曰く、「初め周池を塡むるを約せしは、西南の外濠《がいごう》を謂ふなり。今ここに及ぶは、何ぞや」と。成瀬正成対へて曰く、「これを周と謂ふは、内外を周《あまね》くするなり。且つ和親《わしん》已に成る。何ぞ湟《ほり》を用ふるをなさん。今内湟《ないこう》を存せんと欲するは、その意如何」と。城中争ふ能はず。遂に晨夜《しんや》役を督し、歳を超えて畢《おわ》る。独り牙城《がじょう》の一湟《いっこう》を余す。

この時、多くの人夫の手で既に三の丸の外濠は埋められ、二の丸を繞る内濠にまで及んでいた。城中の者はこれを詰って言った。「そもそも約定の周りの濠を埋めるとは、三の丸西南の濠を言ったのである。今ここまで及ぶとはいかなることか」と。成瀬正成が対えて言った。「周りとは内外の濠を全て言うのでござる。それに和親は既に成っておりますのに、なにゆえ濠が要るのでございましょうか。今内濠を残せとのことですが、その意図するところはいったいいかなるものでございましょうか」と。城中では抗弁することができなかった。そして朝から晩まで作業を督励して、年を越えて全ての埋め立てが完了した。ただ本丸の周りに一つの濠を残すだけになった。

従来は、本多正純の進言で「惣」の文字を「全て」の意味に殊更に曲解した幕府によって、大坂城は強引に内濠まで埋められてしまった、とされてきたが、当時の第一史料には、特に濠の埋め立てを巡って豊臣方からの抗議があった形跡は見られない。近年では双方の合意の元での大半の濠の埋め立てであったと考えられている。

元和《げんな》元年正月三日、前将軍、京師を発す。十九日、将軍、京師に入り、尽く諸侯を罷《や》めて国に就《つ》かしめ、安藤直次をして岡崎に追及して功の竣《おわ》るを告げ、且つ大坂に再挙の計あるを告げしむ。居ること五日にして入朝す。また五日にして東す。二月、前将軍に中泉に会す。密議して往く。十四日、前将軍は駿府に帰り、将軍は江戸に帰る。

元和元（一六一五）年。正月三日、家康は京を発した。十九日、秀忠が京に入り、尽く大名たちの従軍を解き、国許に帰させた。安藤直次に（家康を）追わせて岡崎で追いつき、埋め立ての作業が竣わったこと、かつまた大坂に再挙の計画が有ることを報告させた。

京に滞在すること五日後、（秀忠は）入朝し、さらに五日後、東に向かった。二月、家康と遠江の中泉で会合し、密議を凝らしてから中泉を出た。十四日、家康は駿府に帰り、秀忠は江戸に帰った。

江戸の士に小幡景憲《おばたかげのり》といふ者あり。罪あつて出亡《しゆつぼう》し、前田氏に仕ふ。玉造の戦に、衆に先んじて奮闘す。城将大野治房《はるふさ》、これを識る。和成るに及び、潜かに誘《いざな》ふに厚利を以てす。景憲佯《いつわ》り応じ、夜に入つて治房を見る。治房大に喜び、遂に再挙の計を告ぐ。因つて期を約して遣帰《けんき》す。景憲帰り、板倉勝重、松平定勝に因つて、これを将軍に啓《けい》す。将軍、前将軍と議し、知らざる者の為《まね》して、以てその動息を候《うかが》はしむ。大坂益ゝ客兵を召募し、間使《かんし》を以て景憲を招く。勝重、定勝、これに謂つて曰く、「両公、再び来り、諸軍復た集ること五十日を出でず。その間、城兵或は京師を侵し、至尊を挾《さしはさ》んで東に嚮《むか》はば、則ち恐らくは力を費さん。汝勗《つと》めてこれを阻《はば》め」と。景憲、諾《だく》して往く。城中の諸将、師を出さんと議する者あり。治房兄弟、固く執つて聴かず。景憲の説を信ずるなり。或ひと、治房に説いて曰く、「景憲は諜賊《ちようぞく》なり。請ふ、これを験問《けんもん》せよ」と。治房驚き、甲を発してその舎を囲む、景憲、笑語自如《しょうごじじょ》たり。治房、これを召す。即ち一奴《いちど》を従へて入る。治房曰く、「人言《じんげん》果して聴くべからざるなり」と。乃ちこれを界浦に置き、時に来り見えしむ。

江戸の侍に小幡景憲という者がいた。罪を犯して逃亡し、前田氏に仕えていた。玉造の戦いでは軍の先頭で奮闘し、城将の大野治房に（その存在を）識られるようになった。和議が成立するに及んで、密かに手厚い利得でこれを誘った。景憲は佯《いつわ》って応じ、夜治房を引見すると、治房は大いに喜び、遂に再挙の計画を打ち明けた。そして期日を取り決めてから帰した。

景憲は帰ってから、板倉勝重と松平定勝を通じて秀忠に「啓」言上し、秀忠は家康と相談して、（景憲に）知らぬ顔をしてそのまま大坂の動静を「候」探らせることにした。大坂ではますます牢人を召募し、忍びを使いに出して景憲を招いた。勝重と定勝は景憲に向かって言った。「大御所と将軍が再びこちらにお出ましになり、諸軍がもう一度参集するのには、五十日を過ぎることはあるまいが、その間に城兵が京に侵攻して「至尊」天子を挟んで東へ「嚮」向かえば、恐らくは大変な力を費やすことになるであろう。その方は「勗」何としてもこれを阻んでもらいたい」と。景憲は承諾して（大坂に）往った。

城中の諸将には（京への）出兵を建議する者もいたが、治房兄弟は頑なにこの方針を聴き入れようとしなかった。これは景憲の（反対）説を信じたためであった。ある人が治房に説いて言った。「景憲は敵の間者ではないでしょうか。なにとぞ試しにこれを問い詰めてみてくだされ」と。治房は驚き、武装した兵で彼の宿舎を囲ませた。景憲は笑いながら話すこと普段の如くであった。治房は景憲を呼び出した。すぐに一人の従僕を連れて入って来た。治房は言った。「人の言葉を鵜呑みにするものではないのう」と。そこで景憲を堺に置いて、時々（相談するために）会いに来させた。

小幡勘兵衛景憲は、司馬遼太郎の小説『城塞』の狂言回し的な主人公になったことで知名度が高い。春日虎綱（高坂弾正）の補佐からのちに信玄の旗本に転じた小幡昌盛の三男に当たる。彼は甲州流軍学の創始者として知られ、『甲陽軍鑑』の成立にも関わったとされる。表現は悪いが、いささか胡散臭いところがこの人物の魅力の一部でもある。

大坂夏の陣

両将軍已に敵情を熟知して、秀頼未だこれを知らず。三月、青木一重及び二女使をして来り請はしめて曰く、「兵荒《へいこう》の後、食禄給せず。請ふ、これを賑貸《しんたい》せよ」と。時に参議義直、将に故浅野左京大夫の女を娶《めと》らんとす。前将軍、二女使に謂つて曰く、「右兵衛督《うひょうえのかみ》、婚を成すこと近きに在り。吾も亦た将に往かんとす。東国の女子、礼節に嫺《なら》はず。汝ら幸《さいわい》に往いてこれを相《たす》けよ。婚畢《おわ》らば則ち吾れ自ら京師に適き、以て賑給《しんきゅう》の事を計らん」と。乃ちこれを尾張に遣る。已にして京師の報至る。曰く、「募兵の大坂に聚《あつま》る者十四五万、兵勢、前役《ぜんえき》に什倍《じゅうばい》す」と。前将軍笑つて曰く、「多多益〻敗るべし。必ずしもこれを禁ぜず」と。終に令を諸侯に下す。皆前役の如し。先づ井伊直孝、藤堂高虎に命じて、兵を率ゐて往いて京師を護らしむ。京師方《まさ》に訛言《かげん》あり、「大坂の兵来る」と。負担して四走す。或は闕門《けつもん》及び公卿《こうけい》の宅に入る。板倉氏の僚《りょう》属《ぞく》、兵備をなさんと請ふ。勝重曰く、「これを置け」と。乃ち便服《べんぷく》して巡行すること平日に異《こと》ならず。上下倚安《いあん》す。而して諸将至る。直孝は東寺《とうじ》に陣し、高虎は淀に陣す。去歳の役に、山口重政、功を以て自ら償《あがな》はんと欲す。箱根に至つて出づるを得ず。ここにおいて、間行《かんこう》して井伊氏に属す。藤堂氏の将渡辺了《さとる》、敵を住吉に縦《はな》つ。高虎自ら疑はるゝを恐れ、甚だ了を誚《せ》む。旧臣も亦た了の新に進んで人に傲《おご》るを忿《いか》る。了、去らんと請ふ。許さず。

家康と秀忠は既に敵情を熟知していたが、秀頼はまだそのことを知らなかった。三月、青木一重と二人の女人を使者として来訪し願い出て言った。「戦で領地が荒廃して家臣たちに食禄を支給することができませぬ。なにとぞ「賑貸」これらを救うための貸し付けをお願い申し上げます」と。

この時、参議義直がまさに亡き浅野幸長《よしなが》の娘を娶ろうとしていた。

家康は二人の女人に向かって言った。「右兵衛督が近々婚儀をすることになっておる。わしもその婚礼に向かうつもりじゃ。東国の女子《おなご》は礼儀作法に嫻《な》れておらぬ。そなたらも出席してこれを手伝ってもらえると「幸」心強い。婚儀が終わればわし自ら京に適《い》き、豊臣家支援のことを許ろう」と。そして二人の女人を尾張に行かせた。

そうしていると、京から報せが届いた。「（豊臣家の募兵により）大坂に聚《あつま》っている兵は十四、五万、その勢いは前の戦役の時の十倍です」と。家康は笑って言った。「多ければ多いほどますます破りやすい。大坂の募兵を禁ずる必要はない」。

遂に大名たちに命令を下した。みな前の戦役と同じであった。先ず井伊直孝と藤堂高虎に命じて兵を率いて往って京を護らせた。京ではちょうど噂話が立っていた。「大坂の兵が襲来する」と。人々は荷物を背負って四方に逃げた。ある者は御所の門内や公家の屋敷に入っていった。板倉氏の部下が兵備を設けることを願い出た。勝重は言った。「放っておきなさい」と。平服で市中を巡視すること今までと変わらなかった。町の身分の高い者も低い者もこの様子を見て安堵した。

そして諸将が到着し、直孝は東寺に陣を敷き、高虎は淀に陣を敷いた。去年の戦役で、山口重政は功を立てて自らの罪を償おうとし、箱根までやってきたが、関所を通ることができなかった。そこで今回は「間行」忍んで行動して井伊氏に所属した。藤堂氏の部将の渡辺了は（伏兵を疑って）敵兵を「縦」取り逃す失態をした。高虎は自分まで（家康から）疑いがかかるのを恐れて、了を厳しく叱責した。高虎の古くからの家臣たちもまた、了が新参者（実際は藤堂家に仕官して十五年目だが）にも拘らず人に驕る態度に憤っていた。了は藤堂家から退転することを願い出たが、許されなかった。

戦場を往来してきた強者《つわもの》たちは、この大戦こそが自分の武人としての価値を高め得る最後の機会であると解っていたに違いない。

四月九日、前将軍、尾張に至り、大坂の使者を召して曰く、「吾れ聞く、右府復た兵を募る、と。兵多ければ則ち食乏しきは固《もと》よりその当《とう》のみ。吾れ将に往いてその虚実を験せんとするなり」と。因つて使者を留めて遣らず。常光氏を遣して、再び兵を弭《や》むるを諭す。居ること三日、義直の婚を成し、また三日にして尾張を発す。

四月九日、家康の軍が尾張に到着した。大坂の使者である（二人の女人）を呼び出して言った。「わしが聞くところによると、右府は再び兵を募っておるとのこと。兵が多くなれば食糧が乏しくなるのは固より当然である。これから往ってその真偽を「験」確かめてみよう」と。そして一人の女人を留めて帰さなかった。常高院を（大坂城に）遣わし、再び戦の準備をするのを「弭」止めるよう諭させた。（家康が尾張に）滞在すること三日、義直の婚儀が成った。さらに三日後、（家康は）尾張を出発した。

十八日、京師に至る。常光氏来り、秀頼の命を聴かざるを報ず。また後藤光次をして往かしむ。亦た答へず。乃ち畿内の大坂の募《つのり》に応ずる者を徇《とな》へて、その妻子を収む。降る者はこれを宥《ゆる》す。

十八日、京に到着した。常高院がやって来て、秀頼が命を聴き入れなかったことを報告した。さらに後藤光次を往かせ（諭させ）たが、これにも答えなかった。そこで京周辺に「徇」お触れを回して、大坂の募集に応じた者の妻子を収容し、降伏した場合はこれを宥した。

将軍、前将軍の尾張に至るの日を以て江戸を発す。少将忠輝、黒田長政、加藤嘉明と、皆自ら請うて従ふ。二十一日、伏見に至る。明日、来つて二条城に謁す。前将軍、二十八日を以て師を出さんと欲す。将軍、兵未だ全く集らざるを以て、少《しばら》くこれを竢《ま》たんと請ふ。前将軍曰く、

「この役は当に野戦に決すべし。野戦は多きを用ひず。乃公《だいこう》、見兵《けんぺい》を以て先づ往かん。汝、大衆を合してこれに継げ」と。将軍曰く、「児《じ》ここに在り、大人《たいじん》をして先だたしめば、世、これを何とか謂はん」と。前将軍曰く、「吾れ老いたり。復た事に遭ふべからず。必ず衆に先だつて一たび楽戦せん」と。本多正信、側《かたわら》に侍して曰く、「臣聞く、軍の先後は地の遠近に在り、と。太公は京に在り。郎君《ろうくん》は伏見に在り。その次《じ》已に定れり。太公甚だ道理なし」と。前将軍乃ち止む《や》。藤堂高虎を召して、攻城の方略を諮《と》ふ。高虎対へて曰く、「遠きに利あつて、近きに利あらず。軽兵もて戦を挑み、その遠く出づるを竢つてこれを撃たば、則ち敗衄《はいじく》の余、復た守志なからん」と。前将軍、掌《たなごころ》を撫《ぶ》して曰く、「子が言、我が口より出づるが如きなり」と。

秀忠は家康が尾張に到着した日に江戸を出発した。少将忠輝と黒田長政・加藤嘉明はみな自ら請うて従軍した。二十一日、（秀忠は）伏見に至り、翌日二条城に来て（家康と）面会した。家康は二十八日には出陣しようとしたが、秀忠は兵が未だ全軍集結していないので、今少し待つよう請うた。家康は言った。「この戦役は必ず野戦で決着が着くであろう。野戦に多くの兵は用いぬ。わしが「見兵」ここにいる兵のみを率いて先に往く。そちは大人数を合わせてからこれに続くがよい」と。秀忠は言った。「息子のそれがしがここにいて、大人を先に行かせては、世の中の人々はこれを何と言うでありましょう」と。家康は言った。「わしは老いた。二度とかような大戦に遭うことはできぬだろう。何としても衆に先んじてひとたび戦いを存分に楽しませてもらおうぞ」と。

本多正信が傍に侍していて言った。「臣は聞いたことがございます。軍の先後はその将のいる地の近きか遠きかによって決まる、と。大御所は京にあり、若殿は伏見におられます。その順序は既に定まっておりもうす（大坂に近い伏見の方が先）。大御所の仰せは甚だ道理に適っておりませぬ」と。家康は仕方なく（先に進軍するのを）取りやめた。

藤堂高虎を召し出して大坂城攻めの方略を諮った。高虎は対えて言った。「城より遠くで戦えば利があり、近くで戦えば不利です。（進退に機敏な）軽装の兵で戦いを挑み、敵が遠くに出てくるのを待ってこれを撃てば、敵を大いに破ることができ、さすればもはや城を守り続ける意志も失われるでしょう」と。家康は掌をゆっくり拍って言った。「貴公の言葉はわしの口から出たようじゃ」と。

それにしても、家康の藤堂高虎への信任ぶりには格別なものがある。

諸軍向かう所を定める

遂に諸軍の郷《むか》ふ所を定む。石川忠総《ただふさ》は高槻を守り、池田利隆、池田忠雄は尼崎を守る。その余の山陽、山陰の将士は神崎《かんざき》より進み、浅野、蜂須賀以下の南海の将士は和泉より進む。而して大和、伊勢、美濃の諸部は大和口より先づ進む。少将忠輝、伊達政宗、その帥《すい》たり。水野勝成その先鋒たり。前将軍、勝成を召して曰く、「我が大和口の先鋒は、汝に非ざれば可《か》なる者なし。汝、大和の将士を統べ、命を用ひざる者あらば、先づ斬つて後に聞《ぶん》せよ。直孝、高虎と、策応《さくおう》を相ひなし、その全勝を期し、慎《つつし》んで一条槍《いちじょうそう》の故態《こたい》をなすなかれ」と。勝成、感謝して出づ。井伊直孝、藤堂高虎、近江、伊勢の兵を以て中軍に先鋒たり。榊原康勝、松平康重、小笠原、仙石、諏訪、保科、丹羽の諸将とこれに継ぎ、河内口《かわちぐち》より進む。

遂に諸軍が向かう所を定めた。石川忠総は高槻を守り、池田利隆・池田忠雄は尼崎を守り、それ以外の山陽・山陰の将士は神崎より進み、浅野・蜂須賀以下の南海の将士は和泉より進んだ。そして大和・伊勢・美濃の諸部は大和口より先に進み、少将忠輝と伊達政宗が大将としてこれらを率い、水野勝成がその先鋒となった。家康は勝成を呼び出して言った。「我が大和口の先鋒はその方でなければ務まらぬ。その方は大和の将士を総べ、命令に従わない者は先に斬り捨てて後で申し出るがよい。直孝・高虎と互いに策を応じ合い、その全き勝利を期すべし。「故態」かつての一騎駆けの武者の頃のような槍働きは慎んでしてはならぬ」と。勝成は感謝して退出した。井伊直孝と藤堂高虎は近江・伊勢の兵を率いて中軍の先鋒となり、榊原康勝と松平康重は小笠原・仙石・諏訪・保科・丹羽の諸将とこれに継ぎ、河内より進んだ。

これより先、城兵、大和を侵す。大和の法隆寺に工人中井正次といふあり。前役に、東軍の為めに攻具を造る。城兵、これを怨み、法隆寺を囲んでこれを焚《や》く。二十六日、大野治房も亦た郡山に寇《あだ》す。守将筒井定慶《さだよし》、守《まもり》を棄てゝ遁《のが》る。水野勝成、進んで長池《ながいけ》に至り、これを聞いて部下に謂つて曰く、「敵若し南都を焚かば、我が恥なり」と。疾《と》く馳せてこれに赴く。治房至る。敢て逼らず。遂に退き走る。勝成、追躡《ついじょう》して法隆寺に至る。会〻《たまたま》浅野但馬守、兵五千を以て北のかた和泉に赴き佐野に至る。治房ら、紀伊の土寇《どこう》を誘《いざな》ひ、その後に起らしめ、兵二万を以てこれを逆《むか》ふ。紀伊の将亀田高綱曰く、「平地の戦は寡《すくな》き者必ず敗る。宜しく退いて樫井《かしい》に至り、林を蔽ひ蹊を塞いで陣すべし」と。但馬守、これに従ふ。

これより先、城兵が大和に侵攻してきた。大和の法隆寺には職人の中井正次がいた。前の戦役で徳川軍の攻城兵器を造ったので、城兵はこれを怨みに思っていた。法隆寺を囲みこれを焼いた。二十六日、大野治房もまた郡山に侵攻した。守将の筒井定慶は守りを棄てて遁げた。水野勝成は進んで長池に至り、これを聞いて部下に向かって言った。「敵がもし南都（奈良）を焼けば我が恥ぞ」と。疾駆してこれに向かった。治房は到着したが、けっして戦おうとせず、遂に退却した。水野勝成は、追い討ちをかけて法隆寺までやって来た。

たまたま浅野長晟《ながあきら》が兵五千を率いて北の和泉に向かい、佐野まで来ていた。治房らは紀伊の「土寇」地元の武士たちを誘って、その後方で蜂起させ、そして兵二万を率いて長晟を迎え撃った。紀伊の（浅野の）将・亀田高綱が言った。「平地での戦いでは、数の少ない方が必ず敗れます。ここは退いて樫井まで行き、林に隠れて小径を塞いで布陣するのが宜しいでしょう」と。長晟はこれに従った。

明日、黎明《れいめい》、治房の先鋒塙直次《ばんなおつぐ》、岡部則綱《のりつな》、谷輪重政ら、先を争つて進む。高綱、銃手を以て要撃し、則綱を傷《きずつ》く。紀伊の将上田重安、直次と槍を接し、傷いて交ゞ《こもごも》退く。多胡《たこ》某、射て直次を斃《たお》し、遂に則綱、重政を獲たり。治房、貝塚に在り。敗を聞いて走る。而して紀伊の土寇《どこう》亦た平ぐ。但馬守復た進む。勝成、その部下を分つて二隊となし、堀直寄《なおより》、松倉重正を以て左右の隊将となす。重正告げずして進む。直寄怒り、居民を召して捷路《しょうろ》を問ふ。対へて曰く、「亀背嶺《かめのせとうげ》最も捷《ちか》し。然れども昔、物部守屋《もののべのもりや》、この路に由つて敗を取る。武人相ひ伝へ、以て凶となす」と。直寄曰く、「吾れ既に軍に従ふ。凶はその分《ぶん》なり。且つ守屋以て敗る。安《いず》くんぞ吾は以て勝たざるを知らんや」と。遂に嶺を踰《こ》えて重正に先だち、国分嶺に至る。已にして勝成、諸軍を引いて踵《つ》ぎ至る。少将忠輝、猶ほ南都に陣す。

翌日の明け方、治房の先鋒の塙直次（直之）・岡部則綱・谷輪重政らは、先を争って進んだ。高綱は鉄砲隊で待ち伏せし、則綱を負傷させた。紀伊の将の上田重安は直次と槍を交えて手負いとなり互いに退いた。多胡某が直次を射って斃し、遂に則綱と重政の首を獲た。治房は貝塚にいたが、（先鋒の敗報を）聞いて敗走した。そして紀伊の地元の武士たちもまた平定された。

但馬守も再び進み、勝成はその部下を分けて二隊となし、堀直寄と松倉重正を左右の隊の将とした。重正は（直寄に）何も告げずに先に進んだ。直寄は怒り、土地の民を呼んで近道を訪ねた。対えて言った。「亀背嶺が一番近道ですじゃ。じゃが昔物部守屋ちゅうお人がその道を通って負けてしもうたんで、お侍の間ではずっと凶じゃ不吉じゃと言い伝えられとるようで」と。直寄は言った。「わしは軍に従っている。凶というならそもそも武士の職分が凶よ。それに守屋が敗れたからといって、どうしてわしが勝てないことが判るのか」と。

遂に亀背嶺を越えて重正に先んじ、河内の国分嶺にやって来た。やがて勝成が諸軍を引き連れて相次いで到着した。少将忠輝はまだ南都に陣取ったままであった。
物部守屋は六世紀の人物。廃仏派の有力な豪族で、崇仏派の蘇我馬子と激しく対立し、やがて河内で滅亡した。ちなみに元禄期の儒者・荻生徂徠《おぎゅうそらい》は物部氏の子孫を称し、「物徂徠」とも名乗った。

両将軍、四方の兵漸く集るを以て、遂に親出《しんしゅつ》を議す。大坂の細作《さいさく》、京師に入り、禁内《きんだい》及び二条を焚《や》かんと欲するに会す。板倉勝重、捕へて獄《ごく》に下す。前将軍、故を以て行を停《こうとど》む。五月五日、乃ち発す。諸軍に令して三日の糧食を持《じ》し、米塩酒漿《べいえんしゅしょう》一櫃《いっき》を以て自ら従はしめ、肩輿《けんよ》に駕《が》して行く。将軍、伏見を発す。上杉景勝、京師を留守し、男山に陣す。前田利光、少将忠直以下皆従ふ。即日、前将軍は星田に舎《しゃ》し、将軍は角南《すな》に舎す。

家康と秀忠は四方の兵が漸く集まって来たので、評議して自ら出陣した。ところが、大坂の「細作」忍びが京に入り、御所及び二条城に放火しようとするところに出会《でくわ》した。板倉勝重はこれを捕え獄に下した。家康はこれを理由に行軍を停めた。
五月五日、（家康は）出発した。諸軍に命令して、三日分の兵糧を持たせ、米・塩・酒・醤油を入れた櫃一棹を自分に従わせて、肩に担ぐ輿に乗って行軍した。秀忠は伏見を出発し、上杉景勝を留めて京を守らせ、男山に陣を敷かせた。前田利光・少将忠直以下がみな従った。その日のうちに、家康は河内の星田に宿営し、秀忠は角南に宿営した。

城中、我が大軍の至るを聞き、乃ち戦を議す。後藤基次、薄田兼相《すすきだかねすけ》、渡辺尚《ひさし》、出でて平野《ひらの》に陣し、大野治長、真田幸村、木村重成、長曾我部盛親相ひ継いで出づ。兵各ゝ万余人。我が前鋒を邀《むか》へ撃たんと計る。基次、夜に乗じて甲《こう》を潜めて南す。勝成、嶺頭《れいとう》に在り。諸将に謂つて曰く、「炬火《きよか》北より来る者道明寺に至つて滅す。これ敵の我が不意に出でんと欲するなり」と。乃ち備《そなえ》を厳にして竢《ま》つ。而して使を馳せてこれを中軍に告ぐ。直孝、高虎も亦た中軍に赴いて節度を取る。前将軍曰く、「事、我が意の如し」と。

大坂城中では徳川の大軍がやって来るのを聞いて、戦の評議をした。後藤基次・薄田兼相・渡辺糺《ただす》（尚は誤り）は平野に陣を敷き、大野治長・真田幸村・木村重成・長曾我部盛親が引き続いて出陣した。兵は各々一万余人。徳川軍の先鋒を「邀撃」迎え撃つ算段であった。後藤基次は夜の闇に乗じて兵を潜めて南に向かった。

勝成は国分嶺の頂で諸将に向かって言った。「松明が北から来て道明寺に着くなり消えた。これは敵が我が軍を不意打ちしようとしているのだ」と。そこで厳重に備えを設けて敵の来襲を待ち受けた。そして使者を馳せ遣わして中軍にこの事を報告した。直孝と高虎もまた中軍に出向き、「節度を取る」その指示を仰いだ。家康は言った。「事は我が思い通りじゃ」と。

六日、昧爽《まいそう》、将軍と倶《とも》に発して平岡に至る。勝成、直寄、重正らを遣して道明寺に赴かしむ。基次に片山に遇ふ。重正利あらず。直寄、進んでその横を撃つ。重正、これに反《かえ》す。兼相、尚、来つて基次を救ふ。勝成、尚を撃つてこれを破る。本多忠政、松平忠明、伊達氏の将片倉景綱と、基次、兼相を撃つて亦たこれを破る。大野治長、真田幸村ら、道明寺より二万余騎を以て援《たす》け至る。景綱、幸村と戦つて利あらず。陸奥の銃隊これを承《う》く。幸村卻《しりぞ》く。ここにおいて、勝成、諸将と斉《ひと》しく進んで合撃す。伊達氏の銃手荻又市《おぎまたいち》、基次を射てこれを斃《たお》し、水野氏の騎士河村新八、兼相を鎩《さ》して亦たこれを斃す。本多、松平、丹羽氏、左右の翼《よく》を縦《はな》つて、大に治長を破る。治長、尚、皆走る。幸村、退いて南阜《なんぷ》を保つ。勝成、使を馳せて伊達政宗を促して曰く、「公自ら中軍を進め、以て幸村の横撃に備へよ。則ち吾れその北《に》ぐるを追ひ、隻騎《せきき》をして返さしめず」と。本多忠政も亦たこれを促す。政宗、兵疲れ丸尽くるを以て辞す。一柳直《ひとつやなぎなお》盛《もり》、越後の部下に在り。進んで前軍を援けんと請ふ。忠輝肯《がえ》んぜず。幸村、尚と遂に更〻殿《かわるがわるでん》して退く。

六日、明け方、（家康は）秀忠とともに出発し、河内の平岡まで到着した。勝成は直寄と重正らを道明寺に向かわせた。河内の片山で基次に遭遇した。重正の隊は不利であった。直寄は進んでその横合いから撃ち、重正も押し返した。兼相と糺が基次の救援に来た。勝成は糺を撃ってこれを破った。本多忠政・松平忠明は伊達氏の将の片倉景綱と、基次・兼相を撃ちまたこれを破った。

大野治長と真田幸村らは道明寺より二万余騎を率いて援けにやって来た。景綱は幸村と戦い、不利であった。陸奥の鉄砲隊が幸村に対峙した。幸村は退いた。そこで勝成は諸将と一斉に進んで力を合わせて攻撃した。伊達氏の鉄砲隊の荻又市が基次を射って斃した。水野氏の騎馬武者の河村新八が槍で兼相を突きこれも斃した。本多・松平・丹羽氏は左右の翼に当たる部隊を放って大いに治長を破り、治長と紀はみな敗走した。幸村は退いて南の阜《おか》に「保」立て籠もった。

勝成は伊達政宗に使者を馳せ遣わして促して言った。「公は自ら中軍を進めて幸村の横撃に備えられよ。さすれば我はその逃げる敵を追い討ちし、一騎たりとも取り逃しはせぬ」と。本多忠政もまたこれを促した。政宗は兵が疲弊し弾丸が枯渇したのを理由に辞退した。一柳直盛は越後軍の配下に所属していた。進んで前軍を応援することを願い出たが、忠輝は承知しなかった。幸村は紀と遂に「更」交替でしんがりをして引き上げた。

後藤又兵衛基次は、黒田孝高・長政の二代に仕えた「黒田八虎」の一人であり、無類の豪勇を以て諸国にその名を知られた。黒田家では城を与えられ、大名並みの高禄を食んだ。ところが、孝高が没した二年後、長政とのかねてからの不和により、基次は一族を挙げて黒田家から出奔し、当てつけのように長政との仲が険悪な隣国の細川忠興のもとに駆け込んだ。そのため両家は一時一触即発の状態となったが、家康の仲介でなんとか事無きを得た。腹に据えかねた長政は基次に「奉公構え」(諸家にその者を仕官させないよう依頼する回状)を出す。以降基次の侍大将としての道は閉ざされ、十年以上にわたり京で牢人生活を送ることになった。やがて大坂に入城すると、その名声と実績から牢人衆の頭目格として扱われ、再び万の大軍を任されて戦場を馳駆することになった。基次は夏の道明寺で敢えなく銃弾に斃れたが、もはや武人として思い残すことの無い最期であったのではなかろうか。享年五十六。

薄田隼人正《はやとのしょう》兼相。秀吉の馬廻り衆として五千石を食んでいた。冬の陣の博労淵の戦いでは、守将を任されていながら遊女と戯れている間に砦を落とされたため、味方から「橙武者《だいだいむしゃ》」（橙は大きく見映えも良いが正月の飾り以外何の役にも立たないことから）と嘲笑侮蔑された。奮起した夏の陣の道明寺の戦いでは、軍勢の先頭で十騎あまりの敵を討ち取ったが、衆寡敵せず彼もまもなく戦場で散った。だがむしろ彼が有名なのは、あくまで伝承に過ぎないが、前半生で「岩見重太郎」と名乗っていた頃の数多くの逸話である。父親の仇討ちや狒々《ひひ》退治など、「立川文庫《たつかわ》」や講談によって、それらは大いに人口に膾炙した。

藤堂高虎、千塚《ちづか》より南のかた道明寺に赴く。その二族将高刑《たかのり》、良勝、先づ進む。渡辺了《さとる》、自ら斥候《せきこう》となり、還り報じて曰く、「道明寺の闀声《ごうせい》、漸く西して漸く微《び》なり。これ敵已に敗るゝなり」と。乃ち鞭《むち》を挙げて左を指して曰く、「矢尾、若江に敵あり」と。高虎、人をして先部《せんぶ》を遏《とど》め旆《はた》を転じて左せしむ。了曰く、「この地は沮洳《そじょ》。請ふ、別路よりせん」と。乃ち馳せて令を伝ふ。高刑、良勝、顧みずして進む。矢尾堤に至り、敵将盛親の堤下《ていか》に伏するに遇ふ。二人これに死す。盛親愈〻《いよいよ》進む。了ら力戦し、兵を収めて高阜《こうふ》に拠り、馳せて高虎を促す。高虎、その二将を救はざるを怒つて、肯んぜず。井伊直孝、道明寺に赴き、亦た転じて左し、木村重成と若江堤《わかえづつみ》に戦ふ。その将長坂某曰く、「先に堤を得る者勝たん」と。銃隊を督し、堤を奪つてこれに拠る。槍隊進まんと欲す。老臣庵原《いおはら》某曰く、「亟《すみや》かに槍を用ふるなかれ。亟かに槍を用ひば、則ち敵近づくとき勢竭《つ》きん」と。衆、冒進《ぼうしん》して利あらず。敵争つてこれに蹙《せま》る。庵原乃ち麾《さしまね》いて進む。山口重政、次子弘隆と、奮戦して創《きず》を被る。長子重信、深く入りて二騎を斬り、進んで重成と闘って死す。直孝の麾下《きか》継ぎ進む。庵原、刺して重成を殪《たお》し、安藤某その首を取る。

藤堂高虎は河内の千塚より南して道明寺に向かった。高虎の二人の親族の将である高刑と良勝が先に進んだ。渡辺了は自ら斥候となり、還り報じて言った。「道明寺の「囂声」騒がしい音が次第に西へ移動しやがて微かになりもうした。これは敵が既に敗れたのでしょう」と。そして鞭を挙げて左を指して言った。「矢尾と若江に敵がありま す」と。

高虎は人を遣わして先鋒の二人を「遏」止め、「旆」軍旗を回らせて左へ向きを変えさせた。了が言った。「その辺りは湿地になります。どうか別の路を通るように」と。そこで（了は）馳せて指示を伝えた。（だが）高刑と良勝は聴き入れずにそのまま進み、矢尾堤までやって来て、堤の下に伏せていた敵将の盛親に遭遇した。二人はここで討死した。

盛親は（その勢いに乗り堤を越えて）ますます進んだ。了らは力戦し、兵を纏めて高い丘に立て籠もり、馳せて高虎に（進軍するように）促した。高虎は（了が）親族二人を救わなかったことを怒り承知しなかった。井伊直孝が道明寺へ向かい、こちらもまた軍旗を回らせて左に進み、木村重成と若江堤で戦った。その将の長坂某が言った。「先に堤を得た者が勝ちます」と。（長坂は）鉄砲隊を督励して堤を奪い、そこに立ち籠った。槍隊も進もうとした。家老の庵原某が言った。「かように「亟」すぐに槍を用いてはならぬ。速やかに槍を用うれば、敵に近づいた時の勢いが「竭」無くなってしまう」と。

しかし槍隊の兵たちはその指示を「冒」振り切って進み、（果たして戦況が）不利となった。敵は争ってこれに「蹙」迫り追い詰めた。庵原はそこで（自ら）采配を振って進んだ。山口重政と次子の弘隆は奮戦して負傷した。長子の重信は（敵中に）深く入って二騎を斬り、（さらに）進んで重成と戦って死んだ。直孝の麾下が続いて進んだ。庵原が槍で刺して重成を殪《たお》し、安藤某がその首を取った。

木村重成は、母の宮内卿局が秀頼の乳母であったことから、幼少より秀頼に小姓として仕えた。元服すると豊臣家の重臣となり、やがて徳川家との主戦論を唱え、片桐且元の追放にも関与した。冬の陣では後藤基次とともに今福砦で徳川軍と互角に渡り合って武名を挙げた。和議の正使として派遣されたおりには、その進退が礼に適っているのを徳川方から賞賛された。夏の陣にて井伊勢との激闘の末に戦死。首実検では、月代を剃って髪が整えられ伽羅《きやら》の香りまで漂ってくるその首に、家康は天晴れなる武人の嗜みかな、と重成を褒めたと云う。

敵兵皆潰《つい》ゆ。井伊氏の兵、北《に》ぐるを追ふこと里余、その游兵、盛親の幟《はた》を見て横よりこれに迫る。渡辺了も亦た赤隊《せきたい》の来るを見るや、乃ち奮撃して盛親を走らせ、進んで平野橋を扼《やく》し、復た人をして高虎を促さしめ、道明寺の敗兵を邀《むか》へんと欲す。高虎曰く、「この奴《ど》、死《し》処《しよ》に死せず、今何ぞ嘵嘵《ぎようぎよう》乃ち爾《しか》るや。帰《き》師《し》は遏《とど》むるなかれ。宜しく速かに兵を収むべし」と。会〻一《いつ》監《かん》使《し》の至るあり。了迎へて言つて曰く、「陪臣《ばいしん》敢て請ふあり。盛親遁《のが》ると雖も、幸村ら将に至らんとす。要撃してこれを鏖《みなごろし》にせば、則ち大坂の陥るは今夜を出でず。これをして城に入らしめば、則ち明日の戦、また将に力を費さんとす。臣、これを策《はか》るに、至つて熟す。和泉守聴かざるを如何せん」と。監使、これを然りとし、往いて高虎に説く。高虎答へず。日已に暮るゝを以て、益〻了を促して兵を収む。了、遂に火を縦《はな》つて退く。後に直孝、高虎の営に赴いて戦捷《せんしよう》を賀《が》す。高虎曰く、「我に怯夫《きようふ》あり。多く我が良《りよう》を喪ふ。これを憾《うらみ》となすのみ」と。直孝曰く、「僕、若江より矢尾に赴き、貴部《きぶ》の一将、席幟《せきし》を樹てゝ敵を追ふを見る。指揮甚だ観るべし。この人も亦た死せりや否や」と。高虎、黙然たり。了、冑《かぶと》を免《ぬ》ぎ進んで曰く、「謂ふ所の席幟は即ち臣なり」と。因つてその属兵を呼んで曰く、「掃部《かもん》君、褒詞《ほうし》あり。我が輩、徒《いたずら》に労せず」と。然れども了、終に傲謾《ごうまん》を以て黜《しりぞ》けらる。

敵兵はみな総崩れとなり、井伊氏の兵は逃げる敵を追うこと一里余り、その遊撃部隊が盛親の幟を見て、横からこれに迫った。渡辺了もまた（井伊の）赤備えが来たのを見るや、奮撃して盛親を敗走させ、進んで平野橋を塞ぎ止めて、再び人を遣わして高虎に進軍を促し、道明寺で敵兵を迎え撃とうとした。高虎は言った。「此奴は死ぬべき所で死なず、今「嘵嘵」賢しらに何とそのように主君に指図しようとするのか。帰る兵は止めてはならぬ。その方は速やかに兵を収めるべし」と。

ちょうどその時一人の戦目付がやって来た。了は出迎えて言った。「陪臣の身ではありますが、敢えて願い出の儀がございます。盛親は逃げたと申しましても、幸村らの兵が今まさにこちらに到着しようとしております。待ち伏せてこれを殲滅すれば、大坂の落城は今夜を過ぎることはありませんが、彼らを城に入れてしまえば明日の戦でもまた兵力を費やすことになりもうす。臣はこの策を十分に練りましたが、和泉守が聴き入れないのを如何したらよろしいでしょうか」と。

戦目付は了のいう通りだと判断し、高虎の許に往って説得した。高虎は答えなかった。既に日が暮れたので、ますます了を促して兵を収めさせようとした。了は遂に火を放って退いた。その後、直孝は高虎の陣所に赴き戦勝を祝った。高虎は言った。「我が陣に臆病者がおり、その所為で多くの良き侍を喪ってしまいました。これが無念でなりません」と。直孝が言った。「それがしが若江より矢尾に向かったおり、貴公の部将の一人が筵旗を樹てて敵を追い、その指揮ぶりには甚だ観るべきものがございました。あの人物も討死したのでしょうか。それでも無事でしょうか」と。高虎は黙り込んでいた。そこへ、了が冑を脱いで進み出て言った。「その筵旗というのは、すなわちそれがしでございます」と。そこで配下の兵を呼んで言った。「掃部頭様からお褒めの言葉を頂戴した。我らは無駄に苦労していたわけではない」と。しかし、了はその傲慢であることを理由に終に退けられた。

渡辺勘兵衛了は槍一筋の武辺で多くの大名家を渡り歩いてきた男である。最後に藤堂高虎に二万石という破格の待遇で迎えられた。ところが、冬の陣で長曾我部盛親と戦って落馬して負傷するほどの惨敗を喫する。夏の陣では汚名返上を期して盛親と再び相見《まみ》え、今度は三百の首級を挙げる活躍を見せるが、それは七回の撤退命令を無視した追い討ちで獲たものであった。大功ではあったが味方の損害もまた甚大であった。結果、高虎や他の家臣から疎まれて戦後出奔。高虎は怒り心頭に発していたのか「奉公構え」（他家への仕官を禁ずる触れ）を出したので、その後は牢人のまま近江で隠棲し、寛永年間に京で没した。享年七十九。

死を恐るゝ者はこれより去れ

この日、榊原康勝ら菅江《すがえ》に至り、敵将木村宗明《むねあき》を撃つ。康勝、瘍《よう》を患ふ。膿流れて鐙《あぶみ》に至るも、気為めに撓《たゆ》まず。奮戦してこれを破り、小笠原秀政らと進んで若江に赴く。監軍藤田信吉、これを扼《やく》して止《とど》む。少将忠直、その老本多成重らと、四条畷《しじょうなわて》に陣し、井伊氏の後《うしろ》に在り、皆事に逮《およ》ばず。両将軍、先鋒の戦酣《たけなわ》なりと聞き、中軍を以てこれに継がんと欲す。捷報累《しょうほうしきり》に至り、首虜《しゅりょ》を馬前に効《いた》す。日已に暮る。前将軍は千塚《ちづか》に次し、将軍は道明寺に次す。令を下して曰く、「詰朝《きっちょう》、城を攻めんに先鋒は戦に疲る。当《まさ》に他軍を以てこれに易《か》ふべし」と。忠輝、忠直、皆逗留を以て旨を失ふ。本多成重、忠直の命を以て来り稟《もう》して曰く、「明日の戦、越前の兵は何《いず》くに陣せん」と。前将軍罵って曰く、「惰夫晏起《だふあんき》、事に逮《およ》ばず。尚ほ何を言ふか」と。成重ら、惴恐《ずいきょう》して還り報ず。且つ曰く、「君努力せよ」と。忠直乃ちその士に徇《とな》へて曰く、「明日、我れ先登《せんとう》せずんば、則ち先づ死せん。死を怖るゝ者はこれより去れ」と。

この日、榊原康勝らが菅江にやって来て、敵将の木村宗明を攻撃した。康勝は腫れ物を患い、(それが破れて)膿が流れて馬の鐙まで垂れていたが、そのために士気が「撓」挫かれるということはなかった。奮戦して宗明を破り、小笠原秀政らと進んで若江に向かおうとした。戦目付の藤田信吉がこれを「扼」押し留めたので行軍が止まった。少将忠直はその家老の本多成重らと四條畷に陣を敷き、井伊氏の後方にいた。みな戦に間に合わなかった。家康と秀忠は先鋒の戦が酣であることを聞き、中軍を率いて自らこれに続こうとした。そこへ勝報が次々と届き、首級や捕虜が馬前に差し出された。

日は既に暮れた。家康は千塚に宿営し、秀忠は道明寺に宿営した。命令を下して言った。「明日の朝城攻めをするが、先鋒は戦って疲れておる。当然これを他の軍に易えるべきである」と。忠輝と忠直は軍を動かさず戦に間に合わなかったことで家康の期待を裏切ってしまった。本多成重は忠直の命を携えて来訪し「稟」申し上げた。「明日の戦いでは、越前の兵はどちらに陣を敷けばよろしいでしょうか」と。

家康は罵って言った。「怠け者めが、「晏」遅く目覚めて戦に間に合わなんだわ。今更何を言っておるか」と。成重らは「惴恐」恐れ慄いて還って報告した。そして言った。「我が君は力を尽くさねばなりませぬ」と。忠直はそこで配下の侍たちに「徇」宣言した。「明日我が一番乗りできねば、真っ先に討死する。死を恐れる者はここより去るがよい」と。

小笠原秀政も亦た監軍の誤る所となるを恨む。出雲守本多忠朝《ただとも》はその戚属《せきぞく》なり。秀政、夜往いてこれを見て曰く、「明日吾れ尺前《せきぜん》あつて寸卻《すんきやく》なし」と。忠朝曰く、「子は我が心を得たり」と。初め忠朝の父忠勝、死に臨んで長子忠政に囑《しよく》して遺財《いざい》を忠朝に分つ。忠朝曰く、「宗家《そうか》は費用多し。吾れ已《すで》に分地《ぶんち》を辱《かたじけな》うす。敢て受けず」と。忠政固くこれを予《あた》ふ。忠朝曰く、「且《しばら》くこれを兄氏《けいし》に寘き、以て我が需《もとめ》を竢《ま》て」と。役《えき》に及んで忠政問ふ。答へて曰く、「既にこれを辨ず」と。大坂に在るに及び、その営処《えいしよ》の沮沢《そたく》多きを病《うれ》へ、これを易《か》へんと請ふ。前将軍曰く、「乃《だい》父《ふ》は戦を為すに、未だ嘗て険易《けんい》を問はず。若《なんじ》は何ぞ不肖なる」と。忠朝、慚恨《ざんこん》す。故を以て終に秀政と死を約す。

小笠原秀政もまた戦目付（の藤田信吉）に判断を誤られたことを無念に思っていた。出雲守本多忠朝はその姻戚であった。秀政は夜出向いて忠朝に面会して言った。「明日それがしは一尺でも前に進み、一寸でも後ろに退くつもりはありませぬ」と。忠朝は言った。「我も同じ気持でござる」と。初め忠朝の父忠勝は、死に臨んで長子の忠政に「嘱」遺言して遺産を忠朝にも分与するようにさせた。忠朝は言った。「惣領家は費えも多い。それがしは辱《かたじけな》くも既に領地を分けていただいております。けっしてお受けすることはできませぬ」と。忠政は強引に遺産を与えようとした。忠朝は言った。「ひとまず兄上のところに置いて、それがしが入り用になったらいただくことに致しましょう」と。

そこに今度の戦役が起こったので、忠政は遺産が入り用になったかと問うた。答えて言った。「既に要る物は揃っておりまする」と。（忠朝が）大坂に在陣してから、その宿営地の周りに湿地が多いことを憂慮し、これを易えてもらうことを願い出た。すると家康は言った。「その方の父は戦をする時、場所の険易を問うたことなど一度もなかったわ。その方はなんと不肖の倅よのう」と。忠朝は「慚恨」恥じて後悔した。これを理由に終に秀政との間に死の約束を取り交わした。

夏の陣での家康は、徳川家に近しい気鋭の武将たちの些細な言動の瑕疵を責め立て、挑発し発奮させて、次は死を賭して戦場に赴くよう仕向けているようなところがある。これは気の短くなった老人ゆえの怒りの発露ではなく、時として戦局を打開する鍵となる「蛮勇」を彼らに求めたからではないだろうか。彼らのうちの何人かが命を落とすことは、既に家康の「未必の故意」の対象となっていたはずである。

家康、諸将を部署す

既にして前将軍、諸将を部署す。前田利光は右先鋒たり。本多康俊、本多康紀と、遠藤、片桐、石川、蒔田らとその右に在り。本多正信、土井利勝、酒井忠世、本多大隅、黒田長政、加藤嘉明、これに継ぐ。少将忠直は左先鋒たり。本多忠朝、小笠原秀政と、秋田、六郷、浅野、丹羽、仙石らとその右に在り。榊原康勝、松平康長、酒井家次、稲垣重種《しげたね》、これに継ぐ。大将軍親ら右軍に将たり。水野忠清、青山忠俊、松平定綱、書院番頭《しょいんばんがしら》を以て、高木正成《まさなり》、阿部正次、内藤清次、大番頭《おおばんがしら》を以て、並にその前に在り。安藤重信、その後《うしろ》に在り。前将軍親《みずか》ら左軍に将たり。本多正純、植村家次、板倉重昌、本多信勝、内藤掃部《かもん》ら、これを衛《まも》る。参議義直、参議頼宣《よりのぶ》、その後に在り。井伊直孝、藤堂高虎と、細川忠興《ただおき》と、右軍の左に在り。水野勝成《かつしげ》と、松平忠明、本多忠政、伊達政宗、少将忠輝と左軍の左に在り。

まもなく家康は諸将を部署した。前田利光を右先鋒となし、本多康俊と本多康紀は遠藤・片桐・石川・蒔田らとともにその右に置いた。本多正信・土井利勝・酒井忠世・本多大隅・黒田長政・加藤嘉明がこれに続いた。少将忠直を左先鋒となし、本多忠朝と小笠原秀政は秋田・六郷・浅野・丹羽・仙石らとその右に置いた。榊原康勝・松平康長・酒井家次・稲垣重種（重綱）がこれに続いた。

秀忠は自ら右軍の大将となった。水野忠清・青山忠俊・松平定綱は書院番頭を率いて、高木正成・阿部正次・内藤清次は大番頭を率いて並びにその前に置き、安藤重信をその後ろに置いた。家康は自ら左軍の大将となった。本多正純・植村家次・板倉重昌・本多信勝・内藤掃部らはこれを衛《まも》った。参議義直と参議頼宣はその後ろに置いた。井伊直孝と藤堂高虎は細川忠興と右軍の左に置いた。水野勝成は松平忠明・本多忠政・伊達政宗・少将忠輝と左軍の左に置いた。

徳川軍にも、精強さにおいては最盛期と云われた小牧の役から既に三十年以上の歳月が流れていた。譜代の将士は代替わりを重ね、物の具（武器や軍装）こそ昔に比べて美々しくなりはしたが、実際それらを身に着ける武者たちは実戦の経験は極めて乏しく、この戦が初陣の者すら数多く見られた。

処分既に定る。偵騎《ていき》を遣して戦地を候《うかが》ふ。而して城中未だこれを知らざるなり。大敗の後を以て、衆心恟懼《きょうく》す。会議して計《けい》を決す。曰く、「東軍来り逼ること、二三日を出でず。これを南郊に誘《いざな》つて、西より横ざまにこれを撃たんと欲す」と。天未だ明けず。人をして出でて斥候をなさしむ。候者《こうしゃ》、東南に、聚落《しゅうらく》の常になき所の如き者を望見し、或は以て暁霧《ぎょうむ》となす。日出《にっしゅつ》に及んでこれを視れば、則ち皆軍隊なり。乃ち大に駭《おどろ》き、馳せ還つて急を告ぐ。乃ち令を諸将に伝ふ。真田幸村は茶臼山に陣し、以て我が左に当り、大野治房は岡山に陣し、以て我が右に当り、森勝永、竹田永応、大野治長及び七隊長はその間に陣す。明石守重らは別軍を以て今宮に出づ。而して秀頼、親ら将としてこれに継ぐ。鎧仗旌旗《がいじょうせいき》皆極めて厳整なり。城兵、鋭《えい》を悉《つく》して出づ。その将帥、人人、必ず両将軍に当らんと欲す。

部署分けは既に定まった。物見の騎馬武者を遣わして戦場の様子を窺わせた。しかし、大坂城中では（徳川軍の準備が整っていることを）まだ知らなかった。大敗の後で一同心は怯え懼れていた。会議を開いて計略を決めた。曰く、「東軍が押し出して来るのはこの二、三日を過ぎますまい。これを南の城外に誘《おび》き寄せて西から横ざまに撃とうと存ずる」と。

夜明け前、人を出して物見をさせた。物見の兵が告げた。東南を望み見るとふだん無い場所に集落らしきものが目に映った、あるいは明け方の霧で見間違えたかと（その時は）思った。日が昇ってから改めて見直すとそれはみな軍兵であった、そこで大いに駭《おどろ》いて馳せ還って急を告げた。

かくして（治長らは）諸将に命令を伝えて、真田幸村を茶臼山に布陣させて徳川の左軍に当たらせ、大野治房を岡山に布陣させて徳川の右軍に当たらせた。森（毛利）勝永と竹田永応及び大野治長は七手組（秀吉以来の馬廻衆で七人の精鋭の組頭）とその間に布陣した。明石守重（全登）は別軍を率いて今宮に出た。そこで秀頼は自ら将としてこれに続こうとしていた。甲冑や武器や旗指物はみな極めて厳しく整っていた。城兵は精鋭を挙《こぞ》って出撃させた。その将帥たちは各々何としても家康か秀忠を相手に戦いたいと思っていた。

濠の大半が埋められてしまった以上、籠城を選択することが不可能であることは豊臣方にもよく解っていた。今となってはもはや野戦にて敵の総帥（家康か秀忠）を討ち取るほか戦局を打開する術は無いのである。

将軍の候騎《こうき》来つて左軍に白《もう》して曰く、「大兵出づ。請ふ、速かに旆《はた》を進めよ」と。前将軍、叱して曰く、「敵、城を空《むな》しうして出づるも、七万に過ぎず。何ぞ大兵と謂はんや」と。住吉に及び、乃ち輿《よ》を舎《す》て、鞵《あい》を穿《は》く。左右、鎧《よろい》を進む。これを斥けて曰く、「奴輩《どはい》を誅するに、何ぞ鎧を以《もち》ふるをなさん」と。紵衣黄掛《ちょいこうかい》にして馬に上る。その騎と前軍の輜重《しちょう》と相ひ乱れて、禁ずべからず。顧みて横田尹松《ただまつ》に命ず。尹松進んで呼んで曰く、「騎は左し、重は右せよ」と。道闢《ひら》けて行く。人をして返り馳せて義直、頼宣に告げしめて曰く、「速かに来れ。戦将《まさ》に作《おこ》らんとす」と。已にして右軍、伝呼す。「将軍至る」と。長政、嘉明、出でて道傍《どうぼう》に謁す。将軍、甲《こう》して冑《ちゅう》せず。単騎に二十余卒を従へて、師を巡る。二人を見て、馬を立てゝこれを揖《いっ》す。二人進んでその銜《くつわ》を執つて曰く、「疇昔《ちゅうせき》は敵遠く出でて、その逃れ入るを憾《うら》む。而して今はまた大に出でて、斉《ひと》しくその首《こうべ》を授《さず》く。幕下《ばくか》の事、意の如くならざるなし」と。将軍、首肯《しゅこう》して曰く、「今且《まさ》にこれを剪滅《せんめつ》せんとす」と。本多正信、笋輿《しゅんよ》にて従ひ、柿蒂衣《していい》し、団扇《だんせん》を持ち蠅を払つて過ぐ。長政、歎じて曰く、「何ぞ平日の威厳に類せざるや」と。嘉明曰く、「常に重くして変に軽きは徳川氏の癖《へき》なり」と。長政曰く、「佳癖《かへき》と謂ふべし」と。将軍、行いて前部に至り、令を布《し》いて帰る。

秀忠の物見騎が左軍に来て言上した。「大兵が出撃致しました。どうか速やかに軍旗をお進めください」と。家康は言った。「敵が城を空にして出張って来たと言っても、（せいぜい）七万を過ぎることはあるまい。なにゆえ大兵と言うのか」と。

住吉まで来て、駕籠から「舎」降り「韈」革足袋を穿《は》いた。左右の者は甲を着用することを勧めた。（家康は）これを退けて言った、「奴輩を誅するのに甲を身に着ける必要があるのか」と。「紵衣黄掛」麻の帷子（かたびら、ひとえの衣服）を着て黄色の陣羽織を羽織り馬に乗って進んだ。すると家康に従う騎馬武者と前軍の輜重隊が入り乱れて、それを禁ずることができなくなった。（家康は）振り返って横田尹松に命じた。尹松は進んで声を張り上げた。「騎馬は左に輜重は右に寄れ」と。

道が闢《ひら》いたので行軍を再開した。（家康は）人を後方に馳せ遣わして義直と頼宣に告げさせて言った。「速やかに前に来るがよい。戦が今にも始まろうぞ」と。しばらくして右軍が大声で伝えてきた。「将軍がご到着になりました」と。長政と嘉明が出ていって道端で謁見した。

秀忠は甲は着ていたが冑は被っておらず、ただ一騎で二十余人の兵卒を従えて軍中を巡視していた。二人を見つけて馬を停めて会釈をした。二人は進んで（秀忠の）馬の轡を取って言った。「「疇昔」昨日敵は遠くに出てまいりましたが、それを城に逃げ込ませてしまったのは誠に残念でございました。ところが今またうち揃って出て来て、その首を斉《ひと》しく献上するつもりでおるようです。幕下（将軍のこと）におかれましては、思し召し通りにならぬことなどございませんな」と。秀忠は頷いて言った。「今まさにこれを殲滅しようと思うておる」と。

本多正信が「笋輿」竹で編んだ駕籠に乗って従軍し、柿の渋で染めた帷子を来て、団扇を持って蠅を追い払いながら通り過ぎた。長政は讃嘆して言った。「(佐渡守の)なんと平生の威厳と似つかわしくない様子よ」と。嘉明は言った。「常日頃は重々しく事起これば軽いのが、そも徳川家の癖なのであろう」と。長政は言った。「佳《よ》き癖と言うべきじゃな」と。秀忠は前軍までやって来て、軍令を布いて帰った。

冬の陣のおりは豊臣恩顧であることを理由に江戸に留め置かれた黒田長政と加藤嘉明。この夏の陣では従軍することは許されたが、事実上譜代の監督下にあり独立して兵を指揮できる立場にはなかった。幕府の豊臣恩顧の大名たちへの猜疑心の深さは只事ではない。もっとも、将軍の相談相手として老練な彼らを傍に置いたということもあるだろうが。また福島正則だけは、その漏れ伝わる豊臣家への忠義を窺わせる言動から、こたびも江戸に据え置かれたのだった。

家康はかつて石川数正の出奔の急報を耳にした時、悠々と鷹狩りをした後、酒井忠次の屋敷で散楽を観賞してから対策に取り掛かった、ということがあった。

両軍既に近づく。左先鋒の隊将本多成重、阜《ふ》に上つて戦を候《うかが》ふ。忠朝、秀政と、勝永、永応と、銃手を以て戦を挑む。戦少しく利あらず。幸村、これに乗ず。成重顧みて我が軍を麾《さしまね》く。軍乃ち進む。忠直曰く、「吾これより直ちに閻羅庁《えんらちょう》に入るなり」と。因つて餐《さん》を呼び、立つてこれを食《くら》ふ。一人は餐を捧げ、一人は冑《かぶと》を持つ。食畢《おわ》つて冑《ちゅう》し、左右に謂つて曰く、「我れ既に食せり。必ず餓鬼道《がきどう》に堕《お》ちず」と。騎して直ちに前む。軍、鬨《こう》してこれに従ふ。忠直の弟忠昌、手づから二人を斬る。成重、吉田修理《しゅり》、荻田主馬《おぎたしゅめ》と、左右より縦撃《しょうげき》す。幸村の軍、終に敗走す。

追つて安井に至る。西尾久作、幸村と闘つてこれを斬る。忠朝、その軍の卻《しりぞ》くを見て、愛馬百里に乗じて、馳せ且つ呼んで曰く、「出雲守、ここに在り。盍《なん》ぞ回《かえ》り戦はざる」と。敵これを聞いて四集す。忠朝、槍を執つて二人を殪《たお》す。一人、銃を以てこれに迫り、射てその腹を洞《とお》す。忠朝、跳《おど》つて馬より下り、刀を抜いて銃者を斬る。その圉《ぎょ》、鉄檛《てつた》を進む。乃ち左に檛《た》を奮ひ、右に刀を揮《ふる》つて八人を殪す。身も亦た二十余創を被り、溝を踰《こ》えて僵《たお》る。敵、その首を争ふ。従騎大屋某、尸上《しじょう》に伏し、敵を扞《ふせ》いで死す。秀政も亦た躬《みずか》ら力戦し、終にこれに死す。その長子忠脩《ただなが》、攢槍《さんそう》の下に死す。少子忠真《ただざね》、創を被つて死せんと欲す。その臣渋多見《しぶたみ》某、安積《あづみ》某扶《たす》けて還る。右先鋒の隊将伴八弥《ばんはちや》、安見右近《やすみうこん》ら進んで治房の軍を衝く。書院番の三隊継いで進む。迭《たがい》に勝敗あり。本多、遠藤の諸将、横よりこれを撃つ。治房、敗走し、返つて稲荷に戦ふ。また敗れ、纔《わず》かに脱れて城に入る。

両軍が近づいてから、左先鋒の隊将の本多成重が皐《おか》に上って戦況を探った。忠朝・秀政は勝永・永応に鉄砲隊を率いて戦いを挑んだ。戦いは（徳川方に）少し不利であった。幸村がこれに乗じた。成重は振り返って越前の軍を「麾」差し招いた。

忠直は言った。「我はこれより直ちに閻羅庁に入らん」と。そこで呼んで食事を持って来させて、立ったままこれを食らった。（近侍の）一人が膳を捧げ、一人が冑を持ち、食うのが畢《おわ》ると冑を被り、左右の者に向かって言った。「我は既に飯を食らったので、まず餓鬼道に堕ちることはあるまい」と。騎乗して直ちに前に進んだ。軍勢は鬨の声を挙げこれに従った。忠直の弟の忠昌は手ずから二人の敵を斬った。成重は吉田修理と荻田主馬とともに左右から敵を「縦」存分に撃った。幸村の軍は終に敗走し、越前勢はこれを追い討ちして安井まで来た。西尾久作が幸村と闘ってこれを斬った。

忠朝は幸村の軍が卻《しりぞ》いたのを見て、愛馬の百里に乗り、馳せかつ叫んで言った。「出雲守ここに在り。なにゆえ馬を返して戦わぬのか」と。敵はこれを聞いて四方から集まって来た、忠朝は槍を執り、二人を殪《たお》した。(敵の)一人が鉄砲を持って(忠朝に)迫り、射ってその腹に洞《あな》を開けた。忠朝は跳び上がって馬から下り、刀を抜いてその鉄砲兵を斬った。忠朝の「圉」馬の口取りが「鉄檛」鉄製の馬の鞭を手渡した。そこで左手で鞭を奮い、右手で刀を揮《ふる》って、八人を殪した。(しかし)自身にもまた二十余の創《きず》を被り、溝を越えた所で「僵」倒れて死んだ。敵はその首を(求めて)争い、忠朝に従っていた騎馬武者の大屋某は亡骸の上に覆い被さり、敵を扞《ふせ》ぎながら死んだ。秀政もまた自ら力戦して終にこの時に死んだ。その長子の忠脩は(敵の)「攢槍」槍ぶすまに貫かれて死んだ。末の子の忠真も創を被って死のうとしたが、その家臣の渋多見某と安積某が扶けて帰還させた。

右先鋒の隊長の伴八弥と安見右近らは進んで治房の軍を衝き、書院番の三隊が続いた。互角の勝負であったが、そこに本多や遠藤の諸将が横槍を入れ、治房は敗走した。引き返して稲荷で戦ったが、また敗れ、(治房は)「纔《ひただ》」(「わずかに」と読む)辛うじて逃れて城に入った。

この『日本外史』の「徳川氏正記」は、徳川家康が主人公という性質上、真田信繁が家康本陣へ突撃を敢行し、旗本を蹂躙してその馬印を倒したことについては全く触れられていない。「幸村」贔屓にとっては納得できぬこととこの上ないであろう。「日本一の兵《つわもの》」と喧伝された信繁について、今更私如きが喋々するのはやめておく。ただ、信繁の風采は、当時の史料に拠ると、年齢相応で口元に三寸ばかりの傷痕のある小柄な人物だったそうである。老いて歯が抜けたと本人が手紙に書いてもいる。また信繁は、徳川家に仇《あだ》なすとされた「千子《せんご》村正」を手放さなかったと徳川光圀などは信じているが、実際に村正の大小を佩刀としていたのは家康自身であったというオチがあったりする。この由緒ある村正は徳川美術館に所蔵されている。

一方、平八郎忠勝次男・本多忠朝の死を覚悟の奮戦の様子は、山陽らしい筆遣いで活写されている。

右軍已に前《すす》み、左軍稍〻卻《しりぞ》く。直孝、高虎、顧みて左軍を助く。酒井、榊原の諸将、方《まさ》に敗を承《う》けて進み、戦未だ決せず。直孝、高虎、横に森氏の軍後を断つてこれを破り、七隊長と遇ふ。利あらず。安藤直次、前将軍の令を以て至り、衆を督して返撃してこれを破る。勝成、所部《しよぶ》を率ゐ、命を奉じて住吉に赴く。左軍に戦作《おこ》るを望み、転じて天王寺に向ひ、行〻敵兵を破つて、川場《せんば》に趨《おもむ》き、明石守重と遇ふ。交綏《こうすい》して北《に》ぐ。大番の三隊、将軍の令を以て、守重を勝曼《しようまん》に邀《よう》撃《げき》してこれを走らす。

右軍は既に前《すす》み、左軍はやや卻《しりぞ》いた。直孝と高虎は振り返って左軍を助け、酒井や榊原の諸将は負けた部隊を救い立て直して進んだ。

しかし、戦いは未だ勝敗が決着していなかった。直孝と高虎は森氏（毛利勝永）の軍勢の後方を横槍を入れて分断し、これを破った。（だが）七手組と遭遇して負けた。安藤直次は家康の命令でそこへ駆けつけ負けた兵たちを督励し返り撃って、七手組を破った。勝成はその部下を率いて命令に従って住吉に赴いた。だが、左軍が戦を起こしたのを望み見て、転じて天王寺に向かい、行軍しながら敵兵を破り、さらに川場に趨《はし》り、明石守重（全登）に遭遇した。「交綏」闘って互いに退却した。大番の三隊は秀忠の命令で守重を勝曼で迎撃し、これを走らせた。

時に両軍酣戦《かんせん》して、埃塵《あいじん》大に起る。彼此《ひし》、紛拏《ふんだ》して辨ずべからず。阿部正次以為《おも》へらく、東兵、暑《しょ》を冒《おか》して遠く来る。面目皆黒し。城兵は則ち否《しか》らず、と。乃ち令して曰く、「面の白き者は敵兵なり」と。因つて物色して数十級を斬る。諸隊相ひ伝へてこれに倣ふ。斬獲《ざんかく》すること算なし。秀頼親ら出でんと欲す。城中、反者《はんしゃ》ありと聞き、果さず。また前将軍、数〻《しばしば》人を遣して和を議するを以て、大野治長らを召還す。治長ら走り還る。敵軍皆後を顧みる。我が軍乃ちこれに乗じて、遂に大にこれを敗り、首を斬ること一万五千級。

この時、両軍の戦は酣《たけなわ》であった。塵埃が大いに巻き起こっていた。両軍入り乱れた「紛拏《ふんだ》」乱戦の様相を呈し、（敵味方の）判別が付かなくなっていた。阿部正次は推量した。徳川方は暑い中を冒して遠くからここまでやって来ているので顔がみな日に焼けて黒いはずだが城兵はそうではない、と。そこで命令を下して言った。「顔白き者は敵兵である」と。そして「物色」（探すの意味）顔色を見分けて数十人の敵将を斬った。諸隊はお互いに伝え合ってこれに倣った。斬首や捕虜とする敵は数え切れないほどであった。

秀頼は自ら出陣し城から出て戦おうとした。しかし、城中に反対する者が有ると聞いて果たせなかった。また家康がたびたび人を遣わして和睦を求めたので、大野治長を戦場から呼び戻した。治長は走って城に還った。敵軍はみな城のある後方を振り返ったので、徳川方はその隙に乗じて、遂に大いにこれを破った。斬首すること一万五千級。

中国の史書にも、宦官《かんがん》を粛清する際に髭の生えていない者をみな斬った、異民族を虐殺するのに鼻の高い者を手当たり次第殺した、などといった話が伝わっている。


前将軍は進んで茶臼山に上り、将軍は進んで岡山に上る。少将忠直は進んで川場に至り、火を市舎《ししゃ》に縦《はな》つ。城中に内応《ないおう》をなす者あり。忠直の兵乃ち高麗橋《こうらいばし》より京口門《きょうぐちもん》を破つて入り、幟《はた》を城上に植《た》つ。これを先登第一となす。吉田修理、転じて天満より済《わた》り、溺死す。水野勝成、忠直に継いで入る。忠直、兵を分つて諸〻の楼櫓《ろうろ》を焚き、終に天主閣に及ぶ。烟燄《えんえん》、天を衝く。諸軍斉《ひと》しく呼び、皆門を破つて入る。秀頼、火を観月楼《かんげつろう》に避く。淀君及び夫人徳川氏以下、皆これに従ふ。池田利隆、尼崎を発し、路にその烟《けむり》を望み、乃ち馳せて神崎を済り、敗兵を要撃して多く首級《しゅきゅう》を得たり。石川忠総《ただふさ》、京極忠高、高知《たかとも》と、高槻を発して、敵将仙石某と、備前島に戦つて、これを敗る。毛利秀元、及び加藤明成は、水軍を以て伝法港口《でんぽうぼりぐち》に至る。松平乗寿《のりとし》は森口より、金森可重《よししげ》は岸和田より至る。皆首級を獲たり。浅野氏、蜂須賀氏は最後に至る。その他遠地の侯伯《こうはく》は皆及ばず。

家康は進んで茶臼山に登った。秀忠は進んで岡山に登った。少将忠直は進んで川場に到着し、(大坂の市中の)民家に火を放った。すると城中に内応者が有った。そこで忠直の兵が高麗橋より京口門を破って入り、城の上に旗を立てた。これを一番乗りとした。吉田修理は軍を転じて天満から川を渡ったが、そこで溺れて死んでしまった。

水野勝成は忠直に続いて城に入った。忠直は兵を分けて諸々の物見櫓を焚き、終に天守閣に及んだ。炎と煙が天を衝いた。(徳川の)諸軍は一斉に大声を上げてみな門を破って入った。秀頼は火を観月楼に避けた。淀君及び千姫以下はみなこれに従った。池田利隆は尼崎を出発し、途中で大坂城から煙が立ち上るのを望み見た。そこで馳せて神崎を渡り、逃亡兵を待ち伏せして多くの首級を得た。石川忠総は京極忠高・高知と高槻を出発し、敵将の仙石某と備前島で戦い、これを破った。毛利秀元及び加藤明成は水軍を率いて伝法港の入り口に到着した。松平乗寿は河内の森口より、金森可重は和泉の岸和田よりやって来て、みな首級を獲た。浅野氏・蜂須賀氏は最後にやって来た。その他の遠方の大名たちはみな間に合わなかった。

家康、また勝つ

前将軍、胡牀《こしよう》に拠り、火の起るを望見す。左右に関原の事を更《ふ》る者あり。乃ち顧みてこれに謂つて曰く、「吾れ復た捷《か》つ」と。已にして将軍来り賀す。前将軍曰く、「汝の功なり」と。帰つて本営に陣せしむ。忠直来り見《まみ》ゆ。乃ちその手を執つて曰く、「乃公《だいこう》の孫と謂ふべきなり」と。

忠輝見ゆ。顧みず。義直、頼宣、後軍より馳す。諸軍の輜重《しちょう》、途に属して争ひ進むを見る。頼宣曰く、「これ軍既に捷つて将に舎《しゃ》せんとするなり」と。已にして天主に烟挙《あが》る。頼宣、咄嗟《とっさ》して進む。義直、これに従ふ。茶臼山に至れば、則ち諸将の賀する者大に聚《あつま》る。頼宣、涕《なんだ》を攬《と》つて曰く、「大人《たいじん》、児《じ》を後軍に置き、事に及ばざらしむ」と。松平正綱曰く、「君は十四歳なり。前途修遠《しゅうえん》なれば、功を建てざるを患《うれ》へず」と。頼宣、色を変じて曰く、「吾れ復た十四歳あらんや」と。前将軍曰く、「汝がこの言、以て首功《しゅこう》に当るに足る」と。

家康は床几に寄り掛かり、（大坂城から）火が起こるのを望み見た。左右に関ヶ原の役に従軍していた者がいたので、振り返ってこれらに向かって言った。「我らはまた勝ったな」と。やがて秀忠がやって来て戦勝を祝賀した。家康は言った。「これは将軍の功績ぞ」と。帰って本営に陣を敷かせた。

忠直がやって来て目通りした。そこで（家康は）その手を執って言った。「わしの孫と言うべきじゃ」と。忠輝も目通りに来たが、（まともな働きを見せなかったので）見向きもしなかった。義直と頼宣が後軍より馳せつけて来た。諸軍の輜重が道に「属」連なって争うように進んでいる様子が見えた。頼宣が言った。「これは我が軍が既に勝利を収めてこれから宿営しようとしているのですね」と。まもなく天守閣から煙が挙がった。頼宣は「咄嗟」（焦るように）大急ぎで進んだ。義直もこれに従った。茶臼山までやって来ると、諸将の戦勝を祝賀する者たちが大いに聚《あつま》って来た。頼宣は涙を「攬」拭って言った。「大人が私を後軍に置いて戦に間に合わないようにされた」と。松平正綱が言った。「若君は十四歳です。前途は「修遠」遼《はるか》に長く遠い。（こたび）功を建てられなかったことを患う必要はございませぬ」と。頼宣は顔色を変えて言った。「私に再びの十四歳は有るのか」と。家康は言った。「そなたのこの言葉は一番手柄に等しい」と。

「吾れ復た十四歳あらんや」は、この「徳川氏正記」の中でも間違いなく屈指の名言であろう。家康の十男徳川頼宣は、家康が駿府で自ら帝王学を伝授した秘蔵の愛息子《まなむすこ》と言える。家康の死後、秀忠の相当の信頼と幾分の嫉妬によって紀州和歌山五十五万五千石に加増転封された。御三家紀伊家の誕生である。為人《ひととなり》豪放闊達にして気宇壮大。おそらく滾《たぎ》る野心もあった。後年の「慶安事件」では、由比正雪の背後の黒幕として幕府から疑惑の目を向けられた。「南龍公」と尊称される。彼の孫に当たるのが八代将軍吉宗である。

時に秀頼、猶ほ楼上に在り。大野治長、夫人を免れしめ、以て和を成さんと欲す。諸姫《しよき》をして侍擁《じよう》して出でしめ、葵章《きしよう》の衣《い》を蒙り、乱兵の中を窘歩《きんぽ》す。城将堀内氏久《うじひさ》、これを覩《み》て、進んでその前に当り、人を辟《さ》けて出で、我が将坂崎成正を呼んでこれを護送せしむ。治長、木村某を遣して追及し、本多正信に因ってその意を言ふ。正信来って前将軍に啓す。前将軍喜んで曰く、「吾れ且《まさ》に遂にその夫《ふ》と姑《こ》とを免れしめんとす」と。正信、また将軍に啓す。将軍、叱して曰く、「盍《なん》ぞ乃夫《だいふ》と倶に死せざる」と。秀頼、遂に糒倉中《びそうちゆう》に入り、益々使を発して命を乞ふ。而して日已に暮る。将軍、井伊直孝及び安藤重信、石川正次らを遣し、糒倉を守って以て命を竢《ま》たしむ。

この時、秀頼はなお観月楼の上にいた。大野治長は千姫を城から出すことを条件に徳川方と和議を結ぼうとした。（そこで）腰元たちに（千姫を）「擁」囲ませて表に出し、葵の御紋の入った衣を羽織って、兵たちの行き交う中を「窘歩」難儀しながら歩いていた。城将の堀内氏久はこれを観て、進んでその先頭に立ち、人を避けて外に出て、徳川方の将の坂崎成正（直盛）を呼んで千姫を護送させた。

治長は木村某にその後を追って追い付かせ、本多正信を通じて和議を望む旨を伝えさせた。正信が来て家康にその事を申し上げた。家康は喜んで言った。「わしはこれから姫の夫と姑を助け出す」と。正信は秀忠にも申し上げた。秀忠は（千姫を）叱りつけて言った。「そちはなにゆえ夫とともに死なぬのか」と。秀頼はかくして（山里曲輪《やまざとぐるわ》の）「糒倉」干し飯蔵の中に入った。ますます使者を送って助命を乞うた。既に日が暮れた。秀忠は井伊直孝及び安藤重信・石川正次らに干し飯蔵を守って命令を俟たせた。

坂崎出羽守直盛は、元の名前を宇喜多詮家《あきいえ》といった。備前美作の戦国大名で梟雄《きょうゆう》として知られる宇喜多直家の弟忠家の子で、八丈島に流罪となった宇喜多秀家とは従兄弟に当たる。宇喜多家で二万四千石を食んでいたが秀家とは確執があり、宇喜多騒動の際に家康に帰属する。のち関ヶ原の功で石見津和野三万石に封ぜられた時、「宇喜多」の姓を忌んだ家康の意向を受けて「坂崎直盛」と改名した。事蹟から類推するに、その性格は非常に短気かつ執念深かったようである。この後、直盛はこともあろうに千姫を強奪する計画を企て、幕府によって族滅されることになった。この千姫事件の原因についても諸説あるが、最も面白い（講談調）のは、家康自身が大坂城から無事千姫を救い出せば直盛に千姫を与えると約束したが、直盛は救出時に顔に火傷を負いその焼け爛れた面相《ただ》を見た千姫に嫌悪され再嫁の話が反古にされたから、というもの。一方で、千姫の再嫁先探しを依頼された直盛は、公家の間を周旋して縁組まで漕ぎ着けたものの、本多忠刻《ただとき》（平八郎忠勝の嫡孫）の美男ぶりを見染めた千姫がそちらとの婚儀を決めてしまったため面目を潰されたから、というものもある。

いずれも男の容貌の美醜が関わる逸話なのが興味深い。ちなみに、直盛は津和野の町造りに当たって側溝を多く掘らせたが、蚊の繁殖を危惧した彼は側溝に鯉を放流したと云う。現在、それは津和野の観光名物になっている。

秀頼の自殺

八日、前将軍、本多正純及び加加爪《かがづめ》某を遣して、往いてこれを験し、且つ言はしめて曰く、「事已にここに至る。復た言ふべきなし。太閤の旧好、吾れ竟《つい》に忘るゝ能はず。苟《いやしく》も母子皆出でんか、秀頼を高野《こうや》に置き、淀君に給するに万石を以てせん」と。治長入りて告げ、出でて答へて曰く、「謹んで命の辱《かたじけな》きを拝す。当《まさ》に往いてこれを謝すべし。独り万兵の目を注ぐ所たり。願はくは二輿《によ》を得て往かん」と。直孝、その詐《いつわり》なるを疑ふ。乃ち答へしめて曰く、「軍中唯ゝ一輿のみ。右府は、請ふ騎せよ」と。往復して決せず。直孝、重信に謂つて曰く、「大旨は仁《じん》恕《じょ》なりと雖も、禍《わざわい》を貽《のこ》すの道なり。これ我が輩に在るのみ」と。乃ち銃を倉中に発すること二たび。秀頼以下、絶《ぜっ》を知り皆火を縦《はな》つて自殺す。

八日、家康は本多正純及び加々爪某に（干し飯蔵に）往って（そこに秀頼と淀君がいるか）「験」確かめさせた。そして言った。「事ここに至ってしもうた。もはや何も言うことは無い。（ただ）太閤との旧き好《よしみ》を、わしは忘れることができぬ。もし母子がみな外に出て来るならば、秀頼は高野山に置き、淀君には一万石を給しよう」と。

治長が（倉庫の中に）入って母子にこの話を伝えてから、出て来て答えた。「謹んで仰せの儀有難く承ります。つきましては当方お礼を申し上げに伺わなければなりませぬ。ただ万の兵の注目するところ、願わくば二挺の駕籠を拝借してから伺いたく存じまする」と。直孝はそれが偽りであることを疑い、そこで答えさせた。「軍中には駕籠は一挺しかござらん。右府様がお乗りになるが宜かろうと存じます」と。（使者が何回か）往復したが決まらなかった。直孝は重信に向かって言った。「大御所の御心は仁恕（思いやり深く人を許す心）にあると申しましても、（それは）禍を貽《のこ》す道でもあります。（いずれを選ぶのかは）われらのこの決断に委ねられております」と。そして鉄砲を干し飯蔵に放つこと二発、秀頼以下は和議が手切になったことを知り、みな火を放って自殺した。

この二発の銃撃が、本当に井伊直孝の独断であったか否か。少なくとも将軍秀忠は豊臣家をここで滅ぼしておきたかったはずである。そしてこの段階に至っては家康の胸にも、将来への懸念を払拭したい、年来の課題から解放されたい、という思いが無かったとは言えない。

毛利勝永の本姓は「森」であり、諱も「吉政」が正しいらしい。出身は尾張とも近江とも云い、素性のよく摑めない人物である。父の吉成とともに秀吉に仕え、九州平定後に父子で豊前二郡六万石を与えられた。関ヶ原では西軍に属し、前哨戦の伏見城攻略で殊功を挙げる。戦後改易となり、父子とも土佐の山内一豊に預けられたが、かねて一豊と親交があったこともあり、相当の厚遇を受けた。しかし、大坂が戦雲急を告げると、豊臣方に参陣することを切に望むようになった。土佐に残らねばならぬ妻子を気に懸けていると、それを知った妻は「私どもはお志の妨げになるようなら土佐の海の島の流れに沈み命を断ちまする」と言って夫を後押しした。かくして大坂に入城した勝永は、牢人五人衆の一人と目され、冬の陣では活躍の機会を得られなかったものの、夏の陣においては正に鬼神の如き働きを見せた。本多忠朝と小笠原秀政・忠脩父子を瞬く間に討ち取り、続いて徳川譜代家臣の諸隊を撃破し、家康の本陣にまで突入した。だが、真田隊の壊滅で集中攻撃を受けることになりやむなく撤退した。勝永は秀頼の介錯を務めたともされている。豊臣家の終焉を見届けた上で彼も自害した。享年三十七。「惜しい哉後世、真田を云て毛利を不云、是毛利が不肖歟」(『翁草』)。

大野修理亮治長の母は大蔵卿局と言い、こちらは茶々(淀殿)の乳母《めのと》であった。従って彼も淀殿とは「乳母子《めのとご》」の関係にあり、一時を除いて常に彼女の側に近侍することになった。そういった理由から、当時から二人には常に男女の噂が付き纏った。秀頼の父親と疑う声も今だに有るようだが、乳母子とはいえ頻繁に逢瀬を重ねるのは困難な上、そもそも双方にとってあまりに危険が大き過ぎるだろう。治長は大坂の陣では豊臣方の首脳格となったが、弟の治房・治胤《はるたね》(道犬)たちのように主戦一辺倒というわけではなく、最後まで豊臣家存続のため手を尽くして、大坂城の火の中で淀殿母子と運命を共にした。

豊臣秀頼。逸話こそ多いものの、その二十三年の短い生涯はほとんど謎に包まれてはっきりとは見えてこない。研究者の側からさえ、実父が誰であったかについて真剣な議論が為されているくらいなのである。最近の研究に拠ると、淀殿は北政所と並ぶ秀吉の「正室」であったらしいが、そんな立場の女性に密通が可能なのだろうか、とむしろ素朴に疑問に思ってしまう。秀吉の実子が極めて少ないことや、淀殿の懐妊時期が秀吉の肥前名護屋在陣中に重なること、さらに秀頼が秀吉に似つかぬたいへんな巨漢であったらしいことなど、それなりの状況証拠が有るようではある。この種類の仮説はなるほど興味を唆られる部分はあるが、正直、筆者自身はあまり得意ではない。度が過ぎると、歴史上の人物に対する敬意を損ねかねない気がするからである。

『大坂夏の陣合戦図屏風』という作品がある。筑前福岡藩黒田家伝来の屏風で、現在は大阪城天守閣に所蔵され、重要文化財となっている。大画面に、大坂夏の陣最後の激烈な戦いの様子と、大坂城落城後の凄惨な光景（「乱妨」と呼ばれる避難民への略奪・暴行・誘拐・首狩り）が生々しく精緻に描き込まれた大作で、「戦国のゲルニカ」と評す人もいる。合戦に参加した黒田長政が製作を指示したとされているが、その目的や意図は十分明らかになっていない。

前将軍、方《まさ》に進んで桜門に至り以て秀頼の出づるを待つ。直孝ら来り、状を告げて罪を請ふ。

前将軍、これを頷く。即日、午時、遽《にわ》かに駕を命じて、独り板倉重昌を従へ、北のかた京師に帰る。曰く、「これを駆《か》れ。大戦の後は当に雨ふるべし」と。従者、信ぜず。已にして雨大に至り、上下沾湿《てんしゅう》す。淀に及び雨衣《うい》を取る。夜二鼓、二条城に入る。而して大坂の諸軍、一もこれを知る者なし。

家康は進んで桜門にやって来て、秀頼が出て来るのを待った。（そこへ）直孝らが来て、一部始終を報告して謝罪した。家康はこれに頷いた。

その日の午後、急に駕籠を出すように命令して、ただ一人板倉重昌のみを従えて、北にある京へ帰った。家康は言った。「急ぐがよい。大戦《おおいくさ》のあとは必ず大雨が降る」と。従者は信じなかった。まもなく大雨になった。「上下沾湿」辺りは水浸しになった。淀まで着いて雨具を取り、夜「二鼓」（二更、午後九、十時頃からの二時間）に二条城に入った。一方、大坂の諸軍では（家康が京に行ったことを）知る者はいなかった。

なんでもないくだりのようだが、「前将軍、これを頷く」と「大戦の後は当に雨ふるべし」という言葉が不思議に私の心に響く。

将軍、阿部、青山、水野、高木の四将に令して、天王寺、玉造、青屋、京橋の四門を守らしめ、また安藤重信に令して、西面四道《せいめんしどう》の卒《そつ》を留め、以て城墟を修理せしむ。尸《し》を岡山に収め以て軍神を祭る。九日、伏見に凱旋す。諸侯争つて残党を捕へ、来り献ず。

秀忠は阿部・青山・水野・高木の四将に命令して天王寺・玉造・青屋・京橋の四門を守らせ、また安藤重信に命令して、西面四道の兵卒に城跡を修理させた。岡山で死体を埋葬して軍神を祭った。九日、（秀忠は）伏見に凱旋した。諸大名は争って残党を捕えて差し出しに来た。

十五日、長曾我部盛親を京師に徇《とな》へて、六条磧《ろくじようがわら》に斬る。後二旬、大野道見《どうけん》を界浦に磔《たく》す。大坂の将伊東長実《ながざね》、奔つて高野に在り。監使《かんし》を得て自裁せんと請ふ。前将軍曰く、「治長らは国を誤り、盛親らは乱を煽《せん》す。皆宥《ゆる》さざる所なり。その他の豊臣氏の旧臣、忠を事《つか》ふる所に尽す者は、我れ皆これを仮《ゆる》さん」と。長実及び青木一重、岩佐正寿《まさとし》ら、図《はかりごと》を改めて仕ふる者数十人あり。古田重然《しげなり》、大坂に通ず。事覚《あらわ》れて誅に伏す。細川忠興の庶子、罪を父に獲て、奔《はし》つて大坂に帰す。敗に及んで捕へらる。幕旨《ばくし》、これを宥《ゆる》す。忠興、これに死を賜ふ。冬の役に、忠興、薩摩に備ふるを以て来り会せず。夏の役興《おこ》るに及んで、前将軍、近臣に謂つて曰く、「忠興必ず衆に先だつて至らん」と。駕、星田に次するとき、忠興、果して至る。七日の戦に与《あずか》つて功あり。ここにおいて、西南の諸侯の後れて至る者、相ひ継いで両公に謁す。両公、大坂の金を収め、井伊、藤堂氏に、金馬《きんば》の大鈑《おおばん》千枚に直する者各〻二を賜ふ。六月、大坂を松平忠明に賜ひ、十万石を食ましむ。忠明、荒廃を修め、田里を経《けい》し、期年にして、殷富《いんぷもと》故の如し。十五日、前将軍、入朝して成事《せいじ》を告げ、白金千両を献ず。

十五日、長曾我部盛親を京で引き回し、六条河原で斬首した。その二旬（二十日）後、大野道見を堺で磔に架けた。大坂の将の伊東長実が出奔して高野山にいた。立会人を介して自害することを願い出た。家康は言った。「治長らは国を誤り、盛親らは乱を煽った。みな許すことができぬところじゃ。その他の豊臣氏の旧臣で、主君に忠を尽くして仕えた者たちは、わしはみなこれを「仮」許そう」と。長実、及び青木一重、岩佐正寿ら「図《はかりごと》を改めて」考えを改めて（徳川家に）仕える者が数十人いた。古田重然（織部）は大坂と内通し、その事が発覚して誅に伏した。

細川忠興の庶子が父より罪を獲て、出奔して大坂に帰順したが、敗れて捕えられるに及んで、幕府の意向ではこれを赦免しようとした。（しかし）忠興はこれに死を与えた。冬の陣では、忠興は薩摩（の謀叛）に備えていたので大坂には参陣しなかった。夏の陣が「興」起こった時、家康は近臣に向かって言った。「忠興は必ず衆に先んじてやって来るだろう」と。家康が星田に宿営している時に、忠興は果たしてやって来た。七日の戦いに「与」参加して戦功が有った。

ここにおいて西南の大名で遅れて到着した者たちが、相次いで家康と秀忠に目通りに来た。家康と秀忠は大坂城の金を回収し、井伊と藤堂の両氏に秀吉の大判千枚に相当する金馬を二頭ずつ与えた。六月、松平忠明に大坂を与え、十万石を食ませた。忠明は各所の荒廃を修復し、田園村落を治めて、一年で大坂の町は「殷富」富裕で殷賑なこと以前のようになった。十五日、家康は入朝して戦が終わったことをご報告し、銀千両を献上した。

長曾我部盛親は、「土佐の出来人《できびと》」長曾我部元親の正室所生の四男である。戸次川での長兄信親の討死後、父の裁量で他の兄たちを差し置いて世継ぎに指名された。元親は最愛の息子であった信親の娘を手元に置き続けるために、未婚で年齢の釣り合う婿として盛親を選んだのである。わざわざ血の濃い叔父と姪を娶せるとは、晩年の元親の妄執ぶりは明らかに常軌を逸している。周囲からの盛親の人柄への評判もけっして芳しいものとは言えなかった。家督を継いだ後の関ヶ原では、烏《え》帽《ぼ》子《し》親《おや》の増田長盛との繫がりなどから西軍に加担したが、毛利勢の後方に布陣したため結局戦闘に参加できぬまま西軍は瓦解した。敗戦後、いったんは家康に赦されるも、国替を不服とする家臣たちが一揆を起こしたことによって（従来は三兄の津野親忠を自害に追い込んだことが理由とされていた）、その責を負い改易。その後、京で仕送りを受けながら数年間大名復帰の運動を続けるが、終にそれが叶えられることはなかった。そして徳川の監視を欺いて大坂入城を果たすと、旧臣千人を集めて牢人衆の中でも重んじられるようになる。冬の陣では真田丸の支援部隊として活躍。そして夏の陣では伏兵を駆使して藤堂高虎勢を壊滅寸前にまで追い込む戦いぶりを見せたが、井伊直孝の救援によりやむなく大坂城に撤退した。豊臣家の滅亡後戦場から逃亡するが捕縛され、京都市中引き廻しの上、六条河原で斬首された。享年四十一。司馬遼太郎の小説『戦雲の夢』の主人公。

秀忠、賞罰を評議す

二十八日、将軍、二条に来り、賞罰を議す。直孝、高虎に、各〻五万石を加封す。後に並に三十万石に至る。水野勝成、教旨に違ひ、軽〻しく自ら刃《やいば》を接《まじ》ふ。故に賞せず。後に郡山に封ぜられ、遂に備後の福山に徙つて十万石を食む。本多忠朝、事に死す。子なし。兄忠政の子政朝《まさとも》を以て封を襲《つ》がしむ。小笠原忠真《ただざね》、父秀政の封を襲ぐ。榊原康勝、瘍《よう》劇《はげ》しくして卒す。大須賀忠次は、実は康勝の兄の子なり。命じてその本姓に復し、その封を襲がしめ、大須賀氏の衆を以て頼宣に属す。藤田信吉の軍機を失ふを責めて、その邑を収む。池田忠雄をして兄忠継の封を襲がしめ、その旧封を以て蜂須賀至鎮《はちすかよししげ》に賜ふ。少将忠直は従三位に遷《うつ》り、参議に進む。前田、伊達、浅野氏、皆官爵を進む。前将軍の季女《きじょ》の蒲生氏に寡《か》たる者、再び浅野氏に嫁し、次年に至つて婚を成す。

二十八日、秀忠は二条城に来て賞罰を評議した。直孝と高虎にそれぞれ五万石の加増をし、後にともに三十万石となった。水野勝成は将軍の命に違《たが》い、軽々しく自ら敵と刃を交えた。ゆえに賞は与えられなかった。（しかし）後に大和の郡山に封ぜられ、遂に備後の福山に移り、十万石を食ませた。本多忠朝は（この戦いで）「死事」討死し、子がいなかった。兄の忠政は次男の政朝（母親は信康の娘・勝姫）に忠朝の所領を襲《つ》がせた。小笠原忠真は父秀政の所領を襲いだ。榊原康勝は腫れ物が悪化して亡くなった。大須賀忠次は実は康勝の兄の子であった。命じて本姓に復させ康勝の所領を襲がせて、後継ぎのいなくなった大須賀の家の者たちは頼宣に所属させた。戦目付の藤田信吉は（若江の戦いで）戦機を失わせたことを責められて改易された。池田忠雄に命令して兄忠継の所領を襲がせ、忠雄の旧領を蜂須賀至鎮（小六正勝《ころくまさかつ》の嫡孫）に与えた。少将忠直は従三位に遷り、参議に進んだ。前田・伊達・浅野氏はみな官爵を進められた。蒲生氏に嫁いで寡婦となっていた家康の末の娘（三女振姫、末娘ではない）を、浅野氏に再嫁させ、翌年婚儀が成立した。

閏月十一日、将軍、諸侯を率ゐて入朝し、白金万両を献ず。二十七日、両公、偕《とも》に楽《がく》を二条城に観る。振鉾《しんぶ》、還城楽《げんじようらく》、延喜楽《えんぎらく》、太平楽の諸曲を奏す。天下、大に乱れて、伶官《れいかん》の耗散《こうさん》すること数百年。前将軍、招撫《しようぶ》すること年あり。終に旧職に復す。朝廷の楽《がく》、これより興《おこ》る。

閏月十一日、秀忠は大名たちを率いて入朝し、銀一万両を献上した。二十七日、家康と秀忠はともに二条城で雅楽を観賞した。振鉾・還城楽・延喜楽・太平楽の諸曲を演奏した。天下が大いに乱れ、「伶官」楽人の離散すること数百年、家康は楽人を「招撫」招き寄せ安心して生活させるようにすること数年、終に旧来の朝廷の楽人の官職も元に復した。朝廷の雅楽はこれより盛んになった。

武家諸法度、禁中並公家諸法度

これより先、前将軍、貞永《じようえい》、建武の式目を参考し、林信勝らと議して、新式十三条を定む。七月七日、諸侯を伏見に会し、これを頒《わか》つて曰く、「文武の道は修めざるなかれ。佚遊群飲《いつゆうぐんいん》は禁ぜざるなかれ。法を犯す者は舎《ゆる》すなかれ。反を謀り若しくは人を殺す者は告げざるなかれ。諸国の民は、その所を移すなかれ。私《わたくし》に城郭を築くなかれ。異を立て党を結ぶ者は告げざるなかれ。私に婚姻を結ぶなかれ。侯伯の会同は、衛従節《えいじゆうせつ》に過ぐるなかれ。衣服の差は紊《みだ》すなかれ。爵位なき者は輿《よ》に乗るなかれ。諸将士は倹約を厭ふなかれ。国主の人に任ずるはその器を択《えら》ばざるなかれ」と。

これより先、家康は貞永と建武の式目を参考にして、林信勝らと評議して、新式十三条（武家諸法度）を定めた。七月七日、大名たちを伏見に集めてこれを頒布した。曰く、「文武の道を修めなければならない。遊びや宴に耽るのは禁じなければならない。法を犯した者はそのままにしてはならない。謀叛を図る者もしくは人を殺した者は告発しなければならない。諸国の民の住む所を移してはならない。許可なく城郭を築いてはならない。大名たちは任意に集まってはならない。許可なく婚姻を結んではならない。「会同」参勤の供回りは分際を超えてはならない。衣服の差別を紊《みだ》してはならない。官爵の無い者は輿に乗ってはならない。将士たちは倹約を厭うてはならない。国主が人を任ずる時はその器量で擇《えら》ばなければならない」と。

秀忠時代以降に本格的に始まる所謂「武断政治」の法的拠り所となるのがこの武家諸法度である。

また関白藤原昭実《あきざね》らと議して、朝廷の式十七条を定む。その略に曰く、「天子は宜しく寛平《かんぴょう》の遺誡《いかい》に因り、専ら古道を学び、傍ら和歌を習ふべし。見任《げんにん》の三公は宜しく諸王の上に班すべし。武家の官位は宜しく公家《こうけ》の員外に在るべし。廷臣の継嗣《けいし》は宜しく異姓を取るべからず。諸〻の服章は宜しく等《とう》を踰《こ》ゆべからず。才芸異等《さいげいいとう》、若しくは功労を累《かさ》ぬる者は、その超遷《ちょうせん》宜しく門地に拘るべからず。諸〻の僧官は宜しく濫授《らんじゅ》すべからず。諸〻の朝士の関白及び有司《ゆうし》に違《たが》ふ者、諸〻の浮屠《ふと》の妄《みだり》に官達を冀《こいねが》ふ者は、皆宜しく流竄《りゅうざん》に処すべし」と。

また関白藤原（二条）昭実（信長の養女を娶り秀吉に関白職を譲るなど、過去にも天下人たちとの関わりが深い）

らと評議して、朝廷式十七条（禁中並公家諸法度）を定めた。その概略に曰く、「天子は寛平の遺誡（宇多天皇が十三歳の醍醐天皇に譲位される時に与えられた心得書き）に従われ、聖賢の道を学ばれてその傍に和歌を習われるが宜かろうと存じます。三公（太政大臣・左大臣・右大臣）の席次は諸王の上に置かれるが宜かろうと存じます。武家の官位は公家の員外（別枠）とされるが宜かろうと存じます。廷臣の後継ぎは異姓の者よりは取らぬが宜かろうと存じます。諸服は分際を超えぬが宜かろうと存じます。才芸に優れたもしくは功労を重ねた者はその門地に拘らず「超遷」序列を超えて官位をお進めになるが宜かろうと存じます。僧たちの官位は濫りにお授けにならぬが宜かろうと存じます。公卿方で関白もしくは「有司」役人に違《たが》う者や僧たちで妄りに官位が進むのを冀《こいねが》う者は、みな流竄に処するが宜かろうと存じます」と。

公家のみならず天皇にまで干渉した禁中並公家諸法度は、何度も改定された武家諸法度とは対照的に、発布当初のまま幕末まで続いて江戸時代の基本的朝幕関係を規定した。

この月、織田氏を大和、上野の諸邑に封ず。本多正信、豊臣氏の祖廟《そびょう》を毀《こぼ》たんと請ふ。前将軍、敢て私断せず。終に諸王公と議して、請ふ。詔《みことのり》あり。「祀典《してん》を廃して、その頽廃《たいはい》に任せよ」と。十九日、将軍、伏見を発して、八月四日江戸に至る。この日、前将軍、二条を発して、二十三日駿府に至る。

この月、織田氏は大和と上野の諸領地に封ぜられた。本多正信が豊臣氏の祖廟（祖先の霊を祀る御霊屋）を取り壊すことを願い出た。家康はけっして自分だけで判断しようとしなかった。終に親王方や公卿衆と評議してこれを請うた。詔が有った。「「祀典」祭礼を廃止して自ずと頽廃するに任せよ」と。

十九日、秀忠は伏見を出発した。八月四日、江戸に到着した。この日、家康は二条城を出発し、二十三日、駿府に到着した。

祭祀を断つ。これを以てその家の滅亡が完遂する。

初め少将忠輝、封を信濃に受け、寖《ようや》く驕縦《きょうしょう》なり。善く鼓《つづみ》を撃つ者花井某を嬖《へい》して、遂にこれに政事を委《い》す。三将あり。驟〻《しばしば》諫むれども聴かず。乃ちこれを駿府に訴ふ。忠輝馳せ至り、三将罪ありと誣《し》ひて死を賜ふ。越後に徙《うつ》るに及び益〻驕《おご》る。大坂夏の役に及び、行いて森山に至る。従兵、将軍の牙騎《がき》と闘つて三人を殺す。長坂信政の嗣《し》在り。已にして大和口に向ふ。花井の言を聴き、逗撓《とうどう》して進まず。前将軍、東に帰り、森山を過ぐ。実を験して大に怒り、遂に人をして往いてその罪を誚《せ》めしむ。二士あり。自ら誣ひて以てこれを解く。前将軍、信ぜず。吏を遣してこれを按じ、且つその逗撓を詰《なじ》らしむ。花井、咎《つみ》を山田将監《しょうげん》に帰してこれを逐ふ。次年、前将軍、忠輝の母茶阿《ちゃあ》を召して曰く、「少将驍健《ぎょうけん》、吾その成立《せいりゅう》を期す。図らざりき、荒惰《こうだ》乃ち爾《しか》り。また擅《ほしいまま》に長坂血槍《ちやり》の弟を殺す。吾が在時に在つてかくの如し。将軍の時は知るべし。吾これを絶たざるを得ず」と。茶阿懼《おそ》れ、これを越後に報ず。忠輝懼れて来り謝す。見るを許さず。将軍に遺命して、これを伊勢に放たしむ。後飛驒に遷《うつ》し、遂に信濃に遷す。卒す。

そもそも少将忠輝は信濃に領地を拝領してより「寖」徐々に驕り縦《ほしいまま》となり、鼓《つづみ》を拍つのが上手い花井某を「嬖」寵愛し、遂にこれに政治を委ねるようになった。（忠輝を補佐する立場の）三人の将（皆川広照・山田重辰・松平清直）がおり、「驟」何度も諫めたが聴き入れられなかった。そこで（やむなく）これを駿府に訴え出た。忠輝は馳せて（駿府に）やって来て、（逆に）三将の方を讒言し、彼らに切腹を言い渡した。

（忠輝は）越後に国替えになってからはますます驕慢ぶりに拍車がかかった。大坂夏の陣において、（忠輝の軍は）進んで森山までやって来た。（忠輝に）従っていた兵が将軍の「牙騎」旗本と私闘を起こして三人を殺害してしまった。長坂信政の跡目を嗣いだ者もその中にいた。（忠輝は）まもなく大和口に向かおうとしたが、花井の言を聴いてその場で「逗撓」愚図愚図と留まって進軍しなかった。家康は東方（の駿府）に帰る途中、森山に立ち寄ったおり、「験実」事実を確かめさせて大いに怒り、遂に人を遣わしてその罪を誚《せ》めさせた。二人の侍が自ら名乗り出て忠輝の「誣」罪を被ろうとした。家康は信じなかった。役人を派遣して真相を調べさせ、さらに大和口で無意味に滞陣を続けたことを詰問させた。花井は山田将監に「帰」罪をなすりつけてこれを追放した。

翌年、家康は忠輝の母の茶阿局を召し出して言った。「忠輝は驍勇剛健で、わしはその大成するのを期待しておった。思いも寄らなんだわ、かように荒んだ惰《なま》け者になろうとは。また擅《ほしいまま》に長坂血槍九郎の弟を殺しおった。わしが生きている間ですら既にこの有様じゃ。将軍の代になれば（その所業は）推して知るべし。わしは此奴との縁を絶たざるを得ぬ」と。茶阿局は懼れて、この事を越後に報せた。忠輝も懼れ（駿府に）やって来て謝罪しようとした。（家康は）目通りを許さなかった。秀忠に遺命してこれを伊勢に追放させた。のちに飛騨に遷し、遂に信濃に遷した。（そしてそのまま忠輝は）死んだ。

家康には成人した男子が、信康・（結城）秀康・秀忠・忠吉・（武田）信吉・忠輝・義直・頼宣・頼房と九人いたが、その扱いには大きな差があった。そのうち、秀忠は二代将軍となり、関ヶ原後に生まれた最後の三人は鍾愛されて後年御三家として徳川姓まで与えられた。期待された忠吉と信吉は若くして没した。信康の場合はやむを得ない部分があったとしても、問題は残る秀康と忠輝の二人である。家康は、この母親の身分の特に低い二人の息子にはどうにも冷ややかとしか言いようのない表情を見せることが多かった。もっとも、待遇としては秀康に越前北庄六十八万石、忠輝に越後高田四十五万石（諸説あり）とけっして悪かったわけではない。秀康の方は三十五歳とこれも比較的早く亡くなった。しかし忠輝は、夏の陣ののち竟《つい》に家康の逆鱗に触れ、勘当を言い渡され改易・追放の憂き目に遭うのである。その背景には、豊臣家への行き過ぎた思い入れ、伊達政宗・大久保長安との深い繋がり、切支丹との関わりなどがあったともされている。忠輝は家康の息子たちの中で最も長く生きた。五代綱吉の時代に九十二歳という驚嘆すべき長寿で逝った。実に六十七年間を各所にお預けの身として過ごしたことになる。ちなみにその一粒種の徳松も十八歳で焼身自殺を遂げたと云う。

十月、前将軍、関東に遊猟し、遂に江戸に如《ゆ》く。最上義光《よしあき》、大坂の役に先だつて卒す。その子家親《いえちか》嗣ぐ。庶兄義成、陰かに大坂に応ず。事覚《あらわ》る。家親に命じて討ってこれを夷《たいら》げしむ。

十月、家康は関東で鷹狩りを催してから江戸に如《い》った。最上義光は大坂の役に先立って世を去っていた。その子の家親が後を継いだ。庶兄の義成（義親が正しく家親とは同年の生まれ）が陰《ひそか》に大坂に応じていた。事が発覚し、家親に命じてこれを討ち夷《たいらげ》させた（実際に討たれたのは冬の陣の直前である）。以前にも触れたが、最上義光は家康とは三十年近く親交のある出羽山形五十七万石の外様大名である。既に一五九五年の段階で三男家親を秀忠の家臣として仕えさせている。この徳川家と入魂《じっこん》の二代藩主・家親の治世が無事に続けば、最上家に悲劇は訪れなかったであろう。

一国一城令の布告

十二月、前将軍、駿府に帰る。途に伊豆の泉頭《いずみがしら》を経て、以て退老《たいろう》の地となす。期するに明年を以てして営す。この冬、天下尽く平ぐを以て、五畿七道に令して、諸塁砦《しよるいさい》を毀《こぼ》ち、公使を発して諸国を巡察せしむ。三年に一巡す。また武門の服章《ふくしよう》備《そなわ》らざるを以て、明春の正会に因ってこれを改む。

十二月、家康は駿府に帰った。途中で伊豆の泉頭《いずみがしら》を通り、（その時）ここを隠居地にしようと思った。年明けてからの隠居所の造営を期した。この冬、天下は尽く平定されたので、五畿七道に命じてそれぞれの土塁や砦を取り壊させた（一国一城令）。公儀の役人を派遣し（その履行を確認させ）、諸国を巡察し、三年で一巡りさせるようにした。また武家の服装の規定が不備だったので、翌年春の年賀の儀式においてこれを改めさせるようにした。

一国一城令の布告で、約三千あった城郭が約百七十まで激減したとされる。

ようやく「重き荷」を下ろし、老いの身を穏やかに養おうと決めた場所が伊豆の湧水地・泉頭であった。現在は柿田川公園として家康最晩年の理想郷を偲ぶことができる。人の心の裏表や時の行く末を見通し続けて来た家康だが、その洞察力を以てしても、目睫に迫る自らの運命には想いが及ばなかった。

二年正月朔、侯伯将帥、爵位に随つて衣冠を具へ、両府に賀正《がせい》す。

元和二（一六一六）年。正月一日、大名将帥は爵位に随って衣冠を具《ととの》えて、駿府の家康と江戸の秀忠に年賀の挨拶を申し上げた。

二十一日、前将軍、田中に猟し、疾《やまい》を得、留《とどま》ること四日、乃ち帰る。将軍、報を得て大に驚き、行《こう》を戒む。二月朔、駿府に至り、日夜、看護す。衣《い》、帯を解かず。諸侯伯相ひ踵《つ》いで来り候《うかが》ふ。前将軍自ら起《た》たざるを知り、医薬を卻《しりぞ》けて用ひず。三月、天皇、廷臣二人をして、就いて前将軍を拝して太政大臣となさしむ。二十七日、前将軍、疾を力め、衣冠して命を拝す。尋いで将軍をして天使を饗《きょう》せしむ。

二十一日、家康は駿河の田中で鷹狩りをした。（その地で）病に罹った。四日間留まり、それから駿府に帰った。秀忠は報せを受けて大いに驚き、出発の準備をさせた。二月一日、駿府に到着した。（秀忠は）日夜看病する間自分の衣服の帯も解かなかった。大名たちが相次いで見舞いに駆けつけた。家康は自らもはや回復し得ないことを悟り、医者の薬を斥けて用いなくなった。三月、天皇が廷臣二人を（駿府に）お遣わしになって家康を太政大臣に任ぜられた。二十七日、家康は病を押して衣冠を着用し官爵を拝命した。続いて秀忠に勅使をもてなさせた。

家康の死因として最も人口に膾炙しているのが、「鯛の天ぷらの食べ過ぎ」であろう。よもや食べ過ぎで死ぬことは先ずないだろうから、死因を仮に食中毒だったとしても、家康が天ぷらを食べたのが一月二十一日で死去したのが四月十七日と日数がかかり過ぎている。その説に代わって近年有力となっているのが、『徳川実紀』に残された家康の病状記録から推察される「胃癌説」らしい。

四月、前将軍、疾篤《あつ》し。乃ち婦女を麾《き》して入侍《にゅうじ》するを許さず。十四日、諸侯伯を召し、諭して曰く、「吾れ老いて病めり。旦夕将に地に入らんとす。吾れ既に天下を平定し、将軍、大政を執ること日あり。吾れ復た後事《こうじ》を以て憂《うれえ》となさず。然りと雖も、吾れ死して将軍或は政を失はば、則ち侯伯のその器《き》に当る者、宜しく代つて天下の柄《へい》を執るべし。天下は一人の天下に非ず。吾れ何ぞ恨みんや」と。乃ち遺物を分賜《ぶんし》し、罷《や》めて国に就き、以て後命《こうめい》を竢《ま》たしむ。初め諸侯各〻度《はか》る、不諱《ふき》の如きあらば、当に拘留累年なるべしと。ここにおいて、皆意外に出づ。

四月、家康の病が篤くなった、そこで（家康は意識が混濁錯乱して不用意な事を口走ることに配慮して、あらかじめ）女性たちを（寝所の）外に出し、中に入って看病することを許さなくなった。十四日、大名たちを呼び寄せ諭して言った。「わしは年老いて病んだ。命脈の尽きるのが旦夕に迫っておる。わしは天下を平定した。将軍が国政を執るようになってからずいぶんと日が経つ。わしはもう後事を憂慮してはおらぬ。さりながら、わしが死んで将軍があるいは政《まつりごと》を失うようなことがあらば、大名たちの中で器量ある者が、（徳川家に代わって）天下の権を握るがよかろう。天下は一人《いちにん》の天下にあらず。わしは何の恨みにも思わぬ」と。そして（それぞれに）形見の品を分け与えて、解散して帰国させ幕府からの命令を俟たせた。最初大名たちは各々が推測していた、如《も》し（大御所が）「不諱」亡くなることになれば、（自分たちは）長年江戸に拘留されるのではないか、と。しかしそのみなの考えは的外れの杞憂であった。

あるいは家康は、妄執を露わにした秀吉の死に様を意識していたのかもしれない。

既にして将軍を召して曰く、「吾れ諸侯を諭して曰く、将軍、政を失はば善者これを取れ、と。汝、その政治を慎んで、毫《すこし》も私曲あるなかれ。而して天下若し命に方《さか》ふ者あらば、親戚、勲《くん》旧《きゆう》と雖も、宜しく速かに誅伐を加ふべし」と。将軍、歔欷《きよき》して退く。義直、頼宣、頼房を召して、勗《つと》て、誡《いまし》むるに善く将軍に事ふるを以てす。その傅《ふ》成瀬正成、安藤直次、中山信吉を召して、むるに輔導《ほどう》を以てす。

やがて秀忠を呼び寄せて言った。「わしは大名たちを諭して言った。『将軍が政を失うようなことがあらば、それを善く仕切り得る者が取って代われ』と。将軍は慎んで政治を執り行ない、わずかでも自分に都合よく曲げるようなことがあってはならぬぞ。そして、天下に若《も》し命令に逆らう者が有らば、それが一族親戚であろうと譜代の功臣であろうと、速やかに誅伐を加えるが宜《よ》い」と。秀忠は「歔欷」咽び泣きながら退出していった。

（次に）義直・頼宣・頼房を呼び寄せて、善く将軍に仕《つと》えるよう誡《いまし》めた。（さらに）それぞれの傅役である成瀬正成・安藤直次・中山信吉を呼び寄せて、勗めて息子たちを輔弼し善導するよう言い置いた。

秀忠へ遺した言葉はいかにも峻厳である。

家康、薨る

十七日、疾革《すみや》かなり。乃ち将軍を顧みて曰く、「吾れ将に死なんとす。汝、天下を何と謂《おも》ふ」と。将軍答へて曰く、「将に大に乱れんとす」と。前将軍曰く、「善し。吾れ以て死すべきなり」と。嫡孫《てきそん》家光を召して曰く、「汝は他日天下を治むる者なり。天下を治むるの道は慈《じ》に在り」と。乃ち薨《こう》ず。寿《じゆ》七十有五なり。久能山《くのうざん》に葬る。天皇、卹典《じゆってん》を賜ふこと甚だ厚し。頼宣、就いて廟《びよう》を建つ。

十七日、（家康の）病状が革《あらた》まった。そして秀忠を顧みて言った。「わしはまもなく死ぬじゃろう。将軍は（わしが死んだあと）天下はどうなると謂《おも》われるか」と。秀忠が申し上げた。「大いに乱れるでありましょう」と。家康は言った。「善し。これで死ぬることができるわ」と。それから嫡孫の家光を呼び寄せて言った。「そちはいずれ天下を治める者となる。天下を治める道は慈悲の心に在ると知るがよい」と。そうして薨《みまか》った。七十五歳。駿府の久能山に葬られた。天皇は「卹典」（功労者の死に対して与えられる様々な恩典）を賜ること甚だ厚かった。頼宣が（久能山に行って）家康の廟を建てた。

家光への最期の言葉は「慈悲」であった。

初め榊原康政の兄清政、故《もと》の世子信康を輔《たす》く。世子敗るゝに及び、官を棄てゝ出亡《しゆつぼう》す。晩に康政に依る。前将軍、召して禄を賜ひ、久能を守らしむ。尋いで卒す。長子清定《きよさだ》、留つて宗家《そうけ》に仕ふ。乃ち少子《しようし》照久をして父の職禄を襲がしめて、これを親近す。終に臨み、その膝に枕して以て絶ゆ。将軍、因つて照久をして祀事《しじ》を掌《つかさど》らしむ。僧天海、請うて廟を大権現《だいごんげん》と号す。

もともと榊原康政の兄の清政は、亡き世継ぎの信康の補佐をしていた。信康が敗亡するに及んで、清政はその役職を棄てて出奔した。晩年になって康政を頼った。家康は清政を召し出して禄を与え、久能城を守らせた。まもなく清政は亡くなった。長男の清定はそのまま留まって榊原惣領家に仕えた。そこで家康は（清政の）末の子の照久に父の職を襲がせ、これに目をかけ親しんで身の回りに置いた。（家康は）臨終のおりは、照久の膝を枕にして息を引き取った。秀忠はそこで照久に家康の祭祀を掌《つかさど》らせた。僧天海が願い出て家康の神号を「大権現」とした。

神号の決定に際しては、天海の「権現」と金地院崇伝（家康のもう一人の政治顧問であった）の「明神」との間で論争があったが、「豊国大明神」の先例が不吉であるということで「権現」に落ち着いた。

　三年、将軍、遺命を以て改めて下野の日光山に葬る。就いて新廟を建つ。四月八日、事を畢《お》ふ。既望《きぼう》、主《しゅ》を正殿に移す。天皇、廷臣三輩を遣して命を宣し、正一位を贈り、号を賜うて東照《とうしょう》といふ。この日、将軍、江戸より来り、次日、祀《まつ》る。梶井《かじい》親王尊純《そんじゅん》、礼を掌《つかさど》る。後三世、益〻嗣《し》宇《う》を修む。天下の侯伯、諸外夷《しょがいい》に至るまで、皆器材を献ず。而して親王、更〻《かわるがわる》来つて廟を護り、以て常となす。後三十年、詔《みことのり》して、大権現を改めて宮《ぐう》といふ。

元和三（一六一七）年。秀忠は（家康の）遺命により下野の日光山に改葬した。日光山で新たな廟の建立を始めた。四月八日、廟の作事が畢《お》わった。「既望」（満月を過ぎたばかりのいざよいの月）十六日、「主」位牌をその（新しい廟の）本殿に移した。天皇は廷臣三人をお遣わしになり勅命を読み上げさせ、（家康に）正一位を追贈され、「東照」の神号を賜った。この日、秀忠は江戸より（日光に）来て、翌日、祭祀を執り行った。梶井《かじい》親王尊純殿下に儀礼を掌っていただいた。のち三代将軍の時にますます「嗣宇」日光山の社殿を修築し、天下の大名たちのみならず諸外国の使者までがみな道具や資材を献上してきた。

（そしてこれ以降）親王方が代わる代わる日光の廟を護ってくださることが常の例となった。三十年後、詔を下され「日光大権現」を改めて「日光東照宮」と称された（八幡宮、天満宮に準じる処遇となった）。

東照公《とうしょうこう》、人となり沈毅《ちんき》にして、大略あり。兵を用ふること神《しん》の如し。而して学を好み治を求め、人を愛して善く容《い》れ、事を処するに必ず百世の後を規《はか》る。其の朝廷に事《つか》ふるに、恭順殊に至る。王国を鎮護するを以て己《おのれ》の任《にん》となし、自ら倹約を執り、敢て驕侈《きょうし》せず。最も稼穡《かしょく》の事を重んず。至つて微細なりと雖も、諳知《あんち》せざるはなし。屢〻游畋《ゆうでん》に託して、以て疾苦を問ふ。其の政をなすに、務めて士気を養ひ、言路《げんろ》を開き、巧佞浮華《こうねいふか》の習《ならい》を防ぐ。公、幼にして尾張に質《ち》たり。百舌《もず》を献ずる者あり。卻《しりぞ》けて受けず。左右、故を問ふ。公曰く、「吾れ聞く、主将《しょう》は小慧《けい》の者を取らず、と」。

家康の「為人《ひととなり》」（性格、場合によっては体格）人物は、落ち着いていて毅《つよ》く、広く物事を見ることができた。兵を用いる手並みは神のようであった。学問を好んで治世を求め、人を愛《いつく》しみ度量が豊かで、事に処する際は必ず百世の後を見据えていた。その朝廷に事《つか》えるに当たっては恭しく順《したが》うさまはことのほか行き届いていた。王国を鎮護することを己の任務として、自ら倹約に「執」こだわり、けっして驕って贅沢はしなかった。最も「稼穡」農業を重んじて、細かなことでも知らぬことが無かった。しばしば「游畋」鷹狩りに託《かこつ》けて、民の苦しみを訪ね歩いていた。その政を為すや、努めて将士や兵の士気を涵養し、（直言できるよう）言論の路を開き、口が達者で上に取り入ったり見た目ばかり華やかで実の伴わない風潮を防いだ。家康が幼い身で尾張の人質となったおり、百舌《もず》を献上する者があった。（家康は）それを卻《しりぞ》けて受け取らなかった。左右がそのわけを問うた。家康が言った。「我は聞いている。主将は「小慧」小賢しい者は取らない、と（もずは「百舌」と表記されるので口先ばかりの鳥と考えた）」。

頼山陽は家康の呼び方を「前将軍」から「東照公」の最終呼称に変える。本稿では最後まで変わらず「家康」で通す。

鷹狩りは家康にとって健康的な道楽のようなものであろう。民情視察に結びつけるのは、さすがに贔屓の引き倒しとしか思えない。

其の岡崎に在るとき、禁を犯す者二人あり。その一は囿《ゆう》に弋《よく》し、その一は濠《ほり》に網《あみ》す。皆拘繋《こうけい》せらる。牙兵《がへい》鈴木某、これを諫めんと欲すれども、未だ路あらず。乃ち故《ことさら》に自ら令を矯《た》め、池籞《ちぎょ》の鯉を取り、煮てこれを食《くら》ふ。他日、公、池を観《み》て、守者《しゆしや》に問ふ。守者、故を告ぐ。公、大に怒り、手づから鈴木を斬らんと欲す。鈴木入り、目を張つて罵つて曰く、「噫《ああ》。暗主《あんしゆ》、禽魚《きんぎよ》を以て人に易《か》ふ。悪《いずく》んぞ天下を為《おさ》むるを得ん」と。公、大に悟り、刀を抛《なげう》つて入る。遂に前《さき》の二人を釈《ゆる》し、鈴木を召してこれを褒《ほ》む。後に人に語って曰く、「直言《ちょくげん》の功は一番槍に愈《まさ》る。敵を犯す者は、賞、倖《こう》すべし。君を犯す者は、罰測るべからざるなり」と。公の浜松に在るとき、三士人を召して事を命ず。その一人留《とど》まり請うて曰く、「臣、間《ひま》を承《う》けて、敢て白《もう》すことあり」と。一疏《いっそ》を懐《ふところ》より出して、献ず。公、それを読ましめて、これを聴く。毎条輒《まいじょうすなわ》ち善しと称す。読み畢《おわ》つて、これに謂つて曰く、「爾後《じご》見る所あらば、言ふに憚《はばか》るなかれ」と。その人、頓首《とんしゅ》して出づ。本多正信、侍坐《じざ》す。啓《けい》して曰く、「彼何ぞ軽率なるや。且つその言ふ所、一も取るべきなし。君、何ぞこれを褒むる」と。公曰く、「否。吾れその志を褒むるなり。且つ取るべきなき者を褒めば、則ち取るべき者至らん」と。

家康が岡崎にいた時、禁令を犯した者が二人有った。その一人は「囿」（囲いのある庭）禁猟地で「弋《いぐるみ》」（矢に糸をつけて鳥を絡め獲る道具）で鳥を射て、もう一人は城の濠の魚を網で掬い獲った。二人とも「拘繋」獄に繋がれた。「牙兵」旗本の鈴木某がこれを諫めようとしたが、まだ（主君に直言する）路は開かれてはいなかった。そこで「故」ことさらに命令を矯《た》めて「池籞」池の生簀の鯉を取り、煮てこれを食ってしまった。

後日、家康は池を見て（生簀の鯉がいなくなっているのに気づき）、池の番人に問うた。番人はその訳を告げた。家康は大いに怒り、自らの手で鈴木を斬ろうとした。鈴木は入ってくると、目を見開き罵って言った。「ああ、暗主であることよ。鳥や魚の事で人の命に易えるとは。こんな為体《ていたらく》でどうして天下を為《おさ》めることができようか」と。家康は（この言葉を聞いて）大いに悔悟し、刀を放り出して奥に入った。遂に前の二人を釈放して、鈴木を呼び寄せて褒めた。

のちに（家康は）人に語って言った。「直言の功は一番槍のそれに愈《まさ》る。敵に立ち向かう時には僥倖によっては賞も得られようが、主君の意に逆らって物を言う時にはどれほどの罰を被るか判らないからじゃ」と。家康が浜松にいた時、三人の家臣を呼び寄せて用事を申し付けた。そのうちの一人が願い出て言った。「それがしは殿がお手隙の時に申し上げたいことがございました」と。（それから）懐から「一疏」箇条書きにした一通の書状を取り出し差し出した。家康はそれを読み上げさせてその内容に耳を傾けた。（そして）一条ごとに「よし」と称《ほ》めた。読み終わると（家康は）その者に向かって言った。「今後も何か意見があらば遠慮なく申し出よ」と。その者は「頓首」額を地に付ける辞儀をしてから退出していった。本多正信が傍に侍っており申し上げた。「あの者はなんと軽率でありましょうか。しかもその申すところには何一つ取り上げるべきものがござらぬ。なにゆえ殿はこれをお褒めになりましたか」と。家康は言った。「さにあらず。我は（主君に臆せず物を言おうとする）その志を誉めたのじゃ。それに取り上げるべきものが無い者を褒めれば、取り上げるべき者がやって来るやもしれぬではないか」と。

　中国の戦国時代、隣の大国斉《せい》の侵攻で荒廃した国を立て直すためには、人材を求めることが急務と考えた燕《えん》の昭王は、学者の郭隗《かくかい》に相談した。すると郭隗は語り始めた。「昔ある王が、側近に千金で一日に千里を走る馬を買いに行かせました。ところが、その側近は（死んだ）馬の骨を五百金で買ってきたのです。王が怒るとその側近は言いました。『死んだ馬の骨ですら大金で買ったのです。況《ま》してや生きた馬ならどれほど高く買うでしょう。千里の馬はすぐにでもやって来るはずでございます』と。果たして一年も経たぬうちに、千里の馬が三頭もやって参りました。今、王が是非とも賢者を招きたいとお思いになるなら、『先ず隗より始めよ（この郭隗からお始めください）』。そうすればこの郭隗などより遥かに優れた者が千里の道を遠いとは思わずこの国に仕官しにやって来ることでございましょう」と。これを実行した燕の国には、あの諸葛亮が憧れた名将・楽毅《がくき》をはじめ有能な人材が次々と集まって来た。確かに家康は、この出典の『戦国策』などの漢籍によく目を通していたのかもしれない。

後漢の光武帝・劉秀《りゅうしゅう》でもなく、唐の太宗・李世民でもなく、清の康熙《こうき》帝・愛新覚羅玄燁《げんよう》でもなく、私が宋の太祖・趙匡胤《ちょうきょういん》を中国史上最高の名君と思いたいのには三つの理由がある。一つ目は、前代の王朝の血筋を根絶やしにするのが通例となっていたこの時代に、皇位を譲った後周の柴氏一族を格別大切に扱ったこと。二つ目は、「言論を理由に士大夫（官僚、知識人）を殺してはならない」としたこと。そして三つ目は、その二箇条を石に刻んで子々孫々に厳命したこと（「石刻遺訓」）である。

公、嘗て一士を官せんと欲す。これを土井利勝に問ふ。利勝曰く、「彼常には臣が家に来らず。臣、未だその如何を知らず」と。公懌《よろこ》ばずして曰く、「汝は我が家に宰《さい》たり。務《つとめ》は人材を訪《と》ふに在り。材者《さいしゃ》豈に権勢に附くを肯《がえん》ぜんや。汝が言ふ所の如くんば、則ち恥を知り義を好む者、将《まさ》に日に柔媚《じゅうび》に趨《はし》らんとす。恥を知り義を好むは国家の元気なり。元気消亡すれば、国家衰老す。其れ能く久しからんや。昔、酒井正親、神谷某の己《おのれ》に礼せざるを以て、我に謂つて曰く、彼は真に用ふべき者なり、と。因つて請うてその俸《ほう》を倍にす。正親は公《おおやけ》の為めに私《わたくし》を忘れ、士風を奨励す。汝が輩、何ぞ類せざる」と。

家康はかつて一人の武士を仕官させようとした。このことを土井利勝に問うた。利勝は言った。「かの者はふだん臣の家に参りませぬもので、臣にはいかなる人物か判りかねまする」と。家康は不愉快になって言った。「その方は我が家の家老ぞ。家老の務めは人材を（こちらから）訪《おとな》うて探し出すことに在る。その人材たる者がどうして権勢に「附」追従するであろうか。その方の申すように（毎日家老の家にご機嫌伺いに参る者以外に人材を探そうとしなければ）、恥を知り義を好んだ者が「将《まさ》に日に柔媚《じゅうび》に趨《はし》らんとす」日ごとに媚び諂《へつら》うを旨とするようになる。（そも）恥を知り義を好む者というのは国家の元気ぞ。元気が消えて亡くなれば国家は衰え滅ぶ。どうして久しく（命脈を保つことが）できようか。そのむかし酒井正親は神谷某が自分に礼を尽くさぬことで、わしに向かってこう言った。『かの者は（人の地位に阿《おもね》らぬ）真に用うべき者でござる』と。そこでその神谷の俸禄を倍にすることを願い出できた。正親は公のために私を忘れて、（徳川の）士風を奨《すす》め励ました。その方らはなにゆえこれに倣おうとせぬのじゃ」と。

「在野に遺賢無からしむ」のが、名君英主にとっての理想であろう。

また嘗て将軍の近臣を諭す。大意に謂ふ、天下の安危は将軍の心に在り。宜しく思を留むべし。節義を奨め、軽薄を擯《しりぞ》け、士民を愛し、賞罰を信《まこと》にし、賜賚《しらい》は濫《みだり》にするなかれ。濫にすれば則ち士怠る。人を用ふるは偏《かたよ》るなかれ。偏れば則ち国危し。国の臣あるは猶ほ木の枝あるがごときなり。枝、偏大《へんだい》なれば則ちその根を蹷《くつがえ》す。猶ほ鷙鳥《しちょう》の爪翼《そうよく》あるがごときなり。その爪翼を愛するは、搏撃《はくげき》を期する所以なり。臣の用舎《ようしゃ》、重んぜざるべけんや。足利尊氏の高師直《こうのもろなお》に任じ、豊臣秀吉の石田三成を用ふる、皆以て人の怨《うらみ》を取れり。我も亦た誤って大賀を用ひ、殆ど危禍《きか》に陥れり。懲毖《ちょうひ》せざるべけんや。凡そ天下の乱は、主将の欲を縦《ほしいまま》にして、宰臣の権を専らにするに起る。民の膏血《こうけつ》を浚《さら》へてこれを府庫に盈《み》つるを目《もく》して能臣《のうしん》といふ。これ君の為めに怨を蓄ふるのみ。且つ才能を恃《たの》む者は、必ず旧法を以て迂拙《うせつ》となし、動《やや》もすればこれを更改《こうかい》せんと欲す。武田、上杉、今川、大内氏の衰亡する所以は皆これに由るなり。凡そ政《まつりごと》はその旧に因るに在り。我れ嘗て陸奥に赴き、源頼朝の榜牌《ぼうはい》を見る。その辞に曰く、国事は皆泰衡《やすひら》の旧に因る、と。吾れ、頼朝の能く東陲《とうすい》を定めしを信《まこと》とするなり。夫れ介冑《かいちゅう》の習《ならい》は鉄の如く、衣纓《いえい》の習は金の如し。金は以て虚飾をなすべく、鉄は以て実用をなすべし。国家将に衰へんとすれば、必ず衣纓の習を喜ぶ者あり。新法を建立《けんりゅう》し、その華飾《かしょく》を務む、これ大蠹《たいと》なり。我が家の法度《ほうど》は、皆祖考《そこう》、耆旧《ききゅう》と議して、深く謀り遠く慮《おもんぱか》つて、その弊《へい》なきを期せり。変更する所あるなかれ。これを刀《とう》に譬《たと》ふるに、鍛錬《たんれん》一たび成つて、これを子孫に伝ふ。子孫、各〻好尚《こうしょう》を異《こと》にし、数〻《しばしば》冶工《やこう》に附せば、則ち刀は終《つい》に用ふべからず。

（家康は）またかつて秀忠の近臣を諭して言った。その大意は次の如くであった。天下の安危は将軍のお心次第じゃ。その事をよく肝に銘じておくがよい。節義を奨め、軽薄を擯《しりぞ》け、士民を愛しみ、賞罰を「信」確かなものにする。褒美を濫りに与えてはならぬ。濫りに与えれば武士は怠るものぞ。人を用いるに偏重してはならぬ。偏重すれば国が危うくなる。国に臣があるのは木に枝があるが如きものじゃ。偏重して枝ばかり太く伸びればその（重みで）根を「蹷」倒すことにもなりかねぬ。（国と臣の関係はまた）「鷙鳥」（獲物を捕らえて食う鳥）鷙や鷹に爪や翼があるが如きものでもある。（猛禽が）その爪や翼を大事にするのは、それが「搏撃」（追いつき）叩き押さえ付けて獲物を捕らえるのに役に立つことを期待しておるからよ。家臣を「用舎」用い退ける術《すべ》を重んじぬわけにはいかぬ。足利尊氏は高師直を信任し、豊臣秀吉は石田三成を重用したが、ともに人の怨みを集めた。わしもまた誤って大賀（大岡弥四郎）を用いて殆ど危禍に陥るところであった。これには懲りて（つくづく）慎《つつし》まぬわけにはいかなかった。およそ天下の乱というものは、主将が私欲を縦《ほしいまま》にし、重臣が権力を専らにすることより起こるものである。民の「膏血」血と膏《あぶら》を浚《さら》って（残らず搾り取り）穀物や金銭で国の蔵を盈《み》たす如き者を、人は称えて「能臣」と呼ぶ。（だが）これは主君のために怨みを蓄えているだけじゃ。また（自らの）才能を恃む者は必ず旧法を「迂拙」無駄が多く不備であるとして、動《やや》もすればこれを改変しようとする。武田・上杉・今川・大内氏が衰えたり亡んだりした理由はみな（改革こそが正しいと思い込んだ）ここに由るのじゃ。凡《すべ》て政というものはその古きものを因りどころとするのが肝心ぞ。わしはかつて陸奥を訪れたおり、源頼朝公の「榜牌」御触れを記した高札を見たことがある。その言葉にはこうあった。「（陸奥国の）政治はみな（藤原）泰衡の従来のやり方のままとする」と。わしは（この一事で）頼朝公がこの「東陲」東の果てを見事に平定されたことを信じた。そもそも「介冑」武士の慣習は鉄の如く、「衣纓」公家の慣習は金の如くである。金は見せかけの飾りに過ぎぬが、鉄は実用に堪える。国家が衰えようとする時、必ず公家の慣習を喜ぶ者がいて、新たな法を成立させて上辺を華やかに飾り立てることに務める。これは「大蠹」木の中を食い荒らす大きな虫じゃ。我が徳川家の法度は、みな祖先や古老とよく語らった上で、深く謀り遠く慮って、弊害の無いように期している。（ゆえに）変更するようなことがあってはならぬ。これを刀に喩えるなら、鍛錬して完成した一振りの名刀を子孫に伝えていったとする。子孫は各々好みが異なるので（代が変わるたびに）鍛冶に打ち直させたところ、終に（その天下の名刀は）物の役に立たなくなった。

「声なき声」は草莽《そうもう》の民からのみ聞こえてくるものではあるまい。じっと耳を澄ませば、きっと泉下の先人の声もまた聴くことができるのだ。だからこそ家康は「皆祖考、耆旧《ききゅう》と議す」と述べた。それともそれは人事を尽くした者のみに聴こえるとも云われる「天籟《てんらい》」の類だったのであろうか。

このくだりは、現代の読者にとってはいかにも頑迷で窮屈な長広舌に感じられるかもしれないが、少なくとも私には一人の為政者の堂々たる見識の開陳に思える。

ただし、ここの君臣に内在する緊張関係の議論は、韓非子に代表される法家思想の色合いが濃い。

凡そ故家《こか》に貴ぶ所は、其の旧製を存し旧臣を養ふを以てのみ。侯伯、将士は皆我と苦労を同じうする者なり。子孫も亦た宜しく与《とも》に富貴を同じうすべし。故なくしてこれを滅絶《めつぜつ》するなかれ。その祖先の忠に酬《むく》ゆる所以なり。凡そ所謂《いわゆ》る忠とは、豈に独り徳川氏に忠なるのみならんや。乃ち天に忠なるなり。我も亦た天に忠なる者なり。故に天これに授くるに大柄《たいへい》を以てす。然れども自らその柄を有し、驕奢怠惰《きようしやたいだ》、以て生民を虐《ぎやく》せば、則ち天将にこれを奪《まさ》はんとす。故に吾れ岡崎に主《しゆ》たるや、隣国の攻守を慮り、関東に主たるや、三道の治乱を慮り、天下を定むるや、四境の安危を慮り、未だ嘗て一日も懈怠《かいたい》せず。夫れ折衝禦侮《せつしようぎよぶ》して以て王国を守るは、武臣の職然《しか》りとなす。武臣にして武を遺《わす》るゝは、これその職を窃《ぬす》むなり。懼《おそ》れざるべけんや、と。

そもそも昔から続いている旧家が尊重されるのは、その古くからの様式を存《たも》ち、古くからの家臣を養っているからなのじゃ。大名や将士はみな我らと苦労をともにした者たちであり、その子孫もまた富貴に与るべきじゃ。理由も無くそれらの家を断絶してはならぬ。それはその祖先が尽くした忠に酬《むくい》る所以《ゆえん》である。およそ所謂《いわゆる》忠とは、ただ徳川氏のみに忠であるというのではない。それは乃ち天に忠であることぞ。(むろん) わしもまた天に忠じゃ。ゆえにわしにお授けになるのに軍事と国家の大権を以てされた。しかしながら、その大権を自らだけのものとして驕奢怠惰となり生民を虐げれば、天は大権をわしから取り上げなさるであろう。よって、わしは岡崎の主であった時は隣国との攻防に心を砕き、関東の主であった時は (東北) 三道の治乱に心を砕き、天下を定めてからは四方の国境に心を砕き、未だかつて一日も懈怠《けたい》したことは無い。「折衝」敵の鋒先を挫いて「禦侮」侮りを禦ぎ、王国を守るのが武臣の職責ゆえにそうするのじゃ。武臣たる者が武を「遺」忘れるのは、これはその職を窃《ぬす》むことである。どうして懼れないでいられようか、と。

家康の長い話の終盤の論調が「忠と天命」を語り始めていきなり観念的になる。孟子の道統を継いだ朱子学的な匂いがする。ところで、さんざん迷った挙句、ここの「天」を「天子」(天皇) とは訳すことが、私には終ぞ出来なかった。個人的には、これが家康の口を藉《か》りた頼山陽自身の言葉だと想像するとたいへん興味深い。このくだりの内容は、『日本外史』を献上した松平定信の所謂「大政委任論」と一脈通じるものがあるからである。

公少《わか》きとき、武田氏と兵を連ぬ。後に武備を講ずるに、多くその法を取る。或ひと説いて曰く、「武田の箭《や》は必ずその鋌《てい》を甘うす。人に中《あた》って抜け難からしむるなり。請ふ、これに傚《なら》へ」と。公、顰蹙《ひんしゆく》して曰く、「忍びんや。孰《いず》れか天下の民に非ざらん」と。因つて令して曰く、「徳川の箭は、必ずその鋌を固うせよ」と。人に中つて抜け易からしむるなり。公、幼にして今川氏の育する所となる。今川義元の墓、桶峡《おけはざま》に在り。公過ぐるごとに必ず下拝《かはい》す。その仁且つ義は、蓋《けだ》し天性なり。

家康は若き頃武田氏と連年兵を構えた。のちに（石川数正が出奔したので）武備について「講」（新たな）考え方を模索した時に、多く武田氏の軍法を採り入れた。ある者が言った。「武田の矢は、必ずその「鋌」鏃を緩く取り付けておき、人に命中してから（その鏃が体内に残って）抜きにくくしております。これに倣ってみてはいかがでしょう」と。家康は「顰蹙」顔を顰めて言った。「酷《むご》いのう。誰が天下の民でない者がおろうか」と。そこで命令を下して言った。「徳川氏の鏃は矢柄に固く取り付けよ。命中してから鏃もろとも抜きやすくするのじゃ」と。家康は幼きおり今川氏に養育された。今川義元の墓は尾張の桶狭間に在った。家康はここを通るたびに必ず馬から下りて拝礼した。

その仁かつ義であることは、おそらく天性のものであった。

孔子の教えにおける最高の徳目「仁」。その根本は「忠恕」（他人への真心と思いやり）である。だからこそ孔子は「仁は遠からんや。我仁を欲すれば、斯に仁至る」（『論語』述而篇第七）と述べてもいる。ただ至難なのは、この世でその心を維持し続けることなのだ。また、人は時に他人にいくらでも優しくなれる。ただ、何時でも何処でも誰にでも、という真実の「仁」には、やはり「天性」だけで辿り着けるものではない。事実、孔子は自身にすらこの徳を許していない。

家康の豊臣家の追い詰め方滅ぼし方は、誰もが眉を顰めるいかにも拙劣なやり口で、悪事に慣れていない初心《うぶ》な少年の如き手際ですらある。家康が本当の「狸親父」ならああはやるまい。このような見立てをしたのは、永遠の不良・坂口安吾であった。

さて、本稿の本来の目的は「頼山陽は徳川家康をどう描いたか」であるので、家康の死を以て一応それは達せられたことになる。しかし実は「徳川氏正記」はこの後も十一代家斉まで（綱吉以降は特にごく簡潔にではあるが）記述が続いているのである。あるいは蛇足になってしまうかもしれないが、ここはもうひと踏ん張りして最後までやってみようと思う。とはいえ、紙幅の関係で以後の翻訳はできず、解説も最低限に抑えざるを得ない。その辺りについてはなにとぞお含みおきいただきたい。ここまで付き合ってくださった読者諸兄である。最後は頼山陽の漢文（書き下し文）だけで記述の大意が読み取れるか、漢文読解の力試しをされてみてはいかがであろう。

秀忠、政権に就く

将軍、職を襲ぎ、一にその訓誡《くんかい》を奉じ、以て天下を綏撫《すいぶ》す。五年夏、将軍、入朝す。福島正則の封を収む。正則、関原の役に、功を負《たの》んで驕横《きようおう》なり。嘗て公人《こうじん》伊奈今成を殺す。大坂の役に、陰《ひそ》かに謀《はかりごと》を城中に通ず。また擅《ほしいまま》に城郭を増築し、酷《はなは》だ殺戮を嗜《たしな》む。国民、生を聊《やす》んぜず。ここにおいて、将軍、井伊直孝と策を決し、鳥居忠政をして、正則に江戸の第に就いて命を伝へ、これを津軽に放たしむ。その太僻《たいへき》なるを以て、改めて信濃に放ち、七万石の邑《ゆう》を給し、その旧封を挙げて浅野氏に賜ひ、徙《うつ》して参議頼宣を紀伊に封ず。食む所は故《もと》の如し。これより尾張、紀伊、水戸、称して三家《さんけ》となす。諸侯敢て抗礼するなし。義直は慈仁、頼宣は雄豪《ゆうごう》、頼房は謙遜なり。頼房は特に国に之《ゆ》かず。譜第《ふだい》の将帥に冠《かん》として、以て幕府を護す。この歳、立花宗茂の旧封を復し、松平忠明を郡山に徙す。大坂を以て鎮府《ちんぷ》となし、勲旧《くんきゆう》の一将を遣してこれを守らしむ。称して城代《じようだい》となす。

元和五（一六一九）年。秀忠政権が最初に手を着けたのが、関ヶ原の功労者・福島正則の改易であった。その直接の理由は、武家諸法度に抵触する居城の無許可改修。安芸広島四十九万八千石には浅野氏が入ることになる。

駿府の頼宣を紀伊に転封していわゆる御三家が成立した。立花宗茂が関ヶ原前の旧領・筑後柳川十万九千二百石に復帰（翌年の元和六年の誤り）。大坂城の直轄化。伏見城の破却。

六年、京橋、玉造の両戍《りょうじゅ》を置き、大番頭《おおばんがしら》を遣し、部衆を率ゐて更戍《こうじゅ》せしむること、二条城と同じ。ここにおいて、伏見城を毀《こぼ》ち、独り奉行を置き、界浦《さかいうら》、奈良、長崎、佐渡に比す。七年、将軍、女《じょ》を禁内《きんだい》に納れて、女御《にょうご》に備ふ。後に中宮に進み、東福門院と称す。この歳、田中氏に嗣《し》なし。国除かる。

元和六（一六二〇）年。秀忠の三女・和子が後水尾天皇に入内して中宮（皇后）となる。諱はもともと「かずこ」と読んだが、濁音を忌む朝廷の慣習に従って「まさこ」と改めた（元和七年の事としているのは誤り）。

元和七（一六二一）年。三成を捕縛した事で知られる田中吉政の子の忠政が三十六歳で死去し、後継ぎのいなかった田中家筑後柳川三十二万石は無嗣断絶となった（前年の元和六年の誤りで、そのあとに立花宗茂が十万石で入る）。以降続く大名改易の理由の多くは無嗣によるものであった。

八年秋、最上家親《いえちか》の後嗣義俊《よしとし》、族属《ぞくぞく》を統《す》ぶる能はざるを以て、国除かる。冬、本多正純、罪あつて出羽に放《はな》たる。初め正純の父正信、老中たり。東照公、嘗てその封を増さんと欲す。辞して曰く、「臣、恩眷《おんけん》を叨《みだり》にして、矢石《しせき》の労なし。これに封土を加へらるゝは、誠に自ら安んぜず。願はくは其の臣に賜ふ者を以て、益ゝ材武《さいぶ》を養ひ、以て天下を鎮平《ちんぺい》し、而して臣、老をその間に送るを得ば、何の貺《たまもの》かこれに若《し》かん」と。遂に二万石を以て終る。東照公に後《おく》るゝこと五旬にして歿す。正純、嘗て関原の役において、父を斬り以て将軍の過《あやまち》を解かんと請ひ、頗る得色《とくしよく》あり。安藤直次、人に語つて曰く、「倫を傷けて以て名を要《もと》む。必ず終を令《よ》くせざらん」と。駿府の執事となるに及び、興国寺城の工卒《こうそつ》、誤つて公邑《こうゆう》の民を殺す。邑宰《ゆうさい》、償《つぐない》を城主天野康景に求む。康景肯《がえ》んぜず。乃ち正純に因つてこれを訴ふ。東照公、素《もと》より康景の忠良なるを知り、輒《たやす》く決せず。正純、康景を誣《し》ひ、速かに卒を斬つてこれを償はしむ。康景、不辜《ふこ》を殺すに忍びず。乃ち封を棄てゝ出亡す。東照公、これを復せんと欲す。その病み卒《しゆつ》するに会つて止む。世、これを冤《えん》とす。有馬晴信の阿媽港人《あまこうじん》を誅せしとき、正純の僚吏《りようり》岡本大八、晴信の賞を希《こいねが》ふを揣《はか》るや、誑《あざむ》いてその貨を取る。事覚れて罪に抵《いた》る。獄中に在つて、晴信の陰事を告ぐ。晴信、故を以て敗る。大久保忠隣の冤、世、亦た以て正純父子のなす所となす。正純、時に小山の三万石を食む。将軍の時に及んで、宇都宮の十五万石を食む。安藤直次曰く、「正純、将に禍《わざわい》に及ばんとす」と。この歳、使を奉じて山形に赴く。其の塁を増し擅《ほしいまま》に部属を殺すを以て、封を収めて放たる。その子弟、前後して皆死す。独り叔父正重の後は存す。

元和八（一六二二）年。元和三年に最上家親が三十六歳の若さで急死し、息子の義俊が十三歳で家督を継いでいたが、家中の内紛を収めきれず（最上騒動）、終に最上家出羽山形五十七万石は召し上げられた。

本多正純が粛清された。講談や歌舞伎で有名な「釣天井」の俗説はともかく、その原因はこのくだりにあるようにいくつか考えられる。また正純自身、無意識に家康の威を借りた物言いをすることがあったのか。将軍老中の土井利勝などからは相当に疎まれた。あるいは秀忠自身にすら煙たがられていたのやもしれない。さらに正純の加増転封で宇都宮から押し出される形となった奥平家の加納御前（家康と築山殿の長女亀姫、先代信昌の正室）は、娘を大久保忠隣の嫡男忠常に嫁がせていたこともあり、正純を憎悪していたとまで云われる。

九年七月、世子家光、京師に覲《きん》す。将軍、因つて上書して事を致す。世子、時に正三位、大納言たり。八月、入朝して、正二位に進み、内大臣に遷《うつ》り、征夷大将軍に任ぜらる。これより先、参議忠直、功を負《たの》んで觖望《けつぼう》し、数〻《しばしば》法を奉ぜず。また酒色を縦《ほしいまま》にし、無辜《むこ》を殺す。幕府、数〻密旨を以てこれを勗《つと》む。悛《あらた》めず。この歳、これを豊後の荻原《おぎわら》に放つ。髪を削つて一柏《いっぱく》と号す。

元和九（一六二三）年。家光が将軍となり、秀忠は大御所となる（実権は秀忠が握り続ける）。松平忠直が、「功を負《たの》んで觖望す」夏の陣の恩賞への不服から江戸への参勤を拒むなどの不行状を重ねたため、越前北庄六十八万石を召し上げられて豊後に配流された。

寛永元年、徙《うつ》してその子光長を越後に封ず。後《のち》三世、その下を馭《ぎょ》する能はざるを以て、これを美作《みまさか》に徙して、五万石を食ましむ。その弟忠昌、直正、皆大坂の役に功あり。忠昌は河中《かわなか》に封ぜられ、尋《つ》いで高田に徙る。ここにおいて、これを越前に封じ、三十万石を食ましむ。直正は初め大野に支封せられ、後に出雲の十八万石に封ぜらる。一柏の敗《はい》に、本多成重、復た幕府に帰り、列して諸侯となる。

寛永元（一六二四）年。越前北庄藩は忠直の同母弟の忠昌が継いだ。忠直の嫡男・光長（生母は秀忠の三女勝姫）には別に越後高田二十五万九千石が与えられた。

三年八月、前将軍、将軍、共に入覲《にゆうきん》す。九月六日、天皇、二条城に幸《みゆき》す。両将軍、諸侯伯を率ゐてこれを饗《きよう》す。前将軍は太政大臣に遷り、将軍は右大臣に遷る。ここにおいて、義直、頼宣、忠長は、並に大納言に累遷し、頼房及び前田利光、伊達政宗、島津家久は、並に権中納言に累《るい》遷《せん》す。忠長は将軍の弟なり。この歳、前将軍の夫人従二位浅井氏、薨《こう》ず。

寛永三（一六二六）年。秀忠の三男（庶腹の長男・長丸は早逝）の忠長（二年前に駿河遠江甲斐信濃で合わせて五十五万石を与えられた）が、尾張義直や紀伊頼宣と並んで大納言に任ぜられた（以後「駿河大納言」と称される）。しかし、彼はその厚遇にも満足せず、百万石もしくは大坂城を手にすることを望んで秀忠に呆れられた。そしてこの同じ年、忠長は最大の庇護者である母お江を失っている。

四年、蒲生忠郷《たださと》卒す。嗣《し》なし。国除かる。後数歳にして、弟忠知卒す。亦た嗣なし。国除かる。白川の十万石を以て、丹羽長重を封ず。

寛永四（一六二七）年。蒲生氏が無嗣断絶。一方、その築城の手腕と若い頃からの秀忠との懇意な関係によって、丹羽長重（長秀の子）に陸奥白河十万石が与えられた。関ヶ原で西軍に付いて取り潰され、のちに大名に返り咲くことができたのは他には立花宗茂だけである。

七年九月、天皇、位を皇女に譲る。諱《いみな》は興子《おきこ》。徳川氏の出《しゆつ》なり。これを明正《みようしよう》天皇となす。将軍、酒井忠勝、松平信綱を遣してこれを賀す。詔して、忠勝を以て少将となし、信綱を侍従となす。皆敢て拝せず。幕府に告げて後に受く。

寛永七（一六三〇）年。紫衣事件（朝廷の僧侶への紫衣授与を巡る幕府の干渉）や金杯事件（春日局の無位無冠での参内）にお怒りになった後水尾天皇は、幕府に相談することなく、突然に中宮和子の生んだ興子内親王にご譲位された（ご譲位は前年寛永六年の事）。女帝であれば、徳川系の天皇はその一代限りになるからである。後水尾上皇は霊元天皇まで四代にわたって治天の君として君臨された。

八年、始めて少老職《しようろうしよく》を置き、老中を副《たす》けて、諸雑事を掌《つかさど》らしむ。

寛永八（一六三一）年。新たに若年寄の職を設けた。ちなみに「老」は、年齢と関係なく「経験豊富で物事に熟練した」といった意味である。

秀忠、薨る

九年正月二十四日、前将軍、薨《こう》ず。寿《じゅ》五十四。増上寺に葬る。前将軍、位は従一位に至り、官は太政大臣に至る。正一位、大相国《だいしょうこく》を贈り、台徳《たいとく》と諡《おくりな》す。台徳公の人となり、勤謹和厚《きんきんわこう》なり。朝廷、外舅《がいきゅう》の故を以て、礼秩《れいちつ》、等を異にす。而して公は益〻小心なり。嘗て禁内《きんだい》に在り、独り便室《べんしつ》に休す。或ひと、これを闚《うかが》ふに、公、衣冠粛然《いかんしゅくぜん》として、惰容《だよう》あるなし。其の東照公に事《つか》ふるに、心を尽して懽《かん》を承《う》く。微細の事に至るまで咨稟《しひん》せざるはなし。関原の役に、公、事に及ばず。而して兄秀康、弟忠吉、皆功あり。その歳、東照公、諸大臣を召し、問うて曰く、「吾れ継嗣《けいし》を定めんと欲す。誰か可なる者ぞ」と。井伊直政は忠吉を右《たす》け、本多正信は秀康を右く。大久保忠隣曰く、「冢子資望《ちょうししぼう》已に定る。宜しく動揺すべからず。且つ今より以往《いおう》、撥乱《はつらん》の才は守成の器に若《し》かざるなり」と。東照公、これを頷く。公、これを聞けども、直政、正信に啣《ふく》まず。而して忠吉も亦た忠隣を韙《よし》とし、益〻これと厚し。江戸に来るごとに、輒《すなわ》ちその第《てい》に館す。公、同母の故を以て、最も忠吉を愛す。忠吉、疾病《しっぺい》あり。公親《みずか》らその館に往き、候《うかが》ひ視る。使者、旦夕に往来し、寝食、報に随って加損す。また庶兄《しょけい》の故を以て、最も秀康を重んず。凡そ西諸侯の会同する者、火器を齎《もたら》すを得ず。秀康嘗て江戸に赴くに、銃隊を具へて碓氷《うすいの》関《せき》に入る。関吏《かんり》、呵禁《かきん》す。秀康曰く、「汝、越前宰相を知らざるか」と。公聞いて驚き、吏に命じて問ふなからしめ、自らこれを迎へて謝す。その卒するに及び、悼惜《とうせき》殊に至る。東照公、嘗て義直、頼宣、頼房を以て公に属《しょく》して曰く、「我れ百歳の後、善くこれを視《み》よ」と。公、常にその言を念《おも》ふ。故に特に三家《さんけ》を愛重《あいじゆう》す。凡そ公、宗族、功臣の喪《も》を聞くごとに、燕楽《えんらく》の時と雖も、必ず容《かたち》を変じて涕《なんだ》を隕《おと》す。その出行《しゆっこう》に、既に駕を戒めて止むときは、則ち親ら徒御《とぎよ》に面してこれを罷《や》めしむ。嘗て行《こう》を戒む。漏刻《ろうこく》、期を報ず。公、方《まさ》に食す。箸を舎《す》てゝ出づ。曰く、「信失ふべからざるなり」と。居常《きよじよう》、耽嗜《たんし》する所なし。特に儒術《じゆじゆつ》を崇《たつと》び、書及び歌を好む。諸ゝの武技、皆その精を究《きわ》む。而して以て臣下に傲《おご》らず。故を以て、諸ゝの宿将、豪傑、皆馴《じゆん》服《ぷく》す。嘗てその下《しも》に謂って曰く、「織田、豊臣の二子は、喜んで人の事《つか》ふる所となれり。家君《かくん》は則ち喜んで人を使へり。異なる所以なり」と。故を以て、諸ゝの政治は皆東照公に傚《なら》ふ。而して最も人を選ぶに慎む。将軍の幼《いとけな》きとき、雅楽頭《うたのかみ》酒井忠世、大炊頭《おおいのかみ》土井利勝、伯耆守《ほうきのかみ》青山忠俊を以て傅《ふ》となす。忠世は厳《げん》を以て、利勝は和を以て、忠俊は直《ちよく》を以てして、共に心を尽して輔導《ほどう》す。利勝、常に燕楽に侍し、間《かん》に乗じて説いて曰く、「願はくは伯耆の言を聴け。不《しか》らずんば則ち雅楽、これを何とか謂はん」と。将軍、輒《すなわ》ち悟る。酒井忠利の子忠勝、扈従《こじゆう》より側用《そばよう》人《にん》となる。公また以て傅となす。亦た大に職に称《かな》ふ。

寛永九（一六三二）年。秀忠が五十四歳で薨った。為人《ひととなり》は生真面目で穏和。天皇の舅にも拘らず朝廷では謹み深かった。こよなく父親を畏敬し、兄弟、特に同母弟の忠吉を慈しみ、兄の秀康には遜った。家臣にも驕らず有能な人材を使いこなした。確かに個人としての秀忠はそういった人物だったかもしれない。

その一方、彼が将軍として行ったことは相当に苛烈である。自らが制定した武家諸法度と禁中並公家諸法度を主な根拠に、四十一家に及ぶ大名を取り潰し、朝廷に様々な圧力を加えた。また京の方広寺大仏の前で五十二名の切支丹を火あぶりの刑に処した。しかし、この容赦なき辣腕が無ければ、おそらく徳川幕府は二百六十四年もの治世を全うすることができなかったであろう。家康はこれ以上ない後継者を得たと言っていい。

　ちなみにこのくだりの後継者選び逸話は後世の創作に違いない。後継者は、唯一徳川姓を許され既に中納言にも任官していた秀忠一択だったはずだからである。

公、既に薨《こう》ず。諸臣、これを秘せんと欲す。忠勝以て不可となし、即夜、喪を発す。ここにおいて、将軍、教《きよう》を下して、尽く諸侯伯を召し、親ら出でてこれに面して曰く、「前将軍薨ぜり。諸君或は天下を冀望《きぼう》せば、則ち唯ゝその欲する所なり。然れども家光既に軍職に係る。当《まさ》に弓《きゆう》箭《せん》を以てこれを授受すべし」と。諸侯、愕然として未だ答へず。伊達政宗、進んで言つて曰く、「孰《たれ》か徳川氏の恩沢を被らざらん。今日敢て異心を挾《さしはさ》む者あらば、政宗、請ふ、先づ往いてこれを蹂躙《じゆうりん》せん」と。衆、声を同じうして対へて曰く、「誠に中納言の陳ずる所の如し」と。乃ち退く。この歳、始めて大目附《おおめつけ》を置き、専ら監察を掌《つかさど》らしむ。六月、池田光政《みつまさ》を備前に徙封《しほう》す。初め光政の父利隆は播磨に封ぜられ、叔父忠雄は備前に封ぜらる。皆元和《げんな》中に卒す。光政嗣いで、因幡《いなば》、伯耆《ほうき》に徙る。ここに至つて、忠雄の子光仲《みつなか》と封を易《か》ふ。これより先、台徳公《たいとくこう》の女《じよ》、大坂に適《ゆ》いて寡《か》す。改めて本多忠政の婦《よめ》となる。女を生む。ここにおいて、その女を以て光政に妻《めあ》はす。この月、加藤忠広、異図《いと》あり。発覚す。国除かれ、出羽に放たる。細川忠興《ただおき》を肥後に徙封《しほう》し、忠興の旧封を割いて、小倉を小笠原忠真《ただざね》に、中津をその兄の子長次《ながつぐ》に賜ふ。大坂の功を追賞するなり。後に幕府、加藤、福島二氏の遺胤《いいん》を索《もと》め、召してこれを禄し、以てその祀《し》を存す。

家光は将軍権力を継承するや、諸大名を集めた前で大見栄を切ってみせた。「天下を望む者がおればいつでも戦場で相手になってやろうぞ」と。

この年、大目付（大名を監視する）の職を設けた。その最初の四名の中に柳生但馬守宗矩《むねのり》がいる。池田光政（利隆の子）を播磨から因幡・伯耆（叔父・忠雄の領土、忠雄は備前に）に移した。播磨には本多忠政（忠勝の長男）を移した。つまり幕府は、西国の要衝・播磨姫路により徳川と結び付きの強い譜代大名を配置したと考えられる。

同じ月に、加藤忠広（清正の子）の肥後熊本五十二万石を改易した。謀叛というのはいささかこじつけめいている。その熊本に細川忠興を移し、細川の旧領の小倉を夏の陣で父と兄が討死した小笠原忠真に与えた。

十月、大納言忠長の封を収む。忠長は将軍と同母なり。幼字は国松。母氏の鍾愛《しょうあい》する所となる。将軍の世子たりし時、内外流言《りゅうげん》す、「幕府、嫡《てき》を易《か》ふるの意あり」と。世子の乳母《にゅうぼ》春日局《かすがのつぼね》といふ者、駿府に往いてこれを告ぐ。居ること数月、東照公、人をして将軍に言はしめて曰く、「久しく幼孫を見ず。盍《なん》ぞ来り見《まみ》えしめざる」と。両公子《りょうこうし》乃ち来り見ゆ。公、世子を上座に迎ふ。忠長、踵《つ》ぎ升《のぼ》らんと欲す。公曰く、「叱《しつ》。叱。汝敢てこの座に升らんと欲するか」と。座定り、餻《こう》を供す。公、その一を取り、左右に命じて曰く、「竹千代に進めよ」と。その一を取り、忠長に投与して曰く、「阿国《くに》、これを喫せよ」と。衆望、ここにおいて定る。世子、大納言となり、西城に在り。城濠《じょうごう》に鳧《かも》多し。忠長、手づから銃を発し、一鳧《いっぷ》を獲、以て夫人に示す。夫人悦ぶこと甚だし。命じてこれを宰《さい》し、台徳公の入るを竢《ま》つて饗《きょう》す。曰く、「阿国の獲《う》る所なり」と。公悦んでこれを啖《くら》ひ、問うて曰く、「且つ何処《いずこ》にこれを得しか」と。具《つぶさ》に対ふるに実を以てす。公、哺《ほ》を吐き、怒つて曰く、「何ぞこの大怪事《だいかいじ》を得る。西城は誰の居る所と謂《おも》ふか」と。乃ちその従者を罪す。忠長、既に長ず。元和中、甲斐に封ぜられ、寛永中、駿河、遠江を増封《ぞうほう》せらる。既にして驕恣《きょうし》なり。驩《かん》を台徳公に失ふ。公、これを擯《しりぞ》けて国に就かしむ。公の疾《やまい》あるに及び、田猟《でんりょう》して自如《じじょ》たり。公の疾、病《へい》なり。将軍、為めにこれを召見《しょうけん》せんと請ふ。許さず。公の薨ずるに及び、忠長、戚容《せきよう》なく、殺《さつ》を嗜み、喜怒常なし。ここにおいて、将軍、既に服を除き、乃ちその封を収めて、これを高崎に置き、城主安藤重長に附す。忠長悛《あらた》めず。次年、重長命を受けて、諷して自殺せしむ。これより駿河、甲斐は直ちに征夷府に隷《れい》す。府兵はこの時、大番及び書院、扈従《こじゅう》の両番あり。更ゝ《かわるがわる》駿府を戍《まも》る。

全く配慮が働かず自制が利かない者は周りからあたかも狂人の如く見做され扱われてしまうということを、この忠長は我々に教えてくれる。家康は松平忠輝（家康六男）を、秀忠は松平忠直（秀康嫡男）を、そして家光は同母弟の徳川忠長をと、いずれの将軍も近しい身内に外様大名と変わらぬ厳しい処分を下してきた。その中でも、自業自得とはいえ、切腹にまで追い込まれた忠長は最も悲惨な最期を迎えたと言っていいだろう。家光は秀忠が亡くなるのを待っていたように忠長を処分した。それはそれほど弟を深く憎んでいたということか。あるいは病床の父にさらに辛い思いをさせたくないという思いか。

十年、堀尾氏、嗣なし。国除かる。次年、京極氏を徙封《しほう》す。後三年、亦た嗣なし。封を収め、その胤子《いんし》を召して、播磨の地六万石を賜ふ。十一年、将軍、入朝す。従一位に進み、左大臣に遷る。始めて京師に町奉行を置き、市人の訟獄《しょうごく》を断ぜしむ。

寛永十（一六三三）年。堀尾氏出雲富田二十四万石が無嗣断絶。そのあとに移ってきた京極氏も三年後にやはり無嗣断絶。だが京極氏は先祖の大津城籠城の功績によって播磨龍野六万石に再び取り立てられた。

寛永十一（一六三四）年。京都町奉行を設置。

島原の乱

十四年十月、故小西氏の余党、耶蘇教を以て民を煽《せん》し、肥前の島原に拠つて乱をなす。将軍、教《きょう》を西海《さいかい》の諸国に下し、板倉重昌を遣してその軍を監《かん》してこれを討たしむ。尋いで松平信綱を遣し、水野勝成に命じて謀《はかりごと》を賛《たす》けしむ。未だ至らず。十五年正月朔、重昌、戦死す。信綱至る。城陥る。賊の渠帥《きょすい》十余人を誅し、首を斬ること四万。耶蘇の禁を海内に申《しん》す。十六年、始めて大老職を置き、土井利勝を以てこれとなす。老中の連署を免じ、而して猶ほ大議に参せしむ。十七年、生駒氏、嗣なし。国除かる。十八年、将軍、長子家綱《いえつな》を生む。この歳、始めて勘定奉行数員を置き、銭穀《せんこく》を掌《つかさど》らしむ。松平正綱の老《ろう》を告ぐるを以てなり。正綱は、実は郡吏大《おお》河内秀綱《こうちひでつな》といふ者の子なり。松平氏を冒す。理財に長ず。三世に歴事して、常に度支《たくし》たり。嗣子信綱は秀綱の庶孫《しょそん》にして、正綱に養はる。二十年九月、天皇、位を皇兄紹仁《つぐひと》に譲る。これを後光明《ごこうみょう》天皇となす。天皇の正保《しょうほう》元年、将軍、次子綱重《つなしげ》を生む。後に参議となり、甲斐に封ぜらる。二年、三子綱吉《つなよし》を生む。後に中将となり、館林《たてばやし》に封ぜらる。

寛永十四（一六三七）年。肥前島原藩主松倉重政・勝家の父子二代にわたる虐政、益田（天草）四郎時貞による切支丹の糾合、それに小西・加藤・有馬氏らの牢人衆が加担したことで、いわゆる「島原の乱」が勃発した。その数約三万七千。幕府は上使（総大将）として板倉重昌を派遣したが、重昌は小役の小大名に過ぎなかったため西国の大名はその命令には容易に従おうとしなかった。連携の取れぬまま敵の籠る原城を攻めた幕府軍は四千人の損害を出す惨敗を喫する。事態を重く見た幕府は老中の「知恵伊豆」こと松平伊豆守信綱を前線に送り込み、水野勝成や立花宗茂といった最強の戦国生き残りをも参陣させることにした。

寛永十五（一六三八）年。面目を潰されて功を焦った重昌は突撃を敢行し、眉間を銃弾で撃ち抜かれて戦死した。指揮を引き継いだ信綱は増援された十二万に及ぶ兵力での完全包囲に戦術方針を転換した。オランダに借りた大砲の射撃で城内の士気を下げつつ厳重な兵糧攻めを続けた結果、二月の総攻撃で原城は遂に陥落した。一揆勢は女子供に至るまで皆殺しにされた。島原藩主の松倉勝家は、大乱を引き起こした虐政の罪を問われて斬首の刑に処され家名断絶。江戸時代を通じて大名が斬首となったのはこの一例のみである。天草藩主の寺沢堅高《かたたか》も所領四万石を没収され、のちに失意のうちに自殺を遂げた。

寛永十六（一六三九）年。最初の大老の職に土井利勝が任命された。

寛永十七（一六四〇）年。生駒氏讃岐高松藩十七万三千石が無嗣断絶（生駒騒動）。

寛永十八（一六四一）年。世継ぎの家綱が誕生。勘定奉行の設置。

寛永二十（一六四三）年。明正天皇が兄君にご譲位された。こちらが後光明天皇である。明正上皇はその後、幕府による厳しい制約のもと七十四歳のご生涯を送られた。後光明天皇はことのほか儒学を好まれ、和歌・源氏物語・仏教を遠ざけられた帝におわした。

正保元（一六四四）年。「正保」に改元。次男の綱重が誕生。のちに参議となり甲府に封ぜられる（綱重の子が六代将軍家宣である）。

正保二（一六四五）年。三男の綱吉が誕生。のちに中将となり上野の館林に封ぜられる。

家光、薨る

慶安《けいあん》四年四月二十日、将軍薨ず。年四十八。日光山に葬る。官位を贈ること前代の如し。大猷《たいゆう》と諡《おくりな》す。大猷公、幼にして英偉なり。東照公これを器とす。台徳公を戒めて曰く、「嫡《てき》を易《か》ふるは乱の本なり。且つ竹千代は、後に必ず明将とならん。宜しく速かに儲弐《ちよじ》に定むべし」と。その保傅《ほふ》を戒めて曰く、「父必ずその子の己《おのれ》に類するを求むるは、これ協《かな》はざるの原《もと》なり。宜しくその器に因つてこれを成就すべし。吾が三郎における、終身の憾《うらみ》あり。汝が輩、将軍をして再び憾《うら》ましむるなかれ」と。

慶安四（一六五一）年。家光が四十八歳で薨った。家光が「幼にして英偉」であったなら、父母の愛があれほど国松（忠長）に傾くこともなかっただろう。実際はむしろ見栄えせず可愛げのない陰気な子供だったのではないか。

家康が家光の傅役たちを戒めて言った「父親というものは自分に似た子を求めるもので、これこそ父子の不和のもとなのじゃ。わしは三郎（信康）でのこの失敗を生涯の悔いとしておる。将軍にはこのような悔いを残させてはならぬぞ」という言葉は、切なくもの哀しく胸に響く。

長ずるに及び、聡明勇決、恩威並び行はる。東照、台徳の世は、諸〻の巨藩、各〻自ら偃蹇《えんけん》す。その会同には、将軍或はこれを郊迎《こうげい》して、礼分未だ定らず。大猷公の時に及び、嘗て尽《ことごと》く天下の侯伯を大城に召し、自らこれに諭して曰く、「我が祖考は、卿らの力に因って天下を定む。且つ其の嘗て肩を比べ、等《とう》を同じうせしを以て、故《ことさら》に礼待《れいたい》を加へ、敢て譜第《ふだい》の将士に比せず。家光に至っては、則ち襁褓《きょうほう》より已に天下に主たり。自《おのずか》ら祖考と異なる者あり。今已に統率《とうすい》の任に居り、事権《じけん》を一にせざるは、宜しき所に非ざるなり。今より卿らを待《たい》すること、当《まさ》に譜第《ふだい》と同じうすべし。若し心に厭《あ》かずんば、其れ各〻国に之《ゆ》け。暇《いとま》を給すること三歳。熟思して以て去就《きょしゅう》を決せよ」と。諸侯、皆逡巡《しゅんじゅん》して曰く、「敢て命を聴かざらんや」と。公乃ち起《た》ち、入りて内庁に坐し、次を以て諸侯を延《ひ》き、佩刀を賜ふ。公、便服盤坐《べんぷくばんざ》して、腰に佩《お》ぶる所なし。諸侯、刀《とう》を受けて拝す。公曰く、「刀を検せよ」と。諸侯、悚息《しょうそく》し、刀を抽《ぬ》くこと寸許《すんばかり》、輒《すなわ》ち退く。これより徳川氏の権勢益〻定る。然れども其の皇室に事へて、恭順なること故《もと》の如し。其の再び入朝するや、朝廷以て太政大臣となさんと欲す。公、固辞して曰く、「先臣嘗てこの職を叨《みだり》にす。幸にして首領を全うし、以て没するを得たり。臣敢て復たせんや」と。公甚だ祖先を敬す。諸老臣燕《えん》に侍し、間《まま》、言、東照公の事に及べば、公、輒《すなわ》ち曰く、「少《しばら》くこれを竢《ま》て」と。乃ち衣帯を改めて、盥漱《かんそう》し、然る後にこれを聴く。

家康や秀忠の時代、有力な外様大名たちは関ヶ原での戦功を盾に「偃蹇」驕り昂り、将軍に対する礼節において欠けるところがあった。そこで、ある時家光は外様大名たちをみな江戸城に集めて言い放った。「神君と台徳院様（秀忠）は、天下平定のためにその方らの力を借り、またかつての同輩であったことから、その方らの将軍への礼儀作法に手心を加え、譜代の者と同じようには扱われなかった。だが、余は「襁褓《おくるみ》」（おむつ）に包《くる》まれていた時からの天下の主じゃ。余は神君や台徳院様とは違ってその方らに遠慮せず、これ以後は譜代と同じように扱うことに致す。不服がある者は国許に帰るがよい。三年の暇《いとま》を与えるので、その間によく考えて去就を決めよ」と。なんとも記録に残る家光の言動はどれも芝居めいていて、それがあたかも「聡明勇決」な三代将軍像を誰かが作り上げようとしているかのように見えてしまう。

またこのくだりは司馬遷の『史記』の叔孫通《しゆくそんとう》の逸話をやや彷彿とさせる。漢の高祖劉邦は、創業の功臣たちが朝廷であまりに無作法を働くのに辟易していた。そこで儒者の叔孫通にある儀式の差配を任せてみた。すると彼は荒くれの功臣たちに儒家の儀礼を教え込み、儀式を見事厳粛に演出してみせた。劉邦は言った。「吾迺《すなわ》ち今日、皇帝為るの貴きを知るなり」と。儒家が中国王朝に本格的に登用され始めるのはこの辺りからである。

善く臣下の是非を摘察《てきさつ》して、軽ミしくこれを口に発せず。黜陟《ちつちよく》の議あるに遇へば、輒ち曰く、「某《ぼう》の貌《かたち》はかくの如く、性はかくの如し」と。其の知る所諸老に過ぐ。久世広宣《くぜひろのぶ》の三子広之、側衆《そばしゆう》となり、権寵あり。公、一日、卒《にわ》かにこれに問うて曰く、「汝、今朝、諸侯の贈遺《ぞうい》を得るか」と。広之、拝して対へて曰く、「然り」と。贈者《ぞうしや》の姓名及びその物件を問ふ。広之、条対《じようたい》す。公曰く、「未だ尽《つく》さざるなり」と。広之、簿記を懐に取つて、これを検するに、果して然り。因つて惶汗《こうかん》して退き、更ミ相《かわるがわる》ひ告げて警《いまし》む。堀田正盛、太田資宗《すけむね》ら、春日局の縁故を以て、皆寵任せらる。皆横邪に至らず。

家光が、権臣のもとに間者を送り込み、その動向を洗いざらい調べ尽くして当の本人より事実を把握していた、という恐ろしい逸話である。特に根拠はなくまた詳しく紹介する余裕もないが、このくだりを書いた時の頼山陽の脳裏には、明の太祖朱元璋《しゆげんしよう》とその家臣宋濂《そうれん》とのやり取りが在ったのかもしれない。もとより朱元璋の酷烈無惨には比ぶべくもないが。

時に承平《しようへい》既に久しく、麾下《きか》の風習、漸く奢侈《しやし》に趨《はし》り、往往《おうおう》自ら給する能はず。台徳公の薨ずるや、遺金を頒賜《はんし》す。また周《あまね》くその俸《ほう》を加ふ。婚嫁喪葬《こんかそうそう》は、概ね皆官に貸るを得たり。而して猶ほ困乏《こんぼう》を告ぐ。世子生るゝの明年、教《きよう》あり。尽く麾下の士人、及び諸吏を召す。衆皆謂《おも》へらく、当《まさ》に慶典《けいてん》あるべし、と。公、この日、頭痛を患ふ。手巾を以て額《ひたい》を約し、杖に扶《たす》けられて出で、衆に諭して曰く、「聞く、汝ら困乏極る、と。即《も》し明日緩急あらんに、出でて品川に次《じ》せんも、亦た能くすべからざるなり。かくの如くんば則ち汝ら、吾を何《いず》れの地に置かんと欲するか」と。因って大息して泣下《なんだくだ》る。衆能く仰ぎ視るなし。酒井忠勝、側《かたわら》に在り。颺言《ようげん》して曰く、「諸君、仁を恃《たの》み恩に狃《な》れ、上《かみ》に奉ずるの道を忘る。今より以往《いおう》、仮貸《かたい》を容れず。各ゝ自ら量度《りようたく》して、公上の念《おもい》を労するなかれ」と。衆、心服して罷《や》む。已にして令を下し、諸士の子弟、年長《た》けて用に堪ふる者は、挙げて番士《ばんし》に充《あ》て、因って俸《ほう》を給す。また新番《しんばん》を置き、大番《おおばん》の子弟を以てこれに充《あ》つ。また使を諸道に遣して民の疾苦を問はしめ、数ゝ《しばしば》賑恤《しんじゆつ》の典を挙ぐ。

しばらく太平が続くと、大都市・江戸に居住する武士は奢侈に自ずと慣れて、俸禄のみでの生活のやりくりが困難になり始めていた。家光は旗本や役人をみな召し出した。彼らは将軍の慶典（世継ぎが誕生した祝いの臨時支給）を期待したが、却ってその場で教え諭されたのは、本来武士が失ってはならぬ「常在戦場」と「奉公」の心構えであった。また家光は家督を継げぬ子弟やまだ元気な老御家人に公務と俸禄を与え、役人に各地を巡察させて困窮した民を援助救済させた。

台徳公の時、青山忠俊罪を獲て遠江に放たる。公、政を親らするに及び、未だこれを復するに及ばずして、配所に死す。乃ちその子宗俊《むねとし》を召し用ふ。晩歳、邑を信濃に賜ふ。面諭《めんゆ》して曰く、「吾の幼なるより、汝の父、忠を尽し誠を輸《いた》す。吾れ騃《おろか》にして意となさず。これをして配所に死せしむ。今より汝、我が子に事《つか》ふるに、猶ほ将にこれを汝に報ぜんとす。庶幾《こいねが》はくはその寃魂《えんこん》を慰《い》せん。今悔ゆるも及ぶなきなり。猶ほ汝の父の我に事ふるがごとくせよ」と。君臣皆嗚《お》咽《えつ》す。また大久保忠季《ただすえ》に肥前の地八万石を賜ふ。その子忠任《ただとう》に及んで終に旧封に復し、再び小田原に鎮《ちん》ぜしめ、以て父祖の寃《えん》を白《あきらか》にす。天下、悦服《えつぷく》す。

傅役の青山忠俊はしばしば口を極めて家光を諫めたため、遂に家光の怒りを買い、改易の上追放され、配流先で死去していた。家光はその嫡男を召し出し、若き日の自らの非を率直に詫び、せめての報いとして彼を重く取り立てた。また、大久保氏を大名に復帰させ、やがて旧領の小田原にあらためて封じた。大久保氏の冤罪は晴らされた。

公の時に当り、名臣朝に盈《み》つ。肥後守松平正之《まさゆき》、掃部頭《かもんのかみ》井伊直孝、大炊頭《おおいのかみ》土井利勝、讃岐守酒井忠勝、周防守板倉重宗、伊豆守松平信綱、豊後守阿部忠秋ら、その最たり。公、世子たる時より、信綱、忠秋、侍臣たり。

正に綺羅星の如き名臣の陣容である。家光の外聞（世間で知られた評判）のくだりでも触れたが、彼らもまた寄って集《たか》って家光を名君に押し上げていったのであろう。

公、嘗て屋上の乳雀《にゆうじやく》を見、近臣に命じて往いてこれを捕へしむ。屋《おく》は将軍の燕室《えんしつ》に係る。衆敢て往くなし。乃ち信綱を推して曰く、「汝、年幼にして体軽し。宜しく往くべし」と。信綱、勉強して命に応じ、夜、潜かに屋に縁《よ》つてこれを索《もと》め、足を失して庭中に堕《お》つ。謋然《かくぜん》として声あり。将軍は刀を提《ひつさ》げ、夫人は燭《しよく》を執つて出づ。信綱を見、その来由《らいゆう》を問ふ。対へて曰く、「臣、雀児《じやくじ》を覩《み》てこれを愛し、窃《ひそ》かに来り捕ふるなり」と。将軍曰く、「否。これ必ず主使《しゆし》する者あらん」と。窮詰《きゆうきつ》すること再四。而れども告げず。将軍怒り、信綱を巨嚢中に内《い》れて、その口を緘《かん》し、これを柱に懸けて曰く、「汝、実を首《つ》げずんば、出づるを許さず」と。信綱、嚢中よりこれを争ひ、旦《あした》に徹す。旦日、将軍出でて朝《ちよう》を視る。夫人、信綱の志を憫《あわれ》み、その飢《うえ》を慮り、私《ひそ》かに嚢口を啓《ひら》き、餕《しゆん》を以てこれに啗《くら》はしめ、復たその口を緘《かん》すること初めの如くす。日中に、将軍入りて復たこれを詰《なじ》るも、終に辞《ことば》を改めず。夫人固く請うてこれを縦《ゆる》す。将軍、目送して、夫人に謂って曰く、「孺子《じゅし》能くかくの如し。後に必ず我が児の羽翼《うよく》とならん」と。果してその言の如し。信綱、警敏《けいびん》人に絶して、能く人に下る。公嘗て急に一城楼を改造せんと欲す。信綱、工を督し、一宵にして成る。白紙を以て壁に糊《のり》す。新堊《しんあく》の者の如し。利勝、これを譲《せ》めて曰く、「成らざれば則ち已《や》む。これ人主をして難きを下《しも》に責めしむるなり」と。信綱、謝して曰く、「僕、請ふ、終身以て戒《かい》となさん」と。信綱、嘗て京師に如く。朝旨、徴求《ちょうきゅう》する所あって、十余条を疏《そ》す。信綱尽くその不可を辨じて還る。衆、その敏を称す。忠勝、これを譲《せ》めて曰く、「列世恭順《れっせいきょうじゅん》の旨、子豈に知らざるか。何ぞ必ずしも尽くこれを拒むことをなさん」と。信綱、驚悔《きょうかい》して措《お》くなし。

このくだりでは、その家光の名臣を代表する一人・松平伊豆守信綱の逸話を三つ取り上げている。

一つ目は、信綱はかつて家光に将軍秀忠の寝所の屋根に巣食った雛を獲ってくるよう「勉強」無理に命じられたが、屋根から落ちて秀忠自身に捕らえられてしまった。だが、唆した者を厳しく問い糺され一晩袋の中で吊るされても頑として家光の名を口にせず、遂には秀忠にその将来を期待された、という信綱の忠義。

二つ目は、家光に櫓の改修を申し付けられ、信綱は一夜でその工事を竣えたが、さらに白い紙を貼り付けて漆喰まで塗り終えたように見せかけた。それを知った土井利勝に、出来ずば出来ませんでしたと申せば済むこと、これでは今後若殿に難事を成し遂げられぬ家臣を責めるようにさせてしまう、と嗜められた話。自らの行動の及ぼす影響を考えるよう促された。

三つ目は、信綱は京にて朝廷から持ち込まれた十余条の要求を、その場で尽く論破し撥ねつけて江戸に帰還した。一同は彼の明敏さを誉めたが、酒井忠勝だけは、代々の徳川家の朝廷への恭順を存じておるならなにゆえ全てお断りするような真似をしたのか、と叱った話。こうした大局的視野を持つ先達の指導によって、信綱はその優れた資質を十分に開花させていったと言える。

公の始めて政を親らするや、教《きょう》を下して曰く、「大小の事、尽く東照公の約の如くせん」と。伊達政宗、状を上《たてまつ》つて曰く、「東照公、曾て我を百万石に封ぜんと約す。願はくは約の如くせん」と。幕議、これを病《うれ》ふ。利勝曰く、「掃部頭《かもんのかみ》能くこれを辨ぜん」と。乃ち直孝に命ず。直孝、朝《ちょう》より退き、直に伊達氏に詣《いた》り、面《ま》のあたり政宗を見て曰く、「聞く、公、前代の約を挙げて封を請ふ、と。信なるか」。曰く、「信なり」。曰く、「所謂《いわゆ》る約には、印信《いんしん》あるか」。曰く、「あり」。曰く、「蓋し偽《いつわり》ならん」。政宗曰く、「何ぞ偽と謂ふを得んや。吾れ且《まさ》にこれを示さんとす」と。即ち出してこれを示す。直孝受けて熟視して曰く、「これ故紙のみ」と。乃ち扯裂《しれつ》して、炉火中に投ず。政宗、色然《しょくぜん》として駭《おどろ》く。直孝、笑つて曰く、「この約は蓋し一時の権宜《けんぎ》に出づ。且つ事既に往く。今乃ち持して以て利を要《もと》むるは、何ぞ計の浅きや」と。政宗曰く、「老夫誤れり」と。因つて笑つて止む。福島氏の封を収むるや、群議決せず。板倉勝重、直孝を薦めて曰く、「掃部頭は人の足跡を践《ふ》まざる者」と。乃ち直孝を召す。議遂に決するを得たり。

関ヶ原直前に、伊達政宗が家康の使者・中沢主税の言質を得て、小山まで配下を遣わし手に入れた家康の「百万石のお墨付き」。その三十年前の証文を持ち出して幕府との交渉を図った政宗は、有名な自作の漢詩で披瀝したようには、必ずしも俗事に恬淡としていたわけではなさそうである。その老独眼龍に立ち向かうは、今だ少壮の井伊の赤鬼二代目。父譲りの胆力でお墨付きを火に焚《く》べ、見事な道理で稀代の剛愎者・政宗を唸らせてのけた。

勝重、京尹《けいいん》たること年久し。元和中、老を以て職を辞す。台徳公、優労《ゆうろう》し、人を挙げて自ら代らしむ。勝重曰く、「臣が長児に若《し》くはなし」と。乃ち重宗に命ず。重宗、慎密廉平《しんみつれんぺい》なり。世、以為へらく、その父に愧ぢず、と。公嘗て疾《やまい》あり。困劇《こんげき》し、遠近《えんきん》疑懼《ぎく》す。既にして愈《い》ゆ。使を京師に馳せてこれを報ず。重宗の答書《とうしょ》至る。曰く、「臣、遊猟すること数日にして帰る。以て奉答稽緩《ほうとうけいかん》を致す」と。公、これを覧《み》て曰く、「京師の驚擾《きょうじょう》知るべきなり」と。明日、忠勝入り、その書を覧《み》て曰く、「京師の驚擾知るべきなり」と。侍者、その意を解するなし。忠勝の退くを竢《ま》つてこれを問ふ。対へて曰く、「周防守務めて暇予《かよ》を示すは、衆情を鎮《ちん》ずるに非ずや」と。侍者乃ち服す。その上下一心なること概ねかくの如し。

板倉勝重は、老齢のため京都町奉行を退くに当たって秀忠に後任の人事について訊ねられると、迷わず自分の嫡男重宗を推薦した。中立公正な視点でそう判断したのである。「徳川家の者は難事が起きた時こそ泰然と振る舞う癖がある」とかつて黒田長政や加藤嘉明に感心されたその伝統を、重宗もまた継承しており、家光の重病で京都の人心が乱れたと見るや、狩りに出掛けることで徳川の役人に動揺がないことを示し、町の騒擾を鎮めた。家光も酒井忠勝も、重宗の書状からその真意を読み取った。

忠勝、直孝、相《あ》ひ踵《つ》いで大老となり、信綱、忠秋、少老より老中に進む。而して正之は特に諸老の上に位す。正之は台徳公の孽子《げっし》なり。公の侍婢《じひ》孕《はら》むあつて出で、男《だん》をその郷《きょう》に生む。邦俗《ほうぞく》、端午の節《せつ》に、男児ある者は、章幟《しょうし》を門に樹《た》つ。婢家《ひか》の幟《のぼり》に葵章《きしょう》を用ふ。吏詰《なじ》つてその故を得たり。証左あり。遂に以聞《いぶん》す。保科正光《ほしなまさみつ》、子なきを以て、請うて嗣《し》となすを得て、名を正之と命ず。大猷公《たいゆうこう》立つて未だ達せざるなり。公、嘗て鷹を驪郷《めぐろ》に放つ。群騎、散じて自ら息《いこ》ふ。公、近臣数人と微行して邑中の仏寺に入る。寺僧、誰何《すいか》す。公曰く、「吾は番衆なり。願はくは少《しばら》くここに息《いこ》はしめよ」と。僧、与《とも》に坐して談る。公、その壁画の頗る雅《が》なるを視て、これに謂つて曰く、「貴寺、僻《へき》に在り。何を以てかくの如きを得る。豈に大檀越《だいだんえつ》あるか」と。曰く、「あるなし。唯ゝ保科氏あるも、亦た貧乏にしてなすあるに足らず。吾れ聞く、保科君は将軍の親《しん》弟《てい》なり、と。小民すら猶ほ兄弟《けいてい》を恤《あわれ》むを知る。貴人は何ぞ情薄きことかくの如き」と。公、色少しく変じ、従者を目して辞謝して出づ。頃《しばら》くして群騎至り、将軍を索《もと》めて、これを僧に問ふ。僧曰く、「嚮《さき》に数少年あり、来り息《いこ》ふ」と。騎曰く、「これ将軍なるのみ」と。僧、大に驚き誅を懼《おそ》る。居ること何《いくばく》もなくして、教《きょう》あり。正之を山形の二十万石に増封して松平氏を賜ひ、驪郷の寺に香火《こうげ》の邑を給ふ。後に正之、徙《うつ》つて会津を鎮《ちん》ず。四位の中将に累遷《るいせん》す。性敦実《とんじつ》にして学を好む。公、特にこれを親重《しんちょう》す。

保科正之は、秀忠が侍女お静との間にもうけた四男である。幸松丸と名付けられたこの子は、正室お江を憚った秀忠に認知されぬまま、江戸城内の田安屋敷に住む見性院《けんしょういん》（武田信玄の次女で、穴山梅雪の妻であった）のもとに預けられることになった。数年後、見性院の計らいで、元武田家臣の信濃高遠二万五千石保科正光の養子となり、幸松丸は保科正之と名を改めた。

その後、家光はあるいはこのくだりにある寺（目黒成就院）での経緯によって異母弟の存在を知る。忠長との軋轢に悩まされていた家光は、新たな近しい身内の出現を大いに喜んだ。さらに対面してみると、正之の謹直さと聡明さをいたく気に入り、以後彼に格別に目をかけるようになった。三代将軍の治世が始まるや、正之は異例の出世を重ね、遂には陸奥会津二十三万石に封ぜられた。時が流れて家光の臨終の間際には、次代家綱の後見人に指名されるという「託孤の遺命」を受けることになる。これにたいへん感激した正之は、「会津家訓十五箇条」を書き遺し、その中で子孫に将軍家への絶対的忠誠を説いた。そして、それが幕末の会津藩主・松平容保《かたもり》の行動を規定することになるのである。

家綱、四代将軍に就く

公、終に臨み、諸老を召して、世子家綱を属《しょく》す。世子、職を襲《つ》ぐ。甫《はじ》めて十一。天資仁恕《てんしじんじょ》なり。

時に利勝已に卒す。正之以下、遺命を受けて幼主を輔佐し、敢て慶譲《けいじょう》をなさずして、以てその長ずるを竢《ま》つ。大納言義直は公に先だつて卒す。頼宣、頼房は猶ほ健なり。国に流言多し。明暦《めいれき》三年、江戸に災《さい》あり。歳を踰《こ》えて滅せず。城郭第舎《じょうかくていしゃ》、延焼して略《ほぼ》ゝ尽く。物情恟然《ぶつじょうきょうぜん》たり。信綱、忠秋、内外を指麾《しき》して、事皆立ちどころに辨ず。忠勝ら、協議し、尽く諸侯を罷《や》めて国に就き、各ゝその民を撫《ぶ》せしめ、土木を経理して尽く旧観に復す。天下復た動揺せず。既にして親藩の老臣、前後皆卒す。而して将軍、政を親らす。諸侯の質の城中に在る者を各第《かくてい》に還《かえ》し、殉死《じゅんし》を禁ず。職に在ること三十一年にして薨《こう》ず。寛永寺に葬る。厳有《げんゆう》と諡《おくりな》す。

　年少の家綱が四代将軍に就任したその年の慶安四（一六五一）年、軍学者の由比正雪らが浪人の救済を掲げ幕府転覆を図って行動を起こした。この反乱計画そのものは瞬く間に頓挫したが、幕府はこれを契機に大名取り潰しを主軸とする武断政治から学問・法律を重んじる文治政治に方針を転換することになった。また、紀伊頼宣は幕閣より事件への関与を疑われ、以後十年間江戸に留め置かれて国許に帰ることを許されなかった。

　家綱の治世の前半は、保科正之をはじめ家光の遺臣らが堅実に幕政の舵取りをしていたが、明暦《めいれき》三（一六五七）年には江戸を未曾有の大火が襲い、数万人に及ぶ死者を出した。江戸城天守閣もこの大火で焼失し、財政的見地から以後再建されることはなかった。松平信綱は老中首座の権限で、参勤交代停止（市中の人口統制）や米価高騰防止の施策を打ち出して、二次被害の拡大を食い止めた。さらに防災計画に基いた災害復興にも尽力した。治世の後半は、大老に就任した酒井忠清が「下馬《げば》将軍」と呼ばれるほどの権勢を振るうも、その主導の下、飢饉対策・宗門改・航路の開拓といった政策が推し進められた。家綱は終に後継ぎの男子をもうけることができなかった。家康以後の直系相続は四代で絶えた。

これより後、寛永、増上の二寺、徳川氏の塋域《えいいき》となる。初め東照公、祖先に事ふるに甚だ謹む。後陽成帝《ごようぜいてい》、嘗て公に賜ふに菊桐章《きくどうしょう》を以てせんと欲す。辞して曰く、「これ已に足利氏に賜ふ。新田氏の栄に非ざるなり。臣自ら葵章《きしょう》あり。天恩苟《いやしく》も微労に酬《むく》いんと欲せば、伏して願はくは、臣の祖先を録せよ」と。乃ち詔《みことのり》して、上祖義重《じょうそよししげ》に従四位下、鎮守府将軍、父広忠《ひろただ》に正二位、大納言を贈る。その歳、台徳公と、偕《とも》に上野に猟し、土井利勝らをして、新田、世良田、徳川の諸邑に如《ゆ》かしめ、その父老に問ひ、義重、義貞の故址《こし》を得て、一寺を建てゝ大光《たいこう》と曰ひ、以て詔書を奉じて、三河の大樹寺《だいじゅじ》と、皆勅願寺《ちょくがんじ》に准ず。台徳、大猷の二公、益〻祖先を敬す。故を以て、後嗣《こうし》親しく両塋《りょうえい》を拝するを以て常務となす。上野、三河の如きは、則ち使を遣して祀《し》を修む。而して在職の中、必ず一たび日光廟に詣で、以て重典となす。

ここに来て、この「徳川氏正記」の冒頭で触れた新田氏に話が立ち返る。家康はこの「祖先」の顕彰におさおさ怠りがなかった。「鎮守府将軍」は、平安・鎌倉の武士が最も憧れた栄誉職であった。清和源氏の棟梁は、初代経基から、満仲、頼信、頼義、義家と五代続けて任官している。新田氏所縁の上野《こうずけ》の各地にも天下人の恩沢を及ぼした。また家康は当然、松平氏発祥の地の三河にも目を向け、そこの国人領主に過ぎなかった父の広忠に朝廷より正二位大納言を追贈していただき、松平氏菩提寺の大樹寺を勅願寺に準ずる寺格にしていただいた。
徳川将軍が葬られた寺社は四ヵ所ある。日光東照宮（家康・家光）、増上寺（秀忠・家宣・家継・家重・家慶・家茂）、寛永寺（家綱・綱吉・吉宗・家治・家斉・家定）。水戸出身の慶喜だけは、谷中霊園の神式の墓地の下で眠っている。

厳有公薨ず。而して嗣なし。弟中将、諱《いみな》は綱吉《つなよし》、館林より入りて職を紹《つ》ぐ。二十九年にして薨ず。常憲《じようけん》と諡《おくりな》す。

綱吉以降の記述はごく短い。何かと障りのある生々しい、頼山陽にとっての「現代史」に近づいて来たからであろう。
五代綱吉は、家光の側室所生の五男で、上野館林二十五万石藩主から徳川宗家に入った。「犬公方」と揶揄されることで有名だが、近年は「生類憐みの令」によって日本人に生命尊重の道徳観を植え付けた将軍として再評価の対象にもなっている。学問をたいへん好み母親（桂昌院）への孝心の篤い人物でもあったが、現実より自らの理念を優先させ、しかも偏執的なところがあったのは間違いなく、くだんの生類憐みの令で江戸の士民が被った迷惑には実に深刻なものがあった。柳沢吉保を重用して側用人政治の道を開いた。在職中は、荻原重秀の貨幣改鋳などによる異例の好景気と相俟って、多彩な元禄文化が咲き誇った。また、元禄時代は赤穂事件（忠臣蔵）でも後世によく知られている。綱吉は男子を夭折させており、やはり自分の子には将軍職を譲ることができぬまま薨った。

従子中納言《じゆうしちゅうなごん》、諱は家宣《いえのぶ》、甲斐より入りて職を紹ぐ。四年にして薨ず。文昭《ぶんしょう》と謚す。

六代家宣は綱吉の甥（異母兄綱重の子）で、元の諱は綱豊。甲斐甲府二十五万石藩主から綱吉の養子となり、世子として四十八歳で将軍職を継ぐ。家康を除けば歴代最高齢での将軍就任である（十五代通じて破られていない）。綱吉と綱重のそれぞれの母が側室として家光の寵を競って険悪だったこともあり、綱吉と家宣の関係もけっして良好なものとは言えなかった。家宣は、綱吉が薨去したその月のうちに生類憐みの令の一部を順次廃止させた。さらに改鋳貨幣の流通と酒税も取りやめたので、庶民から快哉を受けたとも云われる。側用人の間部詮房《まなべあきふさ》と学者の新井白石を両翼に「正徳の治」に取り組むも、在職三年で病で薨った。側室との間に幼い息子を残した。

世子諱は家継《いえつぐ》、職を襲ぐ。四年にして薨ず。有章《ゆうしょう》と謚す。嗣なし。

家宣は、世子の鍋松が幼すぎる事を理由に、尾張の徳川吉道を（鍋松が成長するまでの）将軍か後見人に、と遺言したが、新井白石の周旋で結局鍋松を七代将軍として立てることになった。急遽元服して諱を家継とした（霊元上皇のご命名）。時に纔か五歳（満三歳）。史上最年少の権大納言・征夷大将軍の誕生である。この時代は、詮房と白石の側近によって正徳の治が継続されたが、家継の生母月光院ら大奥の影響力も増大した。大奥内の醜聞や権力闘争の噂が絶えず、いわゆる江島生島事件が露見し、時の老中は大奥の掣肘と綱紀粛正のため関係者千四百名を処罰した。家継も父と同じく在職三年、八歳（満六歳）でその短い生涯を終えた。今度は徳川の嫡流そのものが途絶えたことを意味する。

頼宣の孫中納言、諱は吉宗《よしむね》、紀伊より入りて職を紹ぐ。大に曾祖《そうそ》の政を修め、精を厲《はげま》して治をなす。釐革《りかく》する所多し。天下号して徳川氏中興の主となす。三十年にして職を辞し、後六年にして薨ず。有徳と諡す。

八代吉宗は、御三家の紀伊徳川家五十五万五千石二代藩主・光貞の庶腹の四男として生まれる。三代藩主の長兄の綱教（正室は綱吉の娘の鶴姫、綱吉の有力な後継候補に挙げられていた）、父の光貞、三兄の四代藩主の頼職《よりもと》を立て続けに病で失い、自らが紀州五代藩主となった。吉宗は破綻しつつあった藩の財政を、家中に質素倹約を徹底することなどで再建し、名君との評判が江戸にまで聞こえるようになった。そもそも家継の後継将軍には尾張家が有力視されていたが、尾張家当主の吉道・五郎太・継友が相次いで急死することで、吉宗にその機会が巡って来た。享保元（一七一六）年、老中や大奥の支持を取り付けて、吉宗は三十三歳で八代将軍に就任する。

家康の曾孫ではあるが、初めて分家から入った将軍である。紀州からは小禄の藩士を四十名無作為に選抜し、側役として連れて江戸城に乗り込んだ。そして、詮房と白石を罷免し、大岡忠相を抜擢した上で、早速「享保の改革」に精力的に取り掛かった。定免法《じょうめんほう》・足高制《たしだかのせい》・公事方御定書《くじかたおさだめがき》の施行、目安箱・町火消し・小石川養生所の設置・大奥の人員削減などが主なその内容と言える。一方、天領の税率を五公五民に引き上げ、紀州で成果の上がった倹約を江戸の士民にも強要した。「米将軍」と呼ばれるように米価の安定に最も苦心した。

しかし、上米令などには結果的に幕府の威信を低下させ、江戸の景気停滞を招いたとの批判もある。血縁の薄くなった御三家の代わりに、次男の宗武に田安家、四男の宗尹《むねただ》に一橋家を立てさせ、自らの血筋を将軍家に伝えることを図った。大御所時代を含め政務を執ること三十六年で薨った。

世子諱は家重《いえしげ》、職を襲ぐ。十七年にして薨ず。惇信《じゅんしん》と諡す。

九代家重は、吉宗の長男である。生まれつき障害（おそらく脳性麻痺）のため発語が不明瞭であり、排尿にも大きな問題を抱えていた。吉宗は一時、賢明の誉れ高い次男宗武を世継ぎに替えるべきか悩んだが、長幼の序と家重の嫡男竹千代（のちの家治）の優れた資質を鑑みて、そのまま据え置くことになった。

家重の治世が始まると、家重の言葉をただ一人理解できたとされる側近の大岡忠光を重用した。忠光は誠実な人柄でその立場に驕ることなく、専権を振るうような真似はしなかった。また、郡上一揆の再吟味では忠光の後進の田沼意次が手腕を発揮した。それをきっかけに彼を六百石の旗本から一万石の大名にまで出世させた。

さらに家重は、次男の重好に清水家を立てさせいわゆる「御三卿」を確立させた。その傍ら幕閣は、家重在職中の宝暦年間に、薩摩藩による木曾三川の治水工事、朝廷での尊王活動の弾圧を指示している。家重は将棋を愛好し相当な実力を有していた。知能はあるいは人並み以上であったやも知れず、人を観る眼にも確かなものがあった。しかし、ふだんは身だしなみを整えるのを好まず、奥に引き籠って酒色に耽るのを常とした。家治に将軍職を譲った翌年に薨った。


世子諱は家治《いえはる》、職を襲ぐ。二十五年にして薨ず。浚明《しゅんめい》と諡す。


十代家治は、家重の嫡男である。彼は幼少の頃より文武の才能が顕れ、祖父の吉宗に鍾愛されて手ずから次代の将軍としての英才教育を施された。しかし、やがて将軍に就任すると、父の遺言に従って先代からの側用人・田沼意次に全幅の信頼を置き、彼に政治をほぼ委任してしまい、自らは専ら趣味（将棋や書画）の世界に没頭するようになった。

この意次は従来賄賂に塗れた汚職政治家として頗る悪名が高かったが、近年では先駆的経済感覚の持ち主としてその評価は鰻登りである。幕閣の目を重農主義から重商主義に向けさせ、老中職を兼ねてからは印旛沼干拓・蝦夷地開発・対露貿易などやや投機的政策にも挑んだ。意次の所領は五万七千石にまで加増された。

一方個人生活での家治は、十八歳で閑院宮《かんいんのみや》家から迎えた正室の五十宮《いそのみや》（倫子《ともこ》女王）とたいへん仲睦まじく（歴代将軍では稀有な例）、二人の姫（長女は早逝）をもうけたが世継ぎの男子には恵まれなかった。正室をこよなく愛する家治は懊悩した挙句、将軍の責務としてやむなく大奥に通い、側室とした二人の女性からそれぞれ男子を得た。その男子たちは正室の養子として育てられることになった。そのうち長男は無事成長して（次男は早逝）元服し家基と名乗った。ところが好事魔多し。かけがえのない正室が三十四歳で亡くなってしまう。その二年後に十三歳になっていた次女が逝去。さらにあろうことか、それから七年後には大いに期待をかけていた世継ぎの家基までが十八歳で急死した。家治は結局家族の全てを失うことになったのである。家治は一橋家から豊千代を世継ぎとして西の丸に入れた。この心優しき将軍は失意と孤独のうちに五十歳で薨った。

浚明公以上、厳有公《げんゆうこう》に至るまで、官位に叙任《じょにん》すること、概ね常例あり。世子たる時は正三位に叙し、大納言に任ず。大将軍を襲ぐに及んで、正二位に進み、内大臣、右大臣に累遷《るいせん》し、右近《うこん》衛大将《えのたいしょう》を兼ぬ。薨ずるに及んで、正一位、大相国《だいしょうこく》を贈り、諡を賜ふ。その軍職帯ぶる所は皆同じ。大納言以前、叙任《じょにん》は源氏、足利氏の故事の如し。而して天使、就いて拝し、天下に布告するは大納言より始る。初め有徳公、後世の為めに深慮し、世禄中《せいろくちゅう》に就いて、官俸の増減法を立つ。その二子を禄するに及び、復た封土《ほうど》を建てず。廩粟《りんぞく》十万石を給し、第《てい》を田安、一橋に賜ふ。惇信公、また例に沿《したが》つてその一子を禄し、清水に第し、皆省卿となす。

「御三卿」は「御三家」とは似て非なる存在である。自前の領地も家臣もいない。つまり「藩」ではない。江戸城内に屋敷を構え十万石という莫大な扶持を幕府から宛てがわれ、吉宗の血筋を保存し、必要とあらば当主であろうと他家に養子に出す。それで家が断絶することはなく、（吉宗の血筋の）適当な人物を選んでまた当主に据えて存続していく。

浚明公、嗣なきに及んで、今の公、一橋より入りて世子となる。名は家斉《いえなり》、実に有徳公の曾孫《そうそん》なり。職を襲ぐに及び、復たその政を修め、賢に任じ能を使ひ、百廃《ひやくはい》悉《ことごと》く挙《あが》る。在職最も久し。左大臣に累遷《るいせん》し、遂に太政大臣に拝せらる。固辞すれども命を得ず。また世子家慶《いえよし》を以て、従一位、内大臣に進めらる。ここにおいて、掃部頭《かもんのかみ》井伊直亮《なおすけ》、越中守松平定永をして、入朝して恩を謝せしむ。源氏、足利氏以来、軍職に在つて太政の官を兼ぬる者は独り公のみ。蓋し武門の天下を平治すること、ここに至つてその盛を極むと云ふ。

十一代家斉は、徳川（一橋）治済《はるさだ》の嫡男として生まれた。家治の養子となり、その薨去に伴って十五歳で将軍職を継いだ。父の治済は極めて野心的な策謀家として知られており、家治の後継者選定では、彼が有力候補の徳川重好（家治の同母弟）や松平定信（田安宗武の七男）を巧みに他家の養子に追いやり、自らの息子を将軍世子の座に押し込んだのだ、とも囁かれている。

家斉が将軍となって最初に手をつけたのは、家重と家治二代にわたって幕政を牛耳った田沼意次の罷免であった。代わって老中首座・将軍補佐に登用したのが「寛政の改革」を主導することになる当時三十歳の松平定信にほかならない（定信を強引に陸奥白河藩十万石久松松平家の養子に片付けて将軍位を断念させたのは意次だったとの説も有力)。その改革の主な政策としては、囲い米(飢饉に備えた米の備蓄)・七分積金(町民の積立による救荒基金)・帰農令と農村復興・棄捐令《きえん》(旗本御家人の借金の利子減額)・人足寄場(無宿人更生のための職業訓練施設、長谷川平蔵の立案)などがある。「寛政異学の禁」が最も世に知られているが、これは幕府の学問所で公然と朱子学以外の儒学の講義をすることを禁じたもので、蘭学を含めて学問の自由そのものを弾圧したわけではない。

現在の定信の評価は、意次の急浮上の反動か、必要以上に誇られ貶められているきらいがある。実際の定信は、致仕した後の彼の文化事業への傾倒から判断しても、大衆文化に深い関心と理解を示した人物であったと言える。

また、定信は頼山陽との交流を持ち、完成したばかりのこの『日本外史』が彼に献呈されたのはその死の二年前、文政十(一八二七)年のことであった。さて、家斉と定信の蜜月は僅か六年で「尊号一件」(治済に大御所の称号を贈ることを朝廷との兼合いを理由に定信に拒否された)をきっかけに終わりを告げた。定信を辞任させた後、やがて家斉は幕府の実権を掌握し、再び幕政を贈収賄蔓延る腐敗した側近政治に逆戻りさせた。

方や、自身は大奥で奢侈な生活を送り、特定できる側室だけでも十八人、五十三人もの子女(男子二十六人・女子二十七人)をもうけた。それらへの諸費用は幕府の財政を圧迫するほどだったと云う。治世中頃の文化文政年間には、爛熟した町人文化(浮世絵・滑稽本・歌舞伎・川柳など)が全盛を誇ったが、治世終盤の天保年間に入ると、大塩平八郎の乱・生田万《いくたよろず》の乱などが起こり、遂に幕藩体制の綻びも露呈し始めた。家斉は六十九歳で薨った。誰にも看取られぬ死であったとされる。水野忠邦の

「天保の改革」が始まるのは次代の家慶の時からである。

ただ、家斉の将軍在職期間は五十年という長きにわたったため、その官職もまた進んだ。ゆえに頼山陽は言う。「源氏、足利氏以来、将軍に在職しながら太政大臣を兼ねられたのは、ただお一人この公のみであった。おそらく武門が天下を平らかに治むること、ここに至ってその盛んさが極まったのである」と。

頼山陽は各正記の掉尾に「外史氏曰」で始まる「論賛」（その氏族を総括する結論）を立てる。これは、この「徳川氏正記」の正に核心部分であり、頼山陽の生の言葉が綴られている。その翻訳を以て本書を終えることとしたい。

徳川氏論賛

外史氏曰く、吾れ嘗て江戸に遊び、その城闕《じょうけつ》の壮《そう》、侯伯邸第《こうはくていてい》の夥《おびただ》しきを観《み》る。既にして東海を歴て、尾濃《びのう》の間に彷徨《ほうこう》し、北は信越の諸山の綿亘重畳《めんこうちょうじょう》して来り、迤《なな》めに京畿に赴くを望む。而してその南は沃野洪濶《よくやこうかつ》、三遠《さんえん》と接す。真に天下の衢路《くろ》、千軍万馬の馳驟《ちしゅう》を想見す。今の邸《てい》を布《し》き第《てい》を列する者、その初め、皆嚮背《こうはい》をここに決せるなり。蓋し源、平以還《いかん》、治少《ちすくな》くして乱多し。群雄棊峙《きじ》し、分裂梗塞《こうそく》して、其の幾百歳を閲《けみ》するかを知らず。而して今吾れ緩帯垂櫜《かんたいすいたく》、糧《りょう》を齎《もたら》さずして行くは、則ち誰の力ぞや。世の論者或は大坂の事を病《うれ》へて、東照公の徳を累《るい》すとなす。

これ時勢を知らざるの論なり。吾れ曰く、「公の天下を取るは、大坂に在らずして関原に在り。関原に在らずして小牧に在り」と。夫れ公は織田氏の属国なり。而して太閤はその将校なり。太閤は織田氏の将校を以て身を起し、乃ちその君の遺孤《いこ》を欺《あざむ》き、これに加ふるに兵を以てせんと欲す。諸同列、その力を畏れ、その恵《けい》を私《わたくし》して、逡巡して敢て争ふなし。而るに公、独り毅然として弱《じゃく》を扶《たす》けて強《きょう》に抗す。野次の一戦に、その二驍将《にぎょうしょう》を獲たるは、固《もと》より以て姦雄《かんゆう》の胆《たん》を破り、而して天下の心を服するに足る。この時に当り、太閤の拠る所は近畿の諸州に過ぎず。瓦合烏集《がごううしゅう》、人、観望を懐《いだ》く。而して公は三遠膠漆《こうしつ》の民を以てし、加ふるに甲信の精鋭を以てす。勲旧《くんきゅう》忠義、雲の如く、雨の如し。和親をして成らしめず、両姓をして兵を構へしめば、天下の事、未だ知るべからざるなり。昔者《むかし》、曹操《そうそう》、劉玄徳《りゅうげんとく》に謂ふ、「天下の英雄は唯〻君と我とのみ。袁本初《えんほんしょ》の輩は論ずるに足らず」と。今太閤を以て柴田勝家らに視《くら》ぶるに、猶ほ操《そう》の本初におけるがごとし。而して其の公を憚《はばか》るや、啻《ただ》に玄徳のみならず。宜《うべ》なり、其の辞を卑《ひく》うし礼を厚うし、百方和を講ぜしこと。これ太閤の至計、速かに天下を取る所以《ゆえん》なり。而して天下の権は、已に徳川氏に在り。何ぞや。我れ、戦ひ勝つて、彼、和《わ》を求む。求むる者は彼に在り。許す者は我に在り。我れ、和せんと欲せば則ち和し、戦はんと欲せば則ち戦ふ。安危禍福《あんきかふく》、一に決を我に取る。我れ已に天下の権を有せざらんや。唯〻夫れ権は我に在り。ここを以て班爵《はんしゃく》の崇《そう》、封土の隆《りゅう》、これを天下侯伯の右に置かざるを得ず。太閤の末路、兵は外に連《つらな》り、士は内に乱る。而してこれを能く定むるなし。能くこれを定むる者は公のみ。太閤一たび瞑《めい》す。天下を制馭《せいぎょ》する者は公に非ずして誰ぞ。これその勢、智者を待つて後に知るにあらず。特《ただ》〻未だ釁《きん》あらざるのみ。関原の事は、これ群雄相ひ聚《あつま》り、天下を推して徳川氏に貽《おく》る者なり。何となれば則ち彼自ら釁を開き、而して我をしてこれに乗ぜしむ。我れ、天下に辞《じ》あり。天下誰か能くこれを禁ぜん。ここにおいて、朝廷、これに上将《じょうしょう》の任を授け、以て天下の侯伯を統《す》べしむ。会同朝聘、東においてせざるなし。則ち大坂は徒《いたずら》に一侯国の坐食する者のみ。公已に織田氏の孤に忍びず。寧《いずく》んぞ復た豊臣氏の孤《こ》に忍びんや。蓋し以て善くこれを処するあるを思ふ。而して彼察せずして専ら猜疑《さいぎ》を挾《さしはさ》み、再び自ら釁を開いてその覆滅《ふくめつ》を速《まね》く。公において何ぞ累《るい》せん。公の雄武老錬なる、太閤と雖も、その畏るゝ所に非ず。況や当時の群雄においてをや。直《ただ》これを児童視するのみ。而して何ぞ驕婦駭孺《きょうふがいじゅ》にあらんや。而るを公 謀《はかりごと》を蓄へ、慮《おもんぱかり》を積んで、これを斃《たお》すと謂ふは、皆時情を知らざる者なり。公は少小《しょうしょう》より、隣国に転質《てんち》し、已に艱虞《かんぐ》を極む。其の国に主たるに及び、また境を勁敵に接し、百戦して鋒《ほう》を争ひ、寸壌尺取《すんじょうせきしゅ》、纔《わず》かに五州を定む。而して織田、豊臣氏は、その間《かん》を以て近畿を奄有《えんゆう》し、暴《にわ》かに強大を致す。蓋し公を以て遅鈍となさざるはなし。而して天の公を成す所以は、乃ちここに在るを知らず。二氏の天下における、唯〻速かにこれを得たり。故に速かにこれを失ふ。公は未だ嘗て天下を取るに急ならざるなり。而して天下の釁、毎《つね》に以て公を開くに足る。嗚呼。これ其の長く天下を有《たも》ち、以て今日の盛業を基《もとい》する所以なるか。

外史氏は言った。我はかつて江戸を旅し、その城門の壮大さや大名屋敷が夥しく犇く様を観た。それから東海道を歴訪し、尾張と美濃の間を彷徨い歩き、（そこから）北は信濃と越後の諸々の山が

「綿亘重畳」長く幾重にも折り重なって連なり、それが京周辺に向かって続いている景色を望み見た。そしてその南は肥沃な平野が「洪潤」広大に広がって三河遠江と境を接していた。この地(関ヶ原)はまこと天下「衢路」往来の要衝である。かつて千軍万馬が「馳驟」駆け巡った光景がまざまざと目に浮かんでくる。今、江戸城下に大名屋敷を構え並べている者たちも、みなその勃興の初めはここ(関ヶ原)で「嚮背」徳川氏へ加担するか否かを決めたことに由るのである。

　想い返すに、源平以来、治世は少なく乱世のみ多かった。群雄が「碁峙」碁盤上の黒白の石の如く入り乱れ対峙していた。(天下の土地が)分裂し(互いに道を)「梗塞」塞ぎ止め合うことが幾百年続いてきたか判らないほどだ。しかし今の御世にあって、我らが「緩帯垂槖」(帯を緩め空の袋を提げるほど)何の不安もなく「糧を齎《もたら》さず」食糧を携帯せずに旅が出来るのは、誰の力のお蔭なのか。世の論者の中には、あるいは大坂の(徳川氏が太閤の遺託に背いて秀頼公を滅ぼした)事を「病」非難し、東照公の徳に「累」瑕《きず》を付けようとする者がいる。これこそ時勢を知らぬ者の議論と謂うべきである。

　我は言う。「東照公が天下を取ったのは大坂ではなく関ヶ原にある。関ヶ原ではなく小牧にある」と。そもそも東照公(の徳川氏)は織田氏の属国であった。そして太閤は織田氏の部将より身を起こしながら、「乃」(なんと)主君の遺児を欺き、さらにはこれに兵を向け(権力から遠ざけ)ようとした。元の織田家臣の同輩たちは、羽柴氏の力を畏れ、(むしろ)身勝手に太閤より与えられる恩恵に浴し、逡巡しつつもけっして羽柴氏と争う者はいなかった。ところが東照公はただ一人、毅然として弱き(信雄)を扶け強き(秀吉)に抗い、「野次」長久手の一戦で羽柴方の勇将(池田恒興元助父子と森長可)の首を獲たことは、もとより姦雄羽柴秀吉の肝を奪い、天下の人を心服させるに十分であった。この時、太閤の根拠地は京周辺のいくつかの国に過ぎなかった。（その兵たちは）「瓦合烏集」（瓦が重なり烏が群れ集うが如き）烏合の衆ばかりで、みな「観望」有利な側に与する心を懐いていた。

しかるに（それに比べて）東照公には、漆や膠の如く徳川氏にしっかり貼り付いた三河遠江の民の兵と、さらにこれに（武田遺臣の）甲斐信濃の精鋭が加わっていた。譜代忠義の侍たちが、雲や雨粒の如く数えきれないほど控えていた。もし豊臣氏徳川氏の間で講和と親睦が成らず、両者が（再び）鋒を交えるようなことになれば、天下の帰趨はどうなっていたか判らなかった。

昔、曹操が劉玄徳に言った。「天下で英雄と呼べる者は、ただ貴公と余のみである。袁本初（袁紹）の如き輩は論ずるに足らぬ」と。今（かつて我が国で）太閤が柴田勝家らを視るのは、正に曹操が袁本初を視るが如きものであったろう。しかし（太閤が）東照公を恐れ憚ったのは、ただ曹操が劉玄徳を恐れ憚ったなどとは訳が違う。遜《へりくだ》った言葉で礼儀を手厚くし、あらゆる手段を尽くして（徳川氏と）和議を結んだのもまた当然であった。これは太閤のこの上ない妙計と謂えるもので、これによって天下を速やかに取ることができたのである。

しかしながら、（実は）この時既に天下の権柄は徳川氏の手中に在った。なにゆえか。徳川氏が戦に勝って豊臣氏が和を求めた。それを許した者は徳川氏であり、徳川氏が和そうと思えば則ち和し、戦おうとすれば即ち戦えた。天下の安危禍福は徳川氏の判断次第であった。これこそ徳川氏が既に天下の権柄を握っていた証ではなかろうか。権柄は徳川氏の手中に在った。（太閤は）これゆえに（東照公の）官爵の高さと領地の広さを諸大名の上に置かざるを得なかったのである。

太閤の末路は、兵は海外に転戦させ、士は国内で擾乱を起こしていた。しかもこれを収束することができなかった。これを収束させることができたのは、東照公以外にいなかった。もし太閤がひとたびこの世を去ったなら、その時天下を制御できる者は東照公でなくて他に誰がいたであろう。この趨勢は、智者が現れるのを待ってその後に解る類のものではない。（にもかかわらず東照公が天下を取らなかったのは）ただ未だ機に乗ずるだけの「釁」隙が時勢に無かったからである。

関ヶ原の戦は群雄が寄り聚り、天下を推して徳川氏に貽《おく》った戦と謂える。なんとなれば、豊臣家臣らが自《みずか》ら隙を生じ、徳川氏をしてそれに乗じさせたからである。徳川氏には天下に向けて（主張できる）「辞」戦の理由があった。天下の誰がこれをよく禁じることができようか。（関ヶ原の戦が終わると）そこで朝廷は東照公に征夷大将軍の任を授けて、天下の諸大名を統率させた。（これ以後諸大名の）会同と「朝聘」参勤で、東の江戸で行われないものは無かった。則ち大坂（豊臣氏）は一大名として「坐食」何をすることもなく存在しているだけであった。

東照公はかつて織田氏の遺児を捨て置くに忍びずこれを助けた。どうしてまた豊臣氏の孤児だけに無慈悲なことができよう。おそらく東照公は秀頼公をより厚遇しようとしていたはずである。ところが、豊臣氏はそれを察せずただ猜疑心に取り憑かれて、再び自ら（大坂城で戦支度をするなど）隙を作ってその覆滅を速めてしまった。東照公にとって秀頼公を相応に厚遇することなど何ほどの「累」煩いになろうか。東照公の雄武老錬は太閤すら畏れるところではなかった。況《ま》してや当時の群雄など尚更で、すぐにも子供扱いされるだけである。大坂の驕った母と愚かな子が何だと言うのか。それを、東照公が深謀遠慮を凝らして大坂を滅亡させたなどと論ずるのは、みな当時の事情を理解していない者たちに違いあるまい。

東照公は幼少の頃より人質として隣国を転々とし、既に艱難辛苦を具《つぶさ》に味わっていた。また三河の国主となってからも、国境を（武田氏・北条氏など）強敵と接し百戦して勝敗を争い、徐々に敵の領地を切り取って、辛うじて五カ国を平定した。一方、織田氏や豊臣氏は（徳川氏が東方を防いでいる）その間に京周辺を「奄有」残らず自分のものとし、たちまち強大（な勢力）になっていった。想うに、（当時の人々で）東照公を（織田氏や豊臣氏に比べて）遅く鈍いと見做さなかった者はいなかったであろう。（しかし人々は）天が東照公の大業を成就させた所以が、実はこの（遅く鈍いという）点に在ることを（やはり）知らない。

（織田氏と豊臣氏の）二氏は速やかに天下を得た。ゆえに速やかにこれを失った。片や東照公は未だかつて天下を取るに急いだことはなかった。天下に隙が生じるごとに、（東照公に）天下への道を開いていったのである。ああ、これこそ（徳川氏が）長く天下を保ち、今日まで続く盛業の基《もと》となった所以ではなかろうか。

おわりに

干支を訊かれると、十二支だけを答える方が多いが、本来なら十干と十二支の組み合わせで答えるのが正しい。だからこそ「干支」と表記するのである。昨年（二〇二三年）の干支は「癸卯（みずのとう、キボウ）」。実はこれは徳川家康の干支で、家康は昨年生誕四八〇年、つまり八回目の還暦を迎えたことになる。そして、私事ながら、筆者も昨年まさに還暦。つまり、家康と私は奇《く》しくも同じ干支なのであった。

ここで、最後までお付き合いいただいた方に少しだけお役に立ちそうな知識を。ご自分やご家族ご友人の正しい「干支」をお知りになりたければ、先ずは十干（甲《コウ》乙《オツ》丙《ヘイ》丁《テイ》戊《ボ》己《キ》庚《コウ》辛《シン》壬《ジン》癸《キ》）、これはどうしても憶えていただかねばならない。次にその人の生まれた西暦の下一桁を確認する。筆者の場合、一九六三年なので「三」になる。三の人の十干は必ず「癸」である。以下必ず、四は甲、五は乙、六は丙、七は丁、八は戊、九は己、〇は庚、一は辛、二は壬、三は癸となる。だから「壬申の乱」は六七二年で、「戊辰戦争」は一八六八年なのである。そして二〇二四年の下一桁は「四」ということで、今年の干支は「甲辰（きのえたつ、コウシン）」。みなさん十二支のほうはご存知のはずなので、「十干」と「十二支」を組み合わせれば、そこで正しい「干支」を知ることができるという次第。

閑話休題。ちょうどそんな昨年の初め、草思社編集部の渡邉大介氏からなんと、「頼山陽が『日本外史』で徳川家康をどのように描いているか」について書いてみませんか、とお声を掛けていただいたのである。私自身は系統立てて歴史学を学んだわけでもないし、もちろん戦国時代の専門家でもない。正直、そんな私如きの書くものが、巷に溢れる家康関連本の中でなにがしかの意味を持ち得るであろうか、としばし真剣に悩んだ。

するとふと、元禄時代の儒者荻生徂徠の「炒り豆を齧りて古今の英雄を罵るのは最大の快事なり」という言葉が頭に浮かんで来た。別に罵るわけではないが、素人であることに臆せず、背伸びせず、暢《のび》やかな心持ちで英雄たちを論《あげつら》う本があってもいいのではないか、と考えるようになった。ただし、暢やかな心持ちは忘れないようにしつつも、書くからには素人であることに居直ることだけはけっしてすまい、とその時に覚悟した。古文書や最新の論文にも可能な限り向き合って、自分なりの精一杯を言葉にしてみようと思った。そうでなければ、この浩瀚な本を手に取ってくださる読者の方々に申し訳が立たない。

ともあれ、この本が私の六十歳の到達点である。もちろん、読み違いや思い違いや的外れや時代遅れの言説もあるはずなので、ご批判は真摯に受け止める。出来れば少し怖いので、「好き勝手なことを言いやがって」と笑殺していただきたい、というのが本音ではあるが。

我が伴侶へ。毎日忙しいにもかかわらず朝に晩に私の身体を気遣い気持ちを励ましてくれて、ありがとうございます。

三浦広義君。頼るばかりの私を見限ることなく四十年変わらぬ友誼を示し続けてくれて、ありがとうございます。

大上正美先生。『世説新語』や『史記』で漢文の世界に導いてくださって、本当にありがとうございました。

最後にあらためて『論語清談』よりお世話になり、さらにこの本を書く機会を与えてくださった草思社の渡邉大介氏に、心より感謝を申し上げます。

木村岳雄

二〇二四年一月一日

主要参考文献一覧

◇史料

『家忠日記』
『信長公記』
『慶長記』
『本光国師日記』
『駿府記』
『当代記』
『三河物語』
『言継卿記』
『朝野旧聞裒藁』
『徳川実紀』

◇書籍

小和田哲男「松平清康」朝日新聞社編『朝日日本歴史人物事典』（朝日新聞社、一九九四年）
小和田哲男『今川義元 自分の力量を以て国の法度を申付く』（ミネルヴァ書房、二〇〇四年）
柴辻俊六『信玄の戦略』（中公新書、二〇〇六年）
笠谷和比古『関ヶ原合戦と大坂の陣』（吉川弘文館〈戦争の日本史17〉、二〇〇七年）
池上裕子『織豊政権と江戸幕府』（講談社学術文庫、二〇〇九年）
本多隆成『定本 徳川家康』（吉川弘文館、二〇一〇年）
田中大喜（編著）『上野新田氏』（戎光祥出版〈中世関東武士の研究第三巻〉二〇一一年）
平山優『天正壬午の乱』（学研パブリッシング、二〇一一年）
渡邊大門『大坂落城 戦国終焉の舞台』（角川学芸社〈角川選書〉二〇一二年）
河内将芳『落日の豊臣政権　秀吉の憂鬱、不穏な京都』（吉川弘文館、二〇一六年）
片山正彦『豊臣政権の東国政策と徳川氏』（思文閣出版〈佛教大学研究叢書〉、二〇一七年）
金子拓『織田信長 不器用すぎた天下人』（河出書房新社、二〇一七年）
柴裕之『徳川家康 境界の領主から天下人へ』（平凡社〈中世から近世へ〉、二〇一七年）
中村真一郎『頼山陽とその時代 上・下』（ちくま学芸文庫、二〇一七年）
谷口克広『信長と家康の軍事同盟 利害と戦略の二十一年』（吉川弘文館、二〇一九年）
藤井譲治『徳川家康』（吉川弘文館、人物叢書、二〇二〇年）
黒田基樹『家康の正妻 築山殿 悲劇の生涯をたどる』（平凡社新書、二〇二二年）
黒田基樹編『徳川家康とその時代』（戎光祥出版〈シリーズ・戦国大名の新研究 第三巻〉二〇二三年）
黒田基樹『徳川家康の最新研究 伝説化された「天下人」の虚像をはぎ取る』（朝日新書、二〇二三年）
平山優『徳川家康と武田勝頼』（幻冬舎新書、二〇二三年）

こちらに列挙したものはごく一部に過ぎません。この他多くの学術論文をたいへん参考にさせていただきました。個々の論文名を取り上げることができず、申し訳ございません。また、小説、インターネットのサイト、Wikipedia、動画からも示唆を受けました。

本書収録の書き下し文は、頼山陽著、頼成一・頼惟勤訳
『日本外史（下）』（岩波文庫）を使用した。

[著者略歴]

頼山陽（らい さんよう）

一七八〇〜一八三二年。江戸時代後期の漢学者、詩人。二十一歳で安芸国（広島県）を出奔、自宅幽閉赦免ののち、京都で開塾。詩、書に才能を発揮。著書は『日本外史』の他、『日本政記』『日本楽府』『山陽詩鈔』など。

[訳・解説者略歴]

木村岳雄（きむら たけお）

一九六三年、埼玉県生まれ。京都大学文学部卒業。発言者塾で西部邁氏に師事。現在、東洋大学非常勤講師。講演活動、漢文塾を主宰、学習塾で指導。著書に『白川静読本』（共著）、『論語清談』（監修）がある。

日本外史《にほんがいし》 徳川氏正記《とくがわしせいき》

二〇二四年二月二十三日 第一刷発行

著者 頼山陽《らいさんよう》
訳・解説者 木村岳雄《きむらたけお》
装幀者 水戸部功
発行者 碇高明
発行所 株式会社草思社
〒一六〇-〇〇二二 東京都新宿区新宿一-一〇-一
電話 営業 〇三（四五八〇）七六七六
編集 〇三（四五八〇）七六八〇

本文組版 株式会社アジュール
本文印刷 株式会社三陽社
付物印刷 株式会社平河工業社
製本所 加藤製本株式会社

ISBN978-4-7942-2668-6 Printed in Japan 検印省略

THE MVP MACHINE

by Ben Lindbergh and Travis Sawchik

Japanese translation published by arrangement with Ben Lindbergh and Travis Sawchik
c/o Susan Rabiner Literary Agent, Inc. through The English Agency (Japan) Ltd.

アメリカン・ベースボール革命

データ・テクノロジーが野球の常識を変える

2021年5月30日　第1刷　発行
2023年4月10日　第2刷　発行

著　者　ベン・リンドバーグ
トラビス・ソーチック
訳　者　岩崎　晋也
発行者　曽根　良介
発行所　（株）化学同人
〒600-8074 京都市下京区仏光寺通柳馬場西入ル
編集部 TEL 075-352-3711　FAX 075-352-0371
営業部 TEL 075-352-3373　FAX 075-351-8301
振　替　01010-7-5702
e-mail　webmaster@kagakudojin.co.jp
URL　https://www.kagakudojin.co.jp
本文 DTP　（株）データボックス
印刷・製本（株）シナノパブリッシングプレス

検印廃止

ISBN978-4-7598-2067-6